Julius Beloch

Die Bevölkerung der griechischrömischen Welt

Julius Beloch

Die Bevölkerung der griechischrömischen Welt

ISBN/EAN: 9783743326446

Hergestellt in Europa, USA, Kanada, Australien, Japan

Cover: Foto ©ninafisch / pixelio.de

Manufactured and distributed by brebook publishing software
(www.brebook.com)

Julius Beloch

Die Bevölkerung der griechischrömischen Welt

HISTORISCHE BEITRÄGE

ZUR

BEVÖLKERUNGSLEHRE

VON

DR. JULIUS BELOCH,

PROFESSOR DER ALTEN GESCHICHTE AN DER UNIVERSITÄT ROM.

ERSTER THEIL.

DIE BEVÖLKERUNG DER GRIECHISCH-RÖMISCHEN WELT.

LEIPZIG,

VERLAG VON DUNCKER & HUMBLOT.

1886.

DIE BEVÖLKERUNG

DER

GRIECHISCH-RÖMISCHEN WELT.

VON

Dr. JULIUS BELOCH,

PROFESSOR DER ALTEN GESCHICHTE AN DER UNIVERSITÄT ROM.

LEIPZIG,
VERLAG VON DUNCKER & HUMBLOT
1886.

Vorwort.

Die Wirthschaftsgeschichte ist als Wissenschaft erst im Entstehen. Ja ihr vielleicht wichtigster Zweig, die historische Bevölkerungslehre, hat überhaupt bisher eine wissenschaftliche Behandlung noch nicht gefunden. Wohl fehlt es nicht an Einzelforschungen; aber noch niemals ist der Versuch gemacht worden, die Bevölkerungsbewegung auf einem ausgedehnten Gebiete und während eines längeren Zeitraumes auf Grund systematischer Sammlung und kritischer Sichtung des gesammten vorhandenen Materials zur Darstellung zu bringen. Und doch werden wir nur auf diesem Wege zu einem wirklichen Verständniss der Geschichte und zur Aufstellung einer haltbaren Bevölkerungstheorie gelangen können.

Der vorliegende Band unternimmt es, diese Aufgabe für den Culturkreis der griechisch-römischen Welt, wenn nicht zu lösen, so doch der Lösung näher zu führen. Die zeitlichen Grenzen waren dabei durch die Natur des Quellenmaterials bestimmt. Bis auf die Perserkriege ist unsere Kenntniss der Geschichte so dürftig, dass es unmöglich ist, von den Bevölkerungsverhältnissen mehr als eine ganz allgemeine Anschauung zu gewinnen. Und wieder in der Zeit des Niederganges der antiken Cultur, seit der Mitte des I. Jahrhunderts unserer Zeitrechnung, fliessen die bevölkerungsstatistischen Angaben so spärlich, dass wenigstens für jetzt irgendwie gesicherte Resultate nicht zu erreichen waren. Zwischen dem Census des Claudius

und dem *Domesday-book* Wilhelms des Eroberers liegt die
dunkele Zeit für die Bevölkerungsgeschichte Europas.

Dass eine Untersuchung dieser Art nur Annäherungswerthe
ergeben kann, bedarf keiner Bemerkung. Um das auch äusserlich hervortreten zu lassen, habe ich durchweg runde Zahlen
gesetzt, was hin und wieder zu kleinen Incongruenzen geführt
hat, die ich mit Absicht nicht beseitigt habe. Selbstverständlich ist der Grad der Zuverlässigkeit der erreichten Resultate ein sehr verschiedener. Am grössten ist derselbe, aus
leicht ersichtlichen Gründen, für die freie Bevölkerung der griechischen Halbinsel und Italiens: hier dürfte die Fehlergrenze
nach oben oder nach unten 25 % kaum übersteigen. Viel
unsicherer sind die Schätzungen der Sklavenzahl, und der Bevölkerung der übrigen Länder im Umkreis des Mittelmeeres; es
mögen dabei Fehler bis zu 50 %, in einzelnen Fällen auch darüber, begangen sein. Doch ist es wahrscheinlich, dass diese
Fehler nach dem „Gesetz der grossen Zahl" sich zum Theil
gegenseitig compensiren, sodass die Uebersichten auf S. 506
und 507 ein wenigstens in den Hauptzügen treues Bild der
Bevölkerungsverhältnisse der antiken Welt geben dürften.

Ohne Zweifel werden meine Resultate vielfachen Widerspruch finden: schlagen sie doch zum Theil alten und tief-
gewurzelten Anschauungen ins Gesicht. Auch ich habe lange
unter dem Banne dieser Vorurtheile gestanden, und mich erst
im Laufe der Arbeit, als das ganze Material gesichtet vor
mir lag, vollständig davon befreit. Vielleicht erzielt dieses
Material bei anderen die gleiche Wirkung. Wer es aber unternimmt, mich zu widerlegen, wird seinen Angriff nicht auf einzelne Punkte zu richten haben, sondern auf den ganzen Bau
meines Systems, dessen Steine gegenseitig sich stützen; es
wird darauf ankommen, dieses System durch ein anderes,
besseres zu ersetzen. Und da wohl nicht leicht jemand den
Vorwurf gegen mich erheben wird, dass ich die Volkszahl der
antiken Welt, als ganzes genommen, wesentlich überschätzt
habe, so wird es die Aufgabe meiner eventuellen Gegner sein,
nachzuweisen, dass die Staaten des Alterthums eine beträchtlich höhere Bevölkerung gehabt haben, als von mir angenommen

worden ist. Wir werden dann sehen, welches System mit den Quellen, wie mit den allgemeinen Principien der Bevölkerungs- lehre in besserem Einklang steht.

Freilich, auch wer meine Resultate im grossen und ganzen annimmt, wird im einzelnen manches zu bessern und zu ergänzen finden. Das bevölkerungsstatistische Material aus dem Alterthum ist bisher niemals auch nur in annähernder Voll- ständigkeit gesammelt worden; und wenn ich selbst auch Jahre lang meine Aufmerksamkeit auf diese Fragen gerichtet habe — es wäre merkwürdig, wenn ich nichts übersehen hätte. Vieles freilich, was mir weniger erheblich schien, habe ich mit Absicht unterdrückt, um die Citatenmasse des Buches nicht noch mehr anschwellen zu lassen. Auch sonst bin ich bestrebt gewesen, mich so kurz wie möglich zu fassen, und habe na- mentlich bei den immer wiederkehrenden Berechnungen der Gesammtbevölkerung aus der Bürgerzahl, oder der Zahl der waffenfähigen Männer, in der Regel nur die Elemente der Rech- nung und das Resultat gegeben. Auch habe ich auf Leser ge- rechnet, die wenigstens mit den Grundbegriffen der politischen Oekonomie und der Bevölkerungsstatistik vertraut sind. — Ganz besonders wünschenswerth wäre es, wenn die Areal- und Orts- statistik weiter gefördert würde; es ist aber wohl leider wenig Hoffnung, dass viele unserer Philologen den Planimeter zur Hand nehmen werden.

Es giebt nun allerdings auch Leute, die über jede bevöl- kerungsstatistische Untersuchung aus dem Gebiete des Alter- thums vornehm die Achseln zucken. Das ist freilich eine sehr wohlfeile Weisheit. Gewiss ist unser Material dürftig im Ver- gleich zu dem, was uns für unsere Zeit zu Gebote steht; aber geben wir es denn etwa auf, die politische Geschichte Griechen- lands und Roms zu erforschen, weil die Archive des Metroon und des Capitols bis auf wenige Trümmer verloren sind, weil die Alten das überhaupt kaum gekannt haben, was wir heute unter Geschichtswissenschaft verstehen? Mögen wir uns übrigens auch noch so ablehnend gegen die historische Bevölkerungs- statistik verhalten, entbehren können wir sie dennoch nicht. Es giebt kein grösseres Werk über alte Geschichte, das nicht

statistische Angaben in Menge enthielte, und wären es auch
nur Angaben über die Stärke der Heere; und Niemand wird
diese Zahlen aus der Geschichte verbannen wollen. Bei ihrer
Verwerthung aber herrscht noch immer der roheste Empiris-
mus, und grobe Irrthümer finden sich selbst in unseren besten
Arbeiten. Ist es da nicht wünschenswerth, dass das gesammte
überlieferte Zahlenmaterial einmal in kritischer Weise verarbeitet wird?

Was Polybios vor zweitausend Jahren gegen Phylarchos geschrieben hat, ist leider zum Theil auch heute noch zeitgemäss:
ἐν δὲ τούτοις τίς οὐκ ἂν θαυμάσειε τὴν ἀπειρίαν καὶ τὴν ἄγνοιαν
τῆς κοινῆς ἐννοίας ὑπὲρ τῆς τῶν Ἑλληνικῶν πραγμάτων χορηγίας καὶ δυνάμεως; ἣν μάλιστα δεῖ παρὰ τοῖς ἱστοριογράφοις
ὑπάρχειν. Freilich trifft der Vorwurf mehr unsere Wissenschaft
im ganzen als die Einzelnen. Möchten diese Studien dazu
beitragen, dass der Vorwurf seine Berechtigung verliert.

Frascati, im Juni 1886.

Julius Beloch.

Inhalt.

Zweites Capitel.

Die Zusammensetzung der Bevölkerung nach Geschlecht und Alter.

Drittes Capitel.

Attika.

Sechstes Capitel.

Der hellenische Osten.

Neuntes Capitel.

Italien.

Elftes Capitel.
Die städtische Bevölkerung.

Zwölftes Capitel.
Geschichte der Bevölkerung.

Nachträge.

Erstes Capitel.

Quellen und Hülfsmittel.

—

1. Die bevölkerungsstatistischen Aufnahmen im Alterthum.

Das Bedürfniss der Verwaltung hat im Alterthum schon früh zu den Anfängen einer officiellen Bevölkerungsstatistik geführt. Bei den grossen Privilegien, die überall der Besitz des Bürgerrechtes gewährte, musste sich zunächst die Nothwendigkeit geltend machen, den Kreis der Berechtigten durch unzweifelhafte Urkunden festzustellen. Der Besitz des Bürgerrechtes aber war an die bürgerliche Abkunft geknüpft; es musste also dafür gesorgt werden, dass kein Streit darüber entstehen könne, ob ein Kind von bürgerlichen Eltern geboren war. Das war nur zu erreichen durch amtlich geführte Geburtsregister, die wir demnach für alle grösseren griechischen und italischen Staaten voraussetzen müssen, wenn auch Näheres über diese Einrichtung nur von Athen und Rom überliefert ist. In Athen waren es die Phratrien, die mit der Führung dieser Register (φρατερικὸν γραμματεῖον) betraut waren; den versammelten Mitgliedern der Phratrie stand auch die Controle darüber zu, ob das zur Eintragung in das Verzeichniss vorgeschlagene Kind rechtmässiger bürgerlicher Abkunft sei, oder nicht. Ein bestimmter Termin für die Eintragung war nicht vorgeschrieben; in der Regel geschah sie wohl möglichst bald nach der Geburt, doch war eine spätere Eintragung nicht ausgeschlossen[1]). In

---

[1]) Näheres bei Gilbert, *Staatsalterthümer* I S. 134 f.

Beloch, Bevölkerungslehre. I.

1

Rom soll bereits Servius Tullius verordnet haben, bei jeder
Geburt eine Gabe an den Tempel der Juno Lucina zu zählen[1]).
Aus diesem Brauche entwickelten sich im Laufe der Zeit wirk-
liche Geburtsregister: so musste nach einer Verordnung des
Kaisers Marcus jede Geburt innerhalb 30 Tagen bei dem Prae-
fectus aerarii Saturni angemeldet werden, und analoge
Einrichtungen wurden in den Provinzen durchgeführt[2]).

Dagegen hat das Bedürfniss nach amtlichen Sterbelisten
sich erst viel später geltend gemacht. In Athen wurden zur
Zeit des peloponnesischen Krieges die Todesfälle noch nicht verzeichnet, wie daraus hervorgeht, dass Thukydides zwar im
Stande ist, die Zahl der an der Pest gestorbenen Hopliten und
Reiter genau anzugeben, dagegen die Zahl der Opfer aus den
übrigen Schichten der Bevölkerung als „nicht zu ermitteln" bezeichnet[3]). Und wir wissen nicht, ob Athen später zur Führung
von officiellen Sterberegistern vorgeschritten ist. In Rom soll
gleichfalls Servius Tullius bei jedem Todesfall eine Gabe an den
Tempel der Libitina vorgeschrieben haben[4]). Auch hieraus
haben sich später amtliche Listen entwickelt[5]).

Weiterhin war es erforderlich, die Zahl derer zu kennen.
die zur activen Ausübung des Bürgerrechtes qualificirt waren.
Zu diesem Zwecke bestand bei jeder der politischen Gemeinden
— Demen —, in die Attika durch Kleisthenes eingetheilt worden
war, eine Liste ($\lambda\eta\xi\iota\alpha\varrho\chi\iota\varkappa\grave{o}\nu$ $\gamma\varrho\alpha\mu\mu\alpha\tau\epsilon\tilde{\iota}o\nu$), worin jeder zu dem
Demos gehörige junge Athener etwa mit vollendetem 17. Jahre[6])

---

[1]) Piso bei Dionys IV 15.

[2]) Scriptores Historiae Augustae, Vita M. Antonini 9.

[3]) Thuk. III 87: $\tau\epsilon\tau\varrho\alpha\varkappa\sigma\sigma\iota\omega\nu$ $\gamma\grave{\alpha}\varrho$ $\acute{o}\pi\lambda\iota\tau\tilde{\omega}\nu$ $\varkappa\alpha\grave{\iota}$ $\tau\epsilon\tau\varrho\alpha\varkappa\iota\sigma\chi\iota\lambda\iota\omega\nu$ $o\grave{\nu}\varkappa$
$\grave{\epsilon}\lambda\acute{\alpha}\sigma\sigma o\nu\varsigma$ $\grave{\alpha}\pi\acute{\epsilon}\vartheta\alpha\nu o\nu$ $\grave{\epsilon}\varkappa$ $\tau\tilde{\omega}\nu$ $\tau\acute{\alpha}\xi\epsilon\omega\nu$ $\varkappa\alpha\grave{\iota}$ $\tau\varrho\iota\alpha\varkappa o\sigma\iota\omega\nu$ $\grave{\iota}\pi\pi\acute{\epsilon}\omega\nu$, $\tau o\tilde{\nu}$ δ' $\check{\alpha}\lambda\lambda o\nu$
$\check{o}\chi\lambda o\nu$ $\grave{\alpha}\nu\epsilon\xi\epsilon\acute{\nu}\varrho\epsilon\tau o\varsigma$ $\grave{\alpha}\varrho\iota\vartheta\mu\acute{o}\varsigma$. Vergl. Müller-Strübing, Aristophanes S. 642.

[4]) Dionys a. a. O.

[5]) Suet. Nero 39: pestilentia unius autumni, qua triginta funerum milia
in rationem Libitinae venerunt. Vergl. Hieronymus Ol. 214, 1 (Eusebius II
S. 159 Schoene): lues ingens Romae facta, ita ut per multos dies in efeme-
ridem X milia ferme mortuorum hominum referrentur.

[6]) Da die Eintragung in die Geburtsregister der Phratrien an kein bestimmtes Alter geknüpft war, so konnte das auch bei der Eintragung in

eingetragen wurde. Diese Einzeichnung begründete die politischen Rechte und die civilrechtliche Mündigkeit; die Controlle
über die Qualification der Aufzunehmenden stand bei den versammelten Bürgern des Demos. • Auf Grund dieser Verzeichnisse
wurde dann die Liste der zur Theilnahme an der Volksversammlung berechtigten Bürger (πίναξ ἐκκλησιαστικός) zusammengestellt [1]). Sie gewährte die Möglichkeit, einen ungefähren
Ueberblick über die Gesammtzahl aller attischen Bürger zu
gewinnen, wenn auch die so erhaltene Zahl von absoluter Genauigkeit weit entfernt sein musste. Denn einerseits fehlten
in der Liste alle diejenigen Bürger, die ihre politischen Rechte
temporär oder dauernd verwirkt hatten (ἄτιμοι); andererseits
war es bei dem Mangel an amtlichen Sterberegistern unvermeidlich, dass die Namen vieler bereits Verstorbenen in dem
πίναξ ἐκκλησιαστικὸς weitergeführt wurden. Aehnliche Listen
müssen für die übrigen griechischen Demokratien vorausgesetzt
werden; in oligarchischen Staaten war der πίναξ ἐκκλησιαστικὸς
natürlich auf die bevorrechtete Klasse beschränkt.

Verzeichnisse anderer Art waren für die Militärverwaltung
erforderlich. Jedes Jahr entwarf die oberste Militärbehörde —
in Athen die Strategen, in Boeotien die Polemarchen etc. —
eine Liste der in das kriegspflichtige Alter tretenden Jünglinge,
die durch ihr Vermögen dazu befähigt waren, dem Staat mit
schwerer Rüstung oder als Reiter zu dienen. Diese Listen bildeten die Grundlage für die Aushebung; bei ihrer Wichtigkeit
wurde es seit Ausgang des IV. Jahrhunderts üblich, sie in Stein
gehauen öffentlich auszustellen, und diesem Gebrauche verdanken wir es, dass eine grosse Anzahl derselben, namentlich
aus Athen und Boeotien, auf uns gelangt ist. Da nun der attische Bürger durch 42 Jahre dienstpflichtig war, so ergab sich
die Gesammtwehrkraft des Staates, wenn man die Listen der
letzten 42 Jahre zusammenzählte. Dabei war es selbstverständ-

---

die Bürgerlisten der Demen nicht der Fall sein; das Entscheidende war
vielmehr die physische Entwickelung (Arist. *Wespen* 578: παίδων τοίνυν
δοκιμαζομένων αἰδοῖα πάρεστι θεᾶσθαι).

[1]) *R. g. Leochares* (Demosth. 44) 35 S. 1091.

lich erforderlich, dass alle Abgänge durch Todesfälle, Ausführung
in Kleruchien etc. genau vermerkt, und andererseits die Zugänge
durch Aufnahme wohlbabend gewordener Theten, Ertheilung
des Bürgerrechts oder der Isotelie an Fremde berücksichtigt
wurden. Die so gebildete Musterrolle hiess der „Katalog"
schlechtweg (ὁ κατάλογος); ihm hat Thukydides seine Angaben
über die Wehrkraft Athens, wie über die Verluste durch die
Pest entnommen. Da ferner auch die vermögenderen Schutzverwandten zum Dienste als Hopliten verpflichtet waren, so
musste auch über sie ein analoges Verzeichniss geführt werden.
Dagegen hat Athen, wenigstens seit der perikleischen Zeit, mit
Ausnahme eines kleinen Corps Bogenschützen, regelmässige
leichte Truppen nicht unterhalten; über die Bürger der Thetenklasse also, die vom Dienst als Hopliten auf eigene Kosten
befreit waren, sind Listen zu militärischen Zwecken nur insoweit geführt worden, als sie von staatswegen mit schwerer
Rüstung versehen waren.

Die besprochenen Verzeichnisse leisteten allen Erfordernissen der Verwaltung genüge und liessen ein Bedürfniss nach
periodischen Aufnahmen der Bevölkerung nicht aufkommen. So
ist die erste Volkszählung in Athen, von der wir Kenntniss
haben, erst unter der Verwaltung des Demetrios von Phaleron
(317—307) gehalten worden [1]). Sie umfasste alle Klassen der
Bevölkerung, Bürger, Metoeken und Sklaven, aber, wie die erhaltenen Ergebnisse beweisen, nur die erwachsenen Männer,
während Weiber und Kinder ausgeschlossen blieben. Ueber die
sonstigen Modalitäten der Zählung sind wir nicht unterrichtet:

---

[1]) Athen. VI S. 272 B (= Müller, *Fr. H. Gr.* IV 375 Ktesikles fr. 1):
Κτησικλῆς δ' ἐν τρίτῃ Χρονικῶν . . . . . . καὶ δεκάτῃ πρὸς ταῖς ἑκατόν
ᾗ φησιν Ὀλυμπιάδι Ἀθήνησιν ἐξετασμὸν γενέσθαι ὑπὸ Δημητρίου τοῦ Φαληρέως τῶν κατοικούντων τὴν Ἀττικήν . . . καὶ εὑρεθῆναι Ἀθηναίους μὲν
δισμυρίους πρὸς τοῖς χιλίοις, μετοίκους δὲ μυρίους, οἰκετῶν δὲ μυριάδας
[τεσσαράκοντα]. Man hat Ol. 115 (Schweighäuser), 116 (Casaubonus), 118
(Scaliger) emendirt. Warum nicht Ol. 117? Wir kennen Ktesikles nur aus
Athenaeos; das III. Buch der Χρονικά erzählte noch den Tod Eumenes I.
von Pergamon 241 v. Chr., Ktesikles kann also frühestens gegen Ende des
III. Jahrhunderts geschrieben haben.

es wird aber aller Analogie nach anzunehmen sein, dass die rechtlich zugehörige, nicht die factisch anwesende Bevölkerung gezählt wurde. Ob später noch andere Volkszählungen in Athen stattgefunden haben, wissen wir nicht; ebensowenig ob das von Demetrios gegebene Beispiel in anderen griechischen Republiken Nachfolge gefunden hat. Dagegen dürfen wir mit Sicherheit annehmen, dass in den Grossstaaten der hellenistischen Zeit Aufnahmen der Bevölkerung vorgenommen worden sind. Und zwar hat hier der Begriff der Gesammtbevölkerung in die Statistik Eingang gefunden. Wenn Diodor unter Berufung auf die officiellen Listen die freie Bevölkerung von Alexandreia zu 300 000 angiebt[1]), so ist klar, dass hier die Frauen und Kinder eingerechnet sein müssen. Ebenso wenn Plinius die plebs urbana von Seleukeia am Tigris auf 600 000 beziffert[2]). Dass die aus Hekataeos von Abdera geflossene Nachricht, Aegypten habe unter dem ersten Ptolemaeer 3 Millionen Einwohner gezählt, ebenfalls von der Gesammtbevölkerung zu verstehen ist, sagt Diodor selbst[3]). Es ist wahrscheinlich, dass sich hier die ptolemaeische Verwaltung an Einrichtungen aus der Pharaonenzeit angelehnt hat.

In die hellenistische Zeit fällt auch die Ausbildung des römischen Census. Allerdings stehen diese Erhebungen nicht auf gleicher Linie mit der Volkszählung des Demetrios, denn der Zweck des Census war nur die Feststellung der römischen Bürgerzahl, während Fremde und Sklaven unberücksichtigt blieben. Aber die periodische Wiederholung der Aufnahmen in kurzen Zwischenräumen und durch vier Jahrhunderte, das grosse und beständig wachsende Gebiet, auf das sich dieselben beziehen, endlich und vor allem der Umstand, dass uns hier allein auf dem Felde der antiken Bevölkerungsstatistik eine verhältnissmässig reiche Ueberlieferung zu Gebote steht, giebt den römischen Censuszahlen eine Bedeutung, die kein anderes Document dieser Art aus dem Alterthume erreicht. Sie werden

---

[1]) Diod. XVII 52.
[2]) Plin. *H. N.* VI 122.
[3]) Diod. I 31, vergl. unten Cap. VI 4.

weiter unten (Cap. VIII) eine ihrer Wichtigkeit entsprechende ausführliche Behandlung finden.

Allerdings dürfen die Ergebnisse auch der sorgfältigsten dieser Aufnahmen an Genauigkeit mit den Ergebnissen unserer Volkszählungen bei weitem nicht auf eine Stufe gestellt werden. Aber das vorhandene statistische Material hätte doch immerhin ausgereicht, um ein in der Hauptsache treues Bild der Bevölkerungsverhältnisse der griechisch-römischen Welt zu gewinnen. Auch war dasselbe keineswegs der öffentlichen Benutzung entzogen. In den griechischen Demokratien, wo alles auf dem Markt verhandelt wurde, konnten selbstverständlich die Ergebnisse der officiellen Statistik nicht geheim gehalten werden, und auch Rom hat weder unter der Herrschaft der Aristokratie, noch unter der Kaiserherrschaft Bedenken getragen, die Resultate seines Census zu veröffentlichen. Aber von einer wissenschaftlichen Verwerthung, ja auch nur von einer Sammlung des statistischen Materials finden sich im Alterthum kaum die rohesten Anfänge; sowenig wie eine politische Oekonomie haben die Griechen und Römer eine politische Arithmetik besessen. Die praktische Wichtigkeit statistischer Kenntnisse für den Staatsmann und den Historiker freilich haben sie nicht verkannt. So stellt schon der Sokrates den xenophontischen Memoiren an einen angehenden Volksredner die Forderung, über die militärischen Machtmittel des eigenen Staates wie der eventuellen Gegner unterrichtet zu sein[1]); und Unwissenheit in statistischen Dingen ist einer der stärksten Vorwürfe, die Polybios gegen Phylarchos schleudert[2]). Aber die Erfüllung dieser Anforderungen war dem antiken Staatsmanne oder Forscher recht schwer gemacht. Es mag sein, dass die politischen Schriften der peripatetischen Schule statistische Angaben enthalten haben; in der Hauptsache aber blieb jeder, der sich für diese Dinge

---

[1]) Xen. *Denkwürd.* III 6, 9.

[2]) Polyb. II 62, 2: ἐν δὲ τούτοις πρῶτον μὲν τίς οὐκ ἄν θαυμάσειε τὴν ἀπειρίαν καὶ τὴν ἄγνοιαν τῆς κοινῆς ἐννοίας ὑπὲρ τῆς τῶν Ἑλληνικῶν πραγμάτων χορηγίας καὶ δυνάμεως; ἣν μάλιστα δεῖ παρὰ τοῖς ἱστοριογράφοις ὑπάρχειν.

interessirte, darauf angewiesen, das Material selbst zusammenzubringen, sei es durch persönliche Erkundigung, sei es durch
das Studium der Historiker. Es sind die Trümmer der historischen Literatur des Alterthums, denen auch wir in erster
Linie die Kenntniss der Populationsverhältnisse der antiken
Welt zu verdanken haben.

2. Die statistische Ueberlieferung.

Zahlen sind, wie bekannt, bei handschriftlicher Ueberlieferung am meisten der Verderbniss ausgesetzt. Schon in unserem
Gedächtniss haften Zahlen viel weniger fest als Worte, und es
erfordert die schärfste Anspannung unserer Aufmerksamkeit,
eine längere Zahlenreihe fehlerlos abzuschreiben. Dabei sind
Verderbnisse, die sich einmal in der Zahlenüberlieferung eingeschlichen haben, in der Regel durch Conjectur nicht zu heilen,
da uns hier die Bestätigung abgeht, die bei der Emendation ge-
wöhnlicher Textcorruptelen der Wortsinn gewährt. So bietet
nur die epigraphische Ueberlieferung ein absolut sicheres Fundament für unsere Untersuchungen; aber leider ist die bevölkerungsstatistische Ausbeute aus den Inschriften bis jetzt sehr
gering. Das Monumentum Ancyranum mit seinen Censuszahlen, die griechischen Epheben- und Militärkataloge, einige
hie und da gelegentlich verstreute Angaben — das ist alles, was
uns die Inschriften an statistischen Daten geliefert haben. Im
wesentlichen bleiben wir doch auf die literarische Tradition
angewiesen.

Es sind übrigens nicht so sehr die Nachlässigkeit der Abschreiber und die dadurch verursachten Corruptelen, die uns
die Verwerthung der überlieferten Zahlen erschweren. Viel
grössere Schuld trifft die antiken Historiker selbst. Unsere
nächste Aufgabe muss es also sein, die Glaubwürdigkeit unserer
Quellen in statistischen Dingen zu untersuchen.

Der erste Platz in der uns erhaltenen Literatur gebührt
hier ohne Frage Thukydides. Mehr als eine Stelle seines
Werkes bezeugt es, wie strenge Kritik er an den Angaben
seiner Gewährsmänner übte, und wie er lieber eine Zahl unter-

drückte als unzuverlässige Angaben aufzunehmen [1]). Dass trotzdem auch bei ihm einige Zahlen sich finden, die nachweislich
unrichtig sind, liegt in der Natur der Sache; auch bleibt es
dabei meist zweifelhaft, ob nicht die Schuld statt den Verfasser,
die Verderbniss der Ueberlieferung trifft. Thukydides am nächsten steht Xenophon. An seiner Wahrheitsliebe kann kein
Zweifel sein, und wo es sich um Zahlen handelt, die er zu
kennen in der Lage war, werden sie als unbedingt zuverlässig
zu gelten haben. Sonst freilich hat Xenophon sein Material
keineswegs mit derselben Sorgfalt gesichtet, wie Thukydides.
Viel weniger günstig muss unser Urtheil über den „Vater der
Geschichte", Herodot, lauten. Schon an und für sich erwecken
die vielen und detaillirten Zahlenangaben aus der Geschichte
der Perserkriege schwere Bedenken. Handelt es sich doch hier
um eine Zeit, die eine ganze Generation hinter dem Verfasser
zurücklag, und über die ihm eine zusammenhängende schrift-
liche Ueberlieferung nicht zu Gebote stand [2]). Ich sehe hier
ganz ab von den Angaben über Heer und Flotte des Xerxes,
denen die Uebertreibung deutlich an der Stirn geschrieben steht
und woran schon das Alterthum Kritik geübt hat. Aber auch
das Verzeichniss der griechischen Streitkräfte bei Plataeae, das
so lange Zeit die hauptsächlichste Grundlage aller Untersuchungen über die griechische Bevölkerungsstatistik gebildet
hat, und den Beweis hat hergeben müssen für die behauptete
Abnahme der Volkszahl Griechenlands seit den Perserkriegen,
erweist sich bei näherer Prüfung als keineswegs zuverlässig.
Es ist längst erkannt worden, dass Sparta niemals 5000 Bürgerhopliten ins Feld gestellt haben kann [3]); und auch die Zahlen
für einige der übrigen Contingente, wie die von Sikyon, Korinth,

---

[1]) Thuk. III 113: καὶ ἀριθμὸν οὐκ ἔγραψα τῶν ἀποθανόντων, διότι
ἄπιστον τὸ πλῆθος λέγεται ἀπολέσθαι, ὡς πρὸς τὸ μέγεθος τῆς πόλεως.
V 68: ἀριθμὸν δὲ γράψαι, ἢ καθ᾽ ἑκάστους ἑκατέρων ἢ ξύμπαντας, οὐκ
ἂν ἐδυνάμην ἀκριβῶς· τὸ γὰρ Λακεδαιμονίων πλῆθος διὰ τῆς πολιτείας τὸ κρυπτὸν ἠγνοεῖτο, τῶν δ᾽ αὖ διὰ τὸ ἀνθρώπινον κομπῶδες ἐς
τὰ οἰκεῖα πλήθη ἠπιστεῖτο.

[2]) Vergl. Nitzsch, Rh. Mus. 27 (1872) S. 226—268.

[3]) Stein, Jahrbücher für Philologie 85 (1862) S. 853—864.

Megara und Plataeae erregen durch ihre Höhe die stärksten
Bedenken. Daneben allerdings finden sich Zahlen, die solchen
Zweifeln nicht unterliegen, ja die höchst wahrscheinlich exact
sind. Dieser verschiedene Werth erklärt sich sehr leicht aus
der Art, wie Herodot seine Liste zusammengestellt hat. Die
Grundlage bildete das plataeische Siegesdenkmal in Delphi, wie
sich aus der genauen Uebereinstimmung in den Namen ergiebt[1]).
Da nun das delphische Siegesdenkmal keine Angaben über die
Stärke der einzelnen Contingente enthält, so war Herodot gezwungen, dieselben aus eigenen Mitteln hinzuzufügen. Nach
Verlauf eines halben Jahrhunderts aber konnten zuverlässige
Angaben dieser Art nur noch in Ausnahmefällen zu beschaffen
sein; in der Regel blieb Herodot auf Schätzungen angewiesen,
deren Grundlage offenbar die militärische Leistungsfähigkeit der
einzelnen Gemeinden in Herodots eigener Zeit bilden musste.
Auch so bleibt die Liste für unsere Zwecke sehr wichtig, wenn
sie auch einen absoluten Werth nicht mehr beanspruchen kann
und nur mit Vorsicht benutzt werden darf. Die gleiche Vorsicht wird natürlich auch den übrigen Zahlen bei Herodot gegenüber geboten sein.

Bei dem Verlust der gesammten historischen Literatur des
Alterthums zwischen Xenophon und Polybios ist eine Beurthei-
lung des Werthes der in den Werken dieser Zeit enthaltenen
Zahlenangaben nur insoweit noch möglich, als es der Quellen-
forschung bisher gelungen ist, die Berichte Diodors, Plutarchs,

---

[1]) IGA. 70. — Dass unter den *Φαλεῖοι* des Denkmals die Eleier zu
verstehen sind, hat Herodot nicht erkannt, vielmehr das Digamma als *Π*
gelesen, und so die Paleer aus Kephallenia in die Liste hereingebracht.
Ueber andere ähnliche Versehen aus dem Alterthum (z. B. des Polemon),
s. Wilamowitz, *Hom. Unters.* S. 305. — Die Bürger von 6 Kykladen: Keos,
Melos, Tenos, Naxos, Kythnos, Siphnos, die auf dem Denkmal verzeichnet
sind, hat Herodot ausgelassen, weil sie nur bei Salamis, nicht auch bei
Plataene gekämpft haben. Vergl. Herod. VIII 82: *διὰ τοῦτο τὸ ἔργον
ἐνεγράφησαν Τήνιοι ἐν Δελφοῖσι ἐς τὸν τρίποδα ἐν τοῖσι τὸν βάρβαρον
κατελοῦσι.* Wir haben hier zugleich ein directes Zeugniss dafür, dass
Herodot die Inschrift des delphischen Dreifusses für seine Geschichte benutzt hat.

Pompeius Trogus' und Anderer mit Sicherheit auf ihre Vorlagen
zurückzuführen. Soweit wir danach urtheilen können, ist es
mit Ephoros' Zuverlässigkeit in statistischen Dingen sehr übel
bestellt. In dem Streben nach Anschaulichkeit machte er sich
kein Gewissen daraus, wo ihm die Ueberlieferung keine Zahlenangaben an die Hand gab, dieselben aus eigenen Mitteln zu
ergänzen. So werden persische und karthagische Heere in der
Regel in Bausch und Bogen zu 300000 Mann angesetzt, Verlustziffern nach reiner Willkür gegeben, und Aehnliches[1]). Schon
Timaeos hat es sich angelegen sein lassen, einige von Ephoros'
Uebertreibungen zu berichtigen[2]); aber von Thukydides' Akribie
ist auch er sehr weit entfernt.

Ganz vorzüglich dagegen sind die Zahlenangaben in Diodors
Diadochengeschichte, die wohl unzweifelhaft, wenn auch vielleicht
nicht direct, aus Hieronymos geflossen sind. Und auch die unter
Hieronymos' Namen überlieferten Verlustziffern aus Pyrrhos'
Krieg mit den Römern tragen durchaus das Gepräge der Zuverlässigkeit. Leider kommen alle diese Angaben für unsere Zwecke
nur wenig in Betracht, da sie sich auf eine Zeit beziehen, wo
die Kriege zum grossen Theil mit Söldnern geführt wurden.

Polybios hängt, wie in seiner ganzen Geschichtsauffassung,
so auch in seinen Zahlenangaben, in viel höherem Maasse von
seinen Quellen ab, als man von einem Historiker seines Ranges
erwarten sollte. Das auffallendste Beispiel dafür bietet vielleicht
der Bericht über die Seeschlacht von Chios[3]), wo die Angaben
rhodischer Quellen über die ungeheuren Verluste Philipps kritik-
los nachgeschrieben werden, obgleich doch aus Polybios' eigener
Erzählung klar genug hervorgeht, dass Philippos Sieger blieb,
wie denn auch seine Flotte so wenig geschwächt war, dass sie
kurz darauf den Rhodiern bei Lade eine neue und entscheidende
Niederlage beibringen konnte. Die Angaben Fabius Pictors über
die ungeheuren maritimen Leistungen Roms im ersten punischen
Kriege werden ohne weiteres wiederholt und Polybios wagt

---

[1]) Vergl. darüber Busolt, *Rh. Mus.* 38 (1883) S. 629.
[2]) S. unten Cap. VIII 5.
[3]) Polyb. XVI 7; vergl. Ihne, *Röm. Gesch.* III S. 10 A. 2.

es kaum, beiläufig ein schüchternes Bedenken zu äussern [1]).
Von Hannibal berichtet er mit kaltem Blute, dass er auf dem
Zuge nach Italien 76000 Mann, $^{3}/_{4}$ seines Heeres, eingebüsst
habe, ohne sich daran zu stossen, dass von diesem Verluste
13000 Mann auf die Strecke von den Pyrenäen zum Rhodanos
entfallen sollten, auf der Hannibal weder irgend welche Terrainschwierigkeiten zu überwinden, noch grössere Kämpfe zu bestehen gehabt hat. Dass diese ganzen, scheinbar so ungeheueren
Verluste blos auf der gewaltigen Uebertreibung der Heeresstärke beruhen, die Hannibal beim Aufbruch von Neu-Karthago
unter seinen Befehlen gehabt hat, ist Polybios offenbar nicht in
den Sinn gekommen; freilich den modernen Bearbeitern dieses
Zeitraumes ebensowenig [2]). Dass ferner Polybios' Servilität
gegen das Haus der Scipionen seine Berichte, und namentlich
seine Zahlenangaben überall da unbrauchbar macht, wo er
Thaten dieser Familie zu erzählen hat, ist längst allgemein
anerkannt. Wo dagegen Polybios als unmittelbare Quelle berichtet und zur Fälschung der Wahrheit keine Veranlassung
hat, werden seine Zahlen einen hohen Grad von Zuverlässigkeit
beanspruchen dürfen, und halten in der Regel jeder Kritik Stand.

Bei den griechischen Schriftstellern der nachpolybianischen
Zeit, wie Diodor, Strabon, Plutarch, Appian, kann von einem
allgemeinen Urtheil über den Werth der vorkommenden
Zahlenangaben kaum mehr die Rede sein, da sie in diesem
Punkte durchaus von ihren Quellen abhängen. Mit ihrem eigenen
statistischen Verständniss ist es, entsprechend ihrem ganzen geistigen Niveau, meist sehr traurig bestellt. So bemüht sich
Diodor, uns die Angaben über die ungeheueren Heere der
Samiramis als glaublich darzustellen, und führt zum Beweise
an, Dionys habe aus der einen Stadt Syrakus ein Heer von
132000 Mann zusammenzubringen vermocht [3]); seiner Vater-

---

[1]) Polyb. I 38, 5: Ῥωμαῖοι ... αὖθις ἔγνωσαν ἐκ δρυόχων εἴκοσι
καὶ διακόσια ναυπηγεῖσθαι σκάφη· τούτων δὲ τὴν συντέλειαν ἐν τριμήνῳ
λαβόντων, ὅπερ οὐδὲ πιστεῦσαι ῥᾴδιον.

[2]) Näheres unten Cap. X 5.

[3]) Diod. II 5.

stadt Agyrion schreibt er um den Anfang des IV. Jahrhunderts
eine Bürgerzahl von 20 000 zu [1]), also nicht weniger als Akragas
oder Athen um dieselbe Zeit hatten.

Ueber die römischen Annalisten endlich brauche ich kaum
ein Wort zu verlieren. Der Sinn für historische Wahrheit lag
den Römern überhaupt fern, und wenn selbst die Feldherrn in
ihren officiellen Berichten sich vor offenbaren Lügen nicht
scheuten, was war dann von den Schriftstellern zu erwarten?
Systematischer ist niemals Geschichte gefälscht worden, und
gerade die Zahlenangaben boten dafür das ergiebigste Feld.
Erst mit der Verbreitung griechischer Bildung am Anfange der
Kaiserzeit sind die Dinge etwas besser geworden. Livius macht
doch hin und wieder wenigstens einen Anfang zur Kritik, wenn
auch das Resultat meist sehr kläglich ausfällt; und in der That
befand sich die Ueberlieferung der republikanischen Zeit in
einer so heillosen Verwirrung, dass bei dem damaligen Stand
der historischen Forschung an eine Auflösung dieses Chaos
nicht mehr zu denken war. Wären uns nicht glücklicher Weise
die Ergebnisse des römischen Census erhalten, so würden wir
überhaupt darauf verzichten müssen, zu einer Anschauung der
Bevölkerungsverhältnisse des alten Italien zu gelangen.

Bei den Schriftstellern der späteren Kaiserzeit endlich verschwindet meist jedes statistische Verständniss. Die Zahlen
wachsen ins Maasslose. So schreibt Zonaras — oder vielmehr
seine Quelle — dem kappadokischen Kaisareia im IV. Jahrhundert eine Bevölkerung von 400 000 Einwohnern zu [2]); Prokopios lässt bei der Einnahme Mailands durch die Gothen und
Burgunder 300 000 Männer getödtet werden [3]); nach demselben
Prokopios wären in Africa unter Justinians Regierung 5 Millionen
Menschen zu Grunde gegangen, im ganzen römischen Reich
und den angrenzenden Barbarenländern eine Billion [4]). Die

---

[1]) Diod. XIV 95.
[2]) Zonar. XII 23, S. 141 Dindorf.
[3]) Prokop, *Goth. Kr.* II 21.
[4]) Prokop, *Geh. Geschichte* 18: μυριάδας μυριάδων μυρίας φησὶ
ἀπολωλεκέναι.

Erscheinung ist charakteristisch für den Verfall des geistigen Lebens in dieser Zeit; und bekanntlich geben die mittelalterlichen Chroniken in diesem Punkte den Byzantinern nichts nach. Wir sollten endlich aufhören, von solchen Zahlen Gebrauch zu machen.

3. Die militärische Dienstpflicht.

Unsere Kenntniss von der Bevölkerung der Staaten des Alterthums ruht, wie wir gesehen haben, zu einem sehr grossen Theil auf den Angaben über die Truppenzahl, welche diese Staaten, sei es überhaupt ins Feld stellen konnten, sei es bei einer gegebenen Gelegenheit wirklich ins Feld gestellt haben. Um aber diese Angaben statistisch verwerthen, ja auch nur um die Richtigkeit unserer Ueberlieferung kritisch prüfen zu können, ist es unumgänglich, uns zuvor von der Zusammensetzung der Heere im Alterthum ein deutliches Bild zu machen.

Der Grundsatz, dass jeder Bürger zur Vertheidigung der Heimath verpflichtet ist, gilt von den heroischen bis herab in die römischen Zeiten. Aber die Ableistung dieser Pflicht wird geregelt durch physische und rechtliche Bedingungen; im wesentlichen also durch Alter, Stand und Vermögen. Die physischen Voraussetzungen für die Wehrpflicht werden im allgemeinen zu allen Zeiten dieselben sein, solange die menschliche Natur dieselbe bleibt; das Gesetz hat hier nur einen verhältnissmässig beschränkten Spielraum. Wie die Staaten des modernen Europa den Jüngling mit dem vollendeten 20. Jahre zum Kriegsdienst heranziehen, so war es, soweit wir sehen, in Griechenland. Von dem 20. Jahre an wurde der junge Athener bei Feldzügen ausser Landes verwendet; mit 20 Jahren begann in Boeotien die Militärpflicht und mit demselben Alter ging der spartiatische Jüngling in die Klasse der Eirenen über und damit in das active Heer.

Voraus ging eine Zeit der militärischen Vorbereitung, während der die junge Mannschaft nur zum Dienst innerhalb der Landesgrenzen verwendet wurde. So diente der junge Athener nach seiner Mündigkeitserklärung zwei Jahre, in der makedonischen Zeit ein Jahr als Peripolos, oder wie später die officielle

Bezeichnung lautete, als Ephebe; ebenso ging in Bocotien die
Ephebie dem Eintritt in das Heer voraus, und in Sparta, wo
eigentlich die ganze Erziehung nichts anderes war, als eine Vorbereitung auf den Kriegsdienst, waren doch die beiden letzten
Jahre vor dem Eintritt unter die Eirenen ganz besonders diesem
Zwecke gewidmet, wie schon der Name μελλείρενες ausdrückt,
mit' dem die jungen Leute während dieser Zeit bezeichnet
wurden. Zahlreiche Ephebeninschriften aus den verschiedensten
Theilen der griechischen Welt bezeugen, dass ähnliche Einrichtungen in allen, oder doch in sehr vielen Staaten bestanden haben.

Unter das 20. Jahr ist in Griechenland für den activen
Kriegsdienst nur in Nothfällen herabgegangen worden. So sind
vor der Schlacht bei Tanagra[1]) und einmal im peloponnesischen
Kriege[2]) die attischen Peripoloi in Megaris verwendet worden;
so hat Philippos vor der Schlacht bei Kynoskephalae zur Ergänzung seines Heeres 16jährige Jünglinge zu den Waffen gerufen[3]), und 210 haben die Akarnanen bei einem Einfall der
Aetoler die ganze männliche Bevölkerung vom 15. bis zum 60.
Jahre aufgeboten[4]). Aber das sind eben Ausnahmefälle, die
nur die Regel bestätigen. — In Rom dagegen begann die Wehrpflicht regelmässig mit dem vollendeten 16. Jahre. Die Vor-
bereitungszeit wie in Griechenland fiel natürlich hier fort.

Als obere Grenze des kriegspflichtigen Alters galt in der
Regel das 60. Lebensjahr. So in Athen, dessen Musterrolle
der Hopliten (κατάλογος) die 42 Jahrgänge vom 18. bis zum 60.
Jahre umfasste. In Sparta blieb der Bürger von seinem Eintritte
in das Heer durch 40 Jahre zu Feldzügen ausser Landes verpflichtet (ἔμφρουρος); und da bis auf den Tag von Leuktra
ein feindlicher Angriff auf Sparta ausser dem Bereich der Möglichkeit zu liegen schien, so war auch der Spartiate mit 60
Jahren thatsächlich vom Kriegsdienst befreit. Die Akarnanen

---

[1]) Thuk. 1 105.
[2]) Thuk. IV 67.
[3]) Livius 33, 3 nach Polybios.
[4]) Livius 26, 25 ebenfalls nach Polybios.

haben selbst in der Zeit der höchsten Bedrängniss nicht auf die
Mannschaften über 60 Jahre zurückgegriffen[1]). Ebenso war es
in Rom. Eine Ausnahme macht scheinbar Makedonien. In dem
Heere, das Alexander 334 nach Asien führte, soll unter den
Subalternoffizieren keiner gewesen sein, der nicht über 60 Jahre
gezählt hätte[2]), und von den Argyraspiden sollen 316 die meisten
gegen 70, die jüngsten 60 Jahre gezählt haben[3]). Aber abgesehen von der Möglichkeit, dass diese Angaben übertrieben sind,
ist es sehr wahrscheinlich, dass diese Elitetruppe freiwillig über
die gesetzliche Zeit hinaus weitergedient hat. Denn bekanntlich
hat Alexander seine übrigen alten Soldaten theils schon während
seiner Feldzüge, theils nach der Rückkehr von Indien entlassen.

Indess lag es in der Natur der Sache, dass die gesammte
kriegstüchtige Mannschaft nur in Ausnahmefällen aufgeboten
wurde. Das geschah z. B. in Sparta nach dem Schlage von
Leuktra. Für gewöhnlich musste schon das Bedürfniss, die
festen Plätze nicht ohne Besatzung zu lassen, dahin führen,
dass selbst bei Auszügen „mit ganzer Macht“ ($\pi\alpha\nu\delta\eta\mu\epsilon\iota$) ein
Theil der Wehrpflichtigen zu Hause blieb. In der Regel be-
stimmte man dazu natürlich die ältesten Jahrgänge. So war
das spartanische Heer bei Leuktra aus den Bürgern vom 20.
bis zum 55. Jahre gebildet[4]), und auch an der Schlacht bei
Mantineia 418 haben die ältesten Jahrgänge nicht Theil genommen[5]). Andere Staaten konnten begreiflicher Weise so
hohe Anforderungen nicht stellen. So war es in Athen bis auf
die makedonische Zeit Regel, die Bürger nur etwa bis zum
50. Jahre zu Feldzügen aufzubieten. Thukydides in seiner
Uebersicht der Machtmittel Athens am Anfang des peloponnesischen Krieges führt die beiden Kategorien der Feldtruppen
und der Besatzungstruppen gesondert auf; zu letzterer gehörten
unter anderen die Bürger aus den jüngsten (die $\pi\epsilon\rho\iota\pi\text{o}\lambda\text{o}\iota$)
und den ältesten Jahrgängen, d. h. offenbar die Bürger vom

[1]) Liv. 26, 25.
[2]) Justin. XI 6.
[3]) Diod. XIX 41.
[4]) Xen. *Hell.* VI 4, 17.
[5]) Thuk. V 75.

50. bis zum 60. Lebensjahre [1]). Ebenso hat Dionysios zur Zeit, als
er noch Strateg der Republik Syrakus war (Frühjahr 405) für
einen Feldzug gegen die Karthager die Mannschaft bis zu 40
Jahren zu den Waffen gerufen [2]). Und auch in Rom war, wie
bekannt, das 46., oder höchstens das 50. Lebensjahr die obere
Grenze des felddienstpflichtigen Alters.

Nicht weniger wichtig sind die rechtlichen Verhältnisse,
von denen die Ableistung der Militärpflicht bedingt wird. Wie im
europäischen Mittelalter, so galt auch in den Staaten des Alterthums ursprünglich der Satz, dass der Mann für seine eigene
Ausrüstung zu sorgen hat. Daraus ergab sich die Nothwendigkeit, die Ableistung der Dienstpflicht nach dem Vermögen ab-
zustufen. Wer reich genug war, ein Pferd halten zu können,
diente im Kriege als Reiter; wer sich eine Panoplie anzuschaffen
vermochte — und das war im Alterthum eine sehr kostspielige
Sache —, kämpfte als Hoplite; alle übrigen dienten als Leichtbewaffnete oder auf der Flotte. Natürlich konnte man alles
das nicht der Willkür des Einzelnen überlassen; es musste
gesetzlich festgestellt werden, bis zu welchem Vermögen herab
der Dienst zu Pferde und der Dienst mit schwerer Rüstung
obligatorisch war. In Athen war diese Verpflichtung bekanntlich auf die drei oberen solonischen Klassen beschränkt, während
die vierte Klasse, die Theten, vom Hoplitendienst frei war.
Analoge Bestimmungen müssen in den übrigen griechischen
Staaten bestanden haben, wenn wir auch nicht näher darüber
unterrichtet sind; man denke an die ja offenbar nach griechischen Vorbildern entworfene servianische Verfassung Roms. Da
jeder Staat das höchste Interesse daran hatte, soviele Hopliten
als möglich im Falle des Bedürfnisses aufstellen zu können, so
liegt es in der Natur der Sache, dass man überall bei Bestimmung des Hoplitencensus bis an die äusserste zulässige Grenze
hinunterging, sodass trotz aller Schwankungen im einzelnen
der zum Dienste in schwerer Rüstung berechtigende und ver-
pflichtende Vermögenssatz sich durch die ganze hellenische Welt

---

[1]) S. unten S. 61 f.
[2]) Diod. XIII 95.

so ziemlich gleichbleiben musste. Im allgemeinen dürfen wir sagen, dass die Grenze zwischen Hopliten und Leichtbewaffneten zusammenfällt mit der Grenze zwischen Mittelstand und Proletariat, zwischen Wohlhabenden und Demos.

Uebrigens verlor die Verpflichtung der unteren Klassen zum leichtbewaffneten Dienste im Laufe der Zeit immer mehr ihren Inhalt. Im Perserkriege und noch in den Schlachten des peloponnesischen Krieges hatte in der Regel neben den Hopliten eine mindestens gleiche Zahl Leichtbewaffneter Verwendung gefunden[1]). Man musste endlich zur Einsicht kommen, dass diese undisciplinirten und schlechtbewaffneten Haufen im Kriege nur ein Hinderniss bildeten; und so verschwinden denn seit dem Anfang der makedonischen Zeit die Leichtbewaffneten im früheren Sinne aus den Heeren. Man beschränkt sich jetzt auf eine mässige Zahl Bogenschützen und Schleuderer. So befanden sich in dem Heere, mit dem Alexander 334 nach Asien überging, neben 24—26000 Schwerbewaffneten nur 6—7000 Mann leichter Truppen[2]). Pyrrhos' Heer zählte bei seinem Uebergang nach Italien 280 neben 20000 Mann schweren und halbschweren Fussvolks 2500 Mann Bogenschützen und Schleuderer[3]). Antigonos hatte bei Sellasia unter 28000 Mann Fussvolk an leichten Truppen nur 1000 Agrianer und 1600 Illyrier[4]). In ähnlicher Weise waren alle Heere der makedonischen Zeit zusammengesetzt.

Das halbschwere Fussvolk, die Peltasten, oder wie sie in Makedonien heissen, die Hypaspisten, die in den Kriegen dieser Epoche eine so grosse Rolle spielen, steht keineswegs mit den Leichtbewaffneten des V. Jahrhunderts auf einer Linie. Die Hypaspisten gelten als Theil der Phalanx, sie sind eigentlich nichts weiter als Hopliten, die durch Verminderung des Gewichts der Schutzwaffen beweglicher gemacht sind, und darum werden sie auch öfters geradezu als Hopliten bezeichnet. Das

---

[1]) Herod. IX 29.   Thuk. IV 93. 94, V 57.
[2]) Diod. XVII 17 und unten der Anhang zu Cap. V.
[3]) Plut. *Pyrrh.* 15.
[4]) Polyb. II 65, 2—5.

hohe Ansehen, das diese Truppe in Makedonien genoss —
bestand doch die Garde zu Fuss, das Agema, aus Hypaspisten — ist Beweis genug, dass sie keineswegs aus den
untersten Schichten des Volkes sich recrutirte. Man denke
an die Stellung der Argyraspiden in Eumenes' Heer. Die
Peltasten König Philipps V. erbieten sich einmal, eine Summe
von 20 Talenten zu bezahlen, für die ihr Führer Leontios
Bürgschaft geleistet[1]. Es waren also jedenfalls keine unbemittelten Leute. — Da die Ausrüstung der Peltasten offenbar
weniger kostspielig war, als die der Hopliten, so wäre es denkbar, dass diese Truppe, im eigentlichen Griechenland wenigstens, sich aus den Schichten der Bevölkerung recrutirt hätte,
die zwischen den Bürgern von Hoplitencensus und den Proletariern in der Mitte standen, ähnlich wie in Rom die *velites*
aus den am wenigsten Bemittelten unter den „ansässigen Bürgern" (*assidui*). Das mag namentlich für die vormakedonische
Zeit richtig sein, wo die Peltasten noch eine untergeordnete
Stellung im Heerwesen einnahmen. Soviel ist jedenfalls sicher,
dass die Peltasten gegenüber den Hopliten stets in der Minder-
zahl waren.

Der nichtbesitzende Theil der Bürgerschaft war demnach
seit dem IV. Jahrhundert thatsächlich vom Kriegsdienst zu
Lande frei, wie er denn auch vorher für die Entscheidung der
Schlachten kaum in Betracht gekommen war. Um diese ver-
lorene Kraft militärisch nutzbar zu machen, gab es nur e i n
Mittel: die Ausrüstung der Soldaten auf Staatskosten; aber es
war ein Mittel, das einen sehr bedeutenden finanziellen Auf-
wand erforderte. Dennoch sind die ersten Schritte in dieser
Richtung schon von den Grossmächten des V. Jahrhunderts
gethan worden. Das Bedürfniss, Hopliten für die Bemannung
der Flotte zu haben, ohne genöthigt zu sein, zu diesem Zwecke
beständig auf die in der Musterrolle verzeichneten Mannschaften (οἱ ἐκ καταλόγου) zurückzugreifen, führte Athen dahin, eine Anzahl Theten — es mögen etwa 2—3000 gewesen
sein — auf Staatskosten mit schwerer Rüstung zu versehen;

---

[1] Polyb. V 27, 7.

im Laufe des peloponnesischen Krieges ist sogar der Plan aua
getaucht, alle Theten zu Hopliten zu machen[1]), was freilich
nicht zur Ausführung gekommen ist. Einmal während des
Krieges liefert Athen auch 500 Mann argeiischer leichter Truppen
schwere Bewaffnung[2]). In Mytilene liess der lakedaemonische
Commandant Salaethos während der Belagerung durch die
Athener schwere Rüstungen aus den Arsenalen an das niedere
Volk vertheilen, was bekanntlich die nächste Ursache zur Capitulation der Stadt wurde[3]). Die freigelassenen Heiloten
(Neodamoden), die Sparta in dieser Zeit in so grosser Zahl
zu seinen Kriegen verwandte, und zwar als Hopliten, müssen
ebenfalls von Staatswegen ihre Bewaffnung erhalten haben; und
dasselbe war offenbar auch mit den armen Bürgern der Fall,
die im spartanischen Heere als Hopliten dienten. Der thessalische Adel führte seine Penesten sogar als Reiter ins Feld[4]).
Als Dionysios von Syrakus die Bürger entwaffnet hatte, über-
nahm er damit zugleich die Verpflichtung, im Kriegsfalle selbst
für die Ausrüstung der Truppen Sorge zu tragen; es ist bekannt, mit welchem Eifer er vor der Kriegserklärung gegen
Karthago 398 die Fabrikation von Waffen betreiben liess. Es
ist das erste Beispiel der Equipirung eines ganzen Heeres auf
Staatskosten, das die Geschichte verzeichnet. Die makedonischen Könige sind diesem Vorgange gefolgt: zuerst, wie es
scheint, Philipp[5]) und Alexander[6]), später die Ptolemaeer[7]),
und endlich Perseus vor seinem letzten Kriege mit Rom[8]).
Rom selbst ist bekanntlich erst in Marius' Zeit zu diesem

---

[1]) Antiphon g. *Philinos* fr. 61 Blass.

[2]) Thuk. VIII 25.

[3]) Thuk. III 27.

[4]) Dem. g. *Aristokr.* 199.

[5]) Diod. XVI 3: τοὺς ἄνδρας τοῖς πολεμικοῖς ὅπλοις δεόντως κο-
σμήσας.

[6]) Diod. XVII 95 = Curtius IX 21, 8; vgl. H. Droysen, *Alexander
des Grossen Heerwesen* S. 41.

[7]) Polyb. V 64, 2.

[8]) Livius 42, 52: *Arma eos (Romanos) habere ea, quae sibi quisque
pararerit pauper miles, Macedonas prompta ex regio apparatu.*

2 *

System übergegangen. Und auch die griechischen Republiken, der achaeische Bund voran, haben, soviel wir sehen, bis zuletzt an der Ausrüstung der einzelnen Wehrpflichtigen auf eigene Kosten festgehalten, zum Theil vielleicht aus politischen Gründen, hauptsächlich aber wohl aus Mangel an Geldmitteln. Wenigstens wissen wir, dass im achaeischen Bund die Reiterei aus den reichsten Bürgern gebildet war [1]).

Eine Ausgleichung für die Befreiung der unteren Klassen vom Landdienste lag in der Verpflichtung zum Seedienst. Sogar in Athen war die Bemannung der Flotte, soweit sie überhaupt aus Bürgern bestand, fast ausschliesslich aus Theten zusammengesetzt: die Bürger der drei höheren Klassen gaben sich nur widerwillig selbst zum Dienst als Epibaten an Bord der Schiffe her [2]). In Lakedaemon waren es die Heiloten, mit denen die Schiffe bemannt wurden [3]); Iason von Pherae wollte seine Penesten zum selben Zwecke verwenden [4]), und auch die Matrosen und Ruderer der römischen Flotte waren ausschliesslich Freigelassene und Proletarier.

Von den nicht-bürgerlichen Elementen des Staates waren in Athen wenigstens die Metoeken ebenso wie die Bürger zum Kriegsdienste verpflichtet, ja es sind mitunter selbst die vorübergehend anwesenden Fremden aufgeboten worden. Die wohlhabenden Metoeken dienten in Athen als Hopliten wie die Bürger von entsprechendem Vermögen, und zwar bis zum peloponnesischen Kriege in eigenen Abtheilungen, die ursprünglich nur zum Besatzungsdienst bestimmt waren, später aber immer häufiger im Felde verwandt wurden, bis schliesslich die Metoeken in die taktischen Abtheilungen des Bürgerheeres aufgenommen wurden und Seite an Seite mit den Bürgern kämpften.

Aehnliche Verhältnisse dürfen wir in den übrigen griechischen Staaten voraussetzen. So nahmen an der Vertheidigung

---

[1]) Plut. *Philop.* 7; Polyb. X 22, 6—9.
[2]) Thuk. VIII 25, vgl. III 16; Xen. *Hell.* I 6, 24.
[3]) Xen. *Hell.* VII 1, 2.
[4]) Xen. *Hell.* VI 1, 11.

von Megalopolis gegen Polysperchon 318 neben den Bürgern auch die Metoeken Theil [1]), und Inschriften der makedonischen Zeit aus verschiedenen Theilen Griechenlands sprechen von der Ertheilung des Bürgerrechts an Metoeken zur Belohnung für geleisteten Kriegsdienst. Bei der Belagerung durch Demetrios 305 stellten die Rhodier ihren Metoeken und den vorübergehend anwesenden Fremden die Wahl, ob sie die Stadt verlassen oder an der Vertheidigung Theil nehmen wollten; eine grosse Zahl wählte das letztere [2]).

Sklaven sind als Combattanten im offenen Felde seit den Perserkriegen kaum mehr verwandt worden; wenn es doch geschah, wie namentlich bei den spartanischen Heiloten, ging in der Regel die Freilassung vorher oder wurde wenigstens in Aussicht gestellt. Dagegen bei Vertheidigung belagerter Städte haben in der Regel auch Sklaven mitgekämpft. Sonst war ihre Verwendung im Landkriege auf den Train beschränkt, der zum grössten Theile aus ihnen gebildet war; für den Seekrieg wurden sie in ausgedehntem Maasse als Ruderer herangezogen. Immerhin war auch hier die Verwendung der Sklaven nur ein Nothbehelf, wie denn namentlich die attische Flotte fast ausschliesslich mit Freien bemannt war und diesem Umstande zum guten Theil ihre Tüchtigkeit verdankte. Erst als gegen Ende des peloponnesischen Krieges es nöthig wurde, zum Entsatz von Mytilene in aller Eile eine grosse Flotte auszurüsten, musste man auch auf die Sklaven zurückgreifen; es geschah unter dem Versprechen der Freiheit. Im folgenden Jahrhundert ist man dann zu dem früheren Grundsatze, nur Freie zu verwenden, zurückgekehrt.

Es war also nur ein verhältnissmässig kleiner Bruchtheil der Bevölkerung, der für den Kriegsdienst zu Lande in Betracht kam. Aber auch dieser konnte keineswegs vollständig unter Waffen gebracht werden. Abgesehen von dauernder oder vorübergehender körperlicher Untauglichkeit, die, wie es scheint, im Alterthum einen geringeren Procentsatz der Wehrpflichtigen ab-

---

[1]) Diod. XVIII 70.
[2]) Diod. XX 84.

sorbirte als in neuerer Zeit[1]), kommen hier verschiedene
theils rechtliche, theils thatsächliche Befreiungen in Frage. So
waren in Athen die nicht-militärischen Magistrate vom Dienste
frei, besonders die Mitglieder des Raths der 500, beziehungsweise der 600; ausserdem die Zollpächter, Kauffahrer, Cho-
reuten[2]); in Sparta die Väter von drei Söhnen[3]). Ebenso
konnten natürlich die Trierarchen und sonstigen Offiziere der
Flotte für den Landdienst nicht in Betracht kommen. Wer
längere Zeit im Auslande lebte, war gleichfalls in der Regel
nicht zum Dienste heranzuziehen, weshalb denn auch in Sparta
zu Reisen in die Fremde eine besondere Erlaubniss erforderlich war. Namentlich das immer weiter um sich greifende
Söldnerwesen musste den griechischen Bürgerheeren viele
Kräfte entziehen, wenn auch die grosse Mehrzahl der Söldner
allerdings den Klassen der Bevölkerung angehörte, die überhaupt vom Hoplitendienste befreit waren. Endlich veranlasste
die Connivenz der Behörden viele unrechtmässige Befreiungen[4]).
Bei den Bundesstaaten der makedonischen Zeit gesellte sich
der Mangel an straffer Centralisation hinzu, so dass es schliesslich in der Hand der Localbehörden lag, ob die aufgebotene
Mannschaft vollzählig erschien, oder nicht. Die Stärke eines
aetolischen oder achaeischen Aufgebots hing zum guten Theil
von der grösseren oder geringeren Popularität des Krieges ab,
um den es sich handelte.

Loskauf vom Kriegsdienst, wenigstens von Theilnahme
an Feldzügen ausser Landes, scheint zur Zeit des homerischen
Epos gestattet gewesen zu sein[5]), wenn auch wohl nur als Ausnahme. In historischer Zeit ist es etwas ganz gewöhnliches,
dass bei Bundeskriegen ganze Städte die Verpflichtung zur
Stellung eines Truppencontingents durch Geldzahlung ablösen.

---

[1]) Wenigstens sind die militärischen Leistungen Athens im peloponnesischen, Roms im hannibalischen Kriege nur unter dieser Voraussetzung
zu erklären.

[2]) Gilbert, *Staatsalterthümer* I 303 Anm. 2.

[3]) Aristot. *Polit.* II 9 S. 1270 b.

[4]) Aristoph. *Ritter* 1369 ff.

[5]) *Il.* Ψ 296.

Das stand z. B. den peloponnesischen Bundesstädten Spartas
im IV. Jahrhundert für Feldzüge über See oder in entfernte
Gegenden frei; und der Tribut der athenischen Bündner war
ja auch nichts anderes als ein Aequivalent für die Stellung
von Schiffen. Loskauf des Einzelnen aber war z. B. in Athen
ganz unbekannt und ist auch sonst nur in Ausnahmefällen vorgekommen. So gab Agesilaos den reichen Bürgern der kleinasiatischen Städte die Befreiung vom persönlichen Dienste
gegen Lieferung eines berittenen Stellvertreters[1]); und dieselbe Einrichtung bestand im achaeischen Bunde bis auf die
militärischen Reformen Philopoemens[2]).

Unter diesen Umständen erklärt sich die geringe Truppenzahl, die von den griechischen Staaten bei Landkriegen wirklich ins Feld gestellt worden ist, trotz der verhältnissmässig so
hohen Anforderungen, welche die Militärverfassung an den einzelnen Wehrpflichtigen stellte. Attika mit seinen 200000 Einwohnern hat im IV. Jahrhundert nicht vermocht, mehr als etwa
6000 Mann aufzustellen, abgesehen natürlich von den Söldnern, also 3 % der Bevölkerung; Sparta mit seinen peloponnesischen Bundesgenossen im boeotischen Kriege nur 18000
Mann[3]), obgleich der Peloponnes ohne Argos damals gegen
3 ¼ Million Einwohner zählte. Das sind also etwa 2 ½ % der
Bevölkerung. Der achaeische Bund, in dessen Listen 30- bis
40000 Waffenfähige verzeichnet standen[4]), vermochte mit aller
Anstrengung nicht über 15000 Mann zusammenzubringen[5]).

Aus dem Gesagten ergiebt sich, dass uns die Angaben
unserer Ueberlieferung über die Stärke des Bürgeraufgebots
eines hellenischen Staates allerdings ein ziemlich sicheres Mittel
an die Hand geben, die Zahl der Angehörigen der besitzenden
Klassen dieses Staates zu bestimmen, oder wenigstens das Minimum, unter das unsere Schätzung in keinem Falle herab-

[1]) Xen. *Hell.* III 4, 15.
[2]) Plut. *Philopoem.* 7.
[3]) Diod. XV 32.
[4]) Polyb. XXIX 9, 8.
[5]) Paus. VII 15, 7.

gehen darf; keineswegs aber gestattet eine solche Angabe ohne
weiteres einen Schluss auf die Zahl der gesammten bürgerlichen oder freien Bevölkerung. Dazu ist es erforderlich, zunächst das ungefähre Verhältniss zu bestimmen, in dem die
Besitzenden zu den Nichtbesitzenden in Hellas gestanden haben.
Natürlich kann dieses Verhältniss in den verschiedenen Zeiten
und in den verschiedenen Staaten keineswegs dasselbe gewesen
sein. Und es sind nicht immer die reichsten Landschaften,
welche die grösste Menge von wohlhabenden Bürgern aufweisen
müssen. Worauf es ankommt, ist weniger die absolute Höhe
des Wohlstandes, als seine Vertheilung unter möglichst weite
Kreise der Bevölkerung. Eine ackerbauende Landschaft, in
der Kleinbesitz bei freier Arbeit herrschte, mochte eine verhältnissmässig viel grössere Zahl zum Hoplitendienst qualificirter Mannschaft aufstellen können, als manche reiche Industriestadt mit grosser Sklavenbevölkerung. Aber unsere
Quellen geben uns nur sehr selten über diese Dinge numerische Angaben.

Wir müssen uns also darauf beschränken, mit Verzicht
auf Genauigkeit im einzelnen, ein allgemeines Bild der Vertheilung des Wohlstandes in Hellas zu gewinnen, und glück-
licherweise fehlt es in unserer Ueberlieferung nicht an den
nöthigen Anhaltspunkten. Herodot erzählt, dass in dem hellenischen Heere bei Plataeae auf jeden Hopliten im Durchschnitt
ein Leichtbewaffneter gekommen wäre, abgesehen von dem
spartanischen Contingent, wo jeden Hopliten 7 Heiloten be-
gleitet hätten [1]. Numerische Angaben lagen allerdings Herodot hier nicht vor, wie er denn die Zahl der leichten Truppen
nur in Bausch und Bogen berechnet; aber auch so ist die
Notiz keineswegs ohne Werth. Sie zeigt uns, dass Herodot
für die Zeit der Perserkriege — wir werden besser sagen: für
die eigene Zeit — die Zahl der Bürger von Hoplitencensus
und die der ärmeren Klassen der Bürgerschaft in den griechischen Staaten etwa gleich setzte. Und dass er damit ungefähr
das Rechte getroffen hat, zeigen andere Angaben, die auf

[1] Herod. IX 29.

wirklicher Zählung beruhen. So betrug das Gesammtaufgebot des boeotischen Bundes 424 bei Delion 1000 Reiter, gegen 7000 Hopliten, 500 Peltasten und über 10 000 Mann leichter Truppen[1]), zusammen also 8000 Mann von Hoplitencensus, 10 500 die diesen Census nicht erreichten, also je 43 und 57% der bürgerlichen Bevölkerung. Ganz dasselbe Verhältniss finden wir ein Jahrhundert später in Athen. Als Antipatros nach dem lamischen Kriege das active Bürgerrecht auf die Athener von über 2000 Drachmen Vermögen beschränkte, verloren 12 000 Bürger ihre politischen Rechte, während 9000 im Vollbesitz dieser Rechte verblieben. Es soll unten gezeigt werden, dass die von Antipatros festgesetzte Grenze für das active Bürgerrecht ungefähr dem Hoplitencensus entsprach; auch in Athen also bildeten die Wohlhabenden 43 %, die Armen 57 % der bürgerlichen Gesammtbevölkerung. In Sparta gab es 371 unter vielleicht 3000 Bürgern gegen 1500, die im Stande waren, die Beiträge zu den Syssitien zu entrichten. Wir finden demnach am Ende des V. und im IV. Jahrhundert in den hauptsächlichsten Staaten von Hellas ein Verhältniss zwischen Besitzenden und Besitzlosen, das dem von Herodot angenommenen Verhältniss sehr nahe kommt. Und dass die Nichtbesitzenden in Griechenland jedenfalls einen sehr bedeutenden Bruchtheil der Bevölkerung bildeten, ergiebt sich auch aus der Leichtigkeit, mit der es die griechischen Staaten vermocht haben, die Bemannung für ihre Flotten zusammenzubringen. Im Laufe des III. und II. Jahrhunderts mag dann bei der stets wachsenden Ungleichheit des Besitzes das numerische Uebergewicht der Besitzlosen über die Besitzenden immer grösser geworden sein.

In Rom setzt Dionysios, von Servius Tullius' Zeit redend, die Bürger von weniger als 12 1/2 Minen (= 12 500 Trientalass) Vermögen[2]) den Bürgern von höherem Vermögen an Zahl etwa gleich[3]); offenbar ein Rückschluss aus den Zuständen des I. Jahr-

---

[1]) Thuk. IV 93.
[2]) Dionys. IV 17.
[3]) Dionys. VII 59: οἱ δ' ἀπορώτατοι τῶν πολιτῶν οὐκ ἐλάττους τῶν ἄλλων ἁπάντων ὄντες.

hunderts v. Chr. Ob wirklich, wie berichtet wird, dieser
Census von 12 500 Ass in älterer Zeit die untere Grenze der
Dienstpflicht bildete, mag dahingestellt bleiben; in Polybios'
Zeit wurden alle Bürger mit über 4 Minen (= 400 Denare
= 4000 Ass) Vermögen zum Landdienst herangezogen[1]). Erinnern wir uns dabei, dass die römische Legion bei einer
Normalstärke von 4200 Mann zu Fuss 3000 Schwerbewaffnete
und 1200 Leichtbewaffnete (*velites*) zählte, und dass auch von
den Schwerbewaffneten nur die Bürger mit über 10 000 Denare
(100 000 Ass) Vermögen Metallpanzer trugen[2]); die Rüstung
des weit überwiegenden Theils der römischen Legionen war
also viel weniger kostspielig als die der griechischen Hopliten,
wenigstens der älteren Zeit. So konnte man in Rom bei der
Aushebung des Linienfussvolks auf tiefere Vermögensklassen
zurückgreifen, als es in Griechenland möglich war.

4. Die Arealbestimmungen.

Eine nothwendige Ergänzung unserer Untersuchungen bildet die Bestimmung des Flächenraumes der Staaten des Alterthums. Erhalten doch Bevölkerungsangaben erst dann ihren
vollen Werth, wenn die Ausdehnung des Gebietes bekannt ist,
worauf sie sich beziehen. Ferner geben uns die Arealbestimmungen ein Mittel an die Hand, die überlieferten Bevölkerungszahlen zu controliren. Wenn wir z. B. die römischen Censuszahlen aus der Zeit vor dem gallischen Brande verwerfen, so
liegt der entscheidende Grund dafür in der Unmöglichkeit,
einem keineswegs besonders fruchtbaren Gebiete von höchstens
1000 qkm eine Bevölkerung von 4—500 000 Einwohnern zuzuschreiben. Vor allem aber gewähren uns die Arealbestimmungen die Möglichkeit, auch die Volkszahl solcher Gebiete
annähernd abzuschätzen, für die directe statistische Angaben
nicht vorliegen. Denn unter allen Factoren, von denen die
Höhe der Bevölkerung eines Landes bestimmt wird, steht die

---

[1]) Polyb. VI 19, 2.
[2]) Polyb. VI 23, 14.

räumliche Ausdehnung oben an; Länder von annähernd gleichem Klima, gleicher Bodenbeschaffenheit und gleicher Culturstufe werden in der Regel auch annähernd gleiche Volksdichtigkeit haben. So heute die fünf westeuropäischen Grossstaaten[1]. Wenn also beispielsweise der Peloponnes im Jahre 400 gegen 8—900 000 Einwohner gezählt hat, so kann das ungefähr ebenso grosse Sicilien in derselben Zeit keine wesentlich höhere Bevölkerung gezählt haben. Es ist diese Methode, die Behm und Wagner mit so grossem Erfolge zur Bestimmung der Bevölkerung derjenigen aussereuropäischen Gebiete verwendet haben, für die Volkszählungen oder zuverlässige Schätzungen der Volkszahl nicht vorliegen. Dass die Methode mit Vorsicht und unter steter Berücksichtigung der obwaltenden wirthschaftlichen Verhältnisse gehandhabt werden muss, bedarf keiner Bemerkung.

Es ist sehr charakteristisch für den heutigen Stand der wirthschaftsgeschichtlichen Forschung, dass wissenschaftlich brauchbare Arealbestimmungen der Staaten des Alterthums — und ich kann hinzusetzen auch des Mittelalters und der neueren Zeit bis tief ins vorige Jahrhundert hinein — bis jetzt fast vollständig fehlen. Es mag zur Entschuldigung dienen, dass es bis vor ganz kurzer Zeit mit unserer Kenntniss des Flächenraumes der Staaten unserer Zeit, mit sehr wenigen Ausnahmen, kaum besser bestellt war. Die officiellen Arealangaben wichen, und weichen zum grossen Theil noch jetzt sehr weit von der Wirklichkeit ab. Erst die Fortschritte der Kartographie in den letzten Jahrzehnten und die Bestimmung der Dimensionen des Erdsphäroides durch Bessel haben uns für diese Untersuchungen eine sichere Grundlage gegeben, während die Erfindung des Planimeters uns in den Stand gesetzt hat, Arealberechnungen sehr viel leichter und exacter auszuführen, als früher möglich war.

Nachdem zuerst Behm und Wagner in ihrer „Bevölkerung

---

[1] Grossbritannien und Irland zählt 107, Italien 94, Deutschland 82, Oesterreich diesseits der Leitha 72, Frankreich 70 Einwohner auf 1 qkm (Block-Scheel, *Statistik* S. 228).

der Erde" das vorhandene Material an Arealangaben gesammelt, kritisch gesichtet und durch eigene planimetrische Berechnungen ergänzt hatten[1]), wurde auf Anregung des internationalen statistischen Congresses durch den russischen General Strelbitzky der Flächeninhalt Europas planimetrisch bestimmt[2]). Allerdings lassen die Resultate auch dieser Arbeit an Exactheit manches zu wünschen übrig, da nicht immer das beste kartographische Material verwendet wurde; trotzdem aber bilden die Zahlen Strelbitzkys die Grundlage für jede Untersuchung auf arealstatistischem Gebiete.

Nun ist es freilich in vielen Fällen unmöglich, die Grenzen der Staaten des Alterthums mit absoluter Genauigkeit zu bestimmen. Trotzdem verzichten wir nicht darauf, diese Grenzen auf unseren historischen Karten einzutragen; und ebenso gut können wir die so umschlossenen Flächen mit Hülfe des Planimeters ausmessen. Dass wir auf diese Weise nur Annäherungswerthe erhalten, ist richtig; aber es sind Werthe, die der Wahrheit wenigstens sehr nahe kommen und für unsere Zwecke mehr als genügend sind.

Selbstverständlich konnte es nicht meine Aufgabe sein, die Areale der antiken Staaten und ihrer administrativen Unterabtheilungen in derselben Weise planimetrisch berechnen zu wollen, wie es unter Strelbitzkys Leitung für das moderne Europa geschehen ist. Ein solches Unternehmen übersteigt bei weitem die Kräfte des Einzelnen; auch fehlt uns noch immer eine systematische Untersuchung über die Territorialverhältnisse der antiken Welt, die dafür die nothwendige Voraussetzung bildet. Ich habe solche Berechnungen daher nur in einigen wenigen Fällen vorgenommen und mich im übrigen begnügt, überall die besten bisher veröffentlichten Zahlen, in der Regel also die Strelbitzkys, zu Grunde zu legen. Für die

---

[1]) Zuerst in Behms *Geographischem Jahrbuch* Bd. I—III (1866—1870). seitdem als Ergänzungshefte zu Petermanns *Geographischen Mittheilungen*. Bis jetzt erschienen Heft I—VII (1872—1882).

[2]) *Superficie de l'Europe, établie par J. Strelbitzky. Publication du comité central Russe de Statistique, St. Pétersbourg 1882.*

Inseln und da, wo die antiken Grenzen mit den modernen annähernd übereinstimmen, konnten diese Zahlen unmittelbar benutzt werden. Die übrigen festländischen Gebiete dagegen mussten in die entsprechenden antiken Gebietstheile zerlegt werden; darauf wurde mit dem Planimeter bestimmt, welchen Theil des Ganzen jeder einzelne dieser Gebietstheile ausmacht, und schliesslich aus dem bekannten Gesammtflächenraum der Flächenraum der Theile berechnet. Wenn diese Methode auch selbstverständlich keine ganz exacten Resultate ergeben kann, so beschränkt sie den möglichen Fehler doch auf sehr enge Grenzen. Ueber die Einzelheiten des Verfahrens, die benutzten Karten u. s. w. wird unten jedesmal am gehörigen Orte das Nöthige bemerkt werden. Zu den Berechnungen bediente ich mich eines Amslerschen Polar-Planimeters der polytechnischen Section (*Scuola degli Ingegneri*) der Universität Rom und, soweit es nöthig war, der Wagnerschen Zonentabellen [1]).

5. Getreideproduction und Consum.

Ein nicht unwichtiges Hülfsmittel gewähren uns endlich die Angaben über Getreideproduction, Getreideconsum und Getreidehandel im Alterthum. Es wird stets das Zeichen einer dichten Bevölkerung sein, wenn ein an und für sich fruchtbares Land dauernd auf die Zufuhr fremden Getreides angewiesen ist; wie andererseits ein Gebiet, das Getreide regelmässig in grossen Quantitäten auszuführen vermag, meist nur schwach bewohnt sein wird [2]). Ist die Höhe der Production und der Einfuhr oder Ausfuhr bekannt, so wird es

---

[1]) Ich benutze die Gelegenheit, meinen Collegen Herren Professoren Dalla Vedova, Favero und Pitocchi meinen Dank auszusprechen für die Bereitwilligkeit, mit der sie meine Arbeiten unterstützt haben.

[2]) Keine Regel ohne Ausnahme. So war Aegypten bei seiner verschwenderischen Fruchtbarkeit im Alterthum wie heute im Stande, trotz einer sehr dichten Bevölkerung beträchtliche Mengen Getreide zu exportiren.

möglich sein, aus diesen Daten die Höhe der Bevölkerung annähernd zu bestimmen.

Im Alterthum ist Griechenland schon früh, wenigstens seit Anfang des V.[1]), wahrscheinlich schon seit Ausgang des VII. Jahrhunderts[2]) genöthigt gewesen, einen Theil seines Getreidebedarfs vom Auslande einzuführen. Später, im III. Jahrhundert, trat Karthago in die Reihe der Getreide importirenden Staaten[3]), im II. Jahrhundert Rom, das von da an der Mittelpunkt des Getreidehandels wird. Unter den Getreide-Export-Ländern nahmen im früheren Alterthum Aegypten, die Nordküste des Pontos, Sicilien und Sardinien die erste Stelle ein; dazu kommt in römischer Zeit, seit der Zerstörung Karthagos und der Civilisirung Numidiens, Nordafrika, das bald alle Concurrenten überflügelt; in Sicilien wird dagegen der Getreidebau immer mehr durch die Weidewirthschaft ersetzt, während am Pontos die Cultur durch das Vordringen der Barbaren des Innern zerstört wird. Nur der aegyptische Getreide-Export behält durch alle Jahrhunderte seine alte Bedeutung.

So wichtig nun auch der Getreidehandel für die Weltwirthschaft des Alterthums gewesen ist, so gering sind nach modernen Begriffen die Mengen, die dabei in Frage kommen. Die vier Kornkammern der griechisch-phoenikischen Welt: Aegypten, das bosporanische Reich, Sicilien, Sardinien hatten zusammen einen Flächeninhalt von kaum mehr als 100 000 qkm. Was die Production angeht, so ergab der Zehnte Siciliens in der Zeit bald nach Sulla bei guter Ernte einen jährlichen Ertrag von 600 000 Medimnen Weizen, so dass in dem dieser Steuer unterworfenen Theile der Insel — $\frac{3}{4}$ bis $\frac{4}{5}$ des Ganzen — jährlich 6 Mill. Medimnen geerntet wurden; mit Hinzurechnung der steuerfreien Gebiete wird die Production also auf gegen 8 Mill. Medimnen geschätzt werden können[4]).

---

[1]) Herod. VII 147; Athenaeos VI S. 232 b.
[2]) Das gilt wenigstens von Attika: Plut. *Solon* 22. 24.
[3]) Diod. XXI 16.
[4] S. unten Cap. VII, 2.

Die Production des weit schlechter angebauten und bevölkerten Sardiniens wird kaum auf die Hälfte der sicilischen zu veranschlagen sein. Ptolemaeos Philadelphos zog aus Aegypten jährlich 1 1/2 Mill. Artaben Weizen[1]), oder reichlich 1 Mill. Medimnen; und 1—1 1/2 Mill. Medimnen betrug jährlich die aegyptische Getreideausfuhr nach Rom in der ersten Kaiserzeit[2]). Die Production muss natürlich bei der dichten Bevölkerung des Landes sehr viel grösser gewesen sein. Aus dem bosporanischen Reiche wurden um die Mitte des IV. Jahrhunderts nach Athen jährlich 400000 Medimnen ausgeführt[3]); und König Leukon hat dem athenischen Volke während seiner 40jährigen Regierung 393—353 zusammen 2100000 Medimnen zum Geschenke gemacht[4]). In die Speicher König Mithradates' flossen aus dem bosporanischen Reiche jährlich 180000 Medimnen Weizen[5]); wenn das der Ertrag eines Zehnten gewesen ist, so hätte die Production fast 2 Mill. Medimnen betragen. Nordafrika soll im I. Jahrhundert der Kaiserzeit 2 a des Getreidebedarfes von Rom gedeckt haben[6]), d. h. etwa 3 Mill. Medimnen, was wahrscheinlich übertrieben ist. Jedenfalls steuerte Numidien unter Caesar nicht mehr als 200000 Medimnen[7]).

Ueber die Getreideproduction von Attika und seinen Kleruchien in Alexanders Zeit giebt uns eine kürzlich in Eleusis

---

[1]) Hieronymus zu Daniel 11, 5 S. 1122.

[2]) Nach Josepos 1/3 dés Bedarfs der Stadt (*Jüd. Kr.* II 16, 4), der damals 4—5 Mill. Medimnen betragen haben mag, s. unten Cap. IX, 2. Wenn ein schlechter Schriftsteller des IV. Jahrh. (Aurel. Victor *Epit.* 1) von 20 Mill. Modien redet, die Aegypten unter Augustus jährlich nach Rom exportirt hätte, so verwechselt er offenbar den Gesammtbetrag der überseeischen Einfuhr mit der von Aegypten.

[3]) Dem. *g. Leptin.* 32.

[4]) Strab. VII S. 311.

[5]) Strab. a. a. O.

[6]) Josep. *Jüd. Kr.* II 16, 4.

[7]) Plut. *Caes.* 55.

gefundene Urkunde Aufschluss. Darnach wurden im Jahre
329/8 geerntet [1]) in

	Areal in qkm	Medimnen	
		Gerste	Weizen
Attika einschliesslich der Oropia .	2553,5	363 225	41 475
Salamis	93,5	24 525	—
Skyros	212,7	28 800	9 600
Lemnos	476,8	248 475	56 650
Imbros	254,8	26 000	44 200.

Athen hatte um die Mitte des IV. Jahrhunderts von allen
griechischen Staaten die grösste Getreideeinfuhr: sie betrug
jährlich 800 000 Medimnen [2]). Viel grösser war natürlich der
Bedarf Roms, der sich in der ersten Kaiserzeit auf etwa
4—5 Mill. Medimnen belief und so gut wie ganz durch überseeische Einfuhr gedeckt wurde.

Um diese und ähnliche Zahlen für die Bevölkerungsstatistik verwerthen zu können, müssten wir wissen, wie viel
der Verbrauch von Getreide im Durchschnitt auf den Kopf der
Bevölkerung betragen hat. Hierfür eine allgemein gültige
Norm aufzustellen, ist unmöglich; der Betrag wird wechseln
je nach Rasse, Zusammensetzung der Bevölkerung, Klima,
Wohlstand, Lebensgewohnheiten. In Grossbritannien betrug im
Durchschnitt der Jahre 1852—1881 die jährliche Getreide-
consumption pro Kopf 5½ Bushel = 1.9646 hl [3]). In Frankreich rechnete man [4])

                1847: 2,15 hl
                1874: 2,60 hl
                1881: 3,66 hl (?).

In Italien, wo Getreide noch heute das fast ausschliess-
liche Nahrungsmittel des grössten Theiles der Bevölkerung
bildet, betrug der mittlere Getreideconsum in den Jahren

---

[1]) Foucart, *Bulletin de Corresp. Hell.* VIII (1884) S. 211.

[2]) Demosth. *g. Lept.* 31.

[3]) Nach Neumann-Spallart, *Uebersichten der Weltwirthschaft* 1881/2
S. 123.

[4]) Neumann-Spallart a. a. O. S. 128.

1876—1881 2,557 metrische Centner im Durchschnitt auf den Kopf, oder, auf Weizen reducirt, 3,4 hl $=$ 6,47 attische Medimnen[1]). Dabei ist der Bedarf für die Aussaat eingerechnet, über den keine Angaben vorliegen. Abzüglich der Aussaat werden wir den Bedarf zu etwa 3 hl. oder nahe an 6 attische Medimnen annehmen dürfen.

Im alten Griechenland rechnete man auf den erwachsenen Sklaven eine tägliche Ration von 1 Choenix Gerste[2]), also im Jahr von 365; Tagen 7,6 Medimnen. Die Sklaven in Rom erhielten monatlich je 4—5 Modien Weizen[3]), oder jährlich 8—10 Medimnen; die Legionssoldaten (Infanterie) ebenfalls 4 Modien monatlich[4]), d. h. 8 Medimnen im Jahr. Monatlich 5 Modien wurden bekanntlich auch bei den Frumentationen vertheilt. Wenn das der Bedarf eines erwachsenen Mannes war, so müssen Frauen und Kinder natürlich weniger verbraucht haben; weiterhin bildet bei den wohlhabenden' Klassen das Getreide einen kleineren Theil der Gesammtnahrung als bei den Armen und Sklaven. Andererseits wäre freilich der Verbrauch von Gerste als Viehfutter in Rechnung zu stellen.

Rechnen wir nun für den erwachsenen Mann einen jährlichen Bedarf von 8 Medimnen, für Frauen und Kinder — unter 17 Jahren — im Durchschnitt von 5, und nehmen die erwachsenen Männer zu einem Drittel der Gesammtbevölkerung, so ergiebt sich für je 3 Personen ein Verbrauch von 18 Medimnen Weizen, oder durchschnittlich 6 auf den Kopf. Wo Gerste das Hauptnahrungsmittel bildet, wird der Verbrauch noch etwas höher, etwa zu 7 Medimnen anzusetzen sein[5]), da sich das Gewicht beider Getreidearten wie 75 : 65 verhält[6]).

---

[1]) Berechnet nach den Angaben des *Annuario Statistico Italiano* 1884, S. 102 der Einleitung.

[2]) Böckh, *Staatsh.* I S. 128.

[3]) Dureau de La Malle I S. 274 f. und Böckh I S. 109.

[4]) Polyb. VI 39, 13.

[5]) Das ist annähernd das Resultat Böckhs, *Staatsh.* I S. 110, der für die ganze Bevölkerung von Attika einen Durchschnittsverbrauch von 6,83 Medimnen rechnet, da er eigenthümlicherweise das griechische Gemeinjahr

Anm. 6 siehe S. 34.

6. Die neuere Forschung.

Die neuere Forschung hat sich bereits früh den Problemen zugewandt, deren Behandlung den Gegenstand der folgenden Untersuchungen bildet. Es war die Zeit, wo man die Blüthe eines Staates in eine möglichst grosse Bevölkerung setzte; und bei der unbegrenzten Bewunderung für das klassische Alterthum, die damals herrschte, war man natürlich geneigt, den antiken Staaten eine Volkszahl zuzuschreiben, die weit über die Bevölkerung des damaligen Europa hinausging. Einige missverstandene oder verdorbene Stellen der Alten gaben zu diesen übertriebenen Schätzungen die Grundlage. So schlug Justus Lipsius die Bevölkerung des kaiserlichen Rom auf 4 Millionen an [1]), Isaak Vossius gar auf 14 Millionen [2]), und noch Riccioli hält eine Bevölkerung von 410 Millionen für das Reich unter Augustus für wahrscheinlich [3]). Selbst ein Montesquieu liess sich zu der Behauptung verleiten, es gäbe zu seiner Zeit auf der Erde nur noch den zehnten Theil der im Alterthum vorhandenen Menschenzahl [4]).

Diesen Uebertreibungen trat David Hume entgegen in seinem berühmten „Versuch über die Volkszahl der Nationen des Alterthums" [5]), der 1752 zum ersten Male gedruckt wurde. Von der Aufstellung bestimmter Zahlen sieht Hume ab; er be-

---

statt des natürlichen Jahres zu Grunde legt — als ob man in Griechenland alle 354 Tage geerntet hätte. Auf natürliche Jahre reducirt ergeben sich fast genau 7 Medimnen Gerste.

[6]) [zu S. 33] *Annuario Statistico Italiano* 1884, Einleit. S. 102. Nach deutschen Usancen wird 1 Hektoliter Weizen zu 76,5, 1 Hektoliter Gerste zu 68 Kilogramm angenommen.

[1]) *De magnitudine Rom.* III 3.

[2]) *Variarum observationum liber* (Lond. 1685) S. 32.

[3]) *Geographiae reformatae libri XII* (Venetiis 1672) S. 678 (lib. XII app. 1).

[4]) *Lettres Persanes* 112.

[5]) *Essay on the Populousness of Ancient Nations* (*Essays moral, political and literary by David Hume. Edited, with preliminary dissertations and notes by T. H. Green and T. H. Grose*, London 1875).

gnügt sich, die Ursachen auseinanderzusetzen, die im Alterthume einer starken Volksvermehrung entgegenwirkten, und an
einer Reihe von Beispielen zu zeigen, dass die Staaten des
Alterthums selbst im Vergleich zu dem Europa des vorigen
Jahrhunderts eine nur mässige Bevölkerung hatten. Bemerkenswerth ist namentlich der Nachweis, dass die bei Athenaeos
überlieferten Sklavenzahlen weit übertrieben sind. Seine Ergebnisse fasst Hume selbst in folgenden Worten zusammen:
„Nehmen wir Dover oder Calais als Centrum, und beschreiben
darum einen Kreis von 200 englischen Meilen (320 km) Radius: er wird London, Paris, die (österreichischen) Niederlande,
die vereinigten Provinzen (Holland) und einige der bestbevölkerten Theile von Frankreich und England einschliessen. Ich
denke, es mag mit Sicherheit behauptet werden, dass kein
Gebiet von gleicher Ausdehnung gefunden werden kann, das
im Alterthum auch nur annähernd so viele grosse Städte enthalten hätte und so reich und dicht bewohnt gewesen wäre."
Hume war kein Philologe von Fach und, obgleich er Geschichte
geschrieben hat, auch kein Historiker, und so waren manche
Missgriffe im einzelnen unvermeidlich, die überdies zum Theil
in dem damaligen Stande der Wissenschaft ihre Entschuldigung
finden. Aber mit dem Scharfblick des Genies hat er alle wesentlichen Punkte richtig erkannt, und sein Essay bildet noch
heute die Grundlage für jede Untersuchung auf dem Gebiete
der Bevölkerungsstatistik des Alterthums.

Zunächst allerdings predigte Hume zumeist tauben Ohren.
Die alten Vorurtheile waren nicht so leicht zu erschüttern.
Gleich im folgenden Jahre veröffentlichte Wallace eine Ent-
gegnung[1]), in der er für die grössere Bevölkerung der antiken
gegenüber der modernen Welt eintrat. Hume fand sich dadurch nicht veranlasst, ausser in einigen Citaten, in den
späteren Auflagen seines Essay etwas zu ändern. Die bei
Athenaeos überlieferten Sklavenzahlen wurden von Sainte-

---

[1]) *A Dissertation on the Numbers of Mankind in ancient and modern
times, with an appendix containing observations on the same subject, and
remarks on Mr. Hume's Discourse on the Populeness of Ancient Nations.*

3*

Croix[1]) und Böckh[2]) gegen Hume vertheidigt. Die grosse
Autorität Böckhs hat zur Folge gehabt, dass seine Resultate,
in Deutschland wenigstens, eine fast kanonische Geltung erlangt haben und selbst besonnene Forscher sich nicht scheuen,
mit den 400 000 Sklaven Athens zu Demetrios' von Phaleron
Zeit wie mit einer sicheren Thatsache zu operiren, ja sogar
die Sklavenzahlen für Aegina und Korinth in Schutz zu nehmen, die Böckh selbst nicht zu vertheidigen gewagt hatte.
Für unsere ganze Auffassung der socialen und politischen Zustände Griechenlands ist das verhängnissvoll geworden; der
Widerspruch Niebuhrs ist ungehört verhallt[3]). Dagegen haben
in Frankreich Letronne[4]) und Wallon[5]) mit richtigem Tacte
an den Ergebnissen Humes festgehalten und seine Ansicht
mit neuen Beweisen gestützt.

Inzwischen hatte Gibbon in seinem grossen Geschichts-
werke auch die Populationsverhältnisse berührt. Er nimmt
an, dass die antike Welt unter den Antoninen den Höhepunkt
ihrer Bevölkerung erreicht habe. Ausgehend von den Ergebnissen des unter Claudius gehaltenen Census, die er auf die
erwachsenen Männer bezieht, gelangt er zu einer Zahl von
20 Millionen Köpfen für die römische Bürgerschaft, nimmt
die Latiner und Peregrinen auf das Doppelte an und setzt
schliesslich die Sklaven der gesammten freien Bevölkerung
gleich, sodass im ganzen für das römische Reich 120 Millionen
herauskommen[6]). So roh diese Methode auch ist, soviel sich
gegen jeden einzelnen dieser Ansätze auch sagen lässt, es war
doch eine concrete Zahl gewonnen, die freilich noch immer
weit über die Wahrheit hinausging, aber wenigstens von den
maasslosen Uebertreibungen früherer Zeiten sich fern hielt.
Wenn aber Gibbon weiter die Bevölkerung der Stadt Rom,

[1]) *Mémoires de l'Académie des Inscriptions* vol. 48.
[2]) *Staatshaushaltung der Athener* I S. 52 f.
[3]) *Röm. Gesch.* II S. 80.
[4]) *Mémoires de l'Institut, Académie des Inscr. et Belles Lettres* VI S. 165 ff.
[5]) *Histoire de l'Esclavage* I² S. 222—277.
[6]) Gibbon ch. 2 S. 59 (Leipzig 1829).

auf Grund der „Häuserzahl", zu 1 200 000 berechnet, so wird
hier allerdings etwas Zahlenspielerei dabei sein: die Bevölkerung der Hauptstadt steht zu der des Reiches wie 1 : 100.
Mit besserer Methode, von der Zahl der Getreideempfänger
ausgehend, hat dann Bunsen die Bevölkerung Roms zu berechnen versucht[1]) und bald zahlreiche Nachfolger gefunden,
deren Leistungen unten gewürdigt werden sollen.

Areal und Bevölkerung des alten Griechenland in wissenschaftlicher Weise zu bestimmen, unternahm zuerst Clinton im
II. Bande seiner *Fasti Hellenici*[2]). Der Versuch bleibt verdienstlich, so unvollkommen er ausgefallen ist. Es fehlte
Clinton an historischem Tacte ebensosehr wie an der nöthigen
Beherrschung des Materials. Soweit Attika in Betracht kommt,
steht er durchaus auf dem Standpunkte Böckhs; für den Peloponnes bilden die Angaben Herodots über die griechischen
Streitkräfte bei Plataeae die Grundlage seiner Berechnung.
Für die Arealbestimmungen konnten die Karten der damaligen
Zeit nur eine sehr unsichere Grundlage abgeben. Ganz Griechenland südlich vom Olympos mit Einschluss Euboeas und der
ionischen Inseln, aber ohne Epeiros, hat nach Clinton auf
22 231 engl. Q.-Meil. (= 57 578 qkm) etwa $3^1/_2$ Mill. Einwohner gezählt, wovon 527 660 auf Attika, 135 000 auf Boeotien,
1 049 570 auf den Peloponnes kommen. Für die übrigen Landschaften giebt Clinton keine detaillirte Berechnung.

Eine weitere Förderung erhielten diese Fragen durch
A. W. Zumpts Abhandlung „Ueber den Stand der Bevölkerung
und Volksvermehrung im Alterthum"[3]). Von der Aufstellung
concreter Zahlen sieht Zumpt ebenso ab wie einst Hume; er
beschränkt sich darauf, die allgemeinen Verhältnisse zu beleuchten, die für die Bewegung der Bevölkerung bestimmend
waren. Der Zweck der Schrift ist, gegen Gibbon zu beweisen,
dass die antike Welt nicht unter den Antoninen, sondern schon
im VI. Jahrhundert das Maximum ihrer Bevölkerung erreicht

---

[1]) *Beschreibung Roms* I S. 184.
[2]) Erste Auflage Oxford 1824.
[3]) *Abhandl. der Berl. Akad.* 1840 S. 1—92.

habe, und diese von da ab beständig gesunken sei. Zumpt
stützt sich dabei auf ein sehr unvollständiges und zum Theil
mit wenig Kritik behandeltes Material; aber auch wer den
Beweis seiner These für nicht erbracht hält, wird der Arbeit
reiche Anregung und Belehrung verdanken.

Dureau de La Malle in seiner gleichzeitig mit Zumpts
Abhandlung erschienenen *Économie politique des Romains*
(Paris 1840) berührt die Bevölkerungsverhältnisse nur beiläufig. Bemerkenswerth ist die von ihm in Anwendung ge-
brachte Methode zur Bestimmung der italischen Sklavenzahl
und der Widerspruch gegen die übertriebenen Schätzungen der
Bevölkerung Roms. Leider lassen seine Ausführungen im einzelnen oft die nöthige Kritik vermissen. In noch viel höherem
Grade trifft dieser Vorwurf die *Statistique des peuples de
l'Antiquité* von Moreau de Jonnès (Paris 1851). Der Verfasser
zeigt einen trefflichen statistischen Tact, aber daneben so
gänzlichen Mangel an historischer Kritik und so vollständige
Unwissenheit selbst in den Elementen der Alterthumskunde,
dass sein Buch so gut wie ganz werthlos ist.

Moreau de Jonnès gegenüber bezeichnet die Forschung
Wietersheims immerhin einen bedeutenden Fortschritt[1]). Aber
auch Wietersheim war ein philologischer Dilettant, dem die
nöthige Sachkenntniss, wie die Beherrschung des Materials
durchaus abging. Er operirt fast ausschliesslich mit rohen
Bestimmungen des Flächeninhalts und mit der jetzigen Bevölkerung; je nachdem ein Land seit dem Alterthum in der Cultur fortgeschritten oder zurückgegangen ist, wird die alte Bevölkerung niedriger oder höher angesetzt als die heutige. Das
Ergebniss von 88—91 Millionen für die Gesammtbevölkerung
des römischen Reiches in der „Kaiserzeit" kann demnach nur
eine sehr bedingte Geltung beanspruchen, wenn es auch der
Wahrheit näher kommt, als Gibbons 120 Millionen. Doch ent-

---

[1]) Ueber die Bevölkerung des römischen Reiches und der Stadt Rom.
In *Geschichte der Völkerwanderung* I[1] S. 169—268; auch als Separat-
abdruck. In der zweiten, von Dahn besorgten Auflage des Werkes ist
dieser Abschnitt nicht wiederholt.

hält die Untersuchung daneben manches Beachtenswerthe; so namentlich die Ausführungen über die Sklavenzahl und über die Einwohnerzahl der Stadt Rom. Auch hat Wietersheim das Verdienst, das fabisch-polybische Verzeichniss der italischen Wehrfähigen zum ersten Male eingehend behandelt zu haben, eine Untersuchung, die dann von Ihne [1]) und ausführlicher von Mommsen [2]) wieder aufgenommen worden ist.

Eigenthümlicher und bezeichnender Weise hat die wichtigste aus dem Alterthum erhaltene bevölkerungsstatistische Urkunde, die Reihe der römischen Censuszahlen, erst in der letzten Zeit die gebührende Berücksichtigung gefunden. Nachdem Clinton die überlieferten Daten zusammengestellt [3]) und Hildebrand über die Organisation der „amtlichen Bevölkerungsstatistik im alten Rom" [4]) gehandelt hatte, sind die Censuszahlen gleichzeitig von Herzog [5]) und mir selbst [6]) kritisch bearbeitet worden. Die Resultate dieser Arbeiten werden weiter unten näher besprochen werden.

Die Untersuchung über die Bevölkerungsverhältnisse des alten Griechenland hat kürzlich ein griechischer Gelehrter, Kastorchis, wieder aufgenommen [7]). Er steht im wesentlichen auf dem Standpunkt Clintons, nur dass er die von Athenaeos überlieferte Sklavenzahl auch für Korinth gelten lässt und für Lakonien und Messenien neben den Heiloten noch 150—200 000 Kaufsklaven ansetzt. So kommen für den Peloponnes 1 720 000, für Mittel-Griechenland südlich der Thermopylen 1 113 000 Einwohner heraus; die Inseln, einschliesslich Kreta und Kypros, werden ohne Einzelnachweise mit 2 Millionen, die Colonien

---

[1]) *Röm. Gesch.* II S. 400—406.
[2]) *Hermes* XI (1876) S. 49—60, wiederholt *Röm. Forsch.* I S. 382—406.
[3]) *Fasti Hellenici* III[2] S. 471.
[4]) *Jahrbücher für Nationalökonomie und Statistik* VI (1866) S. 81—96.
[5]) In den *Commentationes Mommsenianae* S. 124—142.
[6]) *Rhein. Mus.* 32 (1877) S. 227—48; *Ital. Bund* S. 70—102.
[7]) Περὶ τοῦ πλήθους τῶν τῆς Ἀττικῆς κατοίκων καὶ τοῦ κατ' ἐνιαυτὸν παραγενομένου ἐν αὐτῇ ποσοῦ τῶν δημητριακῶν καρπῶν τὸ πάλαι καὶ νῦν, Ἀθήναιον III S. 99 ff.; Περὶ τοῦ πλήθους τῶν τῆς ἀρχαίας Ἑλλάδος κατοίκων ebenda IV 421 ff., V 111 ff.

ebenso mit 5 Millionen in Ansatz gebracht. Wissenschaftlichen
Werth hat die Arbeit nicht.

Neben diesen systematischen Untersuchungen finden sich
einzelne Bemerkungen über Fragen aus der Bevölkerungsstatistik des Alterthums verstreut in fast allen historischen
oder antiquarischen Werken über diese Periode. Dass dabei
sehr viel Dilettantismus mit unterläuft, ist natürlich; das wirklich Werthvolle davon wird unten berücksichtigt werden.

Zweites Capitel.

Die Zusammensetzung der Bevölkerung nach Geschlecht und Alter.

Es muss auf einem physiologischen Gesetze beruhen, dass überall annähernd dieselbe Zahl Knaben wie Mädchen geboren werden. Der geringe Ueberschuss der männlichen Geburten wird durch die grössere Sterblichkeit der Knaben bald ausgeglichen. Und da der Verlust durch Kriege ausschliesslich, der durch Auswanderung vorzugsweise die Männer trifft, so finden wir im heutigen Europa fast durchweg ein Ueberwiegen des weiblichen Geschlechts über das männliche; doch hält sich der Unterschied in verhältnissmässig sehr engen Grenzen.

Wir werden demnach berechtigt sein, auch für das Alterthum die beiden Geschlechter als numerisch annähernd gleich anzusetzen. Allerdings wirkten die Ursachen, die heute eine Verminderung der Zahl des männlichen Geschlechts gegenüber dem weiblichen hervorbringen, im Alterthum zum Theil in verstärktem Maasse. Vom Ende des V. bis zum Anfang des II. Jahrhunderts ist in Griechenland und Italien fast permanent Krieg geführt worden; fast alle Staaten wurden von einer Reihe blutiger Revolutionen erschüttert; der Solddienst führte die kräftigsten Männer zu Zehntausenden in die Fremde, und von den mythischen Zeiten bis in das Jahrhundert nach Alexander hat sich ein breiter Strom der Auswanderung fast ununterbrochen aus Hellas ergossen. Es ist auch gar nicht zu bezweifeln, dass diese Ursachen zeitweilig und in einzelnen Gebieten einen starken Ueberschuss des weiblichen Geschlechts hervorgebracht haben;

so namentlich in Athen nach dem peloponnesischen und in Italien nach dem hannibalischen Kriege. Aber dem gegenüber besass das Alterthum in der von Gesetz und Sitte gestatteten Kinderaussetzung einen Regulator der Bevölkerung, auf den die moderne Civilisation unter dem Einfluss des Christenthums verzichtet hat; und es liegt in der Natur der Sache, dass das Loos, ausgesetzt zu werden, zumeist weibliche Kinder treffen musste, dann namentlich, wenn sich ein Ueberwiegen der weiblichen Bevölkerung fühlbar machte. Auf diese Weise mochten die Wirkungen der Kriege und der Auswanderung ungefähr compensirt werden.

Die Alten selbst haben denn auch bereits die Beobachtung gemacht, dass beide Geschlechter sich an Zahl annähernd gleich stehen. So nennt Aristoteles die Weiber „die Hälfte des Staates" [1]. Und der im Alterthum gewöhnliche Ansatz der waffenfähigen Männer zu $1/4$ der Gesammtbevölkerung beruht doch offenbar darauf, dass die Männer den Weibern gleichgerechnet werden und von der männlichen Bevölkerung wieder die Hälfte als waffenunfähig angenommen wird.

Viel verwickelter ist die Frage nach der Vertheilung der Bevölkerung auf die einzelnen Altersklassen. Hier walten bekanntlich zwischen den Staaten des modernen Europa sehr bedeutende Verschiedenheiten ob. Von je 1000 Personen stehen im Alter [2]

von	in Deutschland 1875	Frankreich 1872	England 1871	Italien 1871	Griechenland 1879
bis zu 15 Jahren:	348	271	361	323	392
15—20 „	95	84	96	93	99
20—40 „	293	299	295	306	301
40—50 „	108	125	101	112	100
50—60 „	84	104	73	84	55
über 60 „	76	115	74	82	53

---

[1] Arist. *Polit.* I S. 1260 b: αἱ μὲν γὰρ γυναῖκες ἥμισυ μέρος τῶν ἐλευθέρων. — *Polit.* II S. 1269 b: ὥσπερ γὰρ οἰκίας μέρος ἀνὴρ καὶ γυνή, δῆλον ὅτι καὶ πόλιν ἐγγὺς τοῦ δίχα διῃρῆσθαι δεῖ νομίζειν εἴς τε τὸ τῶν ἀνδρῶν πλῆθος καὶ τὸ τῶν γυναικῶν, ὥστε ἐν ὅσαις πολιτείαις φαύλως ἔχει τὸ περὶ τὰς γυναῖκας, τὸ ἥμισυ τῆς πόλεως δεῖ νομίζειν ἀνομοθέτητον. Vergl. Platon *Gesetze* VI S. 781 A. B.

[2] Für Deutschland, Frankreich, England nach Block-Scheel, *Handbuch*

Als Mittel erhalten wir in den umstehend aufgeführten 4 grossen Culturstaaten:

0—15 Jahre:	328		
15—20 „ :	92		
20—40 „ :	298		
40—50 „ :	111	}	492
50—60 „ :	83		
über 60 „ :	87		

Für das Alterthum fehlt jede directe Angabe über diese Verhältnisse. Allerdings hat sich, wie wir gesehen haben (oben S. 1 f.), das Bedürfniss nach Verzeichnissen der Geburten und Todesfälle schon früh fühlbar gemacht. Aber bis zum Entwurf von Sterbetafeln ist unseres Wissens das Alterthum niemals gelangt. Freilich musste sich bald die Beobachtung aufdrängen, dass die noch zu erwartende wahrscheinliche Lebensdauer keineswegs im geraden Verhältniss mit der Zahl der verlebten Jahre abnimmt, dass also z. B. ein vierzigjähriger Mann mehr Aussicht hat, das sechzigste Jahr zu erreichen, als ein zwanzigjähriger. Praktische Bedeutung hatte diese Beobachtung namentlich für die Berechnung des Capitalwerthes lebenslänglicher Leibrenten. Ulpian giebt dafür die folgende Tafel [1]):

im Alter von		Capitalwerth					
bis 20 Jahre		das 30 fache des jährlichen Betrages					
„ 25 „		„ 28 „	„	„	„	„	
„ 30 „		„ 25 „	„	„	„	„	
„ 35 „		„ 22 „	„	„	„	„	
„ 40 „		„ 20 „	„	„	„	„	
„ 41 „		„ 19 „	„	„	„	„	
„ 42 „		„ 18 „	„	„	„	„ .	
„ 43 „		„ 17 „	„	„	„	„	
„ 44 „		„ 16 „	„	„	„	„	

S. 237, für Italien nach *Annuario Statistico Italiano* 1881 S. 100, für Griechenland nach Στατιστική τῆς Ἑλλάδος, Πληϑυσμός 1879, S. 28 f. Letztere Angaben sind nach dem eigenen Eingeständniss des griechischen statistischen Amtes sehr unzuverlässig.

[1]) *Digg.* 35, 2, 68 im Commentar zur *Lex Falcidia.* Vergl. Hildebrand, *Jahrbücher für Nationalökonomie* VI (1866) S. 91.

im Alter von bis 45 Jahre	Capitalwerth das 15fache des jährlichen Betrages			
„ 46 „	„ 14 „	„	„	„
„ 47 „	„ 13 „	„	„	„
„ 48 „	„ 12 „	„	„	„
„ 49 „	„ 11 „	„	„	„
„ 50 „	„ 10 „	„	„	„
„ 55 „	„ 9 „	„	„	„
„ 60 „	„ 7 „	„	„	„
über 60 „	„ 5 „	„	„	„

Da eine ewige Rente nach Ulpian mit dem dreissigfachen Betrage capitalisirt wird, so beträgt der angenommene Zinsfuss $3^1/_3$ %. Dass nun unsere Tabelle keineswegs mit Zugrundelegung einer wirklichen Sterbetafel nach den Grundsätzen der Rentenrechnung entworfen ist, bedarf kaum der Bemerkung; wer das bestreitet, möge sich die Mühe nehmen, nachzurechnen. Vielmehr sind Ulpians Zahlen offenbar auf rein empirischem Wege gefunden, und zwar in recht roher Weise. Die lebenslängliche Rente einer unterzwanzigjährigen Person wird einfach einer ewigen Rente gleichgesetzt. Der Werth einer an ältere Personen zu zahlenden Leibrente wird gefunden, indem der Capitalwerth der ewigen Rente vermindert wird um den jährlichen Rentenbetrag multiplizirt mit der Hälfte der über 20 durchlebten Jahre, wobei der leichteren praktischen Handhabung wegen die Sätze auf fünfjährige Altersstufen berechnet und auf ganze Jahre abgerundet sind. Bei dieser Scala würde der Capitalwerth der an einen Fünfzigjährigen zu zahlenden Leibrente auf das 15fache des jährlichen Rentenbetrages sich stellen, und der Werth der Leibrente an einen Sechzigjährigen auf das 10fache. Unseren modernen Verhältnissen würde dieses Resultat annähernd entsprechen: hat doch z. B. in Belgien nach Quetelets Tafeln ein fünfzigjähriger Mann die Wahrscheinlichkeit, noch 18 Jahre zu leben, ein sechzigjähriger noch $11^1/_2$ Jahre. Ulpian aber hat diese Werthe für zu gross gehalten und ersetzt demgemäss vom 40. Jahre an die bisher angenommene Scala durch eine andere, stärker degressive, wonach sich als Capitalwerth der Leibrente für einen Fünfzigjährigen das 9fache, für einen Sechzigjährigen das 5fache des jährlichen Betrages ergiebt. Es scheint demnach im II. und III. Jahrhundert n. Chr. die Sterblichkeit in den höheren Altersklassen grösser gewesen zu sein als gegenwärtig.

In geradem Gegensatz zu diesem Resultate stehen die Angaben über die Zahl der Hundertjährigen, die uns Plinius und Phlegon für die VIII. Region Italiens aufbewahrt haben [1]). Dass beide derselben Quelle gefolgt sind, wäre an und für sich höchst wahrscheinlich und wird ausser allen Zweifel gestellt durch das Vorkommen des 135jährigen L. Terentius M. f. aus Bononia in beiden Verzeichnissen. Als diese Quelle bezeichnet Plinius die Listen des von Vespasian und Titus im Jahre 72 gehaltenen Census. Phlegon führt die einzelnen Hundertjährigen namentlich auf, mit genauer Angabe des Alters; Plinius thut es nur für die höchsten Altersklassen und begnügt sich im übrigen mit summarischer Aufführung. Dabei stimmen seine Einzelangaben mit den für die ganze Region gegebenen Summen nicht überein; es ist bei letzteren die Kategorie der Hundertzwanzigjährigen ganz ausgefallen und die Zahlen der Hundertfünfundzwanzigjährigen und Hundertdreissigjährigen sind vertauscht. Verbessern wir diese Verderbnisse, so erhalten wir folgende Liste:

nach Plinius			nach Phlegon		
Altersjahre		Individuen	Altersjahre		Individuen
100	:	54	100	:	45
110	:	14	101	:	6
120	:	8	102	:	3
125	:	4	103	:	1
130	:	2	105	:	5
135 u. 137	:	2	106	:	1
140	:	3	107	:	1
		87	110	:	2
			111	:	1
			113	:	1
			—	.	1
			120		1
			135		1
					69

---

[1]) Plin. N. H. V 162—164; Phlegon fr. 29 Müller, vergl. Mommsen, *Staatsrecht* II[1] S. 342 A. 3.

Der Vergleich zwischen beiden Verzeichnissen zeigt zunächst, dass Phlegons Liste am Ende, d. h. in den höchsten Altersklassen, unvollständig ist. Ob unter den Hundertjährigen bei Phlegon 9 Namen ausgefallen sind, oder ob Plinius die Hundertein- und Hundertzweijährigen unter den Hundertjährigen mitrechnet, muss dahingestellt bleiben. Im ersteren Falle würde die Zahl der Hundertzehnjährigen, genauer ausgedrückt der 100- bis 110 jährigen, bei Plinius von XIIII auf XXIIII zu erhöhen sein. Wie dem aber auch sein mag, jedenfalls müsste nach diesen Angaben die VIII. Region Italiens im Jahre 72 n. Chr. gegen 90 hundertjährige oder überhundertjährige Greise gezählt haben.

In ganz Italien wurden am 31. December 1881 nur 380 Greise an hundert Jahren oder darüber gezählt, davon 133 Männer und 247 Frauen, unter einer Bevölkerung von gegen 28½ Mill. Einwohner, d. h. etwa 13 auf die Million. Aehnlich sind die Ergebnisse in den übrigen europäischen Ländern. Nur in Griechenland sollen nach der Zählung von 1879 unter einer Bevölkerung von 1 650 000 : 252 in diesem Alter gestanden haben, also 150 auf die Million. Es ist klar, dass hier sehr viele als Hundertjährige aufgeführt sind, die in Wahrheit dieses Alter noch nicht erreicht hatten. Dasselbe muss im römischen Census der Fall gewesen sein, wie schon die ganz unverhältnissmässige Zahl der Hundertjährigen gegenüber den Hunderteinjährigen in Phlegons Liste beweist. Aber wollte man auch alle Hundertjährigen ausschliessen, so blieben uns doch 33 Personen von über 100 Jahren in der VIII. Region, soviel wie im heutigen Italien auf 2½ Millionen entfallen, während die freie Bevölkerung der VIII. Region im Jahre 72 n. Chr. ½ Million kaum erreicht haben kann. Sehr auffällig bleibt auch die geringe Zahl der Frauen, nur 18 unter 69 Namen bei Phlegon, während heute das weibliche Geschlecht in den höchsten Altersklassen bedeutend überwiegt. Was also aus den Zahlen bei Phlegon und Plinius folgt, ist nicht so sehr die gegenüber der heutigen höhere mittlere Lebensdauer der italischen Bevölkerung um den Anfang unserer Zeitrechnung, als vielmehr die Unzuverlässigkeit der Alterserhebungen im römischen Census. Bekanntlich ist das auch bei unseren modernen Volkszählungen der Punkt, der am meisten zu wünschen übrig lässt.

Wenn uns demnach unsere literarische Ueberlieferung keine zuverlässige Auskunft über diese Dinge zu bieten im Stande ist, liegt es nahe, die Inschriften daraufhin zu befragen. Besitzen wir doch viele Tausende römischer Grabschriften mit genauer Altersangabe, theilweise bis auf Tag und Stunde herab. Sollte es nicht möglich sein, aus diesem Material nähere Aufschlüsse zu gewinnen?

Ich habe zu diesem Zwecke die Altersangaben der im *Corpus Inscriptionum Latinarum* enthaltenen Grabschriften aus der I., II. und X. Region Italiens zusammengestellt. Ausgeschlossen blieben die christlichen Inschriften und die in und bei Misenum gefundenen Grabsteine von Mannschaften der misenatischen Flotte; ebenso die Nachträge. Das so erhaltene Material — 1831 Altersangaben — ist gross genug, um wenigstens die gröbsten Störungen zu eliminiren. Ich bemerke noch ausdrücklich, dass ich eine Garantie für absolute Vollständigkeit der Liste nicht übernehme; es kann sehr wohl sein, dass ich eine Anzahl von Altersangaben übersehen habe, doch wird das Resultat dadurch kaum afficirt worden sein. Wir erhalten folgende Zahlen:

1. Nach fünfjährigen, beziehungsweise zehnjährigen Altersgruppen:

	Regio I			Regio II			Regio X			zusammen		
	M.	W.	zus.	M.	W.	zus.	M.	W.	zus.	M.	W.	zus.
0— 5	77	33	110	16	20	36	20	14	34	113	67	180
6—10	71	41	112	35	13	49	24	17	43	130	71	204
10—15	40	28	69	30	12	42	19	12	34	89	52	145
16—20	72	67	140	32	19	51	31	33	66	135	119	257
21—25	67	62	130	22	18	40	39	30	70	128	110	240
26—30	50	59	109	13	17	31	23	18	41	86	94	181
31—35	38	27	65	18	15	34	13	15	30	69	57	129
36—40	31	23	54	20	10	30	8	6	14	59	39	98
41—45	28	19	47	15	10	26	10	2	12	53	31	84
46—50	20	10	30	7	8	15	5	4	10	32	22	55
51—60	22	18	40	24	12	36	7	2	9	53	32	85
61—70	24	15	39	19	15	34	5	2	7	48	32	80
71—80	16	8	25	9	2	12	5	2	7	30	12	44
81—90	7	3	10	9	6	16	2	2	4	18	11	30
91—100	6	1	8	2	2	5	2	1	3	10	4	16
über 100	1	—	1	1	1	2	—	—	—	2	1	3
	570	414	989	272	180	459	213	160	384	1055	754	1831

Nach 15jährigen Altersgruppen:

	Regio I			Regio II			Regio X			zusammen		
	M.	W.	zus.	M.	W.	zus.	M.	W.	zus.	M.	W.	zus.
0—15	188	102	291	81	45	127	63	48	111	332	190	529
16—30	189	188	379	67	54	122	93	81	177	349	328	678
31—45	97	69	166	53	35	90	31	28	56	181	127	311
46—60	42	28	70	31	20	51	12	6	19	85	54	140
über 60	54	27	83	40	26	69	14	7	21	108	60	173

1055 754 1831 [1]

Von je 1000 Gestorbenen standen also im Alter von

		M.	W.	zus.
0—15	Jahren	315	252	289
16—30	„	331	428	370
31—45	„	171	169	170
46—50	„	81	71	76
über 60	„	102	80	95

Zum Vergleiche mögen die entsprechenden Zahlen für Preussen im Jahre 1876 hier angeführt werden [2]):

0—15	Jahre	:	540,4
16—30	„	:	66,8
31—60	„	:	185,4
über 60	„	:	198,5
unbekanntes Alter		:	9,1

Unter der Hypothese — ohne Hypothesen geht es bei Sterbetafeln nun einmal nicht ab, auch für unsere Zeit nicht —, dass alle auf den Grabsteinen verzeichneten Personen im selben Jahre geboren wären, habe ich aus diesem Material weiter eine Ueberlebenstafel entworfen. Die Trennung nach den einzelnen Regionen schien hier nicht erforderlich; auch sind die Steine, die das Geschlecht des Bestatteten nicht erkennen lassen, ausgeschieden. Mit 0 ist die Zeit von der Geburt bis zum vollendeten ersten Lebensjahre bezeichnet, unter 99 sind auch die wenigen Hundertjährigen einbegriffen.

---

[1]) Die Differenz der Summen mit den Einzelzahlen für beide Geschlechter beruht darauf, dass bei einer kleinen Zahl von Grabschriften das Geschlecht des Todten nicht zu erkennen war.

[2]) Nach Block-Scheel a. a. O. S. 265.

Ueberlebenstafel für die Regionen I, II und X.

	Männlich		Weiblich			Männlich		Weiblich	
	Ueberleb.	Gestorb.	Ueberleb.	Gestorb.		Ueberleb.	Gestorb.	Ueberleb.	Gestorb.
0	1055	11	754	2	50	161	18	92	15
1	1044	28	752	13	51	143	1	77	—
2	1016	20	739	17	52	142	2	77	3
3	996	27	722	13	53	140	2	74	—
4	969	27	709	22	54	138	2	74	1
5	942	30	677	11	55	136	18	73	5
6	912	28	676	14	56	118	2	68	2
7	884	23	662	16	57	116	3	66	1
8	861	21	646	15	58	113	4	65	3
9	840	28	631	15	59	109	1	62	2
10	812	24	616	8	60	108	29	60	18
11	788	10	608	10	61	79	4	42	—
12	778	23	598	9	62	75	—	42	2
13	755	18	589	15	63	75	1	40	—
14	737	14	574	10	64	74	1	40	—
15	723	28	564	19	65	73	10	40	7
16	695	18	545	15	66	63	1	33	1
17	677	25	530	27	67	62	—	32	2
18	652	41	503	36	68	62	2	30	2
19	611	23	467	22	69	60	—	28	—
20	588	41	445	33	70	60	16	28	7
21	547	14	412	13	71	44	1	21	2
22	533	26	399	18	72	43	1	19	—
23	507	31	381	22	73	42	1	19	—
24	476	16	359	24	74	41	2	19	—
25	460	31	335	44	75	39	7	19	1
26	429	17	291	11	76	32	—	18	1
27	412	18	280	17	77	32	—	17	—
28	394	14	263	14	78	32	2	17	1
29	380	6	249	8	79	30	—	16	—
30	374	36	241	35	80	30	13	16	9
31	338	12	206	4	81	17	—	7	—
32	326	10	202	11	82	17	—	7	1
33	316	8	191	5	83	17	—	6	—
34	308	3	186	2	84	17	1	6	—
35	305	34	184	21	85	16	4	6	1
36	271	6	163	7	86	12	—	5	—
37	265	5	156	6	87	12	—	5	—
38	260	9	150	2	88	12	—	5	—
39	251	5	148	3	89	12	—	5	—
40	246	40	145	23	90	12	4	5	3
41	206	4	122	2	91	8	—	2	—
42	202	4	120	2	92	8	1	2	—
43	198	2	118	2	93	7	2	2	1
44	196	3	116	2	94	5	—	1	—
45	193	22	114	15	95	5	—	1	—
46	171	4	99	2	96	5	2	1	—
47	167	3	97	2	97	3	1	1	—
48	164	2	95	2	98	2	—	1	—
49	162	1	93	1	99	2	2	1	1

Was uns beim Anblick der umstehenden Tabelle zunächst
in die Augen fällt, ist die unverhältnissmässige Anzahl der
Todesfälle in den durch zehn und fünf dividirbaren Jahren,
namentlich in den oberen Altersklassen. Die Altersangaben auf
den Inschriften sind also zum grossen Theile nur annähernd
genau. Und zwar gilt das sogar von den Fällen, wo das Alter
bis auf Monate und Tage herab angegeben ist; diese Bestimmungen wurden offenbar nach dem letzten Geburtstage berechnet und dann die ungefähre Zahl der Lebensjahre hinzu-
gesetzt. Uebrigens kehrt eine ganz analoge Erscheinung auch
bei unseren modernen Volkszählungen wieder, bei denen gleichfalls die Altersstufen von 30, 40, 50 Jahren u. s. w. ganz
besonders stark besetzt erscheinen.

Ferner überrascht uns in obiger Tafel die geringe ·Zahl
der im ersten Lebensjahre Gestorbenen, während bekanntlich
im heutigen Europa zwischen 15 und 30 °/o aller Lebendge-
borenen im ersten Jahre hinweggerafft werden. Die Ursache
wird darin zu suchen sein, dass Kindern so zarten Alters nur
in Ausnahmefällen Grabsteine gesetzt wurden. Weiterhin aber
würde sich aus unserer Tabelle für das antike Italien eine ganz
ausserordentlich niedrige Lebensdauer ergeben[1]). Wie bekannt
findet man die wahrscheinliche Lebensdauer für ein bestimmtes
Alter, wenn man in einer Ueberlebenstafel die Zahl der Lebenden dieser Klasse durch 2 dividirt und dann das der so gefundenen Zahl entsprechende Alter in der Tafel aufsucht.
Beispielsweise beträgt in unserer Tafel die Zahl der zwanzigjährigen Männer 588; $\frac{588}{2} = 294$, die Zahl von 294 Ueber-
lebenden fällt aber zwischen die Jahre 36 und 37, der zwanzigjährige Mann würde also die Wahrscheinlichkeit gehabt haben,
noch 16 bis 17 Jahre zu leben. Im Vergleich zu der wahrscheinlichen Lebensdauer, wie sie sich nach Quetelets Tafeln
für Belgien ergiebt, erhalten wir aus unserer Tabelle folgende
Ergebnisse:

---

[1]) Zu ähnlichen Resultaten ist Schiller auf Grund der Altersangaben
zahlreicher afrikanischer Grabschriften gelangt (*Geschichte Neros* S. 502),
ohne aber den Grund der Erscheinung zu erkennen.

1. Für das männliche Geschlecht:

Alter	Wahrscheinliche Lebensdauer	
	nach unserer Tafel	für Belgien nach Quetelet
10	27—28	57—58
20	36—37	59—60
30	45—46	62—63
40	55—56	65—66
50	60—61	68—69
60	70—71	71—72

2. Für das weibliche Geschlecht:

Alter	Wahrscheinliche Lebensdauer	
	nach unserer Tafel	für Belgien nach Quetelet
10	25—26	58—59
20	30—31	61—62
30	41—42	65—66
40	55—56	68—69
50	60—61	70—71
60	68	73—74

Wir müssen uns indess hüten, vorschnelle Schlüsse aus
diesen Zahlen zu ziehen. Bei weitem die meisten Grabschriften
sind gesetzt entweder von Eltern ihren Kindern, oder von
Kindern ihren Eltern, oder von dem überlebenden Ehegatten.
Im ersteren Falle wird gewöhnlich, oder doch sehr häufig, das
Alter des Gestorbenen vermerkt. Im zweiten Falle geschieht
das fast niemals; im dritten endlich ist das Gewöhnliche die
Angabe der Dauer der Ehe, der manchmal noch das Alter des
Gestorbenen hinzugefügt wird. Selten steht dieses allein, sehr
häufig fehlt jede Zahlenangabe. Die jüngeren Altersklassen
müssen also in unserer Tafel weit stärker vertreten sein, als
ihnen im Verhältniss zur Gesammtzahl der Todesfälle zukommen
würde. Das geht auch daraus hervor, dass die Divergenz
zwischen unserer Tafel und der Tafel Quetelets immer geringer
wird, in je höhere Altersstufen wir hinaufsteigen. Wir werden
also unsere Tafel erst für die Altersklassen etwa vom 41. Jahre
aufwärts verwenden dürfen. Hier ist es nun bemerkenswerth,

dass die aus unserer Tafel sich ergebende wahrscheinliche Lebensdauer den Ansätzen Ulpians sehr nahe kommt. Wir erhalten noch zu durchlebende Jahre:

Alter	nach Ulpian	nach unserer Tafel	
		Männer	Weiber
41	18	19—20	18—19
45	14	15—16	15—16
50	9	11	11
55	7	10—11	10—11
60	5	10—11	8

wobei zu berücksichtigen ist, dass die Zahlen bei Ulpian mit Absicht etwas niedriger gehalten sind, als die zu erwartende Lebensdauer.

Es scheint demnach wirklich, dass die Wahrscheinlichkeit, ein hohes Lebensalter zu erreichen, für die Bewohner Italiens in der Kaiserzeit etwas geringer gewesen ist als gegenwärtig. Die höheren Altersklassen wären also schwächer besetzt gewesen als heute.

Indess kommen diese Altersklassen der Gesammtbevölkerung gegenüber kaum in Betracht. Viel wichtiger wäre es zu wissen, in welchem Verhältniss die unteren Altersklassen, also die Kinder unter 15—18 Jahren, zu der Gesammtbevölkerung gestanden haben. Bekanntlich gilt hier der Satz, dass die unteren Altersklassen um so stärker besetzt sind, je rascher eine Bevölkerung an Zahl fortschreitet. So stehen in England 36, in Deutschland fast 35 % der Bevölkerung im Alter von unter 15 Jahren; von der stationären Bevölkerung Frankreichs dagegen nur 27 %. Nun hat, soviel wir sehen, kein Land in irgend einer Periode des Alterthums eine auch nur annähernd so rapide Volksvermehrung aufzuweisen gehabt, wie wir sie, mit alleiniger Ausnahme Frankreichs, in unserem Jahrhundert in Europa und Amerika finden; ja im III. Jahrhundert ist die Bevölkerung in Griechenland, im II. Jahrhundert auch in Italien zum Stillstand gekommen, und seit der Mitte dieses Jahrhunderts sehen wir überall ein, wenn auch nur mässiges, Sinken der Volkszahl, das erst in der Kaiserzeit wieder einer geringen

Vermehrung Platz machte. Wir werden also mit voller Sicherheit behaupten dürfen, dass im alten Griechenland und Italien die Kinder einen bedeutend geringeren Bruchtheil der freien Gesammtbevölkerung gebildet haben, als in den meisten Ländern des modernen Europa.

Die beste Analogie zu den Verhältnissen des Alterthums bietet ohne Zweifel das heutige Frankreich, wo die Kinder unter 17 Jahren gegen 31 °/o der Gesammtbevölkerung ausmachen. Doch dürfte dieser Procentsatz für die Zeit vom V. bis zum III. Jahrhundert, als die Bevölkerung in Griechenland und Italien noch im, wenn auch langsamen, Fortschreiten war, etwas zu erhöhen sein, umsomehr, wenn wirklich, wie sich uns oben als wahrscheinlich ergeben hat, die mittlere Lebensdauer im Alterthume etwas kürzer gewesen ist als gegenwärtig[1]). Im runden Verhältniss werden wir demnach die Kinder unter 16—18 Jahren zu etwa ¹/₃ der Gesammtbevölkerung ansetzen dürfen; sodass, beide Geschlechter als gleich gerechnet, die erwachsenen Männer ebenfalls zu ¹/₃ der Gesammtbevölkerung angenommen werden können. Die übersechzigjährigen mögen auf rund 7 °/o der Gesammtbevölkerung, oder 10 °/o der erwachsenen Bevölkerung veranschlagt werden: für die Männer im wehrfähigen Alter von 17 bis 60 Jahren bleiben demnach gegen 30 °/o der Gesammtbevölkerung. Mit diesem Resultat stimmt es annähernd überein, wenn Caesar die waffenfähigen Männer bei den Helvetiern zu ¹/₄ der Gesammtzahl annimmt[2]), oder Dionysios die Censuszahlen aus dem Anfange der Republik mit 4 multiplicirt, um die Gesammtbevölkerung des römischen Gebietes zu finden[3]). So sehr diese

---

[1]) Was Zumpt in der oben S. 37 angeführten Abhandlung dagegen einwendet: dass so viele berühmte griechische Gelehrte und Schriftsteller ein hohes Alter erreicht hätten, hat gar kein Gewicht, denn einmal ist das überlieferte Material nicht der Art, um irgend welche allgemeine Schlüsse darauf zu gründen, dann aber scheinen noch heute die sogen. gelehrten Stände eine besonders lange Lebensdauer zu haben.

[2]) *Gall. Krieg* I 29. Dass es sich hier um Berechnung, nicht um statistische Aufnahme handelt, wird unten gezeigt werden (Cap. X, 3).

[3]) Dionys IX 25.

Ansätze im groben gegriffen sind, so beweisen sie doch wenigstens so viel, dass die Vertheilung der Bevölkerung auf die einzelnen Altersklassen im Alterthume keine wesentlich andere gewesen ist als im modernen Europa.

Selbstverständlich bezieht sich alles bisher Gesagte nur auf die freie Bevölkerung. Die Sklavenbevölkerung, die zum grössten oder doch wenigstens zum sehr grossen Theile durch den Import sich ergänzte, musste eine ganz andere Zusammensetzung zeigen. Die arbeitsfähigen Männer, nach denen ja vor allem Nachfrage war, mussten hier verhältnissmässig viel stärker vertreten sein, als die Frauen und Kinder[1]), ja vielleicht selbst absolut an Zahl überwiegen.

Wir sehen, wie ungerechtfertigt es ist, für die Berechnung der bürgerlichen Gesammtbevölkerung eines antiken Staates aus seiner Bürgerzahl das Verhältniss von $1 : 4\frac{1}{2}$ zu Grunde zu legen, wie z. B. Böckh es gethan hat. Auch schon ein ganz oberflächliches Nachdenken reicht aus, uns von der völligen Unhaltbarkeit dieses Ansatzes zu überzeugen. Denn da beide Geschlechter sich an Zahl ungefähr gleich stehen, so bliebe für die männliche Bevölkerung das $2\frac{1}{4}$fache der Bürgerzahl; mit anderen Worten, die unerwachsenen Knaben wären zahlreicher gewesen, als die erwachsenen Männer.

---

[1]) Das deutet auch Aristoteles an, wenn er die Weiber ἥμισυ μέρος τῶν ἐλευθέρων nennt (*Polit.* I S. 1260 b).

Drittes Capitel.

Attika.

1. Areal.

Ueber das Areal von Attika finden sich in Böckhs „Staatshaushaltung" drei verschiedene Angaben, ohne dass sich der Verfasser für eine darunter entschiede. Nach der zu den „Reisen des Anacharsis" gehörigen Karte von Barbié du Bocage (Paris 1785) betrüge der Flächeninhalt der Landschaft $37\frac{5}{8}$ geogr. Quadratmeilen, wovon $36\frac{17}{12}$ auf das Festland, $1\frac{13}{40}$ auf Salamis, $\frac{5}{16}$ auf Helena kommen. Nach der „neuen", ebenfalls zu den „Reisen des Anacharsis" gehörigen Karte desselben Verfassers (Paris 1811) ergeben sich für das Festland $39\frac{1}{16}$, für Salamis $1\frac{5}{8}$, für Helena wie vorher $\frac{5}{16}$, zusammen also 41 geogr. Quadratmeilen. Diese beiden Berechnungen sind von Klöden gemacht. Nach dem Kiepertschen Blatt von Argolis, Korinthia, Megaris und Attika beliefe sich das Areal von Attika mit Oropia, Salamis und Helena auf „etwa 47 Quadratmeilen"; von wem die Berechnung ausgeführt ist, erfahren wir nicht[1]). Das sind also, die geographische Quadratmeile zu 55,06 qkm gerechnet, beziehungsweise 2071,62; 2257,46; 2587,82 qkm für Festland und Inseln zusammen. Clinton gelangt auf Grund von Arrowsmiths *Outlines of Greece* auf 1864,80 qkm für das Festland, 72,52 für Salamis, zusammen also 1937,32 qkm[2]). Moreau de Jonnès nimmt sogar nur

---

[1]) Böckh, *Staatsh.* I² S. 47.
[2]) *Fasti Hellenici* II² S. 385.

1500 qkm an [1]). Bursian beruhigt sich bei einem Flächenraum von 40 Quadratmeilen ohne die Inseln [2]), also 2202,4 qkm. Wallon bestimmt den Flächeninhalt von Attika einschliesslich Salamis und Helena auf 2532 qkm, mit Einrechnung von Oropos auf 2601,11 qkm. An anderer Stelle setzt er dagegen das Areal von Attika mit Salamis nur zu 2491,42 qkm an [3]).

Die höchste dieser Zahlen kommt der Wahrheit am nächsten. Nach einer mit dem Amslerschen Polar-Planimeter und Benutzung der Wagnerschen Zonentabellen von mir auf Bl. V von Kieperts Neuem Atlas von Hellas (Berlin 1879, Maassstab 1 : 500 000) ausgeführten Berechnung hat das attische Festland in der dort gegebenen Begrenzung, also einschliesslich Oropos und Eleutherae, eine Ausdehnung von 2527 qkm. Die Küsteninseln umfassen nach der planimetrischen Berechnung von

	Strelbitzky [4]) qkm	Wisotzky [5]) qkm
Salamis	93.5	100
Patroklu Charax (*Gaidaro*).	4.3	5
Helena (*Makronisi*)	22.2	18
Phaura (*Phlega*)	—	3
	120	126

Für ganz Attika ergeben sich demnach 2647, beziehungsweise 2653 qkm. Selbstverständlich kann dieses Resultat nur vorläufige Geltung beanspruchen. Eine definitive Bestimmung des Flächenraumes von Attika wird erst nach Vollendung der Karte des deutschen Generalstabes möglich sein; und Niemand wäre berufener, sie vorzunehmen, als die Herausgeber selbst.

Auf die Oropia mögen von diesem Areal etwa 110 qkm

---

[1]) *Statistique des peuples de l'Antiquité* I S. 171.
[2]) *Geogr. v. Griech.* I S. 251.
[3]) *Histoire de l'Esclavage* I S. 268. 274.
[4]) *Superficie de l'Europe, établie par J. Strelbitzky. Publication du Comité Central Russe de Statistique. St. Pétersbourg 1882.*
[5]) Bei Behm und Wagner, *Die Bevölk. der Erde* VI S. 16.

entfallen, auf das Pedion vielleicht 400, auf das thriasische
Feld 140, die marathonische Ebene 90, die Paralia 720, den
Parnes und die waldigen, schwachbewohnten Gebirgsdistricte
von der megarischen Grenze bis Rhamnus 800. der Rest auf
Hymettos, Brilettos, Aegaleos. Natürlich sind alle diese Einzelzahlen ganz im groben gegriffen, schon darum, weil eine genaue Grenzbestimmung der Natur der Sache nach unmöglich
ist. Auch hier wird erst die Vollendung der Generalstabskarte
ein sicheres Fundament schaffen.

2. Die überlieferten Bevölkerungszahlen.

Die Grundlage unserer Kenntniss der Bevölkerungsverhältnisse von Attika bildet die unter der Verwaltung des Demetrios
von Phaleron, 317—307, gehaltene Volkszählung, die erste und
einzige, von der wir überhaupt Nachricht haben. Dieselbe soll
21 000 Bürger, 10 000 Metoeken und 400 000 Sklaven ergeben
haben [1]). Sehen wir von der letzteren Zahl ab, die ohne Zweifel
corrupt ist und unten ausführlich besprochen werden soll, so
tragen diese Angaben durchaus das Gepräge der Glaubwürdigkeit. Auf etwa 20 000 wird die Zahl der attischen Bürger
auch sonst in dieser Periode veranschlagt. Als Antipatros nach
dem lamischen Kriege 322 in Athen eine oligarchische Verfassung einführte und allen Bürgern von weniger als 2000
Drachmen Vermögen das Wahlrecht entzog, sollen 9000 Athener diesen Census erreicht haben, während 12 000 von der
activen Theilnahme am Staatsleben ausgeschlossen wurden [2]).
Offenbar geht die erstere Zahl zurück auf das Verzeichniss
der stimmberechtigten Bürger (πίναξ ἐκκλησιαστικός), das bei
dieser Gelegenheit neu entworfen werden musste; die ent-
rechteten Bürger zu zählen dagegen lag gar keine Veranlassung vor, und ihre Zahl ist offenbar später durch Berechnung
gefunden, indem man jene 9000 von den 21 000 abzog, welche

---

[1]) Ktesikles bei Athenaeos VI S. 272 B, s. oben S. 4.
[2]) Diod. XVIII 18; Plut. *Phok.* 28. Es ist offenbar ein Schreibfehler,
wenn bei Diodor von 22 000 armen Bürgern die Rede ist, die ihre Rechte
verloren hätten. Bei Plutarch steht die richtige Zahl.

die Zählung unter Demetrios ergeben hatte. Von 20 000 athenischen Bürgern spricht auch die erste Rede gegen Aristogeiton [1]), die zwar nicht von Demosthenes herrührt, aber doch an das Ende des IV. oder den Anfang des III. Jahrhunderts gehören muss, da sie bereits von Kallimachos in das Corpus der demosthenischen Schriften aufgenommen worden ist. Von dem 160 Talente betragenden Vermögen des Bergwerksbesitzers Diphilos, das Lykurgos für den Staat einziehen und unter die Bürger vertheilen liess, soll jeder Athener 50 Drachmen erhalten haben, was eine Zahl von 19 200 Empfängern voraussetzt [2]). Auch die Annahme, Athen habe bereits unter Kekrops 20 000 Bürger gezählt, ist doch offenbar ein Rückschluss aus den Verhältnissen des IV. Jahrhunderts [3]).

Es kann demnach kein Zweifel sein, dass wirklich unter Demetrios von Phaleron 21 000 attische Bürger gezählt worden sind. Selbstverständlich umfasst diese Zahl alle Athener, nicht etwa blos die Bürger von über 1000 Drachmen Vermögen, auf die nach der damals geltenden Verfassung die vollen politischen Rechte beschränkt waren. Denn Bürger in civilrechtlichem Sinne waren auch die ärmeren, wenn auch ihr actives Bürgerrecht ruhte. Und da der Staat damals, abgesehen von Salamis und etwa von Skyros, keine Kleruchien mehr besass, so müssen unsere Zahlen sich auf Attika allein beziehen, was übrigens in dem uns vorliegenden Bericht über die Zählung des Demetrios auch ausdrücklich angegeben wird [4]). Dasselbe gilt dann natürlich ebenfalls von den auf Antipatros' Verfassungsreform bezüglichen Bürgerzahlen, d. h. auch hier sind die Kleruchen ausgeschlossen.

Was nun die Zahl der Metoeken angeht, so fehlt uns hier

---

[1]) [Demosth.] g. Aristog. I 50 S. 785.

[2]) Leben der zehn Redner S. 843 D. Nach anderer Angabe an derselben Stelle hätte freilich jeder Bürger 1 Mine erhalten, was die statistische Brauchbarkeit der Notiz stark beeinträchtigt.

[3]) Platon Kritias 5 S. 112 D: ἤδη καὶ τότε περὶ δύο μάλιστα ὄντες μυριάδας. Philochoros fr. 22 bei Schol. Pind. Ol. IX 68.

[4]) Ktesikles a. a. O.: ἐξετασμὸν γενέσθαι ὑπὸ Δημητρίου τοῦ Φαληρέως τῶν κατοικούντων τὴν Ἀττικήν.

allerdings die Möglichkeit einer directen Controle des überlieferten Resultats der Zählung des Demetrios, da wir numerische Angaben über diesen Theil der attischen Bevölkerung
aus dem IV. Jahrhundert sonst nicht besitzen. Nur dass die
Metoeken in Athen sehr zahlreich gewesen sind, lehren uns
unsere literarischen Quellen und ganz besonders die Inschriften.
So stehen in Kumanudes' Sammlung der attischen Grabschriften
neben 1327 Grabschriften von Bürgern 1126 von Metoeken
und Fremden verzeichnet. Beim Ausbruch des peloponnesischen
Krieges dienten 3000 Metoeken als Schwerbewaffnete[1]), was
eine Gesammtzahl von gegen 10000 erwachsenen Männern,
vielleicht auch darüber, voraussetzt. Und da Athen unter Demetrios als Handels- und Fabrikstadt nicht weniger bedeutend
war als unter Perikles, so liegt kein Grund vor, zu bezweifeln,
dass auch am Ausgange des IV. Jahrhunderts noch, oder wieder,
an 10000 Metoeken vorhanden gewesen sind.

Aus der Zeit vor Demetrios dürfen wir, bei dem Mangel
jeder wirklichen Volkszählung, Angaben von gleicher Zuverlässigkeit über die Bevölkerung von Attika nicht zu finden erwarten. Die Schätzungen der Bürgerzahl aus dieser Periode
gehen im besten Falle zurück auf das Verzeichniss der zur
Theilnahme an der Volksversammlung Berechtigten ($\pi i \nu a \xi$ $\dot{\epsilon} x$-
$x\lambda\eta\sigma\iota\alpha\sigma\tau\iota x\acute{o}\varsigma$); wir haben oben (S. 3) gesehen, wie unsicher
diese Grundlage war. Die im V. Jahrhundert herrschende An-
nahme schrieb Athen eine Bürgerzahl von 30000 zu; so viele
rechnet Herodot für die Zeit der Perserkriege[2]), und noch
Aristophanes in den 392 aufgeführten Ekklesiazusen nimmt
dieselbe Zahl an[3]). Der Verfasser des Axiochos lässt sogar
30000 Bürger an der Volksversammlung Theil nehmen, die

[1]) Thuk. II 31, Näheres unten.
[2]) Herod. V 97; vgl. VIII 65 und Duncker, *Sitzungsber. der Berl.
Akad.* 1883 S. 938.
[3]) v. 1133: $\pi o \lambda \iota \tau \tilde{\omega} \nu$ $\pi \lambda \epsilon \tilde{\iota} o \nu$ $\mathring{\eta}$ $\tau \rho \iota \sigma \mu \nu \rho \acute{\iota} \omega \nu$. Wenn Aristophanes in
den Wespen (v. 709) von $\delta \acute{\nu} o$ $\mu \nu \rho \iota \acute{\alpha} \delta \epsilon \varsigma$ $\tau \tilde{\omega} \nu$ $\delta \eta \mu o \tau \iota x \tilde{\omega} \nu$ spricht, die in den
Bundesstädten versorgt werden sollen, so hat er nur die ärmeren Bürger,
den eigentlichen $\delta \tilde{\eta} \mu o \varsigma$ im Auge, er muss also auch hier die Gesammtbürgerzahl beträchtlich höher veranschlagt haben.

nach der Arginusenschlacht die siegreichen Feldherrn ver-
urtheilte[1]); offenbar in der Voraussetzung, dass sämmtliche
Bürger bei dieser Gelegenheit ihr Stimmrecht ausübten.

3. Die militärischen Leistungen.

Viel werthvoller als diese vagen Schätzungen sind die Angaben über die militärischen Leistungen Athens aus derselben
Zeit. Bei Marathon sollen 9000[2]), bei Plataeae 8000[3]) attische
Hopliten gekämpft haben, Zahlen, die durchaus glaubwürdig
scheinen, da ein halbes Jahrhundert später, beim Ausbruch
des peloponnesischen Krieges, 14 000 felddienstpflichtige Bürgerhopliten und Reiter vorhanden waren. Dazu kommen weiter
die leichten Truppen, die Herodot für die Schlacht bei Plataeae
den Hopliten an Zahl gleich setzt; ausserdem war damals noch
eine beträchtliche Flotte in See. Bei Salamis hatten die Athener 180 Trieren[4]), und wenn die Schiffe dieser Klasse damals
auch kleiner waren als später[5]), so wird die Bemannung doch
immerhin auf kaum unter 25 000 Köpfe anzuschlagen sein.

Ueber die am Anfang des peloponnesischen Krieges dem
Staate zur Verfügung stehenden Streitkräfte finden wir eine
detaillirte Uebersicht bei Thukydides. Er legt diese Angaben
dem Perikles in den Mund, und es kann in der That kaum
ein Zweifel sein, dass sie aus officieller Quelle geschöpft sind.
Darnach waren vorhanden[6]):

Hopliten für den Felddienst	13 000
Hopliten für den Besatzungsdienst	16 000
Reiter und Hippotoxoten	1 200
Bogenschützen	1 600

---

[1]) S. 369 A.

[2]) Nepos *Milt.* 5 und Suidas *'Ιππίας* nach Ephoros. Paus. X 20, 2
hat „noch nicht 10 000", Justinus II 9: 10 000; vgl. Duncker, *Gesch. des
Alterth.* VII[5] S. 126 Anm.

[3]) Herod. IX 28.

[4]) Herod. VIII 44.

[5]) Thuk. I 14.

[6]) Thuk. II 13: χρήμασι μὲν οὖν οὕτως ἐθάρσυνεν αὐτούς· ὁπλίτας
δὲ τρισχιλίοις καὶ μυρίοις εἶναι ἄνευ τῶν ἐν τοῖς φρουρίοις καὶ τῶν

Aus Thukydides sind diese Zahlen durch Ephoros' Vermittelung [1]) in Diodors Bibliothek übergegangen, nur dass hier die Feldtruppen zu 12000, die Besatzungstruppen zu 17000 Mann angegeben werden [2]). Dass mindestens die erstere Zahl unrichtig ist, zeigt ein Vergleich mit Thukydides' Angabe über das attische Aufgebot gegen Megara im Herbst 431 [3]); dagegen muss unentschieden bleiben, ob bei der Zahl der Besatzungstruppen der Fehler auf Seite Diodors bezw. Ephoros', oder unserer Thukydides-Handschriften liegt. Jedenfalls aber giebt Diodor den Beweis, dass bereits um die Mitte des IV. Jahrhunderts bei Thukydides im wesentlichen dasselbe gestanden hat, was wir noch heute dort lesen.

Trotzdem ist es ganz unzweifelhaft, dass die Zahlen, so wie sie überliefert sind, unmöglich richtig sein können. Die Besatzungstruppen bestanden nach Thukydides' eigener Angabe aus den jüngsten und ältesten Jahrgängen der Bürgerhopliten und den zum Hoplitendienst verpflichteten Schutzverwandten. Nun währte die Dienstpflicht des athenischen Bürgers überhaupt 42 Jahre, vom 18. bis 60. Lebensjahre [4]); wer das 60. Jahr überschritten hatte, war vom Dienste befreit [5]). Es ist also klar, dass die über sechzigjährigen Bürger unter den dem

παρ' ἐπαλξιν ἑξακισχιλίων καὶ μυρίων· τοσοῦτοι γὰρ ἐγένοντο τὸ πρῶτον ὑπότε οἱ πολέμιοι ἐσβάλοιεν, ἀπό τε τῶν πρεσβυτάτων καὶ τῶν νεωτάτων καὶ μετοίκων ὅσοι ὁπλῖται ἦσαν . . . . Ἱππέας δ' ἀπέφαινε διακοσίους καὶ χιλίοις σὺν ἱπποτοξόταις, ἑξακοσίους· δὲ καὶ χιλίους τοξότας, καὶ τριήρεις τὰς πλωίμους τριακοσίας. Varianten in den Handschriften finden sich nicht, nur dass ein schlechter Codex 1200 τοξόται bietet.

[1]) Diod. XII 41. Volquardsen, *Untersuchungen über die Quellen des Diodor* S. 52.

[2]) Diod. XII 40: στρατιώτας ὑπεδείκνυεν ὑπάρχειν τῇ πόλει χωρὶς συμμάχων καὶ τῶν ἐν τοῖς φρουρίοις ὄντων ὁπλίτας μὲν μυρίους καὶ δισχιλίους, τοὺς δ' ἐν τοῖς φρουρίοις ὄντας καὶ τοὺς μετοίκους ὑπάρχειν πλείους τῶν μυρίων ἑπτακισχιλίων, τριήρεις δὲ τὰς παρούσας τριακοσίας.

[3]) Thuk. II 31.

[4]) Aristot. bei Harpokr.: στρατεία ἐν τοῖς ἐπωνύμοις.

[5]) Bei Polydeukes II 11 werden als synonym angeführt die Ausdrücke: ἐκ τῆς ἀπομάχου ἡλικίας, ἐκ τῆς ἀπολέμου, ἐκ τῆς ἀστρατεύτου, ὑπὲρ τὸν κατάλογον, ὑπὲρ τὰ ἑξήκοντα γεγονὼς ἔτη.

Staate zu Gebote stehenden Streitkräften nicht mitgerechnet sein können; wie denn in der That ein übersechzigjähriger Mann in der Regel selbst zum Wachtdienst nicht mehr tauglich sein wird. Es fragt sich nun, mit welchem Jahre die Verpflichtung zum Felddienste aufhörte. Sokrates hat mit etwa 37 Jahren bei Potidaea, mit 45 Jahren bei Delion, mit 47 Jahren bei Amphipolis gekämpft, aber an keinem der späteren Feldzüge mehr Theil genommen[1]), so dass die Annahme gerechtfertigt sein wird, dass auch im V. Jahrhundert, ebenso wie zur Zeit der Schlacht bei Chaeroneia[2]), das 50. Jahr die obere Grenze der Verpflichtung zum Dienste im Felde gebildet hat. Und in der That war das schon eine sehr starke Anforderung an die Bürgerschaft; nahmen doch sogar in Sparta die Bürger über 55 Jahre in der Regel nicht mehr an Feldzügen Theil.

Wie die ältesten, waren auch die beiden jüngsten Jahrgänge des Hoplitenkataloges vom activen Felddienste befreit, d. h. die Epheben (περίπολοι) zwischen 18 und 20 Jahren[3]); Ausnahmefälle natürlich abgerechnet. Für den Dienst im Felde blieben also die Altersklassen vom 20. bis zum 50. Lebensjahre. Und zwar dienten die Zeugiten als Schwerbewaffnete, die Hippeis und Pentakosiomedimnen theils als Schwerbewaffnete, theils als Reiter. Die Theten waren ursprünglich vom Dienste als Hopliten befreit und darum im Katalog nicht verzeichnet[4]). Im Laufe des V. Jahrhunderts ist eine Anzahl Bürger dieser Klasse auf Staatskosten mit schwerer Rüstung versehen worden, in erster Linie, um als Epibaten auf der Flotte zu dienen[5]), wozu man die Hopliten aus dem Kataloge nur in Nothfällen

---

[1]) Platon *Symp.* 219 E, *Apol.* 28 E, *Charm.* Anf., *Laches* 181 A. S. Zeller, *Griech. Philos.* II 1[3] S. 56 Anm., und über das Geburtsjahr ebenda S. 43 Anm.

[2]) Lykurg g. Leokr. 39 f.

[3]) Aeschin. v. d. Ges. 167. Daher rechnet Thukydides a. a. O. neben den πρεσβύτατοι auch die νεώτατοι zu den Besatzungstruppen.

[4]) Harpokr. ϑῆτες. Tkukyd. VI 43 stellt die ὁπλῖται ἐκ καταλόγου zu den ὁπλῖται ϑῆτες in Gegensatz. S. auch Thuk. VIII 97, Xen. *Hell.* II 3, 48.

[5]) Thuk. VI 43.

heranzog[1]). Nach der sicilischen Niederlage ist sogar der Vorschlag gemacht worden, sämmtliche Theten mit schwerer Rüstung
zu versehen[2]), was aber, wie wir mit voller Sicherheit behaupten
können, nicht ausgeführt worden ist. Jedenfalls kann bis zum
Jahre 412 die Zahl der schwerbewaffneten Theten nicht gross
gewesen sein, denn es wurde damals nothwendig, Hopliten aus
dem Kataloge als Epibaten auf der Flotte zu verwenden[3]).
Nach Sicilien können höchstens 1500 Hopliten aus der Thetenklasse geschickt worden sein[4]): einige Hundert mochten auf
den im Jahre 413 und Anfang 412 in den griechischen Gewässern in Dienst gestellten Trieren Verwendung gefunden
haben, so dass ihre Gesammtzahl kaum mehr als 2—3000 Mann
betragen haben kann. Und in der That musste schon die
Kostspieligkeit der Beschaffung so vieler Panoplien einer grossen
Vermehrung dieser Truppengattung eine Grenze setzen. Dass
nun die schwerbewaffneten Theten unter den felddienstpflichtigen
Hopliten einbegriffen sind, liegt in der Natur der Sache und
wird auch von Thukydides bezeugt[5]), während andererseits
unter den Besatzungstruppen sich gewiss keine Theten befanden, da man in Athen nicht so thöricht gewesen sein wird, die
im Staatsbesitz befindlichen Rüstungen an über fünfzigjährige

---

[1]) Thuk. VIII 24, III 15; Xen. Hell. 1 6, 24.

[2]) Antiphon g. Philin. bei Harpokr. *θῆτες*.

[3]) Thuk. VIII 24.

[4]) Vgl. Thuk. VI 43.

[5]) Thuk. II 31 von dem attischen Gesammtaufgebot, das im Herbst
431 in Megaris einfiel: *μυρίων γὰρ ὁπλιτῶν οὐκ ἐλάσσους ἦσαν αὐτοὶ
Ἀθηναῖοι, χωρὶς δ' αὐτοῖς οἱ ἐν Ποτιδαία τρισχίλιοι ἦσαν.* Wie gewöhnlich bei Aufgeboten *πανδημεί*, hat offenbar auch hier Thukydides
keine numerische Angabe vorgelegen; er berechnet vielmehr die Stärke des
athenischen Heeres, indem er von der II 13 angegebenen Sollstärke die
3000 Mann abzieht, die vor Potidaea standen. Nun sind aber unter den
10 000 attischen Hopliten in Megaris auch die 1000 Epibaten (II 23) der
Flotte einbegriffen, die eben von ihrer Fahrt um den Peloponnes zurückgekehrt war (II 31, 1); und diese sind ohne Zweifel Theten gewesen, da
Hopliten aus dem Katalog nur in Nothfällen zum Seedienst herangezogen
wurden, was Thukydides immer sorgfältig angiebt. Folglich müssen die
ὁπλῖται θῆτες unter den 13000 felddienstpflichtigen Hopliten Thuk. II 13
mitgerechnet sein.

Männer zu vertheilen, so lange junge Mannschaft genug zur Verfügung stand. Von den 13 000 felddienstpflichtigen Hopliten hätten demnach etwa 10 000 den drei oberen Vermögensklassen angehört, wozu dann noch die 1000 Reiter zu rechnen wären[1]. Denn die Bogenschützen bestanden gleichfalls aus Theten, soweit sie nicht zu dem aus skythischen Sklaven gebildeten Polizeicorps gehörten. 11 000 Mann aber zwischen 20 und 50 Jahren setzen eine Zahl von gegen 1000 Peripoloi zwischen 18 und 20, und etwa 2000 Männern zwischen 50 und 60 Jahren voraus. Und was die zum Hoplitendienst verpflichteten Metoeken angeht, so berechnet Thukydides ihre Zahl bei dem ersten Einfall der Athener in Megaris im Herbst 431 auf 3000[2]. Da es sich hier um ein Gesammtaufgebot der attischen Wehrkraft handelt, so sind die Metoeken offenbar mit denselben Jahrgängen herangezogen worden, wie die Bürger selbst, d. h. vom 20. bis 50. Jahre; indess ist es sehr unwahrscheinlich, dass Thukydides sich die Mühe gegeben hat, aus der in den Listen verzeichneten Gesammtzahl die Metoeken im Alter von 20—50 Jahren auszuscheiden. Hat er es wirklich gethan, so hätte sich die Gesammtzahl aller Metoeken von Hoplitencensus zwischen 18 und 60 Jahren auf 3800 belaufen, und folglich die Gesammtzahl aller Besatzungstruppen auf gegen 7000; andernfalls kämen etwa 6000 heraus.

Wollten wir nun auch annehmen, um die bei Thukydides überlieferte Zahl von 16 000 Mann Besatzungstruppen zu retten, es seien nicht blos die Bürger von 50—60 Jahren, sondern alle Bürger über 50 Jahre hier eingerechnet, so würde die Zahl der πρεσβύτεροι ungefähr zu verdoppeln sein; aber auch so ergeben sich im ganzen nicht über 8—9000 Hopliten für den Besatzungsdienst, so dass immer noch eine Differenz von 6000 mit den Angaben bei Thukydides bleibt. Und wir dürfen zur Ausfüllung dieses Minus nicht etwa die Zahl der schwer-

---

[1] Aristoph. *Ritter* 225, Philochoros fr. 100. Unter den 1200 Reitern bei Thukydides sind die skythischen Hippotoxoten eingerechnet.

[2] Thuk. II 31.

bewaffneten Schutzverwandten vergrössern[1]). Denn bei Delion, wo die gesammte Macht Athens, Bürger wie Metoeken, aufgeboten war[2]), standen doch nur 7000 Hopliten in Linie[3]), d. h. noch nicht die Hälfte der Zahl, die Athen am Anfange des Krieges zu stellen vermocht hatte, wenn wir die schwerbewaffneten Metoeken mit 3000 Mann ansetzen. Eine noch stärkere Abnahme bliebe ganz unerklärlich.

Es gäbe nur einen Weg, die überlieferten Zahlen bei Thukydides zu vertheidigen, die Annahme nämlich, dass auch die Kleruchen bei ihm eingerechnet sind[4]). Allerdings bedürfte es zu diesem Zwecke einer Emendation, wenn auch einer verhältnissmässig leichten; wir hätten nämlich zu schreiben: ἀπό τε τῶν πρεσβιτάτων καὶ τῶν νεωτάτων, καὶ ἀποίκων καὶ μετοίκων ὅσοι ὁπλῖται ἦσαν. Indess hat diese Annahme doch wenig wahrscheinliches, denn Thukydides spricht ausdrücklich nur von der Besatzung der Hauptstadt und der festen Plätze in Attika[5]), und wir hören nicht, dass dazu jemals Kleruchen herangezogen worden sind. Es bleibt also

---

[1]) Wie, nach Vorgang anderer, kürzlich J. H. Hansen gethan hat, der 11 900 schwerbewaffnete Metoeken herausrechnet (*Ueber die Bevölkerungsdichtigkeit Attikas und ihre politische Bedeutung im Alterthume*, Hamburg 1885, S. 13). Diese Arbeit ist überhaupt, trotz ihres vielversprechenden Titels, ganz werthlos.

[2]) Thuk. IV 90: Ἀθηναίους πανδημεί, αὐτοὺς καὶ τοὺς μετοίκοις καὶ ξένων ὅσοι παρῆσαν.

[3]) Thuk. IV 93 f. Schenkl's Behauptung, die Athener hätten bei Delion 17 000 Hopliten gezählt (*Wiener Stud.* II 197), brauche ich doch hoffentlich nicht erst zu widerlegen.

[4]) So Duncker, *Gesch. d. Alterth.* IX 409 A. Das obige war längst geschrieben, als mir dieser Band während der letzten Revision des Manuscripts zuging.

[5]) Vgl. Classen zu unserer Stelle. Wenn Pflugk-Harttung (*Perikles* S. 69 A.) die Angabe auch von den Besatzungen in den Bundesstädten verstehen will, so übersieht er, dass φρούριον nichts anderes als „kleine Grenzfestung, Fort" bedeutet; hätte Thukydides ausdrücken wollen, was Pflugk-Harttung ihn sagen lässt, so hätte er schreiben müssen: ἐν ταῖς φρουραῖς oder ἐν ταῖς πόλεσιν. Ausserdem würden in auswärtige Besatzungen nicht die ältesten oder jüngsten Leute geschickt worden sein.

kaum etwas übrig, als anzunehmen, dass die Zahlen bei Thukydides bereits in sehr früher Zeit verschrieben worden sind, mit anderen Worten, dass μυρίων bei der Angabe über die Besatzungstruppen aus dem vorhergehenden irrthümlicher Weise wiederholt worden ist, und die Zahl dieser Truppen also nicht 16000, sondern nur 6000 betragen hat, wodurch statistisch Alles in Ordnung käme.

Entsprechend diesen Angaben beziffert Thukydides das attische Heer, das im Herbst 431 in Megaris einfiel, auf 10000 Mann Bürgerhopliten, 1000 Reiter und 3000 schwerbewaffnete Metoeken; 3000 Bürgerhopliten standen ausserdem vor Potidaea[1]. Es war der Höhepunkt, den die Wehrkraft Athens jemals erreicht hat[2]. Von jetzt an beginnt eine rückläufige Bewegung, hervorgerufen durch den Krieg und ganz besonders die Pest. Nach Thukydides erlagen der Krankheit in den Jahren 430—426 4400 Hopliten „aus den taktischen Verbänden" und 300 Reiter[3], d. h. 23 %, oder falls die Metoeken nicht eingerechnet sind, 28 % der zu Anfang des Krieges vorhandenen Gesammtzahl. Die Zahl der felddiensttüchtigen Reiter und Hopliten hatte sich demnach im Jahre 426 auf etwa 12000 vermindert. Ja das Gesammtaufgebot der attischen Wehrkraft bei Delion zwei Jahre später betrug nicht mehr als 7000 Hopliten[4] und 1000 Reiter[5], Bürger und Metoeken zusammen. Natürlich dürfen wir daraus nicht auf eine Abnahme um weitere 4000 Mann während dieser beiden

---

[1] Thuk. II 31; vgl. oben S. 63 Anm. 5.

[2] Thuk. II 31: στρατόπεδόν τε μέγιστον δὴ τοῦτο ἀθρόον Ἀθηναίων ἐγένετο, ἀκμαζούσης ἔτι τῆς πόλεως καὶ οὔπω νενοσηκυίας. Dass übrigens die Effectivstärke weit geringer sein musste, folgt aus dem oben S. 63 Anm. 5 bemerkten.

[3] Thuk. III 87: τετρακοσίων γὰρ ὁπλιτῶν καὶ τετρακισχιλίων οὐκ ἐλάσσους ἀπέθανον ἐκ τῶν τάξεων καὶ τριακοσίων ἱππέων. Da Thukydides den Ausdruck ἐκ καταλόγου vermeidet, so sind offenbar die ausserhalb des Kataloges stehenden Bürgerhopliten (die ὁπλῖται θῆτες), vielleicht auch die schwerbewaffneten Metoeken hier mitgerechnet. Aus Thukydides Diodor XII 58.

[4] Thuk. IV 94.

[5] Vgl. Aristoph. *Ritter* 225.

Jahre schliessen; wir müssen uns vielmehr erinnern, dass eine
beträchtliche Truppenzahl durch die Besatzungen in den festen
Plätzen des Reiches absorbirt werden musste, dass die etwa
70—80 Trieren, die im Herbst 424 in See waren, 7—800
Hopliten erforderten, und vor allem, dass die Effectivstärke
eines militärischen Aufgebots immer beträchtlich hinter der
Sollstärke zurückbleibt.

Die Jahre 424—422 brachten die verlustvollsten Schlachten
des Krieges; bei Delion fielen 1000 [1]), bei Amphipolis 600
Athener [2]), zum grössten Theile Hopliten. Nach Sicilien gingen
415—413 im ganzen 2700 Hopliten aus dem Kataloge [3]), etwa
1500 schwerbewaffnete Theten [4]) und 250 Reiter [5]), von denen
die meisten dort umkamen [6]). Der natürliche Zuwachs der
Bürgerschaft in diesen Jahren konnte solchen Verlusten gegenüber nur wenig in Betracht kommen. Athen dürfte also im
Jahre 412 schwerlich mehr als 8000 feldtüchtige Hopliten
und Reiter gezählt haben, wovon reichlich 6000 Bürger, und
zwar fast ausschliesslich aus dem Kataloge, da man jetzt dazu
schreiten musste, auch die Bürger dieser Klasse als Epibaten
auf der Flotte zu verwenden [7]).

Dass diese Berechnung, so sehr sie naturgemäss im groben
gegriffen ist, doch annähernd das richtige trifft, zeigen die
Ereignisse des Jahres 411. Es wurde damals in Folge der
oligarchischen Revolution festgesetzt, dass das active Bürgerrecht auf die 5000 wohlhabendsten Bürger beschränkt sein
solle [8]); das war aber keineswegs die Gesammtzahl aller Bür-

---

[1]) Thuk. IV 101.
[2]) Thuk. V 10.
[3]) Thuk. VI 43, VII 20.
[4]) Nach Thuk. VI 43 allein 700 für die 60 zum Kampf ausgerüsteten
Trieren des Nikias, woraus sich für alle 130 von 415 bis 413 nach Sicilien
geschickten athenischen Schlachtschiffe die obige Zahl von Epibaten ergiebt.
[5]) Thuk. VI 94.
[6]) Thuk. VII 85.
[7]) Thuk. VIII 24.
[8]) Thuk. VIII 65: οὔτε μεθεκτέον τῶν πραγμάτων πλείοσιν ἢ πεντακισχιλίοις, καὶ τούτοις οἳ ἂν μάλιστα τοῖς χρήμασιν ἢ τοῖς σώμασιν
ὠφελεῖν οἷοί τε ὦσιν.

5 *

ger der drei oberen Vermögensklassen, denn es war eine Reform im demokratischen Sinne, als Theramenes später die Berechtigung auf alle diejenigen ausdehnte, die im Stande wären,
auf eigene Kosten als Hopliten zu dienen [1]). Ihre Zahl betrug
nach einer in dieser Zeit gehaltenen Rede 9000 [2]), wovon
reichlich 6000 auf die Altersklassen vom 20. bis zum 50. Jahre
entfallen mochten.

Da grössere Landschlachten in den letzten Jahren des
Krieges nicht mehr geschlagen worden sind, und die Hopliten
aus dem Kataloge nur ausnahmsweise zur Bemannung der Flotte
herangezogen wurden, so kann ihre Zahl durch Verluste im
Kampfe bis 404 sich nicht wesentlich vermindert haben; wohl
aber mögen in Folge der lakedaemonischen Occupation von
Dekeleia manche Bürger der drei oberen Klassen verarmt und
in die Thetenklasse herabgesunken sein. Immerhin bildeten
die 3000 Bürger, die unter der Herrschaft der Dreissig als
vollberechtigt anerkannt wurden, nur einen Theil, wahrscheinlich selbst nur eine Minorität der Bürger mit Hoplitencensus [3]). So konnte Athen 10 Jahre später im korinthischen
Kriege 6000 Hopliten und 600 Reiter ins Feld stellen [4]), was
eine wohlhabende Bevölkerung von etwa 10 000 erwachsenen
Männern voraussetzt; denn Theten konnten jetzt bei der zer-
rütteten Finanzlage als Schwerbewaffnete nicht mehr verwendet
werden. War das Verhältniss zwischen Bürgern und Metoeken
jetzt dasselbe wie vor dem peloponnesischen Kriege — und
es dürfte sich eher zu Ungunsten der Metoeken verschoben
haben —, so standen neben reichlich 8000 wohlhabenden Bürgern gegen 2000 Schutzverwandte. Auch in der Schlacht bei
Mantineia hat das attische Aufgebot 6000 Hopliten gezählt [5]).

---

[1]) Thuk. VIII 97.
[2]) R. f. Polystratos 13; s. unten den Anhang.
[3]) Xen. Hell. II 3, 41. 48. Dadurch erledigen sich die Ausführungen
Müller-Strübings. Vom Staat d. Athen. S. 62, der der Ansicht ist, es habe
im Jahre 403 überhaupt nur noch 6000 athenische Bürger gegeben.
[4]) Xen. Hell. IV 2, 17.
[5]) Diod. XV 84. Dass es sich hier nur um Hopliten handeln kann,
liegt in der Natur der Sache.

Dass im Jahre 322 9000 Bürger mit über 2000 Drachmen
Vermögen vorhanden waren, haben wir oben gesehen[1]). Im
Jahre vorher soll das Aufgebot von 7 Phylen bis zur Alters-
klasse von 40 Jahren 5000 Mann zu Fuss und 500 Reiter ergeben haben[2]), was auf eine Gesammtzahl von gegen 18000
wohlhabender Bürger und Metoeken führen würde; doch dürfen
solche runde Angaben selbstredend nur mit Vorsicht benutzt
werden. Annähernd dieselbe Zahl scheint Athen noch 40 Jahre
später gegen die Gallier ins Feld gestellt zu haben[3]).

Weiteren Aufschluss geben die Epheben-Inschriften. Allerdings ist der Versuch verfehlt, aus diesen Urkunden direct die
bürgerliche Gesammtbevölkerung Athens ermitteln zu wollen[4]).
Denn wie in der klassischen Zeit nur die Söhne der Wohlhabenden in dem Corps der περίπολοι sich zum Hoplitendienst vorbereiteten, eben weil die Armen von diesem Dienste
gesetzlich befreit waren, so ist es später mit der Ephebie gewesen, die sich aus der Institution der περίπολοι im IV. Jahrhundert entwickelt hat. Wer für sein tägliches Brod mit der
Hand zu arbeiten hatte, der konnte natürlich nicht die Musse
finden, ein ganzes Jahr in der Hauptstadt gymnastischen und
musischen Uebungen sich hinzugeben. Ueberhaupt zeigt alles,
dass das Corps der Epheben ein sehr aristokratisches gewesen
ist; oder sollten vornehme Römer und Prinzen asiatischer
Königshäuser wirklich mit den Söhnen der attischen Fischer
und Tagelöhner im selben Gliede gedient haben?

Die älteste, wenigstens theilweise erhaltene Liste aus dem

---

[1]) S. 57.

[2]) Diod. XVIII 10.

[3]) Paus. X 20, 5: πεντακόσιοι δὲ ἐς τὸ ἱππικόν, ... χίλιοι δὲ
ἐτάσσοντο ἐν τοῖς πεζοῖς. Es ist klar, dass die Zahl der Tausender ausgefallen ist, denn ein Verhältniss der Reiter zu den Fusstruppen wie 1 : 2
ist kaum denkbar; es mag [πεντακισ]χίλιοι oder etwas ähnliches zu ergänzen sein.

[4]) Wie Dumont wollte (La population de l'Attique d'après les inscriptions récemment découvertes. Journal des Savants Dec. 1871), dem
übrigens das Verdienst bleibt, diese Inschriften zuerst für die Bevölkerungsstatistik verwerthet zu haben.

Jahre 305/4 enthält aus 2 Phylen mindestens 34 Namen, was für alle 12 Phylen über 200 Epheben ergeben würde[1]). Die Listen aus der Zeit zwischen der Befreiung Athens (287/6) und dem chremonideischen Kriege (ca. 265) geben nur je einige 30 Namen[2]), während am Ende des II. Jahrhunderts wieder 100—140 Epheben aufgeführt werden[3]), ungerechnet der Fremden.

Wir wissen nun freilich nicht, ob der Eintritt in das Ephebencorps obligatorisch war, und welches Vermögen dazu berechtigte oder verpflichtete; auch können die Bestimmungen darüber im Laufe der Zeit sich geändert haben. Wenn ferner unsere Epheheninschriften aus dem III. Jahrhundert nur einige dreissig Namen aufführen, so ist es höchst wahrscheinlich, dass nur ein Theil der Epheben aufgezeichnet wurde, etwa diejenigen, die sich besonders gut geführt hatten; denn hätte das Institut wirklich nur so wenige Theilnehmer gezählt, so würde es kaum im Stande gewesen sein, sich zu halten.

Nun entspricht eine Ephebenzahl von etwa 200, wie sie in unserer Urkunde aus 305/4 verzeichnet stand, einer Zahl von nahe an 7000 über-achtzehnjährigen Bürgern. 17 Jahre früher hatte Athen 9000 Bürger mit über 2000 Drachmen Vermögen gezählt; da auf unserer Liste mehr als 200 Namen gestanden haben können, da ferner einzelne Befreiungen wegen körperlicher Gebrechen und anderer Gründe nicht ausbleiben konnten, so scheint damals der Eintritt in das Ephebencorps für die Söhne aus Familien mit über 2000 Drachmen Vermögen obligatorisch gewesen zu sein, und wir gewinnen so eine Bestätigung für die auch aus andern Gründen wahrscheinliche Annahme, dass in dieser Zeit ein Vermögen von 2000 Drachmen die untere Grenze für die Verpflichtung zum Hoplitendienste gebildet hat. Wenn dieselben Bedingungen noch am Ende des II. Jahrhunderts galten, und auch jetzt sämmtliche Epheben in

----

[1]) Köhler, *Mittheil. des archäol. Inst.* IV 324 ff.
[2]) *CIA.* II 316. 324. 338.
[3]) *CIA.* II 465. 467. 469. 470.

den uns erhaltenen Listen verzeichnet wurden, wofür die grosse
Zahl der Namen — im Mittel 120 — zu sprechen scheint, so
müsste sich in der Zwischenzeit die Zahl der wohlhabenden
Bürger Athens um 40 %, also auf 5400 vermindert haben, was
an und für sich ein sehr annehmbares Resultat wäre. Jedenfalls ist 5000 ein Minimum, unter das herabzugehen unsere
Ephebenlisten uns nicht gestatten. In Folge der Katastrophe
im mithradatischen Kriege hat ohne Zweifel nicht nur die
Bürgerzahl beträchtlich abgenommen, sondern sind auch sehr
viele Bürger verarmt, sodass es nicht überrascht, noch kurz
vor der Schlacht bei Aktion nur etwa die halbe Ephebenzahl zu
finden, wie am Ende des II. Jahrhunderts, entsprechend einer
Zahl von gegen 2500 wohlhabenden Bürgern. Ein aus dieser Zeit
erhaltener Ephebenkatalog [1]) führt neben 52 Bürgern 67 Fremde
auf, woraus wir aber nicht schliessen dürfen, dass die Metoeken
damals zahlreicher gewesen wären als die Bürger, da viele
vornehme Jünglinge, die zu Studienzwecken in Athen ver-
weilten, sich in das Ephebencorps aufnehmen liessen. In der
Kaiserzeit finden wir wieder ein Steigen der Ephebenzahl: eine
Liste aus dem Jahre 42 n. Chr. giebt 120—130, die Verzeichnisse aus der Zeit der Antonine im Mittel 90 Bürgerepheben [2]).
Athen mag also in dieser Periode gegen 4000 wohlhabende
Bürger gezählt haben.

Wir sind demnach in den Stand gesetzt, von der Bewegung
der wohlhabenden Klassen der attischen Bevölkerung vom V.
vorchristlichen bis lzum II. nachchristlichen Jahrhundert ein
ziemlich befriedigendes Bild zu entwerfen. Zur Zeit der Perserkriege mochte Athen gegen 12—13 000 Bürger von Hoplitencensus, zählen; die Metoeken fielen wohl noch kaum ins
Gewicht. Zu Anfang des peloponnesischen Krieges war diese
Zahl auf 15—16 000 gestiegen [3]); daneben standen ungefähr
4000 Metoeken. Durch die Pest wurden diese Zahlen um etwa

---

[1]) *CIA.* II 482.

[2]) Dumont a. a. O., s. die Inschriften im III. Bande des *CIA.*

[3]) Nämlich 14 000 im Alter von 18—60 Jahren (oben S. 64), und
15—1600 über-sechzigjährige (oben S. 53).

¹/₄ vermindert, also auf 11—12 000 Bürger und 3000 Schutzverwandte. Nach der sicilischen Niederlage wurden noch 9000
wohlhabende Bürger gezählt, bei Beginn des korinthischen
Krieges noch etwa 8000, und 2000 Metoeken. Im Jahre 322
war die Zahl der Bürger von Hoplitencensus wieder auf 9000
gestiegen, um dann im Laufe der beiden nächsten Jahrhunderte
auf 5—6000, nach der sullanischen Eroberung auf 2500 zu
sinken. Unter den Antoninen hat dann Athen, wie wir gesehen
haben, wieder gegen 4000 wohlhabende Bürger gezählt.

Leider fehlen uns die Mittel, die Zahl des ärmeren Theiles der
Bürgerschaft, der Theten der solonischen Ordnung, in derselben
Weise zu bestimmen. Denn Athen besass schon zur Zeit des
peloponnesischen Krieges, ausser einem kleinen Corps Bogenschützen, keine regelmässig organisirten leichten Truppen[1]), und
die Flotte war zum grossen Theil mit Söldnern bemannt. Wenn
Herodot, wie schon bemerkt, die Zahl der Leichtbewaffneten
bei Plataeae den Hopliten gleichsetzt, so könnte Athen, die Richtigkeit dieser Schätzung vorausgesetzt, im Jahre 479 nicht unter
25 000 Bürger gezählt haben. Weiter führen uns die Angaben
des Thukydides über die Stärke des attischen Heeres bei Delion.
Es erfolgte damals ein allgemeines Aufgebot aller Bürger und
Metoeken, ja selbst der vorübergehend in Athen sich aufhaltenden Fremden[2]), wie es scheint bis zum 50. Lebensjahre;
wenigstens war der 45jährige Sokrates unter den kämpfenden.
Zahlen giebt Thukydides nicht; er sagt nur, die attischen Hopliten seien den boeotischen an Zahl gleichgekommen, die attischen Leichtbewaffneten aber viel zahlreicher gewesen als die
boeotischen[3]). Die Stärke des boeotischen Heeres aber habe sich
auf 1000 Reiter, 7000 Hopliten, 500 Peltasten und 10 000 Mann

---

[1]) Thuk. IV 94.

[2]) Thuk. IV 90: ὁ δὲ Ἱπποκράτης ἀναστήσας Ἀθηναίοις πανδημεί,
αὐτούς τε καὶ τοὺς μετοίκους καὶ ξένων ὅσοι παρῆσαν.

[3]) Thuk. IV 94: ψιλοὶ δὲ ἐκ παρασκευῆς μὲν ὡπλισμένοι οὔτε τότε
παρῆσαν, οὔτε ἐγένοντο τῇ πόλει· οἵπερ δὲ ξυνεσέβαλον, ὄντες πολλα-
πλάσιοι τῶν ἐναντίων, ἄοπλοί τε πολλοὶ ξυνηκολούθησαν, ἅτε παν-
στρατιᾶς ξένων τῶν παρόντων καὶ ἀστῶν γενομένης.

leichter Truppen belaufen[1]). Danach müssen die athenischen Leichtbewaffneten bedeutend mehr als 10000 Mann gezählt haben, also mindestens 12000, wahrscheinlich gegen 15000 Mann; das ganze Heer, einschliesslich der Hopliten und Reiter, wäre also 20—23000 Mann stark gewesen. Das war, abgesehen von den dienstuntauglichen oder gesetzlich vom Dienste befreiten, die gesammte freie männliche Bevölkerung zwischen 20 und 50 Jahren, die im Herbste 424 in Attika anwesend war; die Gesammtzahl der freien Männer über 18 Jahre muss demnach mindestens 30—35000 betragen haben. Die in Athen vorübergehend sich aufhaltenden Fremden wurden ohne Zweifel reichlich compensirt durch die ausserhalb Attikas, sei es auf der Flotte und in den Besatzungen, sei es in Privatgeschäften abwesenden Metoeken und Bürger[2]), auch wenn wir die Kleruchen ganz aus dem Spiele lassen. Nun sind in den Jahren 430—426 der Pest etwa $1/4$ aller athenischen Hopliten und Reiter erlegen, also der wohlhabendsten und kräftigsten Männer; und da Epidemien ihre Opfer immer vorzugsweise in den unteren Schichten der Bevölkerung suchen, so werden wir uns keiner Uebertreibung schuldig machen, wenn wir dieses Verhältniss auf die Gesammtbevölkerung anwenden. Zählte also Attika im Jahre 424 30—35000 freie Männer, so muss es 431 40—47000 gezählt haben, entsprechend einer freien Bevölkerung von 120—140000 Seelen. Die Zahl der Bürger von Hoplitencensus betrug damals, wie wir gesehen haben, 15000 bis 16000, die der Metoeken von entsprechendem Vermögen 4000; es bleiben also für die Theten und die ärmeren Metoeken 20—28000. Nehmen wir 24000 als Mittel, und auch hier das Verhältniss der Bürger zu den Metoeken wie 4:1, so erhalten wir 19—20000 Theten und eine Gesammtbürgerzahl von 35000, neben 9000 Schutzverwandten. Wenn diese Zahlen auch auf absolute Richtigkeit keinen Anspruch erheben können, so werden sie der Wahrheit doch wenigstens nahe kommen.

---

[1]) Thuk. IV 93.
[2]) Thuk. VIII 72: καίτοι οὐ πώποτε Ἀθηναίοις διὰ τὰς στρατίας καὶ τὴν ὑπερόριον ἀσχολίαν εἰς οὐδὲν πρᾶγμα οὕτω μέγα ἐλθεῖν βουλεύσοντας, ἐν ᾧ πεντακισχιλίους ξυνελθεῖν.

In Folge der Pest sank die Bürgerzahl auf etwa 26 000.
die der Metoeken auf 7000. Die Jahre nach dem Nikiasfrieden
brachten eine kleine Besserung[1]), die aber weitaus aufgewogen
wurde durch die Verluste des sicilischen und dekeleischen
Krieges, und die Opfer der Revolution. Diese Einbusse
ziffernmässig zu bestimmen, fehlen uns die nöthigen An-
haltspunkte. Da indess Athen am Ende des IV. Jahrhunderts
nicht über 21 000 Bürger gezählt hat, und es nicht wahrscheinlich ist, dass die Bürgerzahl sich im Laufe dieses Jahrhunderts
vermindert haben sollte, so werden wir für 403 nicht über
20 000 Bürger annehmen dürfen. Andererseits aber können
wir auch nicht weit unter diese Zahl herabgehen: denn wie
wir gesehen haben, zählte Athen im Jahre 394 noch 8000 Bürger
von Hoplitencensus, was, dasselbe Verhältniss wie vor dem
Kriege angenommen, gegen 10 000 Theten voraussetzen würde.
Auch hatte Attika selbst nach dem Ende des peloponnesischen
Krieges von allen griechischen Staaten immer noch die höchste
Bürgerzahl[2]). Die Zahl der Metoeken mag in dieser Zeit
gegen 5000 betragen haben.

Am Ende des IV. Jahrhunderts standen, wie wir gesehen
haben, 9000 Bürger mit einem Vermögen von über 2000 Drachmen neben 12 000, die diesen Census nicht erreichten. und
10 000 Metoeken. Wenn dann im Laufe der beiden folgenden
Jahrhunderte die Zahl der Bürger von Hoplitencensus auf
etwa 5000 herabsinkt. so folgt daraus noch keineswegs, dass
sich die Gesammtzahl der Bürger im selben Verhältniss vermindert habe, vielmehr liegt es in der Natur der Sache, dass
die Ungleichheit des Besitzes immer grösser werden, der Mittelstand immer mehr zusammenschmelzen musste. Standen also
in Alexanders Zeit die Besitzenden zu den Nicht-Besitzenden
wie 3 : 4, so mag das Verhältniss in der Gracchenzeit wie 3 : 5
oder 3 : 6 gewesen sein. also Athen 14—15 000 Bürger gezählt

---

[1]) Thuk. VI 12: καὶ μεμνῆσθαι χρὴ ἡμᾶς ὅτι νεωστὶ ἀπὸ νόσου
μεγάλης καὶ πολέμου βραχύ τι λελωφήκαμεν, ὥστε καὶ χρήμασι καὶ σώμασιν ηὐξῆσθαι.

[2]) Xen. Hell. II 3, 24: διά τε τὸ πολυανθρωποτάτην τῶν Ἑλληνίδων
τὴν πόλιν εἶναι.

haben. Denn eine Abnahme der Bürgerzahl, namentlich während des II. Jahrhunderts ist allerdings hier wie im übrigen Griechenland sehr wahrscheinlich.

4. Die Getreidespende des Jahres 445 4.

Es wird jetzt an der Zeit sein, eine Angabe zu besprechen, die zu dem oben über die Bevölkerung Athens im V. Jahrhundert gewonnenen Resultate in geradem Gegensatz zu stehen scheint. Philochoros erzählte in seiner Atthis, dass unter dem Archon Lysimachides, 445 4, eine aegyptische Getreidespende unter die Bürgerschaft zur Vertheilung gekommen sei. Bei dieser Gelegenheit sei eine Prüfung der Bürgerlisten vorgenommen worden, 4760 Athener seien ihres angemaassten Bürgerrechts für verlustig erklärt, 14240 als echte Athener anerkannt worden[1]). Böckh hat sich über die Differenz dieser Angabe mit den Angaben des Thukydides mit grosser Leichtigkeit hinweggesetzt: die Bevölkerung habe sich in der Zeit von 445 bis 431 etwas vermehrt[2]). Dass eine solche Vermehrung stattgefunden hat, soll nicht bestritten werden; sie kann aber im besten Falle nur wenige Tausende betragen haben, denn Einbürgerungen Fremder in grossem Maassstabe waren nach der Reinigung der Bürgerschaft, die im Jahre 445 vorgenommen war, selbstverständlich ausgeschlossen. Eine Vermehrung der Bürgerschaft aber um das doppelte durch den blossen Ueberschuss der Geburten über die Todesfälle in 14 Jahren wird Niemand behaupten wollen.

Die Angaben des Thukydides stehen also mit denen des Philochoros in unlöslichem Widerspruch; und der Zeitgenosse Thukydides hat doch ohne Frage den grösseren Anspruch auf

---

[1]) Philoch. fr. 90 aus Schol. Arist. *Wespen* 718, und ohne Angabe der Quelle Plutarch *Perikles* 37, wo in Folge eines Schreibfehlers 14040 gelesen wird. — Ueber die Chronologie vergl. Wiedemann, *Gesch. Aegypt. von Psammetich I. bis Alexander* S. 253; Gutschmid bei Sharpe, *Gesch. Aegypt.* I 113. 114; Duncker, *Gesch. d. Alterth.* IX 99 A.

[2]) *Staatsh.* I 51.

Glaubwürdigkeit, selbst wenn wir das Zeugniss des Philochoros selbst hätten, und nicht eine Angabe aus zweiter oder dritter Hand. Ganz abgesehen davon, dass schon eine ganz oberflächliche Kenntniss der Geschichte des peloponnesischen Krieges genügt, um die Ueberzeugung zu gewinnen, dass Athen am Anfang desselben mehr als 20 000 Bürger gehabt haben muss.

Die einfachste Lösung der Schwierigkeit wäre natürlich die Annahme einer Verderbniss der Zahlen bei Philochoros; ist doch nichts häufiger, als dass in unseren Handschriften vor μύριοι oder χίλιοι die Zahl der Tausender oder Zehntausender ausgefallen ist. Es könnte also an unserer Stelle statt 1 Myriade und 4240 z. B. 3 Myriaden und 4240 gestanden haben. Indess gegenüber der doppelten Ueberlieferung bei Plutarch und den Aristophanes - Scholien ist diese Annahme doch sehr bedenklich. Noch weniger annehmbar freilich ist die Vermuthung Wachsmuths, die Spende sei blos unter die städtische Bevölkerung vertheilt worden [1]); denn eine *plebs urbana* im römischen Sinne hat es in Athen niemals gegeben, und eine solche Scheidung von Stadt und Land war auch bei der Kleinheit des Gebietes ganz unthunlich.

Es bleibt also kaum etwas anderes übrig, als die Annahme, dass unsere Getreidevertheilung auf die ärmeren Bürger beschränkt geblieben ist. Eine solche Bevorzugung der unbemittelten Klassen ist auch sonst in dieser Zeit nachweisbar. So enthält die einzige Urkunde, die uns über die Einzelheiten einer Kleruchiengründung unterrichtet, die Bestimmung, dass nur die Theten und Zeugiten zur Theilnahme an der Loosung um die Ackerparzellen berechtigt sein sollten [2]). Die Möglichkeit wird also zuzugeben sein, dass etwas ähnliches auch für die Getreidespenden festgesetzt worden ist [3]). Und da die Zeugiten der Hauptsache nach kleine Grundbesitzer waren, die

---

[1]) Wachsmuth, *Stadt Athen* I S. 565.

[2]) *CIA.* I 31: ἐς δὲ [B]ρέαν ἐχ θητῶν καὶ ζευγιτῶν ἰέναι τοὺς ἀποί[ί]κοις.

[3]) Deshalb wird bei einer Getreidespende des Jahres 299/8 ausdrücklich bemerkt, dass sie „allen Athenern" (πᾶσιν Ἀθηναίοις) zu gute gekommen sei (*CIA.* II 314). Es war also nicht immer der Fall.

ihren eigenen Bedarf an Getreide producirten, so lag es nahe, die Vertheilung auf die Theten zu beschränken. Jedenfalls ist die Zahl der Empfänger, die Philochoros angiebt, viel zu klein für Theten und Zeugiten zusammen; denn es liegt in der Natur der Sache, dass die Zeugiten zahlreicher sein mussten, als die Bürger der beiden ersten Vermögensklassen.

Doch betrachten wir uns jetzt die Zahlen bei Philochoros etwas näher. Die Addition der beiden Einzelposten 14 240 und 4760 ergiebt genau 19 000. Anzunehmen, „dass die Summanden absichtlich soweit modificirt seien, um ein rundes Resultat zu ergeben"[1], scheint mir ein Widersinn. Denn erstens giebt weder Plutarch, noch der Scholiast zu Aristophanes die Summe von 19 000, und es fehlt also jede Berechtigung zu der Annahme, dass sie bei Philochoros gestanden habe; zweitens aber, welcher Grund ist denn denkbar, warum Philochoros die runde Summe hätte geben sollen, wenn ihm das Material zu Gebote stand, eine ganz genaue Zahl zu erhalten. Wollte er überhaupt mit runden Zahlen rechnen, so hätte er schon die Einzelposten abrunden müssen. Die runde Summe von 19 000 führt uns vielmehr auf eine ganz andere Folgerung; sie giebt uns, wie ich glaube, den Beweis, dass nicht beide Zahlen — 14 240 und 4760 — auf statistischer Erhebung beruhen, sondern nur die eine von ihnen, während die andere durch Subtraction dieser Zahl von 19 000 gefunden ist.

Es fragt sich, welche; oder mit anderen Worten: über welche der beiden Zahlen konnten Philochoros statistische Angaben zu Gebote stehen? Die Antwort kann nicht zweifelhaft sein. Die Zahl derer, die ihren Antheil an dem aegyptischen Getreide in Empfang genommen hatten, musste in den Rechnungen verzeichnet stehen; und wenn nicht, liess sie sich aus der Menge des überhaupt vertheilten Getreides, und dem Antheil jedes einzelnen ohne Mühe berechnen[2]. Dagegen ist

---

[1] Fränkel, *Geschworenengerichte* S. 4.

[2] In unserem Aristophanes-Scholion sind die hierauf bezüglichen Zahlen verderbt, wie schon der Scholiast selbst gesehen hat. Es sollen 30 000 Medimnen vertheilt worden sein, und jeder Bürger 5 Medimnen em-

kaum abzusehen, wie Philochoros eine Angabe über die Zahl
der παρέγγραφοι hätte erhalten können. Erfolgte ihre Ausstossung durch διαψήφ'σις, was freilich nicht wahrscheinlich
ist, so hätte Philochoros die λτξιαρχικὰ γραμματεῖα aller 170
Demen daraufhin durchstudiren müssen, was zu seiner Zeit
eine materielle Unmöglichkeit war: abgesehen von allem anderen,
weil diese Archive gar nicht mehr vollständig vorhanden waren.
Geschah dagegen die Ausstossung der unberechtigten Bürger
auf dem Wege der γραφὴ ξενίας[1]), so wurde über jeden Fall
vor Gericht einzeln verhandelt und Philochoros hätte im Besitze sämmtlicher Akten sein müssen, um die Summe aus allen
diesen Fällen zu ziehen. Wir sehen, so einfach es für den
Historiker war, sich die genaue Zahl der Getreideempfänger im
Jahre 445/4 zu verschaffen, so schwierig, um nicht zu sagen
unmöglich musste es für ihn sein, auf directem Wege die Zahl
derer zu erfahren, die wegen mangelnder Berechtigung an der
Spende keinen Antheil erhielten. Es kann also gar kein Zweifel
sein, dass er diese Zahl durch Rechnung gefunden hat, und
dass die einzige auf statistischer Erhebung beruhende Angabe
die Zahl von 14240 Getreideempfängern ist.

Hier erhebt sich nun natürlich die Frage: was waren die
Grundlagen der Berechnung des Philochoros? Mit anderen
Worten: was bedeutet die Zahl 19000, von der er die andere,
14240, abzog, um die Zahl der παρέγγραφοι zu erhalten?
Oder wenigstens, was hat Philochoros sich dabei gedacht?
Offenbar doch die Summe aller derer, die vor der Xenelasie
als zum Empfang der Getreidespenden berechtigt gegolten hatten.
Da nun statt 19000 nur 14240 wirklich ihren Antheil erhielten,
so lag der Schluss sehr nahe, dass die übrigen 4760 eben in
Folge jener Maassregel ihrer Berechtigung verlustig gegangen,

---

pfangen haben. Wahrscheinlich stand bei Philochoros χοίνικας Γ μεδίμνους II,
vielleicht mit Abkürzung geschrieben, woraus dann durch Missverständniss
πέντε μεδίμνους geworden ist. Ein Antheil von je 2 Medimnen 5 Choenikes
ergiebt bei 14240 Empfängern 29963 1/3 Medimnen. Doch können die 5
Medimnen auch einfach aus Aristophanes eingesetzt sein (*Wespen* 717).

[1]) Philippi, *Bürgerrecht* S. 36 ff.; Duncker, *Sitzungsber. der Berl.
Akad.* 1883 S. 935—48.

mit anderen Worten, ihres Bürgerrechtes beraubt worden wären.
Dabei ist vorausgesetzt, dass alle Berechtigten sich auch wirklich gemeldet haben: und in dieser Voraussetzung eben liegt
das bedenkliche des Schlusses, und überhaupt der ganzen Berechnung, wie sie Plutarch und das Scholion zu Aristophanes
nach Philochoros bieten. Denn diese Berechnung kennt keine
dritte Kategorie neben den Getreideempfängern (λαβόντες) und
den παρέγγραφοι. Und doch musste es eine beträchtliche
Menge von Bürgern geben, die verhindert waren, sich zur
Empfangnahme ihres Antheils zu melden[1]), sei es wegen Abwesenheit von Attika zu Handelszwecken oder auf der Kriegs-
flotte, sei es durch Krankheit oder auch aus Furcht vor den
Chicanen einer γραφὴ ξενίας, die Aristophanes uns so drastisch
geschildert hat[2]). Diese alle aber mussten einen grossen, wahrscheinlich den weit überwiegenden Theil jener 4760 Männer
ausmachen, die Philochoros einfach in Bausch und Bogen als
παρέγγραφοι auffasste. Wir sehen also, die Reinigung der
attischen Bürgerschaft im Jahre 445/4 hat sich in sehr viel
engeren Grenzen bewegt, als man bisher annahm; und die
schauderhafte Mär, dass damals ¼ der bürgerlichen Bevölkerung Attikas entrechtet oder gar in die Sklaverei verkauft
worden sei, ist aus der griechischen Geschichte zu streichen.

Gegenüber dem so gewonnenen Resultat ist es sehr gleichgültig, ob Philochoros unter jenen 19000 die Summe aller
Bürger oder nur die Theten verstanden hat. Möglich, dass
ihm in der That eine Angabe über die Zahl der Theten um die
Mitte des V. Jahrhunderts vorgelegen hat; möglich auch, dass
er einfach die Zahl der Bürger, wie sie zu seiner eigenen Zeit
war, auf die perikleische Zeit übertrug. Die Entscheidung wird
abhängen von dem Grade des statistischen Verständnisses, das
wir Philochoros zuzuschreiben geneigt sind.

Ich muss schliesslich noch einen Einwand berücksichtigen,
der gegen die hier vertretene, statistisch einzig mögliche Auffassung der Zahlen bei Philochoros geltend gemacht worden

---

[1]) Wilamowitz, *Aus Kydathen* S. 23 A. 42.
[2]) *Wespen* 718.

ist. Herr Fränkel behauptet nämlich[1]), „es könnte für einen
demokratischen Staat keine gehässigere Maassregel geben, als
eine umfassende Revision der Bürgerlisten auf die Aermeren
zu beschränken". Dabei ist vorausgesetzt, dass die Revision
der Bürgerlisten überhaupt eine gehässige Maassregel war. Das
war sie nun aber keineswegs: ganz im Gegentheil, sie war eine
sehr populäre Maassregel, wie man schon daraus sehen kann,
dass sie von dem Führer der radicalen Demokratie, von Perikles
ausging[2]). Ganz ebenso ist die Diapsephisis des Jahres 346 5
von der demosthenischen, d. h. ebenfalls der radicalen Partei
ausgegangen. Und das ist auch sehr begreiflich: je kleiner
der Kreis der zum Empfang der Spenden aus öffentlichen
Mitteln berechtigten, desto grösser wird der Antheil jedes einzelnen. So war ja auch in Rom der städtische Pöbel das
hauptsächlichste Hinderniss für die Ertheilung des römischen
Bürgerrechts an die italischen Bundesgenossen. Da nun die
oberen Klassen so wie so an der Vertheilung des Getreides
nicht participirten, so hatte die Menge auch gar kein Interesse an
einer Revision der Bürgerlisten dieser Klassen: ohnehin musste
aus naheliegenden Gründen die weit überwiegende Anzahl
der παρέγγραφοι dem niederen Volke angehören. Endlich
aber, und das ist die Hauptsache, hat höchst wahrscheinlich
eine διαψήφισις überhaupt im Jahre 445/4 nicht stattgefunden,
sondern nur eine Untersuchung der Qualification bei denen,
die sich zum Empfang der Spende meldeten, ganz wie in dem
analogen Falle. auf den Aristophanes in den Wespen anspielt.

Das Ergebniss dieser Untersuchung ist also, dass im Jahre
445/4 14240 Bürger der Thetenklasse ihren Antheil an einer
Getreidespende in Empfang genommen haben[3]). Rechnen wir
diejenigen hinzu, die sich wegen des einen oder anderen
Grundes nicht meldeten, ferner den natürlichen Zuwachs während der 13 Jahre bis zum Ausbruch des peloponnesischen
Krieges, so gelangen wir auf etwa dieselbe Zahl von Theten

---

[1]) *Geschworenengerichte* S. 4.
[2]) Das war dieser damals, vor dem Ostrakismos des Thukydides.
[3]) So auch Duncker, *Gesch. d. Alterth.* IX 411 A. 2.

im Jahre 432/1, die sich uns oben auf Grund der Angaben des Thukydides ergeben hat. Also weit entfernt, durch die Angaben des Philochoros widerlegt zu werden, wird unser obiges Ergebniss vielmehr dadurch in vollem Maasse bestätigt.

5. Die Kleruchen.

Um nun die Gesammtzahl der attischen Bürger zu erhalten, müssten wir zu den in Attika selbst, sei es thatsächlich wohnhaften, sei es rechtlich domicilirten Bürgern die Kleruchen hinzurechnen. Allerdings nicht alle Kleruchen. Denn die attischen Kleruchien zerfallen in zwei Klassen, je nachdem sie in Gebieten gegründet sind, deren alte Bewohner vertrieben waren, oder die Ansiedler im Gebiete noch bestehender Staaten Grundbesitz empfangen hatten. Zu der ersteren Kategorie gehören von den 432/1 bestehenden Kleruchien Salamis, Lemnos, Imbros, Skyros, Oreos, Brea; von denen späterer Zeit Aegina, Potidaea, Melos, Samos; zu der zweiten Kategorie die Ansiedlungen im übrigen Euboea, auf Andros, Naxos, Lesbos und dem Chersonnes. Die Kleruchien der ersten Kategorie bilden eigene Gemeinden, und ihre Truppen fechten im Kriege in eigenen Abtheilungen; die Kleruchen der zweiten Kategorie behalten ihren legalen, und grösstentheils wohl auch ihren factischen Wohnsitz in Athen, und dienen im Kriegsfall in den alten Phylenverbänden[1]). Der Zweck dieser letzteren Kleruchien war einfach ein socialpolitischer: Versorgung der Armen; der Zweck der Kleruchien der anderen Art ein socialpolitisch-militärischer. Jeder Vergleich hinkt; aber es möge doch wenigstens auf die Analogie hingewiesen werden, die zwischen diesen beiden Arten attischer Kleruchien und der römischen Colonial- und Viritanassignation besteht. Die Kleruchen der zweiten Kategorie sind oben in der Bürgerzahl Athens natürlich eingerechnet, denn sie waren einfach Athener, die ausserhalb Attikas Grundbesitz hatten, nur dass dieser Grundbesitz nicht gekauft, sondern vom Staate

---

[1]) Es muss einem anderen Ort vorbehalten bleiben, diese Auffassung näher zu begründen.

geschenkt war. Dagegen sind die Bürger der Kleruchengemeinden oben ausgeschlossen. Thukydides unterscheidet ihre Contingente stets sorgfältig von den eigentlich attischen Truppen [1]; auch in den officiellen Verlustlisten werden sie gesondert aufgeführt [2]. Dass sie bei der Uebersicht der Athen im Jahre 431 zu Gebote stehenden Streitkräfte nicht einbegriffen sind, geht aus den Angaben des Thukydides über die Stärke des attischen Heeres bei dem Einfall in Megaris im Herbste dieses Jahres hervor; Thukydides lässt dabei die volle Stärke der attischen Feldtruppen ausrücken, erwähnt aber eine Heranziehung der Kleruchen mit ˈkeinem Worte, wie sie in der That auch sehr überflüssig gewesen wäre.

Was nun die Zahl der Kleruchen angeht, so hören wir, dass nach Brea 1000 [3]), nach Oreos gleichfalls 1000 [4]), oder nach anderer, wie es scheint besserer Angabe die doppelte Zahl [5]) Colonisten geführt worden sind. Dazu kommen weiter Salamis, Skyros und namentlich Lemnos und Imbros, damals die bedeutendsten aller Kleruchien, wie das starke Hervortreten ihrer Contingente beweist. Der Flächeninhalt dieser Inseln, einschliesslich Halonnesos (*Hagiostrati*) beträgt 1085 qkm, also reichlich $^2/_5$ des Areals von Attika selbst; davon entfallen 476,8 qkm auf Lemnos. Die Getreideproduction von Lemnos betrug im Jahre 329 8 248 475 Medimnen Gerste und 56 750 Medimnen Weizen, gegenüber einer Getreideproduktion Attikas von etwa 400 000 Medimnen [6]). Rechnen wir 3000 Bürger auf Lemnos [7]), je 1000 auf Imbros und Skyros, 500

---

[1]) Z. B. die Kleruchen von Lemnos und Imbros III 5, IV 28, V 8, VII 57, die von Aegina VIII 69.

[2]) *CIA.* I 443. 444.

[3]) Plut. *Perikles* 11: εἰς Θρᾴκην χιλίους Βισάλταις συνοικήσοντας, eine Angabe, die doch wohl ohne Zweifel auf Brea zu beziehen ist.

[4]) Ephoros bei Diod. XII 22.

[5]) Theopomp. bei Strabon S. 445.

[6]) Foucart, *Bulletin de Corresp. Hell.* VIII (1884) S. 211 und oben S. 32. Dort ist durch ein Versehen die Weizenproduction um 100 Medimnen zu niedrig angegeben.

[7]) Auch dass die Pest, ehe sie nach Athen kam, Lemnos verheerte (Thuk. II 47), zeugt für verhältnissmässig starke Bevölkerung der Insel.

auf Salamis, was gewiss nicht zu hoch sein wird — 5 Bürger auf 1 qkm gegen 18 in Attika —, so würden sämmtliche zu Anfang 431 bestehenden Kleruchengemeinden 7500—8500 Bürger gezählt haben; wir werden der Wahrheit näher kommen, wenn wir in runder Zahl 10000 annehmen[1]). Danach können wir die Zahl aller attischen Bürger zu Anfang 431 auf etwa 45000 veranschlagen.

Im Laufe des peloponnesischen Krieges sind Kleruchengemeinden in Aegina (431), Potidaea (429) und Melos (416) begründet worden. Wie viele Ansiedler nach Aegina gingen, wissen wir nicht, es werden wenigstens 500, vielleicht 1000 gewesen sein; nach Potidaea gingen 1000[2]), nach Melos 500[3]). Dagegen sind die 2700 attischen Bürger, die 427 auf Lesbos Grundbesitz erhielten, ohne Zweifel zum grössten Theile in Athen geblieben und haben dort ihren legalen Wohnsitz behalten. Das ergiebt sich ebensowohl aus den Ereignissen des Jahres 412, wie daraus, dass die Grundstücke auf Lesbos von den Kleruchen nicht selbst bewirthschaftet wurden.

In Folge des Friedensschlusses von 404 wurden Lemnos, Imbros und Skyros vom Staate getrennt, und aus Oreos, Aegina, Potidaea, Melos, wohl auch aus Brea die attischen Colonisten vertrieben. Im IV. Jahrhundert sind nicht nur Lemnos, Imbros und Skyros zurückerworben, sondern auch neue Kleruchien ausgeführt worden: 363 nach Potidaea, die freilich nur kurze Zeit Bestand hatte, nach dem thrakischen Chersones, und namentlich nach Samos, wohin 352/1 2000 attische Bürger, später, wie es scheint, noch weitere Colonisten gesandt wurden[4]). Es mögen also auch jetzt an 10000 athenische Bürger ausserhalb Attikas angesiedelt gewesen sein, und die Gesammtbürgerzahl des Staates mag an 30000 betragen haben.

Wie Thuk. II 54 sagt: *ἐπενείματο δὲ Ἀθήνας μὲν μάλιστα, ἔπειτα δὲ καὶ τῶν ἄλλων χωρίων τὰ πολυανθρωπότατα.*

[1]) Ebenso Duncker, *Gesch. d. Alterth.* IX 238.
[2]) Diod. XII 46.
[3]) Thuk. V 116.
[4]) Schäfer, *Demosth.* I² S. 99 A. und unten Cap. VI 1.

6. Die Sklavenzahl.

Ueber die Sklavenzahl Attikas haben wir aus dem Alterthum nur eine einzige bestimmte Angabe, die schon erwähnte Zählung unter Demetrios von Phaleron, die nach Athenaeos 400000 Sklaven ergeben haben soll. In einem Athem damit erzählt unser Gewährsmann, dass Aegina „einst" 470000, Korinth 460000 Sklaven gehabt hätte [1]). Er beruft sich dafür auf glänzende Autoritäten: für Aegina auf Aristoteles, für Korinth auf Timaeos, für Athen auf einen gewissen Ktesikles, über den sonst allerdings nichts bekannt ist, der aber offenbar aus officiellen Materialien geschöpft hat, wie seine Angaben über die Zahl der Bürger und Metoeken beweisen, die durchaus das Gepräge der Wahrheit tragen (s. oben S. 57). Aber nur der blinde Buchstabenglaube kann irgend einer Autorität zu Liebe, und sei es der höchsten, Dinge annehmen, die der gesunden Vernunft widersprechen. Die Insel Aegina hat kaum zwei geographische Quadratmeilen Flächenraum; zur Bebauung des felsigen Bodens sind einige Tausend Arbeiter ausreichend [2]); mindestens 46 von jenen 47 Myriaden Sklaven müssten also in der Hauptstadt concentrirt gewesen sein. Dann wäre Aegina die grösste hellenische Stadt gewesen, dreimal so gross als das perikleische und demosthenische Athen, und nicht kleiner als Alexandrien zu Caesars Zeit. Es hilft auch sehr wenig, wenn wir etwa annehmen wollten, ein Theil dieser Sklaven sei „auf den Schiffen und in den auswärtigen Etablissements" beschäftigt gewesen [3]); denn wie bekannt, wurden die griechischen Handelsschiffe nicht durch Ruder getrieben, sodass sie eine verhältnissmässig sehr geringe Bemannung erforderten; und Handelsfactoreien, wie z. B. die-

---

[1]) Athenaeos VI S. 272 B. D, für Aegina auch Schol. Pind. *Olymp.* VIII 30.

[2]) Die Insel ist noch heute ziemlich gut angebaut (Bursian, *Geographie* II 89), zählte aber mit Angistri (Kekryphaleia) 1879 nur 6646 Einwohner, die noch dazu zum grossen Theil vom Handel leben.

[3]) Bursian, *Geographie v. Griech.* II 79.

jenige, die Aegina in Naukratis unterhielt[1]), konnten ebenfalls
nur eine sehr mässige Zahl von Sklaven beschäftigen. Colonien
aber hat Aegina überhaupt nicht gegründet. Die Bürgerzahl
der Insel im V. Jahrhundert kann 2000 nicht viel überschritten
haben[2]). Es wären also auf jeden Bürger im Durchschnitt
235 Sklaven gekommen, sechsmal so viel, als der Vater des
Demosthenes besessen hat, einer der reichsten Bürger und
grössten Industriellen Athens im IV. Jahrhundert. Dass Nikias
1000 Sklaven besass, galt als etwas ausserordentliches, und die
Zahl ist auch wahrscheinlich übertrieben; in Aegina hätte es
Dutzende von Bürgern geben müssen, die ebenso viele oder noch
mehr besassen. Und abgesehen von allem anderen, wo hätte
eine so grosse Sklavenzahl denn herkommen sollen? Die Angabe
des Aristoteles kann sich doch nur auf die Zeit der höchsten
Blüthe Aeginas beziehen, zwischen den Perserkriegen und der
athenischen Eroberung; und es bedarf wohl kaum der Bemerkung, dass in so früher Zeit an eine solche Sklavenzahl nicht
zu denken ist. Traurig genug, dass Dinge, die schon so unzählige
Male gesagt worden sind, noch immer wiederholt werden müssen.

Nicht besser steht es mit der Angabe über die Sklavenzahl der Korinthier. Auch hier konnte bei der Kleinheit und
Unfruchtbarkeit des Gebietes für den Ackerbau nur ein ver-
schwindender Bruchtheil jener 460000 Sklaven[3]) verwendet
werden; alle übrigen mussten in der Stadt mit industriellen
Arbeiten beschäftigt sein. Da die Angabe Timaeos entnommen
sein soll, der keineswegs von der eigenen Zeit, sondern von
der Vergangenheit redet, so kann sie auf keine andere Periode
als die der Blüthezeit Korinths vor dem peloponnesischen Kriege
bezogen werden. Nun wissen wir, dass Athen damals die bei
weitem volkreichste griechische Stadt war; und in der That
betrug der Umfang des Asty wie des Peiraeeus je 60 Stadien,

---

[1]) Herod. II 178.

[2]) S. unten S. 122 f.

[3]) Als ob es mit der Angabe des Athenaeos noch nicht genug wäre,
giebt Bursian (*Geogr. v. Griech.* II S. 13 A. 2) durch einen Druck- oder
Schreibfehler die Sklavenzahl von Korinth zu 640000 an.

während Korinth nur 40, oder unter Einschluss der Akropolis
und ihrer Verbindungsmauern mit der Stadt 85 Stadien Umfang hatte. Athen aber kann, den Peiraeeus eingerechnet, zu
Perikles' Zeit nicht mehr als 100—150000 Einwohner gezählt
haben, sodass sich für Korinth ein Maximum der Bevölkerung
von 80—100000 Seelen ergiebt. Die freie Bevölkerung des
Staates mochte etwa 30—40000 Seelen betragen, wovon doch
mindestens die Hälfte auf die Hauptstadt kommen muss; das
ergiebt für diese höchstens 60—80000 Sklaven, wozu dann
noch einige Tausend für das Landgebiet zu rechnen wären.
Hätte Korinth auch nur annähernd soviel Sklaven besessen,
wie Athenaeos angiebt, so musste es der Stadt ein leichtes sein,
die 90 Trieren, die sie 433/2 gegen Korkyra aufstellte, aus
eigenen Kräften zu bemannen, denn das Erforderniss dafür betrug nicht mehr als 18000 Mann; statt dessen sah Korinth
sich genöthigt, Seeleute in grosser Zahl im Auslande anzu-
werben [1]. Auch 60000 Sklaven bilden noch immer eine gewaltige Ueberlegenheit gegenüber den Bürgern, und der Ausdruck χοινικομέτραι, den das Orakel von den Korinthiern
braucht, als ob ihre Hauptbeschäftigung darin bestände, den
Sklaven ihre tägliche Ration zuzumessen, bleibt auch so noch
völlig gerechtfertigt. Kommen doch auf jeden korinthischen
Bürger von Hoplitenschatzung im Durchschnitt noch 15 Sklaven.

Es ist denn auch unter allen Urtheilsfähigen nur e i n e
Stimme über die absolute Unhaltbarkeit dieser von Athenaeos
überlieferten Sklavenzahlen. Hume findet sie „ganz absurd
und unmöglich" [2]; Niebuhr erklärt „die lächerlichen Zahlen
der Knechte zu Korinth und Aegina der Erwägung eines ernsten
Mannes unwürdig" [3]. Derselben Ansicht sind Clinton [4], Wallon [5]
und Andere. Sogar Böckh, so sehr er von seinem Standpunkte
aus Grund gehabt hätte, diese Zahlen aufs äusserste zu ver-

---

[1] Thuk. I 31. 35.
[2] *Essays* I 427 A. 9: *entirely absurd and impossible.*
[3] *R. Gesch.* II 80.
[4] *Fasti Hellenici* II² 423.
[5] *Histoire de l'Esclavage* I² 277 f.

theidigen, „will sie gern für übertrieben halten"[1]), wenn er sie auch andererseits nicht unbedingt verwerfen mag. Erst Böckhs Nachfolger haben den Muth gefunden, das absurde als glaublich darzustellen[2]), damit aber freilich nichts anderes bewiesen. als ihre eigene Incompetenz in nationalökonomischen Dingen.

Wir werden demnach allen Grund haben, auch der Angabe über die Sklavenzahl Athens, die Athenaeos zugleich mit den besprochenen Zahlen vorbringt, von vornherein ein starkes Misstrauen entgegenzubringen. Freilich springt die Absurdität hier weniger in die Augen; und so ist es, um Niebuhrs Worte zu brauchen, „begreiflich, wie selbst geistreiche Männer, die nur nicht gewohnt sind, sich philologische Ueberlieferung als würklich zu vergegenwärtigen, dadurch betrogen werden konnten".

Bereits Hume hat die Unmöglichkeit der von Athenaeos aus Ktesikles angeführten Sklavenzahl ausführlich zu erweisen versucht. Er kommt zu dem Resultate, dass diese Zahl wenigstens um das Zehnfache übertrieben ist, und Athen höchstens 40 000 erwachsene Sklaven männlichen Geschlechts, oder eine Sklavenbevölkerung von 160 000 gezählt haben könne[3]). Den Ausführungen Humes haben sich Letronne[4]) und Wallon[5]) im wesentlichen angeschlossen; ersterer gelangt auf 100—120 000, letzterer auf Grund einer sehr detaillirten Untersuchung auf 201 000 Sklaven jeden Geschlechts und Alters. Dagegen hat Böckh an der Zahl des Athenaeos festhalten zu müssen geglaubt und darin an Clinton und Moreau de Jonnès Nachfolger gefunden, ausserdem natürlich an allen denen, die sogar die für Aegina und Korinth überlieferten Sklavenzahlen vertheidigen.

---

[1]) *Staatsh.* I 57.

[2]) Bursian, *Geographie* II 13 und 79; Büchsenschütz, *Besitz und Erwerb* S. 140 f.; Hermann - Stark, *Privatalterthümer* S. 5; Kastorchis, *Ἀθήναιον* V 125.

[3]) Hume, *Essays* I 419: *But in my opinion there is no point of criticisme more certain, than that Athenaeus and Ctesicles, whom he quotes, are mistaken, and that the number of slaves is, at least, augmented by a whole cypher, and ought not to be regarded as more than 40 000.*

[4]) *Mém. de l'Institut, Acad. des Inscr. et belles Lettres* VI 165 ff.

[5]) *Histoire de l'Esclavage* I[2] S. 222—277.

Allerdings muss Böckh dabei gleich von vornherein von
einer willkürlichen und schwer zu rechtfertigenden Voraussetzung ausgehen. Denn mag die Veranlassung für die Zählung
unter Demetrios von Phaleron, auf die sich die Angaben des
Ktesikles beziehen, gewesen sein welche sie will: rein statisti-
sches Interesse, oder der Wunsch, die Stärke der Wehrkraft
Athens kennen zu lernen, so musste entweder die Gesammtbevölkerung, oder die erwachsene männliche Bevölkerung, aber
für alle Klassen der Bewohner des Landes ermittelt werden.
Nun beziehen sich die Angaben des Ktesikles über die Zahl
der Bürger und Metoeken zweifellos nur auf die erwachsenen
Männer; die Angabe über die Sklavenzahl muss also in demselben Sinne zu verstehen sein. Sonst läge in der ganzen
Zählung weder Sinn noch Verstand. Wenn Böckh sich dieser
Einsicht verschlossen hat, so liegt der Grund in der Unmöglichkeit, Attika eine Sklavenzahl von 1 Million und darüber
zuzuschreiben, wie sie herauskommen würde, wenn wir die
400 000 Sklaven des Ktesikles als erwachsene Männer auffassen.
Die einzig logische Schlussfolgerung daraus wäre nun, dass
diese Zahl verschrieben oder absichtlich übertrieben sein muss;
doch darüber später.

Für jetzt wollen wir Böckh seine Prämisse zugeben. Die
400 000 Sklaven des Ktesikles sollen alle Sklaven jeden Alters
und Geschlechts umfassen. Der durchschnittliche Werth jedes
Sklaven soll nur zu einer Mine gerechnet werden, was für das
IV. Jahrhundert sehr wenig ist. Das ergiebt also für alle
400 000 Sklaven einen Gesammtwerth von über 6600 Talenten.
Nun betrug aber der zum Zwecke der Steuererhebung abge-
schätzte Werth alles liegenden und beweglichen Eigenthums in
Attika im Jahre 378 7 nicht mehr als 5750 Talente; es ist
klar, dass der Werth der Sklaven allein nicht den dritten Theil
dieser Summe betragen haben kann. Folglich muss, wie schon
Hume gesehen hat, die Zahl der Sklaven beträchtlich kleiner
gewesen sein als 400 000.

Böckh hat sich auch dieser Schlussfolgerung zu entziehen
gesucht durch seine bekannte Lehre, dass die attische Eisphora
eine Progressivsteuer, und das Timema seit Nausinikos nur ein

Bruchtheil des eingeschätzten Vermögens gewesen sei. Die
völlige Haltlosigkeit dieser Hypothese hoffe ich an anderer
Stelle erwiesen zu haben[1]). Ich will indess hier von dem dort
gewonnenen Resultat absehen und Böckh auch diese Voraussetzung zugeben. Wird seine Vertheidigung der Sklavenzahl
bei Athenaeos dadurch haltbarer?

Attika hat nach Böckh in der zweiten Hälfte des IV. Jahrhunderts ½ Million Einwohner gezählt. Der Bedarf dieser
Bevölkerung an Getreide betrug nach Böckhs eigenen Annahmen 3 400 000 Medimnen ohne die Aussaat. Nun belief
sich die Einfuhr aus dem Pontos, etwa die Hälfte der Gesammt-
einfuhr, um 355 auf jährlich 400 000 Medimnen; die ganze
Einfuhr also auf 800 000 Medimnen[2]). Böckh glaubt diese
Zahl auf 1 Million Medimnen erhöhen zu müssen; wir wollen
um 200 000 Medimnen bei einer Rechnung mit so unsicheren
Factoren nicht streiten. Es bleiben also 2 400 000 Medimnen als Production von Attika, ohne die Aussaat, die nach
Böckh das siebente Korn betragen haben soll. Das wären
weitere 400 000 Medimnen, zusammen also 2 800 000 Medimnen,
zu deren Erzeugung 1 066 667 Plethren erforderlich gewesen
sein sollen, nahezu die Hälfte des ganzen Areals von Attika,
das nach Böckh 2 304 000 Plethren beträgt[3]).

Machen wir uns die Consequenzen dieser Annahmen klar.
Boeotien hat ungefähr denselben Flächeninhalt wie Attika, ist
aber sehr viel fruchtbarer. Es wird also mindestens dieselbe
Menge Getreide producirt haben. Die Bevölkerung Boeotiens
kann im IV. Jahrhundert 150 000 Seelen kaum überstiegen
haben[4]); wir wollen aber 200 000 ansetzen. Nach dem von
Böckh für Attika angenommenen Verhältniss würde diese Bevölkerung etwas weniger als 1 400 000 Medimnen verbraucht
haben; es wären also 1 Million Medimnen zur Ausfuhr verblieben, das heisst, Athen hätte seinen ganzen Bedarf an frem-

---

[1]) *Hermes* 1885 S. 237—261.
[2]) Demosth. *g. Lept.* 32.
[3]) *Staatshaush.* I S. 108—115.
[4]) S. unten Cap. V, 1.

dem Getreide aus dem benachbarten Boeotien decken können,
statt darauf angewiesen zu sein, ihn aus fernen Ländern zu
befriedigen. Und nun bedenke man, was Thessalien, Elis,
Messenien producirt haben müssten. Griechenland wäre im
Stande gewesen, die halbe Welt mit Getreide zu versorgen,
statt dass es selbst der fremden Einfuhr benöthigt war.

Indess es fehlt uns keineswegs an Anhaltspunkten, um
auch auf directem Wege die Unhaltbarkeit der Böckhschen
Annahmen nachzuweisen. Attika war sprichwörtlich für seine
Unfruchtbarkeit. Weizen wurde sogut wie gar nicht gebaut;
Gerste erzeugte das Land wohl in trefflicher Qualität, aber in
durchaus ungenügender Menge. Bereits ein solonisches Gesetz verbot unbedingt die Ausfuhr des in Attika gebauten
Getreides[1]; die Production kann also schon am Anfang des
VI. Jahrhunderts selbst in guten Jahren nur höchstens für den
eigenen Bedarf hingereicht haben. Nun wird Niemand behaupten wollen, die bürgerliche Bevölkerung Attikas sei in
Solons Zeit grösser gewesen als in der Zeit des Demosthenes;
und eine irgendwie ins Gewicht fallende Zahl von Metoeken
und Sklaven kann damals noch nicht vorhanden gewesen sein.
Rechnen wir also die bürgerliche Bevölkerung jeden Alters und
Geschlechts zu 60—70000, die nichtbürgerliche auf die Hälfte
dieser Zahl, so werden wir die Bevölkerung Attikas ums Jahr
600 v. Chr. sicher nicht zu niedrig geschätzt haben.

Nehmen wir nun auf den Kopf einen jährlichen Durchschnittsverbrauch von 7 Medimnen Gerste an[2], und weiterhin
das siebente Korn für die Aussaat, so ergiebt sich für das VI.
Jahrhundert ein Maximum der Getreideproduction von reichlich
800000 Medimnen. Es ist nicht wahrscheinlich, dass sich die
Production später erhöht hat, denn je leichter die überseeischen
Verbindungen wurden, desto weniger musste der attische Ackerbau im Stande sein, die Concurrenz des pontischen und aegyptischen Kornes auszuhalten[3], namentlich da der Staat nicht

---

[1] Plut. *Solon* 24, vergl. ebenda 22.

[2] S. oben S. 33.

[3] Vergl. Xen. r. d. Eink. IV 6: καὶ ὅταν γε πολὶς σῖτος καὶ οἶνος
γένηται, ἀξίων ὄντων τῶν καρπῶν ἀλυσιτελεῖς αἱ γεωργίαι γίγνονται,

nur nicht das geringste zum Schutze des heimischen Getreidebaues that, sondern im Gegentheil mit allen Mitteln auf möglichst niedrige Kornpreise hinwirkte. Es musste in Attika im
V. und IV. Jahrhundert etwas ähnliches eintreten, wie im
heutigen England, und der Körnerbau immer mehr durch edlere
Culturen verdrängt werden. Wir haben jetzt dafür den urkundlichen Beweis: laut einer eleusinischen Tempelrechnung vom
Jahre 329/8 betrug damals die Getreideproduction von Attika
einschliesslich Oropos etwa 360 000 Medimnen Gerste und 40 000
Medimnen Weizen [1]). An eine Missernte zu denken, liegt nicht
der geringste Grund vor; allerdings herrschte damals in Attika
Theuerung, aber in einem Lande, das in so hervorragender
Weise auf fremde Zufuhr angewiesen war, konnte der Ausfall
der eigenen Ernte nur einen sehr geringen Einfluss auf die
Kornpreise zu üben im Stande sein. So ist es keineswegs der
Ausfall der Ernte in England, wodurch die Preise des londoner
Marktes bestimmt werden. Theuerung konnte in Attika nur
entstehen, wenn die Zufuhr gehemmt war; und es ist denn
auch ausdrücklich bezeugt, dass die hohen Getreidepreise der
Jahre 330 bis 326 zum grossen Theile durch die Kornspecula-
tionen des Kleomenes von Naukratis veranlasst waren, den
Alexander an die Spitze der Finanzverwaltung Aegyptens ge-
stellt hatte [2]). Wir hören vielmehr, dass die attischen Grundbesitzer von der Theuerung beträchtlichen Vortheil hatten [3]).
Sollte übrigens die Ernte des Jahres 329/8 wirklich nur die
Hälfte der normalen betragen haben, so hätten wir doch erst
$\frac{1}{4}$—$\frac{1}{3}$ der Getreideproduction, die Böckh für Attika ansetzen
zu müssen glaubte. Die Möglichkeit, dass Attika $\frac{1}{2}$ Million
Einwohner gezählt habe, wird damit unbedingt ausgeschlossen.

ὥστε πολλοὶ ἀφιέμενοι τοῦ τὴν γῆν ἐργάζεσθαι ἐπ' ἐμπορίας καὶ καπη-
λείας καὶ τοκισμοὺς τρέπονται.

[1]) Foucart, *Bulletin de Correspondance Hellénique* VIII (1884) S. 194 ff.
S. oben S. 32.

[2]) *R. g. Dionysod.* 7 f. S. 1285; Schäfer *Demosth.* III 2, 271.

[3]) *R. g. Phaenippos* 20 f. S. 1045; vergl. Schäfer *Demosth.* III 2, 284 f.

Doch es fehlt auch nicht an anderen Beweisen für die Unhaltbarkeit der Hypothese Böckhs über die Sklavenzahl Attikas. Athen zählte am Ende des IV. Jahrhunderts 21 000 Bürger, von denen 12 000 unter 2000 Drachmen im Vermögen hatten, also den eigentlichen Demos bildeten, der mit seiner Hände Arbeit das tägliche Brod verdienen musste, soweit er es nicht vorzog, sich aus öffentlichen Mitteln erhalten zu lassen. Sklaven konnten also diese 12 000, wenn überhaupt, nur in sehr beschränkter Anzahl besitzen. Böckh meint nun allerdings, dass „auch der ärmere Bürger einen Sklaven zu halten pflegte, zur Besorgung seines Hauswesens" [1]), und beruft sich zum Beweise auf den Anfang des aristophanischen Plutos. Aber sollen wir denn annehmen, dass auch der Allantopolos der Ritter, der Blepyros der Ekklesiazusen sich ihren Bedienten gehalten haben? Armuth ist eben ein sehr relativer Begriff; und wenn der Chremylos des Plutos auch kein reicher Mann ist, so ist er doch noch lange kein Proletarier. Wem das Triobolon ein Gegenstand von Wichtigkeit war, der hielt keinen Sklaven. Beruht ja doch der Unterschied zwischen dem $\varkappa\alpha\lambda\dot{o}\varsigma$ $\varkappa\alpha\gamma\alpha\vartheta\dot{o}\varsigma$ und dem $\beta\dot{\alpha}\nu\alpha\nu\sigma\sigma\varsigma$ eben darauf, dass der letztere gezwungen war, für seinen täglichen Unterhalt mit der Hand zu arbeiten, der erstere nicht[2]).

Die Sklaven befanden sich also, mit unwesentlichen Ausnahmen, im Besitz der 9000 wohlhabenden Bürger und der reicheren Metoeken. Rechnen wir für die Metoeken dasselbe Verhältniss zwischen Besitzenden und Nicht-Besitzenden wie für die Bürger, was offenbar zu hoch ist[3]), so erhalten wir etwas über 4000 wohlhabende Metoeken. Mit Einschluss der Waisen, Erbtöchter und Corporationen werden wir 15 000 Herren annehmen dürfen, denen jene 400 000 Sklaven gehört

---

[1]) *Staatshaush.* I 55.

[2]) Wenn es nöthig ist, für eine selbstverständliche Sache Zeugnisse beizubringen, verweise ich auf Aristot. *Polit.* VII (VI) S. 1322 a.: $\tau\tilde{o}\varsigma$ $\gamma\dot{\alpha}\varrho$ $\dot{\alpha}\pi\dot{o}\varrho\sigma\iota\varsigma$ $\dot{\alpha}\nu\dot{\alpha}\gamma\varkappa\eta$ $\chi\varrho\tilde{\eta}\sigma\vartheta\alpha\iota$ $\varkappa\alpha\dot{\iota}$ $\gamma\nu\nu\alpha\iota\xi\dot{\iota}$ $\varkappa\alpha\dot{\iota}$ $\pi\alpha\iota\sigma\dot{\iota}\nu$ $\ddot{\omega}\sigma\pi\epsilon\varrho$ $\dot{\alpha}\varkappa\sigma\lambda\sigma\dot{\nu}\vartheta\sigma\iota\varsigma$ $\delta\iota\dot{\alpha}$ $\tau\dot{\eta}\nu$ $\dot{\alpha}\delta\sigma\nu\lambda\dot{\iota}\alpha\nu$, und Aristoph. *Ekkles.* 593: $\mu\eta\delta$' $\dot{\alpha}\nu\delta\varrho\alpha\pi\dot{o}\delta\sigma\iota\varsigma$ $\tau\dot{o}\nu$ $\mu\dot{\epsilon}\nu$ $\chi\varrho\tilde{\eta}\sigma\vartheta\alpha\iota$ $\pi\sigma\lambda\lambda\sigma\tilde{\iota}\varsigma$, $\tau\dot{o}\nu$ δ' $\sigma\ddot{\nu}\tau$' $\dot{\alpha}\varkappa\sigma\lambda\sigma\dot{\nu}\vartheta\varphi$.

[3]) Bekanntlich durften Metoeken in Attika kein Grundeigenthum erwerben.

haben müssten. Das ergiebt auf jeden im Durchschnitt 26—27 Sklaven. Nun hatte Demosthenes' Vater, einer der grössten Industriellen und reichsten Bürger Athens am Anfang des IV. Jahrhunderts, nur einige dreissig Sklaven — denn die 20 Möbelarbeiter hatte er nur im Pfandbesitz. Es ist klar, dass es nur verhältnissmässig wenige geben konnte, die so viele besassen. Platon hält 50 Sklaven im Besitze eines einzigen Herren für eine sehr beträchtliche Zahl[1]). Wenn berichtet wird, dass Nikias in den Bergwerken 1000 Sklaven gehabt habe, Hipponikos 600, ein gewisser Philonides 300[2]), so sind das Ausnahmen, die eben deswegen besonders hervorgehoben werden; Nikias und Hipponikos waren die reichsten Männer des perikleischen Athens. Auch steht keineswegs sicher, dass die Zahlen nicht übertrieben sind, da sie einer Quelle entstammen, die 60 Jahre jünger ist, als Nikias' Tod, und der es darauf ankommt, recht hohe Zahlen zu geben.

Ferner berichtet Thukydides, dass von allen griechischen Städten, Sparta allein ausgenommen, Chios die grösste Sklavenzahl besessen habe[3]); Chios also hatte mehr Sklaven als Athen. Nehmen wir nun für Athen vor dem dekeleischen Kriege statt der 400000 Sklaven des Athenaeos nur 300000 an, so müsste Chios etwa 400000, Sparta vielleicht 500000 Sklaven gezählt haben, denn die Unterschiede müssen fühlbar gewesen sein, sonst hätte Thukydides keine Veranlassung gehabt, sie hervorzuheben. Nun ist Chios im V. Jahrhundert eine bedeutende Stadt, keineswegs aber eine Grossstadt gewesen; und der Flächeninhalt der Insel beträgt, einschliesslich der kleinen Nachbarinseln, nicht über 957 qkm. Es ist also ganz undenkbar, dass die Bevölkerung gegen $\frac{1}{2}$ Million betragen haben

---

[1]) *Polit.* IX S. 578 D. E: σκόπει δὲ ... ἐξ ἑνὸς ἑκάστου τῶν ἰδιωτῶν, ὅσοι πλούσιοι ἐν πόλεσιν ἀνδράποδα πολλὰ κέκτηνται ... εἴ τις θεῶν ἄνδρα ἕνα, ὅτῳ ἐστὶν ἀνδράποδα πεντήκοντα ἢ πλείω, ἄρας ἐκ τῆς πόλεως θείη εἰς ἐρημίαν κτλ. Böckh, *Staatsh.* I 56 hat sich erlaubt, das Zeugniss zu fälschen, indem er sagt: „dass bei einem freien Manne häufig 50 Sklaven waren, bei Reichen mehr, bemerkt Platon ausdrücklich".

[2]) Xen. *v. d. Einkünften* IV 14.

[3]) Thuk. VIII 40.

könnte — über 500 auf dem qkm. Und was die spartanischen Heiloten angeht, so werden wir unten sehen, dass ihre Zahl für das V. Jahrhundert auf kaum 200 000 veranschlagt werden kann. Bei jeder anderen Annahme würden für Lakonien im Verhältniss zum übrigen Peloponnes ganz abnorme Bevölkerungsverhältnisse sich ergeben.

Derselbe Thukydides erzählt uns, da wo er uns die verderblichen Wirkungen der Besetzung von Dekeleia für Athen schildert, dass in Folge derselben 20 000 Sklaven, zum grössten Theile Fabrikarbeiter, zum Feinde übergelaufen seien[1]). Er hält das offenbar für einen sehr bedeutenden Verlust; wenn aber die Sklavenzahl Athens damals 400 000, oder auch nur 300 000 betrug, so wären jene 20 000 Ausreisser kaum ins Gewicht gefallen. Schon Hume hat auf diesen Punkt aufmerksam gemacht.

Ebendahin führt es, was Xenophon, oder wer immer der Verfasser der Schrift „von den Einkünften" ist, von der Zahl der in den laurischen Silbergruben beschäftigten Sklaven erzählt. Er macht den Vorschlag, der Staat solle 10 000 Sklaven kaufen und in die Bergwerke vermiethen; dabei sucht er dem Einwand zu begegnen, dass die Bergwerke so viele Arbeiter nicht beschäftigen könnten[2]). Um die Mitte des IV. Jahrhunderts können also kaum 5000 Sklaven in Laureion thätig gewesen sein; wie denn 2 Jahrhunderte später nur etwa 1000 Sklaven hier beschäftigt waren[3]). Die Bergwerke bei Neu-Karthago in Spanien beschäftigten nach Polybios 40 000 Menschen und brachten dem Staate jährlich 1500 Talente ein[4]); es ist klar, dass die Gruben von Laureion niemals auch nur annähernd diese Zahl von Arbeitern erreicht haben können. Es ist also sehr übertrieben, wenn Böckh dem Bergwerksdistrict eine Bevölkerung von 60 000 Einwohnern zuschreibt[5]);

---

[1]) Thuk. VII 27.
[2]) Xen. r. d. Eink. IV 26.
[3]) Diod. 34, 2. 19; Oros. V 9.
[4]) Polyb. bei Strabon III 147 f.
[5]) Staatsh. I 58.

vielmehr wird die Zahl der hier beschäftigten Sklaven selbst im V. Jahrhundert 10000 kaum überstiegen haben.

Es bleibt noch die Frage, wie Athenaeos zu seinen Sklavenzahlen gekommen ist. Denn dass er bei Aristoteles, Timaeos und Ktesikles, auf die er sich beruft, solche absurde Angaben nicht gefunden haben kann, ist doch für die ersten beiden unzweifelhaft und für Ktesikles mindestens sehr wahrscheinlich. Wenn nun Korinth 46, Aegina 47, Athen 40 Myriaden Sklaven gezählt haben soll, so ist es die beständige Wiederkehr der Zahl 40, was uns zunächst in die Augen fällt. Erinnern wir uns jetzt, dass dasselbe Zeichen M den Werth von 40 und von 10000 ($\mu\nu\varrho\iota\acute{\alpha}\varsigma$) ausdrücken kann, und die Entstehung des Fehlers wird sogleich deutlich: Athenaeos fand in seiner Vorlage die Zahlen $M\cdot F$ und $M\cdot Z$, übersah die Punkte und las statt 60000 und 70000: 46 und 47. Der Zusammenhang zeigte, dass von Zehntausenden von Sklaven die Rede war; was war natürlicher, als $\mu\nu\varrho\iota\acute{\alpha}\delta\varepsilon\varsigma$ hinter die Zahlen zu schreiben? Bei der aus Ktesikles geschöpften Angabe scheint Athenaeos nur das Zeichen für 10000 (M) in seiner Vorlage gefunden zu haben, während die Zahl der Myriaden verwischt war, sodass der Irrthum hier noch erklärlicher wird. Es bleibt natürlich auch die Möglichkeit, dass Ktesikles von $\tau\varepsilon\tau\varrho\alpha\varkappa\iota\sigma\mu\acute{\nu}\varrho\iota\iota\iota$ $\delta o\tilde{\nu}\lambda o\iota$ gesprochen hat, und Athenaeos daraus $\tau\varepsilon\tau\tau\alpha\varrho\acute{\alpha}\varkappa o\nu\tau\alpha$ $\mu\nu\varrho\iota\acute{\alpha}\delta\varepsilon\varsigma$ gemacht hat [1]). In der That enthält die Zahl von 40000 erwachsenen männlichen Sklaven für die Zeit Demetrios' von Phaleron nichts unwahrscheinliches; Attika würde danach im ganzen eine Sklavenbevölkerung von etwa 100000 gehabt haben, da die erwachsenen Männer unter den Sklaven stärker vorwiegen mussten als unter den Bürgern und Metoeken. — Was Korinth angeht, so hat eine Sklavenzahl von 60000 zur Zeit des peloponnesischen Krieges grosse innere Wahrscheinlichkeit, wie oben (S. 86) gezeigt worden ist. Für Aegina allerdings scheinen selbst 70000 Sklaven auffallend hoch, doch wäre die Zahl mindestens nicht undenkbar. Die bedeutenden Flotten, welche die Insel in der ersten Hälfte des V. Jahr-

---

[1]) Das war Humes Ansicht.

hunderts zu bemannen im Stande war, setzen jedenfalls eine
starke Bevölkerung voraus, die zum überwiegenden Theile aus
Sklaven bestanden haben muss. War doch Aegina in dieser
Zeit vielleicht die erste Handelsstadt des ganzen europäischen
Griechenland.

Ist demnach auch eine sichere Bestimmung der Sklavenzahl Attikas mit unseren Mitteln nicht möglich, so werden sich
doch Annäherungswerthe aufstellen lassen, die es uns gestatten,
wenigstens ein allgemeines Bild von dem Verhältniss der freien
zu der unfreien Bevölkerung zu gewinnen. Im Auge zu behalten ist dabei stets, dass die allgemeinen Gesetze der Bevölkerungslehre hier nur mit grossen Einschränkungen sich
anwenden lassen. Denn die Sklavenbevölkerung ergänzte sich
der Hauptsache nach durch Einfuhr aus den östlichen Barbarenländern; Aufzucht im Hause war die Ausnahme, die Einfuhr
aber lieferte natürlich vorzugsweise männliche Sklaven in arbeits-
fähigem Alter, die also einen unverhältnissmässig grossen Bruchtheil der Sklavenzahl bilden mussten. Daher musste der Bestand
der unfreien Bevölkerung je nach der wirthschaftlichen und
politischen Conjunctur den grössten Schwankungen ausgesetzt
sein. Das grössere oder geringere Bedürfniss der Industrie
nach Arbeitskräften war hier das bestimmende; jeder längere
Krieg, jede wirthschaftliche Krisis musste eine bedeutende Verminderung der Sklavenzahl zur Folge haben, während andererseits die Perioden wirthschaftlichen Aufschwunges eine unverhältnissmässig rasche Vermehrung mit sich bringen mussten.

Nun betrug, wie wir gesehen haben, die jährliche Getreideproduction Attikas in der zweiten Hälfte des IV. Jahrhunderts
gegen 400000 Medimnen, fast ausschliesslich Gerste. Rechnen
wir als Aussaat das siebente Korn[1]), und einen Durchschnittsverbrauch von 7 Medimnen auf den Kopf[2]), so genügte das
zur Ernährung von 40—45000 Menschen. Die Einfuhr betrug
nach Demosthenes um die Mitte des IV. Jahrhunderts etwa
800000 Medimnen, meist Weizen[3]); veranschlagen wir hier

---

[1]) Böckh, *Staatsh.* I 113.

[2]) S. oben S. 33.

[3]) Demosth. *g. Leptin.* 32.

den Verbrauch auf den Kopf zu je 6 Medimnen, so war das
ausreichend für den Bedarf von 130 000 Menschen. Einfuhr
und Production zusammen also hätten für 175 000 Menschen
hingereicht. Da nun die freie Bevölkerung Attikas in dieser
Zeit ungefähr 100 000 Seelen betragen hat, so ergäbe sich eine
Sklavenzahl von etwa 75 000. Natürlich ist das nur eine ungefähre Schätzung; wir wissen weder, ob die Ernte des Jahres
329 8, auf deren Ertrag die obige Berechnung gegründet ist,
eine Normalernte war, noch ob Demosthenes' Angabe über den
Betrag der Getreideeinfuhr einen brauchbaren Durchschnitt
giebt[1]); sehr weit aber dürfte sich unsere Zahl kaum von der
Wahrheit entfernen.

Xenophon sagt uns, die Sklavensteuer habe vor dem dekeleischen Kriege grössere Erträge gegeben, als um die Mitte des
IV. Jahrhunderts[2]); folglich muss die Sklavenzahl am Anfang des
peloponnesischen Krieges 75 000 beträchtlich überstiegen haben.
Sie mag also auf 100 000 oder etwas darüber anzusetzen sein;
höher hinauf dürfen wir nicht gehen, da nach Thukydides Chios
in dieser Zeit mehr Sklaven hatte als Athen, und Chios schwerlich viel über 100 000 Sklaven gezählt haben kann[3]). An der
Pest muss etwa ¼ der attischen Sklavenschaft zu Grunde gegangen sein (oben S. 73), doch mochten die Verluste zum grossen
Theile nach dem Nikiasfrieden ersetzt werden. Um so verderblicher
wirkte der dekeleische Krieg, nicht nur durch die massenhaften
Desertionen[4]) und die Freilassungen vor der Arginusenschlacht,
sondern noch mehr durch den allgemeinen wirthschaftlichen
Verfall, den er herbeiführte. Wenn noch unter dem Archon
Nausinikos, 378 7, das eingeschätzte Gesammtvermögen von
Attika nicht mehr als 5750 Talente betrug, so kann die Sklaven-

---

[1]) Immerhin können wir sicher sein, dass Demosthenes die pontische
Einfuhr nicht zu niedrig veranschlagt hat, da es ihm darauf ankommt, die
Wichtigkeit der Handelsbeziehungen Athens zum kimmerischen Bosporos
nachzuweisen.

[2]) Xen. r. d. Eink. IV 25.

[3]) S. unten Cap. VI, 1.

[4]) Thuk. VII 27: ἀνδραπόδων πλέον ἢ δύο μυριάδες ηὐτομόληκεσαν
καὶ τούτων τὸ πολὺ μέρος χειροτέχναι.

zahl damals kaum über 60 000 betragen haben[1]). Der materielle Aufschwung während der nächsten Jahre hat dann ohne Zweifel eine beträchtliche Vermehrung gebracht, sodass sich die Sklavenzahl, wie oben berechnet wurde, um die Mitte des Jahrhunderts auf gegen 75 000 belaufen haben mag. Auch in den nächsten Jahrzehnten wird das Anwachsen der Sklavenbevölkerung fortgedauert, und Athen in Alexanders Zeit wahrscheinlich wieder an 100 000 Sklaven gezählt haben.

Man hat auf Grund eines Fragmentes des Hypereides behauptet, dass es im Jahre 338 in Attika 150 000 erwachsene männliche Sklaven gegeben habe[2]). Das Fragment ist aus der Rede gegen Aristogeiton, und bezieht sich also höchst wahrscheinlich auf das Massenaufgebot der Bevölkerung Attikas, das Hypereides nach der Schlacht bei Chaeroneia beantragt hatte. Aber bei der Art, wie uns die Stelle überliefert ist, wäre es sehr unvorsichtig, sich auf die Correctheit der Zahl verlassen zu wollen. Auch ist die Idee, 150 000 Sklaven bewaffnen zu wollen, gegenüber einer Bürgerschaft von 20 000 erwachsenen Männern, so ungeheuerlich, dass wir kaum glauben können, Hypereides habe im Ernste so etwas beantragt. Ein Heer von 150 000 Mann hat überhaupt niemals ein griechischer Staat aufgestellt; schon darum wäre die Angabe — so wie sie überliefert ist — zu verwerfen. Nur eine Emendation könnte helfen; und wenn irgendwo, so ist es hier geboten, von dieser *ultima ratio* Gebrauch zu machen. Schreiben wir statt des unattischen μυριάδας πλέον ἢ δεκαπέντε mit leichter Aenderung μυριάδας πλέον δ' ἢ ε' — das Zahlzeichen δ' wird bekanntlich öfter mit δέκα verwechselt —, also μυριάδας πλέον τετταρων ἢ πέντε, so käme alles in Ordnung: doch bin ich natürlich sehr weit entfernt, Evidenz für diese Verbesserung in Anspruch zu nehmen.

---

[1]) Vgl. *Hermes* XX (1885) S. 242.

[2]) Hypereides fr. 33 Blass (bei Suidas ἀπεψηφίσατο): ὅπως πρῶτον μὲν μυριάδας πλέον ἢ δεκαπέντε τοὺς (δούλους τοὺς) ἐκ τῶν ἐργων τῶν ἀργυρείων καὶ τοὺς κατὰ τὴν ἄλλην χώραν, ἔπειτα τοὺς ὀφείλοντας τῷ δημοσίῳ καὶ τοὺς ἀπεψηφισμένους καὶ τοὺς μετοίκους. Es ist rein willkürlich, mit Böckh die Sklaven in der Stadt hier auszuschliessen (*Staatsh.* I 53 Anm. b); wie konnte Hypereides wissen, wie viele Sklaven gerade in der Stadt Athen wohnten?

Nur dass die Stelle, so wie sie jetzt in unseren Ausgaben steht, unmöglich richtig sein kann, scheint mir unzweifelhaft. Uebrigens konnte Hypereides selbst über die Zahl der waffenfähigen Sklaven nur vage Schätzungen geben; seine Quelle konnte keine andere sein, als der Ertrag der Sklavensteuer [1], und diese wurde von allen Sklaven ohne Rücksicht auf Geschlecht und Alter erhoben.

7. Die Bevölkerung und ihre Vertheilung.

Wir werden jetzt im Stande sein, uns ein ungefähres Bild zu machen von der Bevölkerungsbewegung Attikas im V. und IV. Jahrhundert. Zur Zeit der Perserkriege betrug die Bürgerzahl 25—30000, die bürgerliche Bevölkerung also 75—90000, und da die Metoeken und Sklaven damals wohl noch kaum sehr zahlreich sein konnten, wird die Gesammtbevölkerung der Landschaft 150000 schwerlich überschritten haben. Ein halbes Jahrhundert später, am Anfang des peloponnesischen Krieges, war die Bürgerzahl auf 35000, die Zahl der Metoeken auf gegen 10000 gestiegen, entsprechend einer freien Bevölkerung von etwa 135000, zu der noch ungefähr 100000 Sklaven hinzutraten. Im ganzen also hat Attika damals gegen ¼ Million Einwohner gezählt. Am Ende des Krieges war die Bürgerzahl auf 20000, die Zahl der Metoeken auf vielleicht 5000 herabgegangen, sodass die freie Bevölkerung etwa 75000 betragen mochte. Die Sklavenzahl hatte sich jedenfalls in noch stärkerem Maasse vermindert, die Gesammtbevölkerung wird 130000 kaum erreicht haben. Im Laufe des IV. Jahrhunderts ist dann die Bürgerzahl annähernd stationär geblieben, die Zahl der Metoeken hat sich etwa verdoppelt, die der Sklaven sich sehr beträchtlich vermehrt. So zählte Attika in der Zeit nach Alexanders Tode etwa 100000 Freie und die gleiche, oder eine etwas höhere Sklavenbevölkerung. In den beiden folgenden Jahrhunderten mag sich die Bevölkerung etwas vermindert haben, doch fehlt jeder Anhalt zu einer numerischen Schätzung. Besonders aber

[1] Vergl. Xenoph. v. d. Eink. IV 25.

7*

musste die sullanische Eroberung im mithradatischen Kriege einen bedeutenden Rückschlag bringen, von dem Athen sich nie wieder erholt hat.

Attika gehörte also im V. und IV. Jahrhundert zu den am dichtesten bewohnten Ländern der civilisirten Welt. Um 500 kommen etwa 60, im Jahre 431 über 90, um 300 gegen 80 Bewohner auf 1 qkm. Keine andere griechische Landschaft von gleicher Ausdehnung hat diese Volksdichtigkeit erreicht, ausserhalb Griechenlands nur Aegypten sie übertroffen. Aber allerdings ist nicht zu vergessen, dass diese starke Bevölkerung in erster Linie durch die Hauptstadt bedingt ist. Athen war in der Zeit des peloponnesischen Krieges die grösste hellenische Stadt[1]), und ist im IV. Jahrhundert an Volkszahl nur etwa hinter Syrakus zurückgeblieben. Auch an Ausdehnung des von den Mauern umschlossenen Raumes steht Athen mit dem Peiraeeus nur hinter Syrakus und den Grossstädten der hellenistischen Zeit zurück. Ueber die Bevölkerung dürfen wir natürlich directe Angaben nicht zu finden erwarten[2]). Wir hören aber, dass noch in der perikleischen Zeit der bei weitem grösste Theil der bürgerlichen Bevölkerung Attikas auf dem Lande zerstreut lebte, und werden demnach die in der Hauptstadt und dem Peiraeeus wohnenden Bürger jeden Alters und Geschlechts für das Jahr 432 auf kaum über 30 000 Köpfe veranschlagen dürfen. Andererseits waren die Metoeken ohne Zweifel zum überwiegenden Theile in der Stadt und ihren Häfen zusammengedrängt, sodass wir für diesen Bestandtheil der hauptstädtischen Bevölkerung etwa 20—25 000 Köpfe ansetzen können. Von der Sklavenbevölkerung Attikas mag dann

---

[1]) Thuk. IV 95: πόλιν πρώτην ἐν τοῖς Ἕλλησιν. I 80: ἐξήρτυνται ὄχλῳ ὅσος οὐκ ἐν ἄλλῳ ἑνί γε χωρίῳ Ἑλληνικῷ ἐστιν. Xen. Hell. II 3, 24: διά τε τὸ πολυανθρωποτάτην τῶν Ἑλληνίδων τὴν πόλιν εἶναι.

[2]) Die Angabe Xenophons (Denkwürd. III 6, 14: ἡ μὲν πόλις ἐκ πλειόνων ἢ μυρίων οἰκιῶν συνέστηκεν) ist keineswegs, wie man gemeint hat, auf die Stadt Athen zu beziehen. Der Sinn ist vielmehr: „der attische Staat enthält 10 000 Bürgerfamilien" (Wachsmuth, Stadt Athen I 564 A. 2). Zehntausend Häuser hätten innerhalb der Mauern der Asty und des Peiraeeus gar keinen Platz gehabt (s. unten Cap. IX, 2), selbst wenn das ganze Areal bebaut gewesen wäre, was bekanntlich keineswegs der Fall war.

die grössere Hälfte, gegen 60000, in der Hauptstadt gewohnt
haben. Demnach ergiebt sich für Athen und den Peiraeeus
im Jahre 432 eine Bevölkerung von 110—115000 Einwohnern,
was natürlich nur eine ganz ungefähre Schätzung ist, aber sich
doch kaum um mehr als etwa um 20—30000 Köpfe von der
Wahrheit entfernen wird[1]). Während des archidamischen und
namentlich während des dekeleischen Krieges ist dann fast die
gesammte Bevölkerung Attikas in den Mauern der Hauptstadt
zusammengedrängt gewesen; und es liegt in der Natur der
Sache, dass viele von denen, die der Krieg in die Stadt getrieben, auch nach wiederhergestelltem Frieden dort wohnen
blieben. So wird die Bevölkerung Athens durch den Krieg
nicht in demselben Verhältnisse abgenommen haben, wie die
der ganzen Landschaft, und die Verluste mussten hier rascher
ersetzt werden als dort. Es ist sehr wahrscheinlich, dass Athen
in Alexanders Zeit die gleiche, oder sogar eine etwas höhere
Zahl von Einwohnern gehabt hat, als unter Perikles; nur
kam jetzt ein verhältnissmässig viel grösserer Theil der
städtischen Bevölkerung auf den Peiraeeus, während das Asty
mehr und mehr verödete[2]).

Für das attische Landgebiet bleibt also im Jahre 432 eine
Bevölkerung von gegen 120000 Seelen, oder 50 auf 1 qkm,
immer noch eine bedeutende Volksdichtigkeit. Aber die Bevölkerung war keineswegs gleichmässig über das Gebiet vertheilt. Werfen wir einen Blick auf eine Karte des alten Attika,
etwa auf Blatt V in Kieperts *Neuem Atlas von Hellas,* so finden
wir nördlich einer Linie von Eleusis nach Aphidna und Rhamnus
so gut wie gar keine Demen. Dieses ganze Gebiet, von einer
Ausdehnung von etwa 800 qkm, also ein Drittel von Attika.
kann demnach nur sehr schwach bewohnt gewesen sein; es ist
ein rauhes Gebirgsland, das im Alterthum zum grossen Theile
mit Wald bestanden war. Für den südlichen Haupttheil von

---

[1]) Wachsmuth. *Stadt Athen* I 566 rechnet 200000 als Minimum, aber
auf Grund ganz unhaltbarer Prämissen. Vgl. oben S. 76 Anm. 1.

[2]) Xen. r. d. *Eink.* II 6; vergl. Wachsmuth a. a. O. S. 608. 648 f.

Attika ergiebt sich demnach eine Volksdichtigkeit von 80—90 auf 1 qkm, ganz abgesehen von der Hauptstadt. Und hier hatte wieder das Pedion die dichteste Bevölkerung, wie die Menge von Demen beweist, die sich hier an einander drängen.

Besser unterrichtet sind wir über die Vertheilung der bürgerlichen Bevölkerung nach der rechtlichen Zugehörigkeit. Die kleisthenische Verfassung ist auf die Gleichheit der Phylen berechnet, und da die Phyleneintheilung eine durchaus künstliche war, so lässt sich mit höchster Wahrscheinlichkeit annehmen, dass Kleisthenes gesucht haben wird, jeder Phyle, soweit es anging, die gleiche Zahl Bürger zuzutheilen[1]. Nun bildeten die Phylen bekanntlich keine local geschlossenen Districte, sondern es waren Demen aus den verschiedensten Landestheilen in derselben Phyle vereinigt, es herrschte ferner die unbeschränkteste Freizügigkeit, wobei aber politisch jeder Bürger dem Demos zugetheilt blieb, dem er einmal durch seine Geburt angehörte. Die Ursachen, die eine Steigerung oder eine Abnahme der bürgerlichen Bevölkerung zur Folge hatten, mussten also im grossen und ganzen auf alle Phylen gleichmässig einwirken, und so das ursprüngliche Verhältniss im allgemeinen erhalten bleiben. Den besten Beweis dafür giebt die Thatsache, dass die kleisthenische Verfassung durch zwei Jahrhunderte in Kraft geblieben ist, ehe es nöthig wurde, die bestehende Phyleneintheilung zu modificiren. Jede Phyle muss demnach, von den Kleruchen abgesehen, in der perikleischen Zeit gegen 3500, in der demosthenischen Zeit etwa 2000 Bürger gezählt haben.

Ein Mittel, die Vertheilung der Bürgerschaft innerhalb der Phylen auf die einzelnen Demen zu bestimmen, bieten uns die Prytanenkataloge. Soweit nämlich aus unserem, freilich noch sehr lückenhaften Material ein Schluss gestattet ist, war die Zahl der Rathsherren für jeden einzelnen Demos ein für alle Mal festgestellt, sodass die Loosung nicht phylenweise, sondern demenweise geschah, wodurch diese Operation sich natürlich sehr vereinfachte.

---

[1] S. Müller-Strübing, *Aristophanes* S. 614.

So ergiebt sich z. B. für die Buleuten der Aegeis folgende Vertheilung[1]):

	CIA. II 872 aus 341/0	CIA. II 870 aus der Mitte des IV. Jahrhunderts	CIA. II 329 aus der Zeit der Antigonis und Demetrias, also zwischen 306 und ca. 230
Ἐρχιεῖς	6	—	10
Ἁλαιεῖς	5	5	8
Ἱππιεῖς	5	—	—
Γαργήττιοι	4	4	—
Τειθράσιοι	4	—	4
Κολλυτεῖς	3	3	4
Φηγαιεῖς	3	4	3
Φιλαΐδαι	3	3	3
Ἀγκυλῆθεν	2	2	1
Ἀραφήνιοι	2	2	2
Ἰωνίδαι	2	2	1
Κιθαρτίδαι	2	1	1
ἐκ Κολωνοῦ	2	2	1 (2)
Βατεῖς	1	2	—
Διομεεῖς	1	—	—
Ἐρικεεῖς	1	—	2
Ἑστιαιεῖς	1	—	1
ἐγ Μυρινούττης . . .	1	—	1
Ὀτρυνεῖς	1	—	1
Πλωθεῖς	1	—	2

Die kleinen Abweichungen zwischen der ersten und zweiten Liste fallen kaum ins Gewicht und lassen sich sehr leicht durch die Annahme erklären, dass aus einigen Demen nicht die genügende Zahl qualificirter Bewerber sich meldete, und Bürger anderer Demen dafür eintreten mussten. Jedenfalls aber kann die, mit Ausnahme von 3 Fällen, absolute Uebereinstimmung der beiden Listen nicht dem Zufall des Looses zugeschrieben werden. Die Abweichungen der dritten Liste dagegen sind ganz in der Ordnung, da mit der Vermehrung der Rathsherrnstellen von 500 auf 600 im Jahre 307/6 auch eine neue Vertheilung auf die einzelnen Demen nothwendig werden musste.

_____

[1]) Hauvette-Besnault, *Bull. de Corresp. Hell.* IV (1881) S. 367; Koehler, *Mittheil.* 1885 S. 106.

Gargettos war in die Antigonis versetzt, Ikaria, Bate, Diomeia werden entweder zur Antigonis oder zur Demetrias gehört haben. Wir sehen, dass namentlich die grösseren Demen bei der Vermehrung der Stellen bedacht worden sind.

Eine Bestätigung des so gewonnenen Resultats geben drei, leider zum Theil sehr verstümmelte Listen der Pandionis aus dem IV. Jahrhundert.

	CIA. II 871 aus 348,7	CIA. II 867	CIA. II 873
Παιανιεῖς καθύπερθε	1	1	—
Παιανιεῖς ὑπένερθε	—	11	10
Κονθυλίδαι	—	1	1
Ὠαῆς, Ὁάθεν	—	4	3

Wobei aber zu beachten ist, dass die dritte Liste in einer ganz ungenügenden Abschrift vorliegt, und also Namen ausgelassen sein können, auch die Zahl der unlesbaren Zeilen nicht angegeben ist.

Ausserdem besitzen wir vollständige Prytanenverzeichnisse noch für die Leontis (*CIA.* II 864)[1]), die Oeneis (*CIA.* II 868) und die Antiochis (*CIA.* II 869), sämmtlich aus dem vierten Jahrhundert. Die Prytanenkataloge aus der Kaiserzeit dürfen wir nicht heranziehen, mussten doch nach drei Jahrhunderten voll politischer Umwälzungen die Bevölkerungsverhältnisse von Attika sich völlig verändert haben.

Bei einer Bürgerzahl von 35000, wie sie vor Anfang des peloponnesischen Krieges vorhanden war, kommen nun auf jeden Buleuten im Durchschnitt 70 Bürger. Mit Zugrundelegung dieses Verhältnisses wird es möglich sein, die ungefähre Bürgerzahl jedes Demos zu ermitteln, für den die Zahl der Rathsmitglieder überliefert ist. Wir erhalten folgende Ergebnisse:

---

[1]) Eine zweite, leider stark verstümmelte Prytanenliste der Leontis ist kürzlich entdeckt worden. Sie stimmt in der Vertheilung der Buleuten auf die einzelnen Demen durchaus mit der früher bekannten Liste überein. (Koehler, *Mittheil.* 1885 S. 106.)

Demen	Buleuten	Bürgerzahl
Acharnae (Oeneis)	22	1540
Paeania (Pandionis)	12	840
Alopeke (Antiochis)	10	700
Anaphlystos (Antiochis) . . .	10	700
Phrearrhioi (Leontis)	9	630
Thria (Oeneis)	7	490
Pallene (Antiochis)	7	490
Aegilia (Antiochis)	6	420
Erchia (Aegeis)	6	420
Oë (Oeneis)	6	420
Potamos (Leontis)	6	420
Halae (Aegeis)	5	350
Ikaria (Aegeis)	5	350
Myrrhinus (Pandionis)	5	350
Gargettos (Aegeis)	4	280
Phegaea (Aegeis)	4 (3)	280 (210)
Sunion (Leontis)	4	280
Teithrasia (Aegeis)	4	280
Thorae (Antiochis)	4	280

Je drei Rathsmänner — also ca. 200 Bürger — haben
die Demen Kollytos und Philaïdae der Aegeis; Halimus, Kettos,
Leukonoë, Paeonidae, Skambonidae der Leontis; Angele und
Steiria der Pandionis; Perithoedae der Oeneis; Atene der Antiochis. Alle übrigen haben nur je 1 oder 2 Rathsmänner,
ihre Bürgerzahl kann also 100 kaum überstiegen haben. Doch
bezieht sich die obige Uebersicht nur auf die Hälfte von Attika;
für die fünf Phylen Erechtheis, Akamantis, Kekropis, Hippo-
thontis, Aeantis und einige Gemeinden der Pandionis, wie namentlich Kydathenaeon fehlt es bis jetzt an sicheren Anhaltspunkten zur Berechnung der Bürgerzahl der einzelnen Demen.

Wie Acharnae mit 1540 Bürgern an der Spitze unserer
Liste steht und alle übrigen Demen weit hinter sich lässt, so
wird es auch bei Thukydides als die grösste der attischen
Landgemeinden bezeichnet[1]). Freilich ist die Angabe, der Ort

---

[1]) Thuk. II 19: χῶρον μέγιστον τῆς Ἀττικῆς τῶν δήμων καλου-
μένων.

habe 3000 Hopliten gestellt[1]), offenbar übertrieben, mag nun die Schuld Thukydides treffen oder seine Abschreiber. Denn ganz Attika stellte im Jahre 431 nicht mehr als 16 000 Bürger-Hopliten, die Phyle Oeneis also, zu der Acharnae gehörte, kann kaum mehr als 2000 gezählt haben. Aber aus dem Prytanenkatalog geht doch unwiderleglich hervor, dass der Vorschlag Müller-Strübings[2]), bei Thukydides 300 statt 3000 zu lesen, ganz unhaltbar ist. Das folgt auch, abgesehen von allem anderen, schon daraus, dass 300 Hopliten keineswegs als „ein grosser Theil" der attischen Wehrkraft bezeichnet werden können[3]).

Sonst haben wir eine bestimmte Angabe über die Bürgerzahl nur noch von Halimus, und zwar aus der Mitte des IV. Jahrhunderts. Dieser Demos muss damals etwa 80—90 Bürger gezählt haben[4]). Da ganz Attika in dieser Zeit etwa 20000 Bürger hatte, so kam ein Rathsherr im Durchschnitt auf 40, und Halimus hätte mit 2 Stimmen im Rathe vertreten sein müssen. Statt dessen finden wir 3 Halimusier als Buleuten; da aber selbstredend die Vertretung der Wähler in einer parlamentarischen Körperschaft nie ganz genau dem wirklichen Zahlenverhältniss entsprechen kann, so ist auch diese Angabe, weit entfernt unser obiges Resultat zu entkräften, vielmehr für dasselbe eine neue Bestätigung.

---

[1]) Thuk. II 20: οἱ Ἀχαρνῆς μέγα μέρος ὄντες τῆς πόλεως· τρισχίλιοι γὰρ ὁπλῖται ἐγένοντο.

[2]) Aristophanes S. 639—659.

[3]) Gilbert, Beiträge S. 110 A., unter Zustimmung von Volquardsen in Bursians Jahresbericht 1879 III S. 53. Duncker. Gesch. d. Alterth. IX S. 429 A. bezieht die 3000 Hopliten auf die ganze Phyle Oeneis. Ich habe früher auch an diese Auskunft gedacht, glaube aber nicht, dass sie gegenüber dem klaren Wortlaut des Thukydides haltbar ist. Ganz abgesehen davon, dass auch die ganze Oeneis schwerlich 3000 Hopliten gestellt haben kann, oder doch nur einschliesslich der Kleruchen.

[4]) Dem. g. Eubulides 9 S. 1301, 10 S. 1302, 15 S. 1303, 57 S. 1306.

Anhang (zu S. 68).

In der Rede für Polystratos — ob sie von Lysias ist oder nicht, ist hier für uns gleichgültig, jedenfalls ist sie eine wirklich gehaltene Gerichtsrede — heisst es § 13: *πῶς δ' ἂν γένοιτο δημοτικώτερος, ἢ ὅστις ὑμῶν ψηφισαμένων πεντακισχιλίοις παραδοῖναι τὰ πράγματα καταλογεὺς ὢν ἐννακισχιλίους κατέλεξεν, ἵνα μηδεὶς αὐτῷ διάφορος εἴη τῶν δημοτῶν.* Polystratos war unter der Regierung der Vierhundert zum *καταλογεὺς* ernannt worden. Aber die gewöhnliche Auffassung, wonach er sein Bürgerverzeichniss noch unter den Vierhundert entworfen haben soll, scheint mir nicht haltbar. Die 400 sind überhaupt nicht dazu gekommen — mit Absicht nicht — den Katalog der 5000 festzustellen (Thuk. VIII 92), und erst in der höchsten Noth, nach dem Aufstande der Hopliten unter Aristokrates und Theramenes versprechen sie *τοὺς πεντακισχιλίους ἀποφαίνειν*; unmittelbar darauf erfolgt die Schlacht bei Eretria und der Sturz der Oligarchie, und zwar betrug den Zwischenraum zwischen der Wahl der *καταλογεῖς* und der Abfahrt der Flotte nach Eretria, wie wir aus unserer Rede ersehen, 8 Tage (§ 14). Dass es in so kurzer Zeit materiell unmöglich ist, ein Verzeichniss dieser Art zu Stande zu bringen, bedarf keines Beweises; schon unter normalen Verhältnissen, wie viel mehr damals mitten in der Revolution und dem Kriege. Und ganz ebenso undenkbar ist es, dass, solange die Oligarchie bestand, die mit der Redaction der Bürgerliste betrauten Beamten die Zahl von 5000 eigenmächtig um fast das Doppelte sollten überschritten haben. Das war erst möglich, als auf Theramenes' Antrag der Beschluss gefasst wurde: *τοῖς πεντακισχιλίοις τὰ πράγματα παραδοῖναι· εἶναι δὲ αὐτῶν ὁπόσοι καὶ ὅπλα παρέχονται* (Thuk. VIII 97). Dieser selbe Ausdruck: *ὑμῶν ψηφισαμένων πεντακισχιλίοις παραδοῖναι τὰ πράγματα* findet sich nun auch in unserer Rede (§ 13); offenbar also handelt es sich hier um um denselben Vorgang, oder es liegt doch wenigstens kein Grund vor zu bezweifeln, dass der nach dem Sturz der 400 gefasste Volksbeschluss gemeint sein kann. Dann

wären die in den letzten Tagen der Oligarchie gewählten καταλογεῖς auch nach der Herstellung der Demokratie im Amte
geblieben, gerade so wie ja auch die Strategen, soweit sie nicht
besonders schwer bei der Oligarchie compromittirt waren.
Der Sprecher der Rede stellt die Sache freilich so dar, als
ob Polystratos auf eigene Initiative und auf eigene Verantwort-
lichkeit statt 5000 Bürger 9000 auf die Liste gesetzt hätte.
Aber dass hier im Interesse des Angeklagten die Thatsachen
gefärbt sind, geht schon daraus hervor, dass Polystratos ja
keineswegs allein die Liste entworfen hat, sondern, da er nur
von seiner eigenen Phyle gewählt war, mindestens noch 9 Collegen bei diesem Geschäfte hatte.

Viertes Capitel.

Der Peloponnes.

I. Arealbestimmung.

Das Areal des Peloponnes ist zuerst von Clinton bestimmt worden[1]). Eine Berechnung auf Grund der Karte von Arrowsmith ergab ihm folgende Zahlen[2]):

	Engl. Q.-M.	qkm
Achaia	651	1686,09
Elis und Triphylien	930	2408,70
Arkadien	1701	4405,59
Korinthia	248	642,32
Argeia	524	1357,16
Kynuria	60	155,40
die argeiische Akte	475	1230,25
Sikyon und Phleius	132	341,88
Lakonien	1896	4910,64
Messenien	1172	3009,58
	7779	20 147,61

Welche Grenzen zwischen den einzelnen Landschaften angenommen sind, und auf welche Periode der griechischen Geschichte sich diese Zahlen beziehen, erfahren wir nicht. Ueberhaupt musste bei dem damaligen Zustande des kartographischen

---

[1]) *Fasti Hellenici* II² 385, vgl. S. 421 Anm. t und S. 426 Anm. b.
[2]) *Outlines of Greece and the adjacent countries.* Maassstab und Jahreszahl giebt Clinton nicht an. Bei der Reduction auf qkm ist die engl. Quadratmeile zu 2,59 qkm angenommen, statt des genauen Verhältnisses 1 : 2,58989454 (Behm und Wagner, *Die Bevölkerung der Erde* I 6).

Materials das Resultat einer solchen Berechnung nothwendig
höchst unvollkommen ausfallen; wir werden unten sehen, dass
Clinton den Peloponnes um mehr als 1500 qkm zu klein angenommen hat.

Erst die topographischen Aufnahmen der Franzosen in den
Jahren 1829—1831 machten eine exactere Arealbestimmung
möglich. Auf Grund dieser Arbeiten veröffentlichte Puillon-
Boblaye 1836 eine neue Berechnung des Flächenraumes der Halbinsel und ihrer einzelnen Landschaften[1]). Danach entfallen auf:

	Geogr. Q.-M.	qkm
Arkadien	93,50	5148
Achaia	37,75	2078
Elis	46,00	2532
Messenien	48,50	2670
Lakonien	86,50	4762
Argolis	61,25	3372
Phleiasia	2,50	137
Sikyonia	4,25	234
Korinthia	12,00	660
	392,25	21593

Nur der Vollständigkeit wegen mögen noch die Zahlen
Moreau de Jonnès' hier eine Stelle finden[2]). Er erhält für

	qkm
Argolis	2000
Achaia und Korinthia	4060
Elis	3000
Lakonien	4050
Messenien	3960
Arkadien	5000
	22070

[1]) *Recherches géographiques sur les ruines de la Morée* S. 10. Ich
entnehme die Zahlen aus Curtius, *Peloponnesos* 1 148, da mir das Werk
von Puillon-Boblaye hier nicht zugänglich ist. Dabei war ich gezwungen,
die geogr. Quadratmeilen wieder in qkm umzurechnen, was im einzelnen
kleine Ungenauigkeiten zur Folge gehabt haben wird. Auch fehlt leider
bei Curtius jede Angabe über die zu Grunde liegenden Landschaftsgrenzen,
je selbst darüber, ob die Küsteninseln eingerechnet sind oder nicht.

[2]) *Statistique des peuples de l'Antiquité* (Paris 1851) I 171.

Ueber die Herkunft dieser Zahlen hat der Verfasser es nicht für nöthig gehalten, uns aufzuklären.

Eine neue und, soweit es das vorhandene Kartenmaterial gestattet, exacte Arealberechnung des Peloponnes verdanken wir jetzt dem russischen General Strelbitzky[1]). Allerdings legt Strelbitzky die moderne administrative Eintheilung zu Grunde; indess die Grenze der heutigen Nomarchie Argolis und Korinthia gegen die Nomarchie Attika und Boeotien entspricht fast genau der alten Grenze zwischen Korinth und Megara, wie sie in Kieperts Atlas von Hellas verzeichnet ist; die geringe Differenz kann um so eher vernachlässigt werden, als der genaue Lauf der alten Grenze der Natur der Sache nach hypothetisch bleiben muss.

Der Flächeninhalt des Peloponnes beträgt danach 22201,1 qkm, wovon 21687 qkm auf das Festland, 514,1 qkm auf die Küsteninseln entfallen. Rechnen wir die Inseln Aegina und Kekryphaleia, die jetzt zur Nomarchie Attika gehören, mit zusammen 99,1 qkm hinzu, so erhalten wir im ganzen für den Peloponnes 22300,2 qkm, wovon 613,2 auf die Inseln kommen.

Wie aber vertheilt sich dieser Flächenraum auf die einzelnen Landschaften? Zur Beantwortung dieser Frage habe ich mit Zugrundelegung einerseits der Strelbitzkyschen Zahlen für die einzelnen Nomarchien, andererseits der alten Landschaftsgrenzen, wie sie auf Bl. IV von Kieperts *Neuem Atlas von Hellas* (Berlin 1879) verzeichnet sind, durch planimetrische Messung bestimmt, in welcher Weise das festländische Gebiet jeder einzelnen Nomarchie sich auf die entsprechenden antiken Landschaften vertheilt. Das Ergebniss ist folgendes:

1. Nomarchie Argolis und Korinthia. 4792,9 qkm.

	qkm
zu Argolis	3940
zu Achaia	320
zu Arkadien	530
	4790

---

[1]) *Superficie de l'Europe, établie par J. Strelbitzky. Publication du Comité Central Russe de Statistique,* St. Pétersbourg 1882. Die Berechnung ist ausgeführt auf Grund der *Carte de la Grèce, rédigée et gravée au dépôt de la guerre,* 1 : 200000, *Paris 1852.*

2. Nomarchie Achaia und Elis, 5074,8 qkm.

	qkm
zu Achaia	2015
zu Elis	2120
zu Arkadien	940
	5075

3. Nomarchie Arkadien, 4301 qkm.

	qkm
zu Arkadien	2920
zu Lakonien	1320
zu Messenien	60
	4300

4. Nomarchie Lakonien, 4218,2 qkm.

	qkm
zu Lakonien	4170
zu Messenien [1])	50
	4220

5. Nomarchie Messenien, 3300,1 qkm.

	qkm
zu Messenien	2450
zu Elis (Triphylien)	540
zu Arkadien	310
	3300

Es entfallen also auf

	nach meiner Berechnung qkm	nach Puillon-Boblaye qkm
Argolis [2])	3940	4403
Achaia	2335	2078
Elis	2660	2532
Arkadien	4700	5148
Lakonien (einschl. der Kynuria) [2])	5190	4762
Messenien	2860	2670
	21685	21593

[1]) Die Grenze bei Gerenia angenommen. Setzen wir die Grenze bei Thalamae an, so würde sich Messenien um 300 qkm vergrössern.

[2]) Die Differenz zwischen meinen Zahlen und denen Puillon-Boblayes beruht offenbar hauptsächlich darauf, dass letzterer die Kynuria zu Argolis rechnet. Argolis und Lakonien zusammen haben nach Puillon-Boblaye einen Flächenraum von 9165, nach meiner Berechnung von 9130 qkm.

Da das alte Arkadien heute unter vier Nomarchien vertheilt ist, und demgemäss fast alle Fehler, die bei dieser Berechnung etwa begangen sein können, das Resultat hier beeinflussen, war es wünschenswerth, zur Controle den Flächenraum Arkadiens noch auf einem anderen Wege zu bestimmen. Das Gradtrapez zwischen 19° 30' — 20° 10' östlicher Länge von Paris und 37° 20' — 38° nördlicher Breite schliesst das alte Arkadien fast vollständig ein. Der Flächeninhalt dieses Trapezes beträgt nach den Wagnerschen Zonentafeln 4351,2 qkm [1]). Messen wir nun auf Bl. IV von Kieperts *Neuem Atlas von Hellas* mit dem Planimeter die Ausdehnung der in das Trapez einspringenden fremden Gebietstheile und andererseits die ausserhalb des Trapezes gelegenen Stücke Arkadiens, so bleibt für letztere ein Ueberschuss von 340 qkm; das Gesammtareal von Arkadien betrüge demnach 4690 qkm, was mit unserer obigen Berechnung fast genau übereinstimmt. Das ist jedenfalls ein Beweis dafür, dass diese Berechnung im allgemeinen exact ist. Eine absolute Genauigkeit ist bei der Unsicherheit über den Lauf der alten Grenzen und dem jetzigen Stand unserer kartographischen Kenntniss überhaupt nicht erreichbar.

Die Inseln an den Küsten des Peloponnes haben nach Strelbitzky folgenden Flächenraum:

1. An der Küste von **A r g o l i s**:

	qkm
Plateia	2,3
Ephyra (?) (*Hypsili*)	3,4
Hydrea	55,8
Aperopia (*Dokos*)	12,5
Pityussa (*Spetsa, Petra*)	23,0
Kalaureia (*Poros*)	31,3
Aegina	85,4
Kekryphaleia (*Angistri*)	13,7
Andere kleinere Inseln	18,2
	245,6

---

[1]) In Behms *Geogr. Jahrbuch* III S. XXXVIII, auf Minutendekaden erweitert von Steinhäuser, *Zeitschr. f. wissensch. Geogr.* V S. 137.

2. An der Küste von Lakonien:

	qkm
Kythera	284,6
Ogylos (*Cerigotto*)	19,8
Onugnathos (*Elaphonisi*)	18,3
Belopulo oder *Kaimeni*	2,2
Kleine Küsteninseln	1,3
	326.2

3. An der Küste von Messenien:

		qkm
Oenussae {	(*Cabrera* oder *Schiza*) . .	15,9
	(*Sapienza*)	11,9
Theganussa (*Venetikon*)		1,7
Sphakteria (*Sphagia*)		4,6
Prote (*Prodanon*)		5,9
Kleinere Inseln		1,5
		41,5

Mit Einrechnung dieser Inseln ergiebt sich als Flächeninhalt von

	qkm
Argolis	4185,6
Lakonien	5516,2
Messenien	2901,5

Es ist schliesslich von Wichtigkeit, bei den Landschaften,
die in der Blüthezeit Griechenlands keine politische Einheit
gebildet haben, die Vertheilung des Flächenraums auf die einzelnen Stadtgebiete zu kennen. Der planimetrischen Berechnung ist gleichfalls Blatt IV von Kieperts *Atlas von Hellas* zu
Grunde gelegt; doch kann bei der Unsicherheit der Grenzlinien
und der Kleinheit der Gebiete, um die es sich handelt, hier
selbstverständlich nicht der gleiche Grad von Genauigkeit erreicht werden, wie bei der Arealbestimmung der ganzen Landschaften. Indess compensiren sich wenigstens die begangenen
Fehler unter einander.

Wir beginnen auch hier mit Argolis. Es entfallen auf die Gebiete von

	qkm
Sikyon	360
Phleius	180
Korinth	880
Argos mit Kleonae	1405
Epidauros	545
Troezen mit Kalaureia	340
Hermione mit Halieis	375
Aegina	100
	4185

Die arkadischen Stadtgebiete haben etwa folgende Ausdehnung:

	qkm
Megalopolis	1520
Mantineia	275
Tegea	370
Orchomenos	190
Kaphyae	135
Stymphalos mit Alea	295
Pheneos	325
Kynaetha	125
Kleitor	545
Psophis	270
Thelpusa	310
Heraea	250
Phigaleia	90
	4700

Von den 2660 qkm des Flächenraums von Eleia kommen auf

	qkm
Koele Elis	1160
Akroreia	405
Pisatis	555
Triphylia	540

Die Strandlagunen bedecken davon 58,3 qkm (nach Strelbitzky), nämlich die von

	qkm
Myrtuntion (*Kotiki*)	8,4
Letrinoi (*Muria*)	6,3
Agulonitza in Triphylia	32,8
die kleineren Lagunen	10,8

8 *

2. Argolis.

Die hervorragende Bedeutung, die Argolis in der ältesten Periode der griechischen Geschichte gehabt hat, lässt darauf schliessen, dass hier schon früh eine verhältnissmässig dichte Bevölkerung sich ansammelte. Nach dem homerischen Schiffskatalog stellte diese Landschaft, allerdings einschliesslich von Aegialos, dem späteren Achaia, gegen Troia 180 Schiffe, gegenüber 240 aus allen übrigen Theilen des Peloponnes. Grössere städtische Mittelpunkte haben sich hier früher entwickelt als in irgend einer anderen griechischen Landschaft. Schon die Sage feiert Argos, Tiryns, das „goldreiche Mykene", Ephyre. Und Argos, Korinth, Sikyon, Aegina haben bis in die römische Zeit hinein zu den ansehnlichsten Städten des europäischen Griechenland gehört; nirgends sonst drängten sich die Grossstädte in dieser Weise.

Argos selbst gebührt hier der erste Platz. In älterer Zeit unbestritten die Hauptstadt Griechenlands, hat es auch im V. Jahrhundert vermocht, mit Sparta um die Hegemonie der Halbinsel zu rivalisiren, eine Stellung, die jedenfalls auf eine ansehnliche Bürgerzahl schliessen lässt. So rechnet Isokrates Argos neben Athen, Sparta, Theben zu den vier bedeutendsten Städten Griechenlands[1]). Lysias setzt um das Jahr 400 die Argeier den Athenern an Zahl ungefähr gleich[2]), was für Argos etwa 20000 Bürger ergeben würde. Dem entsprechend sollen nach Xenophon 394 in der Schlacht bei Korinth 7000 argeiische Hopliten gekämpft haben[3]), worunter ohne Zweifel die Contingente der mit Argos eng verbundenen Städte Kleonae und Orneae eingerechnet sind[4]). Da nun Argos in dieser Zeit noch keine Reiterei besass, so haben wir offen-

――――――――

[1]) Isokr. *Panegyr.* 64: τῶν μὲν γὰρ Ἑλληνίδων πόλεων χωρὶς τῆς ἡμετέρας Ἄργος καὶ Θῆβαι καὶ Λακεδαίμων καὶ τότ᾽ (in der Heroenzeit) ἦσαν μέγισται, καὶ νῦν ἔτι διατελοῦσιν.

[2]) Lys. 34 (v. d. Verf.) 7: οὐδὲν ἡμῶν πλείους.

[3]) Xen. *Hell.* IV 2, 17.

[4]) Vgl. Thuk. V 74.

bar in diesen 7000 Mann die Gesammtheit der zum Hoplitendienst qualificirten, im felddienstpflichtigen Alter, also zwischen
20 und 50 Jahren stehenden Bürger des Staates zu erkennen;
Argos musste demnach etwa 10000 wohlhabende Bürger gezählt haben, so dass wir einschliesslich der ärmeren Klassen
auch hier auf eine Gesammtzahl von gegen 20000 geführt
werden. Und viel unter diese Zahl werden wir in keinem
Falle herabgehen dürfen[1]). Schon in dem Kriege gegen Kleomenes I. soll Argos 6000 Bürger verloren haben, trotzdem damals Mykene und Tiryns noch unabhängig waren: ein Verlust,
der den Staat freilich an den Rand des Untergangs brachte[2]).
Nach Tanagra schickten die Argeier den Athenern 1000 Hopliten zu Hülfe[3]), nach Sicilien 500[4]), nach Ionien 412 1000 Hopliten und 500 Mann leichter Truppen[5]). Um dieselbe Zeit unterhielt der Staat ein Elitecorps von 1000. Hopliten[6]). Bei dem
furchtbaren Aufstande von 370, dem sogenannten Skytalismos,
sollen 1200 wohlhabende Bürger erschlagen worden sein[7]).
Den Arkadern sandte Argos 364 2000 Hopliten nach Olympia
zu Hülfe[8]); Artaxerxes auf seinem Zuge gegen Aegypten ein
Corps von 3000 Mann[9]). Noch unter den Gliedern des achaeischen Bundes war Argos neben Megalopolis der bedeutendste
Staat; beide stellten je 500 Mann zu Fuss und 50 Reiter zu
dem ausgewählten Corps von 3300 Mann, das im Jahre 217
auf Aratos' Betrieb aufgestellt wurde[10]): also je $1/_6$ des ganzen
Bundesheeres. Eine Seemacht dagegen hat Argos niemals
besessen.

---

[1]) Vgl. Thuk. V 68 über die angebliche Stärke der Argeier in der
Schlacht bei Mantineia 418.

[2]) Herod. VII 148 f.; Plut. *Moral.* S. 245 D—F giebt 7777 Erschlagene.

[3]) Thuk. I 107.

[4]) Thuk. VI 43.

[5]) Thuk. VIII 25.

[6]) Thuk. V 67.

[7]) Diod. XV 58.

[8]) Xen. *Hell.* VII 4, 29.

[9]) Diod. XVI 44.

[10]) Polyb. V 91, 7; vgl. Polyb. XXX 15, 1: τὸ βάρος τῆς Ἀργείων
πόλεως (bei Suidas u. βάρος).

Tiryns und Mykene, die Nachbarstädte von Argos, haben nach Herodots Schätzung zur Schlacht bei Plataeae zusammen 400 Hopliten gestellt[1]), sie können also nur unbedeutend gewesen sein. Die Kleinheit von Mykene hebt auch Thukydides hervor[2]). Wie bekannt, wurden beide Städte bald nach den Perserkriegen von den Argeiern zerstört und ihre Gebiete mit dem von Argos vereinigt.

Phleius wird um die Zeit des Antalkidasfriedens als „Stadt von mehr als 5000 Bürgern" bezeichnet[3]), eine Angabe, die allerdings nicht auf Zählung, sondern nur auf ungefährer Schätzung beruht und wohl etwas übertrieben sein wird. Nach Herodot hätte die Stadt bei den Thermopylen 200, bei Plataeae 1000 Hopliten gestellt[4]); bei Brasidas' Heer 424 befanden sich 400 phleiasische Hopliten[5]). Im Jahre 369 unterhielt die Stadt 60 Reiter[6]). Mehr als 1000 phleiasische Verbannte zogen 380 mit Agesilaos gegen ihre Vaterstadt[7]). Wenige Jahre später, nach der Schlacht bei Leuktra, sollen 300 Bürger in einem Kampfe gegen die Verbannten gefallen sein, und darauf diese letzteren in einem zweiten Gefechte 600 Mann verloren haben; die übrigen Verbannten — es müssen also im ganzen auch jetzt gegen 1000 gewesen sein — flohen nach Argos[8]).

Bedeutender als Phleius war das benachbarte Sikyon. Herodot veranschlagt das Contingent der Stadt bei Plataeae auf 3000 Hopliten, während bei Artemision 12, bei Salamis 15 sikyonische Trieren gekämpft hätten[9]). Diese Angaben sind nun allerdings zweifellos übertrieben. 25 Jahre nach Plataeae ver-

---

[1]) Herod. IX 28.

[2]) Thuk. I 10.

[3]) Xen. *Hell.* V 3, 16: ὡς ὀλίγων ἕνεκα ἀνθρώπων πόλει ἀπεχθάνοιντο πλέον πεντακισχιλίων ἀνδρῶν· καὶ γὰρ δὴ ὅπως τοῦτ' ἔνδηλον εἴη, οἱ Φλειάσιοι ἐν τῷ φανερῷ τοῖς ἔξω ἐξεκκλησίαζον.

[4]) Herod. VII 202, IX 28.

[5]) Thuk. IV 70.

[6]) Xen. *Hell.* VII 2, 4.

[7]) Xen. *Hell.* V 3, 17.

[8]) Diod. XV 40, der diese Ereignisse irrthümlicher Weise schon vor der Schlacht bei Leuktra erzählt. Vgl. auch Diod. XIV 91.

[9]) Herod. IX 28, VIII 1. 43.

mochte Perikles mit 1000 attischen Hopliten das ganze Aufgebot Sikyons vor den Thoren der Stadt in die Flucht zu trei-
ben[1]), und in der Schlacht am Nemeabach 394, die ebenfalls
in unmittelbarer Nähe der Stadt geschlagen wurde, fochten
nicht mehr als 1500 Hopliten aus Sikyon[2]). Zu Brasidas' Heer
stellte Sikyon im Jahre 424 600 Hopliten, neben 400 aus
Phleius und 2700 aus Korinth[3]); zehn Jahre später finden wir
ein Corps von 200 sikyonischen Hopliten in Sicilien[4]). In einer
Schlacht gegen Iphikrates im korinthischen Kriege sollen 500
Sikyonier gefallen sein[5]). Aratos führte 251 580 sikyonische
Verbannte in die Heimath zurück; bei dieser Gelegenheit wird
Sikyon als bedeutende Stadt bezeichnet, im Gegensatz zu den
Kleinstädten in Achaia[6]). Nach alle dem werden wir die
Bürgerzahl der Stadt ums Jahr 400 auf nicht unter 5—6000
veranschlagen dürfen.

Grösser war Korinthos, schon seit der Heroenzeit einer
der hervorragendsten Mittelpunkte des Handels und Gewerbfleisses in Griechenland. Das korinthische Contingent bei Plataeae giebt Herodot, wahrscheinlich übertrieben (oben S. 8 f.), zu
5000 Hopliten an, bei Artemision und Salamis zu 40 Trieren[7]):
eine Leistung, die von keinem anderen Staate ausser Sparta
und Athen übertroffen oder erreicht wurde. Gegen Korkyra
435 stellte Korinth 3000 Hopliten auf, ausserdem 30 Trieren[8]).
Die korinthische Flotte galt damals neben der attischen und
korkyraeischen für die erste in Griechenland[9]); Korinth vermochte es, allerdings nur mit grosser Anstrengung, 433 gegen

---

[1]) Thuk. I 111; Diod. XI 88: ἐπεξελθόντων δ' ἐπ' αὐτὸν τῶν Σι-
κυωνίων πανδημεὶ, καὶ μάχης γενομένης, ὁ Περικλῆς νικήσας .... κατέ-
κλεισεν αὐτοὺς εἰς πολιορκίαν.
[2]) Xen. Hell. IV 2, 16.
[3]) Thuk. IV 70.
[4]) Thuk. VII 19.
[5]) Diod. XIV 91.
[6]) Plut. Aratos 9.
[7]) Herod. IX 28, VIII 1. 43.
[8]) Thuk. I 27.
[9]) Thuk. I 36.

Korkyra 90 Trieren in See gehen zu lassen[1]). Nach Potidaea
sandte Korinth im folgenden Jahre 1600 Hopliten und 400
Mann Leichtbewaffnete, es waren aber zum grössten Theile
Söldner[2]). Bei der Landung des Nikias im Herbst 425 kann
es die eine Hälfte des korinthischen Aufgebots mit dem athenischen Heere von über 2000 Hopliten und 200 Reitern aufnehmen, und wird erst nach längerem Kampfe mit einem Verlust von 212 Mann geworfen. Dabei standen 500 Mann ko-
rinthischer Besatzungstruppen in Leukas und Ambrakia; die
Mannschaft aus den Districten jenseits des Isthmos war nicht
aufgeboten und die älteren Jahrgänge der Bürgerschaft waren
zum Schutze der Stadt zurückgeblieben[3]). Demnach würde
die junge Mannschaft der Korinthier in dieser Zeit auf etwa
3—4000 Hopliten zu veranschlagen sein; Reiter unterhielt
Korinth damals noch nicht[4]). Zu Brasidas' Heere stellte Korinth im folgenden Jahre 2700 Hopliten[5]); da es sich um
einen Feldzug in nächster Nähe der Stadt handelte, so wird
Korinth wahrscheinlich die ganze Macht aufgeboten haben, die
nach Abzug der Besatzungen in Leukas und Ambrakia noch
verfügbar war. Bei dem peloponnesischen Aufgebot gegen
Argos 418 finden wir 2000 korinthische Schwerbewaffnete[6]).
wie es scheint 2/3 der Gesammtstärke, da auch Boeotien 2/3
seiner Macht zu diesem Heere gestellt hat. Und mit 3000
Hopliten erscheinen die Korinthier auch 394 in der Schlacht
am Nemeabach[7]), wo sie doch sicher alle verfügbaren Truppen
aufgeboten haben. Bei den Unruhen im folgenden Winter wurden
120 Bürger der lakonischen Partei erschlagen, 500 verbannt[8]).

Uebrigens ist klar, dass die Bürgerzahl Korinths die von
Argos bei weitem nicht erreichen konnte; wie hätte Argos

---

[1]) Thuk. I 46.
[2]) Thuk. I 60.
[3]) Thuk. IV 42—44.
[4]) Thuk. IV 44.
[5]) Thuk. IV 70.
[6]) Thuk. V 57.
[7]) Xen. *Hell.* IV 2, 17.
[8]) Diod. XIV 86.

sonst daran denken können, sich die Nachbarstadt einzuverleiben? So standen am Nemeabach neben 7000 argeiischen nur 3000 korinthische Hopliten. Korinth mag also in der Zeit des peloponnesischen Krieges nahe an 5000 Bürger von Hoplitencensus, und im ganzen 10000, höchstens 12000 Bürger gezählt haben.

Die langwierige attische Blokade im peloponnesischen Kriege, die den Seehandel der Stadt so gut wie ganz lahm legte, und noch mehr die Verheerungen des sog. korinthischen Krieges, während dessen die Korinthia durch 8 Jahre den Kriegsschauplatz bildete und die Stadt durch blutige Revolutionskämpfe erschüttert wurde, haben dem Wohlstand Korinths tiefe Wunden geschlagen. Athen mit seinem mächtig aufblühenden Emporium, später Rhodos und Alexandreia wurden immer unbequemere Concurrenten in Handel und Industrie. Aber trotzdem blieb Korinth bis zu seiner Zerstörung eine der grössten und blühendsten Städte in Griechenland[1]. Die Wehrkraft freilich gerieth seit dem Verlust der Selbständigkeit in tiefen Verfall. Schon während der ersten Hälfte des IV. Jahrhunderts war die korinthische Seemacht bei weitem nicht mehr, was sie im V. Jahrhundert gewesen war; seit Chaeroneia und dem Verlust der Colonien im Westen ist überhaupt keine Rede mehr von korinthischen Kriegsschiffen. Was die Landmacht angeht, so waren um die Zeit der Schlacht bei Kynoskephalae kaum 1000 Mann aus der Bürgerschaft für den Felddienst verfügbar[2].

Die Städte der argolischen Akte: Epidauros, Troezen, Hermione, Halieis, Methana, Kalaureia, waren zum Theil keineswegs unbedeutend. Bei Plataeae sollen Epidauros 800, Troezen

---

[1] Strab. VIII S. 382: ἡ μὲν δὴ πόλις ἡ τῶν Κορινθίων μεγάλη τε καὶ πλουσία διὰ παντὸς ὑπῆρξεν. X S. 486: τὴν μὲν οὖν Δῆλον ἔνδοξεν γενομένην οὕτως ἔτι μᾶλλον ηὔξησε κατασκαφεῖσα ὑπὸ Ῥωμαίων Κόρινθος· ἐκεῖσε γὰρ μετεχώρησαν οἱ ἔμποροι. Cic. pro lege Manilia 5, 11: Corinthum patres restri totius Graeciae lumen exstinctum esse voluerunt.

[2] Das ergiebt sich aus den Angaben bei Liv. 32, 14 (nach Polybios): doch mögen politische Gründe Philipp abgehalten haben, der Stadt grössere Anstrengungen zuzumuthen.

1000, Hermione 300 Hopliten gestellt haben; bei Salamis kämpften 10 epidaurische, 5 troezenische, 3 hermionische Trieren[1]). Bei der korinthischen Flotte gegen Korkyra finden wir 435 5 Trieren aus Epidauros, 2 aus Troezen, 1 aus Hermione[2]); zu der peloponnesischen Bundesflotte von 100 Trieren, die 412 aufgestellt werden sollte, wurden diese Städte nebst Megara mit 10 Trieren veranlagt[3]). In der Schlacht am Nemeabach, 394, kämpften nicht weniger als 3000 Hopliten aus den Städten der Akte[4]), dieselbe Zahl, die damals Korinth stellte. Demnach wird ihre Bürgerzahl zusammen auf nicht unter 10 000 zu veranschlagen sein; wie sie denn auch die Korinthia an Ausdehnung des Gebietes um etwa 400 qkm übertreffen.

Historisch und geographisch einen Theil von Argolis bildet die Insel Aegina. Es ist bekannt, welch hohe Blüthe Aegina am Anfang des V. Jahrhunderts erreicht hatte; wie es namentlich bis auf Themistokles die erste Seemacht des europäischen Griechenland gewesen ist. Die 30 Trieren, mit denen die Aegineten bei Salamis kämpften, bildeten nur einen Theil ihrer Flotte[5]). In der grossen Seeschlacht des Jahres 458 nahmen die Athener 70 Trieren der Aegineten und ihrer Bundesgenossen; es lagen aber auch bei der Uebergabe der Stadt im folgenden Jahre noch Trieren im Arsenal von Aegina, die damals von den Athenern hinweggeführt wurden[6]). Bei Plataeae soll Aegina 500 Hopliten gestellt haben[7]), gleichzeitig allerdings auch Schiffe zu der Flotte bei Mykale. Immerhin sehen wir, dass die Bürgerzahl entsprechend der Kleinheit der Insel (mit Kekryphaleia etwa 100 qkm) nicht bedeutend gewesen ist.

Im Sommer 431 wurde bekanntlich die alte Bevölkerung von den Athenern aus Aegina vertrieben und durch eine attische

---

[1]) Herod. IX 28, VIII 43.
[2]) Thuk. I 27.
[3]) Thuk. VIII 3.
[4]) Xen. *Hell.* IV 2, 16.
[5]) Herod. VIII 46.
[6]) Thuk. I 105. 108.
[7]) Herod. IX 28.

Kleruchie ersetzt. Die Aegineten erhielten durch die Spartaner die Stadt Thyrea in der Kynuria zum Wohnsitz angewiesen, wo sie 424 von den Athenern angegriffen und theils niedergemacht, theils gefangen fortgeführt und später hingerichtet wurden [1]). Zahlen werden nicht angegeben, doch geht aus der ganzen Erzählung hervor, dass es sich nur um verhältnissmässig wenige Leute handeln konnte. Aegina mag im V. Jahrhundert etwa 2000—2500 Bürger gezählt haben. Ueber die Stärke der attischen Kleruchie und die Bevölkerungsverhältnisse nach der Rückkehr der alten Einwohner im Jahre 404 fehlt jede Angabe.

Für ganz Argolis ergiebt sich demnach in der Zeit des peloponnesischen und korinthischen Krieges folgende Bürgerzahl:

	qkm	Bürger
Argos und Kleonae	1405	20000
Phleius	180	5000
Sikyon	360	6000
Korinth	880	10000
die Akte	1260	10000
Aegina	100	2000
	4185	53000

Das entspricht einer bürgerlichen Gesammtbevölkerung von gegen 160000, oder 38 auf den qkm. Da indess die obigen Zahlen der Hauptsache nach auf Grund der militärischen Aufgebote berechnet sind, so werden sie nicht auf die bürgerliche Bevölkerung allein, sondern auf die gesammte freie Bevölkerung zu beziehen sein. Die Dichtigkeit der freien Bevölkerung ist annähernd dieselbe wie in Attika während des IV. Jahrhunderts.

3. Arkadien.

Ἀρκαδίην μ᾿ αἰτεῖς; μέγα μ᾿ αἰτεῖς, οὔ τοι δώσω.
πολλοὶ ἐν Ἀρκαδίῃ βαλανηφάγοι ἄνδρες ἔασιν
οἵ σέ γε κωλύσουσιν· ἐγὼ δέ τοι οὔτι μεγαίρω.

So schon das delphische Orakel bei Herodot [2]). Um die Mitte des IV. Jahrhunderts nennt Xenophon die Arkader den zahlreichsten

---

[1]) Thuk. IV 56. 57.
[2]) Herod. I 66.

griechischen Stamm [1]); und noch Polybios erklärt Arkadien für die neben Lakonien bevölkertste Landschaft des Peloponnes [2]). Demgemäss wurde das arkadische Contingent bei der Reorganisation des peloponnesischen Bundesheeres im Jahre 377 in 2 Armeecorps formirt, während Achaia, Elis und Sparta selbst nur je 1 Armeecorps stellten [3]). Von den vier Heerhaufen, mit denen Epameinondas im Winter 370/69 in Lakonien einfiel: Boeoter, Arkader, Argeier, Eleier, war der der Arkader der zahlreichste [4]). Für eine starke Volkszahl Arkadiens sprechen auch die bedeutenden Söldnermassen, welche die Landschaft namentlich im IV. Jahrhundert gestellt hat. So bestand das 14 000 Mann starke griechische Söldnerheer des jüngeren Kyros zu mehr als der Hälfte aus Arkadern und Achaeern [5]). Arkadien muss also zu diesem Zuge allein gegen 4—5000 Mann gestellt haben; und gleichzeitig dienten arkadische Söldner noch in vielen andern Theilen der griechischen Welt. Während der kurzen Periode der arkadischen Einheit von 370 bis 364 war Arkadien ohne Frage die erste Macht im Peloponnes. Das stehende Heer des Bundes, die „Epariten", zählte damals 5000 Mann [6]); die in Megalopolis zusammentretende Bundesversammlung führte den Namen die „Zehntausend" (oi $\mu\acute{v}\varrho\iota\sigma\iota$).

Wenn aber Arkadien bei seiner bedeutenden Ausdehnung (4700 qkm) auch eine verhältnissmässig starke absolute Bevölkerung gehabt hat, so werden wir doch für ein waldreiches

---

[1]) Xen. *Hell.* VII 1, 23: $\pi\lambda\varepsilon\tilde{\iota}\sigma\tau\sigma\nu$ $\delta\grave{\varepsilon}$ $\tau\tilde{\omega}\nu$ Ἑλληνικῶν $\varphi\tilde{\iota}\lambda\sigma\nu$ $\tau\grave{\sigma}$ Ἀρκαδικόν.

[2]) Polyb. IV 32, 3; II 38, 3.

[3]) Diod. XV 81.

[4]) Diod. XV 64.

[5]) Xen. *Anab.* VI 2, 10: $\varkappa\alpha\grave{\iota}$ $\tilde{\eta}\nu$ $\delta\grave{\varepsilon}$ $\tau\tilde{\eta}$ $\dot{\alpha}\lambda\eta\vartheta\varepsilon\acute{\iota}\alpha$ $\dot{\upsilon}\pi\grave{\varepsilon}\varrho$ $\ddot{\eta}\mu\iota\sigma\nu$ $\tau\sigma\tilde{\nu}$ $\ddot{\sigma}\lambda\sigma\nu$ $\sigma\tau\varrho\alpha\tau\varepsilon\acute{\nu}\mu\alpha\tau\sigma\varsigma$ Ἀρκάδες $\varkappa\alpha\grave{\iota}$ Ἀχαιοί. Im Frühjahr 400 waren noch über 4000 arkadische und achaeische Hopliten übrig, neben 3000 Hopliten aus andern griechischen Landschaften und 1000 Peltasten: *Anab.* VI 2, 16.

[6]) Diod. XV 62.

Gebirgsland mit vorwiegender Viehzucht[1]) und bis auf die Gründung von Megalopolis ohne grössere städtische Mittelpunkte keine bedeutende relative Bevölkerung annehmen dürfen. Wenn im IV. Jahrhundert in Attika 80, in Boeotien 50—60 Einwohner auf den qkm entfallen, werden demnach für Arkadien nicht über 30—40 zu rechnen sein. Das ergäbe 140—190 000, als Mittel 165 000 Einwohner, oder, da die Sklavenzahl in dieser Zeit gewiss sehr gering gewesen ist, etwa 50 000 erwachsene Bürger. Tiefer herabgehen dürfen wir nicht, da sonst die Arkader nicht mehr als der „zahlreichste griechische Stamm" bezeichnet werden könnten. Auch bei dieser Annahme bleibt freilich die freie Bevölkerung von Arkadien hinter der von Argolis noch etwas zurück; aber die Bewohner von Argolis sind niemals als ein einziger Stamm aufgefasst worden.

Was wir von der Bevölkerung einzelner arkadischer Stadtgebiete erfahren, steht mit diesem Ergebniss aufs beste im Einklang. So schätzt Herodot die Contingente von Tegea und Orchomenos bei Plataeae auf 1500, bezw. 600 Hopliten und ebenso viel leichte Truppen[2]). Das Contingent von Mantineia kam zu spät zur Schlacht; da indess bei den Thermopylen Mantineer und Tegeaten die gleiche Truppenzahl gestellt hatten, nämlich je 500 Hopliten[3]), so wird auch die Bürgerzahl beider Städte etwa die gleiche gewesen sein. Tegea, Mantineia und Orchomenos hätten also nach Herodot für einen Feldzug ausser Landes zusammen 3600 Hopliten aufbringen können, was eine Bürgerzahl von über 10 000, und eine bürgerliche Gesammtbevölkerung, wofür wir in diesem Falle auch Gesammtbevölkerung überhaupt sagen können, von gegen 35 000 voraussetzt.

---

[1]) Schon Homer B 605: Ὀρχόμενον πολύμηλον. *Hymn.* 19, 30: Ἀρκαδίην πολυπίδακα, μητέρα μήλων. Pind. *Ol.* VI 169: εὐμήλοιο Ἀρκαδίας. Simonid. 104: εὔμηλον ῥυόμενοι Τεγέαν. *Inscr. Gr. Ant.* 95: ἐν Ἀρκαδίᾳ πολυμάλῳ. Und noch Theokrit 22, 157: Ἀρκαδία τ' εὔμαλος. Philostr. *Leben des Apollonios von Tyana* VIII 7 S. 161 Kayser: ἔστι δὲ πολυλήιος καὶ ποώδης ἡ Ἀρκαδία καὶ ὑλώδης· οὐ τὰ μετέωρα μόνον, ἀλλὰ καὶ τὰ ἐν ποσὶ πάντα.

[2]) Herod. IX 28.

[3]) Herod. VII 202.

Der Flächeninhalt dieser drei Stadtgebiete beträgt 835 qkm, es kommen also etwa 40 Einwohner auf den qkm. Nun ist die tegeatisch-mantineische Hochebene einer der am meisten zum Ackerbau geeigneten Theile Arkadiens, und hier allein fanden sich im V. Jahrhundert einigermaassen ausehnliche Städte. Die Bevölkerung muss also hier offenbar stärker gewesen sein, als in den engen Gebirgsthälern des arkadischen Nordens; die Volksdichtigkeit von ganz Arkadien könnte folglich 40 Einwohner auf den qkm noch nicht erreicht haben.

Und es scheint nicht, dass Herodot die Bürgerzahl von Tegea und Orchomenos unterschätzt hat. Mantineia war sicher nicht kleiner als Tegea; und doch soll es nach Lysias am Ende des V. Jahrhunderts „noch nicht 3000 Bürger" gezählt haben[1]). Lysias mag die Zahl absichtlich etwas verkleinert haben, da das hier in seinem Interesse lag; aber soviel beweist sein Zeugniss doch jedenfalls, dass Mantineia nur eine verhältnissmässig schwache Bürgerzahl hatte. Wenn Mantineia im peloponnesischen Kriege eine bedeutende politische Rolle gespielt hat, so hat es das nur vermocht, indem es die benachbarten schwächeren Cantone seiner Herrschaft unterwarf. Noch zwei Jahrhunderte später, in Kleomenes' Zeit, scheint Mantineias Bevölkerung nicht viel über 10000 Einwohner betragen zu haben. Denn als Antigonos im Jahre 222 die Stadt einnahm und die Bewohner in die Sklaverei verkaufte, betrug der ganze Erlös aus der Beute nicht mehr als 300 Talente[2]). Bei solchen Massenverkäufen wurden natürlich die Preise gedrückt; aber wenn wir auch annehmen, dass Antigonos nur $1\frac{1}{2}$ Minen für den Kopf löste, was vielleicht $\frac{1}{3}$ des damaligen Durchschnittspreises entspricht, und dass $\frac{3}{4}$ jener 300 Talente aus dem Erlöse für die Sklaven gewonnen waren, so betrüge die Zahl der verkauften Gefangenen doch nur 9000. Mit Einrechnung der im Kampfe Gefallenen, der Verbannten oder zufällig Abwesenden oder Begnadigten werden für Mantineia also kaum mehr als 12000 Einwohner zu rechnen sein.

---

[1]) Lysias 34 (v. d. Verf.), 7: οὐδὲ τριαχιλίους ὄντας.
[2]) Polyb. II 56, 6.

Ueber Tegea hören wir nur, dass es zur Zeit des peloponnesischen Krieges eine für Arkadien bedeutende Stadt war[1])
und dass bei den Unruhen des Jahres 370 800 lakonisch gesinnte Oligarchen von hier vertrieben wurden[2]). Auch diese
Angaben stehen mit einer Bürgerzahl von 4—5000 sehr gut
im Einklang.

Alle diese alten städtischen Mittelpunkte Arkadiens wurden
verdunkelt durch die im Jahre 370 gegründete neue Bundes-
hauptstadt Megalopolis. Der Umfang der Mauern betrug 50
Stadien, was eine Ausdehnung des umschlossenen Raumes von
3—400 Hektaren voraussetzt. Das weit gedehnte Gebiet umfasste den grössten Theil des fruchtbaren Süd-Arkadien. Die
Vertreter der Stadt hatten 10 Sitze im arkadischen Bundes-
rath, soviel wie Mantineia und Tegea zusammen[3]), was auf
eine Bürgerzahl von 10000 und darüber schliessen lässt. Dem
entsprechend giebt Diodor an, die Megalopoliten hätten bei der
Belagerung durch Polysperchon 318 eine Zählung aller waffenfähigen Einwohner der Stadt und des Gebietes vorgenommen:
Bürger, Metoeken und Sklaven, die 15000 Mann ergeben hätte[4]),
so dass die Megalopolitis damals gegen 60000 Einwohner gezählt haben müsste; wir haben keinen Grund, an der Richtigkeit der Angabe zu zweifeln. Allerdings, die Entwicklung der
Stadt Megalopolis hat den Erwartungen der Gründer nicht
entsprochen; der von den Mauern umschlossene Raum wurde
nie auch nur zur Hälfte mit Häusern bebaut, und der Vers

$$\ell\rho\eta\mu\ell\alpha\ \mu\epsilon\gamma\acute{\alpha}\lambda\eta\ \text{'}\sigma\iota\nu\ \acute{\eta}\ M\epsilon\gamma\acute{\alpha}\lambda\eta\ \pi\acute{o}\lambda\iota\varsigma$$

wurde bald sprichwörtlich. Am Ende des III. Jahrhunderts
kann Phylarchos Mantineia als die grösste Stadt Arkadiens bezeichnen, und auch der Megalopolite Polybios giebt zu, dass

---

[1]) Thuk. V 32: *Τιγέαν . . . ὁρῶντες μέγα μέρος ὄν.*

[2]) Xen. *Hell.* VI 5, 10.

[3]) S. das arkadische Bundesdecret für den Athener Phylarchos bei
Le Bas, *Pelop.* Nr. 340a = Dittenberger, *Sylloge* Nr. 167.

[4]) Diod. XVIII 70: *ἐψηφίσαντο τὰ μὲν ἀπὸ τῆς χώρας κατάγειν εἰς
τὴν πόλιν, τῶν δὲ πολιτῶν καὶ ξένων καὶ δούλων ἀριθμὸν ποιησά-
μενοι μυρίους καὶ πεντακισχιλίους εὗρον τοὺς δυναμένους παρέχεσθαι
τὰς πολεμικὰς χρείας.*

Mantineia vor seiner Eroberung durch Antigonos Megalopolis an Grösse nicht nachstand [1]). Aber der Staat Megalopolis blieb dank der Ausdehnung seines Gebietes für immer der erste Arkadiens, und bis zum Beitritte Spartas neben Argos der erste des achaeischen Bundes. So wird von dem 217 aufgestellten Bundesheere von 3300 Mann ¹/₃ zu gleichen Theilen von Megalopolis und Argos gestellt [2]). — Das Gebiet von Megalopolis umfasste zu der Zeit, wo die Stadt in den achaeischen Bund eintrat, etwa 1500 qkm. Hatte dasselbe schon 318 den gleichen Umfang, so würde sich bei einer Bevölkerung von 60 000 eine Volksdichtigkeit von 40 auf den qkm ergeben; doch ist fraglich, ob Maenalien und Kynurien, die bei dem Synoekismos von 370 selbständig geblieben waren [3]), bereits damals integrirende Theile des megalopolitischen Gebietes bildeten.

Für die übrigen arkadischen Städte fehlen directe Angaben über die Bevölkerung. Wir hören nur, dass im Jahre 220 Kynaetha 300 Verbannte hatte [4]). Da die in der Stadt zurückgebliebenen natürlich viel zahlreicher sein mussten, so kann Kynaetha in dieser Zeit kaum unter 1000 Bürger gezählt haben, oder eine bürgerliche Bevölkerung von 3000, was für eine Kleinstadt im Gebirge mit einem Gebiete von nur 125 qkm recht ansehnlich ist. Wenn wir die Sklaven auch nur zu 1000 rechnen, erhalten wir 34 Einwohner auf den qkm.

Das nördliche und nordwestliche Arkadien umfasst etwa die Hälfte der ganzen Landschaft, oder gegen 2300 qkm. Da diese Gebirgsdistricte jedenfalls schwächer bevölkert waren, als die Ebenen im Osten und Süden, so wird hier für das Ende des V. Jahrhunderts keine grössere Volksdichtigkeit als etwa 25 auf den qkm zu rechnen sein. Das ergäbe für diesen Theil

---

[1]) Phylarch. bei Polyb. II 56. 6: τὴν ἀρχαιοτάτην καὶ μεγίστην πόλιν τῶν κατὰ τὴν Ἀρκαδίαν. Polyb. II 62, 11: οὐδενὸς γὰρ ὄντες δεύτεροι τῶν Ἀρκάδων Μαντινεῖς οὔτε κατὰ τὴν δύναμιν οὔτε κατὰ τὴν περιουσίαν.

[2]) Polyb. V 91, 7.

[3]) Le Bas, *Pelop.* Nr. 340 a = Dittenberger, *Sylloge* Nr. 167, eine Inschrift, die in die ersten Zeiten des arkadischen Bundes, vor der Secession von Mantineia, gehören muss.

[4]) Polyb. IV 17, 9.

Arkadiens 60000 Einwohner, d. h. auf jede der 9 Städte
Heraea, Thelpusa, Psophis, Kleitor, Kynaetha, Pheneos, Ka-
phyae, Stymphalos, Alea im Durchschnitt etwa 2000 Bürger.
Auf ganz Arkadien würden demnach 155000, oder mit Einrechnung von Phigaleia gegen 160000 Einwohner kommen, was
mit unseren obigen Ansätzen so nahe übereinstimmt, wie wir
bei der Lage der Sache nur irgend erwarten können.

4. Achaia.

Der Flächenraum von Achaia beträgt etwa die Hälfte des
Flächenraums von Arkadien. Demgemäss sagt uns Polybios,
dass letzteres auch eine viel stärkere Bevölkerung gezählt
hat[1]). Ganz Achaia zusammen hatte am Anfang des III. Jahrhunderts kaum die Macht einer einzigen ansehnlichen Stadt,
wie Plutarch angiebt[2]). Das wird bestätigt durch die unbedeutende Rolle, die Achaia in der älteren griechischen Geschichte gespielt hat. Immerhin bildet das Contingent von
Achaia vor der Schlacht bei Leuktra eines der 10 Armeecorps
des peloponnesischen Heeres; und der Bund konnte um 244,
als ausser Alt-Achaia nur Sikyon dazu gehörte, 10000 Mann
ins Feld stellen[3]). Auch war Achaia eins der hauptsächlichsten
griechischen Söldnerländer. Wir werden also hier etwa dieselbe relative Bevölkerung annehmen dürfen, wie in dem benachbarten Arkadien, und alle achaeischen Städte mögen um
400 v. Chr. zusammen 25000 Bürger, jede im Durchschnitt
2000, gezählt haben.

---

[1]) Polyb. II 38, 3: τό τε γὰρ τῶν Ἀρκάδων ἔθνος, ὁμοίως δὲ καὶ
τὸ τῶν Λακώνων, πλήθει μὲν ἀνδρῶν καὶ χώρας οὐδὲ παρὰ μικρὸν
ὑπερέχει.

[2]) Plut. Arat. 9: οἱ τῆς μὲν πάλαι τῶν Ἑλλήνων ἀκμῆς οὐδέν, ὡς
ἔπος εἰπεῖν, μέρος ὄντες, ἐν δὲ τῷ τότε μιᾶς ἀξιολόγου πόλεως σύμπαντες ὁμοῦ δύναμιν οὐκ ἔχοντες.

[3]) Plut. Arat. 16.

5. Eleia.

Die Ebene von Elis gehört zu den fruchtbarsten und im Alterthum am besten bevölkerten Theilen des Peloponnes[1]). Als reich angebaut und dicht bewohnt schildert uns die Landschaft Xenophon am Anfang des IV. Jahrhunderts[2]), und dasselbe Bild giebt zwei Jahrhunderte später Polybios[3]). Aber es fehlte neben der Hauptstadt jeder städtische Mittelpunkt, und selbst diese ist nie sehr bedeutend gewesen. Auch ist die Ausdehnung des „hohlen Elis" eine ziemlich beschränkte, etwa 1160 qkm. Die Perioekenlandschaften Akroreia, Pisatis und Triphylien dagegen sind theils rauhes Gebirgsland, theils sumpfige Küstenebenen, im Alterthum stark bewaldet und reich an Wild[4]). Die zahlreichen Städte verdienten mehr Dörfer zu heissen; selbst die bedeutendste, Lepreon, hat bei Plataeae nach Herodots Schätzung nur 200 Hopliten gestellt[5]), und wird demnach kaum viel über 1000 Bürger gezählt haben. Wenn wir also auch für die Koele Elis eine verhältnissmässig dichte Bevölkerung ansetzen müssen — etwa 50 auf 1 qkm, wie in Boeotien, was für einen rein agricolen District sehr hoch ist, namentlich nach antiken Verhältnissen —, so waren dafür die 1500 qkm des Perioekenlandes um so dünner bevölkert, und wird hier eine Volksdichtigkeit von kaum über 20 auf den qkm anzunehmen sein. Das ergäbe für die Eleia zusammen gegen 90000 Einwohner oder 30000 erwachsene Männer. Jedenfalls sind die militärischen Leistungen von Elis

[1]) Ephoros bei Strab. VIII S. 356: ὥστε καὶ εὐανδρῆσαι μάλιστα πάντων.

[2]) Xen. Hell. III 2, 26: καὶ ὑπέρπολλα μὲν κτήνη, ὑπέρπολλα δ' ἀνδράποδα ἡλίσκετο ἐκ τῆς χώρας ... καὶ ἐγένετο αὕτη ἡ στρατεία ὥσπερ ἐπισιτισμὸς τῇ Πελοποννήσῳ.

[3]) Polyb. IV 73, 6: συμβαίνει γὰρ τὴν τῶν Ἠλείων χώραν διαφερόντως οἰκεῖσθαι καὶ γέμειν σωμάτων καὶ κατασκευῆς παρὰ τὴν ἄλλην Πελοπόννησον.

[4]) Xen. Anab. V 3, 8—11.

[5]) Herod. IX 23.

sehr geringfügig gewesen. Gegen Sparta stellte die Landschaft im Jahre 418 3000 Hopliten auf[1]), und annähernd ebenso viele stellte Elis mit den damals davon unabhängigen alten Perioekenlandschaften Triphylien und Akroreia 394 in der Schlacht am Nemeabach[2]). Danach würden wir versucht sein, der Landschaft eine Bürgerzahl von höchstens 15 000 zu geben; doch ist der unkriegerische Sinn der Bevölkerung in Rechnung zu ziehen, und es mag in Elis ein starkes agricoles Proletariat vorhanden gewesen sein.

6. Lakonien und Messenien.

Die Frage nach der Bürgerzahl Spartas ist aufs engste verknüpft mit der Frage nach der Organisation des lakedaemonischen Heeres, wie das bei einem solchen Militärstaat nicht anders sein kann[3]). Bekanntlich zerfiel das gesammte Aufgebot von Lakonien in 6 grosse Abtheilungen — Moren — zu je 2 Lochen zu 4 Pentekostyen zu 2 Enomotien. So nach der Angabe Xenophons[4]), der hier gewiss ein klassischer Zeuge ist, und dem, was die Moren betrifft, Aristoteles beistimmt[5]). Daneben aber wird aus Aristoteles noch eine andere Eintheilung angeführt, in 5 Lochen: Ἔδωλος (Αἰδώλιος), Σίνις (Σίνις),

---

[1]) Thuk. V 58. 75.

[2]) Xen. *Hell.* IV 2, 16.

[3]) Die folgenden Ausführungen stehen im Gegensatz zu den Resultaten der neuesten Behandlung dieses Gegenstandes in der Dissertation von Stehfen: *De Lacedaemoniorum* (der Verf. schreibt *Spartanorum*) *re militari*, Greifswald 1882. Die Arbeit zeugt von achtenswerthen philologischen Kenntnissen; leider ist dem Verf. darüber die lebendige Anschauung der Dinge abhanden gekommen.

[4]) Xen. *v. Staat d. Laked.* 11, 4: οὗτοι γε μὴν κατασκευασάμενος μόρας μὲν διεῖλεν ἓξ καὶ ἱππέων καὶ ὁπλιτῶν... ἑκάστη δὲ τῶν πολιτικῶν τούτων μορῶν ἔχει πολέμαρχον ἕνα, λοχαγοὺς τέτταρας, πεντηκοντῆρας ὀκτώ, ἐνωμοτάρχας ἑκκαίδεκα. Dass für λοχαγοὺς τέτταρας zu emendiren ist λοχαγοὺς δύο (nach *Hell.* VII 4, 20 und VII 5, 10), ist jetzt wohl allgemein anerkannt.

[5]) Bei Harpokration μόρων.

Ἀρίμας (Σαρίνας), Πλοάς, Μεσσάτις[1]), die offenbar, ebenso wie die 5 Ephoren, den 5 Komen entsprechen, in die Sparta zerfiel.

Den anscheinenden Widerspruch zwischen diesen Angaben schlichtet man gewöhnlich durch die Hypothese, es sei gegen Ende des peloponnesischen Krieges eine Veränderung der taktischen Gliederung des lakedaemonischen Heeres vorgenommen worden, bei der Spartiaten und Perioeken in dieselben Abtheilungen verschmolzen worden seien und die 6 Moren an Stelle der 5 Lochen getreten wären[2]). Irgend welches directe Zeugniss steht dieser Annahme nicht zur Seite; und wenn es schon an sich bedenklich ist, aus reiner Willkür so weitgehende Schlüsse zu ziehen, so ist es doppelt gewagt gegenüber der Verfassung Spartas, deren hervorstechendstes Merkmal ihr conservativer Charakter ist. Bezeichnet doch Xenophon die Moren-Eintheilung geradezu als lykurgische Einrichtung, was er unmöglich hätte thun können, wäre diese Eintheilung erst zu seiner Zeit, ja gewissermaassen unter seinen Augen geschaffen worden. Allerdings ist der Versuch missglückt, die Moren schon bei Herodot nachzuweisen; aber die Führer der Moren, die Polemarchen, erwähnt nicht nur Thukydides in der Beschreibung der Schlacht bei Mantineia (418), sondern bereits Herodot[3]). Und zwar sind die Polemarchen bei Thukydides keineswegs, wie man behauptet hat, blosse Adjutanten des Königs, die nur dessen Befehle vermitteln, sondern sie stehen selbst an der Spitze von Truppenkörpern, sind die Vorgesetzten der Lochagen in derselben Weise, wie diese die Vorgesetzten der Pentekosteren und diese wieder der Enomotarchen sind; hätte doch die Insubordination zweier Polemarchen beinahe den Verlust der Schlacht bei Mantineia herbeigeführt[4]).

---

[1]) Schol. Arist. *Lysistr.* 454 und zu Thuk. V 8.
[2]) So z. B. Gilbert, *Staatsalterth.* I 74 f.
[3]) Herod. VII 173.
[4]) Vgl. Trieber, *Forschungen zur spartanischen Verfassungsgeschichte* (Berlin 1871) S. 1.

Wir müssen uns also nach einer anderen Erklärung dieses
angeblichen Widerspruchs umsehen, und sie liegt nahe genug.
Das lakedaemonische Heer war nämlich, wie bekannt, wenn
wir von den Heiloten und Neodamoden absehen, aus zwei Be-
standtheilen zusammengesetzt, aus dem Aufgebote der spartiatischen Bürgerschaft und den Contingenten der Perioekenstädte.
Beide Theile bildeten besondere taktische Einheiten. So sind
in dem Feldzuge von 479 die spartiatischen Bürgertruppen zuerst ausgerückt, und die Perioeken erst später gefolgt[1]), und
auch sonst sind die Perioeken mitunter für sich allein zu militärischen Operationen verwendet worden. Ja noch mehr: auch
die Contingente jeder einzelnen Perioekengemeinde bildeten selbständige Truppenkörper. Von den Skiriten ist das allbekannt;
es liegt aber überhaupt in der Natur der Sache. So hören
wir denn, dass bei der Unternehmung gegen Pylos zwar die
nächstgelegenen Perioekenstädte ihre Truppen sofort zu dem
Belagerungsheere stossen liessen, die übrigen Gemeinden aber
mit ihrer Hülfe zögerten[2]).

Wenn nun die Skiriten, das einzige Perioekencontingent,
über dessen Formation wir näher unterrichtet sind, einen eigenen
Lochos im lakedaemonischen Heere bildeten, so müssen wir annehmen, dass die Perioeken überhaupt in eigenen Lochen gedient haben. Und zwar standen diese perioekischen Lochen,
von den Skiriten abgesehen, ohne jeden Zweifel in dem Ver-
band der 6 Moren. Allerdings bezeichnet Xenophon diese Abtheilungen einmal als πολιτικαὶ μόραι[3]); aber nicht im Gegensatz zu perioekischen Moren, von denen wir überhaupt nie
etwas hören, sondern zu den Divisionen (μέρη) des peloponnesischen Bundesheeres. Denn auch sonst werden bei Xenophon
Spartiaten und Perioeken zusammen als πολῖται den Bundesgenossen (σύμμαχοι) gegenübergestellt[4]). Und überhaupt ist
es ganz undenkbar, dass die spartiatische Bürgerschaft für sich

---

[1]) Herod. IX 10. 11.
[2]) Thuk. IV 8.
[3]) Oben S. 131 Anm. 4.
[4]) Trieber in *Fleckeisens Jahrb.* 103 (1871) S. 445 ff.

allein im Stande gewesen sein sollte, 6 Moren in der von Xenophon beschriebenen Zusammensetzung auszufüllen. Wenn wir die Enomotie, wie bei Leuktra, zu 36 Mann rechnen, so zählte jeder Lochos, einschliesslich der Offiziere, 300, und alle 6 Moren zusammen 3600 Mann. Nun betrug aber das lakedaemonische Gesammtaufgebot in der Schlacht bei Korinth (394) nicht über 6000 Hopliten[1]), von denen also höchstens 2400 Perioeken gewesen sein könnten, wobei von den Neodamoden ganz abgesehen ist. Diese Zahl ist aber viel zu gering gegenüber dem, was wir sonst von dem numerischen Verhältniss zwischen Spartiaten und Perioeken in dem lakedaemonischen Heere erfahren.

Die Moren waren also aus spartiatischen und perioekischen Lochen combinirt, und zwar aus je einem spartiatischen und einem perioekischen Lochos, da jede Mora überhaupt nur 2 Lochen enthielt. Aristoteles zählt allerdings nur 5 spartiatische Lochen namentlich auf; aber ausserdem bestand bekanntlich in Sparta noch ein 6. Lochos ausgewählter Hopliten (λογάδες), die 300 sogenannten Ritter (ἱππεῖς), die in der Schlacht die Leibgarde des Königs bildeten. Diese selbe Leibgarde bezeichnet Xenophon einmal als „Agema der ersten Mora"[2]), womit denn bewiesen ist, dass das Rittercorps innerhalb des Verbandes der Moren gestanden hat. Ganz entsprechend berichtet auch Aristoteles, dass die Moren sämmtliche Lakedaemonier umfasst haben[3]); und Thukydides erwähnt zwar die Ritter ausdrücklich bei der Beschreibung der Schlacht bei Mantineia[4]), übergeht sie aber bei der Berechnung der lakedaemonischen Streitkräfte: ein Zeichen, dass er sie schon unter den 7 grossen Heeresabtheilungen begriffen hatte, deren Stärke er angiebt. Und in

---

[1]) Xen. *Hell.* IV 2, 16.

[2]) *Staat d. Lak.* 13, 6: ἢν δέ ποτε μάχην οἴωνται ἔσεσθαι, λαβὼν τὸ ἄγημα τῆς πρώτης μόρας ὁ βασιλεὺς ἄγει στρέψας ἐπὶ δόρυ, ἔστ' ἂν γένηται ἐν μέσῳ δυοῖν μόραιν καὶ δυοῖν πολεμάρχοιν. Man denke an die Stellung des Agema im makedonischen Heere.

[3]) Bei Harpokr. μόρων: καὶ διῄρηνται εἰς τὰς μόρας Λακεδαιμόνιοι πάντες.

[4]) Thuk. V 72.

der That entspricht die Zahl der Ritter genau der Stärke der übrigen Lochen des Heeres.

Nur e i n Lochos stand ausserhalb der Morenverbände, das Corps der Skiriten, wie es sich auch in der Bewaffnung von den übrigen Hopliten unterschied. Auf dem Marsche bildeten sie die Avantgarde, in der Schlacht den linken Flügel des Heeres. Bei Mantineia waren sie durch das Corps der Neodamoden von den übrigen spartiatisch - perioekischen Lochen getrennt, ein Beweis, dass sie taktisch in keiner Verbindung mit ihnen gestanden haben. Und als sich nach Epameinondas' Einfall in Lakonien die Skiritis gegen ihre spartiatischen Herren erhob, bleibt doch das Heer aus 12 Lochen zusammengesetzt; die Skiriten also hatten einen 13. Lochos gebildet[1]).

Eine Bestätigung des gesagten bieten die Angaben des Thukydides über die Besatzung von Sphakteria. Unter den 292 Gefangenen befanden sich nämlich 120 Spartiaten[2]); da nun die Verluste im Kampfe offenbar im Durchschnitt alle Abtheilungen gleichmässig getroffen hatten[3]), so müssen von den 420 Hopliten, die auf der Insel eingeschlossen worden waren, gegen 170 Spartiaten gewesen sein. Das Besatzungscorps war aus sämmtlichen Lochen combinirt worden[4]); und da man dabei die kleinsten taktischen Verbände unmöglich zerreissen konnte, so ist von jedem Lochos mindestens eine Enomotie nach der Insel hinübergegangen. Aber auch nicht mehr; denn die 420 Mann der Besatzung entsprechen genau 12 Enomotien zu 35 Mann, wovon, nach dem Verhältniss der Gefangenen, 5 aus Spartiaten (175 Mann), 7 aus Perioeken (245 Mann) bestanden haben müssen. Die Hippeis haben offenbar keine Abtheilung für die Besatzung der Insel abgegeben, wohl aber die Skiriten.

---

[1]) Xen. *Hell.* VII 4, 20; 5, 10; allerdings ist die Zahl 12 an der zweiten Stelle erst durch Emendation hergestellt.

[2]) Thuk. IV 38.

[3]) Vgl. den Ausspruch des gefangenen Spartiaten bei Thuk. IV 40: πολλοῦ ἂν ἄξιον εἶναι τὸν ἄτρακτον, εἰ τοὺς ἀγαθοὺς διεγίγνωσκε.

[4]) Thuk. IV 8: ἀποκληρώσαντες ἀπὸ πάντων τῶν λόχων.

Nun zählte bei Leuktra, wie schon erwähnt, jede Enomotie
36 Mann[1]), jeder Lochos also 300, und alle 6 Lochen 1800
Mann. Dazu kommt weiter die Reiterei, die damals aus 600
Pferden bestand[2]), und von der wir nicht wissen, wieweit sie
aus Spartiaten gebildet war. An der Schlacht nahmen 4 Moren[3]),
oder ²/₃ der gesammten Macht Spartas Theil, d. h. 1200 Bürgerhopliten, und 200 Bürgerreiter, wenn wir annehmen, dass
auch die Reiterei zur Hälfte aus Spartiaten und zur anderen Hälfte aus Perioeken bestanden hat. Steht denn aber
dieses Ergebniss nicht in geradem Widerspruch mit der Angabe
Xenophons, wonach nur 700 Spartiaten an der Schlacht bei
Leuktra Theil genommen haben[4])?

Wir müssen uns hier erinnern, dass die spartiatische Bürgerschaft aus zwei Theilen bestand, den vollberechtigten Bürgern
(ὅμοιοι) und den Bürgern niederen Rechts (ὑπομείονες). Zu
den Homoeen gehörte jeder, der im Stande war, seinen regelmässigen Beitrag zu den Syssitien zu leisten, d. h. der reich
genug war, ohne eigene Arbeit von dem Ertrage seines Grundbesitzes zu leben. Wer diesen Beitrag nicht mehr zu leisten
vermochte, der hörte darum natürlich nicht auf, Spartiate zu
sein, so wenig wie in irgend einer anderen griechischen Oligarchie die nicht zu der bevorrechteten Klasse gehörenden
das Bürgerrecht verloren haben. Die familienrechtliche Stellung
dieser Bürger in Geschlecht, Obe und Phyle blieb vielmehr
davon ganz unberührt, und ebenso ihre privatrechtliche Stellung;
nur ihr volles actives Bürgerrecht ruhte, so lange als sie nicht
im Stande waren, den vom Gesetz vorgeschriebenen Census
nachzuweisen. Wozu auch die Bezeichnung ὅμοιοι, wenn jeder,
der nicht zu diesem Kreise gehörte, überhaupt nicht mehr als
Spartiate gegolten hätte?

Und auch die militärische Dienstpflicht war keineswegs auf
die Homoeen beschränkt. Wie hätte der Staat auch auf die

---

[1]) Xen. *Hell.* VI 4, 12.
[2]) Xen. *Hell.* IV 2, 16; jede Reitermora also zählte 100 Pferde.
[3]) Xen. *Hell.* VI 1, 1; 4, 17.
[4]) Xen. *Hell.* VI 4, 15.

Dienste eines Theiles seiner Bürger verzichten sollen, wenn er
bei seinen Aushebungen sogar auf die Heiloten zurückgriff?
Xenophon berichtet, der König habe drei Zeltgenossen aus der
Zahl der Homoeen[1]); es muss demnach auch Bürger im Heere
gegeben haben, die nicht zu den Homoeen gehörten. Ja selbst
Befehlshaberstellen, wenn auch untergeordnete, waren den ὑπομείονες zugänglich, wie das Beispiel des Verschwörers Kinadon
beweist[2]).

Da nun Sparta, von den Heiloten und etwa einigen Perioeken abgesehen, leichte Truppen in historischer Zeit nicht
gehabt hat, so müssen auch die Bürger niederen Rechts als
Hopliten gedient haben. Dass Kinadon Hoplit gewesen ist,
wird nach den Angaben Xenophons Niemand bezweifeln; und
dasselbe ergiebt sich aus Plutarch für die ὑπομείονες im Heere
des Agis[3]). Zum Ueberfluss berichtet es Xenophon auch ausdrücklich in einer Stelle der Kyropaedie[4]), an der wie so oft
die Lakedaemonier unter der persischen Verkleidung hervor-
sehen. Und zwar erfahren wir daraus zugleich, was freilich
an und für sich klar ist, dass die Bürger niederen Rechts in
denselben taktischen Abtheilungen dienten, wie die Homoeen.
Nur zum Rittercorps haben sie offenbar keinen Zutritt gehabt;
wie andererseits die Reiterei, soweit sie überhaupt aus spartiatischen Bürgern bestand, nur aus den ὑπομείονες recrutirt
wurde[5]).

Wenn nun aber auch die Bürger niederen Rechtes, ebenso
wie die Homoeen, vollen Anspruch darauf hatten, als Spartiaten
zu gelten, so kamen politisch doch fast ausschliesslich die Homoeen in Betracht; und so ist es gekommen, dass schon die
Alten, wenn von Spartiaten die Rede ist, zunächst nur an die

---

[1]) *Staat d. Laked.* 13, 1.

[2]) Xen. *Hell.* III 3, 5.

[3]) *Agis* 5. 14.

[4]) II 1, 18: ὁρᾶτε τὰ ὅπλα. ὁ μὲν χρῄζων λαμβανέτω ταῦτα καὶ
ἀναγραψάσθω εἰς τὴν ὁμοίαν τάξιν ἡμῖν.

[5]) Xen. *Hell.* VI 4, 11: ἔτρεφον μὲν γὰρ τοὺς ἵππους οἱ πλουσιώ-
τατοι· ἐπεὶ δὲ φρουρὰ φανθείη, τότε ἧκεν ὁ συντεταγμένος· λαβὼν δ' ἂν
τὸν ἵππον καὶ τὰ ὅπλα ὁποῖα δοθείη αὐτῷ ἐκ τοῦ παραχρῆμα συν-
εστρατεύετο.

Homoeen denken. Wenn Aristoteles sagt, Sparta sei durch
seinen Menschenmangel zu Grunde gegangen, da es nicht im
Stande gewesen sei, einen einzigen Schlag zu überstehen, denn
die Spartiaten seien „noch nicht 1000 an Zahl" gewesen[1]), so
ist unzweifelhaft, dass er nur von den Homoeen reden will.
Und in demselben Sinne braucht Xenophon mehrfach den Ausdruck Spartiaten. Es steht demnach nichts der Annahme entgegen, dass auch die Angabe, es hätten bei Leuktra 700 Spartiaten gekämpft, so aufzufassen ist.

An dieser Schlacht waren 4 Moren betheiligt mit zusammen
700 Homoeen, es müssen also nach diesem Verhältniss alle
6 Moren 1050 Homoeen umfasst haben. Und zwar waren für
diesen Feldzug die 35 ersten Altersklassen der dienstpflichtigen
Mannschaft aufgeboten, also die Bürger vom 20.—55. Jahre;
rechnen wir die Bürger über 55 Jahre hinzu, so erhalten wir
1300, oder mit Einschluss der dienstuntauglichen oder im
öffentlichen Dienste anderweitig verwendeten vielleicht 1500
Homoeen[2]). Annähernd ebenso zahlreich müssen die Bürger
niederen Rechts gewesen sein, da unter den Spartiaten bei
Leuktra (4 Lochen zu 8 Enomotien zu 36 Mann, dazu 200
Reiter) 700 Homoeen waren. Sparta zählte also im ganzen
im Jahre 371 gegen 3000 Bürger; das Verhältniss zwischen
Besitzenden und Nichtbesitzenden ist etwa dasselbe wie im
übrigen Griechenland.

Sehen wir jetzt, wieweit dieses Resultat im Einklange steht
mit dem, was sonst über die militärischen Leistungen Spartas
im V. und IV. Jahrhundert überliefert ist. Bei Korinth 394
zählten die Lakedaemonier 6000 Hopliten und 600 Reiter[3]).
Offenbar war das ihre gesammte Kriegsmacht, alle 6 Moren,
und die Neodamoden, die nicht mit Agesilaos in Asien standen;
denn die Mora. die wir später als Besatzung in Orchomenos
finden, ist doch wohl erst nach der Schlacht dahin abgegangen.
Die Stärke der Moren um diese Zeit betrug nach Xenophon

---

[1]) Arist. *Polit.* II 9 S. 1270 a.
[2]) So rechnet auch Gilbert, *Staatsalt.* I 40 A. 3.
[3]) Xen. *Hell.* IV 2, 16.

600 Mann[1]); das ergiebt für 6 Moren zusammen 3600, einschliesslich der 600 Skiriten 4200, sodass 1800 Mann für die Neodamoden übrig bleiben.

An der Schlacht bei Mantineia 418 nahmen nach Thukydides ausser den Skiriten 7 lakedaemonische Lochen Theil, jeder zu 4 Pentekostyen zu 4 Enomotien; jede Enomotie im Durchschnitt zu 32 Hopliten[2]). Dass hier die Lochen mit den Moren verwechselt sind, oder besser ausgedrückt, die Bezeichnung Moren mit Absicht vermieden ist, unterliegt keinem Zweifel. Entspricht doch die Stärke des Lochos bei Thukydides genau der Stärke der Mora bei Xenophon. Beide bestehen aus 16 Enomotien; und ohne Frage ist Xenophon gegenüber Thukydides im Rechte, wenn er eine solche Abtheilung als Mora, nicht als Lochos bezeichnet. Einmal deswegen, weil er durch seine Stellung als lakedaemonischer Offizier in diesen Dingen ganz anders competent war als Thukydides, dann aber auch aus Gründen, die in der Sache selbst liegen. Nach Thukydides hätte jede Pentekostys 4 Enomotien umfasst, d. h. 128 Mann; damit wird aber die Bezeichnung Pentekostys (Abtheilung von 50 Mann) zur Absurdität. Durch Emendation hier helfen zu wollen, ist verkehrt, denn die ganze Berechnung der Stärke des spartanischen Heeres bei Thukydides beruht auf diesem Ansatz. Ferner ist evident — obgleich es bekanntlich geleugnet worden ist —, dass auch die Perioeken an der Schlacht bei Mantineia Theil genommen haben; waren doch sogar die arkadischen Bundesgenossen zur Stelle, und selbst die Boeoter und Korinthier sind aufgeboten worden, wenn sie auch ihre Vereinigung mit den Lakedaemoniern nicht mehr rechtzeitig bewirken konnten. Und überhaupt beweist, wie schon oben hervorgehoben wurde, die Erwähnung der Polemarchen, dass das lakedaemonische Heer bei Mantineia in der That in Moren gegliedert war. Und zwar müssen alle 6 Moren bei der Schlacht betheiligt gewesen sein, da die Lakedaemonier mit ihrem ganzen Aufgebote (πανδημεί) ausgezogen waren[3]). Das sind 6 von

---

[1]) Xen. *Hell.* IV 5, 12.

[2]) Thuk. V 68.

[3]) Thuk. V 64.

den 7 Lochen bei Thukydides; die 7. bilden die Heiloten des Brasidas und die Neodamoden. Die Behauptung, jene 7 Lochen umfassten nur die Truppen im Centrum der lakedaemonischen Stellung, nicht aber der beiden Moren — Moren, nicht Lochen, weil sie von Polemarchen befehligt wurden — auf dem äussersten rechten Flügel, steht ganz in der Luft; Thukydides will die Gesammtstärke des lakedaemonischen Heeres angeben, nichts anderes.

Das lakedaemonische Heer bei Mantineia war demnach in folgender Weise zusammengesetzt:

```
6 Moren zu 16 Enomotien zu 32 Mann, einschliesslich
      27 Offizieren . . . . . . . . . . . . . . . .  3234 Mann
Skiriten . . . . . . . . . . . . . . . . . . . .   600  „
Reiter (Thuk. IV 55) . . . . . . . . . . . . .    400  „
                                                 ─────────
                                                  4234 Mann
```

Dazu noch die Neodamoden und die Besatzung des Lagers. In Sparta war der 6. Theil der waffenfähigen Mannschaft zurückgeblieben [1]). Die Zahl der waffenfähigen Spartiaten ergiebt sich demnach in folgender Weise:

```
Hippeis . . . . . . . . . . . . . . . . . . . .    300  Mann
5 Lochen zu 256 Mann, einschliesslich der Offiziere .  1350  „
die Hälfte der Reiter . . . . . . . . . . . . .    200  „
Reserve in Sparta . . . . . . . . . . . . . .    370  „
                                                 ─────────
                                                  2220 Mann
```

Einschliesslich der Besatzung des Lagers, der Männer über 60 Jahre und der dienstuntauglichen mögen auch hier annähernd 3000 Spartiaten herauskommen, soviel als ein halbes Jahrhundert später vor der Schlacht bei Leuktra.

Ein halbes Jahrhundert früher, bei Plataeae, haben nach Herodot 5000 spartiatische Hopliten gekämpft, während die Gesammtzahl der Spartiaten, und zwar der Homoeen, 8000 betragen hätte [2]). Demnach müsste sich die Bürgerzahl Spartas

---

[1]) Thuk. V 64.
[2]) Herod. IX 10. 28. VII 234.

zwischen 479 und 418 um 5000 Köpfe, über 60 °/o vermindert haben. Dass eine solche Abnahme ganz undenkbar ist, ist längst hervorgehoben worden[1]). Indess wir haben bereits gesehen, wie geringe Autorität Herodots Zahlenangaben beanspruchen können. Ist es doch sogar einem Thukydides unmöglich gewesen, etwas zuverlässiges über die Stärke des spartanischen Heeres zu erfahren[2]); wie hätte Herodot zu solchen Angaben gelangen sollen? Offenbar liegt also bei ihm nur eine willkürliche Schätzung vor, bei der jede der 5 Lochen zu 1000 Mann angesetzt ist. Immerhin mögen wirklich gegen 5000 lakedaemonische Hopliten bei Plataeae gekämpft haben, aber Spartiaten und Perioeken zusammen. Wenn jede Mora mit 700 Mann ausrückte, so ergeben sich einschliesslich der 600 Skiriten 4800 Schwerbewaffnete, worunter reichlich 2000 spartanische Bürger.

Die 4500 oder gar 9000 Spartiaten, die zur Zeit Lykurgs vorhanden gewesen sein sollen[3]), dürfen wir hier auf sich beruhen lassen; die Tradition darüber hat sich vielleicht erst im III. Jahrhundert gebildet[4]). Weit besser ist die Angabe des Isokrates, wonach die Dorer bei ihrer Ansiedlung in Sparta 2000 Mann stark gewesen wären[5]); offenbar ist sie ein Rückschluss aus den Zuständen der eigenen Zeit, wie die ähnliche Angabe über die 20000 Bürger Athens zur Zeit des Kekrops. In Wirklichkeit kann die Zahl der waffenfähigen Spartiaten, zur Zeit als die Heeresverfassung geschaffen wurde, kaum über 1000 betragen haben. Denn die Pentekostys muss doch, wie der Name sagt, ursprünglich eine Abtheilung von 50 Mann gewesen sein, der Lochos also 200 Mann, alle 5 Lochen 1000 gezählt haben. Das Rittercorps wird erst später errichtet sein.

---

[1]) Stein, *Jahrbücher für Philologie* 85 (1862) S. 853—64.

[2]) Thuk. V 68: τὸ μὲν Λακεδαιμονίων πλῆθος διὰ τῆς πολιτείας τὸ κρυπτὸν ἠγνοεῖτο.

[3]) Plut. *Lyk.* 8.

[4]) Grote, *Hist. of Greece* (1869) II ch. VI S. 393 ff.; Oncken, *Staatslehre des Aristot.* I S. 226.

[5]) *Panath.* 255: ὄντας οὐ πλείους τότε δισχιλίων. Bekanntlich zwischen 342 und 339 geschrieben.

Ueber die Bürgerzahl Spartas im III. Jahrhundert haben wir folgende Angaben. Als König Agis mit seinen socialen Reformprojecten hervortrat, zwischen 244 und 240, befand sich das Grundeigenthum im Gebiete von Sparta zum grössten Theile in den Händen von etwa 100 Besitzern, während im ganzen nur noch 700 „Spartiaten" vorhanden gewesen sein sollen [1]). Es ist ohne weiteres klar, dass, wenn die Angabe überhaupt irgend welchen Werth besitzt, hier unter Spartiaten nur die vollberechtigten Bürger, die Homoeen, verstanden sein können. Denn wollten wir annehmen — wie das in der Regel geschieht —, dass es damals überhaupt nur noch 700 Spartiaten gegeben hätte, und die 100 Grossgrundbesitzer allein die vollberechtigte Bürgerschaft gebildet hätten, so verwickeln wir uns in eine Reihe von Absurditäten. Die lykurgische Verfassung ist bis auf König Kleomenes in Kraft geblieben; bei nur 100 Vollbürgern aber wäre es unmöglich gewesen, auch nur für die Gerusie eine hinreichende Zahl von qualificirten, d. h. übersechzigjährigen Candidaten zu finden. Die Zahl der Bürger hätte kaum hingereicht, auch nur die wichtigsten obrigkeitlichen Stellen zu besetzen; von einem Reitercorps hätte keine Rede mehr sein können. Je mehr man sich die Consequenzen dieser Annahme ausmalt, desto klarer überzeugt man sich von ihrer vollständigen Unhaltbarkeit. Die Reformpläne des Agis und Kleomenes werden ganz unverständlich. Wenn Agis die Zahl der Bürger durch Aufnahme von Perioeken auf 4500 vermehren wollte [2]), und Kleomenes diesen Plan wirklich ausführte, so wäre das keine Verjüngung, sondern geradezu eine Vernichtung der spartanischen Bürgerschaft gewesen; die wenigen Altbürger hätten sich unter der Masse der Neubürger völlig verlieren müssen. War aber wirklich eine so radicale Maassregel beabsichtigt, dann musste man den begonnenen Schritt auch

---

[1]) Plut. *Agis* 5: ἀπελήφθησαν οὖν ἑπτακοσίων οὐ πλείους Σπαρτιᾶται, καὶ τούτων ἴσως ἑκατὸν ἦσαν οἱ γῆν κεκτημένοι καὶ κλῆρον· ὁ δ' ἄλλος ὄχλος ἄπορος καὶ ἄτιμος ἐν τῇ πόλει παρεκάθητο, τοὺς μὲν ἔξωθεν πολέμους ἀργῶς καὶ ἀπροθύμως ἀμυνόμενος, ἀεὶ δέ τινα καιρὸν ἐπιτηρῶν μεταβολῆς καὶ μεταστάσεως τῶν παρόντων.

[2]) Plut. *Agis* 8.

ganz thun und allen Perioeken das Bürgerrecht geben; die
halbe Maassregel hätte nur Spartiaten und Perioeken gleichmässig der neuen Ordnung der Dinge zu Feinden gemacht.

Von solchen Bestrebungen waren Agis und Kleomenes weit
entfernt. Vielmehr war der hauptsächlichste Zweck ihrer Reform der, die Gütergleichheit, wie sie einst unter Lykurg geherrscht haben sollte, unter der spartanischen Bürgerschaft
selbst wieder herzustellen; die Aufnahme von Perioeken in das
Bürgerrecht war nur eine Maassregel von secundärer Bedeutung.
Es muss also die Mehrzahl, oder doch wenigstens annähernd
die Hälfte der 4500 Bürger, die Sparta unter Kleomenes zählte,
aus Altbürgern bestanden haben. Wir haben denn auch eine
Angabe, wonach Kleomenes beim Beginn seiner Reform 1500
Bürger vorgefunden hat[1]), eine Zahl, die an sich nicht unbedingt zu verwerfen wäre; nur müsste sie besser bezeugt sein,
als dies der Fall ist.

Wir sehen, wie völlig verkehrt die landläufige Ansicht ist,
die Bürgerzahl Spartas habe sich seit dem Anfang des V. Jahrhunderts beständig und in starkem Verhältniss vermindert. Vielmehr ist von den Perserkriegen bis auf die Reformen des
Kleomenes, d. h. während etwa eines Vierteljahrtausends, die
spartanische Bürgerschaft so ziemlich stationär geblieben und
hat zwischen 2- und 3000 Köpfen geschwankt. Wer erwägt,
dass die Aufnahme Fremder so gut wie unerhört war, und dass
an die Spartiaten militärische Anforderungen gestellt wurden,
wie sie nie wieder an ein anderes Volk gestellt worden sind,
wird nicht umhin können die Lebenskraft zu bewundern, mit
der Sparta alle Verluste im Kriege ersetzt hat. Wenn wir
freilich nur die vollberechtigten Bürger, die Homoeen, in Betracht ziehen, ergiebt sich ein ganz anderes Bild. Von 1500
im Jahre 371 sinkt ihre Zahl auf 700 in der Mitte des
III. Jahrhunderts: von der Hälfte auf etwa das Viertel der
ganzen Bürgerschaft. Doch ist es in erster Linie der Verlust
Messeniens und des dort gelegenen Grundeigenthums, der diese
Abnahme verursacht hat.

---

[1]) Macrob. *Saturn.* I 11, 34.

Auch so bleibt es wahr, was Xenophon sagt, dass Sparta
zu den am schwächsten bevölkerten Staaten gehörte[1]); zählte
doch selbst ein Kleinstaat wie Phleius in der ersten Hälfte des
IV. Jahrhunderts mehr Bürger als die Hauptstadt von Hellas.
Aber wir müssen verstehen, um bewundern zu können; und
wenn Sparta in der That im Jahre 371 nicht 1500 Homoeen,
sondern 1500 Bürger überhaupt gezählt hätte, so bliebe die
politische Stellung, die Sparta während der vorhergehenden
2 Jahrhunderte eingenommen hat, ganz unbegreiflich. Auch
müsste man annehmen, dass sich die Bürgerzahl gerade zur
Zeit von Spartas höchster Macht (479—371) vermindert hätte,
während sie in der Zeit des Verfalles (371—230) sich vermehrt
haben müsste, oder mindestens stationär geblieben wäre. Endlich lässt sich unter dieser Voraussetzung eine irgendwie wahrscheinliche Erklärung der spartanischen Heeresorganisation nicht
aufstellen.

Die Reformen des Kleomenes machen Epoche auch in den
Bevölkerungsverhältnissen Spartas. Die Bürgerschaft wurde auf
4000 kriegstüchtige Hopliten gebracht[2]), im ganzen also offenbar auf 4500 Köpfe, wie einst Agis beabsichtigt hatte. 6000
Heiloten wurde die Freiheit gegeben[3]). Einschliesslich etwa
6000 Söldnern und wenigen — kaum über 1000 — Bundesgenossen hatte Kleomenes bei Sellasia 20000 Mann, also 13000
Combattanten aus Lakonien, von denen 4000 Spartiaten, der
Rest Perioeken und Neodamoden waren[4]). Dass sämmtliche
spartiatische Bürger bis auf 200 in der Schlacht gefallen wären,
wie Phylarchos angab, ist natürlich eine starke Uebertreibung.

Antigonos scheint den überlebenden Neubürgern das Bürgerrecht nicht entzogen zu haben. Gegen die Aetoler sollte Sparta
220 ein Contingent von 2500 Mann zu Fuss und 250 Reitern
ins Feld stellen, die Hälfte der Truppenzahl, die der ganze

---

[1]) *Vom Staat d. Lakedaem.* I 1: ἡ Σπάρτη τῶν ὀλιγανϑρωποτάτων
πόλεων οὖσα.
[2]) Plut. *Kleom.* 11, vgl. *Agis* 8.
[3]) Plut. *Kleom.* 23.
[4]) Polyb. II 65, 7—10; 69, 3; vgl. Droysen, *Hellen.* III[2] 2 S. 141 A.
[5]) Plut. *Kleom.* 28.

achaeische Bund aufbrachte, zu dem damals ausser Achaia auch Argolis und Arkadien gehörten[1]). In der Schlacht bei Mantineia (207) sollen über 4000 Lakedaemonier gefallen sein[2]). Nabis hatte beim Einfall der Römer und Achaer (195), ausser 3000 Söldnern und 2000 Kretern, 10 000 Mann lakonischer Truppen, unter denen sich freilich viele freigelassene Heiloten[3]) und Contingente der Perioekengemeinden befanden[4]).

Was nun die nichtbürgerlichen Elemente der Bevölkerung Lakoniens angeht, so stellten die Perioeken, wie wir gesehen haben, die reichliche Hälfte der spartanischen Hoplitenmacht. Schon daraus ergiebt sich, dass sie viel zahlreicher sein mussten, als die Spartiaten selbst; denn während diese sämmtlich als Hopliten dienten, konnten in den Perioekenstädten nur die wohlhabenden Bürger zu diesem Dienste herangezogen werden. Und überhaupt war es aus politischen, ebenso wie aus militärischen Gründen geboten, die Perioeken nicht zu stark im Heere überwiegen zu lassen[5]). Bestimmte Angaben über ihre Zahl haben wir erst aus der Mitte des III. Jahrhunderts. Damals sollen 15 000 Perioeken vorhanden gewesen sein[6]); und dem entspricht es, dass sie 6 – 7000 Mann zur Schlacht bei Sellasia gestellt haben[7]). Ihr Gebiet umfasste die grössere, freilich auch unfruchtbarere Hälfte Lakoniens: die Küste des argolischen Golfes von Prasiae südwärts und die beiden Halbinseln von Malea und Taenaron, mit 24 Städten, die in römischer Zeit den Bund der Eleutherolakonen bildeten[8]); ferner

---

[1]) Polyb. IV 15, 6.
[2]) Plut. *Philop.* 10.
[3]) Liv. 34, 27 nach Polybios.
[4]) Liv. 34, 36: *iurentutem praeterea civitatium earum ad supplementum longe optimi generis militum habebat.*
[5]) Man denke an die Zusammensetzung des römisch-italischen Bundesheeres.
[6]) Plut. *Agis* 8.
[7]) Polyb. II 65. 69 und Droysen, *Hell.* III[2] S. 141 A., der aber im Irrthum ist, wenn er meint, die 6000 freigekauften Heiloten wären Perioeken geworden. Natürlich wurden sie Neodamoden.
[8]) Paus. III 31, 7; Le Bas-Foucart, *Explication des inscr.* II S. 110.

das Quellgebiet des Eurotas, oder die Skiritis und Tripolis;
die Insel Kythera[1]); endlich vor 369 auch eine Anzahl von
Städten in Messenien, wie Thuria[2]), Asine[3]), Aulon[4]) und wohl
auch Methone, Kyparissiae und Pherae. Wohl mag Isokrates
Recht haben, wenn er angiebt, dass diese „Städte" an Bedeutung vielen der attischen Demen nachstanden[5]). Aber die
Skiritis vermochte doch im V. Jahrhundert 600 Bewaffnete zu
stellen[6]) und muss demnach gegen 1000 Bürger gezählt haben:
und auf das 300 qkm grosse Kythera wird vielleicht die doppelte Zahl zu rechnen sein. Wir werden also auch im V. und
IV. Jahrhundert gegen 15000 Perioeken annehmen müssen,
wobei die messenischen Städte eingerechnet sind, sodass sich
bis auf Agis' Zeiten noch immer eine, wenn auch unbedeutende
Vermehrung ergeben würde. Auf jede Perioekenstadt entfallen
demnach im Durchschnitt etwa 500 Bürger.

Es bleibt noch der ohne Frage zahlreichste Bestandtheil
der Bevölkerung des lakedaemonischen Gebietes, die Heiloten.
Aus Thukydides wissen wir, dass zur Zeit des peloponnesischen
Krieges Chios von allen griechischen Staaten die grösste
Sklavenzahl hatte; Sparta allein ausgenommen[7]). Da nun
Sparta Sklaven im eigentlichen Sinne des Wortes in irgend
nennenswerther Anzahl damals noch nicht besessen hat, so
muss Thukydides hier an die Heiloten gedacht haben. Diese
waren also zahlreicher, als die Sklaven in Athen oder Korinth,
und müssen demnach über 100000 Köpfe stark gewesen sein.
Auf eine etwas geringere Zahl würden Herodots Angaben führen,
wonach in der Schlacht bei Plataeae jeder Spartiate 7 Heiloten
bei sich gehabt haben soll[8]); da nun 5000 Spartiaten bei Pla-

---

[1]) Thuk. IV 53.
[2]) Thuk. I 101.
[3]) Xen. *Hell.* VII 1, 25; Paus. IV 34, 9.
[4]) Xen. *Hell.* III 3, 8.
[5]) *Panath.* 179: ὀνόμασι μὲν προσαγορειομένους ὡς πόλεις οἰκοῦν-
τας, τὴν δὲ δύναμιν ἔχοντας ἐλάττω τῶν δήμων τῶν παρ' ἡμῖν.
[6]) Thuk. V 68.
[7]) Thuk. VIII 40: οἱ γὰρ οἰκέται τοῖς Χίοις πολλοὶ ὄντες καὶ μιᾷ
γε πόλει πλὴν Λακεδαιμονίων πλεῖστοι γενόμενοι.
[8]) Herod. IX 28.

taeae gekämpft hätten, so müssten 35 000 Heiloten damals aufgeboten worden sein. Allerdings hat nun, wie wir oben gesehen haben, Herodot die Zahl der Spartiaten weit überschätzt, und demzufolge auch die danach berechnete Zahl der Heiloten; aber das von ihm angenommene Verhältniss zwischen Spartiaten und Heiloten wie 1 : 7 könnte trotzdem richtig sein. Da nun die spartiatische Bürgerschaft am Ende des V. Jahrhunderts etwa 2500 erwachsene Männer gezählt hat, so erhielten wir in runder Zahl 20000, oder einschliesslich der Weiber und Kinder 60 000 Heiloten. Indess haben wir nicht die geringste Gewähr dafür, dass die Heiloten wirklich im selben Verhältniss zum Kriegsdienst aufgeboten wurden, wie die Bürger; vielmehr spricht alles gegen eine solche Annahme. Die Angabe Herodots also giebt uns im besten Falle ein Minimum, unter das wir bei Schätzung der Heilotenzahl nicht herabgehen dürfen.

Weiter kommen wir mit einer Notiz bei Polybios, wonach die Lakonen und Arkader die beiden stärksten Völkerschaften des Peloponnes und unter einander an Zahl etwa gleich waren [1]). In der That ist auch der Flächeninhalt beider Landschaften ungefähr derselbe, und es sind beide Gebirgsländer, mit verhältnissmässig wenig zum Ackerbau geeignetem Boden. Da nun Arkadien um 400 v. Chr. etwa 150 000 Einwohner gezählt hat, so wird dieselbe Zahl auch für Lakonien anzusetzen sein, was 27 Bewohner auf den qkm ergiebt. Messenien war allerdings fruchtbarer; dafür fehlten aber hier unter spartanischer Herrschaft Städte von irgend welcher Bedeutung, und namentlich der Westen und Süden der Landschaft war sehr schlecht angebaut [2]). Also wird für Messenien höchstens dieselbe Volksdichtigkeit anzunehmen sein wie für Lakonien. Das ergiebt

---

[1]) Polyb. IV 32, 3; II 38, 3.

[2]) So war am Anfang des peloponnesischen Krieges Methone fast unbewohnt (Thuk. II 25), Pylos lag wüst: ἔρημον αὐτό τε καὶ ἐπὶ πολὺ τῆς χώρας (Thuk. IV 3); das gegenüberliegende Sphakteria war mit Wald bedeckt und ohne Bewohner: ὑλώδης τε καὶ ἀτριβὴς πᾶσα ὑπ᾿ ἐρημίας (Thuk. IV 8). Curtius, *Pelop.* II S. 127 nennt Messenien das unglücklichste, vernachlässigtste und menschenleerste Land auf der sonst so blühenden Halbinsel.

10*

für diese Landschaft etwa 80 000 Einwohner. Da nun die freie Bevölkerung des spartanischen Staates ums Jahr 400 etwa 18 000 erwachsene Männer, oder 55 000 Köpfe gezählt hat, so bleiben für die Heiloten gegen 175 000, eine Zahl, die sich durch den Verlust Messeniens auf 90 — 100 000 vermindern musste.

Mit der Befreiung von der spartanischen Herrschaft durch Epameinondas (369) beginnt für Messenien eine neue Blüthezeit. Die Nachkommen der einst nach dem Fall von Ithome vertriebenen Messenier kehrten zurück, und mit ihnen kamen eine Menge Kolonisten aus verschiedenen Theilen Griechenlands. Die neu erbaute Hauptstadt trat mit einer Ausdehnung von 95 Hektaren in die Reihe der ersten Städte des Peloponnes; an der Küste wurden Pylos und Korone gegründet. Sparta allerdings ist Messene an Macht niemals gleichgekommen[1]). Immerhin hören wir, dass bei der Aufstellung eines peloponnesischen Bundesheeres von 11 000 Mann gegen die Aetoler im Jahre 220 die Contingente von Sparta und Messene auf die gleiche Stärke normirt wurden, d. h. auf je 2500 Mann zu Fuss und 250 Reiter[2]). Bei dem Einfalle Philipps in Lakonien stellen die Messenier ein Hülfscorps von 2000 Mann und 200 Reitern[3]). Eine Berechnung der Volkszahl ist freilich auf Grund dieser Angaben nicht möglich.

Weiterhin besitzen wir aus Messenien einige Epheben-inschriften. Die ältesten stammen aus Thuria; sie gehören wahrscheinlich an das Ende des III., spätestens in das II. Jahrhundert. Die eine enthält 19 Namen von Epheben; die andere, unvollständige, ein Verzeichniss von τριτίρενες, nach Phylen geordnet[4]). Aus der Daïphontis sind 7 Namen aufgeführt, aus

---

[1]) Vgl. z. B. Polyb. IV 32, 9. 10: εἴη μὲν οὖν οἷον εἰ συμφῦναι τὴν νῦν ὑπάρχουσαν κατάστασιν Πελοποννησίοις ... ἐὰν δέ ποτε κίνησιν καὶ μετάστασιν σχῇ ταῦτα, μίαν ὁρῶ Μεσσηνίοις καὶ Μεγαλοπολίταις ἐλπίδα τοῦ δύνασθαι νέμεσθαι τὴν αὑτῶν χώραν ἐπὶ πλείω χρόνον, ἐὰν συμφρονήσαντες κατὰ τὴν Ἐπαμεινώνδου γνώμην παντὸς καιροῦ καὶ πράγματος ἕλωνται κοινωνεῖν ἀλλήλοις ἀληθινῶς.

[2]) Polyb. IV 15, 6.

[3]) Polyb. V 20, 1.

[4]) Le Bas-Foucart 301. 302.

der Aristomachis 5, doch können mehr dagestanden haben; eine dritte Phyle ist wahrscheinlich weggebrochen. So kommen wir also auch hier auf etwa 20 Namen. Unter τριτίρενες sind jedenfalls die Irenen des 3. Jahres zu verstehen, d. h. da die Institutionen von Thuria offenbar den spartanischen nachgebildet sind, die 22 jährigen Jünglinge [1]). Das würde einer Zahl von etwa 700 erwachsenen Bürgern entsprechen; da indess ohne Zweifel auch hier nur die Wohlhabenderen an der Ephebie Theil nehmen konnten, so muss sich die Bürgerzahl von Thuria in dieser Zeit auf über 1000 belaufen haben. Eine Ephebeninschrift von Korone aus dem Jahre 131 n. Chr.[2]) enthält 80 Namen, obgleich sie am Ende verstümmelt ist, was der Ephebenzahl Athens in dieser Zeit nahe kommt. Korone müsste demnach mindestens 5000 Bürger gezählt und zu den bedeutendsten Städten Griechenlands gehört haben, was schwer zu glauben ist. Wahrscheinlich also ist die Inschrift, die keinen Stadtnamen hat, aus dem nahen Messene hierher verschleppt worden[3]).

7. Gesammtbevölkerung.

Für den Ausgang des V. Jahrhunderts ergiebt sich nach dem gesagten die folgende Uebersicht der Bevölkerungsverhältnisse der Halbinsel:

	Bürgerzahl	freie Bevölkerung
Argolis	53 000	160 000
Arkadien	50 000	150 000
Achaia	25 000	75 000
Eleia	30 000	90 000
Lakonien und Messenien .	18 000	55 000
	176 000	530 000

[1]) Vgl. Foucart zu unserer Inschrift und Gilbert, *Staatsalterth.* I 68.

[2]) Ἀθηναῖον IV (1875) S. 103. Der Anfang auch bei Le Bas-Foucart 305.

[3]) Diese Annahme würde sich auch aus dem Grunde empfehlen, weil unsere Inschrift nach der achaeischen Provinzialaera datirt ist, und der darin genannte Gymnasiarch προστάτης διὰ βίου τοῦ κοινοῦ τῶν Ἀχαιῶν heisst; während Korone in der ersten Kaiserzeit zu Sparta gehört hat (*CIG.* 1243. 1255. 1258 und Foucart zu unserer Inschrift).

Es mag sein, dass einige dieser Ansätze zu niedrig gegriffen sind und dass eine Volkszahl von 600000 der Wahrheit näher kommen würde. Keinesfalls aber dürfen wir weit über 600000 hinaus, noch unter 500000 herabgehen. Auch Clinton, der einzige, der bisher eine methodische Berechnung der Bevölkerung des Peloponnes unternommen hat, ist, wenn auch zum Theil auf anderem Wege, zu annähernd demselben Resultate gelangt. Er erhält folgende Zahlen[1]):

	Bürgerzahl	freie Bevölkerung
Lakonien und Messenien .	24044	98985
Arkadien	26198	107856
Achaia	10004	41186
Argolis	45343	186680
Eleia	22575	92937
	123164	527644

Dazu kommt weiter die unfreie Bevölkerung, die indess, von den Heiloten Spartas abgesehen, für diese Periode noch nicht sehr ins Gewicht fällt. Thukydides nennt den Peloponnes ein Land freier Arbeit[2]), im Gegensatz zu dem sklavenhaltenden Athen. Grössere Sklavenmassen können demnach, mit Ausnahme der Handels- und Fabrikstädte in der Nähe des Isthmos, im V. Jahrhundert auf der Halbinsel noch nicht vorhanden gewesen sein. Denn die Heiloten sind keine Sklaven im eigentlichen Sinne des Wortes. Korinth, das von allen peloponnesischen Staaten bei weitem die grösste Sklavenzahl hatte, zählte doch, wie wir oben gesehen haben, im V. Jahrhundert kaum über 60000[3]); für ganz Argolis werden demnach nicht mehr als 100- bis höchstens 150000 zu rechnen sein. Die wenigen Sklaven, die in den reichen Häusern von Arkadien, Elis, Achaia zur persönlichen Bedienung schon in dieser Zeit gehalten werden mochten, konnten numerisch kaum in Betracht kommen. Die Zahl der lakedaemonischen Heiloten ist oben zu etwa 175000

---

[1]) *Fasti Hellenici* II[2] S. 431.
[2]) Thuk. I 141: αὐτουργοί τε γάρ εἰσι Πελοποννήσιοι.
[3]) Oben S. 85 f.

berechnet worden, sodass sich für die unfreie Bevölkerung des
Peloponnes rund 300 000 bis vielleicht 350 000 Köpfe ergeben
würden. Die Gesammtbevölkerung der Halbinsel ums Jahr
400 hat also 8—900 000 Seelen betragen. Das entspricht
einer relativen Bevölkerung von 36—40 auf 1 qkm.

Sehen wir jetzt, wieweit die Angaben über die militärischen
Leistungen des Peloponnes mit diesem Resultate im Einklang
stehen. Dass Herodot die Gesammtstärke der peloponnesischen
Contingente in der Schlacht bei Plataeae auf 24 300 Hopliten
und 54 300 Leichtbewaffnete veranschlagt [1]), hat wenig zu bedeuten, da einerseits Herodot, wie wir oben gesehen haben,
die Zahl der meisten Contingente stark überschätzt, andererseits
der grössere Theil der peloponnesischen Staaten bei Plataeae
gefehlt hat. Das peloponnesische Bundesheer, das Nikomedes
den Doriern zu Hülfe über den Isthmos führte, und das bei
Tanagra über die Athener gesiegt hat, zählte 11 500 Hopliten,
davon 1500 Lakedaemonier und 10 000 Bundesgenossen [2]). Das
lakedaemonische Contingent hat hier offenbar aus 2 Moren bestanden, also ¹/₈ der gesammten kriegstüchtigen Mannschaft;
dasselbe Verhältniss würde demnach auch für die Bundesgenossen anzunehmen sein. Etwas stärker war das Heer, mit
dem Agis 407 seinen Angriff gegen Athen unternahm; er hatte
14 000 Hopliten, ebensoviel leichte Truppen und 1200 Reiter [3]).
Dabei befand sich aber auch ein boeotisches Contingent, sodass
die peloponnesischen Truppen nur etwa dieselbe Stärke gehabt
haben werden, wie bei Tanagra. In der Schlacht am Nemeabach, 394, zählte das peloponnesische Heer ohne die arkadischen
und achaeischen Contingente 13 500 Hopliten [4]); Korinth war
damals Sparta feindlich, dafür aber waren die Lakedaemonier

---

[1]) Herod. IX 28 f.
[2]) Thuk. I 107.
[3]) Diod. XIII 72.
[4]) Xen. *Hell.* IV 2, 16. Wenn Diod. XIV 83 die Stärke der Lakedaemonier und ihrer Bundesgenossen auf 23 000 Mann zu Fuss und 500
Reiter angiebt, so kann er, oder vielmehr seine Quelle, die bei Xenophon
fehlenden Contingente berücksichtigt haben; vielleicht sind einige Posten
in unserem Text der Hellenika ausgefallen.

selbst mit ganzer Macht zur Stelle. Agesilaos führte 378 gegen
Theben über 18 000 Mann, wobei 5 Moren Lakedaemonier gewesen
sein sollen [1]); indess ist es nach der Art, wie Diodor bei dieser
Gelegenheit von dem skiritischen Lochos spricht, wahrscheinlich,
dass die eine dieser angeblichen 5 Moren eben von den Skiriten
gebildet wurde, sodass also Sparta für diesen Feldzug nur $^2/_3$
seiner Macht aufgeboten hätte. Auch bei Leuktra 371 standen
4 lakedaemonische Moren [2]); die Gesammtstärke des Heeres
wird zu 10 000 Hopliten und 1000 Reitern angegeben [3]). Es
war also auch dieses ein Zweidrittelaufgebot; die geringe Zahl
der Bundesgenossen hier und schon 378 ist ein Symptom der
nahenden Auflösung der peloponnesischen Symmachie.

Nach dem gesagten werden wir ohne weiteres beurtheilen
können, was von der Angabe zu halten ist, Archidamos habe
im Jahre 431 60 000 Hopliten nach Attika geführt [4]). Thukydides bezeugt uns, dass zu diesem Zuge $^2/_3$ der verfügbaren
Streitkräfte des Peloponnes aufgeboten wurden [5]); also z. B.
Sparta stellte von seinen 6 Moren 4: d. h. die gesammte, für
Feldzüge ausser Landes verfügbare Streitmacht der peloponnesischen Symmachie und Boeotiens müsste 90 000 Hopliten
betragen haben. Es bedarf keiner Bemerkung, dass eine solche
Annahme einfach absurd ist [6]); niemals, weder vorher noch nachher, hat der Peloponnes mehr als etwa 30 000 Hopliten ins
Feld gestellt. Ich habe oben wahrscheinlich gemacht, dass
10 000 Hopliten etwa $^1/_3$ der felddiensttauglichen Hopliten der
peloponnesischen Bundesgenossen Spartas bildeten; zu dem Heere

---

[1]) Diod. XV 32.

[2]) Xen. *Hell.* VI 4, 17.

[3]) Plut. *Pelop.* 20. Frontin. IV 2, 6 giebt 24 000 Hopliten und 1600
Reiter, Polyaen II 3, 8 u. 12 sogar 40 000 Mann; die Uebertreibung ist
handgreiflich.

[4]) Plut. *Perikles* 33.

[5]) Thuk. II 10: τὰ δύο μέρη ἀπὸ πόλεως ἑκάστης.

[6]) Cobet hat das richtig erkannt (*Mnemos. nov. ser.* I 139), nur ist
seine Emendation ἑξακισχιλίους für ἑξακισμυρίοις bei Plutarch natürlich ganz
unhaltbar, wie Müller-Strübing, *Thuk. Forsch.* S. 249—54 ihm mit leichter
Mühe nachgewiesen hat. Vgl. jetzt auch Duncker, *Gesch. d. Alterth.* IX
S. 425.

Archidamos' müssten sie demnach 20 000 Hopliten gestellt haben.
Dazu 4 lakedaemonische Moren mit zusammen, einschliesslich
der Skiriten, 3—4000 Mann, ferner 5000 boeotische Hopliten
und vielleicht 1000 Megarer, ergiebt zusammen ein Hopliten-
heer von gegen 30 000 Mann. Dazu mochte Korinth 2000,
die argolische Akte ebensoviel. Megara, Sikyon, Phleius und
Pellene etwa je 1000, Elis 3000, Arkadien 10 000, Boeotien
5000, Sparta 3—4000 stellen.

Die Heere dieser Zeit bestanden in der Regel zu ziemlich
gleichen Theilen aus Hopliten und Leichtbewaffneten; und das
des Archidamos wird keine Ausnahme gemacht haben. So
mochten denn in der That gegen 60 000 Bewaffnete unter
seinem Befehle stehen, woraus dann Plutarch, der von den
Militärverhältnissen der perikleischen Zeit keinen klaren Begriff
mehr hatte, 60 000 Hopliten gemacht hat. Wenn Androtion
das Heer des Archidamos auf 100 000 Mann angiebt[1]), so sind
hier entweder die Nichtcombattanten eingerechnet, oder, was
wahrscheinlicher, es liegt nur eine vage Schätzung vor.

Die gesammte Wehrkraft des Peloponnes, ohne Argos und
Achaia, hat sich demnach im Jahre 431 auf 34—35 000 Hopliten
belaufen. Auf Argos und Achaia werden etwa je 6—7000 Hopliten
zu rechnen sein; im ganzen also für die Halbinsel 45—50 000
Hopliten. Die leichten Truppen mochten den Hopliten an Zahl
mindestens gleich kommen; die zu Feldzügen ausser Landes
verfügbare Truppenmacht belief sich demnach auf etwa 100 000
Mann. Da selbst Sparta bei solchen Feldzügen in der Regel
nicht auf die Mannschaften von über 55 Jahren zurückgriff, so
ist es nicht wahrscheinlich, dass die übrigen Staaten der Halbinsel die Grenze von 50 Jahren für ein solches Aufgebot überschritten haben sollten. Nun bilden die Männer zwischen 20
und 50 Jahren im heutigen Europa etwa 40—41 % der gesammten männlichen Bevölkerung, also rund $^2/_5$; und folglich
$^1/_5$ der Gesammtbevölkerung überhaupt. Die freie Bevölkerung
des Peloponnes am Ende des V. Jahrhunderts hat also auch
nach dieser Berechnung etwa $^1/_2$ Million Seelen betragen, und

---

[1]) Fr. 45 bei Schol. Soph. *Oed. Kol.* 697.

wahrscheinlich noch etwas darüber, da offenbar viele Männer von militärpflichtigem Alter wegen körperlicher Gebrechen oder aus anderen Ursachen ihrer Dienstpflicht nicht genügen konnten.

Das Heer, mit dem Epameinondas im Winter 370/69 in Lakonien einfiel, geben Diodor und Plutarch übereinstimmend auf 70 000 Mann an, wahrscheinlich nach Ephoros[1]). Davon wären 40 000 Mann Hopliten gewesen[2]). Das waren die Aufgebote von Boeotien, Euboea, Phokis, Lokris, Akarnanien, Malis, Argos, Arkadien, Elis. Es ist wahrscheinlich, dass diese Staaten bei Anspannung ihrer gesammten Wehrkraft im Stande waren, eine solche Truppenzahl aufzubringen; womit natürlich noch nicht gesagt ist, dass Epameinondas wirklich ein so grosses Heer unter seinem Befehle hatte. Brauchbarer sind die Angaben Diodors über die Stärke der kämpfenden Heere in der Schlacht bei Mantineia, der grössten Schlacht, die bis dahin zwischen Griechen geschlagen worden war[3]). Die Boeoter und ihre Bundesgenossen sollen danach über 30 000 Mann und 3000 Reiter, ihre Gegner über 20 000 Mann und 2000 Reiter gezählt haben, zusammen also hätten über 50 000 Mann und 5000 Reiter gekämpft[4]). Die Athener zählten 6000 Mann[5]); die Lakedaemonier waren mit ihrer ganzen Macht zur Stelle, also — mit Rücksicht auf die Verluste bei Leuktra — wohl mit nicht mehr als 5000 Mann: so dass die Eleier, Achaeer, Phleiasier, Mantineer und die mit diesen verbündeten Arkader[6]) zusammen etwa 11 000 Mann gezählt haben müssen. Auf der andern Seite hatten die Boeoter ihre ganze Macht aufgeboten[7]), also etwa 6000 Hopliten und 1000 Reiter; die Contingente aus Euboea, Lokris und Thessalien können höchstens dieselbe Stärke gehabt haben, sodass für die peloponnesischen Bundestruppen — Argeier, Süd-

---

[1]) Diod. XV 62; Plut. *Pelop.* 24, *Agesilaos* 31.

[2]) Plut. *Agesilaos* 31.

[3]) Diod. XV 86: οὐδέποτε γὰρ Ἑλλήνων πρὸς Ἕλληνας ἀγωνιζομένων οὔτε πλῆθος ἀνδρῶν τοσοῦτο παρετάξατο κτλ.

[4]) Diod. XV 84.

[5]) Diod. a. a. O.

[6]) CIA. II 57 b.

[7]) Xen. *Hell.* VII 5, 4.

Arkader, Messenier, Sikyonier noch gegen 20000 Mann bleiben
würden, was nicht übertrieben scheint. Es hätten demnach
bei Mantineia etwa 36000 Peloponnesier gekämpft. das Gesammtaufgebot aller Staaten bis auf Korinth und die argolische
Akte. Diese Berechnung macht selbstverständlich nur auf
approximativen Werth Anspruch, kann sich aber, die Richtigkeit der Angaben Diodors vorausgesetzt, nur um einige Tausende
von der Wahrheit entfernen. Rechnen wir Korinth und die
Akte hinzu, so erhalten wir reichlich 40000 Mann als Gesammtwehrkraft des Peloponnes um die Mitte des IV. Jahrhunderts.
Das ist annähernd dieselbe Zahl, die sich uns oben für die
Zeit des peloponnesischen Krieges ergeben hatte.

Im Jahre 331 betrug das Aufgebot der an dem Aufstande
gegen Antipatros theilnehmenden Staaten 20000 Mann und
2000 Pferde[1]); die 8—10000 Mann starken Söldner[2]) sind
hier nicht mitgerechnet. Das waren die Contingente von Sparta,
Elis, Achaia mit Ausnahme von Pellene, und Nord-Arkadien,
während Messene, Süd-Arkadien, Argos und Pellene an dem
makedonischen Bündniss festhielten; es war also nur etwa die
Hälfte des Peloponnes, die dieses Heer gestellt hatte. Hundert
Jahre später, in der Schlacht bei Pallantion 227, soll das Heer
des achaeischen Bundes 20000 Mann zu Fuss und 1000 Reiter
gezählt haben[3]); der Bund umfasste damals ausser Achaia selbst
ganz Argolis, und Arkadien bis auf Tegea, Mantineia, Orchomenos,
Psophis, Phigaleia, Alipheira: also ebenfalls etwa die Hälfte des
Peloponnes. Bei Sellasia allerdings fochten die Achaeer mit
nicht mehr als 4000 Mann zu Fuss und 300 Reitern[4]); der
Bund war aber damals durch den langen und unglücklichen
Krieg gegen Kleomenes aufs tiefste erschöpft, und Antigonos

---

[1]) Diod. XVII 62: Πελοποννησίων δ' οἱ πλείους καὶ τῶν ἄλλων
τινὲς συμφρονήσαντες ἀπεγράψαντο πρὸς τὸν πόλεμον, καὶ κατὰ δύναμιν
τῶν πόλεων καταγράφοντες τῶν νέων τοὺς ἀρίστους κατέλεξαν στρατιώτας πεζοὺς μὲν οὐκ ἐλάττους τῶν δισμυρίων, ἱππεῖς δὲ περὶ δισχιλίους.

[2]) Diod. XVII 48; Deinarch. g. Dem. 34.

[3]) Plut. Kleom. 4, nach Phylarchos.

[4]) Polyb. II 65, 3: Ἀχαιῶν δ' ἐπιλέκτους πεζοὺς μὲν τρισχιλίους,
ἱππεῖς δὲ τριακοσίους, καὶ Μεγαλοπολίτας χιλίους εἰς τὸν Μακεδονικὸν
τρόπον καθωπλισμένους.

hatte Grund, seine neuen Bundesgenossen zu schonen. Im folgenden Jahre, 220, wurde gegen die Aetoler ein Corps ausgewählter Bürgertruppen von 5000 Mann und 500 Pferden aufgestellt [1]. Gegen Nabis, 195, stellten die Achaeer 10000 Mann und 1000 Reiter, wovon freilich ein Theil Söldner waren [2]: Argos war damals vom Bunde abgefallen.

Die Stärke des Gesammtaufgebotes des achaeischen Bundes im Jahre 168, also zu einer Zeit, wo der Bund den ganzen Peloponnes umfasste, belief sich nach Polybios auf 30—40000 Mann [3]: d. h. noch annähernd auf dieselbe Zahl, die der Peloponnes 2 Jahrhunderte früher, zur Zeit der Schlacht bei Mantineia, hatte ins Feld stellen können. Wir dürfen nicht vergessen, dass die Dienstpflicht auch im achaeischen Bunde nach dem Vermögen geleistet wurde, und dass leichte Truppen in den Kriegen dieser Zeit nur noch in sehr beschränkter Zahl zur Verwendung kamen. Es waren also im wesentlichen nur die wohlhabenden Klassen der Bevölkerung des Peloponnes, aus denen die achaeischen Bundesheere gebildet waren.

Natürlich ist der achaeische Bund sowenig wie irgend ein anderer Staat des Alterthums oder der Neuzeit im Stande gewesen, die ganze, in den Listen verzeichnete Heeresstärke wirklich ins Feld zu stellen. In der Schlacht bei Leukopetra gegen Mummius, 146, zählte das Bundesheer 600 Reiter und 14000 Mann zu Fuss, die mit aller Anstrengung unter Einreihung freigelassener Sklaven zusammengebracht waren [4]. Allerdings hatten die Achaeer bereits bei Skarpheia starke Verluste erlitten, Elis und Messenien hatten ihre Contingente zurückgehalten [5], und Sparta war abgefallen, sodass das Aufgebot bei Leukopetra nur etwa von der Hälfte der peloponnesischen Gemeinden gestellt war. Der ganze Peloponnes würde

---

[1] Polyb. IV 15, 3.

[2] Liv. 34, 25 nach Polybios.

[3] Polyb. XXIX 9, 8: καλῶς γὰρ ποιοῦντας αὐτοὺς καὶ τρεῖς ἄγειν καὶ τέτταρας μυριάδας ἀνδρῶν μαχίμων.

[4] Pausan. VII 15, 7.

[5] Polyb. XL 3, 3: Ἠλεῖοι μὲν γὰρ καὶ Μεσσήνιοι κατὰ χώραν ἔμειναν, προσδοκῶντες τὸν ἀπὸ τοῦ στόλου κίνδυνον.

also gegen 30000 Mann haben aufstellen können, was, wie man sieht, der von Polybios für das Jahr 168 angenommenen Heeresstärke ziemlich nahe kommt.

Die Zahl der wehrfähigen Mannschaft, die der Peloponnes aufzustellen vermochte, ist demnach seit der Mitte des IV. Jahrhunderts etwas zurückgegangen, und dieses Deficit erscheint noch grösser, wenn wir erwägen, dass in der Zwischenzeit die lakedaemonischen Heiloten wenn nicht sämmtlich, so doch zum weit überwiegenden Theile emancipirt worden sind. Ob aber dieser Abnahme der wehrfähigen Mannschaft eine Abnahme der freien Bevölkerung überhaupt entsprochen hat, muss dahingestellt bleiben, da wir nicht wissen, an welche Voraussetzungen die Wehrpflicht im achaeischen Bunde geknüpft war. Bei dem Schwinden des militärischen Geistes in dieser Periode ist es aber wahrscheinlich, dass der Staat jetzt geringere Anfordederungen an seine Bürger gestellt hat, als im V. und IV. Jahrhundert. Die freie Bevölkerung scheint also am Anfang des II. Jahrhunderts noch annähernd ebenso zahlreich gewesen zu sein, wie die freie und Heilotenbevölkerung am Ende des V.; d. h. sie mag sich auch jetzt auf gegen 700000 belaufen haben.

Dagegen hat sich die Sklavenbevölkerung in der Zwischenzeit ohne Zweifel bedeutend vermehrt. Im Laufe des IV. Jahrhunderts ist die Sklaverei auch in diejenigen Theile Griechenlands vorgedrungen, die bis dahin in der Hauptsache davon frei geblieben waren. So waren die Sklaven in Megalopolis bereits 318 so zahlreich, dass sie für die Vertheidigung der Stadt gegen Polysperchon wesentlich mit in Betracht kamen [1]). Im Jahre 194 gab es im Gebiet des achaeischen Bundes, der damals Sparta, Messenien und Elis noch nicht umfasste, nicht weniger als 1200 italische Sklaven, die während des Hannibalischen Krieges dahin verkauft worden waren [2]). Diaeos befahl bei Ausbruch des Krieges gegen Rom die Freilassung der im Lande geborenen Sklaven kriegstüchtigen Alters bis zu einer

---

[1]) Diod. XVIII 70. Vgl. Philoch. *Leben d. Apollonios* VIII 7 S. 161, Kayser über die Sklaven in Arkadien.

[2]) Polyb. bei Liv. 34, 50.

Gesammtzahl von 12000, welches Contingent auf die einzelnen
Bundesstaaten repartirt wurde. Wir hören, dass in einigen
Städten die Sklaven dieser Kategorie nicht ausreichten, die
geforderte Zahl voll zu machen[1]); Diaeos scheint demnach bei
der Bemessung des Contingents bis an die Grenze des möglichen gegangen zu sein. Der Bund wird also in dieser Zeit
etwa 60000 im Lande geborene Sklaven jeden Alters und
Geschlechts gezählt haben[2]). Nun stehen in den von Wescher
und Foucart publicirten delphischen Freilassungsurkunden, die
dieser selben Zeit angehören, die im Hause geborenen Sklaven
(οἰκογενεῖς) zu den Kaufsklaven wie 84 : 129 oder wie 2 : 3.
Nach diesem Verhältniss würde die gesammte Sklavenzahl des
Peloponnes um die Mitte des II. Jahrhunderts gegen 150000
Köpfe betragen haben; da indess die im Lande geborenen
grössere Chancen der Freilassung haben mussten, als die durch
Kauf erworbenen, so mag die Zahl immerhin auf 250000 anzusetzen sein. Höher hinaufgehen dürfen wir nicht; denn Sicilien, damals ohne Frage das an Sklaven reichste Land der
Welt, kann in dieser Zeit kaum über 400000 Sklaven gezählt
haben (s. unten Cap. VII).

Die Gesammtbevölkerung des Peloponnes hat sich demnach
ums Jahr 200 auf etwa 950000 Menschen belaufen, oder reichlich 42 auf 1 qkm. Wenn der epeirotische Bund, der nie eine
hervorragende politische Rolle gespielt und kaum irgend eine
bedeutende Stadt besessen hat, im Jahre 170 auf etwa 8000
qkm eine Bevölkerung von gegen 300000 Einwohnern zählte,
also nahe an 40 auf 1 qkm (s. unten Cap. V, 3), so wird die
hier ermittelte Volksdichtigkeit für den Peloponnes gewiss nicht
zu hoch scheinen.

---

[1]) Polyb. XL 2, 3: ἔγραψε ταῖς πόλεσι πάσαις τῶν οἰκογενῶν καὶ
παρατρόφων τοὺς ἀκμάζοντας ταῖς ἡλικίαις εἰς μυρίους καὶ δισχιλίοις
ἐλευθεροῦν καὶ καθοπλίσαντας πέμπειν εἰς Κόρινθον. ἐμέρισε δὲ ταῖς
πόλεσι τὴν ἐπιβολὴν τῶν σωμάτων εἰκῇ καὶ ἀνίσως, καθάπερ καὶ περὶ
τῶν ἄλλων ἔπραττεν. οἷς δ' ἂν ἐλλείπῃ τὰ τῶν παρατρόφων πλῆθος,
ἀναπληροῖν ἔδει τὴν ἑκάστοις καθήκουσαν μοῖραν ἐκ τῶν ἄλλων οἰκετῶν.

[2]) Bei dieser Kategorie wird es gestattet sein, die allgemeinen Gesetze der Bevölkerungsstatistik anzuwenden, was bei den Kaufsklaven unzulässig ist.

Eine fühlbare Abnahme der Bevölkerung ist im Peloponnes wie im übrigen Griechenland erst seit dem Anfang des II. Jahrhunderts eingetreten, trotz des tiefen Friedens, den die römische Hegemonie gebracht hatte, und obgleich Griechenland in dieser Zeit von Epidemien verschont blieb[1]). Diese Entvölkerung, deren Ursachen an anderer Stelle zu erörtern sind, hat dann in den folgenden Jahrhunderten ihren Fortgang genommen, und wenn auch der Peloponnes in der Kaiserzeit keineswegs so menschenleer gewesen ist, wie manche sich vorstellen[2]), so kann doch kein Zweifel sein, dass die Bevölkerung in dieser Zeit die frühere Höhe bei weitem nicht mehr erreicht hat[3]). Aber es fehlen alle Daten zur numerischen Bestimmung dieser Abnahme.

8. Kreta.

Es mögen hier die wenigen Notizen angefügt werden, die wir über die Bevölkerung des alten Kreta besitzen. Der Flächeninhalt beträgt nach Strelbitzky:

	qkm
Kreta	8591,3
Gaudos	29,7
Ophiussa (*Gaudopulo*)	4,3
Chrysea (*Gaidaronisi*)	6,6
	8631.9

Das ist mehr als das Areal von Lakonien und Messenien zusammen.

Die grosse Bevölkerung hebt schon Homer hervor[4]):

Κρήτη τις γαῖ' ἐστί, μέσῳ ἐνὶ οἴνοπι πόντῳ,
καλὴ καὶ πίειρα, περίρρυτος· ἐν δ' ἄνθρωποι
πολλοί, ἀπειρέσιοι, καὶ ἐννήκοντα πόληες.

In der Ilias ist sogar von 100 kretischen Städten die Rede[5]).

---

[1]) Polyb. 37, 4.
[2]) Vgl. z. B. die oben S. 149 angeführte messenische Ephebeninschrift aus 131 n. Chr.
[3]) Näheres unten Cap. XII.
[4]) *Odyss.* τ 172.
[5]) *Ilias B* 649.

Bei der politischen Zersplitterung der Insel in eine Menge
selbständiger Staaten, und dem geringen Antheil, den Kreta in
Folge dessen an den hellenischen Angelegenheiten genommen
hat, dürfen wir Angaben über die Bevölkerung in der klassischen Zeit nicht zu finden erwarten. Doch ist kaum ein Zweifel,
dass die gebirgige und waldreiche, aber in ihren Thälern fruchtbare Insel[1]) auch in dieser Zeit stark bevölkert gewesen ist.
Wenigstens finden wir kretische Söldner seit dem V. Jahrhundert
in beträchtlicher Zahl in fast allen griechischen Heeren[2]). Eine
bedeutendere Stadt freilich fehlte; selbst Knosos, das in der
Odyssee als solche bezeichnet wird und auch später unter den
kretischen Städten den ersten Rang einnimmt, hatte nicht mehr
als 30 Stadien Umfang[3]). Gegen Metellus soll Kreta im Jahre
68 ein Heer von 24000 Mann aufgestellt haben[4]), was kaum
übertrieben scheint, da es die Kreter vermochten, in offener
Feldschlacht sich dem römischen Consul entgegenzustellen und
nach dem Verluste dieser Schlacht noch einen mehrjährigen
Widerstand zu leisten. Vor Ausbruch des Krieges hatten die
Römer die Stellung von 300 Geiseln und Zahlung von 4000
Talenten verlangt[5]). Kreta wird also kaum schwächer bevölkert
gewesen sein, als das stammverwandte Lakonien, dessen sociale
Einrichtungen den kretischen in so vieler Beziehung analog
waren. Das würde auf eine Bevölkerung von rund 200000
Einwohnern führen.

---

[1]) Strab. X S. 475: ἔστι δ᾽ ὀρεινὴ καὶ δασεῖα ἡ νῆσος, ἔχει δ᾽ αὐλῶ-
νας εὐκάρπους.

[2]) Vgl. Strab. X S. 477: συχνοῦ δ᾽ ὄντος ἐν αὐτῇ τοῦ μισθοφορικοῦ
καὶ στρατιωτικοῦ πλήθους, ἐξ οὗ καὶ τὰ λῃστήρια πληροῦσθαι συνέβαινε.

[3]) Odyssee τ 178: τῇ δ᾽ ἄρ᾽ ἐνὶ Κνωσός, μεγάλη πόλις. Strab. X
S. 476. Die nächstbedeutenden Städte waren Gortyn und Kydonia: Strab. X
S. 476. 478.

[4]) Vell. II 34: quattuor et viginti milibus iuvenum coactis velocitate
pernicibus, armorum laborumque paratissimis.

[5]) Appian Sik. 6.

Fünftes Capitel.

Mittel- und Nord-Griechenland.

1. Mittel-Griechenland.

Die Landschaften zwischen dem Isthmos und den Thermopylen: Megaris, Attika, Boeotien, Phokis, Lokris, entsprechen im grossen und ganzen den heutigen Nomarchien Attika und Boeotien, und Phthiotis und Phokis. Das festländische Areal dieser beiden Nomarchien beträgt nach Strelbitzky 12141,5 qkm. Davon kommen auf Attika, wie wir oben gesehen haben, 2527 qkm; auf Süd-Thessalien entfallen 2630 (davon 200 auf Dolopien), während etwa 545 zum alten Aetolien gehören. So bleiben für die mittelgriechischen Landschaften 6439,5 qkm. Dagegen gehört von der heutigen Nomarchie Aetolien und Akarnanien ein kleines Stück von ungefähr 80 qkm, die Umgegend von Naupaktos, zum alten Lokris; weitere 5,5 qkm kommen für die kleinen, an der lokrischen Küste gelegenen Inseln (Atalanta etc.) hinzu; im ganzen also ergiebt sich für das Gebiet, das uns hier beschäftigt, ein Areal von 6525 qkm. Dasselbe vertheilt sich in folgender Weise:

	qkm
Megaris	470
Boeotien.	2580
Phokis	1615
Doris	185
östliches Lokris	805
westliches Lokris.	870
	6525

Alle diese Zahlen beruhen auf planimetrischer Messung, ausgeführt mit Zugrundelegung der Strelbitzkyschen Werthe auf Bl. 25 a von Kieperts *Neuem Handatlas* und Bl. V seines *Neuen Atlas von Hellas*. Sie beziehen sich sonach zunächst auf das V. Jahrhundert. In den Jahren 411 bis ca. 386 und 366—338, als Oropos zu Boeotien gehörte, ist der Flächeninhalt dieser Landschaft um reichlich 100 qkm höher anzusetzen, also auf 2700; am Ende des III. Jahrhunderts, nach Einverleibung von Megara und Larymna, und Wiedergewinn von Oropos, hat der boeotische Bund sogar ca. 3300 qkm umfasst. Davon kommen auf die Seen (nach Strelbitzky):

	qkm
Kopaïs (*Tripolia*)	213,7
Hylike (*Likeri*)	12,9
Trephia? (*Paralimni*)	9,1
	235,7

Wie wir sehen, hat Boeotien im V. und IV. Jahrhundert ungefähr denselben Flächenraum gehabt wie Attika. Dem entsprechend schätzt Xenophon die bürgerliche, oder vielleicht besser die freie Bevölkerung beider Länder annähernd gleich[1]). Das würde für Boeotien eine Bürgerzahl von etwa 25—30000 ergeben. Eine Bestätigung findet dieser Ansatz in den Angaben des Thukydides über die Stärke des boeotischen Heeres bei Delion 424, wo die gesammte Streitmacht aller Städte des Bundes aufgeboten war[2]). Es kämpften in dieser Schlacht auf boeotischer Seite[3]):

Hopliten gegen (μάλιστα)	7000
Leichthewaffnete über	10000
Peltasten	500
Reiter	1000
zusammen	18500

---

[1]) Xen. *Denkw.* III 5, 2: οὐκοῦν οἶσθα, ἔφη, ὅτι πλήθει μὲν οὐδὲν μείους εἰσὶν Ἀθηναῖοι Βοιωτῶν; Οἶδα γάρ, ἔφη. Die fingirte Zeit des Gespräches ist vor der Wahl des jüngeren Perikles zum Strategen, also vor 406.

[2]) Thuk. IV 91: ἀπὸ πασῶν τῶν πόλεων.

[3]) Thuk. IV 93.

Nun wissen wir aus den boeotischen Inschriften des III. Jahrhunderts, dass die Verpflichtung zum activen Kriegsdienst in Boeotien ebenso wie in Attika mit dem vollendeten 20. Jahre begann; wir werden dasselbe auch für das V. Jahrhundert annehmen dürfen. Ferner konnten bei einem allgemeinen Aufgebot die festen Plätze unmöglich ohne Besatzung gelassen werden; es liegt in der Natur der Sache, dass diese Besatzungen aus den Epheben unter 20 Jahren und den ältesten Jahrgängen der übrigen waffenfähigen Bürger gebildet wurden. Selbst in Sparta hat man bei Feldzügen nicht leicht auf die Mannschaften von über 55 Jahren zurückgegriffen; in Athen ist, soviel wir sehen, die Grenze von 50 Jahren nie überschritten worden. Wir werden also berechtigt sein, in den 18500 Combattanten bei Delion die waffenfähige Mannschaft des Landes von 20—50 Jahren zu erkennen. Dabei werden allerdings die Metoeken einbegriffen sein; indess war deren Zahl in einem vorwiegend ackerbautreibenden Lande wie Boeotien gewiss nicht beträchtlich, und sie können um so mehr ausser Ansatz bleiben, als ja auch ein Theil der bürgerlichen Bevölkerung, sei es aus Untauglichkeit zum Militärdienst, sei es aus andern Gründen, verhindert sein musste, beim Aufgebot zu erscheinen.

Rechnen wir die Männer von 20—50 Jahren zu 21 % der Gesammtbevölkerung, oder zu 63 % der männlichen Bevölkerung über 18 Jahren, so ergäbe sich für Boeotien eine Bürgerzahl von 29000 und eine bürgerliche Gesammtbevölkerung von 88000, Zahlen, die nur unbedeutend von der Wahrheit abweichen können. Mit Einrechnung der Metoeken werden wir sagen dürfen, dass Boeotien im Jahre 424 eine freie Bevölkerung von rund 100000 besessen hat. — Nach Ephoros sollen die Boeoter keinem hellenischen Volke an Zahl nachgestanden haben[1], und Isokrates rechnet Theben, d. h. Boeotien, neben Sparta, Athen, Argos unter die vier mächtigsten hellenischen Staaten[2].

---

[1] Diod. XV 26: τὸ γὰρ ἔθνος τοῦτο καὶ πλήθει τῶν ἀνδρῶν καὶ ἀνδρείᾳ κατὰ πόλεμον οὐδενὸς τῶν Ἑλληνικῶν ἐδόκει λείπεσθαι.

[2] Isokr. *Paneg.* 64.

11*

Was wir sonst über die militärischen Leistungen Boeotiens
im peloponnesischen Kriege und der nächstfolgenden Zeit hören,
stimmt aufs beste zu diesem Ergebnisse. In dem Sommer desselben Jahres, in dessen Herbst bei Delion gekämpft wurde,
wollten die Boeoter mit ganzer Macht Megara zu Hülfe ziehen;
auf die Nachricht, dass Brasidas dort bereits angelangt sei,
kehrt der grössere Theil des Heeres zurück, und nur 2200
Hopliten und 600 Reiter setzen den Marsch auf Megara fort[1]).
Sechs Jahre später schicken die Boeoter 5000 Hopliten, 500
Reiter und 5500 Mann leichter Truppen in den Peloponnes;
es wird aber ausdrücklich bemerkt, dass es sich hier um keinen Auszug mit ganzer Macht handelt[2]). In der Schlacht bei
Korinth, 394, kämpften 5000 boeotische Hopliten und 800
Reiter[3]); dabei fehlte das Contingent von Orchomenos, während
andererseits Oropos damals zum boeotischen Bunde gehörte.
An der Belagerung der Kadmeia im Winter 379/8 sollen sich
7000 boeotische Hopliten und 1500 Reiter betheiligt haben[4]).
Bei Leuktra 371 wird das boeotische Heer auf 6000 Mann angegeben[5]); offenbar sind hier nur die Hopliten gerechnet. Bei
dem Einfalle des Epameinondas in Lakonien im Winter 370/69
belief sich sein Heer angeblich auf 70000 Mann, wovon „weniger als der 12. Theil" Thebaeer, d. h. Boeoter waren[6]), also
5000 Mann. Auf einem zweiten Zuge in den Peloponnes
führte Epameinondas 7000 Mann zu Fuss und 600 Reiter[7]);
das zur Befreiung des Pelopidas 367 nach Thessalien gesandte
Heer betrug 8000 Mann und 600 Reiter[8]); in beiden Fällen
werden die Contingente von Phokis, Lokris und Euboea ein-

---

[1]) Thuk. IV 72.
[2]) Thuk. V 57.
[3]) Xen. *Hell.* IV 2, 17.
[4]) Nach Diod. XV 26 zählte das athenisch-boeotische Heer 12000
Mann zu Fuss und über 2000 Reiter, davon waren Athener 5000 Hopliten
und 500 Reiter.
[5]) Diod. XV 52.
[6]) Plut. *Pelop.* 24.
[7]) Diod. XV 68.
[8]) Diod. XV 71.

gerechnet sein. Wie viel Boeoter unter den 30000 Mann und 3000 Reitern gewesen sind, die Epameinondas bei Mantineia befehligte[1]), wird nicht angegeben.

Sehr bedeutende Streitkräfte hat Boeotien im heiligen Kriege aufgestellt. Gegen Philomelos kämpften die Boeoter mit 13000 Mann[2]); darnach geht Pammenes mit 5000 Mann nach Asien, ohne dass doch deswegen der Krieg mit geringerem Nachdrucke weitergeführt wird[3]). Da die Boeoter keine Söldner hielten[4]) und ausser etwa den opuntischen Lokrern auch keine Bundestruppen verwendet werden konnten, so sind diese Streitkräfte in der Hauptsache aus Boeotien selbst ausgehoben worden; doch sind die Angaben statistisch wenig brauchbar, da wir über die Zusammensetzung dieser Truppen nicht unterrichtet sind. In dem Kriege gegen die Gallier, 280, soll Boeotien, nach Pausanias, 500 Reiter und 10000 Hopliten gestellt haben[5]). Bei Sellasia endlich betrug das boeotische Contingent 2000 Mann zu Fuss und 200 Reiter, während der ganze achaeische Bund nicht mehr als etwa 4000 Mann stellte[6]).

Ueber die Bevölkerung einzelner boeotischer Städte ist folgendes überliefert. In der Schlacht gegen Mardonios, 479, sollen 600 plataeische Hopliten gekämpft haben[7]), was einer Bürgerzahl von mindestens 1500 entsprechen würde, und bei der Kleinheit der Stadt[8]) und des Gebietes (85 qkm) etwas übertrieben sein mag. Bei Beginn der Belagerung 429 wurde die Stadt von 400 Plataeern und 80 Athenern vertheidigt; die Weiber, Kinder, Greise und die zur Vertheidigung nicht erforderliche Mannschaft hatte man vorher nach Athen geschafft[9]),

---

[1]) Diod. XV 84.
[2]) Diod. XVI 30.
[3]) Diod. XVI 34.
[4]) Isokr. *Philipp.* 55, vgl. Dem. *v. d. Symm.* 34.
[5]) Pausan. X 20, 3.
[6]) Polyb. II 65, 3.
[7]) Herod. IX 29.
[8]) Thuk. II 77.
[9]) Thuk. II 78: Πλαταιῆς δὲ παῖδας μὲν καὶ γυναῖκας καὶ τοὺς

so dass ein Schluss auf die Höhe der Bürgerzahl hier nicht
möglich ist. Jedenfalls waren die 300 Thebaecr, die im Frühjahr 431 sich der Stadt durch Ueberfall bemächtigen wollten,
den Plataeern an Zahl keineswegs gewachsen[1]), obgleich ein
Theil der Bürger in dem Gebiete zerstreut war. Darnach kann
die Zahl der Plataeer kaum auf unter 1000 erwachsene Männer
geschätzt werden.

Von den Bürgern von Thespiae sollen zur Zeit der Schlacht
bei Plataeae noch gegen 1800 übrig gewesen sein[2]), nachdem
700 bei den Thermopylen gefallen waren[8]). Das ergäbe für
Thespiae vor den Perserkriegen eine Bürgerzahl von 2500, was
an sich keineswegs unwahrscheinlich ist, wenn es auch besser
bezeugt sein müsste, um für sicher gelten zu können.

Bei der Einnahme von Theben durch Alexander fielen
mehr als 6000 Bürger mit den Waffen in der Hand, während
die Zahl der Gefangenen jeden Alters, Geschlechtes und Standes über 30000 betrug[4]). Der boeotische Bund war damals
in Folge der Schlacht bei Chaeroneia aufgelöst, und die Truppen der boeotischen Landstädte, wie Thespiae, Orchomenos,
Plataeae, kämpften im Heere des Königs. Die Vertheidiger
Thebens also bestanden im wesentlichen aus den Bürgern der
Stadt selbst. Da nun der grösste Theil der Reiter und auch
sonst viele sich retteten, eine grosse Anzahl Einwohner in den
festen Plätzen des Gebietes zerstreut sein mussten, endlich die
ganz kleinen Kinder in der Zahl der Gefangenen offenbar nicht
mitbegriffen sind, so wird die damalige Bevölkerung des the-
baeischen Gebietes auf nicht unter 50000 veranschlagt werden
können.

Bei der Eroberung von Haliartos durch die Römer im
Jahre 171 wurden 2500 Gefangene gemacht, nachdem ein

πρεσβυτέρους καὶ τὸ πλῆθος ἄχρηστον τῶν ἀνθρώπων πρότερον ἐκπε-
κομισμένοι ἦσαν ἐς τὰς Ἀθήνας.

[1]) Thuk. II 3: κατενόησαν οὐ πολλοὺς τοὺς Θηβαίους ὄντας, καὶ
ἐνόμισαν ἐπιθέμενοι ῥᾳδίως κρατήσειν.

[2]) Herod. IX 30.

[8]) Herod. VII 202.

[4]) Diod. XVII 14.

grosser Theil der Einwohner schon während der Belagerung und bei dem Sturme gefallen war[1]). Demnach mag Haliartos am Anfang des II. Jahrhunderts 4—5000 Einwohner gezählt haben.

Sichereren Aufschluss über die Bevölkerung boeotischer Städte in dieser Zeit geben uns die sog. Militärkataloge. Wir besitzen nämlich von einer Reihe boeotischer Bundesstädte inschriftliche Verzeichnisse der in einem bestimmten Jahre aus der Klasse der Epheben in den activen Kriegsdienst übergetretenen jungen Leute. Soweit diese Verzeichnisse chronologisch bestimmbar sind, gehören sie in die zweite Hälfte des III., oder an den Anfang des II. Jahrhunderts vor unserer Zeitrechnung. An der Spitze tragen unsere Listen den Namen des Archon der betreffenden Gemeinde und der drei Polemarchen; daneben erscheint öfters der Bundesarchon. Erhalten sind folgende Verzeichnisse:

1. Chaeroneia.

[τὺ ἐς ἐφεί̣β]ων ἐν τὰ τάγματα·

M [2]) 379 Name des Archon weggebrochen, 8 Namen, unvollständig.

2. Lebadeia.

Ϝιχαιιϝέτιες ἀπεγράψανϑο (ἀπεγράψαντο)·

				Namen	
M 417 —	L [3]) 67	Archon der Stadt Enetos		ca. 30	unvollständig.
418	68	Bundesarchon Charopinos		26	
426	66a I.	—	—	10	Fragment.
427	66a II.	—	—	7	„

3. Orchomenos.

τοὺ (τὺ) πρῶτον ἐστρατεύαϑη·

		Bundesarchon	Namen	
M 476 —	L 13	Philokomos	75	
488	21	Kteisias	17	unvollständig.
484	22	Protomachos	8	„
485	17	Onasimos	62	
486	18	Damophilos	59	

---

[1]) Liv. 42, 63 nach Polybios.

[2]) Meister, *Die boeotischen Inschriften*, in Collnitz' *Sammlung der griechischen Dialektinschriften*, Heft III.

[3]) Larfeld, *Sylloge inscriptionum Boeoticarum*, Berlin 1883.

4. Hyettos.

τυὶ ἀπεγράψαν&ο (ἀπεγράψαντο) ἐμ πελτοφόρας·

		Bundesarchon	Namen	
M 528	— L 155	Agatharchidas	13	
529	156	Apollodoros	10	
530	157	Ariston	7	
531	158	Eumaridas	14	
532	159	Potidaichos	10	
533	160	Kaphisias	13	
534	161	Kaphisotimos	7	
535	162	Kteisias	9	
536	163	Nikias	5	verstümmelt.
537	164	Thiotimos	16	
538	165	Philoxenos	7	
539	166	—	2	verstümmelt.
540	167	—	8	"
541	168	—	11	
542	144	Philon I.	6	
543	145	Hipparchos	10	
544	146	Philon II.	9	
545	147	Ar....	9	
546	148	Damatrios I.	6	Fragment.
547	149	Damatrios II.	5	
548	150	Euklidas	9	
549	151	Xenartiudas	18	
550	152	Aristomachos	20	
551	153	Dioniusios	11	

5. Kopae.

τοῖ ἀπεγράψαντο ἐν ὑπλίτας·

		Archon	Namen
M 553	— L 169	Melantichos	27

τοῖ ἀπεγράψαντο ἐμ πελτοφόρας·

		Archon	Namen	
M 554	— L 170	Agatharchos	17	
555	172	Kaphisodoros	10	
556	173	Mnasikles	14	
557	174	Kaphisias	10	
558	175	Nikaristos	5	unvollständig.

6. Akraephia.

τυὶ ἀπεγράψαν9ο ἰπς ἰη[εἰβ]ων ἰν [9υρ]κοφόρως·

Archon	Namen
Mittheil. IX (1884) S. 10 Dorkylos	34

τυὶ ἀπεγράψανθο [ἰς ἰ]ῳε[ἰ]βων ἰμ πελτοφόρας·

Archon	Namen
M 574 — L 184, 6—11 Ptoion	2 verstümmelt.

7. Chorsiae.

οἰδε ἰσσιγράψεν ἰν πελτοφόρας·

M 735 — L 189	Archon Meliton	1 Name
736	190	Bundesarchon Sostiotos	2 Namen, verstümmelt.

8. Thespiae.

τοὶ [ἰς νε]ωτέρων ἰν τὼς ὁπλίτας [χῆ] ἰν τὼς ἰππότας·

M 798 — L 237   Bundesarchon .....ikos . . 10 Namen, verstümmelt.

ἀπελ[ηλο]ύ[9]οντες (ἀπεληλυθότες) ἰς τ[ὦ]ν ἰφῆ[β]ων ἰν τάγμα·

Archon	Namen
M 813 — L 251	Kallikratidas	ca. 36
814	252	Timeas	29

9. Aegosthenae.

τοίδε ἰξ ἰφήβων.

Bundesarchon	Namen
Le Bas 3	Kaphisias	11
6	.....llos	5
8	Charilaos	8
9	Mnason	12
10	Aristokles	9
11	Theotimos	7

ἰξ ἰφήβων ἰμ πελτοφόρας ἀπεγράψαντο
oder einfach *ἰν πελτοφόρας ἀπεγράψανθο·*

Bundesarchon	Namen
4	Onasimos	1
5	Hippias	1
7a	Leonidas	1 verstümmelt.

10. Megara.

τοίδε ἀπῆλθον ἐξ ἐφήβων εἰς τὰ τάγματα·

		Bundesarchon	Namen
Le Bas	34 a	Potidaichos	16
	34 b	Aristokles	25

ἔφηβοι οἴδε ἐνεκρίθησαν·

34 c   Gymnasiarch Herakleitos, 28 Namen.
34 e   „   Matroxenos, 8   „ , unvollständig.

Von den übrigen boeotischen Bundesstädten: Theben, Anthedon, Haliartos, Koroneia, Larymna, Mykalessos, Onchestos,
Oropos, Pagae, Plataeae, Siphae, Tanagra, Thisbe sind bis
jetzt keine Militärkataloge zum Vorschein gekommen, wenigstens
keine deutlich als solche bezeichneten Urkunden, wenn es auch
wahrscheinlich ist, dass manches Bruchstück mit Namensverzeichnissen dieser Kategorie angehört.

Wie man sieht, zerfallen unsere Verzeichnisse in zwei
Klassen. Die einen führen alle Jünglinge ohne Unterschied
auf, die in das kriegspflichtige Alter getreten sind, was, wie
uns die Listen aus Lebadeia lehren, mit dem vollendeten
20. Jahre erfolgte. Die andere Klasse sondert die jungen Soldaten nach den Waffengattungen: auf der einen Seite die
Schwerbewaffneten (Hopliten, Thyreophoren) und Reiter, auf
der anderen die Peltophoren. Zu der ersten Klasse gehören
die Verzeichnisse von Chaeroneia, Lebadeia, Orchomenos, Megara; zu der zweiten die von Hyettos, Kopae, Chorsiae,
Akraephia; Thespiae und Aegosthenae haben Verzeichnisse aus
beiden Klassen. Eine dritte Klasse bilden die Ephebenverzeichnisse, die nur in Megara vorkommen.

Was das Zahlenverhältniss der einzelnen Waffengattungen
zu einander angeht, so pflegten in den griechischen Heeren
dieser Zeit die Hopliten über die Peltasten bedeutend zu
überwiegen. Antigonos z. B. hatte bei Sellasia 10000 makedonische Phalangiten neben 3000 Peltasten[1]). So ergeben unsere Inschriften für Kopae 27 Hopliten gegenüber im Durch

---

[1]) Polyb. II 65, 2.

schnitt 13 Peltasten; in Aegosthenae, wo im Durchschnitt jedes
Jahr gegen 9 Jünglinge in das militärpflichtige Alter traten,
ward in den 2 Jahren, über die wir Nachricht haben, nur je
einer unter die Peltasten eingeschrieben. Dagegen scheinen
einige Kleinstädte, wie Hyettos, nur Peltasten zu dem Bundesheere gestellt zu haben, da in 24 Militärkatalogen ausschliesslich Peltasten erwähnt werden. — Dass die Zahl der in das
kriegspflichtige Alter getretenen Jünglinge in den einzelnen
Jahren sehr starke Schwankungen aufweist, hat bei der Kleinheit der Städte, um die es sich handelt, nichts auffälliges.
Wenn möglich, müssen wir aus einer grösseren Reihe von
Jahren die Mittelzahl nehmen.

Rechnen wir nun, wie im modernen Europa, die das
20. Jahr erreichenden Jünglinge zu 1,8 % der männlichen Bevölkerung oder zu 3,6 % der männlichen Bevölkerung zwischen
20 und 60 Jahren, und betrachten wir das 60. Jahr in Boeotien
wie in Attika, Sparta und Rom als die äusserste Grenze der
militärischen Dienstpflicht, so erhalten wir folgende Zahlen für
die gesammte kriegspflichtige Mannschaft der oben aufgeführten
10 Städte, für die uns Militärkataloge erhalten sind:

	20jährige	20—60jährige
Chaeroneia (im ganzen)	über 8	über 220
Lebadeia (im ganzen)	ca. 30	830
Orchomenos (im ganzen)	65	1800
Hyettos (Peltasten)	10,5	300
Kopae (Hopliten).	27	750
(Peltasten)	13	360
Chorsiae (Peltasten)	über 2	über 55
Akraephia (Hopliten)	34	945
Thespiae (im ganzen)	32,5	900
	222	6160
Aegosthenae (im ganzen)	9	250
Megara (im ganzen)	20,5	570

Da wir über die Stärke des Aufgebots von 12 boeotischen
Städten, darunter die Hauptstadt Theben, nicht unterrichtet
sind, auch von den oben aufgeführten Städten für Chaeroneia,
Akraephia und Chorsiae, vielleicht auch für Hyettos, unvoll-

ständige Angaben vorliegen, so können die obigen Zahlen höchstens ²/₅, vielleicht nur ¹/₃ des boeotischen Gesammt-aufgebots umfassen. Dieses muss sich also auf wenigstens 15 400, vielleicht 18 500 Mann belaufen haben. Diese Zahlen würden einer Gesammtbevölkerung von 61—74 000 entsprechen; mit andern Worten: selbst wenn unsre Militärkataloge sämmt-liche ins 20. Jahr getretenen Bürger umfassen sollten, könnte sich die bürgerliche Bevölkerung Boeotiens ohne Megaris am Ende des III. Jahrhunderts auf nicht viel weniger belaufen haben, als am Ende des V.

Indess ist diese Voraussetzung keineswegs wahrscheinlich. Seitdem man irreguläre leichte Truppen militärisch nicht mehr verwendete, waren die ganz armen Schichten der Bürgerschaft in Griechenland wie in Italien in der Regel vom Kriegsdienst befreit, und mussten es sein, wenn nicht der Staat die Kosten der Ausrüstung übernehmen wollte. Dass es in Boeotien nicht anders war, zeigt schon das Ueberwiegen der Hopliten über die Peltasten in unseren Militärkatalogen, während die wohl-habenden Volksschichten, aus denen allein die Hopliten sich recrutiren konnten, gewiss nur die Minderheit oder höchstens die Hälfte der Gesammtzahl ausmachten. Im Jahre der Schlacht bei Delion hatten die zum Dienst als Hopliten, Reiter oder Peltasten qualificirten Bürger 46 % der ganzen waffenfähigen Mannschaft gebildet. Es ist wahrscheinlich, dass man im Laufe des IV. und III. Jahrhunderts mit den Ansprüchen an die Vermögensqualification der Dienstpflichtigen etwas herunter-gegangen ist; schon das Sinken des Geldwerths musste von selbst dazu führen. Immerhin aber werden wir annehmen müssen, dass wenigstens ¹/₄ der Bürger wegen Armuth vom Dienste befreit war, was auf eine bürgerliche Bevölkerung von 80—100 000 Bürgern führen würde, wozu dann, um die freie Gesammtbevölkerung zu erhalten, weiterhin die Metoeken zu rechnen wären.

Megaris hat, wenn wir Pagae ungefähr Aegosthenae gleich rechnen, nach unseren Katalogen eine kriegspflichtige Mannschaft von gegen 1100 gezählt; die Gesammtbürgerzahl am Ende des III. Jahrhunderts würde demnach auf rund 1500 zu veranschlagen sein. Gegen die Gallier 280 soll Megara ein Contingent von 400 Mann gestellt haben[1]), was mit einer Bürgerzahl von 1500 in gutem Einklang steht. In älterer Zeit hat Megara ohne Zweifel grössere Bedeutung gehabt. Man denke an die Colonisationsthätigkeit der Stadt im VIII. und VII. Jahrhundert, an die Kriege mit Athen wegen Salamis, an die beträchtliche Marine, die Megara noch am Anfang des peloponnesischen Krieges besass[2]). Herodot schätzt das megarische Contingent bei Plataeae auf 3000 Hopliten[3]), was freilich stark übertrieben ist: konnte doch das viel mächtigere Korinth nur etwa diese Zahl aufstellen[4]). Herodot selbst setzt das Verhältniss des korinthischen zu dem megarischen Aufgebot wie 5 : 3 und wird darin wohl Glauben verdienen; da nun Korinth, wie wir gesehen haben, im V. Jahrhundert etwa 10000 Bürger gezählt hat, so ergeben sich für Megara 6000, entsprechend einer bürgerlichen oder sagen wir lieber freien Bevölkerung von gegen 20000, über 40 auf 1 qkm, wozu dann weiter eine grosse Sklavenzahl kam[5]). Eine so dichte Bevölkerung hätte das unfruchtbare Ländchen nicht ernähren können ohne lebhaften Handel und bedeutende Industrie, die Megara noch im IV. Jahrhundert zu einer der reichsten Städte in Hellas machten[6]). Den ersten Stoss erhielt diese Blüthe durch die Einnahme und Plünderung der Stadt durch die Truppen des Demetrios Poliorketes 307, bei der sämmtliche Sklaven verloren gingen[7]), womit die Grundlage der megarischen Industrie zerstört wurde. Und Megara hat sich um so weniger von diesem Schlage zu erholen vermocht, als im Laufe des

---

[1]) Paus. X 20, 4.
[2]) Thuk. I 27. 46, II 93.
[3]) Herod. IX 28.
[4]) S. oben S. 119 f.
[5]) Xen. *Denkw.* II 7, 6: Μεγαρέων δ' οἱ πλεῖστοι ἀπὸ ἐξωμιδοποι-ίας διατρέφονται ... οὗτοι μὲν γὰρ ὠνούμενοι βαρβάρους ἀνθρώπους ἔχουσιν.
[6]) Isokr. v. *Fr.* 117: Μεγαρεῖς δὲ μικρῶν αὐτοῖς καὶ φαύλων τῶν ἐξ ἀρχῆς ὑπαρξάντων, καὶ γῆν μὲν οὐκ ἔχοντες .... πέτρας δὲ γεωρ-γοῦντες, μεγίστους οἴκους τῶν Ἑλλήνων κέκτηνται.
[7]) Plut. *Demetr.* 9.

III. Jahrhunderts überhaupt die Industrie des griechischen Mutterlandes durch die Concurrenz Asiens und Aegyptens zu Grunde gerichtet wurde. So sank die Stadt unaufhaltsam; in Ciceros Zeit lag sie fast ebenso wüst, wie das von Mummius zerstörte Korinth, oder der von Sulla zerstörte Peiraeeus[1]).

Dass Megara in seiner Blüthezeit eine bedeutende Sklavenmenge besessen hat, wurde schon erwähnt; sie mag ebenso wie in Athen der freien Bevölkerung an Zahl etwa gleich gekommen sein. In Boeotien dagegen scheint die Sklaverei in grösserem Maassstabe erst spät Eingang gefunden zu haben. Allerdings werden Sklaven in Plataeae schon im Jahre 431 erwähnt, aber ihre Zahl war doch noch so gering, dass nicht einmal die 110 Weiber, die während der Belagerung zur Bereitung der Speisen für die Besatzung zurückblieben, aus den Sklavinnen genommen werden konnten[2]). Boeotien scheint demnach im V. Jahrhundert, ebenso wie der Peloponnes und das benachbarte Phokis und Lokris, im wesentlichen noch ein Land freier Arbeit gewesen zu sein. Und wenn Alexander in Theben nur 30 000 Gefangene gemacht hat, so kann noch 335 selbst in der Hauptstadt Boeotiens die Zahl der Sklaven die der Freien keineswegs erreicht haben; wir müssten denn die Bürgerzahl Thebens in ganz unzulässiger Weise herabsetzen wollen. Für die erste Hälfte des IV. Jahrhunderts möchte ich die Sklavenzahl in Boeotien auf höchstens die Hälfte der freien Bevölkerung veranschlagen, was eine Gesammtzahl von 150 000 Einwohnern oder 60 auf den qkm ergeben würde.

Boeotien gegenüber stand Phokis wie an Flächenraum,

---

[1]) Ser. Sulpicius bei Cic. *epist. ad fam.* IV 5, 4 (von 45 v. Chr.): *post me erat Aegina, ante me Megara, dextra Piraceus, sinistra Corinthus; quae oppida quodam tempore florentissima fuerunt, nunc prostrata et diruta ante oculos iacent.* Vgl. Wilamowitz, *Homerische Untersuchungen* S. 252.

[2]) Thuk. III 68 in dem Bericht über das Schicksal Plataeaes nach der Einnahme: γυναῖκας δὲ ἠνδραπόδισαν. Wenn Müller-Strübing, *Thuk. Forsch.* S. 188 ff. die Richtigkeit dieser Angabe bestreitet, so generalisirt er in unzulässiger Weise attische Zustände und beweist eben dadurch, dass ihm selbst die „lebendige Anschauung griechischer Verhältnisse fehlt", deren Mangel er seinen Gegnern vorwirft.

so auch an Bevölkerung bedeutend zurück. Der Bergstock des
Parnassos erfüllt einen grossen Theil des Gebietes; nur im
Norden im Kephisosthal und im Osten in der Einsenkung
zwischen Parnass und Helikon ist zum Feldbau geeigneter
Boden. Die 22 Städte des phokischen Bundes waren denn
auch durchaus unbedeutend, mit Ausnahme etwa von Elateia;
und selbst Delphi hatte nur einen Umfang von 16 Stadien[1]).

Bei den Thermopylen auf griechischer, und ein Jahr
darauf bei Plataeae auf persischer Seite sollen 1000 phokische
Hopliten gestanden haben[2]); es hielten aber keineswegs alle
phokischen Städte mit Mardonios. Seitdem hören wir für ein
Jahrhundert nichts mehr von der Stärke phokischer Aufgebote.
Verhältnissmässig sehr grosse Heere hat Phokis im heiligen
Kriege aufgestellt, bis 20 000 Mann und darüber; indess bestanden diese Truppen zum überwiegenden Theile aus Söldnern. Gegen die Gallier 280 brachte Phokis 3000 Mann zu
Fuss und 500 Reiter unter Waffen[3]), was bei der dringenden
Gefahr gewiss das Gesammtaufgebot des Landes gewesen ist
und auf eine Bürgerzahl von rund 10 000 führen würde. Das
ergäbe eine freie Bevölkerung von etwas über 30 000 oder
etwa 20 auf den qkm, während in Boeotien etwa 40 Freie
auf den gleichen Flächenraum kommen: ein Verhältniss, das
durchaus angemessen scheint. Sklaven in irgend bedeutender
Zahl hat es in Phokis bis auf den heiligen Krieg nicht gegeben. Philomelos' Gattin soll die erste gewesen sein, die
sich auf der Strasse von zwei Sklavinnen begleiten liess; und
als Mnason von Elateia, Aristoteles' Freund, 1000 Sklaven
hielt, sprach sich die öffentliche Meinung mit Entschiedenheit
dagegen aus, dass er so viele Bürger um ihr Brot brächte[4]).
Phokis also war noch um die Mitte des IV. Jahrhunderts ein
Land freier Arbeit.

Lokris hat ungefähr denselben Flächeninhalt wie Phokis,

---

[1]) Strab. IX S. 418.
[2]) Herod. VII 203, IX 17. 31.
[3]) Paus. X 20, 3.
[4]) Timaeos fr. 67 bei Athenaeos VI S. 264 C und 272.

der sich zu etwa gleichen Theilen auf die östlichen und westlichen Lokrer vertheilt. An Bevölkerung scheint es noch
hinter Phokis zurückgestanden zu haben. Bei den Thermopylen 480 fochten die opuntischen Lokrer mit ihrer ganzen
Macht[1]); und Ephoros veranschlagt dieses Aufgebot auf 1000
Hopliten[2]). Zwei Jahrhunderte später gegen die Gallier stellte
Opus sogar nur 700 Mann, Amphissa 400[3]). Bedeutender
war wohl Naupaktos, namentlich zu der Zeit, wo die Athener
hier die aus der Heimath vertriebenen Messenier angesiedelt
hatten. Freilich war auch damals die Bürgerschaft der Stadt
nicht sehr zahlreich[4]); aber immerhin konnte Nikostratos
427 ein Corps von 500 messenischen Hopliten nach Korkyra
führen[5]), und Konon 410 eine Besatzung von 600 Messeniern
eben dorthin legen[6]). Als nach dem Ende des peloponnesischen Krieges die Messenier aus Naupaktos vertrieben wurden,
sollen 600 nach Sicilien gegangen sein[7]), 3000 sich nach
Kyrene gewandt haben[8]). Doch ist mindestens letztere Zahl
ohne Zweifel stark übertrieben.

2. Euboea und die Kykladen.

Für die zum heutigen Königreich Griechenland gehörigen
Inseln des aegaeischen Meeres liegen uns zwei planimetrische
Berechnungen vor, denen gegenüber alle früheren Arealangaben
veraltet sind. Wir verdanken sie dem russischen General
Strelbitzky und Dr. E. Wisotzky in Königsberg[9]). Beide Be-

---

[1]) Herod. VII 203, ohne Zahlenangabe. Bei Artemision sollen 7
opuntische Fünfzigrudrer gekämpft haben: Herod. VIII 1.

[2]) Bei Diod. XI 4. Die Schätzung des lokrischen Aufgebots auf
6000 Mann bei Pausan. X 20, 2 ist rein aus der Luft gegriffen.

[3]) Paus. X 20, 2.

[4]) Thuk. III 102: δεινὸν γὰρ ἦν μὴ, μεγάλου ὄντος τοῦ τείχους,
ὀλίγων δὲ τῶν ἀμυνομένων, οὐκ ἀντίσχωσιν.

[5]) Thuk. III 75.

[6]) Diod. XIII 48.

[7]) Diod. XIV 78.

[8]) Diod. XIV 34.

[9]) Bei Behm und Wagner, *Die Bevölk. der Erde* VI S. 16 f.

rechnungen zeigen im einzelnen nicht unbedeutende Abweichungen, über die ich mir kein abschliessendes Urtheil erlauben möchte; bei einigen der auffallendsten Differenzen, wo ich habe nachprüfen können, hat sich mir die grössere Zuverlässigkeit der Strelbitzkyschen Zahlen ergeben. Ich stelle also hier die Ergebnisse Strelbitzkys und Wisotzkys neben einander, unter Hinzufügung der klassischen Namen neben den modernen, wo sich seit dem Alterthume der Name geändert hat.

	nach Strelbitzky qkm	nach Wisotzky qkm
Euboea:		
Euboea	3575,2	3681
Petalia	13,7	—
Aegilein (*Stura*)	3,4	—
	3592,3	3681
Nördliche Sporaden:		
Peparethos (*Skopelos*)	122,6	85
Ikos (*Chelidromia*)	81,6	72
(*Sarakinon*)	3,4	—
Skandile (*Skantzuro*)	10,2	4
Peristera (*Xeronisi*)	29,6	11
(*Adelphi*)	3,6	—
Polyaegos (*Pelagonisi, Pelerissa*) . . .	25,0	24
Gyaros (*Giura*)	15,9	13
(*Piperi*)	9,3	6
Skiathos	61,8	42
Skyros	208,1	204
(*Skyropulon*)	4,6	4
(*Chamilodromi, Valaxa*)	4,7	3
Kleinere Inseln	26,4	—
	606,8	468
Kykladen:		
Andros	405,1	382
Tenos	201,1	204
Mykonos	89,7	86
Delos	5,1	3
Rheneia (*Megali Delos*).	17,1	17
Syros	80,8	80
Latus	798,9	772

	nach Strelbitzky qkm	nach Wisotzky qkm
Transport	798,9	772
Gyaros	22,8	17
Keos	173,4	103
Kythnos (*Thermia*)	85,2	76
Seriphos	77,8	66
(*Seriphopulon*)	2.3	—
Siphnos	—	74
Melos	147,7	162
(*Antimilos, Erimo Milo*)	8,5	11
Kimolos	42,1	42
Polyaegos (*Polinos*)	18,6	14
Pholegandros (*Polykandros*)	35,8	32
Sikinos	48,9	42
(*Kardiotissa*)	2.4	—
Paros	209.3	165
Oliaros (*Antiparos*)	45.5	35
Prepesinthos (*Episkopi*)	10,2	14
Strongylos	2,5	—
Naxos	448,8	423
Donussa (*Denusa, Stenosa*) . . .	20,4	15
Keria (*Karos*)	20,5	16
(*Antikaros*)	—	1,7
Schinussa (*Echinosa*)	10.4	9
Herakleia	23,9	18
(*Kuphonisi* - Inseln)	14.3	10
Amorgos	134,5	127
(*Amorgopulo, Nikuria*)	3,1	4
Ios (*Nios*)	119,9	120
Thera	81,7	71
Therasia	—	7
Hiera (*Neo Kaimeni*)	—	0,8
(*Palaeo Kaimeni*)	—	0,4
Anaphe	46,9	36
Belbina (*Hagios Georgios*)	6.8	2
Kleinere Inseln	38,3	—
	2701,4	2485,9

Siphnos fehlt bei Strelbitzky; setzen wir seinen Flächen-raum mit Wisotzky zu 74 qkm an, so ergeben sich für die Kykladen zusammen 2775,4 qkm.

Wenden wir uns jetzt zur Bevölkerung. Chalkis und
Eretria sind vom VIII. bis zum VI. Jahrhundert neben Korinth
die bedeutendsten Handelsstädte im europäischen Griechenland
gewesen; ihre grossartige Colonisationsthätigkeit in dieser Zeit
spricht für eine verhältnissmässig bedeutende Volkszahl. Nach
einer alten Inschrift im Tempel des Artemis Amarynthia, von
der Strabon berichtet, soll Eretria im Stande gewesen sein,
3000 Hopliten, 600 Reiter, 60 Streitwagen aufzubieten [1]). Schon
um die Zeit der Perserkriege aber beginnt der Verfall. Chalkis
geräth in politische Abhängigkeit von Athen, das angeblich
4000 seiner Bürger als Kleruchen auf den Ländereien der vertriebenen Hippoboten hier ansiedelte [2]); Eretria hat sich von
den Folgen der persischen Eroberung nie mehr erholt. Immerhin blieben beide Städte, und namentlich Chalkis, bis zur Römerzeit bedeutende Handelsplätze. Wenn aber die Gegend am
Euripos, das fruchtbare lelantische Feld, eine dichte Bevölkerung hatte, so war dafür der gebirgige Rest der Insel um so
spärlicher bewohnt. Hier standen noch im IV. Jahrhundert [3]),
ja selbst in der Kaiserzeit ausgedehnte Waldungen [4]). An der
ganzen Ostküste findet sich im Alterthum, mit Ausnahme des
früh verschwundenen Kerinthos, keine einzige Stadt. Von den
Städten an der Nord- und Westküste waren, nach Ausweis der
attischen Tributlisten, Dion und Athenae Diades ganz unbedeutend; Styra ist im IV. Jahrhundert zum Demos von Eretria
geworden; nur Oreos und Karystos waren einigermaassen ansehnlich. Aber auch Chalkis und Eretria haben bei Plataeae nach
Herodot nur 1000 Hopliten gestellt, ersteres 400, letzteres mit
Styra 600 [5]). So konnte Perikles bei dem Aufstande von 446
die Insel mit 5000 Hopliten und 50 Schiffen in kurzer Zeit zum
Gehorsam zurückbringen [6]). Damals wurden die Bürger von

---

[1]) Strab. X S. 448.
[2]) Herod. V 77; Aelian, *Verm. Gesch.* VI 1 giebt 2000 an.
[3]) Theophr. *Pflanzengesch.* V 2, 1.
[4]) S. die unten angeführte Schrift des Dion Chrysostomos.
[5]) Herod. IX 28.
[6]) Plut. *Perikles* 23.

Histiaea (Oreos) vertrieben und durch 1000[1]), nach anderer
Angabe 2000 attische Kleruchen ersetzt[2]), die ihrerseits nach
der Capitulation von Athen 404 die Stadt räumen mussten. In
der Schlacht am Nemeabach 394 kämpften auf athenisch-boeo-
tischer Seite 3000 Hopliten aus allen Städten der Insel[3]), offenbar das für Feldzüge ausser Landes zur Verfügung stehende
Gesammtaufgebot. Demnach müsste Euboea damals gegen 12000
Bürger gezählt haben, wovon etwa je 4000 auf Chalkis und
Eretria mit Styra, je 2000 auf Histiaea und Karystos entfallen
mochten. Die Zahl der Sklaven mag immerhin verhältnissmässig beträchtlich gewesen sein, mehr als die Zahl der bürgerlichen Bewohner aber kann sie schwerlich betragen haben. Die
Bevölkerung der Insel darf also im V. und IV. Jahrhundert
im Maximum auf 70000, wahrscheinlicher auf nicht über 60000
Seelen veranschlagt werden, 17—20 auf 1 qkm. Erinnern
wir uns dabei, dass Euboea im Stande war, Nahrungsmittel
nach Athen auszuführen, was das viel fruchtbarere Boeotien
nicht vermochte[4]). — Eine lebhafte Schilderung des Zustandes
der Insel in der Kaiserzeit hat uns Dion Chrysostomos in seiner
bekannten „Dorfgeschichte" hinterlassen[5]). Danach war die
Bevölkerung in furchtbarer Weise zusammengeschmolzen. ⅔ des
Bodens lag wüst, die Städte so verfallen, dass der grösste Theil
des Raumes innerhalb der Mauern zum Feldbau oder als Weide
benutzt wurde.

Ueber die Bevölkerung der nördlichen Sporaden,
Peparethos, Skyros usw., fehlt jede Angabe. Nehmen wir dieselbe

---

[1]) Diod. XII 22.

[2]) Theopomp bei Strabon X S. 445.

[3]) Xen. Hell. IV 2, 17: ἐξ Εὐβοίας ἁπάσης.

[4]) Thuk. VII 28: ἥ τε τῶν ἐπιτηδείων παρακομιδὴ ἐκ τῆς Εὐβοίας,
πρότερον ἐκ τοῦ Ὠρωποῦ κατὰ γῆς διὰ τῆς Δεκελείας θᾶσσον οὖσα κτλ.
Arist. Wesp. 715 f.: Ἀλλ' ὁπόταν μὲν δείσωσ' αὐτοί, τὴν Εὔβοιαν διδόασιν
Ὑμῖν καὶ σῖτον ὑφίστανται κατὰ πεντήκοντα μεδίμνους Πορεῖν. Vgl.
Wiskemann, Die antike Landwirthschaft S. 13 (Leipzig 1859, Jablonows-
kische Gesellschaft).

[5]) I S. 233 Reiske: τὰ πρὸ τῶν πυλῶν ἄγρια παντελῶς ἐστι καὶ
αἰσχρὰ δεινῶς, ὥσπερ ἐν ἐρημίᾳ βαθυτάτῃ, οὐχ ὡς προάστειον πόλεως.
τὰ δέ γε ἐντὸς τείχους σπείρεται τὰ πλεῖστα καὶ κατανέμεται.

Dichtigkeit wie für Euboea, so erhalten wir 10—12000 Einwohner. Die Kykladen sind wahrscheinlich stärker bevölkert gewesen. Allerdings ist es offenbare Uebertreibung, wenn Herodot Naxos zur Zeit der Perserkriege eine Hoplitenzahl von 8000 zuschreibt[1]. 8000 Hopliten setzen gegen 20000 Bürger voraus, eine Zahl, die nur von den bedeutendsten griechischen Staaten, wie Athen oder Argos, erreicht worden ist, bei einer gebirgigen Insel ohne eigentliche Grossstadt und von, einschliesslich der kleineren Nachbarinseln, wenig über 500 qkm Flächenraum aber undenkbar wäre. Vielleicht indess bezieht sich die Angabe auf die Kykladen überhaupt, die damals unter naxischer Hegemonie standen[2]: und in diesem Falle hätte sie nichts unwahrscheinliches. Zur Flotte des Xerxes sollen die Inseln 17 Schiffe gestellt haben[3], während gleichzeitig 7 Trieren und 7 Fünfzigruderer auf hellenischer Seite kämpften[4]. Auf Melos siedelten die Athener 415 nach Vertreibung der alten Bevölkerung 500 Kleruchen an[5]; vorher musste die Bürgerzahl viel grösser sein, wie die bedeutenden Anstrengungen zeigen, die Athen zur Unterwerfung der Insel zu machen gezwungen war[6]. Aber Melos war eine der bedeutendsten unter den Kykladen. Bei der Tributschätzung von 425,4 war die Insel zu 15 Tal. veranlagt worden, soviel wie Naxos oder Andros; nur Paros zahlte in der Inselprovinz eine noch höhere Summe[7]. Diese vier Inseln mögen damals im Durchschnitt je 3000 Bürger gezählt haben; Tenos, Keos, Siphnos, die 9—10 Talente zahlten, vielleicht je 2000. Das ergäbe 18000 Bürger auf 1815,6 qkm[8]. Die übrigen Kykladen sind unbedeutend; sie haben zusammen

---

[1] Herod. V 28: τοῦτο μὲν γὰρ ἡ Νάξος εὐδαιμονίῃ τῶν νήσων προέφερε ...; V 30: πυνθάνομαι γὰρ ὀκτακισχιλίην ἀσπίδα Ναξίοισιν εἶναι καὶ πλοῖα μακρὰ πολλά.

[2] Herod. V 31.

[3] Herod. VII 95.

[4] Herod. VIII 46. 48.

[5] Thuk. V 116.

[6] Thuk. III 91, V 84.

[7] CIA. I 37.

[8] Die im Alterthume politisch zu diesen Inseln gehörenden kleineren Nachbarinseln sind hier eingerechnet.

einen Flächenraum von 959,8 qkm. Bei der Annahme einer durchschnittlich gleichen Volksdichtigkeit würden also alle Kykladen am Ende des V. Jahrhunderts 27—28000 Bürger gezählt haben, oder eine bürgerliche Bevölkerung von über 80000, d. h. 30, mit Einrechnung der Sklaven vielleicht 50 auf 1 qkm.

In der hellenistischen Periode hat sich dann Delos zur Grossstadt entwickelt. Bei der Einnahme der Insel durch Menophanes, den Feldherrn des Mithradates, sollen hier 20000 Männer niedergemacht, die Weiber und Kinder in die Sklaverei geschleppt worden sein[1]). Jedenfalls scheint für den seit der Zerstörung von Korinth ersten Handelsplatz Griechenlands eine Bevölkerung von 50000 Einwohnern, wie sie sich demnach ergeben würde, keineswegs übertrieben. Delos hat sich bekanntlich von diesem Schlage nie mehr erholt. Auch die übrigen Kykladen scheinen immer mehr gesunken zu sein. So konnte in der ersten Kaiserzeit die Kopfsteuer der ganzen freien Bevölkerung von Tenos aus den Zinsen eines Kapitals von 18500 Denaren bestritten werden[2]). Betrug der Zinsfuss 8 % — und höher kann er in dieser Zeit für sichere Anlagen kaum veranschlagt werden —, so ergiebt sich ein Ertrag von 1480 Denaren. Setzen wir nun die Kopfsteuer für den erwachsenen Mann auf 1 Denar, für Weiber und Kinder auf die Hälfte, so würde Tenos in dieser Zeit 740 Bürger, und eine bürgerliche Bevölkerung von 2220 Köpfen gezählt haben. Zu niedrig kann diese Berechnung kaum sein, wohl aber möglicher Weise bedeutend zu hoch.

3. Die westlichen Landschaften.

Der Flächeninhalt der weiten Gebirgslandschaften westlich vom Oeta und Pindos kann nur approximativ bestimmt werden, einmal weil unser Kartenmaterial hier noch schlechter ist, als für das übrige Griechenland, dann und hauptsächlich wegen der

---

[1]) App. *Mithr.* 28; vgl. Strab. X S. 486, Paus. III 23, 3.

[2]) *CIG.* 2336: ἀναθέντα .... τῇ πόλει δηνάρια μύρια ὀκτακισχίλια πεντακόσια, ἵνα ἐκ τοῦ τόκου αὐτῶν ὑπὲρ ἀνδρῶν καὶ γυναικῶν καὶ παίδων ἐλευθέρων Τηνίων κατ᾽ ἔτος δίδωται τὸ ἐπικέφαλον.

Unmöglichkeit, den Lauf der alten Grenzen anders als durch willkürliche Hypothese festzustellen.

Die heutige Nomarchie Akarnanien und Aetolien hat nach Strelbitzky einen Flächenraum von 7465,2 qkm. Davon entfallen auf

	qkm
Aetolien	4230
Akarnanien	1585
Amphilochien	470
Dolopien	1100
Das westliche Lokris	80

Die alten Grenzen von Aetolien sind dabei nach Bl. VII von Kieperts *Atlas von Hellas* angesetzt, die heutige Grenze der Nomarchie ist als identisch mit der Grenze von Amphilochien gegen Epeiros angenommen. Da ferner von Aetolien 545 qkm jetzt zur Nomarchie Phthiotis und Phokis gehören (s. oben S. 161), so ergiebt sich für diese Landschaft ein Flächenraum von 4775 qkm. Die Seen betragen nach Strelbitzky (a. a. O. S. 204 f.)

in Aetolien:

	qkm
Trichonis (*Agrinion, Vrichori*)	82,2
Hyria (*Angelo-Kastron*)	11,7

in Akarnanien:

	qkm
Limnaea (*Ambarakion*)	5,8
See von Metropolis (*Ozeros*)	8,9
Myrtuntion (*Vulkharia*)	8,9

Die Ausdehnung des aetolischen Bundes bei Ausbruch des achaeischen Bundesgenossenkrieges, 220 v. Chr., berechnet sich, einschliesslich Kephallenia, auf 14 000 qkm.

Epeiros, ausschliesslich Tymphaea, Parauaea und Atintanien, hat nach meiner planimetrischen Berechnung auf Grund von Kieperts *Carte de l'Epire et de la Thessalie* (Berlin 1880, 1 : 500 000) und Bl. VII des *Neuen Atlas von Hellas* eine Ausdehnung von etwa 10 500 qkm [1]).

---

[1]) Nach der planimetrischen Berechnung von Neumann-Partsch (*Geogr. v. Griechenland* S. 137) auf Grund der österreichischen Generalstabskarte

Davon kommen auf

	qkm
Molossis	3500
Thesprotia	2050
Chaonia	2400
zus. epeirotischer Bund:	7950
Athamania	1950
Ambrakiotis	600

Waren für diese Gebiete nur approximative Schätzungen möglich, so sind wir dafür über den Flächeninhalt der west-griechischen Inseln um so besser unterrichtet. Wir besitzen hier zwei planimetrische Berechnungen, die eine ausgeführt durch den General Strelbitzky[1]), die andere in der Perthesschen Anstalt[2]). Die annähernde Uebereinstimmung beider Resultate bietet die beste Gewähr für ihre Richtigkeit. Es beträgt das Areal von

	Strelbitzky qkm	Perthessche Anstalt qkm
Korkyra	719,2	712
Othronus (*Fano*)	15,9	15
Erikusa (*Merlera*)	8,0	8
Malthake (*Salmastraki*)	4,6	4
Paxos	19,5	19
Propaxos (*Antipaxos*)	3,4	3
	770,6	761
Leukas	287,2	285
Taphos (*Meganisi*)	24,0	23
Karnos (*Kalamos*)	20,5	20
(*Arkudi*)	4,6	4
(*Kastus*)	8,4	8
(*Atokos*)	3,5	4
Latus	348,2	344

in 1 : 300 000 hat Epeiros einen Flächenraum von 17 595 qkm. Dabei ist für die Grenzbestimmung Bl. VII von Kieperts *Atlas von Hellas* maass-gebend gewesen; es sind also Tymphaea, Parauaea, Atintanien einge-schlossen.

[1]) *Superficie de l'Europe* S. 158 f., s. oben S. 28.
[2]) Behm und Wagner, *Die Bevölk. der Erde* VI S. 17.

	Strelbitzky qkm	Perthessche Anstalt qkm
Transport	348,2	344
(*Petala*)	6,6	7
(*Oxia*)	5,4	5
(*Vromona*)	1,1	1
(*Makri*)	1.4	1,7
(*Dioni*)	2,3	—
(*Dragonera*-Inseln)	7,1	7
Kleinere Inseln	10.9	—
	383,0	365,7
Ithaka (*Thiaki*)	92.7	97
Kephallenia	688,8	664
Zakynthos	434,3	427
Strophades (*Strivoli*)	3,5	3
westgriechische Inseln zusammen:	2372.9[1]	2317.7

Es ergiebt sich demnach für die westgriechischen Landschaften folgende Uebersicht:

	qkm
Aetolien	4775
Akarnanien	1585
Amphilochien	470
Epeiros	10500
die Inseln	2372,9
	19702,9

Mit Ausnahme der Inseln und der korinthischen Ansiedlungen an der Küste sind diese Gebiete erst in hellenistischer Zeit zu höherer Gesittung gelangt. Den Zeitgenossen des peloponnesischen Krieges galt Aetolien noch als halbes Barbarenland, Epeiros als völlig barbarisch. Abgesehen von den beiden korinthischen Kolonien Leukas und Ambrakia gab es in diesem ganzen Gebiete noch am Anfang des IV. Jahrhunderts keine einzige einigermaassen bedeutende Mittelstadt; und selbst 2 Jahrhunderte später können nur etwa Stratos und Phoenike

---

[1] Strelbitzky giebt als Summen für die Nomarchien Corfù, Cephalonia und Zante 1120,5; 810,4; 437,9 qkm, zusammen also 2368,8 qkm: 4,1 qkm weniger als die Addition seiner Einzelposten ergiebt. Wo der Fehler steckt, vermag ich nicht zu ermitteln.

auf diesen Namen Anspruch erheben. Die Masse der Bevölkerung wohnte in kleinen befestigten Weilern zerstreut,
in Aetolien[1]) ebenso wie in Epeiros[2]); und auch die „Städte"
Akarnaniens sind kaum etwas anderes gewesen. Von Industrie
konnte kaum die Rede sein; Ackerbau und namentlich Viehzucht bildeten die Hauptnahrungsquellen[3]).

Dass unter diesen Umständen die Bevölkerung hier weniger dicht sein musste, als in den höher cultivirten Theilen von
Griechenland, liegt in der Natur der Sache und wird auch für
Aetolien von Thukydides ausdrücklich hervorgehoben[4]). Aber
bei seiner beträchtlichen Ausdehnung und dem kriegerischen
Geiste seiner Bevölkerung hat Aetolien trotzdem es vermocht,
verhältnissmässig bedeutende Heere ins Feld zu stellen, schon
zu einer Zeit, als das Gebiet des aetolischen Bundes im wesentlichen noch auf die Landschaft gleichen Namens beschränkt
war. Im lamischen Kriege, 323, stellten die Aetoler zu
Leosthenes' Heer 7000 Mann[5]); als im folgenden Jahre Antipatros und Krateros in Aetolien einfielen, soll die Zahl der
waffenfähigen Aetoler 10000 Mann betragen haben[6]), worunter
doch wohl die Bürger von 15—60 Jahren zu verstehen sein
werden[7]). Natürlich kann es sich hier nur um eine rohe
Schätzung handeln, wie schon die runde Zahl zeigt; es kann
sein, dass sie bedeutend hinter der Wahrheit zurückbleibt.

---

[1]) Thuk. III 94: οἰκοῦν δὲ κατὰ κώμας ἀτειχίστους καὶ ταύτας διὰ
πολλοῦ. Vgl. Kuhn, *Die Entstehung der Städte der Alten* (Leipzig 1878)
S. 92 f.

[2]) Skylax 29: οἰκοῦσι δὲ κατὰ κώμας οἱ Χάονες. 31 Θεσπρωτοὶ ...
οἰκοῦσι δὲ καὶ οὗτοι κατὰ κώμας. Ebenso § 32 von den Kassopiern, § 33
von den Molossern. Vgl. Kuhn a. a. O. S. 150 f.

[3]) Von Epeiros Pind. *Nem.* IV 52: βουβόται πρῶνες ἔξοχοι und
noch Caesar *Bürgerkr.* III 47: *pecus vero, cuius rei summa erat ex Epiro
copia;* auch Varro (*de re rust.* II praef. 7) spricht von *pecuariae magnae
in Epiro.* Ueber Akarnanien und Aetolien Bursian, *Geogr. v. Griech.* I
S. 107 f. 126.

[4]) Thuk. III 94: τὸ γὰρ ἔθνος μέγα μὲν εἶναι τῶν Αἰτωλῶν καὶ
μάχιμον, οἰκοῦν δὲ κατὰ κώμας ἀτειχίστοις καὶ ταύτας διὰ πολλοῦ.

[5]) Diod. XVIII 9.

[6]) Diod. XVIII 24.

[7]) Vgl. Livius 26, 25 (nach Polybios).

Wenigstens wird das Heer, mit dem die Aetoler im Jahre darauf in Thessalien einfallen, auf 12000 Mann zu Fuss und 400 Reiter angegeben[1]). Auch das war ein Gesammtaufgebot; aber für eine Expedition ausser Landes konnten wohl kaum mehr als die Altersklassen vom 20. bis zum 50. Jahre aufgeboten werden. Legen wir diese Angabe zu Grunde, so würde sich die Bevölkerung Aetoliens in dieser Zeit auf etwa 60000 belaufen haben, da eine irgend nennenswerthe Zahl von Sklaven noch nicht vorhanden sein konnte; das ergäbe eine Volksdichtigkeit von 12,6 auf den qkm, also eine sehr dünne Bevölkerung. Die Zahl der erwachsenen Männer würde 20000 betragen haben. Halten wir uns dagegen an die niedrigere Angabe, so kämen nur höchstens 35000 Einwohner, 7 auf den qkm heraus.

Die Angaben aus späterer Zeit sind mit den bisher angeführten Zahlen nicht mehr direct vergleichbar, da der aetolische Bund sich seit dem Ende des IV. Jahrhunderts über die Nachbargebiete auszudehnen beginnt. Gegen die Gallier 280 stellten die Aetoler ein grösseres Contingent als irgend ein anderer griechischer Staat, wie sie denn auch zunächst bedroht waren. Die Zahl ihrer Hopliten belief sich auf 7000; die der Reiter und leichten Truppen wird nicht angegeben[2]), sie kann aber bei der Vorliebe der Aetoler für den Dienst als Peltasten kaum geringer gewesen sein, als die Zahl der Hopliten. Jedenfalls müssen die Aetoler, da die Boeoter 10500 Mann stellten, stärker gewesen sein[3]), und mögen also an 15000 Mann gezählt haben. Der Bund umfasste damals ausser dem eigentlichen Aetolien das ozolische Lokris, Herakleia Trachinia und damit wohl überhaupt das ganze Land am Oeta, vielleicht auch schon das östliche Akarnanien. — Als Philipp 218 gegen

---

[1]) Diod. XVIII 38.

[2]) Pausan. X 20, 4: Αἰτωλῶν δὲ πλείστη τε ἐγένετο στρατιὰ καὶ ἐς πᾶσαν μάχης ἰδέαν, ἡ μὲν ἵππος οὐ λέγουσιν ὁπόση, ψιλοὶ δὲ ἐνενήκοντα καὶ.... ἐπτακισχιλίων ἀριθμὸν ἦσαν οἱ ὁπλιτεύοντες. Die Angaben des Pausanias über die Stärke des griechischen Heeres an den Thermopylen scheinen aus guter Quelle geflossen zu sein.

[3]) Vgl. Droysen, Hellen. II 2 S. 347.

Thermon zog, stellten sich ihm 3000 Aetoler entgegen; ebenso viele nebst 400 Reitern standen in Stratos[1]); ausserdem war der Strateg Dorimachos mit der Hälfte des Bundesaufgebots auf einem Zuge nach Thessalien[2]). Der Bund hat also auch in dieser Zeit über 12000 Mann aufzustellen vermocht. Bei der Schwäche der Centralregierung ist es freilich den Aetolern niemals möglich gewesen, auch nur annähernd diese Zahl auf einem Punkt zu versammeln. Auch musste das Söldnerwesen dazu beitragen, die militärische Leistungsfähigkeit des Bundes zu verringern; war doch Aetolien im III. Jahrhundert einer der hauptsächlichsten Werbeplätze. So warb Skopas im Jahre 200 für den aegyptischen Dienst in Aetolien 6000 Mann zu Fuss und 500 Reiter; er würde die ganze Jugend des Landes fortgeführt haben, wäre nicht der Strateg Damokritos eingeschritten[3]). Drei Jahre später kämpfen die Aetoler bei Kynoskephalae mit 6000 Mann und 400 Pferden[4]). Zur Unterstützung des Königs Antiochos sandten die Aetoler 191 3000 Mann und 200 Reiter nach Thessalien; im nächsten Jahre 4000 Mann nach den Thermopylen; es wird aber ausdrücklich hervorgehoben, dass dies nur ein kleiner Theil ihrer Macht war[5]). Sonst haben wir aus dem Kriege der Aetoler gegen Rom keine Zahlenangaben; einem consularischen Heere von 2 Legionen nebst den zugehörigen Bundesgenossen waren sie freilich nicht gewachsen, wohl aber zeigt der Umstand, dass die Römer solche Massen gegen Aetolien in Bewegung setzen mussten und dennoch keineswegs schnelle Erfolge errangen, wie bedeutend die Macht des Bundes gewesen ist.

Akarnanien stand wie an Ausdehnung so auch an militärischer Leistungsfähigkeit weit hinter Aetolien zurück, sobald dieses erst zur Ausbildung einer festen Bundesverfassung

---

[1]) Polyb. V 13, 3; 14, 1.

[2]) Polyb. V 5, 1.

[3]) Livius 31, 43 nach Polybios.

[4]) Plut. *Titus* 7; Liv. 33, 3, wo für *sexcenti pedites* 6000 zu lesen ist; vergl. Ihne, *Röm. Gesch.* III 42 Anm. gegen Nissen, *Liv. Unters.* S. 141.

[5]) Liv. 36, 10; 36, 16 nach Polybios.

gelangt war; nur durch fremde Hülfe hat es überhaupt seine
Selbständigkeit gegenüber dem mächtigen Nachbarn zu behaupten vermocht[1]). — Im peloponnesischen Kriege stellten
die Akarnanen den Athenern 1000 Hopliten zur Vertheidigung
von Naupaktos[2]); das Gesammtaufgebot Akarnaniens war im
Stande, einem peloponnesisch-ambrakiotischen Heere von 4000
Hopliten die Spitze zu bieten und es zu schlagen und einzuschliessen[3]). — Bekanntlich wurde im Laufe des III. Jahrhunderts ein grosser Theil von Akarnanien, dabei die alte
Hauptstadt Stratos selbst, mit Aetolien vereinigt, wofür allerdings der Anschluss von Leukas Ersatz gab. In diesem Um-
fange hat der akarnanische Bund zur Schlacht bei Sellasia
1000 Mann zu Fuss und 50 Reiter gestellt, ebenso viel wie
Epeiros und etwa die Hälfte des boeotischen Contingentes[4]).
Bei Philipps erstem Einfall in Aetolien 219 folgten ihm 2000
Akarnanen zu Fuss und 200 zu Pferde[5]); bei Philipps zweitem
aetolischen Zuge im folgenden Jahre bot der Bund seine ganze
Macht auf, eine numerische Angabe liegt nicht vor.

Es ist sehr wahrscheinlich, dass die Bevölkerung des zum
grossen Theil ebenen oder nur von Hügeln erfüllten Akarnanien dichter gewesen ist, als die des aetolischen Berglandes,
um so mehr, als es diesem auch in der Culturentwicklung
voraus war. Der Flächeninhalt beträgt 1585 qkm, wobei der
Acheloos als Grenze gegen Aetolien angenommen, Leukas dagegen nicht mitgerechnet ist. Veranschlagen wir die Volksdichtigkeit für das IV. Jahrhundert zu 20 auf 1 qkm, so ergäbe sich eine Bevölkerung von etwas über 30000, eine
Bürgerzahl von 10000, was mit den oben beigebrachten Angaben über die militärischen Leistungen Akarnaniens gut übereinstimmt. — Für das benachbarte Amphilochien dürfte
bei dem völligen Mangel jeder directen Angabe etwa dieselbe

---

[1]) Polyb. IV 30. 2. 3. Schon 321 waren die Akarnanen den Aetolern
nicht gewachsen: Diod. XVIII 38; Liv. 26. 25.

[2]) Thuk. III 102.

[3]) Thuk. III 100. 105. 106; vgl. unten S. 193 f.

[4]) Polyb. II 65. 4.

[5]) Polyb. IV 63, 7.

Volksdichtigkeit zu rechnen sein, wie für Aetolien (12,6 auf 1 qkm), was eine Bevölkerung von etwa 6000 ergeben würde. Was die Bevölkerung von Leukas angeht, in der Zeit, wo die Insel noch nicht zum akarnanischen Bunde gehörte, so sollen 800 leukadische und anaktorische Hopliten bei Plataeae gefochten haben, 3 leukadische Trieren bei Salamis[1]). Zu der korinthischen Flotte gegen Korkyra 435 und 433/2 stellte Leukas je 10 Trieren[2]). Demnach mag Leukas im V. Jahrhundert gegen 3000 Bürger gezählt haben; das sehr gebirgige Gebiet umfasst etwa 300 qkm.

Ueber die Bevölkerung von Kephallenia haben wir so gut wie gar keine Angaben. Herodot berichtet, dass Pale zu dem griechischen Heere bei Plataeae 200 Hopliten gestellt habe[3]); indess ist oben gezeigt worden (S. 9 Anm.), dass die Paleer überhaupt bei Plataeae nicht gefochten haben und nur durch ein Versehen Herodots in das Verzeichniss der griechischen Contingente gekommen sind. Immerhin behält unsere Angabe als Schätzung Herodots ihren Werth. Bei der korinthischen Bundesflotte, die 435 nach Korkyra in See ging, befanden sich auch 4 Trieren von Pale[4]). Demnach wird Pale nicht unter 1000 Bürger gezählt haben. Da ausserdem noch drei andere Städte auf Kephallenia lagen: Kranioi, Same, Pronoi[5]), so werden für die ganze Insel gegen 4000 Bürger anzunehmen sein, entsprechend einer bürgerlichen Bevölkerung von 12000. Das wären nur 17—18 auf 1 qkm; diese Schätzung möchte also vielleicht hinter der Wahrheit zurückbleiben.

Dichter bewohnt scheint Zakynthos gewesen zu sein, das den Korkyraeern im Jahre 433/2 ein Corps von 1000 Hopliten zu Hülfe schicken konnte[6]) und demnach mindestens 1500 Bürger von Hoplitencensus gezählt haben muss, was eine

---

[1]) Herod. IX 28, VIII 45.
[2]) Thuk. I 27. 46.
[3]) Herod. IX 28.
[4]) Thuk. I 27.
[5]) Thuk. II 30.
[6]) Thuk. I 47.

Bürgerzahl von 3—4000, oder eine bürgerliche Gesammtbevölkerung von 10—12000 voraussetzt, auf einem Flächenraum von 434 qkm. Bei der Fruchtbarkeit der Insel scheint diese Zahl wenigstens keineswegs zu hoch[1]). Auch das heutige Zante ist relativ bevölkerter als Cephalonia, wenn auch nicht in demselben Verhältniss; es ist aber sehr leicht möglich, dass wir oben die Bevölkerung von Kephallenia unterschätzt haben.

Bei weitem die wichtigste unter den Inseln an der griechischen Westküste war im Alterthum wie noch heute K o r k y r a. Der fruchtbare Boden war aufs trefflichste angebaut[2]); die glückliche Lage machte die Insel zum Brennpunkt des Handels mit dem hellenischen Westen und den Küstenländern des adriatischen Meeres; die Kriegsmarine war im V. und IV. Jahrhundert nach der von Athen die erste in Griechenland[3]). Schon zur Zeit der Perserkriege soll Korkyra 60 Trieren haben aufstellen können[4]); kurz vor dem Anfang des peloponnesischen Krieges bemannte die Insel Flotten von 110 und 120 Trieren[5]). Korkyra zählte also damals mindestens 24000 zum Seedienst taugliche Männer. Darunter bildeten allerdings die Sklaven die Mehrzahl; denn unter den 1050 Gefangenen, die in der Schlacht bei Sybota den Korinthiern in die Hände fielen, waren nur 250 Freie, so dass nach diesem Verhältniss von jenen 24000 Mann gegen 6000 Freie, über 18000 Sklaven gewesen sein müssten. Stellen wir nun auch das Landheer in Rechnung[6]), berücksichtigen wir, dass die Stadt doch nicht ohne jede Besatzung gelassen werden konnte, und rechnen die durch Alter oder Krankheit kriegsuntüchtigen hinzu, so werden wir die freie Bevölkerung der Insel auf nicht unter 10000 erwachsene Männer veranschlagen dürfen, oder mit anderen Worten, die Bürgerzahl Korkyras muss der seiner Mutterstadt Korinth ungefähr gleichgekommen sein. Die Sklavenbevölkerung muss

---

[1]) Plin. *H. N.* IV 54: *magnifica et fertilitate praecipua Zacynthus.*
[2]) Xen. *Hell.* VI 2, 6.
[3]) Herod. VII 168; Thuk. I 36; Xen. *Hell.* VI 2, 9.
[4]) Herod. a. a. O.
[5]) Thuk. I 29. 47.
[6]) Thuk. I 47.

nach dem obigen mindestens 20 000 Männer in kräftigem Alter
umfasst haben; und wenn auch Weiber und Kinder hier einen
geringeren Bruchtheil der Gesammtbevölkerung ausmachten als
unter den Freien, so werden wir doch die Sklavenzahl von
Korkyra zu wenigstens 40 000 Köpfen veranschlagen dürfen.
Das ergäbe für die Insel zusammen 70 000 Einwohner, oder
90 auf den qkm, etwa dieselbe Volksdichtigkeit wie in
Attika. Die Bevölkerung kann aber sehr wohl auch grösser
gewesen sein.

Was wir sonst über die Bevölkerung Korkyras erfahren,
steht mit dem bisher gewonnenen Resultate im besten Einklang. Bei der Revolution des Jahres 427 flüchten 400 der
besiegten Oligarchen in das Heraeon, wo sie später nebst noch
vielen anderen Anhängern derselben Partei von den Demokraten umgebracht wurden [1]); dennoch konnten noch 500 olig-
archisch Gesinnte auf das Festland sich retten [2]), die dann
nach zwei Jahren ebenfalls dem Demos in die Hände fielen,
womit die ganze oligarchische Partei auf der Insel vernichtet
war [3]). Die Gesammtzahl der während dieser Jahre getödteten
Oligarchen giebt Diodor auf 1500 an [4]), was mit den Einzelangaben
des Thukydides sehr gut übereinstimmt. Bei der Revolution
des Jahres 410 wurden noch einmal 1000 wohlhabende Bürger
verbannt [5]), die dann freilich bald wieder zurückberufen wurden.
Beide Revolutionen hatten die Freilassung einer grossen Zahl
Sklaven zur Folge [6]), so dass die freie Bevölkerung der Insel
trotz allen Blutvergiessens einen beträchtlichen Zuwachs erhalten haben muss.

Die korinthisch-korkyraeischen Pflanzstädte auf dem Festlande: Ambrakia. Apollonia und Epidamnos, waren gleichfalls
nicht unansehnlich. Namentlich Ambrakia war ohne Frage
die erste Stadt in Epeiros, wie sie denn Pyrrhos später zu

[1]) Thuk. III 75. 81.
[2]) Thuk. III 85.
[3]) Thuk. IV 48.
[4]) Diod. XIII 48.
[5]) Diod. a. a. O.
[6]) Thuk. III 73; Diod. XIII 48.

seiner Hauptstadt gemacht hat. Bei Plataeae sollen 500 ambrakiotische Hopliten gekämpft haben[1]), während 7 Trieren der Stadt an der Schlacht bei Salamis Theil nahmen[2]). An der korinthischen Expedition gegen Korkyra 435 betheiligte sich Ambrakia mit 8, an dem Seezuge von 433/2 mit 27 Trieren[3]), für deren Bemannung über 5000 Soldaten und Matrosen erforderlich waren. 3000 Hopliten aus Ambrakia kämpften nach Thukydides' Angabe 426 bei Olpae gegen die Akarnanen[4]), was keineswegs die Gesammtmacht der Stadt gewesen sein kann, denn diese rückte erst nach der Niederlage jenes Corps ins Feld[5]). Eine Zahlenangabe fehlt hier, wie gewöhnlich, wenn bei Thukydides von Massenaufgeboten die Rede ist. Wir hören nur, dass dieses Heer zum grössten Theil vernichtet wurde[6]); die Zahl der Erschlagenen, die Thukydides angegeben wurde, erschien ihm, im Verhältniss zu der Grösse der Stadt, so unglaublich hoch, dass er es vorgezogen hat, sie zu unterdrücken, und sich auf die Angabe beschränkt, es wären Waffen „von mehr als 1000 Mann" erbeutet worden[7]); der Feldherr Demosthenes erhielt daraus als seinen Beuteantheil 300 Panoplien[8]). Grote hat darnach den Verlust der Ambrakioten auf 6000 Mann berechnet, was offenbar viel zu hoch ist[9]); aber rechnen wir auch die Gesammtstärke des zweiten Aufgebots nur zu 2000 Hopliten, so erhielten wir einschliesslich der 3000, die bei Olpae gekämpft

---

[1]) Herod. IX 28.

[2]) Herod. VIII 45.

[3]) Thuk. I 27. 46. Die Zahl von 27 Trieren erscheint auffallend hoch, doch ist eine Corruptel ausgeschlossen.

[4]) Thuk. III 105.

[5]) Thuk. III 110.

[6]) Thuk. III 112: ὀλίγοι ἀπὸ πολλῶν ἐσώθησαν ἐς τὴν πόλιν.

[7]) Thuk. III 113.

[8]) Thuk. III 114. Es mag ¹/₁₀ aller in diesen Kämpfen von Ambrakioten und Peloponnesiern erbeuteten Rüstungen gewesen sein. Die Zahl der Gefallenen war natürlich kleiner, da viele auf der Flucht ihre Waffen wegwerfen mochten.

[9]) *Hist. of Greece* VI ch. 51 p. 89 (London 1870); vgl. Classen zu Thuk. III 113.

hatten, für Ambrakia 5000 Hopliten. Nun hat selbst die
Mutterstadt Korinth in dieser Zeit kaum über 3000 Hopliten
ins Feld zu stellen vermocht; es ist also im höchsten Grade
unwahrscheinlich, dass Ambrakia eine so viel grössere Bürgerzahl besessen haben sollte. Denn Ambrakia war keineswegs
eine Grossstadt, der Mauerumfang betrug selbst nach Pyrrhos'
Zeit nur 25 Stadien[1]). Es wird also die Zahl von 3000 am-
brakiotischen Hopliten, die bei Olpae gekämpft haben sollen,
übertrieben sein. Diodor, der mittelbar von Thukydides ab-
hängt, giebt nur 1000 Hopliten[2]); es ist möglich, dass Thukydides so geschrieben hat. Auch bei dieser Annahme müsste
das ambrakiotische Gesammtaufgebot 2500—3000 Hopliten gezählt haben, was einer Bürgerzahl von etwa 7000 entsprechen
würde.

Epidamnos nennt Thukydides eine „grosse und volkreiche" Stadt[3]). Kassandros nahm bei seinem Ueberfall im
Jahre 314 in dem Gebiete mehr als 2000 Menschen gefangen[4]). In der römischen Zeit muss die Stadt als hauptsäch-
licher Uebergangspunkt von Griechenland nach Italien noch
gewachsen sein. Auch das benachbarte Apollonia wird von
Cicero als grosse und bedeutende Stadt bezeichnet[5]).

Ueber die Bevölkerung von Epeiros selbst haben wir
aus vorrömischer Zeit nur wenige vereinzelte Angaben. Die
Chaoner betheiligten sich im Jahre 429 mit 1000 Mann an
dem peloponnesischen Kriegszuge nach Akarnanien[6]). 15000
Molosser sollen um 385 in einer Schlacht gegen die Illyrier
gefallen sein, eine Angabe, die vermuthlich sehr übertrieben ist[7]).
Das Heer, das Pyrrhos im Frühjahr 280 nach Italien führte,
bestand aus 3000 Reitern, 20000 Mann Linienfussvolk (Pha-

---

[1]) S. unten Cap. XI und vgl. Thuk. III 113: διότι ἄπιστον τὸ πλῆθος λέγεται ἀπολέσθαι ὡς πρὸς τὸ μέγεθος τῆς πόλεως. Also
auch nach Thukydides war Ambrakia keine grosse Stadt.

[2]) Diod. XII 60.

[3]) Thuk. I 24: μεγάλη καὶ πολυάνθρωπος.

[4]) Polyaen. IV 11, 4.

[5]) Cic. Phil. XI 11, 26: Apolloniam magnam urbem et gravem.

[6]) Thuk. II 80.

[7]) Diod. XV 13.

langiten und Hypaspisten) und 2500 Mann Bogenschützen und
Schleuderern[1]); doch war dasselbe keineswegs ausschliesslich
aus Epeiroten zusammengesetzt, wenn diese auch die Haupt-
masse bildeten[2]). Es werden thessalische Reiter und makedonische Hülfstruppen ausdrücklich erwähnt[3]), und Söldner können so wenig wie in anderen griechischen Heeren dieser Zeit
gefehlt haben. Auch begriff Pyrrhos' Reich ausser den ursprünglich zu Epeiros gehörenden Provinzen noch Ambrakia,
Akarnanien, Amphilochien, und von Makedonien die Parauaea
und Tymphaea.

Jedenfalls hat der epeirotische Bund in der letzten Hälfte
des III. und der ersten des II. Jahrhunderts es nicht vermocht,
auch nur annähernd die gleiche Truppenzahl aufzustellen. Bei
Sellasia stellten die Epeiroten nur 1000 Mann und 50 Pferde[4]);
und in den römischen Kriegen haben sie nie ein irgend bedeutendes Gewicht in die Wagschale gelegt. Immerhin haben
die Chaonen und Thesproter im perseischen Kriege den Le-
gaten Ap. Claudius mit 6000 Mann unterstützt[5]): die Molosser
standen damals auf makedonischer Seite.

Aus derselben Zeit haben wir noch eine Angabe, die zu
dem werthvollsten gehört, was uns überhaupt aus der Bevölkerungsstatistik des Alterthums überliefert ist. Polybios berichtet uns nämlich, dass die Römer nach der Besiegung des
Perseus, um Epeiros für seinen Abfall zu strafen und zugleich
das Heer für den Verlust der makedonischen Beute zu entschädigen, 70 Städte des Landes der Plünderung Preis gaben
und ihre Einwohner, 150000 an Zahl, in die Sklaverei verkauften[6]). So sehr auch unsere Phantasie sich sträubt, einen

---

[1]) Plut. *Pyrrh.* 15.
[2]) Plut. *Pyrrh.* 10. 28. 30; Diod. XXII 10.
[3]) Plut. *Pyrrh.* 17; Justin. XVII 2.
[4]) Polyb. II 65, 4.
[5]) Liv. 43, 21, nach Madvigs evidenter Emendation des überlieferten
Amnenacaum. Athamanum, was Weissenborn in den Text gesetzt hat, ist
ganz unpassend. Vgl. auch Liv. 43, 23.
[6]) Polybios bei Strab. VII S. 322: τῶν Ἠπειρωτῶν ἑβδομήκοντα πόλεις
Πολύβιός φησιν ἀνατρέψαι Παῦλον μετὰ τὴν Μακεδόνων καὶ Περσέως

Akt so namenloser Barbarei und Perfidie für möglich zu halten — denn die Epeiroten hatten sich bereits seit einem Jahre
unterworfen und waren scheinbar zu Gnaden angenommen
worden —, so ist doch dem ausdrücklichen Zeugnisse des Polybios gegenüber ein Zweifel nicht möglich. Polybios spricht
hier beinahe als Augenzeuge; er stand ausserdem dem Hause
des Paulus so nahe, dass er in der Lage war, die besten In-
formationen zu haben; seine bekannte Vorliebe für die Römer
giebt uns die Gewähr, dass er nicht die Geschichte in ten-
denziöser Weise gefälscht hat. Und da Strabon, Livius und
Plutarch, die alle unabhängig von einander aus Polybios geschöpft haben, übereinstimmend dieselbe Zahl geben, ist auch
ein Fehler in unserer Ueberlieferung hier von vornherein
ausgeschlossen. Es ist nun allerdings keineswegs das ganze
Epeiros, das von dieser Maassregel betroffen ward. Athama-
nien, Amphilochien, Ambrakia, Atintanien, Parauaea und
Tymphaea gehörten überhaupt in dieser Zeit nicht zum
epeirotischen Bunde und hatten in dem Kriege mit Perseus
theils Rom die Treue bewahrt, theils waren sie als makedonische Provinzen in den Frieden eingeschlossen worden. Und
auch von den Gliedern des epeirotischen Bundes hatten die
Chaonen und Thesproter wenigstens zum bei weitem grössten
Theil an der Freundschaft mit Rom festgehalten. So hat das
Strafgericht des Jahres 168 im wesentlichen nur die Molosser
betroffen, wie auch unsere Quellen ausdrücklich hervorheben,
so dass ein epeirotischer Bund um die Hauptstadt Phoenike
auch später noch fortbestanden hat. Das molossische Gebiet
aber umfasste etwa die Hälfte des ganzen epeirotischen Bundes,
3500 von 7900 qkm. Es liegt nicht der geringste Grund vor,
dem chaonischen und thesprotischen Gebiete eine weniger
dichte Bevölkerung zuzuschreiben, als der Molossis; eher das
Gegentheil, da in Chaonien die grösste Stadt von Epeiros,
Phoenike, gelegen hat. Wenn die Molosser das Hauptvolk

κατάλυσιν Μολοττῶν δ᾽ ὑπάρξαι τὰς πλείστας· πέντε δὲ καὶ δέκα μυριάδας ἀνθρώπων ἀνδραποδίσασθαι. Daraus Plut. *Paulus* 29; Liv. 45, 34;
App. *Ill.* 9; vgl. Nissen, *Quellen des Livius* S. 308.

gewesen sind, so erklärt sich das hinlänglich aus der grösseren Ausdehnung ihres Landes. Auch müssen natürlich viele Molosser der Gefangenschaft entgangen sein. Für den ganzen Bund werden wir also im ersten Drittel des II. Jahrhunderts eine Bevölkerung von ungefähr 300 000 Seelen anzunehmen haben, oder 38 auf den qkm, eine Volksdichtigkeit, die der des heutigen Vilajets Janina (39 auf den qkm) etwa gleich kommt. Wir sehen, wie falsch es ist, die Bevölkerung der Bundesstaaten dieser Zeit einfach auf Grund der militärischen Leistungen bestimmen zu wollen, in derselben Weise, wie das für die Stadtrepubliken des V. und IV. Jahrhunderts möglich ist. Diese Methode wird hier stets zu niedrige Resultate ergeben. — Dagegen wird das athamanische Bergland offenbar relativ viel schwächer bevölkert gewesen sein, als das eigentliche Epeiros, und kaum mehr als 10 Einwohner auf den qkm, im ganzen also etwa 20 000 Einwohner, gezählt haben.

4. Thessalien.

Wenn wir den Pindos nach Osten hin überschreiten, gelangen wir in ein ganz anderes Wirthschaftsgebiet. Statt des rauhen aetolisch-epeirotischen Berglandes empfängt uns die fruchtbare thessalische Ebene, ein Land uralter Cultur, wo städtisches Leben sich schon in sehr frühen Zeiten entwickelt hat. Allerdings war auch hier der Ackerbau entschieden vorherrschend; Thessalien ist die einzige Landschaft des europäischen Griechenland, die Getreide in grösseren Mengen auszuführen vermochte[1]); und die thessalische Pferdezucht war berühmt. Auch Sklaven wurden aus Thessalien ausgeführt; dagegen ist von einer thessalischen Industrie so gut wie gar nicht die Rede. Thessalien scheint denn auch niemals eine Grossstadt in griechischem Sinne — wie Theben oder Argos — besessen zu haben; dagegen finden wir mehrere ansehnliche Mittelstädte, wie Larisa, Pharsalos und namentlich

---

[1]) Xen. *Hell.* VI 1, 11.

Pherae mit seinem Hafen Pagasae, in makedonischer Zeit Demetrias.

Der Flächeninhalt Thessaliens und seiner Nebenländer bis zu den Thermopylen ist von Clinton zu 5674 engl. Quadratmeilen = 14 695,66 qkm berechnet worden [1]). Moreau de Jonnès nimmt 12 900 qkm an [2]); über die zu Grunde liegende Begrenzung giebt er so wenig wie Clinton eine Andeutung. Meine eigene planimetrische Berechnung, auf Grund von Kieperts *Carte de l'Epire et de la Thessalie* (Berlin 1880) im Maassstab von 1 : 500 000 und für die Landschaften am Oeta und den Thermopylen von Bl. VII von Kieperts *Neuem Atlas von Hellas*, das überhaupt für den Lauf der alten Grenzen maassgebend war, ergiebt folgende Zahlen [3]):

	qkm
die Tetrarchien	9790
Perrhaebia	1700
Magnesia	1550
Dolopia	1300
Aenianen, Oetaeer, Malier	1460
	15 800

Der See Boebeis (*Karla*) hat nach Strelbitzky 78,3, der See Nestoris (*Kara Tschaïr*) 33,2 qkm [4]).

---

[1]) *Fasti Hell.* II² 385.

[2]) *Statistique* I 171.

[3]) Neumann-Partsch, *Phys. Geogr. v. Griech.* S. 137, geben den Flächeninhalt Thessaliens nördlich der früheren Grenze des Königreichs Griechenland zu 12 034 qkm an, auf Grund einer planimetrischen Berechnung nach der österreichischen Generalstabskarte in 1 : 300 000 und Bl. VII von Kieperts *Atlas von Hellas*. Da von den obigen 15 800 qkm 2630 zur Nomarchie Phthiotis und Phokis (oben S. 161), 1100 zur Nomarchie Akarnanien und Aetolien (oben S. 183) gehören, so bleiben für das übrige zum Theil heute noch türkische, zum Theil durch den Berliner Vertrag an Griechenland abgetretene Thessalien 12 070 qkm, was also bis auf 36 qkm (0,3 %) mit dem Ergebnisse von Partsch übereinstimmt. Die Differenz verschwindet vollständig, wenn wir berücksichtigen, dass ich oben absichtlich die Zahlen abgerundet habe. Ich bemerke noch, dass ich meine Berechnung längst vorgenommen hatte, als das Buch von Neumann-Partsch erschien.

[4]) *Superficie de l'Europe* S. 205.

Ueber die Wehrkraft Thessaliens erfahren wir, dass das Land zu Iasons Zeit 6000 Reiter und über 10000 Hopliten[1]), mit den Nebenländern, zu denen damals auch Epeiros gehörte, 8000 Reiter und 20000 Hopliten aufstellen konnte[2]), ausserdem eine sehr grosse Zahl von Peltasten. Diese Angaben mögen allerdings, wenigstens was die Reiter angeht, übertrieben sein. Denn Isokrates schätzt kurze Zeit später die thessalische Reiterei nur zu „über 3000 Pferden"[3]); Alexander hat 1500 thessalische Reiter nach Asien geführt[4]), wozu später ein Nachschub von weiteren 200 hinzutrat[5]); im lamischen Kriege haben nicht mehr als 2000 thessalische Reiter auf griechischer Seite gefochten[6]), obgleich die ganze Landschaft mit Ausnahme zweier Städte von Makedonien abgefallen war. — Allerdings müssten von den 50000 griechischen Hülfstruppen der Perser, die nach Herodot bei Plataeae gekämpft haben sollen[7]), über die Hälfte Thessalien angehört haben; aber diese ganze Zahl ist ohne jeden Zweifel rein willkürlich. Der Tyrann Alexandros, der ausser Pherae auch Magnesia und einen Theil des phthiotischen Achaia beherrschte, stellte 363 gegen Pelopidas mehr als 20000 Mann ins Feld[8]), die keineswegs alle, vielleicht nicht einmal zur Hälfte, Söldner gewesen sein können, während gleichzeitig bei Pelopidas' Heer sich gegen 10000 Mann thessalischer Truppen befanden[9]). Bei dem 321

---

[1]) Xen. *Hell.* VI 1, 8: ὥς γε μήν, ὅταν ταγεύηται Θετταλία, εἰς ἑξακισχιλίους μὲν οἱ ἱππεύοντες γίγνονται, ὁπλῖται δὲ πλείους ἢ μύριοι καθίστανται.

[2]) Xen. *Hell.* VI 1, 19: ἐπεί γε μὴν ἐτάγευσε, διέταξεν ἱππικόν τε ὅσον ἑκάστη πόλις δυνατὴ ἦν παρέχειν καὶ ὁπλιτικόν. καὶ ἐγένοντο αὐτῷ ἱππεῖς μὲν σὺν τοῖς συμμάχοις πλείους ἢ ὀκτακισχίλιοι, ὁπλῖται δ᾽ ἐλογίσθησαν οὐκ ἐλάττους δισμυρίων, πελταστικόν γε μὴν ἱκανὸν πρὸς πάντας ἀνθρώπους ἀντιταχθῆναι.

[3]) Isokr. *e. Fr.* 118.

[4]) Diod. XVII 17.

[5]) Arrian *Anab.* I 29, 4.

[6]) Diod. XVIII 15.

[7]) Herod. IX 32, der die Zahl aber mit grosser Reserve giebt.

[8]) Diod. XV 80.

[9]) Plut. *Pelop.* 32.

mit aetolischer Hülfe unternommenen Aufstande stellte Thessalien 13000 Mann zu Fuss und 1000, oder wohl richtiger 2000
Reiter auf[1]). Angaben aus späterer Zeit fehlen.

Alle diese Zahlen indess können uns bei den eigenthüm-
lichen socialen Zuständen Thessaliens kein ausreichendes Bild
der Bevölkerungsverhältnisse des Landes gewähren. Denn die
bei weitem zahlreichste Klasse der Einwohner, die Penesten
wurden für gewöhnlich ebenso wie die lakedaemonischen Heiloten zum Kriegsdienste nicht herangezogen, wenn das auch in
Ausnahmsfällen hier wie in Sparta geschehen ist[2]). Iason
glaubte mit ihnen eine der athenischen an Zahl überlegene
Flotte bemannen zu können[3]), er scheint also die Zahl der
thessalischen Penesten höher veranschlagt zu haben, als die
Bevölkerung von Attika, also auf mehr als 200000. Eben
dahin führt eine Andeutung bei Thukydides, wonach die Penesten zahlreicher gewesen wären, als die Heiloten in Lakonien
und Messenien, was bei der grösseren Ausdehnung und Fruchtbarkeit Thessaliens gegenüber dem spartanischen Gebiete auch
an sich hohe Wahrscheinlichkeit hat[4]). Auch damit kämen
wir also auf über 200000 Penesten, während die freie Bevölkerung Thessaliens bei einer militärischen Leistungsfähigkeit

---

[1]) Diod. XVIII 38. Die Zahl ergiebt sich daraus, dass das Gesammtaufgebot 25000 Mann und 1500 Reiter betrug, wovon die Aetoler 12000
Mann und 400 Reiter stellen. 1100 Reiter sind für Thessalien so auffallend wenig, dass die Annahme einer Corruption der Zahl fast unabweisbar wird.

[2]) So unterhielt Menon von Pharsalos ein Corps von 300 berittenen
Penesten: Dem. g. Aristokr. 199 und daraus wörtlich περὶ συντάξεως 23,
nur dass dort διακοσίοις δ' ἱππεῦσι steht.

[3]) Xen. Hell. VI 1, 11: ἀνδρῶν γε μὴν ταύτας πληροῦν πότερον
Ἀθηναίους ἢ ἡμᾶς εἰκὸς μᾶλλον δύνασθαι, τοσούτους καὶ τοιούτους ἔχοντας πενέστας;

[4]) Thuk. VIII 40: οἱ γὰρ οἰκέται τοῖς Χίοις πολλοὶ ὄντες καὶ μιᾷ
γε πόλει πλὴν Λακεδαιμονίων πλεῖστοι γενόμενοι. Unnütze Worte
macht Thukydides nicht; das μιᾷ γε πόλει deutet also wohl darauf hin,
dass es Landschaften gegeben hat, die noch mehr Sklaven besassen; und
hier muss Thukydides der Natur der Sache nach zuerst Thessalien im
Sinne gehabt haben.

von 3—4000 Reitern, über 10000 Hopliten und einem entsprechenden städtischen Proletariat auf nahe an 100000 Seelen
zu veranschlagen sein wird. Da das eigentliche Thessalien,
die Tetrarchien, gegen 10000 qkm Flächenraum hat, so ergäbe sich eine Volksdichtigkeit von etwa 30 auf den qkm. Es
mag sein, dass das etwas zu niedrig ist und 400000 Einwohner (40 auf 1 qkm) für das IV. Jahrhundert der Wahrheit
näher kommen; höher hinauf dürfen wir aber kaum gehen, da
Boeotien, das bei annähernd derselben Fruchtbarkeit nur eben
seinen eigenen Bedarf an Getreide zu produciren vermochte,
eine Volksdichtigkeit von höchstens 60 auf den qkm gehabt hat.

Die grösstentheils gebirgigen thessalischen Nebenländer
müssen natürlich eine weit geringere relative Bevölkerung gehabt haben. Für Dolopien wird höchstens dieselbe Volksdichtigkeit wie für Aetolien anzusetzen sein, also bei einer
Ausdehnung von 1300 qkm etwa 15000 Einwohner; für die
zum Theil städtereichen Landschaften am Oeta, Pelion und Olymp
etwas mehr, aber wohl kaum über 20 auf den qkm, was auf
4700 qkm eine Bevölkerung von gegen 100000 ergiebt. Ganz
Thessalien mit den Nebenländern wird also im IV. Jahrhundert
400000 bis höchstens 1/2 Million Einwohner gezählt haben.

Im III. Jahrhundert hat Thessalien das beständige Schlacht-
feld zwischen Aetolien und Makedonien gebildet. Die Bevölkerung ging in Folge dieser unaufhörlichen Kriege bedeutend
zurück. Wir haben dafür ein officielles Zeugniss in zwei Re-
scripten König Philipps an die Gemeinde Larisa aus den Jahren
219 und 214, worin den Larisaeern empfohlen wird, die bei
ihnen wohnenden Metoeken hellenischer Abkunft zu Bürgern
zu machen, damit das in Folge der Kriege wüst liegende Gebiet besser bebaut würde[1]. Demgemäss verliehen die Larisaeer einer grossen Zahl Metoeken das Bürgerrecht; der er-

---

[1] Collnitz, *Griech. Dial.-Inschr.* I 345: καὶ ἡ ὑμετέρα πόλις διὰ
τοὺς πολέμους προσδεῖται πλεόνων οἰκητῶν... τούτου γὰρ συντελεσθέν-
τος πέπεισμαι καὶ... τὴν χώραν μᾶλλον ἐξεργασθήσεσθαι κτλ.... ὅτι
γὰρ πάντων κάλλιστόν ἐστιν ὡς πλείστων μετεχόντων τοῦ πολιτεύματος
τήν τε πόλιν ἰσχύειν καὶ τὴν χώραν μὴ ὥσπερ νῦν αἰσχρῶς χερσεύ-
εσθαι κτλ.

haltene Theil der Urkunde führt auf: 1 Neubürger aus Samo-
thrake, 142 aus Krannon, 60 aus Gortyn; mitten in dem Verzeichniss der Gortynier bricht die Inschrift ab. Ein Schluss
auf die Gesammtzahl ist demnach nicht möglich, es können 500,
es können aber auch 1000 und darüber gewesen sein. — Ein
ähnliches Verzeichniss aus etwa derselben Zeit besitzen wir aus
Pharsalos; es scheint vollständig und führt 176 Namen auf[1]).
Auch wer Polybios und die daraus übersetzten Stücke des Livius
liest, wird den Eindruck gewinnen, dass Thessalien am Ende
des III. und Anfang des II. Jahrhunderts ein keineswegs dicht
bevölkertes Land war. Wie gross die Abnahme gewesen ist,
bleibt freilich mit unseren Mitteln unbestimmbar.

5. Makedonien.

Makedonien ist die ausgedehnteste aller griechischen Landschaften. Eine genaue Arealbestimmung ist bei unserer Unsicherheit über den Lauf der alten Grenzen unmöglich; meine
planimetrische Berechnung auf Grund von Bl. VII des Kiepertschen *Atlas von Hellas* (1 : 1 000 000) ergiebt ungefähr 32 000 qkm.
Dabei ist die Chalkidike, Tymphaea und Parauaea bis 18°
östl. Länge von Paris eingerechnet; die Nordgrenze gegen
Paeonien ist bei den Axiu Stenai angesetzt; dagegen sind das
bisaltische Gebiet rechts von Strymon und Amphipolis ausgeschlossen. Von diesem Flächenraum entfällt etwa die Hälfte
auf Ober-Makedonien, westlich einer Linie vom Gipfel des
Titaros über den Kamm des Pieros, des Bermios und der Bora,
also auf die Landschaften Lynkestis, Orestis, Eordaea, Eleimiotis,
Tymphaea, Parauaea. Auf die Chalkidike, südlich vom See
Bolbe und einer Linie von dessen Westende bis zum aeneischen
Vorgebirge kommen etwa 4000 qkm, davon auf den Rumpf 3000,
auf die drei Halbinseln:

	qkm
Athos	321,0
Sithonia	387,0
Pallene	386,6
	1094,6

---

[1]) Collnitz, *Gr. Dial. Inschr.* I 326.

Letztere Zahlen nach der planimetrischen Berechnung Strelbitzkys (*Superficie de l'Europe* S. 217). Die makedonischen
Seen haben, ebenfalls nach Strelbitzky, folgenden Flächenraum (a. a. O. S. 205):

	qkm
Bolbe (*Beschik-Göl*)	91,3
Begorrites (*Ostroro*)	65,8
(*Presba*)	198,0
(*Kastoria*)	50,8
	405,4

Wenden wir uns jetzt zu den Angaben über die Bevölkerung.
Am besten unterrichtet sind wir hier, wie begreiflich, über die
griechischen Pflanzstädte an der Küste. Der Mehrzahl nach
waren diese Städte ziemlich unbedeutend. Potidaea, vor dem
peloponnesischen Kriege wohl die erste darunter, hat nach
Herodots Schätzung bei Plataeae nicht mehr als 300 Hopliten
gestellt[1]; die attische Kleruchie, die 429 an die Stelle der
korinthischen Kolonie trat, zählte nicht über 1000 Bürger[2].
Mende konnte 423 zur eigenen Vertheidigung nur 400 Hopliten
aufstellen, einschliesslich der peloponnesischen Besatzung, die
allerdings nur gering an Zahl war[3]. Skione sandte bei dieser Gelegenheit der Nachbarstadt 300 Hopliten zu Hülfe[4]; und bei der
Wichtigkeit, welche die Vertheidigung Mendes auch für Skione
hatte, können wir nicht zweifeln, dass die ganze überhaupt zum
Felddienst verwendbare Hoplitenzahl der Stadt aufgeboten wurde.
Bei der Einnahme von Torone durch Kleon im folgenden Jahre
betrug die Zahl der Gefangenen, Bürger und peloponnesische
Besatzungstruppen zusammen, aber ausschliesslich der Weiber
und Kinder, nicht mehr als 700 Mann[5]; mögen auch manche
entkommen sein, so kann die Stadt doch kaum viel über 1000
Bürger gezählt haben. Für Skione und Mende mögen etwa je
1500, für Potidaea 2—3000 Bürger anzusetzen sein. Das ent-

---

[1] Herod. IX 28.
[2] Diod. XII 46.
[3] Thuk. IV 129.
[4] Thuk. IV 129. 130.
[5] Thuk. V 3.

spricht etwa den Sätzen der attischen Tributlisten, da um die
Zeit des Ausbruchs des peloponnesischen Krieges Torone einen
regelmässigen Tribut von 6 Talenten, Mende von 8, Skione
von 9, Potidaea von 15 Talenten bezahlt zu haben scheinen.
Aphytis hat nur 3 Talente bezahlt und ist also ohne Zweifel
kleiner gewesen; Sane, Neapolis und Aegae waren ganz unbedeutend. Die Halbinsel Pallene muss also bei einem Flächenraum von 386,6 qkm um diese Zeit etwa 6—7000 Bürger
gezählt haben, entsprechend einer bürgerlichen Bevölkerung
von 47—57 auf 1 qkm, eine bedeutende Volksdichtigkeit, die bei
einem so fruchtbaren und städtereichen Gebiete nicht überrascht.

Sithonia hat dieselbe Ausdehnung wie Pallene (387 qkm),
ist aber gebirgiger: während der höchste Punkt von Pallene
nur 330 Meter über dem Meere liegt, erhebt sich Sithonia bis
auf 790 Meter[1]). Auch fehlt hier ein grösseres städtisches
Centrum, wie es Potidaea, und später Kassandreia, für Pallene
bildete. Die grösste Stadt auf Sithonia, Torone, kann 422, wie
wir gesehen haben, kaum über 1000 Bürger gezählt haben.
Die übrigen Städte der Halbinsel: Singos, Galepsos, Sermylia,
und die ganz unbedeutenden Sarte und Piloros, können nach
Ausweis unserer Tributlisten um den Ausbruch des peloponn-
nesischen Krieges zusammen nicht über 9 Talente regelmässige
Steuer an Athen gezahlt haben, also einundeinhalbmal soviel
wie Torone. Wir werden demnach für ganz Sithonia nicht
mehr als etwa 2500—3000 Bürger ansetzen dürfen. Noch
schwächer bevölkert musste die rauhe Athos-Halbinsel sein;
ihre 6 Städtchen zahlten den Athenern im ganzen nur gegen
4 Talente und werden schwerlich über 1000 Bürger gezählt
haben, auf einem Flächenraum von 321 qkm. Für die drei
Halbinseln zusammen ergiebt das etwa 10000 Bürger, auf nahe
an 1100 qkm.

Der an 3000 qkm grosse Rumpf der chalkidischen Halbinsel hat nun ohne Zweifel eine relativ viel schwächere Bevölkerung gehabt. Allerdings lag hier seit dem peloponnesischen
Kriege bis 347 die bedeutendste Stadt der Chalkidike nicht

---

[1]) Nach Bl. XV von Kieperts *Neuem Atlas von Hellas* (Berlin 1879).

nur, sondern überhaupt der ganzen makedonisch - thrakischen
Küste, Byzantion allein vielleicht ausgenommen: Olynthos[1]).
Ihre Bürgerzahl giebt Demosthenes für das Jahr 383 zu 5000[2]),
für 347 zu 10000 an[3]), Zahlen, die durchaus das Gepräge
der Glaubwürdigkeit tragen, mag auch die letztere immerhin
nach oben abgerundet sein. — Die nächst Olynth bedeutendsten
Städte der Chalkidike waren Apollonia und Akanthos[4]). Um
383 vermochten sie an 400 Reiter aufzustellen[5]), d. h. etwa
soviel, wie Olynthos selbst. Später, unter Alexander, bildeten
die Reiter von Apollonia eine Ile der makedonischen Ritterschaft[6]), was einen Bestand von annähernd 200 Pferden voraussetzt. Beide Städte zusammen können also kaum unter
5000 Bürger gezählt haben. — Die Städte der Krusis waren
mit Ausnahme von Aenea ganz unansehnlich. Mehr ins Gewicht fallen die Bottiaeer, wie ihr starkes Hervortreten im
peloponnesischen Kriege beweist; ein Anhalt zur numerischen
Schätzung fehlt. — Alles in Allem genommen mag die chalkidische Halbinsel zur Zeit des peloponnesischen Krieges gegen
25000, in Philipps Zeit an 30000 Bürger gezählt haben. Nicht
mit Unrecht also nennt Xenophon die Chalkidike „ein bei
seinem Kornreichthum stark bevölkertes Land"[7]). Bei dem
Zuge nach Lynkestis im Winter 423 auf 422 hatten Brasidas
und Perdikkas 3000 hellenische Hopliten[8]), von denen min-

---

[1]) Xen. *Hell.* V 2, 12: ὅτι μὲν γὰρ τῶν ἐπὶ Θρᾴκης μεγίστη πόλις
Ὄλυνθος, σχεδὸν πάντες ἐπίστασθε. Der Ausdruck τὰ ἐπὶ Θρᾴκης schliesst
bekanntlich die hellespontischen Landschaften aus.

[2]) Dem. *v. d. Ges.* 263: ἐκεῖνοι γὰρ, ἡνίκα μὲν τετρακοσίοις ἱππέας
ἐκέκτηντο μόνον καὶ σύμπαντες οὐδὲν ἦσαν πλείους πεντακισχιλίων τὸν
ἀριθμὸν, οὔπω Χαλκιδέων πάντων εἰς ἓν συνῳκισμένων κτλ.

[3]) Ebenda 266: χιλίους μὲν ἱππέας κεκτημένοι, πλείοις δ' ὄντες ἢ
μύριοι, πάντας δὲ τοὺς περιχώρους ἔχοντες συμμάχους. Dass sich die
Zahl 10000 auf Olynthos allein beziehen muss, ist klar; die Reiterzahl dagegen ist die des ganzen chalkidischen Bundes, s. unten S. 206.

[4]) Xen. *Hell.* V 2, 11: αἵπερ μέγισται τῶν περὶ Ὄλυνθον πόλεων.

[5]) Xen. *Hell.* V 2, 14 vgl. mit V 3, 1.

[6]) Arrian *Anab.* I 12, 7. Ich halte es für unzweifelhaft, dass es
westlich des Strymon nur ein Apollonia in dieser Gegend gegeben hat.

[7]) Xen. *Hell.* V 2, 16: πολυανθρωπία γε μὴν διὰ τὴν πολυσιτίαν
ὑπάρχει.

[8]) Thuk. IV 124.

destens die Hälfte von den Colonien an der makedonischen Küste gestellt sein musste, da die 1700 Schwerbewaffneten, die Brasidas aus dem Peloponnes herangeführt hatte[1]), durch Detachirungen zu Besatzungszwecken stark geschwächt waren. Bei Amphipolis im folgenden Herbste hatte] Brasidas 2000 Hopliten, 300 chalkidische und amphipolitische Reiter und 1000 chalkidische Peltasten[2]). Xenophon — allerdings in einer Tendenzrede — erklärt die Macht der geeinten Chalkidike für grösser als die von Boeotien[3]). Das Aufgebot an Reitern habe 1000 Pferde betragen, eine Zahl, die auch Demosthenes angiebt[4]) und die ohne Zweifel richtig ist. Als Akanthos, Apollonia und die Städte auf Pallene noch nicht zum olynthischen Bunde gehörten, habe dieser 800 Hopliten und „eine viel grössere Zahl von Peltasten" aufstellen können. Da diese Zahlen angeführt werden, um einen möglichst hohen Begriff von der Macht der Olynthier zu geben, so ist die Zahl 800 offenbar corrumpirt; eine Emendation wage ich nicht[5]). Jedenfalls hat Olynthos es vermocht, einem peloponnesischen Heere von 10000 Mann durch längere Zeit erfolgreichen Widerstand zu leisten. Nach der Unterwerfung durch Sparta bildeten die Contingente der chalkidischen Städte das 10. Armeecorps des peloponnesischen Bundesheeres[6]).

Wenden wir uns jetzt zu den übrigen Colonien an dieser Küste. Pydna war eine verhältnissmässig ansehnliche Stadt, wie der lange Widerstand zeigt, den sie Archelaos von Makedonien leistete[7]); später finden wir mehrere ihrer Bürger in hohen Stellungen im Heere Alexanders. Kleiner war das benachbarte Methone, das 3 Talente Tribut an Athen zahlte und Nikias 423 120 Mann leichter Truppen gegen die Chalkidier

---

[1]) Thuk. IV 78.
[2]) Thuk. V 6.
[3]) Xen. *Hell.* V 2, 16.
[4]) Xen. *Hell.* V 2, 14 und oben S. 205 Anm. 3.
[5]) Xen. *Hell.* V 2, 14; vgl. Grote, *Hist. of Greece* IX 268 A. (London 1870) und die Herausgeber der *Hellenika.*
[6]) Diod. XV 31.
[7]) Diod. XIII 49.

als Hülfe stellte[1]). Ein Volksbeschluss aus dem Jahre 426[2]) ertheilt der Stadt das Privileg, jährlich eine gewisse Menge Getreide aus Byzantion auszuführen; die Zahl ist leider verstümmelt, es können 4000, und es können auch 8000 Medimnen gewesen sein. Selbst letztere Zahl genügt bei einem jährlichen Verbrauche von 5 Medimnen nur für 1800 Menschen; sollte das Privileg für Methone irgend welchen Werth haben, so kann die Stadt nur unbedeutend gewesen sein.

Ueber die Bevölkerung des inneren Makedonien sind wir erst seit Philipps und Alexanders Zeit unterrichtet. Im Jahre 360 war König Perdikkas mit 4000 Makedonen in einer Schlacht gegen die Illyrier gefallen[3]). Dennoch konnte Philipp im folgenden Jahre 10000 Mann zu Fuss und 600 Reiter gegen sie ins Feld führen[4]), offenbar die ganze Macht, die Makedonien damals überhaupt aufstellen konnte. Gegen Onomarchos brachte Philipp 352 20000 Mann zu Fuss und 3000 Reiter zusammen, aber einschliesslich der thessalischen Contingente, die namentlich von der Reiterei den grössten Theil bildeten[5]). Perinthos belagerte der König 340 mit 30000 Mann[6]), die freilich auch nicht ausschliesslich Makedonen gewesen sein werden. Bei Chaeroneia zählte Philipps Heer dieselbe Stärke, 30000 Mann zu Fuss und 2000 Reiter[7]). Ebensoviel, 30000 Mann und 3000 Reiter, soll Alexandros bei Theben gehabt haben[8]).

So charakteristisch diese Zahlen die Entwickelung der makedonischen Militärmacht von 360 bis 335 veranschaulichen, so wenig brauchbar sind sie zur Bestimmung der Bevölkerung des Landes, da wir über die Zusammensetzung dieser Heere

---

[1]) Thuk. IV 129.

[2]) *CIA.* I 40.

[3]) Diod. XVI 2.

[4]) Diod. XVI 4.

[5]) Diod. XVI 35: τοῦ δὲ Φιλίππου μετὰ τῶν Θετταλῶν ἀντιπαραταξαμένου τοῖς Φωκεῦσιν ..... καὶ τῶν Θετταλῶν ἱππέων τῷ πλήθει καὶ ταῖς ἀρεταῖς διαφερόντων κτλ.

[6]) Diod. XVI 74.

[7]) Diod. XVI 85; die Zahl der Reiter scheint nicht richtig überliefert, s. Schaefer *Demosth.* II S. 530.

[8]) Diod. XVII 9.

nicht unterrichtet sind. Erst bei Gelegenheit von Alexanders
asiatischem Zuge finden wir darüber nähere Angaben. Alexander
ging über den Hellespont mit 12 000 Mann makedonischer Fusstruppen (Phalangiten und Hypaspisten) und 1500 Hetaeren zu
Pferde; eine gleiche Zahl wurde unter Antipatros zum Schutze
der Heimath zurückgelassen [1]). Die gesammte Wehrkraft Makedoniens betrug also um 334: 27 000 Mann, hatte sich demnach
seit 25 Jahren etwa verdoppelt, theils in Folge der Einverleibung der Chalkidike, theils durch den wachsenden Wohlstand
des Landes.

Während der asiatischen Feldzüge hat das Heer sehr bedeutende Nachschübe erhalten. Zu den 6 Taxen der schwerbewaffneten Phalanx, die am Granikos gefochten hatten, traten
allmählich weitere 4 Taxen hinzu [2]). Diesem Verhältniss entspricht es, wenn unter den 10 000 Veteranen, die nach dem
indischen Feldzuge zur Entlassung kamen, 6000 Mann von den
alten, mit Alexander nach Asien hinübergegangenen Truppen
und 4000 Mann von den später zum Heere gestossenen Verstärkungen sich befanden [3]). Da auch die alten Taxen, und
besonders die Reiterei, während des Krieges Nachschübe erhalten hatten, welche die Verluste mindestens ausglichen, so
mögen die 10 000 im Jahre 323 entlassenen Veteranen etwa
die Hälfte des damals in Asien vorhandenen Bestandes an
makedonischen Truppen ausgemacht haben.

Wir glauben es gern, dass Makedonien durch die unaufhörlichen Truppenentsendungen an waffenfähiger Mannschaft
erschöpft wurde [4]). Trotzdem konnte Antipatros beim Ausbruch
des hellenischen Aufstandes 323 nach Zurücklassung einer genügenden Besatzung in Makedonien 13 000 Mann zu Fuss und
600 Reiter nach Thessalien führen [5]), während Leonnatos im

---

[1]) S. den Excurs am Ende des Capitels.

[2]) S. unten den Excurs: das Heer Alexanders.

[3]) Diod. XVIII 16.

[4]) Diod. XVIII 12: ἐσπάνιζε γὰρ ἡ Μακεδονία στρατιωτῶν πολιτικῶν διὰ τὸ πλῆθος τῶν ἀπεσταλμένων εἰς τὴν Ἀσίαν ἐπὶ διαδοχὴν τῆς
στρατείας.

[5]) Diod. XVIII 12.

folgenden Jahre mit 20000 Mann zu Fuss und 2500 Reitern nachrückt[1]). Freilich wird ein beträchtlicher Theil dieser Truppen aus Söldnern und illyrisch-thrakischen Hülfsvölkern bestanden haben. Nach Ankunft der Veteranen des Krateros beliefen sich die makedonischen Streitkräfte in Thessalien auf 40000 Hopliten und Hypaspisten, 3000 Mann leichter Truppen und 5000 Reiter[2]). Nicht viel schwächer kann das Heer gewesen sein, mit dem Antipatros und Krateros 321 nach Asien übergingen; es wird ausdrücklich hervorgehoben, dass dasselbe zum überwiegenden Theile aus Makedonen bestand[3]). Nach der Besiegung des Perdikkas liess Antipatros unter Antigonos 8000 Makedonen in Asien zurück[4]); ausserdem standen dort die 3000 Argyraspiden, die sich später Eumenes anschlossen, und eine Anzahl kleinerer Corps, wie z. B. Arrhidaeos, der Satrap am Hellespont, 1000 Mann makedonischer Truppen besass[5]). Auch bei Ptolemaeos in Aegypten waren Makedonen zurückgeblieben. Alle übrigen makedonischen Truppen führte Antipatros wieder in die Heimath.

Polysperchon rückte 318 an der Spitze von 20000 Makedonen zu Fuss, 4000 Bundesgenossen und einer entsprechenden Zahl Reiter in Hellas ein[6]); Kassandros stellte 302 gegen Demetrios sogar 29000 Mann zu Fuss und 2000 Reiter auf[7]), während ein Corps unter Prepelaos — wie es scheint 6000 Mann zu Fuss und 1000 Reiter — nach Asien detachirt war[8]). Doch sind hier wahrscheinlich die thessalischen Bundescontingente einbegriffen.

Von jetzt an fehlen durch 80 Jahre Angaben über die Stärke makedonischer Heere. Antigonos hatte 221 bei Sellasia

---

[1]) Diod. XVIII 14.
[2]) Diod. XVIII 16.
[3]) Diod. XVIII 29. 30. Der Heerestheil des Krateros allein zählte 20000 Mann zu Fuss: ὧν ἦσαν οἱ πλείους Μακεδόνες, und 2000 Reiter.
[4]) Diod. XIX 29.
[5]) Diod. XVIII 51.
[6]) Diod. XVIII 68. Die Zahl der Reiter ist corrumpirt.
[7]) Diod. XX 110.
[8]) Diod. XX 107.

28 000 Mann und 1200 Pferde, darunter etwas über 13 000
Makedonen [1]); doch lag kein Grund vor, die ganze Macht des
Landes aufzubieten. Bei Kynoskephalae 197 zählte das makedonische Heer 25 500 Mann, darunter 16 000 Phalangiten, 2000
Hypaspisten, 2000 Reiter, zusammen also 20 000 Makedonen,
der Rest Bundesgenossen und Söldner [2]). Dazu kamen aber
weiter sehr zahlreiche Besatzungen, so in Korinth allein 5300
Mann, wovon 1500 Makedonen [3]). Es hatte grosser Anstrengungen bedurft, diese Macht zusammenzubringen; Philippos
hatte bei der Recrutirung im Winter 198/7 auf die Altersklassen bis zu 16 Jahren herabgreifen und ausgediente Veteranen einstellen müssen [4]).

Nach dem Friedensschluss war Philippos bemüht, seine
Makedonen zur Kinderzucht anzuhalten, um die Lücken auszufüllen, welche die lange Kriegszeit in die waffenfähige Mannschaft des Landes gerissen hatte [5]). Mehr als diese gesetzlichen
Maassregeln musste der sechsundzwanzigjährige Frieden bewirken, dessen Makedonien sich zum ersten Male seit andert-
halb Jahrhunderten, von der Schlacht bei Kynoskephalae bis
zum perseischen Kriege erfreute. Es wuchs eine zahlreiche
junge Mannschaft heran [6]), die es Perseus möglich machte, ein
grösseres Heer gegen Rom aufzustellen, als es sein Vater ver-

---

[1]) Polyb. II 65.
[2]) Liv. 33, 4 nach Polybios.
[3]) Liv. 33, 14.
[4]) Liv. 33, 3: *Philippus dilectum per omnia oppida regni habere
instituit in magna inopia iuniorum. absumpserant enim per multas iam
aetates continua bella Macedonas .... ita et tirones ab sedecim annis
milites scribebat et emeritis quidam stipendiis quibus modo quicquam re-
liqui roboris erat, ad signa revocabantur.* Polybios scheint hier etwas gefärbt zu haben.

[5]) Liv. 39, 24 nach Polybios: *ut vero antiquam multitudinem hominum, quae belli cladibus amissa erat, restitueret, non subolem tantum
stirpis parabat cogendis omnibus procreare atque educare liberos etc.*

[6]) Liv. 42, 11: *florere praeterea iuventute, quam stirpem longa pax
ediderit.* 42, 52: *sextus et vicesimus annus agebatur, ex quo petente Phi-
lippo data pax erat: per id omne tempus quieta Macedonia et progeniem
ediderat, cuius magna pars matura militiae esset etc.*

mocht hatte. Bei Ausbruch des Krieges hatte er eine Feldarmee von 43000 Mann, abgesehen von den Besatzungen, die
freilich jetzt bei dem Verluste der meisten auswärtigen Besitzungen einen geringeren Bruchtheil der Gesammtmacht absorbiren mussten, als vor Kynoskephalae. Unter jenen 43000
Mann befanden sich 26000 Makedonen zu Fuss und 3000 zu
Pferde, also reichlich soviel, wie Alexander bei seinem Uebergang nach Asien zur Verfügung gestanden hatten [1]).
Die Wehrkraft Makedoniens ist also, wie wir sehen, von
der Einverleibung der Chalkidike durch Philipp bis zum Unter-
gang der Selbständigkeit, einzelner Rückschläge ungeachtet, im
allgemeinen etwa dieselbe geblieben. Es ist demnach wahrscheinlich, dass die freie Bevölkerung des Landes in dieser Zeit
etwa stationär geblieben ist, um so wahrscheinlicher, als dasselbe auch im übrigen Griechenland während des III. Jahrhunderts der Fall war, und Makedonien, den gallischen Einfall abgerechnet, von Philipp II. bis auf die Schlacht bei Pydna
nie von einem Feinde betreten worden ist; von Verheerungen
einzelner Grenzbezirke natürlich abgesehen. Leider sind wir
über die makedonische Conscriptionsordnung völlig im dunkeln;
doch spricht die grosse Wahrscheinlichkeit dafür, dass auch
hier, wie im übrigen Hellas, die Dienstpflicht nach dem Vermögen geordnet war. Jedenfalls ist nicht daran zu denken,
dass ein Land von der Ausdehnung Makedoniens je im Stande
gewesen sein sollte, seine gesammte wehrfähige Bevölkerung
für längere Zeit unter Waffen zu halten. Rom hat selbst in
der höchsten Bedrängniss des hannibalischen Krieges es nicht
vermocht, mehr als etwa die Hälfte seiner Bürgerschaft unter
die Fahnen zu rufen; und Makedonien hatte weder zu Alexanders Zeit, noch vor der Schlacht bei Pydna Veranlassung, so
grosse Anstrengungen zu machen. Haben die gegen 30000 Mann,
die Makedonien 334 und 171 aufgestellt hat, etwa $\frac{1}{3}$ seiner
Bürgerschaft gebildet, so müsste die bürgerliche Gesammt-

---

[1]) Livius 42, 51: *satis constabat, secundum eum exercitum quem magnus
Alexander in Asiam traiecit nunquam ullius Macedonum regis copias
tantas fuisse.*

14*

bevölkerung des Landes ungefähr 300 000, die Gesammtbevölkerung einschliesslich der Sklaven und angesiedelten Fremden
mindestens 400 000, vielleicht ½ Million betragen haben. Dabei ist nur das eigentliche Makedonien gerechnet, also mit
Ausschluss der unterworfenen illyrischen Grenzbezirke, von
Paeonien und der thrakischen Gebiete am Strymon. Bei einem
Flächenraum von 32 000 qkm würde dieses Gebiet also eine
Volksdichtigkeit von 12,5—15,6 Einwohnern auf 1 qkm gehabt
haben.

Das ist eine, auch nach antiken Verhältnissen, keineswegs
dichte Bevölkerung, die hinter der aller übrigen griechischen
Landschaften zurücksteht, Aetolien allein etwa ausgenommen.
Aber alle Nachrichten stimmen darin überein, dass Makedonien
in der That ein sehr schwach bevölkertes Land gewesen ist.
Es war die waldreichste Landschaft in Griechenland; Nutzholz
bildete den hauptsächlichsten Ausfuhrartikel, und namentlich
die athenische Flotte ist hauptsächlich mit makedonischem
Holze gebaut worden. Wild gab es in Menge, die Viehzucht
wurde in grossem Maassstabe betrieben. Sehr charakteristisch
ist es auch, dass die makedonischen Könige schon seit Kassandros sich veranlasst sahen, thrakische, gallische und illyrische
Barbaren in grosser Zahl in Makedonien anzusiedeln, ein Verfahren, das an die Maassregeln der römischen Kaiser in der
Verfallzeit des Reiches erinnert. Auch war die Bevölkerung
sehr ungleich vertheilt. Am besten bevölkert war die Chalkidike; sie mag bei der Eroberung durch Philipp auf 4000 qkm
an 100 000 freie Einwohner gezählt haben, also 25 und einschliesslich der Sklaven jedenfalls 30—40 auf 1 qkm. Die Zerstörung Olynths 347 musste allerdings einen schweren Rückschlag bringen, der aber 30 Jahre später durch die Gründung
von Kassandreia wieder ausgeglichen wurde. Ober-Makedonien
dagegen war ein rauhes Gebirgsland, mit Ausnahme von Herakleia Lynkestis ohne jede Ortschaft, die es verdiente, als Stadt
bezeichnet zu werden. Und Ober-Makedonien: die Landschaften
Lynkestis, Orestis, Eordaea, Eleimiotis, Tymphaea, umfasst
etwa die Hälfte des Flächenraums von ganz Makedonien. In
Alexanders Heer bildeten die Contingente von Ober-Makedonien

3 von den 12 Taxen der Phalanx, während die Reiterei fast ausschliesslich von den nieder-makedonischen Städten gestellt wurde. Bei der Theilung Makedoniens in 4 selbständige Republiken nach der Schlacht bei Pydna bildete ganz Ober-Makedonien den einen dieser Staaten, während Nieder-Makedonien westlich vom Strymon in zwei Staaten getheilt wurde[1]). Ober-Makedonien wird demnach schwerlich mehr als den vierten Theil der Gesammtbevölkerung Makedoniens gezählt haben, d. h. in Alexanders Zeit etwa 100 000 Einwohner, 6 auf 1 qkm, während in Nieder-Makedonien etwa 20 auf denselben Flächenraum kommen.

6. Thrake.

Die Küsten von Thrakien und Skythien, vom Strymon bis zum kimmerischen Bosporos, waren von einem dichten Kranz griechischer Colonien eingefasst. Wie weit sich das Gebiet dieser Städte nach Innen erstreckt hat, ist mit unsern Mitteln festzustellen meist völlig unmöglich; und damit schwindet auch die Möglichkeit einer Arealberechnung der griechischen Staaten in diesen Gegenden. Nur die der Küste vorgelagerten Inseln und die ganz von griechischen Colonisten besiedelten Halbinseln bilden hier eine Ausnahme. Es ergeben sich dafür folgende Zahlen:

	nach Strelbitzky[2])	nach Behm u. Wagner[3])
	qkm	qkm
Thasos	294,3	393
Samothrake	177,4	177,1
Imbros	254,7	255,5
Lemnos	476,7	454,2
Halonnesos (*Hagiostrati*)	50,1	42,8
Thrakischer Chersonnes	905,4	—
Halbinsel von Pantikapaeon (*Kertsch*)	3031,7	—
Halbinsel von Phanagoria (*Taman*) .	1720,7	—

---

[1]) Liv. 45, 29. 30.
[2]) *Superficie de l'Europe* S. 155. 216 f.
[3]) *Bevölkerung der Erde* VI 22.

Wie man sieht, stimmen beide planimetrischen Berech-
nungen für die thrakischen Inseln sehr gut überein; nur bei
Thasos ergiebt sich eine bedeutende Differenz, die wohl auf
einem Versehen Strelbitzkys beruht; wenigstens hat meine
Nachmessung auf Bl. VII von Kieperts *Atlas von Hellas* das
Resultat von Behm und Wagner annähernd bestätigt.

Angaben über die Bevölkerung fehlen so gut wie ganz.
Wir wissen, dass einige von diesen Städten, wie Thasos. Abdera[1]), Byzantion, Olbia[2]), zu den ansehnlichsten griechischen
Gemeinden gehörten. Aber zu einer numerischen Schätzung
mangelt jeder Anhalt.

Von den Thrakern selbst sagt Herodot, sie seien das zahl-
reichste aller Völker nach den Indern[3]). Freilich möchte es
Herodot schwer genug geworden sein, diese Behauptung zu
rechtfertigen; sagt er doch selbst, das Land jenseits des Istros
sei wüst und unfruchtbar[4]). Die Aegypter, Babylonier und die
Griechen selbst mussten offenbar viel zahlreicher sein, als die
Thraker, auch wenn wir die Bithyner in Kleinasien einrechnen.
Immerhin muss Thrakien im V. Jahrhundert eine verhältnissmässig nicht unbedeutende Bevölkerung gehabt haben. Das
Heer, mit dem Sitalkes 429 in Makedonien einfiel, soll nach
Thukydides 150 000 Mann stark gewesen sein[5]). Die Zahl ist
zweifellos sehr übertrieben, aber es ist doch bemerkenswerth,
dass ein so genauer Kenner thrakischer Verhältnisse und in
Zahlenangaben so vorsichtiger Schriftsteller wie Thukydides ein
solches Aufgebot wenigstens nicht für unmöglich gehalten hat.
Das Odrysenreich begriff damals das ganze Gebiet von Abdera
bis zum Istros, also ein Areal von 100—130 000 qkm. 150 000

---

[1]) Diod. XIII 72: πόλιν ἐν ταῖς δυνατωτάταις οὖσαν τότε τῶν ἐπὶ
Θρᾴκης. Vgl. die attischen Tributlisten.

[2]) Strab. VII S. 306.

[3]) Herod. V 3: Θρηίκων δὲ ἔθνος μέγιστόν ἐστι μετά γε Ἰνδοὺς
πάντων ἀνθρώπων.

[4]) V 9: ἀλλὰ τὰ πέραν ἤδη τοῦ Ἴστρου ἐρῆμος χώρη φαίνεται καὶ
ἄπορος.

[5]) Thuk. II 98: ὥστε τὸ πᾶν πλῆθος λέγεται οὐκ ἔλασσον πεντε-
καίδεκα μυριάδων γενέσθαι.

waffenfähige Männer würden eine Bevölkerung von 600 000
voraussetzen; das ergäbe eine Volksdichtigkeit von 5—6 auf
1 qkm, was nicht unangemessen scheint.

Anhang.

Das Heer Alexanders.

Ueber die Stärke des Heeres, mit dem Alexander nach
Asien überging[1]), fanden sich schon bei den Zeitgenossen verschiedene Angaben. Sie betrug nach

	zu Fuss	Reiter	
Ptolemaeos	30 000	5000	(Plutarch v. Alex. Glück 1 3, S. 327),
Aristobulos	30 000	4000	(Plut. a. a. O.),
Anaximenes	43 000	5500	(Plut. a. a. O.),
Kallisthenes	40 000	4500	(Polyb. XII 19, 1).

Ptolemaeos folgt, ohne ihn an dieser Stelle zu nennen,
Arrian (I 11, 3): ἐξελαύνει ἐφ' Ἑλλήσποντον, . . . ἄγων πεζοὺς
μὲν σὺν ψιλοῖς τε καὶ τοξόταις οὐ πολλῷ πλείους τῶν
τρισμυρίων, ἱππέας δὲ ὑπὲρ τοὺς πεντακισχιλίους. Wie wir
sehen, hat Plutarch die Zahlen seiner Quelle abgerundet; ja
es scheint nach den Worten Arrians, dass Ptolemaeos ein de-
taillirtes Verzeichniss der Streitkräfte Alexanders gegeben hat,
wie das ja auch bei einem militärischen Schriftsteller eigentlich
selbstverständlich ist. Auf Aristobulos dagegen, wenn auch
nicht direct, gehen die Zahlen bei Diodor (XVII 17) und
Justin (XI 6, 2) zurück: beide geben 4500 Reiter, Diodor
30 000, Justin genauer 32 000 Mann zu Fuss. Dass Aristobulos
nach Plutarch nur 4000 Reiter angab, darf uns nicht irre
machen. Aristobulos stimmt in der Zahl der Fusstruppen mit
Ptolemaeos überein; es ist ganz undenkbar, dass er in der

---

[1]) Die neueste Behandlung des Gegenstandes durch Hans Droysen
Alexanders des Grossen Heerwesen, Freiburg 1885, hat den Resultaten
J. G. Droysens (*Hermes* XII S. 226—52) nichts wesentliches hinzugefügt.

Zahl der Reiter um mehr als ein volles Tausend, über 20, bezw. 25 %/o der Gesammtstärke, von ihm abgewichen sein sollte. Plutarch, oder, da er selbst das Werk des Aristobulos schwerlich in der Hand gehabt hat, seine Vorlage, hat also bei der Zahl der Reiter offenbar die Hunderter unterdrückt, ebenso wie die Zahl der Fusstruppen auf ganze Myriaden abgerundet ist.

Die Abweichungen zwischen den numerischen Angaben unserer verschiedenen Quellen erklären sich nun ohne Zweifel daraus, dass die Gesammtzahl aus der Stärke der einzelnen taktischen Verbände berechnet ist, und bald die Normal-, bald die Effectivstärke zu Grunde gelegt wurde. Die Historiker Kallisthenes und Anaximenes haben offenbar das erstere gethan und dadurch höhere Zahlen erhalten. Mag dem indess sein, wie ihm wolle, jedenfalls verdienen die unter sich nahe übereinstimmenden Zahlen unserer militärischen Quellen Ptolemaeos und Aristobulos den Vorzug, und es ist verkehrt, sie mit den Zahlen des Kallisthenes und Anaximenes durch die Annahme zu combiniren, es sei das nach Asien unter Parmenion vorausgeschickte Corps bei letzteren eingerechnet, bei ersteren nicht.

Eine detaillirte Uebersicht über die Stärke der einzelnen Abtheilungen des Heeres giebt uns nur Diodor (XVII 17). J. G. Droysen (*Hermes* XII S. 226—52) hat diesem Verzeichnisse jeden Werth abgesprochen, aus Gründen, die ich als durchschlagend keineswegs anerkennen kann. Denn wenn bei Diodor unter dem Fussvolk Odrysen und Triballer aufgeführt werden, bei Arrian einfach Thraker, so ist das in der Sache dasselbe; dass die Illyrer, die jedenfalls wenig zahlreich gewesen sind, bei Arrian fehlen, kann Zufall sein. Auch ist nicht zu vergessen, dass wir das Verzeichniss erst aus dritter Hand haben, so dass kleine Unrichtigkeiten im einzelnen nicht der ursprünglichen Quelle zur Last zu legen sind. Dass aber die Zahlen im allgemeinen correct sind, zeigt nicht nur die Uebereinstimmung mit Aristobulos' Gesammtsumme, sondern ist auch, allerdings unfreiwillig, aber eben darum um so schlagender, von Droysen selbst bewiesen worden durch die Berechnung, die er auf Grund der Angaben Arrians vorgenommen hat. Ich stelle Droysens Ergebnisse den Zahlen Diodors gegenüber:

I. Fussvolk:

	Diodor	Droysen s. 250.
Makedonen	12 000 (13 000)	12 000
Bundesgenossen	7 000	5 000
Söldner	7 000 (5 000)	7 000
Thraker (und Illyrer)	5 000	4 000
Agrianer u. Bogenschützen	1 000	2 000
	30 000 (l. 32 000)	30 000

II. Reiterei:

	Diodor	Droysen s. 240.
Makedonen	1500 (1800)	1800
Thessaler	1500 (1800)	1200
Hellenische Bundesgenossen	600	400
Thraker, Paeoner, Sarissophoren (πρόδρομοι)	900	1800
	4500	5000

Wie wir sehen, stimmen Droysens Zahlen mit denen Diodors so nahe überein, wie den Umständen nach nur immer zu erwarten ist. Wir werden also das ganze Verzeichniss unbedenklich auf Aristobulos zurückführen dürfen. Es ist auch gar nicht abzusehen, wie Kleitarchos, der für ein Publicum schrieb, das „den Militarismus gründlich satt hatte", darauf gekommen sein sollte, eine solche trockene Liste zu erfinden, wenn er sie nicht in seiner Quelle schon vorfand. Wenn aber Droysen weiter meint, das Verzeichniss könne aus keiner militärischen Quelle geflossen sein, da es nur die Zusammensetzung des Heeres nach Nationalitäten, nicht nach Waffengattungen angiebt, so übersieht er, dass beides zusammenfällt. Die Makedonen, Thessaler, die hellenischen Bundesgenossen und Söldner bildeten das Linienfussvolk und die schwere Reiterei, die übrigen Contingente die leichten Truppen zu Fuss und zu Pferde. Zwischen Peltasten (Hypaspisten) und Hopliten war in dieser Periode kein so grosser Unterschied mehr, beide zusammen bildeten in der Schlachtordnung die Phalanx; auch ist es sehr wahrscheinlich, dass das Original unseres Verzeichnisses ausführlicher war, als der bei Diodor erhaltene Auszug. — Die

Zahlen sind in unseren Diodorhandschriften bekanntlich stark
corrumpirt, so dass die Möglichkeit nicht ausgeschlossen ist,
dass in den Einzelposten Fehler stecken, um so mehr, als die
Handschriften zum Theil unter einander abweichen. Namentlich ist es sehr unwahrscheinlich, dass die Gesammtzahl der
Fusstruppen wirklich gerade 30000 betragen hat; ich möchte
Justins Zahl von 32000 vorziehen und setze demgemäss die
Söldner zu 7000 Mann an, was ebenso gut, wo nicht besser
bezeugt ist, als die in unseren Ausgaben aufgenommene Zahl
von 5000. Dagegen lässt sich die überlieferte Summe der
Reiter, 4500, nicht ohne Gewaltsamkeit emendiren, um so we-
niger, als sie durch Justin gestützt wird; es ist also an der
Zahl von je 1500 für die makedonische und thessalische Ritter-
schaft festzuhalten.

Diodor giebt ferner an, dass 12000 Mann zu Fuss und
1500 Reiter unter Antipatros zum Schutze Makedoniens zurückblieben. Bundesgenossen können darunter nicht begriffen sein,
da in Europa kein Krieg war, zu dem sie hätten aufgeboten
werden können. Und ebenso wenig wahrscheinlich ist es, dass
Alexander für die blosse Eventualität eines Krieges in Makedonien ein grosses Söldnercorps unterhalten hat; er konnte
sein Geld besser anwenden, und die Werbetrommel zu rühren
— man verzeihe den Anachronismus — blieb im Falle des
Bedürfnisses immer noch Zeit. Also diese 12000 Mann zu
Fuss und 1500 Reiter sind Makedonen gewesen[1]). Natürlich
standen auch sie nicht, oder doch nur zum kleinsten Theil
unter Waffen; es sind die Mannschaften, die aufgeboten werden
konnten, sobald es nöthig war, ein Fall, der, wie bekannt, erst
4 Jahre nach Alexanders Uebergang nach Asien eintrat. Von
einer wirklichen Zählung kann also hier noch weniger die Rede
sein als bei der Operationsarmee. Wenn nun bei Diodor,
d. h. wie ich gezeigt zu haben glaube, bei Aristobulos, die
Zahl der zu Hause gelassenen Makedonen und der für den

---

[1]) Das ergiebt sich auch daraus, dass Antipatros 330 gegen Agis
40000 Mann zusammenbringen konnte (Diod. XVII 62), trotzdem er bereits
bedeutende Verstärkungen nach Asien gesandt hatte.

asiatischen Feldzug aufgebotenen dieselbe ist, so heisst das offenbar nichts anderes, als dass Alexander von den taktischen Verbänden — Taxen der Phalanx, Chiliarchien der Hypaspisten, Ilen der Ritterschaft —, in die das makedonische Aufgebot zerfiel, die Hälfte zum Schutze der Heimath zurückgelassen hat.

Dass es sich wirklich so verhielt, lässt sich auch auf anderem Wege beweisen. Alexandros hatte nach Arrian (I 14, 2) am Granikos ausser den Hypaspisten 6 Taxen schweren makedonischen Fussvolks, die des Perdikkas, Koenos, Krateros, Amyntas, Philippos, Meleagros. Dieselben Taxen, mit Ausnahme der des Philippos, kehren bei Issos wieder (Curtius III 9, 7. 8; Arrian II 8, 3, wo die Taxis des Krateros nur durch ein Versehen der Abschreiber nicht ausdrücklich erwähnt ist), als 6. Taxis finden wir die des Ptolemaeos. Ebenso bei Arbela (Arrian III 11, 9. 10); nur dass die Taxis des bei Issos gefallenen Ptolemaeos jetzt von Polysperchon befehligt wird (Arrian II 12, 2) und statt Amyntas, der nach Makedonien zur Aushebung von Verstärkungen geschickt war, sein Bruder Simmias dessen Abtheilung führt. Es würde aber verfehlt sein, wenn wir aus diesen Angaben den Schluss ziehen wollten, dass die Taxis des Ptolemaeos und später des Polysperchon dieselbe sei, die Philippos am Granikos geführt hatte; denn die Taxis des Philippos wird noch im indischen Feldzuge erwähnt (Arrian IV 24, 10), und zwar neben der Polysperchons (vgl. Arrian IV 22, 1; 25, 6; V 11, 3; VI 5, 5). Da nun an eine Detachirung dieser Taxis während der Schlachten von Issos und Arbela in keiner Weise gedacht werden darf, so bleibt nur die Annahme, dass sie bei Arrian, oder vielleicht schon in der Arrian vorliegenden Quelle in den Berichten über diese beiden Schlachten ausgefallen ist. Das wird bestätigt durch Diodors und Curtius' Beschreibung der Schlacht bei Arbela. Die Ordnung der Taxen ist hier dieselbe wie bei Arrian, folglich gehen alle diese Relationen in letzter Instanz auf dieselbe Quelle zurück. Die Folge ist bei Diodor (XVII 57): Koenos, Perdikkas, Meleagros, Polysperchon, Philippos, Krateros; bei Curtius (IV 13, 28): Koenos, die Oresten und Lynkesten, d. h. Perdikkas (vgl. Diod. a. a. O.), Polysperchon, Amyntas,

Philippos, Krateros. Es ist also in unseren drei Berichten je
1 Taxis ausgefallen, und zwar jedesmal eine andere: bei Arrian
die des Philippos, bei Diodor die des Amyntas (Simmias), bei
Curtius die des Meleagros[1]). Die ursprüngliche Folge war
diese: *Κοῖνος Πολεμοκράτοις, Περδίκκας Ὀρόντον, Μελέαγρος
Νεόπτολέμου, Πολυσπέρχων Σιμμίου, Ἀμύντας (Σιμμίας) Ἀνδρομένοις, Φίλιππος Ἀμύντου, Κράτερος Ἀλεξάνδρου.* Der Ausfall je einer Taxis bei Arrian und Diodor erklärt sich durch
das Nebeneinanderstehen der gleichen Namen: *Πολυσπέρχων
Σιμμίου, Σιμμίας Ἀνδρομένοις ὁ Ἀμύντου ἀδελφός, Φίλιππος
Ἀμύντου*; bei Curtius ist überhaupt die ganze Stelle corrupt.
Es bleibt nun allerdings die Möglichkeit, dass Alexanders
Heer bereits am Granikos 7 Taxen schweres makedonisches
Fussvolk gezählt hat, so dass Arrian die Taxis des Ptolemaeos
aufzuführen vergesen hätte. Und wirklich war dieser damals
beim Heere in Asien, aber als *σωματοφύλαξ*, nicht als Stra-
tege (Arrian I 24, 1): freilich ein Zeugniss von zweifelhaftem
Werth, da Arrian hier, wie es scheint, unseren Ptolemaeos mit
dem *σωματοφύλαξ* Ptolemaeos verwechselt, der soeben vor
Halikarnassos gefallen war (Arrian I 22, 4). Im Winter 334 3
nach der Heimath beurlaubt, kehrte er im nächsten Frühjahre
mit Verstärkungen zum Heere zurück: es waren 3000 Makedonen zu Fuss und 300 Reiter (Arrian I 29, 4). Diese grosse
Zahl macht es wahrscheinlich, dass es sich hier nicht blos um
Ersatz für die im Felde stehenden Abtheilungen handelte, sondern ein frisches Corps aus Makedonien herüberkam, eben die
Taxis, die Ptolemaeos bei Issos geführt hat.

Nach der Schlacht bei Arbela sind noch weitere Verstärkungen zum Heere gestossen, so dass Alexander auf dem
indischen Feldzuge 10 makedonische Taxen unter sich hatte:
die des Gorgias, Kleitos, Meleagros (Arrian IV 22, 7), Attalos
(IV 24. 1; 25), Balakros, Philippos, Philotas (IV 24. 25), Koenos (IV 24. 1; 25, 6; 26, 5), Polysperchon (IV 25, 6), Alketas
(IV 26, 1. 5). Von diesen Befehlshabern sind Attalos und

---

[1]) Das ist übrigens von den Herausgebern des Curtius längst gesehen
worden.

Alketas an die Stelle ihrer Brüder Amyntas und Perdikkas
getreten; Balakros oder Kleitos muss den Befehl über Krateros'
Taxis übernommen haben, seit dieser zu einem höheren Commando befördert war[1]). Es hat also neben den 6 Taxen, mit
denen Alexander im Jahre 334 nach Asien hinübergegangen
war, noch mindestens 4 weitere Taxen gegeben; und da Makedonien doch nicht ohne Besatzung bleiben konnte, so wird
es sehr wahrscheinlich, dass im ganzen 12 Taxen bestanden
haben.

Man hat bekanntlich die Frage aufgeworfen, ob alle diese
Taxen aus Makedonen gebildet waren. Für die Taxen des
Perdikkas, Koenos und Polysperchon beantwortet diese Frage
Diodor (XVII 57 = Curtius IV 13, 26): sie bestanden aus den
Aufgeboten von Orestis und Lynkestis, Eleimiotis, Tymphaea.
Arrian bezeichnet ferner die Taxen des Krateros, Meleagros,
Perdikkas, Amyntas, Philotas, Koenos ausdrücklich als make-
donische (III 18); was für 7 Taxen gilt, wird auch für die
drei anderen (Philippos, Gorgias, Kleitos oder Balakros) zu
gelten haben (vgl. auch Arr. II 5, 6). Denn ein Rangunter-
schied zwischen den einzelnen Taxen tritt nirgends hervor.
Und dass keine Taxis ausschliesslich aus griechischen Bundesgenossen gebildet war, ergiebt sich daraus, dass sie sämmtlich bestehen blieben, auch nachdem die Bundesgenossen in
Ekbatana entlassen waren. Und was die Söldner angeht, so
bilden sie bei Arbela ein eigenes Corps (οἱ ἀρχαῖοι καλού-
μενοι ξένοι) unter Kleandros (Arrian III 12, 2), und ebenso in
der Schlacht am Hydaspes (Arr. V 12, 1). Hätten ganze Taxen
aus Söldnern bestanden, so bliebe es unerklärlich, wie trotz
der vielen zurückgelassenen Besatzungen noch alle 6 ursprünglichen Taxen im indischen Feldzuge erscheinen können. Arrians Schlachtberichte müssten viel besser sein, als es der

---

[1]) Andere Taxen sind nicht nachzuweisen; denn Antigonos, dessen
Taxis Arrian VI 17, 3 erwähnt, war bekanntlich Führer der Hypaspisten
(Arrian V 16, 3), und Peithon (Arrian VI 6, 1) hat wahrscheinlich nach
Koenos' Tode dessen Taxis geführt. — Dass makedonische Taxen in
Baktrien zurückgeblieben wären, ist sehr unwahrscheinlich, da Alexander
sonst niemals Makedonen zu Besatzungszwecken verwendet hat.

Fall ist, um uns das Recht zu geben, aus der seltenen Erwähnung der Bundesgenossen und Söldner ein Argument gegen
die hier vertretene Auffassung zu entnehmen.

Dass die einzelnen taktischen Abtheilungen des makedonischen Heeres je aus einem besonderen Bezirk recrutirt waren,
folgt schon daraus, dass, so viel wir wissen, alle griechischen
Heere nach diesem System gebildet waren. Auch nennt Arrian
die Ilen von Apollonia (I 12, 7), Anthemus (II 2, 3), Ober-
Makedonien, Bottiaea, Amphipolis (I 2, 5); Diodor (XVII 57)
die Taxen von Orestis und Lynkestis, Eleimiotis, Tymphaea.
Die im Herbst 331 in Susa eingetroffenen Ersatzmannschaften
vertheilt Alexander κατὰ ἔθνη, unter die einzelnen Taxen
(Arr. III 16, 11). Da Orestis und Lynkestis zusammen einen
Aushebungsbezirk bildeten, so können Eleimiotis und Tymphaea
unmöglich mehr als je eine Taxis gestellt haben; ganz Ober-
Makedonien also, Eordaea vielleicht ausgeschlossen, hat nur ¼
des gesammten schweren Fussvolks gestellt. Bei der Reiterei
musste das Missverhältniss noch grösser sein (vgl. Arr. I 2, 5).

Sechstes Capitel.

Der hellenische Osten.

1. Kleinasien.

Eine zuverlässige Arealbestimmung der kleinasiatischen Halbinsel fehlt uns bisher. Auch die folgenden Zahlen erheben nur auf approximative Richtigkeit Anspruch; sie sind gewonnen durch planimetrische Messung auf der Kiepertschen Karte (Bl. IV des *Atlas Antiquus*) in 1 : 4 000 000, mit Zuhülfenahme der Wagnerschen Zonentafeln. Die ganze Halbinsel westlich des Euphrat hat demnach einen Flächenraum von 540 000 qkm²: auf die einzelnen Landschaften entfallen:

	qkm
Karien	19 350
Lydien	24 250
Mysien	31 100
Phrygien	46 950
Kibyratis	6 400
Prov. Asien	128 050
Lykien	8 250
Pisidien und Pamphylien	21 800
Kilikien	35 700
Kappadokien	85 800
Pontos mit Kleinarmenien	131 900
Galatien	40 000
Lykaonien	41 000
Bithynien	47 500
Ganz Kleinasien	540 000

Für die Inseln an der kleinasiatischen Westküste besitzen
wir eine planimetrische Berechnung von Strelbitzky[1]). Sie ergab folgende Resultate:

1. Propontis.

	qkm
Prokonnesos (*Marmara*)	107,8
Ophiussa (*Afsia*)	15,9
Alone (*Pascha Liman*)	24,7
Besbikos (*Kalolimni*)	8,5
(*Kutali*)	8,4
Demonnesoi (*Prinzen-Inseln*)	18,3
Kleinere Inseln	7,1
	185,7

2. Aeolis.

Tenedos	40,9
Kalydnae (*Tauschan Adasi*)	1,5
Lesbos	1749,7
Pordoselene (*Muskonisia*)	38,7
(*Pyrgonisi*)	12,3
	1843,1

3. Ionien.

Chios	826,7
Psyra	90,1
Kleinere Inseln bei Psyra	7,3
Oenussae (*Spalmadores, Kojun Adasi*)	26,6
Hippoi (*Goni*)	6,4
Chios und Nachbarinseln zusammen	957,1
Drymussa (*Makronisi*)	20,0
Samos	468,3
Korasiae (*Furni, Themeno, Minas*)	42,9
Ikaros	267,3
Trageae[2]) (*Gaidaronisi*)	14,9
Akrite (*Arki*)	9,9
Lat.	1780,4

---

[1]) *Superficie de l'Europe* S. 155.

[2]) Vergl. Pflugk-Harttung, *Perikles als Feldherr* (Stuttgart 1884) S. 124 ff.
Bei Kiepert heisst die Insel Hyettussa, mit beigesetztem Fragezeichen.

	qkm
Transport	1780,4
Lepsia (*Lipsos*)	15,0
Patmos	89,6
Leros	49,5
Lebinthos (*Levitha*)	14,9
	1899,4

4. Doris.

	qkm
Rhodos	1460,4
Karpathos	332,1
Kasos	49,4
Chalke (*Charki*)	19,7
Dimastos (*Limniona*)	7,5
Syme	68,9
Telos (*Episkopi*)	59,2
Nisyros	34,6
Istros? (*Jali*)	15,8
Kos	286,1
Hypereisma (*Kappari*)	6,5
Kalymna	108,9
Astypalaea	98,7
Syrnae (*Syrina*)	7,4
	2555,2

Das Gesammtareal aller dieser Inseln beträgt demnach 6483,4 qkm; dazu andere kleinere Inseln mit 350,4 qkm. Für ganz Kleinasien, Festland und Inseln zusammen, ergeben sich also nahe an 547000 qkm.

Die Bevölkerung der Halbinsel war sehr ungleich vertheilt. Am dichtesten bewohnt war zu allen Zeiten die Westküste. Hier lagen bis auf die spätere Kaiserzeit alle bedeutenderen städtischen Centren: Sardes und Miletos, Rhodos, Halikarnassos, Ephesos, Smyrna, Pergamon, Kyzikos, Nikomedeia. Nach der Steuerordnung des Dareios zahlten die Landschaften von Pamphylien bis zum Golf von Assos 900 Talente jährlichen Tribut, Kilikien 500, der ganze Rest der Halbinsel nur 360[1]). Ebenso bildete später die Provinz Asia für die römischen Finanzen die ergiebigste Steuerquelle. Betrachten wir die Bevölkerungsverhältnisse im einzelnen.

---

[1]) Herod. III 90.

Rhodos heisst schon bei Thukydides „eine Insel, mächtig durch die Zahl ihrer Landtruppen und Seeleute"[1]); und diese Bevölkerung musste stark zunehmen, seit die 407 neugegründete Hauptstadt eines der Centren des Weltverkehrs wurde. Bereits im korinthischen Krieg tritt Rhodos bedeutend hervor[2]); im Bundesgenossenkrieg stellte es zusammen mit Chios, Kos und Byzantion eine Flotte von 100 Trieren[3]). 10 Schiffe schickten die Rhodier 332 Alexander gegen Tyros zu Hülfe[4]), und ebensoviele 20 Jahre später Antigonos zur Befreiung von Griechenland[5]). Doch soll bei der Belagerung durch Demetrios 304 die Zahl der waffenfähigen Bürger nur 6000 betragen haben, wozu 1000 Metoeken als Freiwillige hinzutraten; die übrigen Fremden wurden aus der Stadt gewiesen[6]). Das ergäbe eine Gesammtbürgerzahl von 8000, oder eine bürgerliche Gesammtbevölkerung von 24000, und eine freie Bevölkerung von etwa 30000, 20 auf 1 qkm, auffallend wenig für eine so fruchtbare Insel mit einer bedeutenden Stadt. Doch mögen die Besatzungen in Lindos, Ialysos, Kameiros und der Peraea nicht mitgerechnet sein; ausserdem wird Rhodos eine sehr starke Sklavenbevölkerung gehabt haben. Das folgende Jahrhundert und der Anfang des II. ist die eigentliche Glanzzeit der Insel. Rhodos zeigt eine sehr bedeutende maritime Leistungsfähigkeit. So konnte es 190 gegen Antiochos 36 Schiffe aufstellen, und nach der Vernichtung dieser Flotte durch Polyxenidas — nur 5 Schiffe entkamen — sogleich andere 20 Schiffe in See stechen lassen, die bald wieder auf 36 vermehrt wurden[7]). Im letzten

---

[1]) Thuk. VIII 44: νῆσος οὐκ ἀδύνατος καὶ ναυβατῶν πλήθει καὶ πεζῷ. Zu dem sicilischen Zuge stellte Rhodos den Athenern 2 Fünfzigruderer und 700 Schleuderer (Thuk. VI 43).

[2]) Xen. Hell. IV 8, 20: ἐπεὶ δὲ ἦλθον εἰς Λακεδαίμονα οἱ ἐκπεπτωκότες Ῥοδίων ὑπὸ τοῦ δήμου, ἐδίδασκον ὡς οὐκ ἄξιον εἴη περιιδεῖν Ἀθηναίους Ῥόδον καταστρεψαμένους καὶ τοσαύτην δύναμιν συνθεμένους.

[3]) Diod. XVI 21.

[4]) Arr. Anab. II 20, 2.

[5]) Diod. XIX 77.

[6]) Diod. XX 84.

[7]) Liv. (d. h. Polybios) 37, 9. 11. 12. 23.

mithradatischen Kriege stellte Rhodos zur Belagerung von Herakleia 20 Schiffe[1]), und im Jahre 43 v. Chr. 33 Schiffe gegen Cassius[2]). — Die Stadt Rhodos selbst bedeckte ein Areal von 200 Hektaren und mag also in ihrer besten Zeit gegen 100000 Einwohner gezählt haben.

Von den übrigen Inseln an der karischen Küste hatte nur Kos grössere Bedeutung, namentlich seit dem Synoekismos von 366/5[3]). Auf dem Festlande war im V. Jahrhundert nach dem Zeugniss der attischen Tributlisten Knidos die bedeutendste Stadt. Im folgenden Jahrhundert ist Knidos durch Halikarnassos weit überflügelt worden, das unter Maussollos und seinen Nachfolgern zur glänzendsten, und nach Sardes wohl auch grössten Stadt Kleinasiens wurde[4]); die Befestigungslinie umschliesst einen Raum von 350 ha. Aber die Blüthe der Stadt war von kurzer Dauer. Die Belagerung und Erstürmung durch Alexander 334 und der gleichzeitige Sturz des karischen Fürstenhauses waren Schläge, von denen sich Halikarnassos niemals vollständig erholt hat[5]). Immerhin aber blieb die Stadt auch später sehr ansehnlich. Ein Dekret aus dem III. Jahrhundert erwähnt die Anwesenheit von 4000 Bürgern in der Volksversammlung[6]). Wenn wir uns erinnern, dass selbst in Athen 5000 Bürger nur selten auf der Pnyx zusammenkamen[7]), so werden wir für Halikarnassos danach kaum unter 10000 Bürger annehmen dürfen, was für Stadt und Gebiet eine Gesammtbevölkerung von gegen 50000 voraussetzen würde.

Alle dorischen Kolonien in Karien zusammen sollen nach Herodot zur Flotte des Xerxes 30 Trieren gestellt haben[8]),

---

[1]) Memnon c. 50.

[2]) Appian, *Bürgerkr.* IV 66. 71.

[3]) Diod. XV 76: ἐνάμιλλος ἐγένετο ταῖς πρωτευούσαις πόλεσιν. Strab. XV S. 701. Doch vergl. schon die attischen Tributlisten.

[4]) Vergl. Kallisthenes bei Strab. XIII S. 611, Plin. V 107 und Kuhn, *Entstehung der Städte der Alten* S. 261—273.

[5]) Strab. XIV S. 656: ἔπταισε δὲ καὶ αὕτη ἡ πόλις βίᾳ ληφθεῖσα ὑπὸ Ἀλεξάνδρου.

[6]) *Bull. de Corr. Hell.* V S. 211.

[7]) Thuk. VIII 72.

[8]) Herod. VII 93.

wovon 5 auf Halikarnassos und die damals davon abhängigen
Inseln Kos, Nisyros und Kalydna kamen[1]). Die übrigen 25
müssten also im wesentlichen von Rhodos und Knidos gestellt
sein, was offenbar viel zu hoch ist, wenigstens wenn wir mit
Herodot Trieren verstehen sollen. Die Karer selbst hätten
70 Schiffe gestellt[2]); und gewiss kann kein Zweifel sein, dass
das eigentliche Karien eine viel stärkere absolute Bevölkerung
gehabt hat, als die griechischen Küstenstädte. Auch Maussollos,
der allerdings neben Karien auch Lykien beherrschte, hat
Flotten von 100 Trieren aufzubringen vermocht[3]). Dicht bewohnt war namentlich das reiche Maeanderthal, wo bedeutende
Städte sich drängten: Magnesia, Tralles, Alabanda, Nysa, Aphro-
disias, Laodikeia. Das südliche Karien dagegen ist ein hohes
und rauhes Gebirgsland, hauptsächlich zur Weidewirthschaft
geeignet und zum grossen Theile mit Wald bedeckt[4]). Erst die
Diadochenzeit hat hier in Stratonikeia ein grösseres städtisches
Centrum geschaffen.   .

Wenden wir uns jetzt nach Ionien. Die erste Stadt war
hier im VI. Jahrhundert Miletos[5]); schon die grosse Zahl
ihrer Kolonien[6]) giebt Zeugniss für die bedeutende Volksmenge.
Bei Lade sollen 80 milesische Trieren gekämpft haben[7]), eine
Angabe, die kaum übertrieben scheint; nur müssen wir nicht
vergessen, dass die Trieren in dieser Zeit viel kleiner waren,
als später. Die persische Eroberung brach die Blüthe der Stadt
für immer, wenn es auch keineswegs richtig ist, dass Miletos
damals zerstört wurde[8]). So war Miletos im Jahre 441 den
Samiern nicht gewachsen und gezwungen, die Hülfe Athens

---

[1]) Herod. VII 99.

[2]) Herod. VII 93.

[3]) Xen. *Ages.* II 26.

[4]) Kiepert, *Geographie* S. 118.

[5]) Herod. V 28: ἡ Μίλητος αὐτή τε ἑωυτῆς μάλιστα δή τότε ἀκ-
μάσασα, καὶ δὴ καὶ τῆς Ἰωνίας ἦν πρόσχημα.

[6]) Vergl. Strab. XIV S. 635.

[7]) Herod. VI 8.

[8]) Herod. VI 22: Μίλητος μὲν τὸν Μιλησίων ἠρήμωτο. Aber schon
479 erwähnt Herodot ein milesisches Contingent im persischen Heere IX 99.

anzurufen[1]). Vierzig Jahre später stellt Milet den Athenern 800 Hopliten entgegen[2]); da vor den Thoren der Stadt selbst gekämpft wurde, sollte man annehmen, dass es die ganze verfügbare Macht der Milesier war[3]). Im Jahre 405/4 erfolgte in Milet eine oligarchische Erhebung, bei der angeblich 340 Demokraten getödtet, 1000 verbannt wurden[4]). Nach alledem wird die Bürgerzahl in der Zeit des peloponnesischen Krieges auf etwa 4000 anzusetzen sein, wie denn Milet an die Athener den hohen Tribut von 10 Talenten bezahlt hat, mehr als irgend eine andere Gemeinde Ioniens. Laut eines milesischen Volksbeschlusses aus der Mitte des II. Jahrhunderts war damals der höchste Gerichtshof mit 600 Geschworenen besetzt, sodass Milet mehrere Tausend Bürger gezählt haben muss[5]). Auffallend ist die grosse Zahl Milesier, die unter den Metoeken in Athen vorkommen[6]); vielleicht bezeichnet der Name, ähnlich wie früher der Name Plataeer, nicht sowohl die Herkunft, als eine privilegirte Klasse von Schutzverwandten.

Das benachbarte Iasos war ganz unbedeutend; die Stadt hatte 10 Stadien im Umfang[7]) und zählte im Jahre 405 nur 800 Bürger[8]); der Tribut an Athen hat meist 1 Talent, zuletzt 3 Talente betragen. Nicht grösser waren Myus und Priene; ersteres ist später in Miletos aufgegangen[9]). Zur ionischen

---

[1]) Thuk. I 115.

[2]) Thuk. VIII 25.

[3]) Wenn Thuk. IV 54 von 2000 milesischen Hopliten spricht, die an der attischen Expedition gegen Kythera Theil genommen hätten, so ist längst anerkannt, dass die Zahl verschrieben sein muss; es wird 500 (Stahl, *Jahrb. f. Philologie* 1870 S. 333) oder 200 (Classen zu unserer Stelle) zu lesen sein.

[4]) Diod. XIII 104.

[5]) Dittenberger, *Sylloge* 240: καὶ ἐκληρώθη κριτήριον ἐκ παντὸς τοῦ δήμου τὸ μέγιστον ἐκ τῶν νόμων, κριταὶ ἑξακόσιοι.

[6]) So in Kumanudes, Ἀττικῆς ἐπιγραφαὶ ἐπιτύμβιοι unter 1126 Grabschriften von Metoeken 237 von Milesiern. Vergl. auch die Ephebenverzeichnisse.

[7]) Polyb. XVI 12, 2.

[8]) Diod. XIII 104.

[9]) Strab. XIV S. 636: ἢ τὸν δὲ ὀλιγανδρίαν Μιλησίοις συμπεπόλισται.

Bundesflotte bei Lade soll Priene 12, Myus 3 Schiffe gestellt haben [1]).

Ephesos stand im V. Jahrhundert an Bedeutung Miletos annähernd gleich [2]). Der Aufschwung zur Grossstadt begann erst · seit dem Ende des peloponnesischen Krieges, nachdem Lysandros das Hauptquartier der Flotte hierher verlegt hatte [3]). Im Laufe des folgenden Jahrhunderts, und besonders seit der Neugründung durch Lysimachos erhob sich Ephesos zur ersten Stadt in Kleinasien. Bei der grossen Ueberschwemmung zu Anfang des III. Jahrhunderts sollen 10000 Menschen den Tod in den Wellen gefunden haben [4]). Einen allgemeinen Anhaltspunkt für die Bestimmung der Bürgerschaft giebt uns die Eintheilung in Phylen und Chiliastyen. Von Alters her zerfiel die Bürgerschaft von Ephesos in 5 Phylen [5]), die, wie es scheint, durch den Synoekismos des Lysimachos nicht vermehrt worden sind [6]). Dagegen sind wahrscheinlich die Unterabtheilungen der Phylen, die Chiliastyen, damals vermehrt worden. So kommt eine Chiliastys der Lebedier vor, und wir wissen, dass die Bewohner von Lebedos durch Lysimachos nach Ephesos verpflanzt worden sind [7]). Bis jetzt sind 20 Chiliastyen epigraphisch bezeugt [8]), und höchst wahrscheinlich ist die Zahl noch grösser

---

[1]) Herod. VI 8.

[2]) Das zeigen unter anderem auch die Tributsätze, die für Ephesos 6—7½ Tal., für Miletos 5—10 Tal. betragen.

[3]) Plut. Lys. 3: ὥστε πρῶτον ἀπ' ἐκείνου τοῦ χρόνου τὴν πόλιν ἐν ἐλπίδι τοῦ περὶ αὐτὴν νῦν ὄντος ὄγκου καὶ μεγέθους διὰ Λύσανδρον γενέσθαι.

[4]) Steph. v. Byz. unter Ἔφεσος. — Duris von Elaea (bei Stephanos) nennt Ephesos bei dieser Gelegenheit τὴν Ἰάδων πολλὸν ἀοιδοτάτην.

[5]) Steph. v. Byz. u. Βέννα.

[6]) Die Σεβαστή und Ἀδριανίς, die in den von Wood entdeckten Inschriften erwähnt werden, gehören natürlich in die Kaiserzeit, wenn auch die Möglichkeit nicht ausgeschlossen ist, dass ältere Phylen umgenannt worden sind.

[7]) Paus. I 9, 7; VII 3, 5.

[8]) S. die Inschriften bei Wood, *Ephesos* und die Zusammenstellungen bei Menadier, *Qua conditione Ephesii usi sint inde ab Asia in prov. formam redacta* (Dissert. Berlin 1880) und Röhl in Bursians *Jahresbericht* 1883 III 65.

gewesen. Da uns aus der Phyle der „Ephesier" die Namen
von 5 Chiliastyen überliefert sind, und es sehr wahrscheinlich
ist, dass alle Phylen die gleiche Zahl von Chiliastyen gehabt
haben, so müssten im ganzen mindestens 25 Chiliastyen vorhanden gewesen sein. Die Organisation war also auf 25 000
Bürger berechnet. Bei dem beständigen Aufschwung, den
Ephesos bis in die Kaiserzeit hinein genommen hat[1]), spricht
die hohe Wahrscheinlichkeit dafür, dass die Chiliastyen bald
die ursprüngliche Normalzahl der Bürger überschritten haben.
Wenn Pergamon im II. Jahrhundert nach unserer Zeitrechnung
40000 Bürger gezählt hat, so werden für Ephesos, „die grösste
Handelsstadt in Asien diesseits des Tauros", mindestens 50000
anzunehmen sein, entsprechend einer bürgerlichen Bevölkerung
von 150000, und, die Sklaven wie in Pergamon zu der Hälfte
der Freien angenommen, einer Gesammtbevölkerung von 225 000
Einwohnern. Das Areal innerhalb der Stadtmauer beträgt 415 ha.
Alexandreia in Aegypten hatte bei einer Ausdehnung von 920 ha
im Jahre 60 v. Chr. etwa ½ Million Einwohner, also 543 auf
1 ha. Setzen wir für Ephesos dieselbe Dichtigkeit der Bewohnung voraus, so ergiebt sich uns gleichfalls eine Bevölkerung
von 225000 Einwohnern.

Kolophon soll in alter Zeit 1000 reiche Bürger gezählt
haben, wie der kolophonische Dichter Xenophanes singt[2]):

ἤεσαν εἰς ἀγορὴν παναλουργέα φάρε' ἔχοντες
οὐ μείους ὥσπερ χίλιοι εἰς ἐπίπαν.

Und zwar sollen nach Aristoteles die Wohlhabenden hier zahlreicher gewesen sein, als der Demos[3]). Jedenfalls hat Kolophon
in historischer Zeit keine besondere Bedeutung gehabt. Grösser
waren Teos und Erythrae, die nach dem Zeugniss der
attischen Tributlisten im V. Jahrhundert kaum hinter Ephesos
und Miletos zurückstanden, vor allem aber Smyrna seit seiner

---

[1]) Strab. XIV S. 641: ἡ δὲ πόλις τῇ πρὸς τὰ ἄλλα εὐκαιρίᾳ τῶν
τόπων αὔξεται καθ' ἑκάστην ἡμέραν, ἐμπόριον οὖσα μέγιστον τῶν κατὰ
τὴν Ἀσίαν τὴν ἐντὸς τοῦ Ταύρου. CIG. 2968. 2992: πρώτη καὶ μεγίστη
μητρόπολις τῆς Ἀσίας.

[2]) Fr. 3 Bergk, vergl. Strabon XIV S. 643.

[3]) Arist. Polit. VI (IV) 1290 b.

Neugründung durch Antigonos und Lysimachos, das bald zu den ansehnlichsten Städten Asiens zählte und in der Kaiserzeit selbst mit Ephesos rivalisirt hat.

Alle festländischen Gemeinden Ioniens wurden im V. und mit Ausnahme von Ephesos noch im IV. Jahrhundert weit übertroffen von den beiden Inseln Samos und Chios. Samos war unter Polykrates' Herrschaft die erste Seemacht im aegaeischen Meer. Bei Lade sollen 60 samische Trieren gefochten haben[1]), und im Kriege gegen Athen stellte Samos 70 Trieren auf[2]). Damals wurde die Seemacht der Insel für immer zerstört; bei den Arginusen kämpfen 10 samische Schiffe auf athenischer Seite[3]), und seitdem ist überhaupt von einer samischen Flotte kaum mehr die Rede.

Siebzig Trieren setzen eine Bemannung von 14000 Köpfen voraus; so hoch mindestens musste sich also die waffenfähige Mannschaft der Insel im Jahre 440 belaufen, Freie und Sklaven zusammen. Das ergäbe eine Bevölkerung von etwa 60000, oder 125—130 auf 1 qkm. Bei der demokratischen Erhebung des Jahres 411 wurden 200 reiche Bürger getödtet, 400 verbannt[4]), was aber keineswegs sämmtliche Angehörige der besitzenden Klasse gewesen sind. Die Bürgerschaft war in 3 Phylen zu 3 Chiliastyen getheilt, das ganze Schema also auf 9000 Bürger berechnet[5]), eine Zahl, die natürlich nicht nothwendig voll zu sein brauchte. Die Athener führten 352/1 eine Kleruchie von 2000 Ansiedlern nach der Insel, die sämmtlich Grundbesitz erhielten; vielleicht war das aber blos die Verstärkung einer schon bestehenden Kleruchie[6]).

Noch bedeutender als Samos war Chios. Zu der ionischen Bundesflotte bei Lade soll es 100 Trieren gestellt haben, jede mit 40 Hopliten an Bord[7]), was wohl sehr übertrieben ist. Im

---

[1]) Herod. VI 8.
[2]) Thuk. I 116.
[3]) Xen. *Hell.* I 6, 25. 29.
[4]) Thuk. VIII 21.
[5]) C. Curtius, *Inschriften und Studien zur Geschichte von Samos* (Progr. Lübeck 1877) S. 25; vergl. Philippi, *Bürgerrecht* S. 11.
[6]) Herakl. Pont. X 7; Strab. XIV S. 638; Schaefer *Dem.* I² S. 99. 474.
[7]) Herod. VI 8. 15.

samischen Kriege stellten Chios und Lesbos zusammen erst 25,
dann noch 30 Trieren, insgesammt also 55[1]); annähernd dieselbe Zahl — 50 Trieren — stellten beide Inseln im zweiten
Jahre des peloponnesischen Krieges[2]). Wie viele Schiffe Chios
mit Nikias nach Sicilien sandte, erfahren wir nicht, doch ist
wohl unzweifelhaft, dass zu den 34 bundesgenössischen Trieren
bei dieser Flotte Chios das grösste Contingent gestellt hatte,
wie denn Thukydides die Chier an erster Stelle nennt[3]). Bei
der Verstärkung, die mit Demosthenes 413 nach Syrakus abging, befanden sich 5 chiische Schiffe[4]), 7 Trieren stellte die
Insel im folgenden Jahre zu der attischen Flotte[5]). Obgleich
alle nach Sicilien geschickten Schiffe zu Grunde gingen, besass
Chios bei seinem Abfall zu den Lakedaemoniern 412 noch immer
eine Flotte von 60 Trieren[6]). Das Contingent von Chios bildete
von jetzt an einen Hauptbestandtheil der peloponnesischen Bundesflotte. Im Bundesgenossenkriege rüstete Chios in Gemein-
schaft mit Rhodos, Kos und Byzantion 100 Trieren aus[7]). Die
Zahl der chiischen Hopliten freilich kann nicht beträchtlich gewesen sein, da ein Corps von noch nicht 1000 attischen Schwerbewaffneten mit 30 Schiffen im Winter 412 11 genügte, die Stadt
zu Lande und zur See einzuschliessen und das gesammte Aufgebot der Chier mit ihren peloponnesischen Bundesgenossen zu
besiegen[8]). Doch war Chios damals durch innere Unruhen geschwächt[9]). Bei der Rückführung der Verbannten durch den
lakedaemonischen Nauarchen Kratesippides 408 7 sollen 600
Bürger der bisher herrschenden Partei getödtet worden sein[10])·
— Die Sklavenzahl der Insel war sehr beträchtlich. Chios war

---

[1]) Thuk. I 116. 117.
[2]) Thuk. II 56.
[3]) Thuk. VI 43.
[4]) Thuk. VII 20.
[5]) Thuk. VIII 9. 10.
[6]) Thuk. VIII 6.
[7]) Diod. XVI 21.
[8]) Thuk. VIII 30. 55.
[9]) Thuk. VIII 38.
[10]) Diod. XIII 65.

der erste griechische Staat, der Sklaven in grösserer Zahl gehalten hat[1]); und es gab nach Thukydides zur Zeit des peloponnesischen Krieges in Griechenland keine Gemeinde, ausser Sparta, die mehr Sklaven besessen hätte, als Chios[2]). Das ist allerdings wohl nur eine Schätzung nach dem Augenschein, da numerische Angaben Thukydides kaum vorliegen konnten; immerhin muss Chios wenigstens annähernd so viele Sklaven gezählt haben, wie Athen, d. h. gegen 100000. Die freie Bevölkerung werden wir kaum auf mehr als 30000 Köpfe zu schätzen berechtigt sein. Es kommen also auch hier über 130 Bewohner auf 1 qkm. Für die fruchtbare, wohlangebaute Insel[3]), die reichste Stadt in Hellas[4]) scheint dieses Resultat nicht unangemessen.

Lesbos stand an Macht nicht hinter Chios zurück. Bei Lade sollen 70 lesbische Trieren gekämpft haben[5]), und der Abfall der Insel im Jahre 428 war eine ernste Gefahr für den Bestand des attischen Seebundes[6]). Eine athenische Flotte von 40 Trieren erwies sich als unzureichend; erst als ein Hoplitencorps von 1000 Mann nebst Bundescontingenten gelandet war, gelang die Einschliessung von Mytilene[7]). Nach der Unterwerfung wurden 1000 der schuldigsten Lesbier hingerichtet[8]), viele verbannt[9]), das confiscirte Grundeigenthum der abgefallenen Städte an 2700 attische Kleruchen vertheilt[10]).

---

[1]) Theopomp. fr. 134.

[2]) Thuk. VIII 40: οἱ γὰρ οἰκέται τοῖς Χίοις πολλοὶ ὄντες καὶ μιᾷ γε πόλει πλὴν Λακεδαιμονίων πλεῖστοι γενόμενοι, καὶ ἅμα διὰ τὸ πλῆθος χαλεπωτέρως ἐν ταῖς ἀδικίαις κολαζόμενοι.

[3]) Thuk. VIII 24: χώραν καλῶς κατεσκευασμένην καὶ ἀπαθῆ οὖσαν ἀπὸ τῶν Μηδικῶν.

[4]) Thuk. VIII 45: πλουσιώτατοι ὄντες τῶν Ἑλλήνων.

[5]) Herod. VI 8.

[6]) Thuk. III 3: μέγα μὲν ἔργον ἡγοῦντο εἶναι Λέσβον προσπολεμώσασθαι, ναυτικὸν ἔχουσαν καὶ δύναμιν ἀκέραιον.

[7]) Thuk. III 4. 5. 18.

[8]) Thuk. III 50, was Müller-Strübing, Thuk. Forsch. S. 150—242 mit unzureichenden Gründen bestreitet.

[9]) Thuk. IV 52. 75.

[10]) Thuk. III 50.

Die Hauptstadt der Insel, Mytilene, war schon im V. Jahrhundert sehr volkreich[1]) und heisst in Alexanders Zeit eine grosse Stadt[2]). Von der zweiten Stadt auf Lesbos, Methymna, wissen wir nur, dass die Bürgerschaft in mehrere Chiliastyen getheilt war, von denen drei in unseren Inschriften mit Namen erwähnt werden[3]). Methymna muss also jedenfalls mehrere Tausend Bürger gezählt haben. Die übrigen drei Städte: Pyrrha, Antissa, Eresos — Arisbe ist früh untergegangen —, waren unbedeutend. In dem Prozesse gegen den Tyrannen Agonippos von Eresos, der vor der als Gericht constituirten Volksversammlung geführt ward, wurden 883 Stimmen abgegeben[4]), und bei der Wichtigkeit der Sache nahm gewiss fast die ganze Bürgerschaft an der Verhandlung Theil. Andererseits ist es möglich, ja wahrscheinlich, dass auch die Gesetze von Eresos für die Ausübung gerichtlicher Functionen eine gewisse untere Altersgrenze, etwa das 30. Jahr, festsetzten. Eresos hat also in jedem Falle in Alexanders Zeit gegen 1000, es kann 1200 bis 1500 Bürger gezählt haben. Rechnen wir auch für Antissa und Pyrrha je 1000 Bürger, für Methymna 2—3000, für Mytilene 6—7000, so ergeben sich für die ganze Insel 12000, oder eine bürgerliche Gesammtbevölkerung von gegen 40000 Einwohnern. Dieser Anschlag wird wahrscheinlich noch etwas zu niedrig sein.

Das Festland von Aeolis enthielt in vormakedonischer Zeit nur eine bedeutendere Stadt, Kyme[5]), das nach den attischen Tributlisten im V. Jahrhundert Miletos und Ephesos kaum

[1]) Xen. *Hell.* I 6, 19: οἱ δὲ ἄνθρωποι πολλοὶ ἐν τῇ πόλει ἦσαν, von der Belagerung Mytilenes durch Kallikratidas 406. Vergl. das mytilenaeische Volkslied bei Plut. *Gastmal der VII Weisen* 14 S. 157.

[2]) Diod. XVII 29: τὴν δὲ Μυτιλήνην μεγάλην οὖσαν καὶ παρασκευαῖς μεγάλαις καὶ πλήθει τῶν ἀμυνομένων ἀνδρῶν κεχορηγημένην.

[3]) *Bull. de Corresp. Hell.* IV S. 434 ff., VII S. 37 f.

[4]) Collnitz, *Gr. Dialekt-Inschr.* I 281 A. 30.

[5]) Skymnos 239 f.: μάλιστα δ' εὐανδρουμένη κατὰ τὴν Ἀσίαν Κύμη 'στι κειμένη πόλις, wo Letronnes Umstellung hinter V. 251 und Müllers Emendation Φώκαια für Κύμη gleich willkürlich und unbegründet sind. Allerdings folgt Skymnos hier der Autorität des Kymaeers Ephoros. Vergl. Strabon XIII S. 622.

nachgestanden haben kann, mochte es auch Mytilene oder Chios
bei weitem nicht gleichkommen. In hellenistischer Zeit hat
sich dann Pergamon zu der neben Ephesos ersten Stadt Kleinasiens entwickelt. Noch bei Lysimachos' Tode eine unbedeutende
Bergfestung [1]), ist die Stadt zugleich mit dem Reiche der Atta-
liden gewachsen, besonders seit dem Siege von Magnesia, nachdem Pergamon die politische Hauptstadt des ganzen westlichen
Kleinasien geworden war. In römischer Zeit hat das Wachs-
thum der Stadt fortgedauert, sodass sie unter den Antoninen
40 000 Bürger zählte, wobei die Weiber sicher, die Kinder
wahrscheinlich nicht eingerechnet sind; die Sklaven betrugen
etwa die Hälfte der bürgerlichen Bevölkerung. Das ergiebt
für Stadt und Gebiet 120 000, oder wahrscheinlicher 180 000
Einwohner [2]).

Auch die Troas erhielt erst durch Antigonos und Lysimachos in Alexandreia einen grösseren städtischen Mittelpunkt.
Das Gebiet umfasst beinahe die ganze Landschaft: Kolonae,
Larissa, Hamaxitos, Kebrene [3]). Gegen die Galater vermochte
die Stadt 216 ein Heer von 4000 Mann aufzustellen, was eine
Bürgerzahl von nicht unter 10—15 000 voraussetzt [4]). Sie war
sehr ansehnlich noch in römischer Zeit [5]), wo sie durch Caesar
eine Kolonie erhielt. — Das asiatische Ufer des Hellespontes
muss stark bewohnt gewesen sein, wie die zahlreichen Städte
beweisen, die hier in ununterbrochener Reihe sich folgen; die
bedeutendste war zu allen Zeiten Lampsakos [6]). — An der Süd-

---

[1]) Strab. XIII S. 623.

[2]) Galen. V S. 49 Kühn: εἴπερ οὖν ἡμῖν οἱ πολῖται πρὸς τοὺς
τετρακισμυρίους εἰσίν, ὁμοῦ ἐὰν προσθῇς αὐτῶν τὰς γυναῖκας καὶ τοὺς
δούλους, εὑρήσεις σεαυτὸν δυοκαίδεκα μυριάδων ἀνθρώπων οὐκ ἀρα̣ι-
μενον εἶναι πλουσιώτερον.

[3]) Strab. XIII S. 597. 604; vergl. Kuhn, Entstehung der Städte der
Alten S. 347.

[4]) Polyb. V 111, 4.

[5]) Strab. XIII S. 393: καὶ δὴ καὶ συνέμεινε καὶ αὔξησιν ἔσχε, νῦν
δὲ καὶ Ῥωμαίων ἀποικίαν δέδεκται καὶ ἔστι τῶν ἐλλογίμων πόλεων.

[6]) Es zahlte an Athen einen Tribut von 12 Talenten. Noch Strabon
XIII S. 589: πόλις εὐλίμενος καὶ ἀξιόλογος συμμένουσα καλῶς.

küste der Propontis war Kyzikos schon zur Zeit des peloponnesischen Krieges ansehnlich, wenn auch damals noch hinter Lampsakos zurückstehend[1]); im Laufe des folgenden Jahrhunderts wuchs es zur Grossstadt empor[2]) und ist durch die ganze hellenistische Zeit und bis in die Kaiserzeit hinein eine der ersten Städte Asiens geblieben[3]). Die Mauern umschlossen eine Fläche von 160 ha, das Gebiet war verhältnissmässig sehr ausgedehnt[4]). Wie bedeutend die Bürgerzahl war, zeigt der erfolgreiche Widerstand gegen Mithradates bei der denkwürdigen Belagerung des Jahres 74. Leider fehlen bestimmte Zahlenangaben; wir hören nur, dass die Kyzikener in der Seeschlacht bei Kalchedon 10 Schiffe und 3000 Mann verloren hatten[5]). Eine kyzikenische Flotte von 20 Tetreren wird unter dem Jahre 154 erwähnt[6]).

Das innere Mysien war ein waldiges Bergland, das die Perser nie zu unterwerfen vermocht haben; städtisches Leben hat sich hier erst spät und nur in unbedeutendem Maasse entwickelt. Dagegen besitzt Lydien in dem weiten und fruchtbaren Hermosthale die grösste Alluvialebene der ganzen Halbinsel. Hier liegt Sardes, zur Zeit der Mermnaden und der Perserkriege bei weitem die erste Stadt Kleinasiens, und auch später, obwohl von Ephesos und Pergamon überflügelt, noch immer sehr ansehnlich[7]). Es ist kaum ein Zweifel, dass dieses alte Culturland die am dichtesten bevölkerte Landschaft Kleinasiens gewesen ist, wie denn Lydien unter persischer Herrschaft einen höheren Tribut bezahlt hat, als das ganze Innere und der Norden der Halbinsel[8]).

---

[1]) Lampsakos zahlte an Athen 12 Tal., Kyzikos nur 9 Tal. Tribut.

[2]) Diod. XVIII 51 (319 v. Chr.): οὔσης δὲ τῆς Κυζικηνῶν πόλεως ἐπικαιροτάτης καὶ μεγίστης.

[3]) Strab. XII S. 575: ἔστι δ᾽ ἐνάμιλλος ταῖς πρώταις τῶν κατὰ τὴν Ἀσίαν πόλεων μεγέθει τε καὶ κάλλει.

[4]) Marquardt, *Cyzicus und sein Gebiet.*

[5]) Plut. *Lucull.* 9; vergl. App. *Mithr.* 73.

[6]) Polyb. 33, 11, 2.

[7]) Strab. XIII S. 625: αἱ δὲ Σάρδεις πόλις ἐστὶ μεγάλη.

[8]) Herod. III 90; vergl. Kiepert, *Alte Geographie* S. 111.

Auch die kleinasiatische Südküste mit ihren fruchtbaren Flussthälern und Küstenebenen war ein stark bevölkertes Land. Kibyra vermochte im III. und II. Jahrhundert 30000 Mann zu Fuss und 2000 Reiter ins Feld zu stellen[1]. Aspendos stellte Achaeos 218 ein Hülfscorps von 4000, Etenna von 8000 Hopliten[2]. Selge wird in Alexanders Zeit eine grosse Stadt genannt[3]; 10000 ihrer Bürger sollen 218 in einer Schlacht gegen Achaeos gefallen sein[4], sodass die Angabe, dass Selge 20000 Bürger gezählt hat[5], nicht unglaubwürdig scheint. Sagalessos wird im IV. wie im II. Jahrhundert als volkreiche Stadt bezeichnet[6]; auch Side, Perge, Termessos waren ansehnlich. Das benachbarte Lykien war ein sehr städtereiches Gebiet; der Bund zählte 23 Städte, von denen allerdings nur 6: Xanthos, Patara, Pinara, Olympos, Myra, Tlos, grössere Bedeutung gehabt haben[7]; immerhin muss das wenig über 8000 qkm grosse Gebiet stark bevölkert gewesen sein. — Die reiche kilikische Ebene[8] mit der Grossstadt Tarsoi[9] und einer Reihe anderer ansehnlichen Städte hat ohne Zweifel gleichfalls eine dichte Bevölkerung gehabt. Dagegen war das rauhe Kilikien grösstentheils mit Wald bedeckt, und hat in seinen inneren Theilen städtische Ansiedlungen bis auf die Kaiserzeit nicht besessen. Dasselbe gilt von den Landschaften am Amanos.

Das innere Kleinasien ist von einer weiten Hochebene eingenommen, die bereits im Alterthum so gut wie völlig waldlos war, zum grossen Theil eine wasserlose Einöde.

---

[1] Strabon XIII S. 631.
[2] Polyb. V 73, 3; über Aspendos s. auch Strab. XIV S. 667.
[3] Arrian. Anab. I 28, 1.
[4] Polyb. V 72—76.
[5] Strab. XII S. 570.
[6] Arrian. Anab. I 28, 2; Polyb. bei Liv. 38, 15.
[7] Strab. XIV S. 665 nach Artemidoros.
[8] Xen. Anab. I 2, 22: πεδίον μέγα καὶ καλόν; Diod. XIV 20: πεδίον τῶν κατὰ τὴν Ἀσίαν οὐδενὸς τῷ κάλλει λειπόμενον.
[9] Xen. Anab. I 2, 23: πόλιν μεγάλην καὶ εὐδαίμονα; Diod. XIV 20: μεγίστην τῶν ἐν Κιλικία πόλεων: Curtius III 4, 14; Ammian. Marc. XIV 8, 3: Ciliciam vero Tarsus nobilitat, urbs perspicabilis.

Die Cultur ist in dieses Gebiet erst spät vorgedrungen, von Westen her langsam vorschreitend. Städte gab es hier bis auf die Römerzeit fast nur im Südwesten, da wo die Ebene sich gegen das Maeanderthal senkt, oder zu den Vorhöhen des Tauros emporsteigt; sonst war die Bevölkerung in Dörfer zerstreut, die Viehzucht die hauptsächlichste Nahrungsquelle. Ein solches Gebiet kann nur verhältnissmässig dünn bewohnt gewesen sein. So hören wir, dass die galatischen Trokmer und Tektosagen im Jahre 189 gegen den Consul Cn. Manlius 50 000 Mann zu Fuss und 10 000 Reiter ins Feld stellten[1]), offenbar doch ihr gesammtes Aufgebot, da es sich um die Vertheidigung der eigenen Heimath handelte. 60 000 Waffenfähige würden eine Gesammtbevölkerung von 240 000 Seelen voraussetzen. Der dritte Stamm, die Tolistobogier, verlor bei der Erstürmung seiner befestigten Stellungen am Olympos 40 000 Gefangene, meistens Weiber und Kinder, nach der Angabe des Polybios, der diesen Feldzug selbst mitgemacht hat: die Zahl der Gefallenen konnte Polybios nicht in Erfahrung bringen, nach Valerius Antias hätte sie 10 000, nach Claudius Quadrigarius gar 40 000 betragen[2]). · Und jedenfalls hatten sich viele durch die Flucht gerettet, da ja der Stamm durch die Niederlage keineswegs vernichtet wurde. Rechnen wir die drei Stämme zu durchschnittlich gleicher Stärke, so ergäbe sich für Galatien eine Volkszahl von 360 000, oder da die Bevölkerung von Pessinus dabei nicht mitgerechnet ist, etwa von 400 000. Ueber ½ Million werden wir, die Richtigkeit von Polybios' Angaben vorausgesetzt, schwerlich hinausgehen dürfen. Das ergiebt bei einem Flächenraum von 40 000 qkm eine Volksdichtigkeit von 10 bis 12,5 auf 1 qkm, also eine ziemlich dünne Bevölkerung. Das eigentliche Phrygien wird dichter bewohnt gewesen sein, Kappadokien dagegen kaum eine stärkere Bevölkerung gehabt haben als Galatien. Der Prätendent Ariarathes brachte 323 gegen Perdikkas 30 000 Mann zu Fuss

---

[1]) Liv. 38, 26, nach Polybios.
[2]) Liv. 38, 23.

und 15000 Reiter zusammen[1]); Ariarathes VII. stellte gegen
Mithradates im Jahre 100 ein „ungeheures Heer“ auf, das
aber den 90000 Mann des pontischen Königs nicht gewachsen
war[2]). Im Laufe der Römerzeit mag die Bevölkerung des
Landes sich allerdings bedeutend vermehrt haben, wie denn
seit Augustus städtisches Leben hier Wurzel zu fassen begann.
Kaesareia (Mazaka) soll im II. Jahrhundert n. Chr. sogar
400000 Einwohner gezählt haben[3]), eine Angabe, die freilich
bei der trüben Quelle, aus der sie stammt, auf irgend welchen
Werth keinen Anspruch erheben kann.

Viel reicher von der Natur ausgestattet sind die Terrassen-
länder an der Südküste des Schwarzen Meeres: Bithynien,
Paphlagonien, Pontos. Aber auch diese Länder sind erst spät
der Cultur erschlossen worden. Am frühesten natürlich Bithynien. Hier lagen schon seit dem VII. und VI. Jahrhundert die hellenischen Colonien Kalchedon und Herakleia, die
bald zu bedeutender Blüthe gelangt sind. Kalchedon hat um
die Mitte des V. Jahrhunderts an Athen den hohen Tribut von
9 Talenten gezahlt. Noch mächtiger war Herakleia, hauptsächlich durch die starke Bevölkerung seines ausgedehnten
Landgebiets, die leibeigenen Mariandyner, die der Stadt die
Möglichkeit gab, eine bedeutende Flotte zu bemannen[4]). Den
Byzantiern konnte Herakleia gegen Antiochos II. 40 Trieren
zu Hülfe senden; im mithradatischen Kriege stellte die Stadt
gegen Rom ein Contingent von 5 Trieren und rüstete während
der römischen Belagerung 30 Kriegsschiffe aus[5]). Die Erstürmung und Zerstörung durch Cato war ein Schlag, von
dem Herakleia sich nie wieder erholt hat; immerhin kamen,

---

[1] Diod. XVIII 16.
[2] Justin 38, 1. 7: *ingentem exercitum.*
[3] Zonaras XII 23.
[4] Arist. *Polit.* IV (VII) S. 1327 b: πλήϑοις δ' ὑπάρχοντος περιοίκων
κα τῶν τὴν χώραν γεωργούντων, ἀφϑονίαν ἀναγκαίαν εἶναι καὶ ναυ-
τῶν· ὁρῶμεν δὲ καὶ τοῦτο καὶ νῦν ὑπάρχον τισίν, οἷον τῇ πόλει τῶν
Ἡρακλεωτῶν· πολλὰς γὰρ ἐκπληροῦσι τριήρεις κεκτημένοι τῷ μεγέϑει
πόλιν ἑτέραν ἐμμελεστέραν.
[5] Memnon c. 23. 38. 50.

als Thrasymedes die Stadt wieder aufbaute, einschliesslich der
Sklaven 8000 Ansiedler zusammen [1]), was auf die frühere
Volkszahl einen Schluss gestattet.

Im eigentlichen Bithynien hat sich städtisches Leben erst
seit dem III. Jahrhundert entwickelt mit der Gründung von
Nikaea durch Lysimachos, von Nikomedeia und Prusa durch
die einheimischen Könige; die Gründung der Städte im Innern
fällt sogar zum Theil erst in römische Zeit. Doch fand schon
Xenophon in Bithynien „viele und wohlbevölkerte Dörfer" [2]).
Die bithynischen Könige haben denn auch bedeutende Truppenmassen ins Feld stellen können: Nikomedes z. B. gegen Mithradates von Pontos 50000 Mann zu Fuss und 6000 Reiter [3]).

Paphlagonien soll am Anfang des IV. Jahrhunderts
120000 waffenfähige Männer gezählt haben [4]), was einer Bevölkerung von mindestens ¹/₂ Million Einwohner entsprechen
würde. Das Land umfasste damals das Gebiet vom Thermodon
bis zum Parthenios, also auch einen grossen Theil des späteren
Pontos. Die einzige bedeutendere Stadt war hier die griechische Colonie Sinope [5]), blühend schon in der Zeit der Unabhängigkeit, besonders aber seit es die Residenz der pontischen Könige geworden war. Bei der Erstürmung durch Lucullus sollen 8000 Bürger umgekommen sein [6]).

Die Küste östlich von der Mündung des Thermodon war
in der Perserzeit von barbarischen Stämmen bewohnt und
noch zu Strabons Zeit grösstentheils mit Wald bedeckt [7]); die
Bevölkerung kann hier nur eine wenig dichte gewesen sein.
Kleinarmenien im Innern theilt die Bodenbeschaffenheit Kappa-
dokiens; Städte hat es hier vor der Römerzeit nicht gegeben.

---

[1]) Memnon c. 60.

[2]) *Anab.* VI 4, 6: ἡ δὲ ἄλλη χώρα — ausser dem waldigen Küsten-
saum — καλὴ καὶ πολλὴ καὶ κῶμαι ἐν αὐτῇ εἰσι πολλαὶ καὶ [εὖ] οἰκού-
μεναι.

[3]) App. *Mithr.* 17.

[4]) Xen. *Anab.* V 6, 9.

[5]) Strab. XII S. 545: ἀξιολογωτάτη τῶν ταύτῃ πόλεων.

[6]) Plut. *Lucullus* 23.

[7]) Strab. XII S. 549: ὑπέρκειται γὰρ εὐθὺς τὰ ὄρη μετάλλων πλήρη
καὶ δρυμῶν, γεωργεῖται δ' οὐ πολλά.

Wollen wir nun den Versuch machen, die Bevölkerung der Halbinsel in Zahlen auszudrücken, so wäre für die Hochebene des Innern westlich von Phrygien, nebst dem pontischen Gebiet etwa die Volksdichtigkeit von Galatien zu Grunde zu legen, also für den Anfang des II. Jahrhunderts gegen 10 bis 12 $^1/_2$ auf 1 qkm. Das ergäbe für das ganze an 300 000 qkm grosse Gebiet 3—4 Millionen Einwohner. Bithynien und Phrygien mögen etwa die doppelte Volksdichtigkeit gehabt haben. also auf 95 000 qkm gegen 2—2 $^1/_2$ Millionen. Für die Kibyratis ergiebt sich nach Strabons Angaben eine relative Bevölkerung von 30 auf 1 qkm; rechnen wir die gleiche Volksdichtigkeit für alle Landschaften südlich des Tauros, so erhalten wir für diesen Theil der Halbinsel eine Bevölkerung von reichlich 2 Millionen. Der dicht bevölkerte Westen — Karien, Lydien, Mysien — mag 50—60 Einwohner auf 1 qkm gezählt haben, also im ganzen auf 75 000 qkm 4—4 $^1/_2$ Millionen. Eine weitere halbe Million wird auf die Inseln zu rechnen sein (73 auf 1 qkm); das ergiebt zusammen 11 $^1/_2$ bis 13 $^1/_2$ Millionen Einwohner. Bis auf Augustus' Zeit mag die Bevölkerung, namentlich im Osten, noch etwas gewachsen sein und in der ersten Kaiserzeit sich noch weiter vermehrt haben. Ueberhaupt ist die Schätzung naturgemäss nur eine ganz ungefähre, die sich vielleicht um Millionen von der Wahrheit entfernt. Dass aber in den Jahren 65—61 v. Chr., als Pompeius die asiatischen Verhältnisse ordnete, die Bevölkerung, wenigstens des Ostens der Halbinsel, nicht wesentlich höher gewesen sein kann, als hier angenommen worden ist, soll unten gezeigt werden.

2. Syrien.

Eine genaue Scheidung des Wüstengebietes von dem culturfähigen Boden in Syrien ist uns für jetzt noch nicht möglich. Ich nehme daher das obere Syrien mit Kommagene in der Begrenzung wie auf Bl. IV von Kieperts *Atlas Antiquus* (Ausg. von 1882), aber einschliesslich von Phoenike nördlich des Eleutheros [1]); Palaestina in den auf Bl. III desselben Atlas angegebenen Grenzen, also einschliesslich Batanaea und Auranitis, aber ausschliesslich Idumaea; Koele-Syrien begrenze ich im Norden durch den Eleutheros und den See des Orontes; im Osten durch den Meridian 34° 30′ östl. Länge von Paris; im Süden durch den 33. Breitengrad und die Nordgrenze von Palaestina. Eine planimetrische Berechnung der so umschriebenen Gebiete auf den beiden angeführten Kiepertschen Blättern (Bl. III im Maassstabe von 1 : 1 250 000, Bl. IV von 1 : 4 000 000) ergab folgende Zahlen:

	qkm
Ober-Syrien mit Kommagene	59 500
Koele-Syrien mit Phoenike	20 100
Palaestina mit Batanaea	29 600
	109 200

Auch bei dieser Begrenzung Syriens sind noch sehr bedeutende Wüstenstrecken eingeschlossen, wobei allerdings zu berücksichtigen ist, dass das Wüstengebiet im Alterthum weniger ausgedehnt war als heute.

Die einzelnen Landschaften von Palaestina haben an Flächeninhalt:

	qkm
Galilaea	3 200
Samareia	1 800
Judaea	9 600
Peraea	15 000
	29 600

wobei wieder die Grenzen auf Kieperts Karte zu Grunde gelegt sind. Nur ist Skythopolis zu Galilaea gezogen, während unter Peraea das ganze Ost-Jordanland, also auch Batanaea, Auranitis, Ammonitis usw. zu verstehen ist.

Dass ein von der Natur reich ausgestattetes altes Culturland wie Syrien schon früh zu einer bedeutenden Volkszahl gelangen musste, liegt in der Natur der Sache. Die angebliche Volkszählung im jüdischen Reiche unter David, die

---

[1]) Strab. XVI S. 753.

16 *

1 300 000 waffenfähige Männer ergeben haben sollte, hat freilich keine historische Gewähr; aber um so lauter spricht die grossartige Colonisationsthätigkeit der Phoeniker. Salmanassar II. erzählt in seinen Annalen, er habe 854 ein syrisches Coalitionsheer geschlagen, bestehend aus 20 000 Mann von Damaskos, 10 000 von Hamath, 10 000 von Israel und mehreren anderen Contingenten[1]). König Menachem von Israel hatte 728 an Tiglath Pilesar II. 1000 Talente Silbers zu zahlen. Zu ihrer Beitreibung legte er jedem Heerpflichtigen, d. h. jedem Besitzenden, eine Steuer von 50 Schekel auf; es muss also 60 000 solcher Männer in Israel gegeben haben[2]). Sargon führte 722 aus Samaria 27 280 Gefangene hinweg[3]); Sanherib 703 aus Aram 208 000, 701 aus Juda 200 150 Menschen[4]). Die Bevölkerung Syriens wird demnach schon in dieser Zeit auf mehrere Millionen Einwohner zu veranschlagen sein[5]).

Die assyrischen Eroberungskriege müssen jedenfalls einen bedeutenden Rückschlag gebracht haben, und es ist nicht anzunehmen, dass die Bevölkerung unter dem Druck der persischen Fremdherrschaft wesentlich gewachsen ist. Ein um so grösserer Aufschwung erfolgte nach der griechischen Eroberung, als Syrien durch Antigonos und Seleukos zum Mittelpunkt des neuen asiatischen Reiches gemacht wurde und sich mit makedonischen Colonien bedeckte. Zur Perserzeit waren in Syrien ausser den phoenikischen Küstenstädten Tyros, Sidon, Byblos, Tripolis nur Damaskos und etwa Thapsakos[6]) von einiger Bedeutung: und auch das waren keineswegs Grossstädte in unserem Sinne, denn selbst Tyros[7]) und Sidon[8]), die ersten darunter, haben um die Mitte des IV. Jahrhunderts nicht über

---

[1]) Duncker, *Gesch. des Alterth.* II[5] 244.

[2]) E. Meyer, *Gesch. des Alterth.* I 449.

[3]) Duncker II[5] 328.

[4]) E. Meyer I 464. 467.

[5]) Das Urtheil über den Werth dieser Zahlen muss natürlich den Assyriologen überlassen bleiben.

[6]) Xen. *Anab.* I 4, 11: πόλις μεγάλη καὶ εὐδαίμων.

[7]) Arrian *Anab.* II 24; Diod. XVII 46.

[8]) Diod. XVI 45.

40 000 Einwohner gezählt. Unter der Herrschaft der Seleukiden
dagegen erhielt Syrien in Antiocheia eine Weltstadt, die hinter
dem aegyptischen Alexandreia nicht weit zurückstand[1]) und
also um den Beginn unserer Zeitrechnung nahe an 300 000
freie Einwohner gezählt haben muss. Apameia zählte 6/7
n. Chr. eine freie Bevölkerung von 117 000, die freilich zum
grossen Theil in dem weiten und fruchtbaren Gebiete zerstreut
lebte[2]). Auch Laodikeia war eine sehr ansehnliche Stadt[3]).
Kleiner war Seleukeia in Pierien, das 220 nicht über 6000
Bürger gezählt hat[4]). Sidon und Tyros haben sich bald von
den Schlägen durch Ochos und Alexander erholt, und in der
Diadochenzeit ihren alten Rang wieder eingenommen[5]). Dazu
treten jetzt als neue Grossstädte in Phoenikien Ptolemais[6]), in
Judaea seit der Makkabaeerzeit Hierosolyma, seit Herodes
Kaesareia[7]).

So hat Syrien während der ganzen hellenistischen Periode
die Länder des Westens mit Sklaven versorgt, in noch höherem
Maasse als Kleinasien. Man denke an den national-syrischen
Charakter des ersten sicilischen Sklavenkrieges. Daneben hat
namentlich aus Palaestina eine sehr starke freie Auswanderung
stattgefunden. Um den Beginn unserer Zeitrechnung waren
alle Nachbarländer, besonders Aegypten, Kyrene und Kypros
von Juden erfüllt[8]).

Ueber die Volkszahl des nördlichen und mittleren Syrien
fehlt jede Angabe. Um so besser unterrichtet sind wir an-
scheinend über die Bevölkerung Palaestinas. Josepos berichtet

---

[1]) Strab. XVI S. 750: οὐ πολύ τε λείπεται καὶ δυνάμει καὶ μεγέθει
Σελευκείας τῆς ἐπὶ τῷ Τίγρει καὶ Ἀλεξανδρείας τῆς πρὸς Αἰγύπτῳ.
[2]) *Ephemeris epigraphica* IV S. 537—542; über das Gebiet Strabon
XVI S. 752 f.
[3]) S. den Art. Laodicea in Paulys *Real-Encyclopaedie*.
[4]) Polyb. V 61, 1. Unter den ἐλεύθεροι sind doch wohl nur die erwachsenen Männer zu verstehen, da sonst Seleukeia zur Kleinstadt würde.
[5]) Strab. XVI S. 756: ἀμφότεραι δ᾽ οὖν ἔνδοξοι καὶ λαμπραὶ καὶ
πάλαι καὶ νῦν.
[6]) Strab. XVI S. 758: μεγάλη πόλις.
[7]) Josep. *Jüd. Kr.* III 9, 1: μεγίστην τῆς Ἰουδαίας πόλιν.
[8]) Philon g. *Flaccus* 7, *Gesandtschaft an Gaius* 31.

uns nämlich, es seien unter Nero am Paschafeste in Jerusalem
256 500 Opferthiere dargebracht worden, nach einer Zählung,
welche die Priester auf Veranlassung des römischen Statthalters
Cestius vornahmen. Jedes Thier wurde von einer Gesellschaft
von 10—20 Köpfen geopfert — 10 war das Minimum —, so
dass, 15 als Mittel genommen, die Zahl der Opfernden sich
auf 3 847 500 belaufen müsste[1]). Kein Verständiger wird
glauben, dass bei den damaligen Verkehrsverhältnissen eine
solche Menschenzahl, oder um das Minimum zu nehmen, auch
nur 2½ Millionen sich auf e i n e m Punkt versammeln konnten;
vielmehr ist die Angabe nur ein Beweis für die Grossmäuligkeit
des Josepos und den Mangel an Kritik derer, die ihm
nachgeschrieben haben. Im besten Falle hat er die ihm vorliegende
Zahl der Opferthiere einfach mit 10 multiplicirt.
Auch dann kommt noch eine ganz ungeheure Zahl von Pilgern
zum Paschafeste heraus.

Nach dieser Probe werden wir auch die übrigen Zahlen
bei Josepos mit gerechtfertigtem Misstrauen betrachten. Das
Papier ist geduldig; und wo es sich um Judenverfolgungen
oder um Befriedigung der eigenen Eitelkeit handelt, haben
Juden immer den Mund vollgenommen. Trotzdem wollen wir,
in Ermangelung eines bessern, Josepos' Angaben hier zu Grunde
legen. Josepos sagt, er habe in Galilaea bei dem Aufstande
gegen Nero 100 000 Mann ausgehoben. Von diesen aber habe
er nur die Hälfte bei den Fahnen behalten, die anderen in
ihre Heimath zurückgeschickt, zur Bestellung der Felder[2]).
Wenn das nöthig war, müssen überhaupt alle Waffenfähigen
ausgehoben worden sein. Galilaea also hätte 68 n. Chr. gegen
400 000 Einwohner gezählt, 125 auf 1 qkm: das ist eine sehr
hohe Bevölkerung, die aber für ein fruchtbares Land wie Galilaea,
den reichsten District in Palaestina, immerhin möglich

---

[1]) *Jüd. Kr.* VI 9, 3. Josepos selbst rechnet 2 700 000 heraus. Sehr
richtig sagt Smith, *Dictionary of the Bible* I 1025: *the assertions, that
3 000 000 were collected at the Passover, that a million of people perished
in the siege, that 100 000 escaped, etc. are so childish, that it is surprizing
that any one could ever have repeated them.*

[2]) *Jüd. Kr.* II 20, 6. 8.

ist. Auf jede der 204 Städte und Dörfer[1]) kämen dann im Durchschnitt 2000 Einwohner. Von der Peraea sagt Josepos ausdrücklich, dass sie, obwohl Galilaea an Grösse überlegen, doch an Bevölkerung dahinter zurückstand[2]). Unter Peraea versteht er das Ost-Jordanland südlich von Pella, also dem See Genezareth; indess haben Batanaea und Auranitis dieselbe, oder noch ungünstigere Bodenbeschaffenheit, so dass ihre Volksdichtigkeit hinter der von Peraea im engeren Sinne noch zurückgeblieben sein muss. Wir werden also für das Ost-Jordanland höchstens eine Bevölkerung von ¹/₂ Million ansetzen dürfen, Sollen doch die benachbarten Nabataeer im III. Jahrhundert nur etwa 10000 erwachsene Männer gezählt haben[3]), was auf eine noch viel dünnere Bevölkerung dieser Gegenden führen würde. Samareia und Judaea allerdings waren stärker bevölkert[4]), stehen indess an Fruchtbarkeit hinter Galilaea zurück; wie denn das ganze Gebirgsland von Jericho bis Skythopolis unbewohnt war[5]), und die Ufer des todten Meeres in Judaea völlig wüst lagen. Bei dem grossen Aufstande gegen Nero und Vespasian betrug das Aufgebot von Samareia nicht über 11600 Mann[6]); mag das auch nur der dritte Theil aller Waffenfähigen gewesen sein, so erhielten wir eine Bevölkerung von 140000 Einwohnern, oder annähernd 80 auf 1 qkm. Dieselbe Volksdichtigkeit auf Judaea angewandt, würde für dieses 768000 Bewohner ergeben. Allerdings sollen in Jerusalem zu Anfang der Belagerung nach Tacitus 600000 Menschen[7]), nach Josepos sogar fast die doppelte Zahl[8]) zusammengedrängt gewesen sein;

---

[1]) Josep. *Autobiographie* 45: διακόσιαι καὶ τέσσαρες κατὰ τὴν Γαλιλαίαν εἰσὶ πόλεις καὶ κῶμαι. Nach *Jüd. Kr.* III 3, 2 hätte die kleinste κώμη in Galilaea über 15000 Einwohner gezählt.

[2]) *Jüd. Kr.* III 3, 3.

[3]) Diod. XIX 94: τὸν ἀριθμὸν ὄντες οὐ πολὺ πλείους τῶν μυρίων.

[4]) Josep. *Jüd. Kr.* III 3, 4: μέγιστον γε μὴν τεκμήριον ἀρετῆς καὶ εὐθηνίας τὸ πληθύειν ἀνδρῶν ἑκατέραν.

[5]) Josep. *Jüd. Kr.* IV 8, 2.

[6]) Josep. *Jüd. Kr.* III 7, 32. Vielleicht hat Josepos hier ausnahmsweise einmal nicht gelogen.

[7]) Tacitus *Hist.* V 13; Oros. VII 9.

[8]) *Jüd. Kr.* VI 9, 3.

aber einerseits sind diese Angaben ohne Zweifel sehr übertrieben, andererseits wissen wir, dass ein grosser Theil der
Landbevölkerung Judaeas und des übrigen Palaestina hinter
den Mauern der Hauptstadt Schutz suchte. Der Flächeninhalt
von Jerusalem innerhalb der herodischen Mauer beträgt etwa
112 Hektar; die Bevölkerung kann also auch bei der dichtesten Bebauung kaum über 100 000 betragen haben. Nach
Hekataeos von Abdera soll die Stadt unter Ptolemaeos I. angeblich 120 000 Einwohner gezählt haben[1]). Bei der Eroberung durch Titus betrug nach Josepos die Zahl der Gefangenen
97 000[2]), was glaubwürdig scheint. Wenn die Belagerung und
Erstürmung sehr zahlreiche Opfer gefordert hatten, so waren
dafür sehr zahlreiche Flüchtlinge von auswärts in Jerusalem
zusammengedrängt.

Die Bevölkerung von Palaestina unter Nero kann demnach 2 Millionen kaum erreicht haben. Der Aufstand hat
natürlich eine beträchtliche Verminderung gebracht; doch liegt
es in der Natur der Sache, dass solche Verluste bald wieder
ausgeglichen werden. Bei dem Aufstande unter Hadrian sollen
dann nochmals 580 000 Juden umgekommen sein ausser denen,
die Krankheiten und Hunger erlagen, so dass Judaea angeblich
fast ganz verödete[3]).

Wenn wir die so für Palaestina gefundene Volksdichtigkeit von 67 auf 1 qkm auf ganz Syrien anwenden, so erhalten
wir für Neros Zeit eine Bevölkerung von 7 Millionen: ein Ergebniss, das mindestens nicht hinter der Wahrheit zurückbleiben wird. Wir haben dafür auch ein officielles Zeugniss.
Auf seinem Weihgeschenk im Tempel der Minerva zu Rom
gab Pompeius an, er habe 12 183 000 Menschen in 1538 Städten
oder befestigten Plätzen getödtet, gefangen genommen oder
unterworfen, und zwar in Asien, Pontos, Armenien, Paphlagonien, Kappadokien, Kilikien, Syrien, Skythien, Judaea, Albanien,

---

[1]) Bei Josep. g. Apion I 22. Doch ist Josepos so durch und durch
verlogen, dass das Zeugniss des Hekataeos sehr wohl gefälscht sein kann.

[2]) Josep. Jüd. Kr. VI 9, 3.

[3]) Dio Cass. 69, 14.

Kreta und dem Gebiet der Bastarener[1]). Dass es sich hier um die Gesammtbevölkerung der unterworfenen Landschaften handelt, ist evident[2]), und ebenso, dass Pompeius nicht sein Licht unter den Scheffel gestellt und die Zahl der Unterworfenen zu gering angegeben haben wird. Andererseits waren die errungenen Erfolge so gross, dass ein Grund zur Uebertreibung kaum vorlag. Ausserdem war Pompeius, der Reorganisator von Pontos, Kappadokien, Kilikien und Syrien, wenn irgend Jemand, in der Lage, die Einwohnerzahlen dieser Länder zu kennen. Für Armenien und die Kaukasosländer freilich war er auf vage Schätzungen angewiesen, die er immerhin besser zu machen im Stande war, als irgend ein anderer seiner Zeitgenossen. Also das Gebiet von der aegyptischen Grenze zum Pontos Euxeinos und Kaukasos und zwischen Halys und Euphrat hat um 60 v. Chr. nicht über 12 Millionen Einwohner gezählt. Auf die östlichen Landschaften Kleinasiens werden nach dem oben gesagten kaum über 4 Millionen zu rechnen sein; nehmen wir weitere 2—3 Millionen für Armenien und die Nachbarländer, so bleiben für Syrien 5—6 Millionen. Es ist durchaus wahrscheinlich, dass die Bevölkerung dieses Landes von 60 v. Chr. bis 60 n. Chr. sich um 1—2 Millionen vermehrt hat. Aber natürlich bleibt auch die Möglichkeit, dass die obige Schätzung um einige Millionen zu hoch ist.

Kypros hat einen Flächenraum von 9599,2 qkm[3]). Dass die fruchtbare[4]), altcultivirte Insel eine bedeutende Bevölkerung gezählt hat, werden wir voraussetzen dürfen. Zu der Flotte des Xerxes soll Kypros 150 Trieren gestellt haben[5]); Euagoras von Salamis hatte 70 Trieren, und ohne die Bundesgenossen

---

[1]) Plin. *N. H.* VII 97: *Cn. Pompeius . . . . fusis, fugatis, occisis, in deditionem acceptis hominum centiens viciens semel LXXXIII oppidis castellis MDXXXVIII in fidem receptis, terris a Maeoti ad Rubrum Mare subactis, votum merito Minervae.*

[2]) Mommsen, *R. G.* III[5] S. 147.

[3]) Nach der planimetrischen Berechnung von Strelbitzky a. a. O. S. 155.

[4]) Vgl. Strab. XIV S. 684.

[5]) Herod. VII 90.

und Soldtruppen ein Landheer von 6000 Mann; während des Krieges gegen die Perser stellte er noch weitere 50 Trieren auf[1]). Bei der Belagerung von Tyros wurde Alexander von den kyprischen Königen mit 120 Trieren unterstützt[2]). Dem Judenaufstand unter Traian 117 n. Chr., bei dem Salamis zerstört wurde, sollen 240000 Bewohner der Insel zum Opfer gefallen sein[3]). Weniger als 50 Seelen auf 1 qkm werden wir für die beste Zeit der Insel kaum rechnen dürfen, was annähernd eine halbe Million Einwohner ergeben würde; vielleicht, ja wahrscheinlich, ist die Bevölkerung grösser gewesen.

3. Das obere Asien.

Ueber die Bevölkerung der oberen Satrapien des persischen oder Seleukidenreiches, und später des Partherreiches fehlt so gut wie jede numerische Angabe. Dass diese Bevölkerung, absolut genommen, ansehnlich sein musste, zeigen die grossen Heeresmassen, die von den persischen und parthischen Königen ins Feld gestellt worden sind; aber bei der gewaltigen Ausdehnung der Länder zwischen Euphrat und Indos verträgt sich damit sehr wohl eine relativ geringe Bevölkerung.

Am dichtesten bewohnt war ohne Zweifel die T i e f e b e n e a m u n t e r e n E u p h r a t u n d T i g r i s. Die Ausdehnung dieser Ebene muss zu mindestens 130000 qkm veranschlagt werden[4]), d. h. viermal der Fläche des aegyptischen Nilthales. Dass Babylonien an absoluter Bevölkerung Aegypten überlegen war, ist schon hiernach sehr wahrscheinlich, mochte es auch an Dichtigkeit der Bevölkerung dahinter zurückstehen. Babylonien und Susiana zusammen haben unter Dareios etwa den doppelten Tribut bezahlt wie Aegypten (1300 gegen 700 Talente)[5]); da nun Aegypten am Ende der Perserherrschaft etwa 3 Millionen Einwohner gezählt hat, so mögen für die Länder

[1]) Diod. XV 2. 3.
[2]) Arr. *Anab.* II 20, 3.
[3]) Dio Cass. 68, 32; vgl. Eus. *Chron.* II S. 164 Schoene; Oros. VII 12,8.
[4]) Kiepert, *Alte Geographie* S. 138 Anm. 3.
[5]) Herod. III 91. 92.

am unteren Euphrat und Tigris etwa 6—8 Millionen anzunehmen sein, d. h. 46—60 auf 1 qkm.

Um so dünner bewohnt war Mesopotamien. Sesshafte
Bevölkerung und städtisches Leben fand sich hier nur im
Norden, in Osroëne und Mygdonien; alles übrige ist und war
Wüste, von arabischen Nomaden durchzogen. Dagegen das
Quellgebiet des Euphrat und Tigris und die Länder
am Südabhang des Kaukasos sind im ersten Jahrhundert
vor unserer Zeitrechnung zu einer verhältnissmässig zahlreichen
Bevölkerung gelangt. Mögen die Angaben über die Zahl der
von König Tigranes ins Feld gestellten Heere auch sehr übertrieben sein [1]), so lässt doch die politische Stellung Armeniens
in dieser Zeit keinen Zweifel, dass das Land im Stande war,
bedeutende Truppenmassen zu liefern.

Die Albaner am Kaukasos sollen gegen Pompeius 60000
Mann zu Fuss und 12000 Reiter ins Feld gestellt haben [2]). Die
Angabe stammt von dem Augenzeugen Theophanes von Mytilene,
dem Freund und Geschichtschreiber des Pompeius, und wird
also wohl Glauben verdienen; auch scheint eine Bevölkerung
von 300000 Einwohnern, oder wenn es hier wie in Iberien [3])
neben den Kriegern noch eine Klasse von Leibeigenen ($\beta\alpha\sigma\iota$-
$\lambda\iota\varkappa o\grave{\iota}\ \delta o\tilde{\upsilon}\lambda o\iota$) gegeben hat, vielleicht von $^1/_2$ Million, wie sie
sich danach für Albanien ergeben würde, keineswegs übertrieben.

Die westlich benachbarten Iberer waren nach Theophanes
weniger zahlreich als die Albaner [4]); immerhin stellten auch

---

[1]) Nach Plut. *Lucull.* 26: 225000 Combattanten, 35000 Nichtcombattanten. Es war das Gesammtaufgebot von Armenien, Medien, Adiabene
nebst arabischen und kaukasischen Hülfsvölkern. Plutarchs Quelle waren
wahrscheinlich die Historien Sallusts (Peter, *Quellen Plutarchs* S. 106 f.).
Eutropius VI 9 giebt, ohne Zweifel nach Livius, das Heer zu 7500 Panzer-
reitern und 100000 Bogenschützen und Schwerbewaffneten an.

[2]) Strab. XI S. 502; Plut. *Pomp.* 35; vgl. Neumann, *Strabons Landeskunde von Kaukasien* in Fleckeisens *Jahrb. Suppl.* XIII S. 346.

[3]) Strab. XI S. 501.

[4]) Strab. XI 502 (von den Albanern): $\sigma\tau\acute{\epsilon}\lambda\lambda o\upsilon\sigma\iota\ \delta\grave{\epsilon}\ \mu\epsilon\acute{\iota}\zeta\omega\ \tau\tilde{\eta}\varsigma\ \text{'}I\beta\acute{\eta}\rho\omega\nu$
$\sigma\tau\rho\alpha\tau\iota\tilde{\alpha}\varsigma$. Bei Plut. *Pomp.* 34: $\dot{\epsilon}\pi\grave{\iota}\ \tauo\grave{\upsilon}\varsigma\ \text{'}I\beta\eta\rho\alpha\varsigma\ \dot{\epsilon}\beta\acute{\alpha}\delta\iota\zeta\epsilon,\ \pi\lambda\acute{\eta}\vartheta\epsilon\iota\ \mu\grave{\epsilon}\nu\ o\grave{\upsilon}\varkappa$
$\dot{\epsilon}\lambda\acute{\alpha}\tau\tauo\nu\alpha\varsigma,\ \mu\alpha\chi\iota\mu\omega\tau\acute{\epsilon}\rho o\upsilon\varsigma\ \delta\grave{\epsilon}\ \tau\tilde{\omega}\nu\ \dot{\epsilon}\tau\acute{\epsilon}\rho\omega\nu\ (\text{'}A\lambda\beta\alpha\nu\tilde{\omega}\nu)\ \check{o}\nu\tau\alpha\varsigma$, ist o$\check{\upsilon}\varkappa$ wohl
zu streichen.

sie bedeutende Streitkräfte. In der Schlacht gegen Pompeius
sollen sie 9000 Todte und über 10000 Gefangene verloren
haben[1]). Einschliesslich Kolchis mag demnach für die Landschaften am Südabhange des Kaukasos im I. Jahrhundert eine
Bevölkerung von gegen 1 Million anzunehmen sein.

Von den Landschaften der iranischen Hochebene
war zu Alexanders Zeit Persis am besten bevölkert[2]). Doch
schätzt Xenophon die Zahl der Perser auf nicht mehr als
120000 erwachsene Männer[3]), was auf etwa ⅓ Million Einwohner führen würde. Und als Alexander im Winter 331 auf
330 in Persis einfiel, betrug das persische Aufgebot nur 40000
Mann zu Fuss und 700 Reiter[4]); allerdings waren die schweren
Verluste bei Issos und Arbela vorausgegangen. Das Areal beträgt etwa 140000 qkm, so dass nach Xenophon 3,6 Einwohner auf 1 qkm entfallen wären. Selbst im heutigen Persien,
das so weite Wüstenstrecken einschliesst, zählt man 5 Einwohner
auf 1 qkm. Xenophons Schätzung wird also immerhin etwas
hinter der Wahrheit zurückbleiben, wenn auch schwerlich sehr
viel. Die meisten übrigen Theile der im ganzen etwa 3 Millionen qkm grossen iranischen Hochebene sind dagegen im
Alterthum ohne Zweifel nur spärlich bewohnt gewesen.

Die Inder erklärt Herodot für das zahlreichste aller
Völker der Erde[5]); wie denn auch heute Indien an Volkszahl
nur hinter China zurücksteht. Ebenso zeigen uns die Berichte
über den Zug Alexanders, dass das nordwestliche Indien ein
Land mit starker Bevölkerung gewesen ist. Allein im Lande
der Glauganiten zwischen Hydaspes und Akesines nahm Alexander angeblich 37 Städte, von denen die kleinste 5000, viele
über 10000 Einwohner hatten, ausserdem viele volkreiche
Dörfer[6]); zwischen Hydaspes und Hypanis sollen 5000 Städte

---

[1]) Plut. *Pomp.* 34.

[2]) Diod. XIX 21: πολυανθρωπία τε πολὺ διαφέρειν συμβαίνει τὴν
χώραν ταύτην τῶν ἄλλων σατραπειῶν.

[3]) *Kyrop.* I 2, 15: λέγονται μὲν γὰρ Πέρσαι ἀμφὶ τὰς δώδεκα μυριάδας εἶναι.

[4]) Arr. *Anab.* III 18, 2.

[5]) Herod. V 3: Θρηίκων δὲ ἔθνος μέγιστόν ἐστι μετά γε Ἰνδοὺς
πάντων ἀνθρώπων. Ebenso Ktesias am Anfang der *Indika*.

[6]) Arr. *Anab.* V 20. 4.

„nicht kleiner als Kos" gelegen haben. Poros konnte gegen Alexandros 300 Streitwagen, 4000 Reiter, 50 000 Mann zu Fuss ins Feld führen [1]). Nach Plinius soll der König der Prasier um Palibothra, des mächtigsten indischen Volkes, ein Heer von 600 000 Mann zu Fuss und 30 000 Reitern unterhalten haben; andere indische Staaten hätten Heere von 50 000, 60 000, 100 000 Mann [2]). Eine numerische Bestimmung der Bevölkerung Indiens im Alterthum ist auf Grund solcher und ähnlicher, zum Theil offenbar sehr übertriebener Angaben natürlich unmöglich; nur dass das Land nach antiken Begriffen sehr bevölkert war, beweisen sie allerdings. Freilich wird aller Analogie nach die Bevölkerung Indiens in dieser Zeit hinter der heutigen Bevölkerung weit zurückgeblieben sein.

Dagegen besitzen wir über die Bevölkerungsverhältnisse Chinas einheimische Angaben aus sehr alter Zeit, angeblich zum Theil aus officiellen, zu Steuerzwecken gemachten Erhebungen. Danach hätte China gezählt [3]):

	Familien	Seelen
2275 v. Chr.	—	13 553 923
im XI. Jahrb.	—	13 704 923
685 v. Chr.	—	11 941 923
2 n. Chr.	12 233 062	59 594 978
57 „	4 279 634	21 007 820
75 „	5 860 173	34 125 021
88 „	7 456 784	43 356 367
105 „	9 237 112	53 256 229
125 „	9 647 838	48 690 789
144 „	9 946 919	49 730 550
145 „	9 937 680	49 524 183
146 „	9 348 227	47 566 772
157 „	10 677 960	56 486 856
220—242 „	1 363 000	7 632 881
280 „	2 459 804	16 163 863
580 „	3 590 000	9 009 604
606 „	8 907 536	46 019 956

[1]) Diod. XVII 87; Arrian *Anab.* V 15, 5.
[2]) Plin. *H. N.* VI 66—68.
[3]) Nach J. Sacharoff, *Historische Uebersicht über die Bevölkerungsverhältnisse Chinas* in den *Arbeiten der kaiserl. russischen Gesandtschaft zu Peking über China*, II S. 127—195, Berlin 1858.

Der Rückgang der Bevölkerung im III. Jahrhundert erklärt sich zum Theil durch die Spaltung des Reiches in mehrere
selbständige Staaten. Das Urtheil über den Werth der Zahlen
selbst muss natürlich den Sinologen überlassen bleiben.

4. Aegypten.

Das Nilthal von Syene abwärts hat nach Schweinfurths
Berechnung einen Flächenraum von 31 001 qkm; davon entfallen auf

> Ober- und Mittel-Aegypten mit dem Fayum　12 959 qkm
> das Delta . . . . 18 942 qkm[1]).

Eine officielle Angabe von 1873 giebt 29 400 qkm[2]); eine andere ebenfalls officielle Angabe von 1879 berechnet das nutz-
bare und vermessene Gebiet nur auf 24 197 qkm[3]). Nach der
neuesten Angabe von Amici-Bey[4]) hat Aegypten ohne die
Wüste ein Areal von 33 238,5 qkm, wovon aber 5551 qkm
auf die Seen und Strandlagunen entfallen. Es bleibt also ein
culturfähiges Areal von 27 687,5 qkm. Die Oasen der libyschen
Wüste haben nach Rohlfs nicht mehr als 103 qkm angebaute
Fläche[5]). Der ganze Rest des Landes — über 500 000 qkm —
ist Wüste; und mag immerhin im Alterthum die Bewässerung
und damit die Cultur etwas weiter vorgedrungen sein als heute,
sehr bedeutend kann der Unterschied bei dem nahen Herantreten der Höhenzüge an den Nil nicht gewesen sein.

Dass ein altes Culturland von solcher Fruchtbarkeit eine
starke Bevölkerung haben musste, würden wir auch ohne

---

[1]) Behm und Wagner, *Die Bevölkerung der Erde* II S. 54.

[2]) Bei Behm und Wagner a. a. O.

[3]) a. a. O. VI S. 65, nach Amici, *Essay de Statistique générale de
l'Egypte*, Kairo 1879.

[4]) *L'Egypte ancienne et moderne et son dernier recensement (Alexandrie* 1884) S. 51. Die Südgrenze ist hier bei Wadi-Halfa angenommen,
doch hat das Nilthal von dort bis Assuan nur einen sehr geringen Flächenraum.

[5]) Behm und Wagner a. a. O. IV S. 59.

Zeugnisse voraussetzen dürfen. Es ist denn auch nur e i n e
Stimme darüber im Alterthum[1]). Das Nilwasser sollte die
Eigenschaft besitzen, die Fruchtbarkeit der Frauen zu befördern[2]). Schon Herodot weiss von 20 000 Städten zu berichten, die Aegypten unter Amasis gezählt haben sollte[3]);
nach Theokrit hätte Ptolemaeos Philadelphos gar über 33 333
Städte geherrscht[4]). Timon von Phleius, der Sillograph, spricht
um die Mitte desselben Jahrhunderts von dem „volkreichen
Aegyptos"[5]). Als der jüngere Scipio unter Ptolemaeos Physkon
nach Aegypten kam, bewunderte er die Menge der Städte und
die „unzähligen Myriaden der Bewohner"[6]). Noch Prokop
sagt, Aegypten habe „von Alters her" eine starke Bevölkerung;
offenbar also hatte es dieselbe noch zu seiner Zeit[7]). Uebrigens gehört auch heute das Nilthal zu den am besten bevölkerten Gebieten der Erde.

Statistische Aufnahmen sind in Aegypten schon früh ver-
anstaltet worden. Verzeichnisse der Geburten und Todesfälle
wurden gehalten, und mindestens seit der Lagidenzeit die Bevölkerung zum Zwecke der Steuererhebung censirt[8]). Ueber
die Zahl der Einwohner berichtet Diodor nach Hekataeos von
Abdera, Aegypten habe „vor Alters" alle bekannten Länder
an Menge des Volks übertroffen und stehe auch jetzt darin
keinem andern Lande nach: in den alten Zeiten habe es nach
Angabe der heiligen Schriften über 18 000 Städte und ansehnliche Dörfer gezählt, unter Ptolemaeos I. mehr als 30 000; die
Einwohnerzahl habe vor Alters gegen 7 Millionen betragen

---

[1]) S. Diod. I 80.

[2]) Aelian, *Thierg.* III 13; Plin. VII 3, vgl. IX 84; Seneca, *Nat. Quaest.*
III 25; Strab. XV S. 695 und daselbst Aristoteles.

[3]) Herod. II 177; daraus Plin. V 60.

[4]) Theokr. 17, 82—84.

[5]) Fr. 60 Wachsmuth bei Athen. I S. 22 d: Πολλοὶ μὲν βόσκονται
ἐν Αἰγύπτῳ πολυφύλῳ Βιβλιακοὶ χαρακῖται.

[6]) Diod. 33, 28 a. 2, wohl nach Poseidonios.

[7]) *Vand. Krieg* II 10: ἐπεὶ ἐν Αἰγύπτῳ πολυανθρωπία ἐκ πα-
λαιοῦ ἦν.

[8]) Lumbroso, *Economie politique de l' Egypte* S. 297.

und belaufe sich jetzt auf nicht unter 3 Millionen. Wegen
dieser starken Bevölkerung hätten die alten Könige Aegyptens
so gewaltige Bauten ausführen können[1]).

Da Josepos, wie wir gleich sehen werden, die Einwohnerzahl Aegyptens zu seiner Zeit auf $7^1/_2$ Millionen angiebt, so
hat Dindorf in seiner grossen Ausgabe des Diodor die Zahl
3 Millionen als verdächtig eingeklammert, darauf Bekker sie
ganz aus dem Texte gestrichen, dem dann Dindorf in seiner
kleinen Ausgabe gefolgt ist. Der Sinn wird dadurch: auch zu
Diodors Zeit habe Aegypten 7 Millionen Einwohner gezählt.
Es fehlt dieser sog. Emendation jede handschriftliche Gewähr;
denn dass ein nachlässig geschriebener Codex des XV. Jahrhunderts (M bei Dindorf) die Zahl auslässt, kann in keiner
Weise in Betracht kommen. Und ebensowenig ist sie sachlich
berechtigt. Es genügt, die Stelle Diodors durchzulesen, um auf
den ersten Blick einzusehen, dass darin der Verfall Aegyptens
seit den „alten Zeiten", d. h. der Pharaonenzeit hervorgehoben
werden soll; es soll erklärt werden, wie es den alten Pharaonen
möglich gewesen sei, so gewaltige Bauten zu errichten. Also
nicht die Zahl 3000000 war zu emendiren, wohl aber die ganz
sinnlose Angabe von den 30000 Städten, die unter Ptolemaeos I. bestanden haben sollen. Bei einem Dichter wie
Theokrit lassen wir uns solche Dinge gefallen, nimmermehr
aber von einem verständigen Historiker, wie es doch Hekataeos
von Abdera gewesen ist. Da nun die meisten, und darunter
einige der besten Codices hier 3000 bieten, so werden wir
diese Lesart unbedenklich in den Text setzen dürfen.

Die Zahl von 7 Millionen für Aegypten vor der Perserzeit
giebt ausser Hekataeos auch Baton von Sinope, nur dass er,
oder vielmehr sein Ausschreiber Stephanos, die Angabe auf
Theben allein bezieht. Es scheint, dass Baton ganz Aegypten
als Landgebiet von Theben betrachtet hatte, wie er denn dieser
Stadt 33330 (lies 33333) Komen zuschreibt, soviel wie nach

---

[1]) Diod. I 31: *τοῦ δὲ σύμπαντος λαοῦ τὸ μὲν παλαιόν φασι γεγονέναι περὶ ἑπτακοσίας μυριάδας, καὶ καθ᾽ ἡμᾶς δὲ οὐκ ἐλάττους εἶναι
τριακοσίων.* Vergl. I 80.

Theokrit Aegypten Städte gezählt hat[1]). Statistischen Werth
können solche Zahlen selbstverständlich nicht beanspruchen.
Das gilt ebenso von den Angaben Herodots, wonach allein die
Kriegerkaste im V. Jahrhundert 410 000 Männer gezählt hätte;
die Uebertreibung ist hier ganz handgreiflich[2]).

Wie verhält es sich nun aber mit den 3 Millionen Einwohnern, die Aegypten nach Diodor „in unserer Zeit" (καϑ᾽
ἡμᾶς) gezählt haben soll? Dass die Angabe über die Zahl der
Städte unter den Pharaonen und unter dem ersten Ptolemaeos
auf Hekataeos von Abdera zurückgeht, ist allgemein anerkannt[3]).
Dann muss aber auch die Zahl von 7 Millionen Einwohnern
für Aegypten zur Pharaonenzeit aus derselben Quelle entnommen sein, und damit auch die Zahl von 3 Millionen, die davon
nicht zu trennen ist. Also das καϑ᾽ ἡμᾶς bezieht sich nicht
auf die Zeit Diodors, sondern des Hekataeos, d. h. Ptolemaeos' I.,
unter dem dieser Aegypten besucht hat. Diodor hat die Zahl,
ebenso wie die der 3000 Städte und Komen, einfach aus seiner
Quelle herübergenommen.

Eine andere Frage ist es natürlich, welchen statistischen
Werth die Angabe des Hekataeos beanspruchen darf. Die Zahl
ist zu rund, um völlig genau zu sein, auch steht sie zu der
Zahl der Städte und Komen in einem verdächtigen geraden
Verhältniss. Andererseits empfiehlt sie sich durch ihre mässige
Höhe, denn dass sie sich auf die Gesammtzahl der Einwohner,
oder doch mindestens der freien Einwohner bezieht, sagt Diodor
ausdrücklich[4]). Auch steht nichts der Annahme entgegen, dass
sich Hekataeos von der griechischen Verwaltung des Landes
officielle Zahlen verschafft und diese nur abgerundet hat. Jeden

---

[1]) Bei Steph. v. Byzanz *Διόσπολις* und Porphyrios zu Ilias *I* 383.
Damit erledigt sich die Variante 8 000 000, die einige schlechte Handschriften Diodors bieten.

[2]) Herod. II 165 f.; vergl. Meyer, *Gesch. d. Alterth.* I 566 Anm.

[3]) Schneider, *De Diodori fontibus* (Berlin 1880) S. 26; Schwartz, *Rh. Mus.* 1885 S. 224.

[4]) Diod. I 31: τοῦ δὲ σύμπαντος λαοῦ τὸ μὲν παλαιόν φασι
γεγονέναι περὶ ἑπτακοσίας μυριάδας, καὶ καϑ᾽ ἡμᾶς δὲ οὐκ ἐλάττους εἶναι
τριακοσίων.

falls aber verdient auch die blosse Schätzung eines so genauen
Kenners von Aegypten volle Beachtung. Die Volksdichtigkeit
würde danach etwa 100 auf 1 qkm betragen haben. Kein anderes
Gebiet von gleicher Ausdehnung hat im Alterthum auch nur
annähernd diese Zahl erreicht; nur einige der griechischen Inseln
und in Italien die campanische Ebene haben sie übertroffen.

Die Beseitigung der persischen Misswirthschaft brachte
Aegypten eine neue Blüthezeit. Die griechische, und später die
römische Verwaltung waren mit allen Mitteln bestrebt, das
materielle Wohl des Landes zu fördern; mit wie glänzendem
Erfolge, ist bekannt. Dass die Bevölkerung sich in dieser Zeit
heben musste, werden wir von vornherein anzunehmen geneigt
sein. Josepos berichtet denn auch, Aegypten habe beim Ausbruch des jüdischen Aufstandes unter Nero $7^1/_2$ Millionen Einwohner gezählt, und zwar abgesehen von Alexandreia, „wie
man aus dem Ertrage der Kopfsteuer berechnen könne" [1]. Es
ist also evident, dass Josepos in seiner Quelle nur diesen Ertrag angegeben gefunden hat, und keineswegs eine directe
Angabe über die Zahl der Bevölkerung. Und bei der
notorischen Unzuverlässigkeit des Josepos in statistischen
Dingen muss es sehr zweifelhaft erscheinen, ob er die Berechnung der Volkszahl nach dem Steuerertrage nach richtiger
Methode ausgeführt hat. Diese Angabe ist also nur mit grosser
Vorsicht zu benutzen. Und ebenso unzuverlässig ist die Angabe des Juden Philon, es hätten unter Tiberius 1 Million
jüdische Einwohner in Aegypten gelebt [2]. Denn es kommt
Philon darauf an, die jüdische Kolonie als möglichst bedeutend
darzustellen. Immerhin mag Aegypten in dieser Zeit an 5 Millionen Einwohner gezählt haben, 180 auf 1 qkm.

Alexandreia galt in der hellenistischen Zeit als die

---

[1] Josep. Jüd. Kr. II 16, 4: πεντήκοντα καὶ ἑπτακοσίας ἔχουσα μυριάδας ἀνθρώπων, δίχα τῶν Ἀλεξάνδρειαν κατοικούντων, ὡς ἔνεστιν ἐκ τῆς
καθ᾽ ἑκάστην κεφαλὴν εἰσφορᾶς τεκμήρασθαι.

[2] Philon g. Flaccus 6 (II S. 523 Mang.): ὅτι οὐκ ἀποδέουσι μυριάδων ἑκατὸν οἱ τὴν Ἀλεξάνδρειαν καὶ τὴν χώραν Ἰουδαῖοι κατοικοῦντες
ἀπὸ τοῦ πρὸς Λιβύην καταβαθμοῦ μέχρι τῶν ὁρίων Αἰγύπτου. Vergl.
Gesandtschaft an Gaius 18. 31 (II S. 563. 577 ff.).

grösste Stadt der civilisirten Welt [1]) und behauptete den zweiten
Rang auch in der ersten Kaiserzeit, nachdem es von Rom überflügelt worden war. Der von den Mauern umschlossene Raum
beträgt 920 ha, gegenüber 1230 ha des aurelianischen Rom.
Die Bevölkerung giebt Diodor etwa für das Jahr 60 v. Chr. auf
300 000 freie Einwohner an, unter Berufung auf die officiellen
Bürgerverzeichnisse; einschliesslich der Sklaven mochte die
Stadt also gegen ½ Million Einwohner zählen. Unter Augustus
und seinen nächsten Nachfolgern wird Alexandreia vielleicht
noch gewachsen sein.

Kyrenaika (Barka) hat einen Flächenraum von 159 000
qkm, einschliesslich der Wüste bis zum Oasenzug [2]); die Ausdehnung des culturfähigen Bodens wird 12—15 000 qkm kaum
übersteigen [3]): das entspricht etwa der halben Grösse von Sicilien. Es ist ein sehr fruchtbares Land, reich an allen Natur-
producten der Mittelmeerländer; besonders wichtig war im
Alterthum, wie bekannt, das nur hier vorkommende Silphion. So
blühte die um 623 gegründete Colonie Kyrene mit ihren etwas
jüngeren Nachbarstädten Barka und Euesperides bald mächtig
empor. Schon 50 Jahre nach der Gründung vermochte Kyrene
einen Angriff des aegyptischen Königs Apries siegreich zurück-
zuweisen. Wenig später sollen 7000 kyrenaeische Hopliten in
einer Schlacht gegen die Bürger des benachbarten Barka ge-

---

[1]) Diod. XVII 52: τὸ δὲ κατοικοῦν πλῆθος ὑπερβάλλει τοὺς ἐν ταῖς
ἄλλαις πόλεσιν οἰκήτορας. καθ᾽ ὃν γὰρ ἡμεῖς παρεβάλομεν χρόνον εἰς
Αἴγυπτον, ἔφασαν οἱ τὰς ἀναγραφὰς ἔχοντες τῶν κατοικούντων εἶναι
τοὺς ἐν αὐτῇ διατρίβοντας ἐλευθέρους πλείους τῶν τριάκοντα μυριάδων.
I 50: ὥστε παρὰ τοῖς πλείστοις πρώτην ἢ δευτέραν ἀριθμεῖσθαι τῶν
κατὰ τὴν οἰκουμένην πόλεων. Strab. XVII S. 798: μέγιστον ἐμπορεῖον
τῆς οἰκουμένης.

[2]) Behm und Wagner, Bevölk. der Erde II S. 54, nach einer planimetrischen Berechnung auf Grund der Karten von Nordwest- und Nordost-
Afrika in Stielers Hand-Atlas.

[3]) Nach Behm und Wagner a. a. O. VI S. 59 beträgt die Ausdehnung
des culturfähigen Landes in Tripolis, Fessan und Barka zusammen 33 974
qkm, wovon der grösste Theil auf Barka kommen muss; doch scheint die
Angabe stark zu überschätzen. Vergl. die Specialkarte von Afrika von H.
Habenicht, Bl. II, Gotha 1885.

fallen sein [1]). Im Jahre 322 brachten die Kyrenaeer gegen den
Söldnerführer Thibron und die mit ihm verbündeten Städte
Barka und Euesperides angeblich ein Heer von 30 000 Mann
zusammen, unter denen sich aber die Contingente der unter-
thänigen Libyer und karthagische Bundesgenossen befanden [2]).
Dreizehn Jahre später unternahm der Satrap von Kyrene,
Ophellas, seinen Zug gegen Karthago an der Spitze von 10 000
Mann zu Fuss, 600 Reitern und 100 Streitwagen, ausser 10 000
Mann irregulärer Truppen, allerdings zum grösseren Theile
Söldner und Colonisten aus dem eigentlichen Griechenland [3]).
Jedenfalls war Kyrene im V. und IV. Jahrhundert eine der
bedeutendsten griechischen Städte, was auch durch die weitgedehnten Ruinen bestätigt wird; und noch Strabon nennt es
eine grosse Stadt [4]). Unter Traian sollen die hier zahlreich
angesiedelten Juden bei einem Aufstande 220 000 griechische
und römische Einwohner getödtet haben [5]). Mag diese Angabe
auch sehr übertrieben sein, so hat doch die Kyrenaika ohne
Zweifel im Alterthum eine dichte Bevölkerung gehabt. Rechnen
wir auch nur 20 Bewohner auf den qkm culturfähigen Landes,
so ergäbe sich eine Gesammtbevölkerung von 240—300 000;
es ist sehr wahrscheinlich, dass in der Blüthezeit der Landschaft unter der ptolemaeischen Herrschaft die Bevölkerung
grösser gewesen ist und die halbe Million erreicht, oder überstiegen hat.

---

[1]) Herod. IV 160; dass es gerade 7000 sind, macht die Angabe sehr
verdächtig.
[2]) Diod. XVIII 21.
[3]) Diod. XX 41.
[4]) Strab. XVII S. 837.
[5]) Dio Cassius 68, 32.

Siebentes Capitel.

Sicilien und Grossgriechenland.

1. Areal.

Der Flächeninhalt Siciliens und seiner kleinen Nachbarinseln, soweit sie heute zum Königreich Italien gehören, wurde
bisher officiell auf 29 241 qkm angegeben. Dass diese Zahl
viel zu hoch ist, war längst erkannt worden. Aber erst die
Vollendung der neuen Generalstabskarte in 1 : 50 000 gab die
Möglichkeit, zu richtigeren Werthen zu gelangen. Auf Grund
dieser Karte sind in den letzten Jahren zwei planimetrische
Berechnungen des Areals der Insel vorgenommen worden, zuerst durch den russischen General Strelbitzky [1]), und bald darauf
durch das italienische militärgeographische Institut [2]). Sie ergaben folgende Resultate:

	nach Strelbitzky	nach d. militär-geogr. Institut
	qkm	qkm
Sicilien	25 537,1	25 461,3
die aeolischen Inseln	125,1	116,3
Ostreodes (*Ustica*)	8,3	8,7
die aegatischen Inseln	43,5	43,5
kleinere Inseln	—	1,7
	25 714,0	25 631,5

Wie man sieht, sind die Abweichungen zwischen beiden Berechnungen nur unbedeutend; für uns müssen natürlich die
officiellen Zahlen des militärgeographischen Instituts maassgebend sein.

---

[1]) *Superficie de l' Europe* S. 152 f. 134.
[2]) *Superficie del Regno d' Italia valutata nel 1884.* Firenze 1885.

Dazu kommen weiter die Inseln zwischen Sicilien und
Afrika:

	nach Strelbitzky	nach d. militär-geogr. Institut
	qkm	qkm
Kossyra (*Pantellaria*)	84,1	82,9
Lampos (*Lampedusa*)	—	20,2
(*Linosa*)	—	5,4
Melite (*Malta*) und sein Archipel . . .	322,6	—
	406,7	108,5

oder, wenn wir für Pantellaria, Lampedusa und Linosa die
Zahlen des militärgeographischen Instituts, für Malta die Zahl
Strelbitzkys einsetzen, 432,3 bezw. 431,1 qkm. Im ganzen ergeben sich also für Sicilien mit den Nachbarinseln 26 146,3 beziehungsweise 26 062,6 qkm. Davon entfallen, nach Strelbitzky,
11,3 qkm auf den See von Lentini.

Ueber die Begrenzung der einzelnen Stadtgebiete auf Sicilien in griechischer Zeit sind wir nur sehr unvollständig unterrichtet. Da die Darstellung auf Bl. XI von Kieperts *Neuem
Atlas von Hellas* nur zum Theil dem heutigen Stand unserer
Kenntniss entspricht, lege ich hier für den Westen und Süden
der Insel die Uebersicht der Territorialverhältnisse der Insel
zu Grunde, wie ich sie auf dem Kärtchen zu geben versucht
habe, das meine Abhandlung über das Reich des Dionysios be-
gleitet[1]). Danach entfallen auf die Gebiete von

	qkm
Syrakus mit Leontinoi	4 680
Kamarina	845
Gela	1 720
Akragas	4 285
Selinus	1 140
Himera	1 185
Messene	770
Naxos und Katane	1 060
Lipara	116
Griechische Städte	15 801

---

[1]) *L'Impero Siciliano di Dionisio* in *Atti della R. Accademia de'
Lincei* 1881. Wegen der Begründung s. S. 1—6 des Separatabdruckes
und Holm, *Gesch. Sic.* I S. 156 f.

	qkm
Freie Sikeler	5855
Freie Sikaner	1280
Elymer	1830
Phoenikische Städte	810
Aegaten, Ostreodes	52
Melite	322
Kossyra usw.	108
Barbarische Gebiete	10257

Diese Zahlen, die natürlich nur auf ganz approximative Genauigkeit Anspruch erheben, beziehen sich zunächst auf das V. Jahrhundert, [speciell auf die Zeit der grossen athenischen Expedition. Im IV. Jahrhundert hat sich dann die karthagische Provinz bis zum Halykos *(Platani)* ausgedehnt, - ja sie umfasste östlich dieses Flusses noch Herakleia Minoa. Der Flächenraum beträgt, einschliesslich Melite, etwa 8800 qkm, also ¹/₈ des Ganzen.

Viel grössere Schwierigkeiten bietet die Bestimmung des Flächeninhalts von Grossgriechenland. Die brettische Halbinsel südlich von 39° 50' Nordbreite umfasst nach der planimetrischen Berechnung des italienischen militärgeographischen Instituts ein Areal von 13846,7 qkm. Dazu kommen dann weiter die Gebiete der Städte am tarantinischen Golfe, und von Pyxus, Eleia, Poseidonia, Neapolis, Kyme, deren Grenzen nach dem Innern hin nicht einmal annähernd festzustellen sind. Jedenfalls war die Ausdehnung dieser Gebiete bis zum Anfang des IV. Jahrhunderts sehr ansehnlich, und es ist kein Zweifel, dass die griechischen Besitzungen auf dem italischen Festlande im V. Jahrhundert ein grösseres Areal umfasst haben als auf Sicilien. Eine bestimmte Zahl zu geben wage ich nicht; 18—20000 qkm dürfte der Wahrheit wenigstens nahe kommen. Im VI. Jahrhundert, zur Zeit der Blüthe des sybaritischen Reiches, mag die Ausdehnung der griechischen Herrschaft noch grösser gewesen sein.

2. Die wirthschaftlichen Zustände.

Die Griechen der klassischen Zeit blickten voll Bewunderung auf die staunenswerthe Entwickelung ihrer Pflanzstädte in Italien und Sicilien. Man erzählte, dass Sybaris zur Zeit seiner Blüthe 300000 Mann[1]), Kroton 100—120000 Mann[2]) habe ins Feld stellen können; und Thukydides wird nicht müde, die grosse Bevölkerung Siciliens zur Zeit des peloponnesischen Krieges hervorzuheben[3]). Von der Grösse von Syrakus, Akragas, Taras geben die Reste ihrer Mauerringe noch heute beredtes Zeugniss; keine Stadt des hellenischen Mutterlandes, ausser Athen, kommt ihnen an Ausdehnung gleich, und auch Athen nur dann, wenn wir das Asty und den Peiraeeus zusammennehmen. An Flächenraum steht Sicilien dem Peloponnes nicht nach und das Colonialgebiet in Italien übersteigt um ein bedeutendes die Ausdehnung Mittelgriechenlands zwischen Isthmos und Thermopylen. An Fruchtbarkeit aber war kein Vergleich zwischen dem felsigen Mutterland und den reichen sicilischen und italischen Fluren. Ging man doch soweit, diese letzteren geradezu als „Grossgriechenland" zu bezeichnen.

Wenn wir mit diesem Bilde die heutige Bedeutung Siciliens und Calabriens vergleichen, so liegt der Schluss allerdings sehr nahe, dass beide Länder seit dem Alterthume ökonomisch zurückgegangen sind, und demgemäss ihre Bevölkerung, mindestens während der Zeit höchster Blüthe, im V. Jahrhundert, grösser

---

[1]) Diod. XII 9; Strab. VI S. 262, beide aus Timaeos (s. Hunrath, *Die Quellen des Strabon im VI. Buch* S. 26, Kassel 1879). Mässiger ist der sog. Skymnos, aber auch er giebt Sybaris 100000 Bürger (v. 340, aus Ephoros?)

[2]) Diod. XII 9; Justin 20, 3.

[3]) Thuk. VI 1: ἄπειροι οἱ πολλοὶ τοῦ μεγέθους τῆς νήσου, καὶ τῶν ἐνοικούντων τοῦ πλήθους καὶ Ἑλλήνων καὶ βαρβάρων. VI 17: ὄχλοις γὰρ ξυμμίκτοις πολυανδροῦσιν αἱ πόλεις. VI 20: πολλοὶ μὲν γὰρ ὁπλῖται ἔνεισι καὶ τοξόται καὶ ἀκοντισταί, πολλαὶ δὲ τριήρεις καὶ ὄχλος ὁ πληρώσων αὐτάς. VII 57: πρὸς δὲ τοὺς ἐπελθόντας τούτους οἱ Σικελιῶται αὐτοὶ πλῆθος πλέον κατὰ πάντα παρέσχοντο, ὅτε μεγάλας πόλεις οἰκοῦντες.

gewesen sein müsse als in unserer Zeit. In der That sind, bewusst oder unbewusst, alle neueren Berechnungen über die Bevölkerung des italienischen Südens im Alterthume von dieser Voraussetzung ausgegangen. So haben neapolitanische Gelehrte die Volkszahl des ehemaligen Königreichs Apulien (also Neapel diesseits des Faro) in der Zeit vor der Römerherrschaft auf 12—18 Millionen, ja noch höher veranschlagt[1]). Rafinesque-Schmalz[2]) schätzte die Einwohnerzahl Siciliens in der griechischen Zeit auf 4 Millionen; und auch der neueste Geschichts-schreiber der Insel ist zu annähernd demselben Resultate gelangt. Holm[3]) stellt folgende Zahlen auf, die sich auf die Zeit der grossen athenischen Unternehmung gegen Syrakus (415—413) beziehen:

Syrakus und Gebiet	800000
Akragas und Gebiet	800000
Himera, Selinus, Messene je 100000, zus.	300000
Gela, Kamarina, Katane, Naxos im Durchschnitt je 80000, zus.	320000
griechische Städte zus.	2220000
Phoeniker in Panormos, Solus, Motye	300000
Elymer	100000
Sikeler und Sikaner	1000000
	3620000

wovon etwa 10 %, also 360 000, griechischer Herkunft.

Das Verdienst, hier jüngst neue Gesichtspunkte geltend gemacht zu haben, gebührt Theobald Fischer[4]). Er liefert den überzeugenden Nachweis, dass von einem Verfall der Insel gegenüber dem Alterthum, von einer Erschöpfung des Bodens

[1]) Vergl. Cagnazzi, *Saggio sulla popolazione del Regno di Puglia, ne' passati tempi e nel presente.* Parte I. Napoli 1820.

[2]) *Specchio delle Scienze*, Palermo 1814. Mir nur bekannt aus einer Anführung bei Pietro Castiglioni in der Einleitung zu dem *Census des Königreichs Sardinien vom 1. Jan. 1858* (Turin 1862).

[3]) *Geschichte Siciliens* II S. 402 f. (Leipzig 1874). Vergl. meinen gleich-zeitig erschienenen Aufsatz in der *Rivista di Filologia classica* II S. 545—62.

[4]) *Beiträge zur physischen Geographie der Mittelmeerländer, besonders Siciliens* (Leipzig 1877) S. 154—162.

keine Rede sein kann, dass vielmehr der Ertrag der Weizen-
felder wahrscheinlich nie höher war als jetzt, dass die Baum-
cultur nie zuvor, auch nicht entfernt, ihre jetzige Höhe erreicht
hat, dass man nie so kostbare Handelsgewächse wie jetzt baute.
Die Folgerungen, die sich daraus für die Bevölkerungsgeschichte
ergeben, hat Theobald Fischer nicht in vollem Maasse zu ziehen
gewagt; er begnügt sich zu sagen, dass die Bevölkerung Siciliens
in den besten Perioden überhaupt nicht, oder nur wenig höher
sein konnte als jetzt, zur Zeit des peloponnesischen Krieges
also höchstens 3 Millionen erreichte.

Indess es genügt, einen Blick über die Grenzen Siciliens
hinaus zu werfen, um sofort inne zu werden, dass auch diese
Schätzung noch bedeutend zu hoch ist. Attika, dessen Flächenraum etwa den zehnten Theil von Sicilien beträgt, hat in seiner
besten Zeit nicht über 250 000 Einwohner gezählt, von denen
aber die Hälfte auf die Hauptstadt entfällt; sollen wir denn
annehmen, dass Sicilien dieselbe Volksdichtigkeit gehabt hat?
Denn wenn auch Syrakus nicht kleiner war als Athen, so fiel
seine Bevölkerung doch der ganzen Insel gegenüber weit weniger
ins Gewicht, als die Athens gegenüber der Bevölkerung von
Attika. Boeotien, das an Flächenraum Attika etwa gleichkommt,
und also ebenfalls ¹/₁₀ der Fläche Siciliens umfasst, hatte im
V., IV. und III. Jahrhundert eine Bevölkerung von 100 000 bis
höchstens 150 000 Seelen. Die wirthschaftlichen Verhältnisse
waren hier denen in Sicilien ganz analog; auch Boeotien war
eine vorwiegend ackerbauende Landschaft mit fruchtbarem
Boden und enthielt in Theben einen ansehnlichen städtischen
Mittelpunkt, hatte aber dabei vor Sicilien den Vorzug einer
viel älteren Cultur; es ist demnach sehr unwahrscheinlich, dass
Sicilien die doppelte Volksdichtigkeit besessen haben sollte. Der
Peloponnes, der nur um ein weniges kleiner ist als Sicilien
(22 000 gegen 26 000 qkm), hat im V. Jahrhundert etwa 800 000,
im IV. kaum über 1 Million Einwohner gezählt; und wenn Sicilien
auch im allgemeinen fruchtbarer ist, so war dafür der Pelo-
ponnes schon seit dem V. Jahrhundert auf die Einfuhr fremden
Getreides zur Ernährung seiner Bevölkerung angewiesen, während
Sicilien durch das ganze Alterthum hindurch Getreide in sehr

beträchtlichen Mengen exportirt hat. So setzt Thukydides, wo er von der attischen Unternehmung gegen Sicilien spricht, die materiellen Hülfsquellen der Insel denen des Peloponnes annähernd gleich; aber eben nur annähernd[1]): es geht aus den Worten des Historikers deutlich hervor, dass die Macht der Peloponnesier grösser war, als die der sicilischen Colonien. Hätte Sicilien wirklich dreimal soviel Einwohner gezählt als der Peloponnes, so hätte Thukydides sich ganz anders ausdrücken müssen.

In der That sind Ackerbau und Viehzucht durch das ganze Alterthum hindurch die hauptsächlichsten Erwerbsquellen für die Insel geblieben[2]). Wohl fehlte es daneben nicht an Gewerbsthätigkeit; die einheimische Wolle wurde zu Geweben verarbeitet[3]), die Töpferei lebhaft betrieben[4]), die syrakusischen Erzarbeiten waren berühmt[5]), und überhaupt ist die Entstehung von Grossstädten wie Syrakus und Akragas ohne Industrie nicht zu denken. Aber der Charakter der Insel als vorwiegend ackerbauenden Landes, der schon in den Mythen sich ausspricht, wurde dadurch nicht berührt. Der Getreideexport nach Griechenland, vornehmlich nach Korinth[6]) und Athen[7]), lässt schon seit dem V. Jahrhundert sich nachweisen[8]).

---

[1]) Thuk. VI 1: ἄπειροι οἱ πολλοὶ ὄντες..... ὅτι οἱ πολλῷ τινι ὑποδεέστερον πόλεμον ἀνῃροῦντο ἢ τὸν πρὸς Πελοποννησίους.

[2]) Cic. Verr. III 5, 11: in hac causa frumentaria cognoscenda haec vobis proponite iudices, vos de rebus fortunisque Siculorum omnium..... cognituros; III 97, 226: quid est enim Sicilia, si agri cultionem sustuleris?

[3]) Cic. Verr. II 2, 5; 72, 176; Eubulos bei Athen. II S. 57 f.; Philemon bei Athen. XV S. 658 b; Plut. Alex. 32; S. Büchsenschütz, Die Hauptstätten des Gewerbfleisses im klassischen Alterthum, Leipzig 1869, Seite 74.

[4]) Büchsenschütz a. a. O. S. 23; Blümner, Die gewerbliche Thätigkeit der Völker des klassischen Alterthums, Leipzig 1869, S. 125.

[5]) Blümner a. a. O.

[6]) Athen. VI S. 232 b; Thuk. III 86.

[7]) Schrift v. Staat der Athener II 7; Dem. g. Zenothemis 4 S. 883, g. Dionysod. IX S. 1285.

[8]) Diod. XI 72 (unter dem Jahre 463/2): εἰρήνην γὰρ ἔχοντες οἱ Σικελιῶται καὶ χώραν ἀγαθὴν νεμόμενοι, διὰ τὸ πλῆθος τῶν καρπῶν ταχὺ ταῖς οὐσίαις ἀνέτρεχον. Vergl. Diod. XVI 83 von der Friedenszeit unter Timoleon.

Akragas verdankte seinen Reichthum der Ausfuhr von Wein und Oel nach Karthago[1]). Das Aufblühen des Ackerbaues in der langen Friedenszeit von 210—138 liess Sicilien die Folgen der punischen Kriege verwinden[2]). Cato nannte die Insel die Kornkammer des römischen Volkes[3]). Die Getreidezehnten bildeten die wichtigste Einnahmequelle der sicilischen Könige bis auf Hieron II.[4]), daneben blühte die Viehzucht. Schon Pindar preist das „heerdenreiche Sicilien"[5]) und nennt Syrakus die Mutter kampfesfreudiger Rosse[6]). Dass es noch im dritten Jahrhundert nicht anders war, zeigen die Idyllien Theokrits. Bei Gelegenheit der Sklavenkriege an der Scheide des zweiten und ersten Jahrhunderts wird uns das ungebundene Leben der Hirten auf den einsamen Bergtriften mit lebhaften Farben geschildert[7]). Sicilischer Käse[8]) und sicilischer Talg[9]) waren schon im V. Jahrhundert in Athen berühmt. Schlachtvieh, Häute und Wolle wurden in Augustus' Zeit in grossen Mengen nach Rom ausgeführt[10]).

Auch die Wälder müssen im Alterthum eine bedeutende Ausdehnung gehabt haben. Das ergiebt sich schon daraus, dass noch in arabischer Zeit die Flüsse der Insel viel wasserreicher waren als heute[11]). Und auch an directen Zeugnissen aus dem Alterthum ist kein Mangel. Aus dem Holze des Aetna

---

[1]) Diod. XIII 81.

[2]) Diod. XXXIV 2, 1. 26. 27.

[3]) Bei Cic. *Verr.* II 2, 5: *cellam penariam reipublicae nostrae, nutricem plebis Romanae.*

[4]) Cic. *Verr.* III 8, 20: *scripta lex (Hieronica) ita diligenter est, ut eum scripsisse appareat, qui alia vectigalia non haberet.* Die Συρακοσίων δεκάτη (Getreidezehnte) sprüchwörtlich: Strab. VI S. 269.

[5]) Pind. *Ol.* 1 12: ἐν πολυμάλῳ Σικελίᾳ.

[6]) Pind. *Pyth.* I 1: μεγαλοπόλιες ὦ Συράκουσαι ... ἀνδρῶν θ' ἱππων τε σιδαροχαρμᾶν δαιμόνιαι τροφαί.

[7]) Diod. XXXIV 2, 27 f.

[8]) Arist. *Wesp.* 838; Antiphanes und Hermippos bei Athen. I 27 E und F; Philemon ebenda XIV 658 B.

[9]) Plut. *Nik.* 1.

[10]) Strab. VI S. 273.

[11]) Th. Fischer, *Beiträge* S. 165.

konnte Dionysios grosse Flotten erbauen[1]), und die Heraeischen Berge bei Caltagirone, die heute ganz kahl sind, waren von dichtem Walde bedeckt[2]). Ueberhaupt scheint das ganze Gebiet vom Aetna bis zum Tyrrhenischen Meer, die Nebrodischen Berge und die Nordküste zwischen Himera und Messene, oder besser zwischen Kephaloedion und Mylae, also gerade der Theil der Insel, der heute am stärksten bevölkert ist, bis ins V., ja ins IV. Jahrhundert ein schwach bevölkertes Waldland gewesen zu sein. Das zeigen die zahlreichen Colonien, die hier, und nur hier auf Sicilien, in dieser Zeit gegründet wurden. Zuerst um 450 Kalakte durch Duketios; dann um 400 Hadranon und wenige Jahre später Tyndaris durch Dionysios; endlich um dieselbe Zeit Halaesa durch Archonides, den Tyrannen von Herbita[3]).

Ein Land aber, das Getreide in sehr grossem Maassstabe exportirte, das eine bedeutende Viehzucht, und namentlich Schafzucht trieb, und zwar durchaus mit Weidewirthschaft, von dessen Areal endlich ein grosser Theil mit Wald bedeckt war, kann unmöglich eine sehr dichte Bevölkerung gezählt haben. Ein Blick auf das heutige Sicilien wird das veranschaulichen. Auch jetzt ist Sicilien ein ganz vorwiegend ackerbauendes Land, aber es ist nicht mehr im Stande, Getreide in irgend nennenswerther Menge für die Ausfuhr zu produciren, vielmehr reicht die Production für den heimischen Bedarf nur eben aus. Die Viehzucht hat nur noch eine ganz untergeordnete Bedeutung. Am 13. Februar 1881 wurden auf der Insel 125556 Rinder und 649051 Schafe und Ziegen gezählt[4]), oder 53 beziehungsweise 222 auf je 1000 Einwohner, gegen 178 und 373 im Durchschnitt von ganz Italien, oder 384 bezw. 609 im Deutschen Reiche[5]). Man sieht, Pindar würde die πολύμαλος Σικελία, Theokrit den Schauplatz seiner Hirtenlieder nicht wiedererkennen.

---

[1]) Diod. XIV 42: τὸ κατὰ τὴν Αἴτνην ὄρος, γέμων κατ' ἐκείνους τοὺς χρόνους πολυτελοῦς ἐλάτης τε καὶ πεύκης. Vergl. Strab. VI S. 273.

[2]) Diod. IV 84.

[3]) Diod. XIV 16.

[4]) *Annuario statistico Italiano* 1884 S. 450. 451.

[5]) Am 10. Jan. 1873 (Block-Scheel, *Handb. der Statistik*, Leipzig 1879, S. 291).

Die Wälder sind heute so gut wie ganz von der Insel verschwunden und nehmen nur noch 3¹/₂ °/o der Gesammtfläche
ein. Dagegen waren gerade diejenigen Productionen, auf denen
jetzt hauptsächlich der Reichthum der Insel beruht, im Alterthum theils ganz unbekannt, theils nur in geringem Grade
entwickelt. Die Cultur der Agrumen ist erst im Mittelalter
eingeführt worden und verdankt unserem Jahrhundert ihren
mächtigen Aufschwung. Für den Schwefel hatten die Alten
noch kaum eine Verwendung. Wein wurde natürlich gebaut,
aber hauptsächlich nur für den eigenen Bedarf; ja die massen-
haft auf Sicilien gefundenen Scherben rhodischer Amphoren
beweisen, dass im III. und II. Jahrhundert ein sehr bedeutender
Import griechischer Weine nach Sicilien stattfand. Es kann
also kein Zweifel sein, dass die Bevölkerung der Insel im Alterthum bei weitem nicht ihre jetzige Höhe erreicht hat.

   Dasselbe ergiebt sich aus dem Betrage der Getreideproduction des alten Sicilien. Wir haben darüber, wie bekannt,
erst aus dem letzten Jahrhundert der römischen Republik bestimmte Angaben. Unter Verres' Verwaltung (73—71 v. Chr.)
betrug der Ertrag des Getreidezehnten jährlich nahe an 3 Millionen Modien oder 600000 Medimnen[1]). Da aber die Erhebung der Steuer verpachtet wurde, und die Pächter natürlich
bei dem Geschäfte gewinnen mussten, so musste die wirkliche
Belastung der Steuerpflichtigen beträchtlich höher sein, als der
Ertrag für das römische Aerarium. Indess war der Ertrag des
Zehnten, wie die Anklage gegen Verres selbst zugiebt, in diesen
Jahren ein ungewöhnlich hoher, sodass wir hier, wo es sich um
Durchschnittswerthe handelt, die Erhebungskosten vernach-
lässigen und 600000 Medimnen als den zehnten Theil der mittleren Production ansehen können, umsomehr, als der Zehnte
etwas unter 3 Millionen Modien zurückblieb.

   Um nun die Gesammtproduction der Insel zu erhalten,

---

[1]) Cic. *Verr.* III 70, 163. Es wird von den sicilischen Städten gegen
Bezahlung ein zweiter Getreidezehnt eingefordert; für den Modius werden
3 HS bezahlt, die ganze verwendete Summe beträgt *fere ad nonagiens,*
gegen 9 Millionen Sesterzen.

müssen wir die Production der dem Zehnten nicht unterworfenen Städte hinzurechnen. Das waren die 8 foederirten oder steuerfreien Gemeinden Messene, Tauromenion, Neeton, Kentoripa, Halaesa, Panormos, Egesta, Halykiae, deren Gesammtareal sich schwerlich auf mehr als 4000 qkm belaufen, also gegen ¹/₆ der ganzen Insel umfasst hat. Diese Städte wurden nur dann zu Getreidelieferungen, und zwar gegen Bezahlung, herangezogen, wenn der Zehnte für das Bedürfniss des römischen Staates nicht ausreichte, und in den *civitates decumanae* ein zweiter Zehnt ausgeschrieben wurde[1]). Die Menge des so zu liefernden Getreides — *frumentum imperatum* — war für jede Stadt ein für alle Mal festgesetzt: für Messene und Halaesa z. B. betrug sie je 60 000[2]), im ganzen für die Insel 800 000 Modien[3]). Wenn also hieraus auch ein directer Schluss auf die Grösse der Production nicht möglich ist, so wird doch wohl die Annahme gestattet sein, dass diese Leistung, die ja eben zum Ersatz des Zehnten erhoben wurde, ungefähr ¹/₁₀ des Ertrages entsprochen hat. Denn ungünstiger als die *civitates decumanae* wird man die foederirten und steuerfreien Gemeinden doch nicht gestellt haben; andererseits aber ist der Betrag des *frumentum imperatum* so bedeutend, dass es zu ganz unwahrscheinlichen Resultaten führen würde, wollten wir annehmen, es wäre viel weniger als ein Zehnt gefordert worden. Die Weizenproduction dieser Städte hat also gegen 8 Millionen Modien, oder 1¹/₃ Millionen Medimnen betragen, oder sich zu der der *civitates decumanae* wie 1 : 4¹/₂ verhalten: ein sehr annehmbares Ergebniss, da die Gebiete im Verhältniss wie 1 : 5 stehen.

Ausserdem gab es in Sicilien noch „einige wenige Städte", deren Gebiet in den punischen Kriegen als römische Staatsdomäne eingezogen worden war. Näheres darüber erfahren

---

[1]) Dass dieses *frumentum imperatum* nur von diesen Städten erhoben wurde, ist allerdings nicht bezeugt, wird aber sehr wahrscheinlich dadurch, dass solche Lieferungen nur von Messene Halaesa und Kentoripa erwähnt werden, die foederirt oder steuerfrei waren. Vergl. Marquardt, *Staatsverwaltung* II² S. 189.

[2]) Cic. *Verr.* III 73, 170; IV 9, 20.

[3]) Cic. *Verr.* III 70, 163.

wir nicht, doch können diese Städte kaum sehr ins Gewicht gefallen sein [1]).

Die Weizenproduction Siciliens hat also unter Verres' Verwaltung 7^1/$_3$ Millionen Medimnen betragen; um nicht zu wenig zu rechnen, und im Hinblick auf die römischen Staatsdomänen wollen wir im ganzen 8 Millionen Medimnen annehmen. Der durchschnittliche Ertrag eines *iugerum* im Gebiet von Leontinoi, dem fruchtbarsten Theile Siciliens, war bei 1 Medimnos Aussaat in Jahren guter Ernte 8 bis höchstens 10 Medimnen [2]); für die ganze Insel wird also ein Durchschnittsertrag von nicht über 6 Medimnen anzunehmen sein, was etwa dem heutigen Verhältniss entsprechen würde. Das ergäbe eine mit Weizen bestellte Fläche von 1^1/$_3$ Millionen *iugera*, oder, auf unser Maass umgerechnet, 336000 ha, mit einem Ertrage von 4200000 hl. Die heutige Weizenproduction der Insel beträgt 6609755 hl, die auf 565955 Hektaren erzeugt werden [3]). Der Ertrag pro ha betrug also im Alterthum 12,5 hl, gegen 11,68 hl in unserer Zeit.

Weizen ist heute die für Sicilien bei weitem wichtigste Feldfrucht. Die Cultur aller übrigen Cerealien und Hülsenfrüchte zusammen nimmt nur 231546 ha [4]) ein, also nur etwa ^{2}/$_5$ der mit Weizen bestellten Fläche. Im Alterthume ist es ähnlich gewesen. Schon die griechischen Dichter feiern Sicilien als πυροφόρος, und in den Verrinen Ciceros ist fast ausschliess-

---

[1]) Cic. *Verr.* III 6, 13: *Perpaucae Siciliae civitates sunt bello a maioribus nostris subactae: quarum ager quum esset publicus populi Romani factus, tamen illis est redditus: is ager a censoribus locari solet.* Wie Marquardt (I^2 S. 245) dem gegenüber behaupten kann, es hätte 26 solche *civitates censoriae* (^{2}/$_5$ aller Städte der Insel!) gegeben, ist mir unverständlich. Es ist eine ganz ungerechtfertigte Annahme, Cicero habe alle *civitates decumanae* in seiner Rede aufführen müssen; er sprach natürlich nur von denen, die Verres geschädigt hatte. Uebrigens ist die Liste der *civitates decumanae* bei Marquardt unvollständig; es fehlen die *Agrigentini* und *Scherini*.

[2]) Cic. *Verr.* III 47, 112.

[3]) *Annuario statistico Italiano* 1881 S. 236. 237. Die Zahlen sind die Mittel aus dem fünfjährigen Zeitraum 1870—1874.

[4]) Ebenda S. 236. 237 und 244. 245.

lich von den Weizenzehnten die Rede, ein deutlicher Beweis, dass die anderen Früchte gegenüber dem Weizen kaum in Betracht kamen. Und da die Insel fast überall Weizenboden hat, so ist auch gar nicht abzusehen, warum Gerste darauf hätte gebaut werden sollen; denn von Fruchtfolge hatte das Alterthum noch keinen Begriff. Wir wollen indess reichlich rechnen und annehmen, dass der Ertrag an Gerste — andere Getreidearten kommen nicht in Betracht — und Hülsenfrüchten zusammen etwa die Hälfte des Weizenertrages betragen hat. Das ergiebt eine Gesammtproduction von 12 Millionen Medimnen. Davon musste die Aussaat etwa den 6. Theil, also 16 $^2/_3$ % absorbiren. Wie hoch sich der Export belief, wissen wir nicht; da indess Rom zeitweise einen doppelten Zehnten forderte und doch offenbar auch ausserdem noch Getreide ausgeführt wurde, werden wir das für den Export zur Verfügung stehende Quantum auf nicht unter 30% der Production veranschlagen dürfen. Für den inneren Consum bliebe demnach etwa die Hälfte des überhaupt erzeugten Getreides.

Rechnen wir nun mit Böckh auf den Kopf der Bevölkerung einen durchschnittlichen Consum von jährlich 6 Medimnen, so würde Sicilien in Ciceros Zeit im Maximum 1 Million Bewohner gezählt haben. Natürlich ist damit noch keineswegs gesagt, dass dieses Maximum wirklich erreicht worden ist; es ist sogar sehr wahrscheinlich, dass die Bevölkerung dahinter beträchtlich zurückblieb.

Man hat nun behauptet, die Getreideproduction in vorrömischer Zeit sei grösser gewesen. Für diese Annahme fehlt nicht nur jeder Beweis, sondern sie ist auch an sich im höchsten Grade unwahrscheinlich[2]). Die römische Herrschaft sicherte Sicilien eine Periode des Friedens wie es nie zuvor im Laufe seiner Geschichte genossen hatte. In Rom besass die Insel in nächster Nähe einen zahlungsfähigen Markt für alle ihre Ackerproducte. Italisches Capital suchte mit Vorliebe in Sicilien

---

[1]) *Staatsh.* I 110 und oben S. 33.

[2]) Den Zustand Siciliens bei Beginn des ersten punischen Krieges schildert Theokrit 16, 88 ff.

Anlage. Endlich lieferte der Sklavenhandel aus dem Orient billige Arbeitskräfte in beliebiger Menge. Gewiss war die Fremdherrschaft drückend; aber die Römer schonten doch so viel als möglich die alten Einrichtungen, behielten namentlich das alte Steuersystem bei, und es ist nicht zu vergessen, dass ein Drittel der Insel schon vor der römischen Eroberung ein Jahrhundert lang unter fremder Herrschaft gestanden hatte. Rein ökonomisch betrachtet, hat Sicilien wahrscheinlich keine blühendere Zeit gesehen, als die 70 Jahre zwischen dem hannibalischen und dem ersten Sklavenkriege [1]). Und auch die Wunden, die dieser Krieg geschlagen hatte, vernarbten schnell, wie am besten daraus hervorgeht, dass kaum 30 Jahre später die Sklaven wieder zahlreich genug waren, einen neuen Aufstand zu wagen. Und wir dürfen nicht zweifeln, dass die Folgen auch dieses Krieges rasch überwunden wurden [2]). Solange das Zehntsystem bestand, hatte die römische Regierung das höchste Interesse daran, den sicilischen Getreidebau nicht verfallen zu lassen. Erst seit Caesar beginnt der wirthschaftliche Rückgang der Insel. Wie das billige sicilische Korn einst den italischen Getreidebau ruinirt hatte, war Sicilien selbst jetzt nicht mehr im Stande, gegen die afrikanische Concurrenz anzukämpfen. War Sicilien die Kornkammer der römischen Republik gewesen, so wurde Afrika die Kornkammer des Kaiserreichs. Die Aufhebung der Zehnte durch Caesar und ihre Ersetzung durch eine in Geld fixirte Grundsteuer, das Stocken der Sklavenzufuhr seit der Ausrottung der Seeräuber und Herstellung geordneter Zustände im Orient, endlich die Bürgerkriege, von denen Sicilien so schwer getroffen wurde, beschleunigten diese Entwickelung. Es spielte sich jetzt in Sicilien derselbe Prozess ab, der sich ein Jahrhundert früher in Italien abgespielt hatte, die Ersetzung des nicht mehr rentirenden Getreidebaues durch die Vieh-

---

[1]) Diod. **XXXIV** 4.

[2]) Cic. *Verr.* III 54, 125: *quum bellis Karthaginiensibus Sicilia vexata est, et post nostra patrumque memoria quum bis in ea provincia magna fugitivorum copiae versatae sunt, tamen aratorum interitio facta nulla est. Tum sementi prohibita aut messe amissa fructus annuus interibat: tamen incolumis numerus manebat dominorum atque aratorum.*

wirthschaft. Das Bild der Insel in dieser Periode hat uns Strabon[1]) geschildert, wenn er auch wahrscheinlich, wie es zu gehen pflegt, die Farben zu stark aufgetragen hat.

Wenn wir nun auch annehmen wollen, dass der wirthschaftliche Rückgang der Insel unter Verres' Verwaltung bereits begonnen hatte, und dass der Getreideexport in der griechischen Zeit weniger bedeutend war als unter römischer Herrschaft, so kann Sicilien doch auch in der Zeit seiner Selbständigkeit kaum im Stande gewesen sein, mehr als etwa 1¹/₂ Millionen Einwohner zu ernähren. Wir kommen also hier annähernd auf dasselbe Ergebniss, das wir oben durch Vergleichung mit der Volksdichtigkeit der Landschaften des griechischen Mutterlandes erlangt hatten. Jedenfalls aber bleibt die Möglichkeit völlig ausgeschlossen, dass Sicilien in irgend einer Periode des Alterthums 3—4 Millionen Einwohner gezählt haben könnte. Sehen wir jetzt, wie weit eine Specialuntersuchung diese Resultate bestätigt.

3. Die Bevölkerung Siciliens.

Von den 9, oder mit Einschluss von Lipara 10 griechischen Stadtgemeinden, die im Jahre 415 auf Sicilien bestanden, war seit Gelons Zeit[2]) Syrakus bei weitem die erste. Schon Pindar feiert unter Hieron die Grösse der Stadt[3]). Die 10000 Söldner, die Gelon hier angesiedelt hatte, bildeten nur den kleineren Theil der Bürgerschaft, wie sie denn auch nach dem Sturze der Deinomeniden trotz ihrer überlegenen militärischen Tüchtigkeit von den Altbürgern vertrieben wurden[4]). Zur Zeit

---

[1]) VI S. 272 f.: ἡ δ' ἄλλη κατοικία καὶ τῆς μεσογαίας ποιμένων ἡ πλείστη γεγένηται ..... τὴν οὖν ἐρημίαν κατανοήσαντες Ῥωμαῖοι καταχτησάμενοι τά τε ὄρη καὶ τῶν πεδίων τὰ πλεῖστα ἱπποφορβοῖς καὶ βουκόλοις καὶ ποιμέσι παρέδοσαν.

[2]) Herod. VII 156: αἱ δὲ (Συρήκουσσαι) παραυτίκα ἀνά τ' ἔδραμον καὶ ἀνέβλαστον.

[3]) Pindar Ol. I 1: μεγαλοπόλιες ὦ Συράκοισαι, βαθυπολέμου τέμενος Ἄρεος.

[4]) Diod. XI 73: οἱ δὲ ξένοι τοῖς μὲν πλήθεσιν ἐλείποντο τῶν Συρακοσίων, ταῖς δ' ἐμπειρίαις ταῖς κατὰ τὸν πόλεμον πολὺ προεῖχον.

des peloponnesischen Krieges stand Syrakus an Grösse Athen nicht nach[1]), und muss also gegen 20—25 000 Bürger gezählt haben. Was wir von den militärischen Leistungen des Staates in dieser Periode wissen, steht damit im besten Einklang. In der ersten Schlacht gegen die Athener kämpfen die Syrakusier mit 1200 Reitern, wovon 200 von Selinus und Gela, 20 von Kamarina gestellt waren; Syrakus selbst also muss 1000 Reiter gehabt haben, dieselbe Zahl wie Athen[2]). Ueber die Zahl der Hopliten hören wir nur, dass die Syrakusier mit ganzer Macht (πανδημεί) ausgerückt wären[3]). Es ist nun allerdings sehr wahrscheinlich, dass die Syrakusier ihren Gegnern numerisch überlegen waren[4]), geradezu erdrückend aber kann diese Ueberlegenheit nicht gewesen sein, da die Athener in der Schlacht Sieger blieben. Das attische Heer zählte nun, einschliesslich der Epibaten der Schiffe, etwa 5000 Hopliten, die syrakusische Schlachtreihe kann demnach kaum über 7000 gezählt haben, von denen ein Theil, allerdings wohl nur ein sehr kleiner Theil, von Selinus gestellt war. Das ergäbe 7—8000 Mann von Hopliten- und Reitercensus: unter der Annahme also, dass die Bürger von über 50 und unter 20 Jahren zum Schutze der Mauern zurückblieben, hätte Syrakus in dieser Zeit etwa 10—12 000 wohlhabende Bürger gezählt. Thukydides berichtet uns denn auch, dass Syrakus allein im attischen Kriege mehr Truppen stellte, als alle seine Bundesgenossen zusammen[5]); da nun die Bundescontingente auf etwa 5000

---

[1]) Thuk. VII 28: πλὲιν οὐδὲν ἐλάσσω αὐτήν γε καθ' αὐτὴν (d. h. abgesehen von den beiderseitigen Bundesgenossen) τῆς Ἀθηναίων.

[2]) Thuk. VI 67.

[3]) Thuk. VI 67: οἱ δὲ Συρακόσιοι ἔταξαν τοὺς μὲν ὁπλίτας ἐφ' ἐκκαίδεκα, ὄντας πανδημεὶ Συρακοσίους καὶ ὅσοι ξύμμαχοι παρῆσαν.

[4]) Thuk. VI 37 sagt der syrakusische Volksredner von den Athenern: οἷς γ' ἐπίσταμαι οὔθ' ἵππους ἀκολουθήσοντας, ... οὔθ' ὁπλίτας ἰσοπληθεῖς τοῖς ἡμετέροις ἐπὶ νεῶν γε ἐλθόντας. Das ist doch offenbar ex eventu gesagt.

[5]) Thuk. VII 58: καὶ πρὸς ἅπαντας αὖθις, ὡς εἰπεῖν, τοὺς ἄλλους Συρακόσιοι αὐτοὶ πλείω ἐπορίσαντο διὰ μέγεθός τε πόλεως καὶ ὅτι ἐν μεγίστῳ κινδύνῳ ἦσαν.

Hopliten zu veranschlagen sind[1]), so ergeben sich auch hieraus für Syrakus mindestens 6000 Schwerbewaffnete.

Wenige Jahre später, 408, schicken die Syrakusier 3000 Mann auserwählte Truppen, ohne jeden Zweifel Hopliten, den Selinuntiern zu Hülfe, und dieses selbe Corps wirkt dann bei der Vertheidigung von Himera mit[2]). Das war also nur ein Theil der gesammten, für Feldzüge ausser Landes zur Verfügung stehenden Truppenmacht. An dem Aufstande gegen Dionysios 403, der von den Hopliten ausging, betheiligten sich ausser den Reitern 7000 Mann[3]). Dionysios I. soll 10000 Bürger haben umbringen lassen[4]), eine Angabe, die allerdings ohne Zweifel sehr übertrieben ist.

Unter der Regierung der beiden Dionyse hat sich die Bürgerzahl von Syrakus bedeutend vermehrt. Söldner und freigelassene Sklaven erhielten in Masse das Bürgerrecht[5]), ganze Bevölkerungen, wie die von Kaulonia[6]), wurden hierhin verpflanzt; die wenigen Verbannten, zuletzt gegen 1000[7]), konnten dagegen nicht in Betracht kommen. Selbst die Zeit der Revolution, die mit Dions Unternehmen begann, vermochte die Folgen dieses Aufschwunges nicht zu zerstören. Unter Timoleon, der allerdings neue Colonisten aus dem Mutterlande und dem übrigen Sicilien herbeirief, zählte Syrakus 50—60000 Bürger[8]), soviel wie nie zuvor eine andere griechische Stadt.

---

[1]) Aus dem eigentlichen Griechenland kamen 2300 Schwerbewaffnete (Thuk. VII 1. 19), die sicilischen Bundescontingente waren noch zahlreicher: Thuk. VII 58: πρὸς δὲ τοὺς ἐπελθόντας τούτους οἱ Σικελιῶται αὐτοὶ πλῆθος πλέον κατὰ πάντα παρέσχοντο, ἅτε μεγάλας πόλεις οἰκοῦντες· καὶ γὰρ ὁπλῖται πολλοὶ καὶ τῆες καὶ ἵπποι καὶ ὁ ἄλλος ὅμιλος ἄφθονος ξυνελέγη.

[2]) Diod. XIII 59: τρισχίλιοι παρὰ Συρακοσίων ἐπίλεκτοι.

[3]) Diod. XIV 9.

[4]) Plut. Ueber Alexanders Glück oder Verdienst II 5 S. 338.

[5]) Diod. XIV 7, die sog. νεοπολῖται.

[6]) Diod. XIV 106.

[7]) Plut. Dion 22.

[8]) 50000 nach Diod. XVI 82 und Nepos Timol. 3, 60000 nach dem Zeugniss des Zeitgenossen Athanis bei Plut. Timol. 23. Diese Zahl darf natürlich nicht mit Diodor und Plutarch auf die von Timoleon neuberufenen

Freilich mit der Wehrkraft des Staates war es übel bestellt.
Die fünfzigjährige Tyrannenherrschaft mit ihrer systematischen
Entwöhnung der Bürger vom Waffendienst hatte den kriegerischen Geist unter der Bevölkerung von Syrakus noch rascher
schwinden lassen, als das ohnehin in dem Griechenland dieser
Zeit überall der Fall war. Schon Dion hatte seine Erfolge
fast ausschliesslich seinen peloponnesischen Söldnern zu danken
gehabt; und als Timoleon gegen die Karthager nach dem
Krimisos zog, sollen ihm nur 3000 syrakusische Bürger gefolgt
sein [1]). Allerdings ist hier zu Timoleons Ruhme die Wahrheit
gebeugt worden; nach anderen Angaben hat sein Heer
12000 Mann gezählt, unter denen 4000 Mann Söldner [2]), der
Rest also Syrakusier und Sikelioten aus anderen Städten. Auch
war zu dieser Zeit die Reorganisation des Staates noch keineswegs beendet. Immerhin hat auch Agathokles, zum Theil allerdings aus politischen Gründen, seine Kriege hauptsächlich mit
Söldnern geführt. Auf seiner afrikanischen Expedition z. B.
hatte er 3500 syrakusische Bürger gegenüber 6000 Mann griechischer und barbarischer Miethstruppen [3]). Und ähnlich ist es
auch in der Folge geblieben.

Wir sehen hier aufs neue, wie verkehrt es ist, aus der
Abnahme an militärischer Leistungsfähigkeit in den hellenischen
Staaten dieser Epoche auf eine entsprechende oder überhaupt
auf eine Abnahme der bürgerlichen Bevölkerung schliessen zu
wollen. Es spricht vielmehr alles dafür, dass die Bevölkerung
von Syrakus in dem Jahrhundert von Timoleon bis auf die
römische Eroberung sich eher vermehrt als vermindert hat.
Als Agathokles 317 seinen Staatsstreich machte, sollen 4000
wohlhabende Bürger erschlagen, 6000 verbannt worden sein [4]).

Colonisten bezogen werden, diese betrugen vielmehr einschliesslich der
syrakusischen Verbannten nicht über 10000 (Plut. Timol. a. a. O.; Nepos
Timol. 3), sondern auf die Gesammtbürgerzahl der Stadt. Dass nur die erwachsenen Männer gemeint sind, ist selbstverständlich, vgl. Plut. Timol. 25.

[1]) Plut. Timol. 25.
[2]) Diod. XVI 77; Plut. Timol. 25.
[3]) Diod. XX 11.
[4]) Diod. XIX 8.

Das Emigrantenheer, das 10 Jahre später unter Deinokrates' Führung gegen den Tyrannen sich sammelte, zählte zuletzt über 25 000 Mann zu Fuss und 3000 Reiter[1]); kein Zweifel, dass ein sehr grosser Theil davon Syrakusier waren. Und daneben dienten syrakusische Verbannte im karthagischen Heere — Agathokles nahm in Afrika einmal 500 davon gefangen — und andere waren über ganz Hellas zerstreut[2]). Mögen auch diese Zahlen, um die Grausamkeit des Tyrannen ins rechte Licht zu setzen, zum Theil absichtlich übertrieben sein, sie mussten doch im Bereiche der Möglichkeit liegen, da sie auf die Angaben von Zeitgenossen zurückgehen. Noch Timaeos nennt Syrakus die grösste der griechischen Städte[3]) trotz Alexandreia, und um dieselbe Zeit feiert Theokrit das

$$\mu\acute{e}\gamma\alpha \ \mathring{\alpha}\sigma\tau\nu \ \pi\alpha\varrho' \ \mathring{\nu}\delta\alpha\sigma\iota \ \varLambda\nu\sigma\iota\mu\epsilon\lambda\epsilon\acute{\iota}\alpha\varsigma \ ^{4}).$$

Der Verfall beginnt erst mit der römischen Eroberung; um das Jahr 70 war die Bürgerzahl auf unter 10000 herabgesunken[5]). Ein halbes Jahrhundert später musste Augustus der Stadt durch eine Veteranen-Colonie aufhelfen[6]).

Neben der Bürgerschaft umfasste das syrakusische Gebiet, in älterer Zeit wenigstens, eine sehr ansehnliche halbfreie Bevölkerung, die sog. Kyllyrier oder Kallikyrier; ferner eine Reihe von sikelischen Perioekenstädten, wie Heloros, Neeton, Motyka, Morgantia; endlich die Colonien Akrae und Kasmenae, von welchen die letztere allerdings schon sehr früh zu Grunde gegangen sein muss, da sie seit dem V. Jahrhundert nicht mehr erwähnt wird. Die grosse Zahl der Kyllyrier ist sprüchwörtlich geworden[7]). Als Dionysios im Jahre 398 die ge-

---

[1]) Diod. XX 89, vgl. XX 57.

[2]) Alexandros von Aetolien bei Athen. XV S. 699 B: Οὓς Ἀγαθοκλῆος λάσιαι φρένες ἤλασαν ἔξω Πατρίδος, ἀρχαίων ἦν ὅδ' ἀνὴρ προγόνων.

[3]) Cic. v. Staat III 31, 43: urbs illa praeclara, quam ait Timaeus Graecarum maxumam, omnium autem esse pulcherrimam (=Verr. IV 52, 117).

[4]) Theokr. 16, 84.

[5]) Soviel zählte Kentoripa (Cic. Verr. II 68, 163), das Cicero (Verr. IV 23, 50) die bei weitem grösste Stadt Siciliens nennt.

[6]) Strab. VI S. 270.

[7]) Timaeos fr. 56 bei Suidas unter Καλλικύριοι: πολλοί τινες τὸ πλῆ- θος, .. ὅθεν τοὺς ὑπερβολῇ πολλοὺς Καλλικυρίοις ἔλεγον.

sammte arbeitsfähige Bevölkerung des syrakusischen Landgebiets für seinen Mauerbau aufbot, sollen 60 000 Mann
zusammengekommen sein[1]), eine Angabe, die kaum übertrieben scheint, wenn wir die Schnelligkeit erwägen, mit der
die Befestigung vollendet wurde. Aus Morgantia und der Umgegend konnte Agathokles vor seinem Staatsstreich 3000 Mann
ausheben[2]). Dass es ferner in Syrakus an Sklaven im eigentlichen Sinne des Wortes nicht fehlte, ist selbstverständlich,
wenn es auch bei den darauf bezüglichen Angaben aus älterer
Zeit zweifelhaft bleibt, ob nicht vielmehr von den Kyllyriern
die Rede ist. So bei der Erzählung von dem Sklavenaufstand
während der athenischen Belagerung, den Hermokrates niederschlug[3]). Doch scheint es, dass Dionysios die Emancipation
der Kyllyrier durchgeführt hat[4]), da sie später nicht mehr erwähnt werden. In ähnlicher Weise haben um dieselbe Zeit
die thessalischen Tyrannen die Penesten zu befreien versucht,
und später Machanidas und Nabis die Heiloten in Lakonien.
Die Sklaven im engeren Sinne des Wortes konnten nicht sehr
zahlreich sein, so lange die Bestellung der Felder in den Händen der Kyllyrier lag. Im karthagischen Kriege 396 bemannte
Dionysios 60 Trieren mit freigelassenen Sklaven[5]); Syrakus
hat also damals mindestens 12 000 waffenfähige Sklaven gezählt. Nach 90 Jahren, vor seiner afrikanischen Expedition,
wiederholte Agathokles dieselbe Maassregel; er soll sämmtliche
Sklaven in kriegstüchtigem Alter in Freiheit gesetzt und zur

---

[1]) Diod. XIV 18: βουλόμενος σὺν ταχείαν τὴν κατασκευὴν τῶν τειχῶν γίνεσθαι, τὸν ἀπὸ τῆς χώρας ὄχλον ἤθροισεν, ἐξ οὗ τοὺς εὐθέτους
ἄνδρας [ἐλευθέρους] ἐπιλέξας εἰς ἑξακισμυρίους ἐπιδιεῖλε τούτοις τὸν τει-
χιζόμενον τόπον. Wie es scheint, geht die Angabe in letzter Instanz auf
den Zeitgenossen Philistos zurück.

[2]) Diod. XIX 6.

[3]) Polyaen. I 43, 1.

[4]) Diod. XIV 7: συμπεριλαβὼν τῷ τῶν πολιτῶν ὀνόματι τοὺς
ἠλευθερωμένους δούλους, οὓς ἐκάλει νεοπολίτας.

[5]) Diod. XIV 58: Διονύσιος δ' ἐν ταῖς Συρακούσαις τοὺς δούλους
ἐλευθερώσας, ἐπλήρωσεν ἐξ αὐτῶν ναῦς ἑξήκοντα.

Bemannung seiner Flotte verwendet haben[1]). Da diese Flotte
aus nicht mehr als 60 Schiffen bestand[2]), wäre die Zahl der
Sklaven in Syrakus auch in dieser Zeit auf nicht über 12 000
erwachsene Männer zu veranschlagen; doch bleiben natürlich
alle diese Berechnungen sehr unsicher. Alles in allem genommen, mag Syrakus mit seinem Gebiete um den Ausgang des
V. Jahrhunderts ¼ Million Einwohner gezählt haben; ein Jahrhundert später vielleicht 100 000 mehr. Das ergiebt 53, bezw.
75 auf 1 qkm. Syrakus selbst mag zur Zeit der athenischen
Belagerung eine Stadt von 100 000, unter Timoleon und Agathokles von 200 000 Einwohnern gewesen sein.

Nach Syrakus war A k r a g a s die bedeutendste griechische
Stadtgemeinde der Insel. Ihr Gebiet kam im V. Jahrhundert
dem von Syrakus annähernd gleich; der Umfang ihrer Mauern
liess, ausser Syrakus selbst, alle anderen sicilschen Städte
weit hinter sich. Akragas allein hat es gewagt, Syrakus die
Hegemonie der Insel streitig zu machen, zuerst in Hierons I.
Zeit, dann noch einmal unter Agathokles.

Ueber die Bevölkerung der Stadt haben wir eine Angabe
des Timaeos, wonach Akragas im Jahre 406, vor der karthagischen Eroberung, über 20 000 Bürger gezählt hätte, und mit
Einschluss der ansässigen Fremden und Sklaven im ganzen
200 000 Einwohner[3]). Dass die Zahl der Bürger hier ungefähr

---

[1]) Justin 22, 4: *omnes deinde servos militaris aetatis libertate donatos
sacramento adegit, eosque . . . . navibus imposuit.*

[2]) Diod. XX 5.

[3]) Diod. XIII 84: κατ' ἐκεῖνον γὰρ τὸν χρόνον Ἀκραγαντῖνοι μὲν
ἦσαν πλείους τῶν διςμυρίων, σὺν δὲ τοῖς κατοικοῦσι ξένοις οὐκ ἐλάττους
τῶν εἴκοσι μυριάδων. Dass die Beschreibung von Akragas Diod. XIII
81—84 aus Timaeos entnommen ist, sagt Diodor selbst XIII 83, 2 und
wird durch die Uebereinstimmung von Tim. fr. 113 bei Aelian *Verm. Gesch.*
XII 29 mit Diod. XIII 82,7 bestätigt. Auch wird Timaeos in dem Stücke
noch zweimal citirt (c. 80, 5 und 82, 6). Das Citat aus Polykleitos oder
Polykritos (Müller, *Scriptores rer. Alex. Magni* S. 130) ist offenbar aus
Timaeos geflossen. Eine Verderbniss der Zahl ist ausgeschlossen, denn
Diodor nennt auch weiter unten (c. 90, 3) Akragas πόλιν οἰκουμένην ὑπὸ
ἀνδρῶν εἴκοσι μυριάδων. Dass nun Akragas nicht neben 20 000 Bürgern
180 000 Metoeken gezählt haben kann, ist ohne weiteres klar. Mindestens

richtig angegeben ist, zeigt die Bedeutung der Stadt, die auf
Sicilien nur Syrakus nachstand, allen anderen Gemeinden aber
überlegen war. Zwischen 10 000 und 20 000 Bürger muss
Akragas in jedem Falle gezählt haben, wenn auch immerhin
Timaeos in dem Bestreben, seinen Lesern einen recht hohen
Begriff von der Bedeutung der Stadt zu geben, die Zahl nach
oben abgerundet haben mag. Bürgerlisten wurden in Akragas
ohne Zweifel ebenso geführt, wie in Syrakus, Athen und
anderen griechischen Städten; es ist also sehr wohl möglich,
dass Timaeos hier aus authentischer Quelle geschöpft hat.
Etwas anders verhält es sich mit der Angabe über die Gesammtbevölkerung. Dass im V. Jahrhundert in irgend einem griechischen Staat Volkszählungen zu statistischen Zwecken gehalten worden wären, wird niemand behaupten wollen. Es ist
nur e i n e Veranlassung denkbar, bei der eine solche Zählung
vorgenommen sein könnte, eben die Belagerung selbst. In der
That war es von der höchsten Wichtigkeit für die Leiter der
Vertheidigung, die Zahl derer genau zu kennen, für deren
Unterhalt sie zu sorgen hatten; nur so war es möglich, über
das zur Verproviantirung der Stadt erforderliche Quantum an
Lebensmitteln einen Ueberblick zu bekommen. Auch im Mittelalter sind bei solchen Anlässen Volkszählungen vorgenommen
worden, die sonst, wie bekannt, jener Zeit ebenso fern lagen,
wie dem Zeitalter des peloponnesischen Krieges. Und da während der Belagerung fast die ganze Bevölkerung des akragan-
tinischen Landgebietes in den Mauern der Hauptstadt concen-

---

die Sklaven müssen in der Summe begriffen sein. Aber auch dann ist es
undenkbar, dass Timaeos mit seinen 20 Myriaden nur die erwachsenen
Männer gemeint hat; wir kämen sonst für Akragas auf mehr als 600 000
Einwohner. Diodor allerdings scheint die Stelle so aufgefasst zu haben
(s. die oben angeführte Stelle c. 90. 3), und ebenso die Quelle des Laertius
Diogenes VIII 63: μέγαν δὲ τὸν Ἀκράγαντα εἰπεῖν φησι Ποταμίλλα,
ἐπεὶ μυριάδες αὐτὸν κατῴκουν ὀγδοήκοντα, wo die 800 000 offenbar durch
Multiplication der von Timaeos gegebenen Zahl mit 4, dem im Alterthum
allgemein angenommenen Verhältniss der Waffenfähigen zur Gesammtbevölkerung, gewonnen ist. Vgl. Niebuhr, *R. G.* II S. 83 Anm. Vielmehr
muss die Angabe des Timaeos, wenn sie überhaupt einen Werth haben
soll, so verstanden werden, wie oben im Texte geschehen ist.

trirt sein musste [1]), ähnlich wie in Athen während der spartanischen Einfälle, so würde die Zahl bei Timaeos auf Stadt und Gebiet zusammen zu beziehen sein; sie müsste ferner die Besatzungstruppen einschliessen, ja vielleicht selbst das sicilische Entsatzheer von über 30 000 Mann. Aber dass Timaeos wirklich aus dieser Quelle geschöpft hat, folgt daraus natürlich noch nicht. Vielmehr spricht manches dafür, dass wir es hier nur mit einer subjectiven Schätzung zu thun haben: vor allem das runde Verhältniss zwischen der Bürgerzahl und der Gesammtbevölkerung (1 : 10), weiterhin, dass die Bürgerzahl von Akragas nach Timaeos genau der Bürgerzahl von Athen gleich ist, wie sie die Zählung unter Demetrios von Phaleron ergeben hatte. Es sieht fast aus, als ob Timaeos die Bevölkerungsverhältnisse des Athen seiner eigenen Zeit einfach auf Akragas übertragen hätte.

Indess mag dem sein wie ihm will, jedenfalls muss Akragas mit seinem Gebiete annähernd die Bewohnerzahl gehabt haben, die Timaeos ihm zuschreibt. Die Akragantine hatte einen Flächenraum von 4300 qkm; und wenn auch die inneren Theile nur spärlich bewohnt sein mochten, wie das fast gänzliche Fehlen aus dem Alterthum überlieferter Ortsnamen beweist, so waren doch die Striche an der Küste gut angebaut [2]), und Akragas selbst, das

$$\mu\acute{\epsilon}\gamma\alpha \; \ddot{\alpha}\sigma\tau\upsilon \; \pi\alpha\varrho\grave{\alpha} \; \xi\alpha\nu\vartheta\upsilon\ddot{\upsilon} \; \textrm{'}A\varkappa\varrho\acute{\alpha}\gamma\alpha\nu\tau\upsilon\varsigma \; [3]),$$

gehörte zu den bedeutendsten griechischen Städten.

Die karthagische Eroberung, so tiefe Wunden sie auch dem Wohlstande von Akragas schlug, kann doch eine nennenswerthe Verminderung der Bürgerzahl nicht zur Folge gehabt haben, da es gelang, die Räumung der Stadt in guter Ordnung zu bewirken und die Bevölkerung nach Leontinoi in

---

[1]) Diod. XIII 81: Ἔδοξεν οὖν αὐτοῖς τόν τε σῖτον καὶ τοὺς ἄλλους καρποὺς, ἔτι δὲ τὰς κτήσεις ἁπάσας ἀπὸ τῆς χώρας κατακομίζειν ἐντὸς τῶν τειχῶν. Natürlich mussten die Personen vor allem in Sicherheit gebracht werden.

[2]) Diod. XIII 81.

[3]) Empedokl. 397 Mullach.

Sicherheit zu bringen, woher sie im folgenden Jahre der
Frieden in die Heimath zurückführte. Ebenso wenig hat ja
die persische Eroberung die Volkszahl Athens in fühlbarer
Weise zu vermindern vermocht. So heisst denn Akragas zu
Dions Zeit wieder eine „grosse Stadt" und war im Stande,
die Unternehmung gegen Syrakus mit 200 Reitern zu unterstützen[1]). Ein halbes Jahrhundert später brachte der akra-
gantinische Stratege Xenodikos ein Bürgerheer von 10000
Mann zu Fuss und 1000 Reitern gegen Agathokles zusammen[2]),
doch befanden sich dabei Contingente von Enna, Herbessos,
Leontinoi, Kamarina und namentlich Gela[3]), so dass für die
Bevölkerung von Akragas aus der Angabe sich nicht viel ergiebt. Doch war Akragas noch am Anfang des ersten punischen
Krieges die erste Stadt des karthagischen Sicilien[4]). Bei der
römischen Eroberung 262 wurde die „ganze Bevölkerung", über
25000 Köpfe, in die Sklaverei geführt[5]); mögen auch viele
bei der Belagerung und der Erstürmung gefallen sein, andere
sich mit der karthagischen Besatzung durch die feindlichen
Linien durchgeschlagen haben, oder in den weiten Gebieten
verstreut geblieben sein: wir sehen, wie Akragas nur noch
der Schatten seiner einstigen Bedeutung war. Der Verlust
der Gebietstheile westlich des Halykos mit Herakleia Minoa,
etwa der Hälfte der gesammten Akragantine, nach der Schlacht
bei Kronion, mag den ersten Anstoss zum Verfalle gegeben
haben; noch verderblicher musste die Einführung des Oel- und

---

[1]) Plut. *Dion* 26.

[2]) Diod. XX 56. 62.

[3]) Diod. XX 31.

[4]) Polyb. I 17, 5: ὁρῶντες δὲ καὶ τὴν Ἀκραγαντίνων πόλιν .... βα-
ρυτάτην τῆς αὐτῶν (Καρχηδονίων) ἐπαρχίας.

[5]) Diod. XXIII 9 nach Philinos: δούλους δὲ ἄραντες ἅπαντας πλέον
τῶν δισμυρίων καὶ πεντακισχιλίων. Polyb. I 19, 15: πολλῶν μὲν σωμάτων ἐγένοντο ἐγκρατεῖς. Nach Polyb. I 18, 7 betrug das πλῆθος τῶν
ἐν τῇ πόλει συγκεκλειμένων ἀνδρῶν nicht weniger als 50000, worunter
offenbar nicht blos die erwachsenen Männer, sondern überhaupt alle Einwohner zu verstehen sind, denn es ist von der Hungersnoth in der be-
lagerten Stadt die Rede. Die sehr zahlreiche karthagische Besatzung ist
hier natürlich eingerechnet.

Weinbaues in Libyen wirken[1]), wodurch die hauptsächlichste
Erwerbsquelle der Stadt untergraben wurde. Uebrigens hat
Akragas auch nach der Katastrophe von 262 als selbständige
Gemeinde fortexistirt und im hannibalischen Kriege 210 noch
einmal das Schicksal gehabt, von den Römern erstürmt zu
werden und seine Bevölkerung in die Sklaverei verkauft zu
sehen[2]); und wenn die Stadt selbst diesen Schlag überdauert
hat, so war es doch jetzt mit ihrer Blüthe für immer vorbei.

Alle übrigen Gemeinden der Insel standen im V. und
IV. Jahrhundert Akragas an Bedeutung nach, und können also
die Zahl von 20000 Bürgern nicht erreicht haben. Das findet
in den erhaltenen Quellen seine volle Bestätigung. Am besten
unterrichtet sind wir in dieser Beziehung über Himera und
Selinus in Folge ihrer Zerstörung durch die Karthager 408.
Bei der Erstürmung von Selinus sollen 16000 Einwohner
gefallen, 5000 gefangen worden sein, 2600 sich nach Akragas
gerettet haben[3]). Die auffallend geringe Zahl der Gefangenen
kann sich durch die barbarische Wildheit erklären, mit der die
Sieger in der eroberten Stadt hausten[4]), wenn auch die Möglichkeit bleibt, dass in unserer Quelle ein Zehntausender ausgefallen ist. Jedenfalls aber dürfen wir die Zahlen Diodors
nicht einfach addiren, um die Gesammtbevölkerung der Stadt
zu erhalten. Unter den Gefangenen und Erschlagenen sind
zweifellos alle Bestandtheile der Bevölkerung einbegriffen; dagegen bei den 2600 Geflüchteten ebenso zweifellos die Sklaven,
Unterthanen und Fremden ausgeschlossen, ja aller Wahrschein-

---

[1]) Das ist im Laufe des IV. Jahrhunderts geschehen: ἡ δὲ χώρα ἡ
μὲν ἦν ἀμπελόφυτος, ἡ δ᾽ ἐλαιοφόρος καὶ τῶν ἄλλων τῶν καρπίμων
δένδρων ἀνάπλεως, heisst es Diod. XX 8 in der Beschreibung des afrikanischen Zuges des Agathokles. Vgl. dagegen Diod. XIII 81: οὔπω γὰρ
κατ᾽ ἐκείνους τοὺς χρόνους (vor 406) τῆς Λιβύης πεφυτευμένης.

[2]) Liv. 26, 40.

[3]) Diod. XIII 57. 58 nach Timaeos.

[4]) Diod. XIII 57: τῶν δ᾽ ἐγκαταλειφθέντων σωμάτων ἃ μὲν ταῖς
οἰκίαις συγκατέκαον, τῶν δ᾽ εἰς τὰς ὁδοὺς βιαζομένων οὐ διακρίνοντες
οὔτε φύσιν οὐδ᾽ ἡλικίαν, ἀλλ᾽ ὁμοίως παῖδας νηπίους, γυναῖκας, πρεσβύ-
τας ἐφόνευον, οὐδεμίαν συμπάθειαν λαμβάνοντες.

lichkeit nach sind nur die erwachsenen Bürger männlichen Geschlechts darunter zu verstehen. Da nun von den 21 000 Gefangenen und Erschlagenen mindestens $\frac{1}{3}$, also 7000, auf die
erwachsenen Männer entfällt, ausserdem 2 selinuntische Trieren
mit 400 Mann Besatzung in Asien standen[1]), so hat Selinus im
Jahre 408 eine Bevölkerung von 10 000 Männern oder 30 000
Einwohnern gezählt. Dabei ist die bürgerliche Bevölkerung des
ganzen Gebietes eingeschlossen, die nichtbürgerliche aber nicht
vollständig. Die Bürgerzahl von Selinus kann also 10 000
nicht erreicht haben und mag etwa auf 7—8000 zu veranschlagen sein. Unter der Annahme, dass Bürger und Nicht-
bürger sich in gleichem Verhältniss bei der Katastrophe des
Jahres 408 gerettet haben, erhalten wir also eine Gesammtbevölkerung des Staates von 32 — 33 000, oder bei einem
Flächenraum von 1140 qkm gegen 30 auf 1 qkm. Vielleicht
bleibt diese Zahl hinter der Wahrheit etwas zurück; sehr gross
aber kann die Differenz nicht sein, vorausgesetzt dass die
Zahlen bei Diodor richtig sind. Allerdings erführen wir gern,
woher die Angabe über die Zahl der Erschlagenen geflossen ist.

Wenige Monate nach der Katastrophe besetzte Hermokrates
die Stätte der zerstörten Stadt, rief die geflüchteten Seli-
nuntier in die Heimath zurück und brachte bald ein Heer von
6000 Mann zusammen[2]). Doch haben sich keineswegs alle
diese Leute dauernd in Selinus angesiedelt. Karthago erkannte
im Frieden von 405 das Bestehen der neuen Ansiedlung an,
und die wiedererstandene Stadt hat, freilich ohne die frühere
Bedeutung erreichen zu können, noch durch 150 Jahre fortexistirt. Im ersten punischen Kriege wurden die Einwohner
durch die Karthager nach Lilybaeon verpflanzt, und seitdem
scheint Selinus aus der Reihe der selbständigen Gemeinden
verschwunden zu sein.

Etwa die gleiche Bevölkerung wie Selinus besass H i m e r a.
Die Stadt unterstützte Gylippos auf seinem Zuge nach Syrakus
mit 1000 Mann zu Fuss — Hopliten und Leichtbewaffneten —

---

[1]) Xen. *Hell.* I 2, 8.
[2]) Diod. XIII 63.

und 100 Reitern[1]); später scheint sie noch weitere Hülfstruppen
nach Syrakus gesandt zu haben. Während der karthagischen
Belagerung 408 unternahmen die Bürger mit 10 000 Mann
einen Ausfall; unter diesen Truppen waren 4000 Bundesgenossen, und folglich der Rest von 6000 Himeraeer. Dass
ausserdem eine Besatzung zum Schutze der Mauern zurückbleiben musste, ist selbstverständlich und wird auch ausdrücklich hervorgehoben. Dieser Ausfall kostete einen Verlust von
3000 Mann, wovon nach dem Verhältniss der theilnehmenden
Truppen 1800 auf die Himeraeer selbst kommen mussten[2]).
In Folge dessen ward der Beschluss zur Räumung der Stadt
gefasst und zunächst die Hälfte der Bevölkerung eingeschifft,
während gleichzeitig die Bundesgenossen abzogen[3]). Kurz
darauf nahmen die Karthager die Stadt mit Sturm, es erfolgt
zunächst wie in Selinus ein furchtbares Blutbad; von den Gefangenen lässt Hannibal die Männer, angeblich 3000, den
Manen seines Grossvaters Hamilkar als Sühnopfer schlachten[4]).
Sind diese Zahlen richtig, wird die Bürgerschaft von Himera
auf etwa 8—9000 erwachsene Männer zu veranschlagen sein[5]).
   Von den geflüchteten Himeraeern finden wir bald darauf
1000 im Heere des Hermokrates[6]). Später wurde der Rest
der Bürgerschaft in dem neu gegründeten[7]) Thermae angesiedelt, das bald zu einer der bedeutendsten Mittelstädte Siciliens
emporblühte. Nähere Angaben über die Bevölkerung fehlen.
   Von den übrigen griechischen Gemeinden Siciliens werden

---

[1]) Thuk. VII 1.
[2]) Diod. XIII 60, vgl. c. 59.
[3]) Diod. XIII 61.
[4]) Diod. XIII 62: κατὰ κράτος οὖν ἁλούσης τῆς πόλεως ἐπὶ πολλὸν
χρόνον οἱ βάρβαροι πάντας ἐφόνευον τοὺς καταλαμβανομένους ἀσυμπα-
θῶς. τοῦ δ' Ἀννίβα ζωγρεῖν παραγγείλαντος ὁ μὲν φόνος ἔληξεν.... τῶν
δ' αἰχμαλώτων γυναῖκάς τε καὶ παῖδας διαδοὺς εἰς τὸ στρατόπεδον
παρεφύλαττε, τῶν δ' ἀνδρῶν τοὺς ἁλόντας εἰς τρισχιλίους.... πάντας
αἰκισάμενος κατέσφαξε.
[5]) Vergl. Holm, Gesch. Sic. II 423, der 8000 Bürger zwischen 16
und 60 Jahren rechnet.
[6]) Diod. XIII 63.
[7]) Diod. a. a. O.

Naxos und Katane zur Zeit des peloponnesischen Krieges
als unbedeutend bezeichnet[1]), womit alle übrigen Angaben
übereinstimmen. Naxos konnte den Athenern gegen Syrakus
kaum 50 Reiter zu Hülfe schicken[2]) und war im Jahre 425
nicht im Stande, sein Gebiet gegen die Messenier zu vertheidigen[3]). Als Hieron I. die Bewohner Katanes vertrieb und
10000 neue Colonisten in die Stadt führte, musste er das Gebiet auf Kosten der umliegenden Gemeinden vergrössern[4]).
Bedeutender war die dritte ionische Stadt Siciliens, Leontinoi[5]),
aber sie hat bereits 423 ihre Selbständigkeit verloren, und ihr
Gebiet bildet seitdem einen Theil des Gebietes von Syrakus.
Später, um 396, führte Dionysios eine Militärcolonie von angeblich 10000 Söldnern hierher[6]).

Auch Messene war eine verhältnissmässig bedeutende
Stadt. Um 400 soll es im Stande gewesen sein, 400 Reiter,
4000 Mann zu Fuss und 30 Trieren aufzustellen, eine Angabe,
die freilich, wie unten gezeigt werden soll, starken kritischen
Bedenken unterliegt. Bei dem oben erwähnten Einfall in das
Gebiet von Naxos, wozu die Messenier mit ihrer ganzen Macht
ausgezogen waren, hatten sie einen Verlust von mehr als 1000
Mann; auf dem Rückzuge wurde der grössere Theil des noch
übrigen Heeres durch die Sikeler aufgerieben[7]). Als Dionysios
nach der Zerstörung durch die Karthager Messene aufs neue
gründete, soll er hier ausser 600 Messeniern aus dem Peloponnes, die bald weiter nach Tyndaris verpflanzt wurden, und
1000 Lokrern noch 4000 „Medimnaeer"[8]) angesiedelt haben,
unter welch letzteren wohl die Bürger von Medma in Italien

---

[1]) S. Nikias' officiellen Bericht bei Thuk. VII 14.
[2]) Thuk. VI 98. Die Sikeler, Naxier „und einige andere" stellen zusammen gegen 100 Reiter.
[3]) Thuk. IV 25.
[4]) Diod. XI 49.
[5]) Thuk. IV 25.
[6]) Diod. XIV 78.
[7]) Thuk. IV 25.
[8]) Diod. XIV 78. Die Emendation $M\epsilon\delta\mu\alpha\acute{\iota}o\upsilon\varsigma$ für $M\epsilon\delta\iota\mu\nu\alpha\acute{\iota}o\upsilon\varsigma$ ist
von Cluverius, Sic. Ant. lib. II S. 338. Vgl. Wesseling zu unserer Stelle,

zu verstehen sind. Die Zahl müsste dann freilich verderbt
sein, da eine Kleinstadt wie Medma unmöglich so viele Colonisten abgeben konnte. Uebrigens lehrt die Geschichte dieser
ganzen Zeit, dass Messene Rhegion ebenso wie Lokroi an
Macht nachstand. Erst seit der Besitznahme durch die Mamertiner tritt Messene in die Reihe der ersten Städte der
Insel, unter denen es seitdem seinen Platz behauptet hat. In
der Schlacht am Longanos kämpften die Mamertiner gegen
Hieron mit 8000 Mann, die zum grössten Theil niedergemacht
wurden [1]), und das war keineswegs ihre gesammte Macht, da
die Stadt, allerdings mit karthagischer Hülfe, auch nach diesem
Schlage sich hielt.

Wichtiger als Messene war im V. und IV. Jahrhundert
G e l a, obgleich es unter Gelon die Hälfte seiner Bevölkerung
an Syrakus hatte abgeben müssen. Die Stadt konnte 500
Reiter ins Feld stellen [2]), und Agathokles soll einmal 4000
ihrer wohlhabenden Bürger haben umbringen lassen [3]). Die
Quelle, der Plutarch im Dion folgt, nennt Gela ebenso wie
Akragas eine „grosse Stadt" [4]); und in der That stand es an
Mauerumfang wie an Ausdehnung des Gebietes in Sicilien nur
Syrakus und Akragas nach. Kleiner war K a m a r i n a, das
lange zwischen Syrakus und Gela den Zankapfel bildete.
Nähere Angaben über die Bevölkerung fehlen; wir hören nur,
dass die Stadt im Jahre 413 den Syrakusiern 500 Hopliten,
300 Speerwerfer und 300 Bogenschützen zu Hülfe schickte [5]):
offenbar nur einen kleinen Theil ihrer Gesammtmacht.

Wir werden demnach für das Ende des V. Jahrhunderts
die Bürgerzahl von Gela etwa zu 10 000, die von Kamarina

---

der gleichfalls an der Richtigkeit der Zahl zweifelt. Es läge nahe, *A* ($\chi\iota$-
$\lambda\iota o v\varsigma$) für *A* ($\tau\epsilon\tau\rho\alpha\kappa\iota\sigma\chi\iota\lambda\iota o v\varsigma$) zu verbessern. Uebrigens ist die Stelle auch
sonst verderbt: statt $\tau\omega\nu$ $\dot\epsilon\kappa$ $\Pi\epsilon\lambda o\pi o\nu\nu\dot\eta\sigma o v$ $M\epsilon\sigma\sigma\eta\nu\dot\iota\alpha\nu$ steht in der Handschrift $M\iota\lambda\eta\sigma\dot\iota\omega\nu$.

[1]) Diod. XXII 13.
[2]) Diod. XIII 83, vgl. Thuk. VI 67, VII 33.
[3]) Diod. XIX 107.
[4]) Plut. *Dion* 35.
[5]) Thuk. VII 33.

und Messene vielleicht zu je 5000, die von Katane und Naxos
zu je 3000 veranschlagen dürfen, und uns damit jedenfalls
nicht weit von der Wahrheit entfernen. Lipara war ganz unbedeutend und mag mit etwa 1000 Bürgern angesetzt werden[1]).
Die Bürgerzahl von Syrakus, Akragas, Selinus und Himera ist
oben bestimmt worden. Danach ergiebt sich 80—90000 als
Gesammtbürgerzahl aller griechischen Städte der Insel oder
eine bürgerliche Bevölkerung von gegen ¼ Million.
    Im Laufe des IV. Jahrhunderts ist die Bürgerzahl von
Syrakus auf 60000 Bürger angewachsen. Akragas, Gela, Kamarina, Messene haben annähernd ihre alte Bevölkerung behalten. Selinus hat sich nie von der Zerstörung im Jahre 408
erholt, Thermae wird die Bürgerzahl von Himera schwerlich
erreicht haben. An Stelle von Naxos trat die Militärcolonie
Tauromenion, die in der Römerzeit als *civitas foederata* grosse
Bedeutung gewonnen hat. Von neuen Städten sind Hadranon
um 400, Tyndaris um 395 von Dionysios gegründet worden;
letzteres hat bald eine Bürgerzahl von 5000 erreicht[2]). Von
der Neugründung von Leontinoi durch Dionysios ist schon oben
gesprochen worden.
    Die Gesammtbürgerzahl der griechischen Städte Siciliens
ist also im IV. Jahrhundert beträchtlich höher gewesen, als
vor dem peloponnesischen Kriege und wird kaum auf unter
120000 zu veranschlagen sein, was einer bürgerlichen Bevölkerung jedes Geschlechts und Alters von 360000 entsprechen
würde. Freilich wurde dieser Zuwachs nicht so sehr der
natürlichen Vermehrung verdankt, als der Ertheilung des
Bürgerrechts an Fremde und Sklaven, der Einwanderung aus
dem Mutterlande und der Ansiedelung ausgedienter Miethstruppen. Nicht alle diese Elemente waren griechischen Ur-
sprungs, sie haben sich aber sämmtlich rasch hellenisirt.
    Werfen wir jetzt einen Blick auf die militärischen Leistun-
gen der sicilischen Griechen. Gelon soll i. J. 480 bei Himera
50000 Mann zu Fuss und 5000 Reiter gehabt haben[3]), eine

---

[1]) Vgl. Diod. V 9.
[2]) Diod. XIV 78.
[3]) Diod. XI 21 nach Timaeos.

Angabe, die sehr übertrieben ist, selbst wenn wir die Truppen Therons hier einrechnen wollten. Namentlich eine Zahl von 5000 Reitern hat Sicilien nie aufzubringen vermocht. Nachdem man einmal die Stärke des karthagischen Heeres zu 300000 Mann angesetzt hatte, mussten Anstands halber die Griechen dazu ins Verhältniss gesetzt werden. Es ist also hier ähnlich gegangen wie mit der Schlacht bei Plataeae. Gegen die Perser soll Gelon den verbündeten Hellenen 20000 Hopliten, 2000 Reiter, 6000 Mann leichter Truppen, 200 Trieren angeboten haben[1]), und das mochte in der That ungefähr die Macht sein, die Gelons Reich aufzustellen im Stande war, wenn auch schwerlich für einen Zug in so weite Ferne. Am Ende des Jahrhunderts betrug das Aufgebot der Gemeinden des östlichen Theiles der Insel, Syrakus, Messene, Gela, Kamarina etc., zum Entsatz von Akragas 30000 Mann zu Fuss und 3000 Reiter; dabei sind aber die Contingente der italischen Griechen einbegriffen[2]). Etwa die gleiche Stärke zählte im folgenden Jahre das Heer des Dionysios bei Gela, das aus denselben Contingenten bestand; doch enthielt es daneben eine nicht unbedeutende Zahl von Miethstruppen[3]). Im ersten Feldzuge des Befreiungskrieges gegen Karthago soll Dionysios ausser 200 Kriegsschiffen 80000 Mann zu Fuss und 3000 Reiter gehabt haben[4]). Nie, weder vorher, noch nachher, hat das griechische Sicilien eine so grosse Truppenmasse zusammengebracht; schon im Feldzuge des nächsten Jahres wird Dionysios' Heer wieder wie gewöhnlich zu 30000 Mann zu Fuss

---

[1]) Herod. VII 158.

[2]) Diod. XIII 86 nach Timaeos.

[3]) Nach Timaeos bei Diodor XIII 109: 30000 Mann zu Fuss, 1000 Reiter; nach „anderen" ($\dot{\omega}\varsigma$ $\mu\acute{\epsilon}\nu$ $\tau\iota\nu\epsilon\varsigma$), wahrscheinlich Ephoros, 50000 Mann. Es ist klar, dass die kleinere Zahl den Vorzug verdient. Dass die Zahl der Reiter hier wie in der oben angeführten Stelle XIII 86 verderbt ist, zeigt das Missverhältniss zu der Zahl der Fusstruppen und beider Angaben unter einander. Es wird an der ersten Stelle für , E ($\pi\epsilon\nu\tau\alpha\kappa\iota\sigma\chi\iota\lambda\acute{\iota}o\nu\varsigma$) , Γ ($\tau\varrho\iota\sigma\chi\iota\lambda\acute{\iota}o\nu\varsigma$) zu lesen sein; an der zweiten Stelle entweder , Δ (4000) für , Δ (1000), oder wahrscheinlicher, es ist hier wie so oft bei Diodor vor $\chi\iota\lambda\acute{\iota}o\nu\varsigma$ die Zahl der Tausender ausgefallen.

[4]) Diod. XIV 47.

19*

mit 3000 Reitern angegeben [1]). Und nennenswerthe Verluste
hatten die Sikelioten in der Zwischenzeit nicht erlitten; die
Belagerung von Motye kann höchstens ein paar tausend Mann
gekostet haben. Dazu kommt weiter das auffallende Missverhältniss (1 : 26 $\frac{2}{3}$) zwischen Reitern und Fusstruppen, während
sonst in den sicilischen Heeren dieser Zeit das Verhältniss wie
1 : 10 ist. Bei der elenden Zahlenüberlieferung in unseren
Handschriften Diodors wird also jene hohe Zahl nur auf einem
Textverderbniss beruhen. Die Italioten betheiligten sich, so
viel wir wissen, an diesem Kriege nicht; es sind also nur die
Streitkräfte des griechischen Sicilien, und zwar aller Städte [2]),
neben den Soldtruppen des Tyrannen, die hier in Betracht
kommen. Zu den Feldzügen gegen die Italioten in den Jahren
389 und 388 bot Dionysios je 20000 Mann zu Fuss und 3000
Reiter auf [3]); es war eben hier nicht nöthig, die Kraft in demselben Maasse anzustrengen, wie gegen die Karthager. In der
Schlacht bei Kronion um 378 sollen gegen diese 14000 Sikelioten gefallen sein [4]). Nichts desto weniger hat Dionysios
zehn Jahre später in seinem letzten Kriege gegen die Karthager
wieder seine alte Macht von 30000 Mann zu Fuss und 3000
Reitern [5]).

Die stereotype Wiederkehr derselben Zahlen beweist uns,
dass hier keineswegs authentische Ueberlieferung vorliegt, sondern nur approximative Schätzung. So wenig wie Thukydides
die Stärke des peloponnesischen Invasionsheeres oder der Combattanten bei Mantineia und vor Syrakus angegeben hat, so
wenig scheint das Philistos für die Kriege des Dionysios gethan zu haben, und Ephoros und Timaeos sahen sich so gezwungen, das Fehlende durch eigene Conjectur zu ersetzen.
Dass beide dabei zu sehr verschiedenen Resultaten gelangen

---

[1]) Diod. XIV 58.
[2]) Diod. XIV 47.
[3]) Diod. XIV 100. 103. An ersterer Stelle ist für das überlieferte
ἱππεῖς δὲ ... χιλίους offenbar τρισχιλίους oder allenfalls auch δισχιλίους
zu emendiren; vergl. Anm. 3 auf der vorigen Seite.
[4]) Diod. XV 17.
[5]) Diod. XV 73.

mussten, ist natürlich; Ephoros verleugnet auch hier nicht seine Vorliebe für hohe Zahlen[1]), während Timaeos sich als besonnener Kritiker zeigt. Von den oben zusammengestellten Zahlen wird die eine ausdrücklich als aus Timaeos stammend bezeichnet; eine andere lässt sich mit unzweifelhafter Sicherheit auf ihn zurückführen: die Uebereinstimmung der übrigen macht es höchst wahrscheinlich, dass sie alle auf ihn zurückgehen[2]). Wir werden diese Zahlen natürlich nur insoweit annehmen, als sie innere Wahrscheinlichkeit haben. Da nun Syrakus allein im Jahre 415 nach Thukydides' Zeugniss 1000 Reiter aufstellen konnte, so sind 3000 für die ganze Insel eine ganz angemessene Annahme, die, wenn überhaupt, die Wahrheit nur unbedeutend übersteigen kann, um so mehr, als auch Söldner unter diesen 3000 begriffen sind. Und ebenso wenig kann die Zahl von 30000 Mann Fusstruppen, d. h. im wesentlichen Hopliten, begründete Bedenken erregen gegenüber einer Bürgerzahl der hellenischen Städte der Insel von 80—120000, besonders da auch hier eine bedeutende Zahl Söldner eingerechnet sind. Auch von dieser Seite also wird unser oben erlangtes Ergebniss bestätigt.

Zu Agathokles' Zeit soll das hellenische Sicilien sogar über 40000 Mann, ausschliesslich an Bürgertruppen, aufzustellen vermocht haben, nämlich das Heer von Akragas und der ihm verbündeten Städte von 10000 Mann und 1000 Pferden[3]), das Emigrantenheer des Deinokrates von 20000 Mann und 1500 Pferden, die in der Folge auf 25000 Mann mit 3000 Pferden anwuchsen[4]), und die syrakusischen Bürgertruppen im Heere des Agathokles, von denen allein 3500 den Tyrannen auf seinem

---

[1]) S. oben S. 291 Anm. 3.
[2]) Wir haben hier einen weiteren Beweis dafür, dass die sicilischen Stücke in Diodors XIII., XIV. und XV. Buch sämmtlich oder doch zum grössten Theil auf Timaeos zurückgehen. Vergl. ausser Volquardsens grundlegenden Untersuchungen Bachof, *Jahrb. f. Phil.* 1879 S. 161 mit meinen Bemerkungen ebendas. S. 507. Vielleicht finde ich einmal Zeit, ausführlich auf diese Frage zurückzukommen.
[3]) Diod. XX 56.
[4]) Diod. XX 57. 89.

Zuge nach Afrika begleiteten[1]). Etwas später, auf seinem
brettischen Feldzuge, hatte Agathokles 30000 Mann zu Fuss
und 3000 Reiter[2]); doch hat ohne Zweifel ein sehr grosser
Theil dieser Truppen aus Söldnern bestanden. Und Söldner
waren auch die 4000 Mann und 500 Pferde, die Herakleidas,
der Tyrann von Leontinoi, und die 8000 Mann und 800 Pferde,
die Sosistratos in Akragas dem Pyrrhos übergaben[3]). Aus
Bürgern und Söldnern gemischt waren die 10000 Mann und
1500 Pferde, mit denen Hieron die Mamertiner am Longanos
schlug[4]), und die etwa 20000 Mann, mit denen Hieronymos
215 den Krieg gegen Rom eröffnete[5]).

Was nun die nichtgriechischen Bewohner der Insel angeht,
so zählte Panormos, die grösste der phoenikischen Städte,
mit seinem nicht sehr ausgedehnten Gebiete zur Zeit des ersten
punischen Krieges etwa 30000 Einwohner[6]), und es ist sehr
unwahrscheinlich, dass die Bevölkerung der Stadt seit dem
V. Jahrhundert sich vermindert haben sollte. Wenigstens hat
Hermokrates 407 mit etwa 3000 Mann die gesammte panormi-
tische Bürgerschaft im offenen Felde geschlagen und mit
einem Verluste von 500 Mann hinter ihre Mauern zurück-
getrieben[7]). Auch die Motyener waren nicht im Stande gewesen, ihr Gebiet gegen Hermokrates zu vertheidigen[8]); und
in der That bietet die kleine Insel, worauf Motye lag, trotz

---

[1]) Diod. XX 11.
[2]) Diod. XXI 7.
[3]) Diod. XXII 8. 10.
[4]) Diod. XXII 13; Polyb. I 9, 7.
[5]) Livius 24, 7 nach Polybios.
[6]) Diod. XXIII 18. Bei der römischen Eroberung 254 kamen 13000
Einwohner in Sklaverei, während 14000 den Bedingungen der Capitulation
gemäss mit je 2 Minen sich auslösten. Einige Tausende mochten während
der Belagerung und namentlich bei der Erstürmung der Neapolis (Polyb. I
38, 9) gefallen sein.
[7]) Diod. XIII 63: τῶν δὲ Πανορμιτῶν πανδημεὶ παραταξαμένων
πρὸ τῆς πόλεως εἰς πεντακοσίους μὲν αὐτῶν ἀνεῖλε, τοὺς δ' ἄλλους
σινέκλεισεν ἐντὸς τῶν τειχῶν. Da Hermokrates zu seiner letzten Unternehmung gegen Syrakus, wo er alle Kräfte einsetzen musste, nur 3000
Mann aufbot (Diod. XIII 75), wird er bei Panormos nicht stärker gewesen sein.
[8]) Diod. XIII 63.

der nach phoenikischer Art hoch aufgethürmten Häuser für
eine grosse Bevölkerung keinen Raum. Jedenfalls war im
III. Jahrhundert nach Akragas Panormos die wichtigste Stadt
der karthagischen Provinz auf Sicilien[1]). Lilybaeon also,
das im IV. Jahrhundert an die Stelle des zerstörten Motye getreten ist, muss kleiner gewesen sein, als Panormos, wie auch aus
den Berichten über die Belagerung der Stadt durch die Römer
hervorgeht, obgleich damals auch die Bevölkerung von Selinus
durch die Karthager nach Lilybaeon verpflanzt war[2]). Bei dem
grossen Ausfall gegen die römischen Werke zählten die Karthager
20 000 Mann, davon 10 000 frisch aus Afrika angekommene Truppen, während 10 000 Söldner schon von früher her in der Stadt
lagen[3]), so dass die Bürgerschaft nur eben zur Besetzung der
Mauern genügt haben kann. Da nun die dritte phoenikische
Stadt der Insel, Solunt, stets unbedeutend geblieben ist, so
wird die phoenikische Bevölkerung der Insel im III. Jahrhundert,
Freie und Sklaven zusammen, auf kaum mehr als 50 000 Seelen
zu veranschlagen sein; im IV. und V. Jahrhundert wird sie diese
Zahl kaum erreicht haben[4]). — Ueber die Bevölkerung von
Melite usw. und Kossyra ist nichts überliefert.

Unter den einheimischen Völkern der Insel waren die
Elymer das am wenigsten bedeutende. Die grösste von ihren
vier Städten, Segesta, soll zu Agathokles' Zeit 10 000 Bürger
gezählt haben[5]), und es ist sehr wahrscheinlich, dass sie damals bevölkerter war als ein Jahrhundert früher. Wenigstens
haben die Elymer den Athenern zur Belagerung von Syrakus
nur ein Hülfscorps von 300 Reitern gestellt[6]); und 410 ver-

---

[1]) Polyb. I 88, 7: βαρυτάτη πόλις τῆς Καρχηδονίων ἐπαρχίας.
Akragas, das I 5, 17 ebenso bezeichnet wird, war schon seit 8 Jahren in
der Gewalt der Römer.

[2]) Diod. XXIV 1.

[3]) Polyb. I 42, 11; 44, 2; 45, 8 (nach Philinos).

[4]) Wenn Holm, *Sic.* II 408 die Bevölkerung der phoenikischen Städte
in Sicilien auf 300 000 Seelen veranschlagt, so hat er sich offenbar nicht
klar gemacht, dass bei dieser Annahme auf jede der 3 Städte eine Durch-
schnittsbevölkerung von 100 000 Einwohnern kommt.

[5]) Diod. XX 71.

[6]) Thuk. VI 98; Diod. XIII 7. Dass Eryx damals mit Segesta im
Bunde stand, zeigt Thuk. VI 46; vergl. die Münzen.

mochten sie es nicht, den Selinuntiern zu widerstehen [1]). Wenn
auch daraus nicht gerade auf eine numerische Inferiorität der
Elymer gegenüber den 7—8000 Bürgern von Selinus geschlossen
werden darf, so kann doch mindestens die Bevölkerung des
elymischen Gebietes nicht beträchtlich grösser gewesen sein als
die des Gebietes von Selinus. Rechnen wir demnach für Eryx
und das unbedeutende Halykiae zusammen etwa die Hälfte der
Bürgerzahl von Segesta, so erhalten wir für das ganze Volk in
Agathokles' Zeit eine Bürgerzahl von etwa 15000. Für die
Zeit des peloponnesischen Krieges, obgleich damals Entella
noch den Elymern gehörte, wird wohl etwas weniger zu rechnen
sein. Die Sklaven konnten numerisch kaum ins Gewicht fallen.
Bei einer Ausdehnung von über 1800 qkm hat das elymische
Gebiet im V. und IV. Jahrhundert eine Volksdichtigkeit von
25—30 Einwohnern auf dem qkm gehabt.

Dass die Gebiete der Sikaner und Sikeler eine dichtere, oder auch nur eine ebenso dichte Bevölkerung gezählt
haben sollten, ist kaum anzunehmen; haben wir doch oben gesehen, wie spärlich noch am Ende des V. Jahrhunderts die
Nordküste der Insel bewohnt war. Die durch Duketios ge-
einigte sikelische Nation war der Macht von Syrakus und
Akragas nicht gewachsen. In dem karthagischen Heere vor
Himera 408 standen nach Timaeos 20000 Sikeler und Sikaner [2]); und bei dem Feldzuge von 396 sollen die sicilischen
Bundescontingente der Karthager sogar 30000 Mann betragen
haben [3]). In dieser letzteren Zahl sind aber offenbar auch die
Elymer und die Bürger der phoenikischen Städte auf Sicilien
einbegriffen. Es ist nun sehr unwahrscheinlich, dass die sicilischen Verbündeten der Karthager wirklich solche Massen ins
Feld gestellt haben sollten; vielmehr werden unsere Zahlen
nichts anderes sein, als eine Schätzung der sikanisch-sikelischen
Gesammtwehrkraft. Das würde auf eine Bevölkerung von

[1]) Diod. XII 82: οἱ δ᾽ Ἐγεσταῖοι... καθ᾽ ἑαυτοὺς οὐκ ὄντες ἀξιό-
μαχοι; XIII 44: οἱ δὲ Σελινούντιοι... κατεφρόνουν τῶν Ἐγεσταίων,...
πολὺ προέχοντες ταῖς δυνάμεσι.
[2]) Diod. XIII 59.
[3]) Diod. XIV 55.

100—150000 Einwohnern führen, oder 14—21 auf 1 qkm, was mit unseren bisherigen Ergebnissen sehr gut übereinstimmt. Wenn Diodor die Bürgerzahl seiner Vaterstadt Agyrion um 400 auf 20000 angiebt[1]), so ist das nur ein Beweis für seinen Localpatriotismus; es bedarf kaum der Bemerkung, dass Agyrion nicht dieselbe Bürgerzahl gehabt haben kann, wie Akragas oder Athen. Das benachbarte Kenturipae freilich hat in sullanischer Zeit 10000 Bürger gezählt[2]); aber diese Blüthe war nur das künstliche Erzeugniss der Privilegien, welche die Römer der Stadt verliehen hatten. Galeria soll in Timoleons Zeit 1000 Hopliten haben ins Feld stellen können[3]). Aus dem Verkaufe der Bewohner der sikanischen Stadt Hykkara lösten die Athener 415 120 Talente, was, 1 Mine für den Kopf gerechnet, eine Bevölkerung von 7—8000 Seelen ergeben würde; doch mag der Erlös aus der übrigen auf dieser Expedition gemachten Beute hier eingerechnet sein[4]). Wie man sieht, ergiebt sich aus diesen vereinzelten Notizen kein Anhalt zur Bestimmung der Gesammtbevölkerung der sikelischen und sikanischen Städte.

Es bleiben noch die nicht-bürgerlichen Elemente der Bevölkerung der hellenischen Gemeinden. Von Syrakus und Akragas ist in dieser Beziehung bereits gehandelt worden. Die übrigen Städte haben, soviel wir sehen, keine einheimischen Unterthanen gehabt. Die Sklavenzahl kann im V. und IV. Jahrhundert nicht sehr beträchtlich gewesen sein[5]), kam sie doch selbst in Athen zur Zeit von dessen höchster wirthschaftlicher Blüthe nur etwa der Zahl freien Einwohner gleich. Es wird

---

[1]) Diod. XIV 95.

[2]) Cic. Verr. II 68, 163.

[3]) Diod. XVI 67.

[4]) Thuk. VI 62; vgl. Holm, Sic. II 411, der einschliesslich der Geflüchteten 9—10000 Einwohner herausrechnet. Da Alexander aus der Beute von Theben nur 440 Talente (Diod. XVII 14), Antigonos Doson aus der von Mantineia nur 300 Talente gelöst hat (Polyb. II 56, 6), so erregt die überlieferte Zahl starke Bedenken, um so mehr, als Thukydides Hykkara ausdrücklich als πόλισμα Σικανικόν bezeichnet. Sollte statt 120 Talente 20 Talente zu lesen sein?

[5]) Es ist bemerkenswerth, dass die sicilischen Kriegsschiffe zur Zeit des peloponnesischen Krieges fast ausschliesslich mit freien Leuten bemannt waren. Thuk. VIII 84.

also reichlich gerechnet sein, wenn wir neben einer bürgerlichen Bevölkerung von 130000 die Sklaven in diesen Städten
zu etwa 70 000 ansetzen. Damit erhalten wir für das Jahr 415
folgendes Bild der Bevölkerung der Insel:

	Areal in qkm	Bevölkerung	auf den qkm
Syrakus	4 680	250 000	53
Akragas	4 285	150 000	35
übrige Griechenstädte	6 835	200 000	29
Sikeler und Sikaner	7 135	120 000	17
Elymer	1 830	40 000	22
Phoeniker (ohne Melite u. Koss.)	865	40 000	46
	25 630	800 000	31

Wir haben oben gesehen, wie sich die Bürgerzahl der
hellenischen Städte im Laufe des IV. Jahrhunderts etwa um
die Hälfte vermehrt hat. Eine Vermehrung der Sklavenzahl
wird durch die Analogie der übrigen Theile der hellenischen
Welt gleichfalls sehr wahrscheinlich, und auch in den barbarischen Theilen der Insel musste die fortschreitende Civilisirung
eine Zunahme der Bevölkerung herbeiführen. Der Rückschlag
in der Zeit der Anarchie nach dem Sturze des jüngeren Dionysios, der in unseren Quellen, um Timoleons Verdienste ins
hellste Licht treten zu lassen, in sehr übertriebenem Maasse
betont wird, konnte so bedeutend nicht sein und musste sich
nach Herstellung geordneter Zustände bald ausgleichen [1]). Sicilien mag also unter Agathokles immerhin 1 Million Einwohner
oder darüber gezählt haben [2]). Erst mit dem Tode des Tyrannen beginnt der Verfall. Die Kriege, die von da an fast
ununterbrochen durch 80 Jahre die Insel verheerten, in denen
ihre hauptsächlichsten Städte, eine nach der andern, mit Sturm
genommen wurden, müssen einen sehr beträchtlichen Rückgang
der Bevölkerung zur Folge gehabt haben [3]). Allerdings brachte

---

[1]) Diod. XVI 83.

[2]) Kurz nach Agathokles' Tode wird Sicilien eine *νῆσος εὐδαίμων
καὶ πολυάνθρωπος* genannt: Plut. *Pyrrh.* 14.

[3]) Theokr. *Hieron* 82 ff.: *αἲ γὰρ Ζεῦ κύδιστε ... Ἀστεά τε προτέροισι
πάλιν ναίοιτο πολίταις Δυσμενέων ὅσα χεῖρες ἐλωβήσαντο κατάκρας·
Ἀγροὺς δ' ἐργάζοιντο τεθαλότες.* Das Gedicht ist 263 geschrieben, also
im 2. Jahre des ersten punischen Krieges, s. *Jahrb. f. Phil.* 1885 S. 366—68.

die Herstellung des Friedens durch die Römer seit 210 eine neue Periode ökonomischen Aufschwungs, aber zugleich ein immer weiteres Umsichgreifen der Sklavenwirthschaft[1]). Unter diesen Umständen musste die Abnahme der freien Bevölkerung in Sicilien noch rascher erfolgen, als in Griechenland oder Italien. So hören wir, dass die Bürgerzahl von Syrakus zu Ciceros Zeit auf unter 10 000 herabgesunken war; die Südküste der Insel war wenige Jahre später fast gänzlich verödet[2]). Nur der Norden, und namentlich der Nordosten der Insel nahm an dem Verfalle nicht Theil[3]); ja Kenturipae, Halaesa, Messene, Tauromenion, Katane haben im II. und zum Theil im I. Jahrhundert vor unserer Zeitrechnung gerade ihre blühendste Zeit gehabt. Wie trefflich das Symaethosgebiet angebaut war, zeigen Ciceros verrinische Reden. Wir werden demnach die freie Bevölkerung in diesem Theile Siciliens in der ersten Hälfte des I. Jahrhunderts nicht geringer veranschlagen dürfen, als ums Jahr 400: d. h. für das Gebiet nördlich einer Linie von Lilybaeon bis Katane etwa auf 250 000. Rechnen wir weitere 100 000 auf den verödeten Süden, so ergiebt sich für ganz Sicilien eine freie Gesammtbevölkerung von etwa 350 000; auf jede der 68 Stadtgemeinden entfallen im Durchschnitt 5000 freie Einwohner, oder 1700 erwachsene Bürger.

Hand in Hand mit dieser Verminderung der freien Bevölkerung geht seit dem Ende des hannibalischen Krieges eine sehr bedeutende Vermehrung der Sklavenzahl[4]). Wahrscheinlich hat Sicilien unter allen Ländern am Mittelmeer im II. Jahrhundert vor unserer Zeitrechnung im Verhältniss zu seiner Grösse und Gesammtbevölkerung die meisten Sklaven besessen: und hier ist denn auch zuerst ein grosser Sklavenaufstand zum Ausbruch gelangt. Es würde nun allerdings verkehrt sein, aus

---

[1]) Diod. XXXIV 2, 1.

[2]) Strab. VI 272: τῶν δὲ λοιπῶν τῆς Σικελίας πλευρῶν ἡ μὲν ἀπὸ τοῦ Παχύνου πρὸς Λιλύβαιον διήκουσα ἐκλέλειπται τελέως.

[3]) Strab. VI 272: ἡ δὲ λοιπὴ καὶ μεγίστη πλευρά (die Nordküste), καίπερ οὐδ' αὐτὴ πολυάνθρωπος οὖσα, ὅμως ἱκανῶς συνοικεῖται.

[4]) Diod. XXXIV 2, 1. 27.

den raschen Erfolgen dieser Empörung auf ein absolutes Ueberwiegen der unfreien Bevölkerung in Sicilien schliessen zu
wollen; diese Erfolge erklären sich vielmehr in erster Linie
aus dem Mangel an kriegerischem Geiste unter den Sikelioten
und daraus, dass auch das freie Proletariat mit den Sklaven
gemeinsame Sache machte. Die Zahl der Aufständischen im
ersten Sklavenkriege soll 200000 betragen haben[1]), und da
der Aufstand sich über die ganze Insel verbreitete, und auch
eine Reihe fester Städte, wie Henna, Tauromenion, Katane, den
Sklaven in die Hände fiel, so ist diese Angabe wahrscheinlich
kaum übertrieben. Der zweite Sklavenkrieg hielt sich in
kleineren Verhältnissen; immerhin sollen bei Skirthaea 40000
Sklaven gekämpft haben[2]), und es wird ausdrücklich hervorgehoben, dass die Führer nur die tüchtigsten Mannschaften in
das Heer einreihten[3]). Rechnen wir die Weiber und Kinder
auch nur zur Hälfte der waffenfähigen Männer, und weitere
100000 Sklaven in den Städten. die sich am Aufstande nicht
betheiligen konnten, so erhalten wir für das Jahr 140 v. Chr.
eine Sklavenbevölkerung von etwa 400000. Dieses Resultat
findet auch auf anderem Wege seine Bestätigung. Die Weizenproduction Siciliens ums Jahr 75 erforderte, einen Arbeiter auf
je 10 iugera gerechnet[4]), eine Arbeiterzahl von 130—140000.
Die übrigen landwirthschaftlichen Productionszweige: der Anbau von Gerste und Hülsenfrüchten, von Wein und Oel, endlich die sehr ausgedehnte Viehzucht mochten zusammen reichlich dieselbe Arbeiterzahl beschäftigen, so dass wir im ganzen
auf etwa 300000 ländliche Arbeiter kommen. Ohne Zweifel
waren ein grosser Theil davon Freie, dafür aber sehr viele
Sklaven in der Industrie und mit häuslichen Diensten beschäftigt. Auch hiernach also muss Sicilien, einschliesslich der
Weiber und Kinder. an 400000 Sklaven gezählt haben. Wir
sehen, die Verluste der Sklavenkriege sind bald ersetzt worden.

---

[1]) Diod. XXXIV 2, 18; vgl. Liv. *Epit.* 56.
[2]) Diod. XXXVI 8.
[3]) Diod. XXXVI 5.
[4]) Näheres darüber s. unten Cap. IX, 3.

Im runden Anschlag also werden wir sagen dürfen, dass Sicilien in den beiden letzten Jahrhunderten vor unserer Zeitrechnung etwa ebenso viele Sklaven wie freie Bewohner besessen hat, so dass die Gesammtbevölkerung der Insel, wenn auch gegen das IV. Jahrhundert etwas vermindert, doch noch annähernd ebenso zahlreich war, wie zur Zeit des peloponnesischen Krieges.

Erst der Verfall des sicilischen Getreidebaus in Folge der afrikanischen Concurrenz seit Caesars Zeit musste einen starken Rückgang der Volkszahl hervorbringen, der allerdings zunächst hauptsächlich die Sklavenbevölkerung traf, aber doch auch nicht ohne Rückwirkung auf die freie Bevölkerung bleiben konnte. Die Bürgerkriege nach Caesars Tode, von denen Sicilien so schwer gelitten hat, mussten diesen Rückgang beschleunigen. Unter Augustus werden wir demnach für die Insel kaum mehr als 600000 Einwohner ansetzen dürfen. Wie die Verhältnisse sich weiter gestaltet haben, wissen wir nicht.

4. Grossgriechenland.

Wenden wir uns jetzt zu den Colonien auf dem italischen Festland. Einst war Sybaris hier die bedeutendste Stadt gewesen; nach dessen Zerstörung nahm Kroton den ersten Platz ein. Noch zur Zeit von Dionysios' italischen Feldzügen war Kroton die bevölkertste Griechenstadt in Italien, wie es auch in dem Bunde der Italioten die Hegemonie hatte[1]. Mit der Schlacht am Helleporos und der Einnahme durch Dionysios wenige Jahre später beginnt der Verfall, bald beschleunigt durch das Vordringen der Lukaner und später der Brettier; zur Zeit des hannibalischen Krieges zählte Kroton nicht mehr als 2000 Bürger[2].

---

[1] Diod. XIV 103: τῆς δὲ Κροτωνιατῶν πόλεως μάλιστα πολυοχλουμένης..... τούτοις τὴν ἡγεμονίαν τοῦ πολέμου παρέδωσαν.

[2] Liv. 23, 30: Crotonem, opulentam quondam armis virisque, tum iam adeo multis magnisque cladibus adflictam, ut omnis aetatis minus duo milia civium superessent.

Dafür entwickelte sich im IV. Jahrhundert Taras zu immer grösserer Macht. Der Umfang der Mauern, der den von Akragas noch um ein geringes übertrifft und keineswegs durch fortificatorische Rücksichten bedingt ist, zeugt besser als alles andere für die Bedeutung der Stadt, wenn auch ein grosser Theil des städtischen Areals (570 ha) unbebaut war[1]). Gegen Ende des IV. Jahrhunderts soll Tarent im Stande gewesen sein, Heere von 20 000 Mann zu Fuss und 2000 Reitern[2]), ja von 30 000 Mann zu Fuss und 4000 Reitern[3]) ins Feld zu stellen, natürlich einschliesslich von Söldnern und Bundesgenossen. Auch die tarantinische Flotte war ansehnlich; noch im hannibalischen Kriege vermochte es die Stadt, 20 Kriegsschiffe in See stechen zu lassen[4]). Bei der Eroberung durch Fabius Maximus 209 wurden 30 000 Einwohner in die Sklaverei geschleppt[5]); sehr viele müssen in dem barbarischen Blutbade umgekommen sein, das die Römer bei der Erstürmung unter der wehrlosen Bevölkerung anrichteten[6]); viele andere werden sich gerettet haben, oder als Römerfreunde verschont worden sein, wie denn Tarent auch nach der Katastrophe als selbständige Gemeinde fortbestanden hat, wenn es sich auch niemals von diesem Schlage erholen konnte. Am Anfang des hannibalischen Krieges muss also Tarent eine Stadt von 50 000, vielleicht 60 000 Einwohnern gewesen sein; in der Zeit seiner Unabhängigkeit vor dem pyrrhischen Kriege ist es vielleicht noch grösser gewesen.

Alle übrigen italiotischen Städte standen gegen Taras bedeutend zurück. Rhegion soll um das Jahr 400 ein Heer von 6000 Mann und 600 Pferden, eine Flotte von 50 Trieren

---

[1]) Polyb. VIII 30, 5—6.

[2]) Diod. XX 104; vgl. Lorenz, *De Civitate veterum Tarent.* S. 51.

[3]) Strab. VI S. 280.

[4]) Liv. 26, 39.

[5]) Liv. 27, 16: *milia triginta servilium capitum dicuntur capti.* Plut. *Fab.* 22: οἱ δὲ πραθέντες ἐγένοντο τρισμύριοι.

[6]) Liv. a. a. O.: *alii alios passim sine discrimine armatos inermes caedunt.* Plut. a. a. O.: ἀπέθανον δὲ πολλοὶ καὶ τῶν Ταραντίνων.

haben aufstellen können[1]). Die Gesammtstärke der rheginischen
Flotte soll 80 Trieren betragen haben[2]); ja im ersten attischen
Kriege hätte Rhegion sogar 100 Trieren aufgestellt[3]). Dass
diese Angaben, soweit sie die Marine betreffen, sehr stark
übertrieben sind, ist leicht nachzuweisen. Nach Thukydides'
unbedingt zuverlässigem Zeugniss haben nur 10 rheginische
Trieren die Athener auf ihrem Zuge nach den liparischen In-
seln im Winter 427 auf 426 unterstützt[4]); in der Seeschlacht
im Faro 425 kämpften gar nur 8 rheginische Schiffe[5]). Damit
wird denn auch die obige Angabe über die Stärke der rheginischen Landmacht verdächtig. Als Dionysios die Stadt im
Jahre 387 nach elfmonatlicher Belagerung einnahm, soll die
Zahl der Gefangenen nicht mehr als 6000 betragen haben[6]).
Ohne Zweifel hatte die Belagerung viele Opfer gekostet, da
Rhegion sich erst ergab, als die Hungersnoth den höchsten
Grad erreicht hatte; aber mehr als etwa 10 000 Einwohner
kann Rhegion bei Beginn des Krieges nach dieser Angabe
kaum gezählt haben. Das ergäbe eine Bürgerzahl von höchstens
3000, was freilich auffallend wenig ist im Verhältniss zu Messene,
dessen Bürgerzahl am Ende des IV. Jahrhunderts kaum auf
unter 5000 angesetzt werden kann, und das nach allen Angaben an Macht Rhegion nachstand.

Lokroi scheint mächtiger gewesen zu sein als Rhegion;
wenigstens das Gebiet war sehr viel ausgedehnter, und auch
die Stadt Lokroi gehört zu den ansehnlichsten des hellenischen
Westens, so weit sie auch hinter Akragas und Taras zurückblieb[7]). Im peloponnesischen Kriege waren die Rheginer nicht
im Stande, ihr Gebiet gegen die Lokrer zu vertheidigen; aber
allerdings war Rhegion damals durch innere Unruhen ge-

---

[1]) Diod. XIV 40, vgl. XIV 8.
[2]) Diod. XIV 103. 106.
[3]) Diod. XII 54.
[4]) Thuk. III 88, vgl. III 86.
[5]) Thuk. IV 25.
[6]) Diod. XIV 111.
[7]) S. unten Cap. XI, 4.

schwächt[1]). Eine lokrische Flotte von 10 Trieren operirte im
Jahre 425 gegen Messene[2]), 30 Jahre später siedelte Dionysios dort 1000 lokrische Colonisten an[3]). Die Angabe, dass
in der Schlacht am Sagras 15 000 Lokrer gegen 120 000 Kro-
toniaten gekämpft hätten[4]), kann natürlich historischen Werth
nicht beanspruchen.

Auch Thurioi war, wenigstens in den ersten Zeiten nach
seiner Gründung, eine bedeutende Stadt, die selbst mit Tarent
sich zu messen vermochte. Den Athenern sandte es 413 gegen
Syrakus 700 Hopliten und 300 Mann leichter Truppen zu
Hülfe[5]), später den Peloponnesiern gegen Athen 10 Trieren[6]).
Bei der Revolution, die hier nach der sicilischen Katastrophe
erfolgte, sollen 300 Bürger verbannt worden sein[7]). Gegen die
Lukaner hat Thurioi im Jahre 390 angeblich 14 000 Mann und
1000 Reiter aufgestellt, von denen mehr als 10 000 Mann in
der Schlacht am Flusse Laos niedergemacht worden sein
sollen[8]). Darunter waren auch Contingente der Nachbarstädte,
und offenbar sind die Zahlen überhaupt sehr übertrieben; aber
dass es ein tödtlicher Schlag war, den die Stadt damals empfing, ist unzweifelhaft, und sie hat sich nie mehr davon erholt.
Nur mit Mühe hat Thurioi seitdem seine Unabhängigkeit
gegenüber seinen lukanischen und brettischen Nachbarn behaupten können.

Trotz der bei Laos erlittenen Verluste waren die Streitkräfte der Italioten zahlreich genug, um zwei Jahre später
gegen Dionysios von Syrakus am Flusse Helleporos eine offene
Feldschlacht zu wagen. Das Heer des Tyrannen wird auf
20 000 Mann zu Fuss und 3000 Reiter angegeben, was durchaus glaubwürdig scheint; wir haben also keinen Grund zu

---

[1]) Thuk. IV 1.
[2]) Thuk. a. a. O.
[3]) Diod. XIV 78.
[4]) Justin. XX 3.
[5]) Thuk. VII 33.
[6]) Thuk. VIII 35.
[7]) Dionys. v. Halik. *Lysias* 1; [Plutarch] *Leben der zehn Redner* S. 835.
[8]) Diod. XIV 101; vgl. Strabon VI S. 253.

bezweifeln, dass die überlieferte Angabe von 25000 Mann zu
Fuss und 2000 Reitern[1]) für das italiotische Heer wenigstens
in der Hauptsache richtig ist. Lokroi war damals mit Dionysios verbündet, Rhegion durch die Truppen des Tyrannen von
den übrigen Städten abgeschnitten; im ganzen also müssen die
Italioten im Stande gewesen sein, mehr als 30000 Mann
aufzustellen, d. h. so viel wie die Griechen Siciliens. Es wird
demnach auch die Bürgerzahl der italischen Griechenstädte im
V. und am Anfang des IV. Jahrhunderts annähernd dieselbe
gewesen sein, wie die der Griechenstädte auf Sicilien, also
etwa 80000. Im Laufe des IV. und III. Jahrhunderts sind
die meisten jener Städte den Lukanern und Brettiern in
die Hände gefallen, so dass zu Anfang des hannibalischen
Krieges nur noch Neapolis, Elea, Rhegion, Lokroi, Kaulonia,
Kroton, Thurioi, Herakleia, Metapont, Taras ihre hellenische
Nationalität bewahrten, und zwar meist als unbedeutende Kleinstädte. Es mag damals Italien, von den Sklaven abgesehen,
kaum mehr als 100000 griechische Einwohner gezählt haben,
eine Zahl, die sich in Folge des hannibalischen Krieges vielleicht auf die Hälfte vermindert hat. Seitdem war der Unter-
gang der griechischen Nationalität in Italien nur noch eine
Frage der Zeit.

---

[1]) Diod. XIV 108.

Achtes Capitel.
Der römische Census.

1. Der Census.

Unsere bei weitem wichtigste Quelle für die Erkenntniss der Bevölkerungsverhältnisse des alten Italien nicht nur, sondern überhaupt der Länder am westlichen Mittelmeer bilden die Ergebnisse des römischen Census. Schon seit sehr früher Zeit sind in Rom periodische Aufnahmen über die Zahl der Bürger und ihr Vermögen gehalten worden. Die Tradition knüpft die Anfänge dieser Institution an den Namen des Servius Tullius; und jedenfalls wurde es bereits im Jahre 443 nöthig, eine eigene Behörde, die Censoren, zur Vornahme dieser Erhebungen einzusetzen. Der Regel nach sollten die Aufnahmen *(lustra)* alle 4 Jahre *(quinto quoque anno)* stattfinden; aber die praktischen Schwierigkeiten, mit denen sie verknüpft waren, haben zur Folge gehabt, dass der Census thatsächlich viel seltener gehalten worden ist. Aus der Zeit vor Errichtung der Censur, also vor 443 v. Chr., werden 10 Lustren erwähnt[1]), mit deren Authenticität es freilich sehr problematisch bestellt ist; von da bis 318 weitere 15, d. h. im Durchschnitt ein Lustrum alle 8—9 Jahre. In den 233 Jahren von 318 bis 86 sind 41 Lustren gehalten worden, was durchschnittlich 5—6 Jahre auf ein Lustrum ergiebt. Seit der Verleihung des rö-

---

[1]) Für die Zahl und Folge der Lustren verweise ich auf die bekannte Dissertation von Boor, *Fasti censorii*, Berlin 1873.

mischen Bürgerrechts an die latinischen Colonien und italischen
Bundesgenossen in Folge des Socialkrieges wurde der Census
zu einer so complicirten Operation, dass erst nach 16 Jahren,
70 69, wieder ein Lustrum gehalten worden ist, das letzte
in republikanischer Zeit. Der Monarchie war es vorbehalten,
nach zweiundvierzigjähriger Unterbrechung die Institution zu
erneuern. Aber ein Festhalten an den alten fünfjährigen Perioden war jetzt eine Unmöglichkeit. Augustus hat seine 3
Census mit zwanzigjährigen Intervallen vorgenommen (28 und
8 v. Chr., 14 n. Chr.), und sein letzter Census verspätete sich
um ein Jahr. Noch mehr war das der Fall mit dem Census
des Claudius, der erst 33 Jahre nach dem Jahr 14 gehalten
wurde (47 n. Chr.), und weitere 25 Jahre verflossen bis zu
dem Census Vespasians. Das ist der letzte Census, der überhaupt gehalten worden ist. Seit Italien von directer Steuer
und von der Conscription befreit war, hatte diese Aufnahme
ihre praktische Bedeutung verloren; die in den Provinzen ansässigen Bürger waren ohnehin dem Provinzialcensus unterworfen. Für blosse statistische Zwecke aber der Bürgerschaft
die mit dem Census verbundenen Opfer an Zeit und Geld zuzumuthen, war auf die Dauer nicht durchführbar.

Der Census war gleichzeitig Volkszählung und Steuerein-
schätzung[1]. Demgemäss gelangte zur Aufzeichnung einerseits
Name und Alter jedes selbständigen, d. h. in eigner Gewalt
stehenden römischen Bürgers und aller Glieder seiner Familie;
andererseits der Werth des Vermögens, mochte dieses nun aus
Grundbesitz oder aus beweglicher Habe bestehen. Bei letzterer
Kategorie wurden auch die Sklaven verzeichnet. Dagegen unter-
lagen in Rom oder auf römischem Gebiete ansässige Fremde
dem Census nur mit ihrer Habe, nicht mit ihrer Person.

Die Erhebung geschah auf Grund eidlicher Aussagen, die
jeder Pflichtige persönlich zu machen gehalten war, sei es vor
den Censoren in Rom selbst, sei es vor den Quinquennalen
der Colonien und Municipien, die dann die Listen ihrer Gemeinden nach Rom überbrachten. Wittwen und Waisen wurden

---

[1] Für das Folgende vergl. Mommsen, *Staatsrecht* II² S. 347 ff.

20*

dabei durch ihren Vormund vertreten, Haussöhne durch ihren Vater oder Grossvater. Es war ein Missbrauch, wenn ein nicht emancipirter Sohn sich gesondert von seinem Vater eintragen liess. Abwesenheit im Staatdienste, namentlich auf Feldzügen, bildete einen legitimen Entschuldigungsgrund für das Ausbleiben beim Census; doch stand es den Censoren frei, einen solchen Bürger commissarisch vernehmen zu lassen. Wie weit sonstige Gründe für das Nicht-Erscheinen beim Census berücksichtigt werden sollten, hing von dem freien Ermessen des Censors ab. Wer ohne genügende Entschuldigung fehlte, hatte schwere Strafe zu gewärtigen.

Auf Grund aller dieser Erhebungen stellten dann die Censoren in Rom die Bürgerliste zusammen. Zunächst wurden sämmtliche Vollbürger unter die einzelnen Tribus vertheilt, und innerhalb jeder Tribus die Bürger unter 46 Jahren *(iuniores)* von den Bürgern über 46 Jahre *(seniores)* geschieden; innerhalb jeder Halbtribus wurden dann die Bürger nach den fünf Vermögensklassen geordnet. Aus der ersten Klasse wurden weiterhin die durch ihr Vermögen zum Reiterdienst qualificirten Bürger ausgesondert; aus der letzten Klasse diejenigen, deren Vermögen zu gering war, um zur Tributzahlung herangezogen zu werden *(capite censi)* [1]. Eigene Verzeichnisse umfassten die Wittwen und vaterlosen Waisen *(orbi orbaeque, pupilli pupillae et viduae)* und die Bürger ohne Stimmrecht; letztere, die sog. *tabulae Caeritum*, waren nach Verwaltungsbezirken *(praefecturae)* geordnet, wie das in der Natur der Sache liegt und in einem Falle auch ausdrücklich bezeugt wird. In der Zeit von der

---

[1] Hauptstelle ist Cicero, v. d. *Gesetzen* III 3, 7: *censores populi aevitates suboles familias pecuniasque censento* (sollen die Declarationen der Bürger über Alter, Familienmitglieder, Dienerschaft, Vermögen in Empfang nehmen) . . . *populique partes in tribus distribunto* (die Bürger unter die einzelnen Tribus vertheilen), *exin pecunias aevitates ordines partiunto* (sie nach dem Vermögen in die Steuerklassen, nach dem Alter in die Kategorien der *iuniores* und *seniores*, nach dem Stande in *liberti, plebs ingenua*, Ritter und Senatoren eintheilen), *equitum peditumque prolem describunto* (bestimmen, wer zu Pferde, wer zu Fuss zu dienen hat). Vergl. die Bemerkungen von Mommsen, *Staatsrecht* II[2] S. 385 A. 3.

Schliessung der Tribuszahl (241 v. Chr.) bis zum Socialkriege muss die Censusliste demnach etwa folgende Gestalt gehabt haben:

A. Tribules.

I. Tribus Palatina Iuniorum

Equitum capita tot
Peditum capita tot

Specificirt nach Vermögensklassen, *ingenui* und *liberti* getrennt.

II. Tribus Palatina Seniorum
nach denselben Kategorien geordnet.

Weiter die übrigen Halbtribus nach der officiellen Folge des *ordo tribuum*.

Zuletzt

LXX. Tribus Arniensis Seniorum.

B. Caerites.

Geordnet nach Praefecturen, Vermögensklassen und Alter.

C. Orbi orbaeque.

———

Summa equitum capita tot
Summa peditum capita tot
Summa civium Romanorum praeter orbos orbasque capita tot.

Die so geordnete Liste leistete allen Erfordernissen der Verwaltung Genüge. Als Wahlliste konnte sie ohne weiteres verwendet werden. Für die Erhebung des *tributum* reichte es aus, die Proletarier (*capite censi*) bei Seite zu lassen, und die übrigen Bürger (*assidui*) jeden nach seiner Vermögensklasse zu besteuern. Für die Aushebung bildeten die Verzeichnisse der *centuriae iuniorum* die Stammrolle; je nach der Vermögensklasse bestimmte sich dann die Waffengattung, in der jeder Einzelne zu dienen hatte.

So war es in republikanischer Zeit. Unter Augustus ist dieses Verfahren in wesentlichen Punkten modificirt worden. Seit Italien steuerfrei geworden, die Aushebung auf die Provinzen beschränkt war und die Comitien ihre politische Bedeutung verloren hatten, würde die Anordnung der Bürgerschaft nach den Tribus die Uebersicht über die Resultate des Census

nur unnütz erschwert haben. Nicht darauf kam es mehr an,
ob ein Bürger zur Galeria oder etwa zur Tromentina gehörte,
sondern in welcher Gemeinde Italiens oder der Provinzen er
ansässig war. So wurden die Verwaltungsbezirke maassgebend
für die Anordnung der Bürger im augusteischen Census: in
Italien die Regionen, ausserhalb Italiens die Provinzen, und
innerhalb derselben die einzelnen Gemeindebezirke [1]); die zu
jeder Gemeinde gehörigen Bürger waren nach Ständen geordnet [2]). Die Erhebungen selbst umfassten dieselben Gegen-
stände wie in republikanischer Zeit, doch war jetzt nicht mehr
das praktische, sondern das theoretische, fast könnten wir sagen
das wissenschaftliche Interesse das Maassgebende [3]). Die Resultate wurden statistisch weiter verarbeitet: namentlich wissen
wir, dass die Bevölkerung regionenweise nach dem Alter klas-
sificirt wurde [4]).

Aus dem Census der Bürgerschaft hervorgegangen ist der
Provinzialcensus. Die Anfänge dieser Einrichtung fallen wahrscheinlich schon in das III. Jahrhundert, als die ersten Provinzen, Sicilien, Sardinien, beide Spanien gebildet wurden.

---

[1]) Huschke, *Der Census und die Steuerverfassung der römischen
Kaiserzeit* (Breslau 1847) S. 60 f.; Marquardt, *Staatsverwaltung* II [2] S. 214 ff.

[2]) Strab. III S. 169: ἤκουσα γοῦν ἐν μιᾷ τῶν καθ᾽ ἡμᾶς τιμήσεων
πεντακοσίους ἄνδρας τιμηθέντας ἱππικοὺς Γαδιτανούς, ὅσους οὐδένας
οὐδὲ τῶν Ἰταλιωτῶν πλὴν τῶν Πατανίνων. V S. 213: Πατάουιον....
ἥ γε νεωστὶ λέγεται τιμήσασθαι πεντακοσίους ἱππικοὺς ἄνδρας.

[3]) Rede des Claudius über das *ius honorum* der gallischen Bürger
(bei Boissieu, *Inscr. de Lyon* S. 136 und Nipperdey im Anhang zu seiner
grossen Tacitusausgabe: *ob census novo tunc opere et inadsueto Galliis;
quod opus quam arduum sit nobis, nunc cum maxime, quamvis nihil ultra,
quam ut publice notae sint facultates nostrae, exquiratur, nimis magno
experimento cognoscimus.*

[4]) Auszüge daraus bei Plin. VII 162, 4; Phlegon fr. 29 Müller, be-
treffend die VIII. Region Italiens. Sehr richtig bemerkt Hildebrand (*Jahrbücher für Nationalökonomie* VI 1866 S. 90), dass „die Ermittelung dieser
Summen der höchsten Altersklassen für einen Privatmann unmöglich war".
Nur hätte er nicht daraus schliessen sollen, dass eine solche Rubricirung
der Bevölkerung nach Alterklassen schon in republikanischer Zeit stattfand.
Ciceros Worte: *censores ... aevitates ... partiunto* gehen nur auf die Scheidung zwischen *iuniores* und *seniores*.

Bestimmte Nachrichten darüber haben wir freilich erst aus viel
späterer Zeit. So wissen wir, dass Sicilien im I. Jahrhundert
v. Chr. alle vier Jahre censirt wurde[1]); jede der 68 Gemeinden
der Insel, mit Ausnahme der drei foederirten Städte Messana,
Tauromenion, Neeton, wählte zu diesem Zwecke zwei Censoren,
die Controle über die ganze Operation hatte ohne Zweifel der
Statthalter. Aus der ersten Kaiserzeit ist es bezeugt, dass
die Einrichtung jeder neuen Provinz mit der Vornahme eines
Census begann, der dann in bestimmten Perioden erneuert
wurde. Die Provinz wurde zu diesem Zwecke in Bezirke getheilt, die eine grössere, oder mehrere kleinere Gemeinden
umfassten, in denen kaiserliche Beamte den Census entweder
selbst abhielten, oder den von den städtischen Behörden abge-
haltenen Census controlirten. Der Census der ganzen Provinz
wurde von einem Provinzialcensor geleitet, mitunter dem Statthalter der Provinz selbst, meist aber von einem besonderen
Beamten[2]). Die Aufnahmen betrafen, ebenso wie bei dem römischen Census, die Bevölkerung und das Vermögen, und erstreckten sich ohne Unterschied auf römische Bürgergemeinden
wie auf Gemeinden latinischen und peregrinischen Rechts. Aber
im einzelnen herrschten für jede Provinz besondere Normen,
und es ist aus dem Provinzialcensus ein wirklicher Reichscensus,
wenigstens in der früheren Kaiserzeit, nicht hervorgegangen[3]).
Die mit Rom im Bündniss stehenden souveränen Staaten und
die Colonien latinischen Rechts waren ursprünglich dem römischen Census nicht unterworfen, und hatten ihre eigenen Aufnahmen, die allerdings in der Hauptsache den römischen entsprochen haben werden. Aber schon am Ende des hannibalischen
Krieges (204 v. Chr.) wurde in den 12 latinischen Colonien,
die wenige Jahre vorher ihre Contingente verweigert hatten,
der Census nach der Formel und unter der Controle der römischen Censoren eingeführt[4]). Es scheint, dass diese Maass-

---

[1]) Cic. *Verr.* II 55, 137; 56, 139.
[2]) Vergl. Mommsen, *Staatsrecht* II[2] 408—10; Marquardt, *Staatsverwaltung* II[3] 214 ff.
[3]) Mommsen, *Staatsrecht* II[2] 412.
[4]) Livius 29, 37.

regel im Laufe des folgenden Jahrhunderts auch auf die übrigen latinischen Colonien, vielleicht auf alle italischen Bundesstädte übertragen worden ist[1]). Jedenfalls haben die Latiner der Kaiserzeit dem Provinzialcensus unterstanden, und dieser ist sehr bald auch auf die foederirten Staaten in den Provinzen ausgedehnt worden[2]).

2. Die Bedeutung der Censuszahlen.

Von keinem römischen Census sind uns die Resultate im Detail überliefert. Nur e i n m a l wird die Hauptsumme nach Fussvolk und Reitern specificirt; ein anderes Mal erhalten wir eine Angabe über die Bürgerzahl einer Praefectur; in allen übrigen Fällen ist uns nichts als die Hauptsumme des Census erhalten.

Die stehende Formel, mit der die Censuszahlen in unserer Ueberlieferung angeführt werden, ist *censa sunt civium capita tot.* Einmal, bei dem Census von 465 v. Chr., findet sich dabei der Zusatz *praeter orbos orbasque*[3]); ein anderes Mal, bei dem Census von 131/0, der Zusatz *praeter pupillos pupillas et viduas*[4]). Es fragt sich nun, was haben wir unter *civium capita* zu verstehen?

Dass zunächst unsere Censuszahlen, in republikanischer Zeit wenigstens, die Frauen und Kinder ausschliessen, beweisen die Zusätze *praeter orbos orbasque, praeter pupillos pupillas et viduas*; denn wenn die Wittwen und Waisen nicht inbegriffen sind, so können es auch die verheiratheten Frauen und die in väterlicher Gewalt stehenden Töchter und unerwachsenen Söhne nicht sein. Der Grund, warum die Wittwen und Waisen ausdrücklich aufgeführt werden, ist nur der, dass sie eine eigene Kategorie in der Censusliste bildeten; es sollte jeder Zweifel

---

[1]) Mommsen, *Staatsrecht* II[2] S. 351.

[2]) Vergl. z. B. den Wilm. 2246 d. c. erwähnten *censor civitatis Remorum foederatae.*

[3]) Liv. III 3.

[4]) Liv. *Epit.* 39 und Mommsen, *Staatsrecht* II[2] S. 353 A. 1.

beseitigt werden, ob die Hauptsumme auch diese Kategorie mit
umfasste. Uebrigens ergiebt sich schon aus der Kleinheit der
Censuszahlen, verglichen mit den militärischen Leistungen Roms,
dass die Frauen und Kinder ausgeschlossen sind. Die Censuszahlen beziehen sich also nur auf die erwachsenen Männer; und
da sie einfach auf *civium capita* lauten, ohne jede Beschränkung,
so scheint der Schluss unabweisbar, dass sie die erwachsenen
Bürger männlichen Geschlechts sämmtlich umfassen.

Unsere Ueberlieferung steht denn auch mit diesem Ergebniss in bestem Einklang. Fabius Pictor, der für seine
griechischen Leser die Bedeutung der Censuszahlen erklären
musste, bemerkt bei dem Bericht über den ersten Census ausdrücklich, dass die angegebene Summe die waffenfähigen Bürger
(*qui arma ferre possent*, wie Livius übersetzt) umfasse[1]). Und
ebenso setzt er bei der Aufzählung der römischen Streitkräfte
im Jahre 225 die Zahl der waffenfähigen Bürger (δυνάμενοι
ὅπλα βαστάζειν) der Censuszahl gleich[2]). Die jüngeren Annalisten haben die Censussummen ebenso aufgefasst, wie aus
Dionysios von Halikarnassos hervorgeht, der *civium capita* mit
ἀριθμός τῶν ἐχόντων τὴν στρατεύσιμον ἡλικίαν[3]) oder ἀριθμός
τῶν ἐν ἥβῃ Ῥωμαίων[4]) wiedergiebt. Die Gesammtbevölkerung,
einschliesslich der Frauen, Kinder, Sklaven und ansässigen
Fremden sei viermal so gross gewesen[5]). Wehrpflichtig aber
war der römische Bürger bis zum 60. Jahre, wehrfähig in ge-
setzlichem Sinne auch später; und da die Bürger von über
60 Jahren jedenfalls in den *centuriae seniorum* verzeichnet
standen, so ist nicht abzusehen, wie sie in den Censussummen
nicht einbegriffen sein sollten. Numerisch kommen sie ohnehin kaum in Betracht.

Auch statistisch ist diese Auffassung der Censuszahlen die
einzig haltbare. Im Jahre 339 wurden auf den etwa 6000 qkm,
welche das römische Gebiet damals umfasste, 165 000 *civium*

---

[1]) Fr. 10 Peter bei Liv. I 44.
[2]) Polyb. I 24, näheres unten.
[3]) Dionys. XI 63.
[4]) Dionys. V 20. 75, VI 63, IX 25.
[5]) Dionys. IX 25.

capita gezählt, entsprechend einer freien Gesammtbevölkerung von
¹/₂ Million, oder einer Volksdichtigkeit von 80 auf 1 qkm, wobei
die Sklaven noch nicht einmal mitgerechnet sind. Das ist annähernd dieselbe Dichtigkeit der Bevölkerung wie in Attika,
das damals von allen griechischen Landschaften die dichteste
Bevölkerung hatte. Doch es mag sein, dass das überlieferte
Ergebniss dieses Census gefälscht ist. Nehmen wir also die
zweifellos authentische Censuszahl für 234/3 : 270 713. Sind
darunter alle erwachsenen Bürger zu verstehen, so ergiebt sich
eine bürgerliche Bevölkerung von 800 000, und einschliesslich
der Fremden und Sklaven eine Gesammtbevölkerung von kaum
unter einer Million, auf gegen 25 000 qkm, also dieselbe Volksdichtigkeit wie im Peloponnes oder in Sicilien, 40 auf 1 qkm.
Es wäre jedenfalls eine höchst unwahrscheinliche Annahme,
dass das damals noch halb barbarische Mittelitalien eine dichtere
Bevölkerung gehabt haben sollte, als diese alten Culturländer;
und doch wäre das die nothwendige Consequenz jeder Annahme,
die in den *civium capita* unserer Ueberlieferung nur einen
Theil der römischen Bürger sieht. Wir sehen, die *civium capita*
sind in der That das, wofür sie sich geben: die Summe aller
erwachsenen römischen Bürger männlichen Geschlechts.

Trotzdem hat die neuere Forschung bei diesem Ergebniss
sich nicht beruhigen wollen, und mit Hintansetzung der Ueberlieferung eine Reihe von Hypothesen aufgestellt, wonach unter
civium capita nur gewisse Kategorien der erwachsenen Bürger
männlichen Geschlechts zu verstehen wären. Der hauptsäch-
liche Grund dafür liegt offenbar in den über die Höhe der Bevölkerung des antiken Italien herrschenden Vorurtheilen. So hat
der Census von 70/69, als ganz Italien südlich des Padus das
römische Bürgerrecht hatte, 910 000 *civium capita* ergeben; ist
es denn denkbar, dass die freie Bevölkerung der Halbinsel sich
damals auf wenig über 2¹/₂ Millionen Seelen belaufen hat? Eine
Stütze fand diese Ansicht ausserdem in den Ergebnissen des
Census der Kaiserzeit. Unter Octavian sind im Jahre 28 v. Chr.
4 063 000 *civium capita* gezählt worden; fassen wir dieselben als
erwachsene Bürger männlichen Geschlechts, so ist klar, dass
Italien im Jahre 70/69 eine bürgerliche Bevölkerung von weit

über 2¹/₂ Millionen gehabt haben muss. Der Ausdruck *civium capita* im republikanischen Census könnte sich also nicht auf die Gesammtheit aller erwachsenen Männer beziehen[1]).

Abgesehen von der Frage, ob die Censussummen auch die Bürger ohne Stimmrecht umfassen, sind hier drei Annahmen möglich, die sämmtlich ihre Vertreter gefunden haben. Entweder hätten wir unter *civium capita* nur die in eigener Gewalt stehenden Bürger zu verstehen, sodass die erwachsenen Haussöhne ausgeschlossen wären. Das war die Ansicht Hildebrands[2]), Zumpts[3]), und früher auch Mommsens[4]). Oder der Ausdruck *civium capita* bezieht sich nur auf die [zum activen Kriegsdienst fähigen Bürger, die *iuniores*. Das ist Mommsens jetzige Ansicht[5]). Oder endlich, *civium capita* begreift zwar die Bürger aller Altersklassen, aber nur diejenigen, deren Stand und Vermögen zum Dienst in den Legionen qualificirt, also ausschliesslich der Freigelassenen und Proletarier. Das ist die Ansicht Herzogs[6]). Es wird nothwendig sein, diese drei Hypothesen auf ihre Berechtigung hin zu untersuchen.

Die erste Annahme geht von der Voraussetzung aus, dass die Censusliste zuerst und hauptsächlich eine Steuerliste gewesen ist. Sie stützt sich ferner auf die Thatsache, dass die Declarationen vor dem Censor nur von den Familienhäuptern gemacht wurden, während die Haussöhne, die ja kein selbständiges Vermögen hatten, durch den Vater oder Grossvater vertreten wurden. Die Censoren hätten in jeder Tribusliste den einzelnen Declarationen eine Ordnungsziffer vorgesetzt, und aus diesen Tribussummen die Hauptsumme gezogen. Endlich erkläre sich nur

---

[1]) Diese Gründe haben auch mich früher zu der Ansicht bestimmt, die *seniores* und die Proletarier wären in unseren Censuszahlen nicht einbegriffen. Die nachstehende Untersuchung hat mich selbst von der Unrichtigkeit dieser Annahme überzeugt und wird hoffentlich bei anderen dieselbe Wirkung haben.

[2]) *Jahrbücher für Nationalökonomie und Statistik* VI (1866) S. 81—96.

[3]) *Bevölkerung und Volksvermehrung im Alterthum*, Abh. der Berl. Akademie 1840.

[4]) *Staatsrecht* II¹ S. 371.

[5]) *Staatsrecht* II² S 400 A. 2.

[6]) *Commentationes in honorem Mommseni* S. 124—142.

so der Zusatz *praeter orbos orbasque*; denn der Gegensatz zu
den „Knaben und Frauen", d. h. den das *aes equestre* zahlenden
Personen, seien die dem *tributum* unterworfenen Personen, nicht
die Wehrfähigen. — Bei dieser Auffassung der Censuszahlen
müssten wir annehmen, dass die Censoren neben der Steuerliste noch eine besondere Aushebungsliste entworfen hätten,
wofür jeder Anhalt in unserer Ueberlieferung fehlt; denn die
tabulae iuniorum, die einmal bei Livius [1] erwähnt werden, sind
nichts weiter als ein Theil der Hauptliste selbst, nämlich die
Bürgerverzeichnisse der Halbtribus der *iuniores*. Weiterhin
ist die Hauptsumme des Census zusammengesetzt aus den
Theilsummen nicht der 35 Tribus, sondern der 70 Halbtribus;
und es liegt in der Natur der Sache, dass die erwachsenen
Haussöhne der Mehrzahl nach zu den *iuniores* gehören mussten,
wie ihre Väter zu den *seniores*. Die Vertheilung der Bürgerschaft unter die Halbtribus der *iuniores* und *seniores* hat also
zur Voraussetzung, dass die Haussöhne neben ihren Vätern
gesondert aufgeführt waren. Darauf führt auch der Name
duicensus, den die römische Amtssprache für einen Bürger an-
wandte, der mit seinem erwachsenen Sohne censirt wurde;
d. h. seine Declaration wurde bei der Zusammenstellung der
Bürgerliste doppelt gezählt [2]). Der Zusatz *praeter orbos orbasque* endlich findet seine Erklärung, mochte die Censusliste wie
immer angeordnet sein (s. oben S. 309. 312).

Also wenn auch gar nichts über die Bedeutung der Censuszahlen überliefert wäre, so würden wir doch gezwungen sein,
die Annahme zu verwerfen, dass diese Zahlen sich nur auf die
Bürger mit selbständigem Vermögen beziehen. Nun haben wir
aber das ausdrückliche Zeugniss des Fabius und Dionysios,
wonach die Censuszahlen alle wehrfähigen Bürger umfassen,
also die erwachsenen Haussöhne einschliessen. Ja Dionysios,
von dem Census von 474 sprechend, sagt uns das letztere so-

---

[1]) Liv. 24, 18.
[2]) Festus S. 66: *duicensus dicebatur cum altero, id est cum filio,
census.* Es ist klar, dass hier nur von erwachsenen Söhnen die Rede sein
kann, denn sonst wären die meisten römischen Bürger *duicensi* gewesen.

gar mit klaren Worten: *καὶ ἦσαν οἱ τιμησάμενοι πολῖται σφᾶς τε αὐτοὺς καὶ τὰ χρήματα καὶ τοὺς ἐν ἥβῃ παῖδας ὀλίγῳ πλείους τρισχιλίων τε καὶ δέκα μυριάδων* (IX 36). Die zweite der oben angeführten Annahmen, wonach die Censussummen auf die *iuniores* zu beziehen wären, setzt sich allerdings mit der Ueberlieferung nicht in so offenbaren Widerspruch. Da der active Kriegsdienst, in historischer Zeit wenigstens, auf die Bürger unter 46 Jahren beschränkt war, so wäre es immerhin denkbar, dass Fabius mit seinen „Wehrfähigen" nur diese Klasse gemeint hätte. Dionysios freilich, oder vielmehr der römische Annalist, dem er folgt, ist anderer Ansicht gewesen, da er die Gesammtbevölkerung, einschliesslich der Fremden und Sklaven, auf das Vierfache der *civium capita* anschlägt, während die *iuniores* nur etwa $^{1}/_{3}$ und zwar der bürgerlichen Bevölkerung ausmachen würden. Und solange überhaupt in Italien Krieg geführt wurde, hatte auch die Wehrpflicht der *seniores* praktische Wichtigkeit, wenn auch nur für die Vertheidigung fester Plätze. Die Censuszahlen aus der Zeit von 247—131 aber bilden eine geschlossene Reihe, deren einzelne Glieder so gut an einander passen, dass jede Möglichkeit wegfällt, die Bedeutung von *civium capita* habe sich in dieser Periode verändert. Wenn ferner beim Ausbruch des hannibalischen Krieges mehr als 270 000 *iuniores* vorhanden waren, so ist die Schwierigkeit nicht zu begreifen, für die bei Cannae vernichteten Truppen Ersatz zu schaffen. Denn die Verluste der drei ersten Kriegsjahre werden mit 40 000 Bürgern reichlich berechnet sein[1]; andere 25 000 mochte der Abfall von Capua kosten, sodass immer noch über 200 000 *iuniores* zur Verfügung gestanden hätten. Die Normalstärke der 18 Bürgerlegionen, die im Jahre 214 aufgestellt wurden, betrug etwa 80 000 Mann, doch waren dieselben bei weitem nicht vollzählig; trotzdem hören wir, dass damals sämmtliche überhaupt dienstfähige *iuniores* unter Waffen gerufen wurden[2]. Es ist also klar, dass die Zahl der am Anfang des Krieges vorhandenen *iuniores* bei weitem nicht 270 000 erreicht haben kann, mit

---

[1]) Vergl. Appian *Hannib.* 25.
[2]) Liv. 24, 18. Vergl. Liv. 25, 5 von der Aushebung des Jahres 212.

anderen Worten, dass die Censuszahlen aus dieser Zeit auch die *seniores* mitumfassen. Uebrigens wäre es auch ganz unverständlich, wie eine Zahl, die sich nur auf die *iuniores* bezieht, als *civium capita* bezeichnet werden könnte. Es müsste dann *iuniorum numerus* oder ähnlich heissen.

Noch weniger zu verstehen wäre es, wie die Angabe: *c e n s a sunt civium capita tot* die *capite c e n s i* ausschliessen könnte; und die Freigelassenen waren bezüglich ihrer Dienstpflicht den *capite censi* völlig gleichgestellt, mussten also in einer Liste der dienstpflichtigen Bürger ganz ebenso wie diese behandelt werden. Man hat dagegen geltend gemacht, dass die Censuszahl von 130 bis 124 um 75000 Köpfe gestiegen sei, was nur eine Folge des sempronischen Ackergesetzes sein könne[1]). Wäre das richtig, dann könnten allerdings die Proletarier in den Censussummen nicht einbegriffen sein; woher sonst der Zuwachs? Indess unsere Ueberlieferung begünstigt diese Auffassung keineswegs. Wir hören vielmehr, dass die Agrarreform bald nach dem Tode des Tiberius Gracchus ins Stocken kam, sodass Gaius im Jahre 123 das Ackergesetz seines Bruders erneuern musste. Unter diesen Umständen ist es sehr unwahrscheinlich, dass die *lex Sempronia* wirklich einen so durchgreifenden Erfolg gehabt haben sollte, wie die Schaffung von 75000 neuen Bauernstellen[2]). Die Erklärung dieses plötzlichen Steigens wird also auf anderem Wege zu suchen sein[3]).

Es bleiben die sog. *cives sine suffragio*. Wer die Censuszahlen für 339 bis 275 für authentisch hält, wird ohne weiteres zugeben müssen, dass die Bürger ohne Stimmrecht hier eingeschlossen sind; die Höhe dieser Zahlen im Verhältniss zur Ausdehnung des römischen Gebiets in dieser Zeit wäre sonst ganz unerklärlich. Und für die Zeit des hannibalischen Krieges sagt Fabius Pictor ausdrücklich, dass die Censuszahlen Römer und Campaner umfassen[4]); es bedarf keiner Bemerkung, dass,

---

[1]) Mommsen, *R. G.* II[5] S. 100; Herzog, *Staatsverfassung* I S. 459.

[2]) Ihne, *Röm. Gesch.* V S. 55; Lange, *R. Alterthümer* III[2] S. 27 f.

[3]) Näheres weiter unten.

[4]) Bei Polyb. II 24, 14: Ῥωμαίων δὲ καὶ Καμπανῶν ἡ πληθὺς πεζῶν μὲν εἰς εἴκοσι καὶ πέντε κατελέχθησαν μυριάδας, ἱππέων δὲ ἐπὶ

wenn die bedeutendste Halbbürgergemeinde in der Censuszahl eingeschlossen ist, auch die anderen Städte derselben Kategorie es sein mussten. Auch sind die aus dieser Zeit überlieferten Bürgerzahlen gegenüber der Gesammtbevölkerung Italiens so hoch, dass wir selbst ohne das Zeugniss des Fabius kaum umhin können würden, sie auf Voll- wie Halbbürger zusammen zu beziehen. Und da die Passivbürger ebenso wie die Vollbürger *tributum* gezahlt und in den Legionen gedient haben, so ist auch gar nicht abzusehen, wie sie unter den *civium capita* nicht begriffen sein sollten, mögen diese nun auf die steuerpflichtigen oder auf die wehrpflichtigen Bürger zu beziehen sein.

Die Detailuntersuchung hat uns also bestätigt, dass wir unter *civium capita* wirklich die Gesammtheit aller erwachsenen römischen Bürger männlichen Geschlechts zu verstehen haben, ohne Unterschied des Standes oder Vermögens. Wenigstens in republikanischer Zeit. Ob es sich in der Kaiserzeit ebenso verhalten hat, soll unten erwogen werden.

3. Das römische Bürgergebiet.

Ehe wir uns nun zur Betrachtung der überlieferten Censuszahlen wenden, wird es nöthig sein, uns Rechenschaft zu geben von der Ausdehnung des Gebietes, worauf sich diese Zahlen beziehen. Nur so werden wir ein wirkliches Verständniss derselben gewinnen, und zugleich erhalten wir damit ein wichtiges Hülfsmittel zur Kritik der Zahlen selbst. Die Unfruchtbarkeit so mancher bisherigen Untersuchung über den römischen Census ist zumeist darauf zurückzuführen, dass man es versäumt hat, zuerst diese unentbehrliche Grundlage zu schaffen.

Wie bekannt, umfasste das unmittelbar römische Gebiet bis auf den Socialkrieg nur einen verhältnissmässig kleinen Theil Italiens. Den Flächeninhalt dieses Gebietes in den verschiedenen Perioden der älteren römischen Geschichte habe ich an anderer Stelle annähernd zu bestimmen versucht [1]).

ταῖς δύο μυριάσιν ἐπῆσαν ἔτι τρεῖς χιλιάδες. Zusammen also 273000. Der Census von 234/3 hatte 270713 *civium capita* ergeben. Näheres unten § 4.

[1]) *Ital. Bund* (Leipzig 1880) S. 69—74.

Es ergaben sich folgende Zahlen:

	qkm
am Ende der Königsherrschaft	983
vor dem Latinerkrieg, 340 v. Chr.	3 096
vor dem zweiten Samniterkrieg, 328	6 039
vor der Schlacht bei Sentinum, 296	7 688
nach der Einigung Italiens, 264	27 000
nach dem hannibalischen Kriege, 200	37 000
nach der Unterwerfung des diesseitigen Galliens bis zum Socialkrieg	55 000
nach dem Socialkrieg bis auf Caesar	160 000

Dass diese Werthe auf absolute Richtigkeit keinen Anspruch erheben können, liegt in der Natur der Sache. Einmal ist es bei vielen italischen Städten zweifelhaft, ob sie schon vor der *lex Iulia* römisches Bürgerrecht besessen haben. Weiterhin lässt sich die Begrenzung der einzelnen Stadtgebiete in der Regel nur annähernd feststellen. Endlich war ich gezwungen, meiner Berechnung die sehr ungenauen officiellen Angaben über den Flächenraum der Bezirke und Gemeinden des Königreichs zu Grunde zu legen, da eine zuverlässige Arealbestimmung für Italien damals noch nicht vorhanden war. Inzwischen ist der Flächeninhalt des Königreiches durch das italienische militärgeographische Institut planimetrisch berechnet worden. Indess wäre es verfrüht, daraufhin schon heute eine neue Arealbestimmung des römischen Gebietes vornehmen zu wollen; die Zeit dafür wird erst da sein, wenn einmal alle Italien betreffenden Bände des grossen Inschriftenwerkes vollendet vorliegen werden. Für jetzt habe ich mich darauf beschränkt, zur Controle der früher erhaltenen Zahlen eine ungefähre Schätzung der Ausdehnung des römischen Gebietes bei Beginn des hannibalischen Krieges vorzunehmen, mit Zugrundelegung der Resultate des militärgeographischen Institutes. Danach umfassen

	qkm
das römische Gebiet in Latium und Süd-Etrurien	7800
das römische Gebiet in Campanien südlich von Tarracina .	3900
der Ager Sabinus mit Fulginia	5000
der Ager Praetuttianus	1000
der Ager Picenus	2400
der Ager Gallicus	2600
	22 700

Das Minus von 4300 qkm gegenüber meiner früheren Berechnung erklärt sich zum Theil daraus, dass die officiellen Arealzahlen, worauf diese beruhte, bedeutend zu hoch sind; zum Theil und hauptsächlich aus dem Umstande, dass einige Städte, die ich früher ohne genügenden Grund dem römischen Gebiete zugerechnet hatte, wie Tarquinii, Volci, Asisium, Hispellum, die Insel Ischia, jetzt davon ausgeschlossen sind. Der Domänenbesitz in Süditalien, wie der Ager Taurasinus in Samnium, der Silawald in Brettien ist jetzt sowenig wie früher berücksichtigt, da römische Bürgergemeinden, soviel wir sehen, in dieser Zeit dort noch nicht bestanden haben.

Seitdem Caesar den Transpadanern die Civität verliehen hatte, reichte das römische Bürgergebiet bis an den Fuss der Alpen. Die Alpenvölker selbst blieben noch unabhängig; nach ihrer Unterwerfung durch Augustus haben sie latinisches Recht erhalten und sind erst allmählich im Laufe der Kaiserzeit — die Anauner im Gebiet von Tridentum z. B. durch Claudius im Jahre 46 — zur Civität gelangt. Der Flächeninhalt dieser Alpengebiete mag zu etwa 20 — 25000 qkm veranschlagt werden; und da ganz Italien in den von Augustus festgestellten Grenzen nach den neuesten planimetrischen Berechnungen 250000 qkm umfasst, so wird die Ausdehnung des römischen Bürgergebietes in Italien in der ersten Kaiserzeit zu etwa 225—230000 qkm anzunehmen sein.

Ausserhalb Italiens gab es bis auf Caesar nur sehr wenige Bürgergemeinden. In Spanien ist Tarraco von Cn. und P. Scipio in den ersten Jahren des hannibalischen Krieges angelegt worden[1]; Italica von P. Africanus 205[2], Metellinum höchst wahrscheinlich von Q. Metellus Pius nach dem Siege über Sertorius[3]; auch Corduba, Valentia, Hasta, Salaria[4], Palma,

---

[1] Plin. III 21: *colonia Tarraco, Scipionum opus, sicut Carthago Poenorum.* Dass Tarraco wahrscheinlich als *conciliabulum civium Romanorum* gegründet ist, nicht als Colonie, thut hier nichts zur Sache.

[2] App. *Hisp.* 38; Mommsen, *CIL.* I 546.

[3] Hübner, *CIL.* II S. 73; *Berl. Monatsberichte* 1861 S. 405.

[4] Hübner, *Hermes* I S. 101 und im *Corpus* unter den einzelnen Städten.

Pollentia[1]) scheinen schon vor Caesar Bürgerrecht besessen zu
haben. In Gallien bestand seit 118 v. Chr. die Bürgercolonie
Narbo Martius[2]). Auf Corsica hat Marius die Colonie Mariana,
Sulla die Colonie Aleria gegründet[3]). In Illyrien finden wir
bereits vor Caesar die Bürgergemeinden Salonae[4]) und Narona[5]),
wozu während Caesars zehnjähriger Verwaltung der Provinz
(58—49) Lissus[6]) gekommen ist. Im wesentlichen aber ist das
römische Bürgergebiet bis auf die Mitte des I. Jahrhunderts vor
unserer Zeitrechnung auf Italien beschränkt geblieben.

Erst Caesar und sein Erbe Octavian haben angefangen,
das römische Bürgerrecht systematisch über die Provinzen auszubreiten, sei es durch Gründung von Colonien, sei es durch
Verleihung der Civität an ganze Gemeinden. Unter Tiberius
und Gaius ist diese Bewegung ins Stocken gerathen, um dann
von Claudius und später von Vespasian wieder aufgenommen
zu werden. Unsere bei weitem wichtigste Quelle zur Erkenntniss dieser Entwickelung ist die Universal-Encyclopädie des
Plinius.

Plinius hat, wie bekannt, seine Angaben über die politischen
Verhältnisse des römischen Reiches einem Staatshandbuche entnommen, das ohne Zweifel nach officiellen Materialien gearbeitet
war. Dieses Staatshandbuch — missbräuchlich „Statistik" genannt — soll nun nach der gewöhnlichen Annahme unter
Augustus, und auf Veranlassung des Kaisers selbst zusammengestellt sein, und demgemäss die Zustände der augusteischen Zeit
darstellen[7]). Und allerdings hat Plinius seiner Beschreibung
Italiens eine Schrift des Augustus zu Grunde gelegt[8]). Aber

---

[1]) Hübner, CLL. II S. 494. 496; Kubitscheck, De trib. Rom. orig. S. 186.

[2]) Velleius I 15; Eutrop. IV 23; Cic. Brut. 43, 160.

[3]) Plin. III 80; Sen. ad Helv. VII 9.

[4]) Caesar, Bürgerkr. III 9; Hirtius, Alex. Kr. 43; Mommsen, CIL.
III S. 304.

[5]) Mommsen, CIL. III S. 291.

[6]) Caesar, Bürgerkr. III 29.

[7]) Zumpt, Comm. Epigr. I S. 197 ff.; Detlefsen, Comment. Momms.
S. 31 f.

[8]) Plin. III 46: qua in re praefari necessarium est auctorem nos
Divum Augustum secuturos, discriptionemque ab eo factam Italiae totius
in regiones XI.

eben der Umstand, dass Plinius es für nöthig hält, hier seine
Quelle ausdrücklich hervorzuheben, macht es sehr unwahrscheinlich, dass die Provinzialbeschreibungen aus derselben Quelle
geflossen sind. Und es fehlt auch nicht an directen Beweisen.
So führte die *discriptio Italiae* des Augustus nur d i e Städte als
Colonien auf, die von dem Kaiser selbst, sei es als Triumvir,
sei es als Alleinherrscher begründet waren [1]); die Provinzialbeschreibungen bei Plinius dagegen nennen sämmtliche Bürgercolonien ohne Unterschied, mögen sie nun vor Augustus, von
Augustus selbst oder nach Augustus gegründet sein. Ferner,
und das ist der wichtigste Punkt, war die Begrenzung Italiens
nach der *discriptio* des Divus Augustus eine andere, als nach
der Provinzialbeschreibung. Plinius zählt nämlich in der X. Region Italiens eine Reihe von Gemeinden auf, die dann unter
Illyricum noch einmal aufgeführt werden. Es sind die *Alutrenses*
(= *Alutae*), *Flanonienses* (= *Flanates*), *Varvari* (= *Varvarini*),
Asseriates, *Foretani* (= *Fertinates?*), *Flanonienses Curici* (= *Cur-
rictae*) [2]). Nicht nur diese doppelte Aufzählung, sondern ebensosehr die verschiedenen Namensformen für dieselben Gemeinden
sind Beweis, dass Plinius an jeder dieser beiden Stellen verschiedenen Quellen gefolgt ist. Mit anderen Worten, die *discriptio Italiae* des Augustus war keineswegs ein Theil des
Staatshandbuches, dem Plinius die Beschreibung der Provinzen
entnommen hat.

Ueber die Abfassungszeit jener Schrift des Augustus über
Italien wissen wir nur soviel, dass sie nach dem aktischen
Kriege nicht nur, sondern auch nach dem Jahre 25 v. Chr.
fallen muss; denn Augusta Praetoria Salassorum, das in diesem
Jahre gegründet ist, wird bereits darin aufgeführt [3]). Das Staats-
handbuch dagegen, dem Plinius in der Beschreibung der Pro-

---

[1]) S. darüber meinen *Ital. Bund* S. 5.

[2]) Plin. III 130. 139 f.; Kubitscheck, *De tribuum Rom. orig. et propag.*
S. 81 ff.

[3]) Wenn Nissen, *Ital. Landeskunde* I S. 81, mit Berufung auf Strab.
VII S. 314 die Regioneneintheilung Italiens im Jahre 13 oder 14 n. Chr.
erfolgen lässt, so legt er in diese Stelle einen Sinn, den sie keineswegs
mit Nothwendigkeit haben muss.

vinzen gefolgt ist, muss später verfasst sein, denn jene Städte
am Golf von Quarnero, die Augustus zu Italien rechnete, werden
bei Ptolemaeos ebenso unter Illyricum aufgeführt, wie bei Plinius
in der Provinzialbeschreibung. Ferner kennt Plinius' Quelle
bereits die beiden von Claudius eingerichteten Provinzen Mauretania Tingitana und Caesariensis und giebt genau deren Ausdehnung an [1]); endlich werden eine ganze Reihe claudischer
Colonien und Municipien aufgeführt, und zwar in den verschiedensten Theilen des Reiches. Dass Plinius alle diese Angaben aus eigenen Mitteln hinzugefügt haben sollte, ist bei der
sonstigen Art seiner Quellenbenutzung sehr unwahrscheinlich.
Und noch weniger ist ein Grund dafür abzusehen, weshalb er
nach einem veralteten Staatshandbuche gearbeitet haben sollte.
Hatte sich unter Augustus das Bedürfniss nach einem solchen
Werke herausgestellt, so war es in der Folgezeit noch weniger
zu entbehren; und sollte das Buch nicht jede praktische Brauchbarkeit verlieren, so musste es die tief eingreifenden, seit
Augustus eingetretenen politisch-administrativen Veränderungen
berücksichtigen.

Wenn demnach das von Plinius benutzte Staatshandbuch
nicht vor dem Jahre 50 n. Chr. verfasst sein kann — denn
die in diesem Jahre gegründete Colonie Agrippinensis ist bereits
aufgeführt —, so fällt es andererseits aller Wahrscheinlichkeit
nach früher als Vespasian. Plinius nennt allerdings eine kleine
Zahl flavischer Colonien, aber in einer Weise, die deutlich zeigt,
dass er sie in seiner Quelle nicht erwähnt fand [2]). Ebenso
hinkt die Angabe, dass Vespasian ganz Spanien die Latinität
verliehen habe, erst am Ende der Beschreibung der Halbinsel nach [3]), während vorher die spanischen Gemeinden nach
den vor Vespasian bestehenden Rechtskategorien aufgeführt

---

[1]) Plin. V 2. 17. 19. 21.

[2]) IV 110: *ubi nunc Flaviobrica colonia*; IV 45: *Develcon cum stagno,
quod nunc Deultum vocatur veteranorum*; IV 47: *colonia Flaviopolis, ubi
antea Caela oppidum vocabatur*; V 69: *Caesarea ... nunc colonia Prima
Flavia a Vespasiano imperatore deducta.* — Aventicum (*col. Flavia Helvetiorum*) fehlt.

[3]) III 30

werden. Das Staatshandbuch muss demnach in den letzten Jahren des Claudius oder unter Nero verfasst, oder doch damals, wenn ein älteres Original zu Grunde liegt, wie wir heute sagen würden, neu aufgelegt sein.

Man wende nicht ein, dass Plinius die Provinz Britannien und die dort unter Claudius gegründete Colonie Camolodunum ganz übergeht. Denn Plinius giebt überhaupt nur die geographische Beschreibung der Insel, berührt aber mit keinem Worte die ethnographischen und politischen Verhältnisse. Aehnlich ist die administrative Eintheilung der asiatischen Provinzen nur sehr flüchtig behandelt; es wäre verkehrt, daraus Schlüsse auf die Abfassungszeit von Plinius' Quelle ziehen zu wollen.

Doch betrachten wir jetzt der Reihe nach die Angaben des Plinius über die einzelnen Provinzen[1]).

1) Sicilien. Die Provinz enthielt 5 Colonien und 63 andere Gemeinden (*urbes ac civitates*)[2]). Die 5 Colonien werden denn auch richtig aufgeführt, es sind

> Tauromenium (III 88)
> Catina (III 89)
> Syracusae (III 89)
> Thermae (III 90)
> Tyndaris (III 90).

Andere Colonien lassen sich in Sicilien während der ersten Kaiserzeit nicht nachweisen. Lilybaeum, das auf Inschriften des III. Jahrhunderts *Colonia Augusta* genannt wird, war unter Augustus Municipium[3]); und auch Panormus heisst erst im III. Jahrhundert Colonie[4]). Dass Strabon die Stadt als römische

---

[1]) Marquardt (*Röm. Staatsverwaltung* I) ist leider für diese Frage sehr ungenügend. Ich habe mich bemüht, so kurz wie möglich zu sein, und nur das für meinen Zweck unumgänglich nothwendige beizubringen. Das reiche Thema in dem hier gegebenen Rahmen zu erschöpfen, ist selbstverständlich unmöglich.

[2]) III 88.

[3]) *CIL.* X 7223; Mommsen ebenda S. 742.

[4]) Dass Panormus in der Inschrift *CIL.* X 7279, aus 223 n. Chr., *Col. Aug.* heisst, beweist für die Deduction durch Augustus so wenig, wie für Lilybaeum die Inschrift *CIL.* X 7222, welche der *Col. Aug. Lilybitana* erwähnt.

Ansiedlung bezeichnet[1]), fällt gegenüber dem Schweigen des Plinius[2]) nicht ins Gewicht; Augustus kann Veteranen hier angesiedelt haben, ohne die Stadt zur Colonie zu erheben. Von den übrigen 63 sicilischen Städten bezeichnet Plinius zwei, Messana und Lipara, als Bürgergemeinden (*oppida civium Romanorum*)[3]); drei als latinischen Rechts (*Latinae condicionis*): Centuripa, Neaetum, Segesta; 46 Städte des Inneren werden als steuerpflichtig in alphabetischer Ordnung aufgeführt, während bei den Küstenstädten in der Regel die Bezeichnung der politischen Stellung fehlt. Und auch der Katalog der *stipendiarii*[4]) ist mit grosser Nachlässigkeit redigirt. So haben Naxos, Zankle und auch wohl Selinus und Eryx in der Kaiserzeit administrative Selbständigkeit nicht mehr besessen[5]); die Geloer von Phintias[6]) werden zweimal aufgeführt, das eine Mal als *Gelani*, das andere Mal als *Phintienses*. Aber wegen dieser Versehen dem Verzeichnisse bei Plinius jeden Werth abzusprechen, sind wir durchaus nicht berechtigt. Mommsen allerdings hat, gestützt auf eine Stelle Diodors[7]), die Behauptung aufgestellt, ganz Sicilien habe seit Caesars Tod das Bürgerrecht gehabt[8]). Wie bedenklich eine solche Annahme ist, liegt auf der Hand. Denn es ist ausser allem Zweifel, dass Plinius sein Gemeindeverzeichniss Siciliens demselben Staatshandbuch entnommen hat, auf das auch die Beschreibungen der übrigen Provinzen zurückgehen; und dieses Staatshandbuch gehört, wie wir oben gesehen haben, in die claudische Zeit. Ferner aber ist eine Verleihung der Civität an Sicilien durch Augustus auch an sich schon sehr unwahrscheinlich. Denn Caesar hatte bei Lebzeiten den Sikelioten nur die Latinität verliehen; erst Antonius gewährte ihnen

---

[1]) Strab. VI S. 272: Πάνορμος δὲ καὶ 'Ρωμαίων ἔχει κατοικίαν.

[2]) III 90: *oppida Panhormum, Soluus.*

[3]) III 88. 93.

[4]) III 91.

[5]) Mommsen, *CIL.* X S. 713.

[6]) Schubring, *Rh. Mus.* XXVIII S. 75 f.

[7]) Diod. XIII 85 von der Gesetzgebung des Diokles: πολλαὶ γοῦν τῶν κατὰ τὴν νῆσον πόλεων χρώμεναι διετέλεσαν τοῖς τούτου νόμοις, μέχρι ὅτου πάντες οἱ Σικελιῶται τῆς 'Ρωμαίων πολιτείας ἠξιώθησαν.

[8]) *CIL.* X S. 713.

das Bürgerrecht, angeblich auf Grund von Caesars Testament, eine Verleihung, die aber durch den Senat für ungültig erklärt wurde. Und Octavian hatte später doch gewiss keine Veranlassung, die Provinz, welche die hauptsächlichste Stütze für Sextus Pompeius gewesen war, für ihre feindliche Haltung noch besonders zu belohnen. Dass er die Zustände, wie sie durch Caesar geordnet waren, wiederherstellte oder bestehen liess, ist begreiflich; dass er darüber hinaus Sicilien begünstigt haben sollte, wäre ganz unverständlich. Indess die Lösung der Schwierigkeit ist sehr einfach. Niemand wird annehmen wollen, dass Caesar bei der Verleihung der Latinität an Sicilien der Insel auch gleichzeitig Steuerfreiheit gegeben hat; er hat sich vielmehr darauf beschränkt, den bisherigen Bodenzehnten in eine feste Abgabe zu verwandeln. Es liegt also gar kein Grund vor, den von Plinius als *stipendiarii* aufgeführten Gemeinden das latinische Recht abzusprechen. Wir haben nur hinter den Worten *intus Latinae condicionis* einzuschieben, oder stillschweigend zu verstehen *immunes*: *intus Latinae condicionis (immunes) Centuripini, Netini, Segestani*; *stipendiarii* (ebenfalls *Latinae condicionis*) *Assorini, Aetnenses, Agyrini* etc. Wenn wir uns erinnern, dass Neaeton bis auf Caesar foederirte Stadt, Kenturipae und Segesta steuerfrei gewesen waren, so verstehen wir ohne weiteres, warum diese Gemeinden bei der Verleihung der Latinität eine privilegirte Stellung erhielten. Auch war Kenturipae im Kriege gegen Sex. Pompeius auf Octavians Seite getreten und hatte dafür, wie ausdrücklich berichtet wird, nach dem Siege die verdiente Belohnung erhalten[1]); Segesta aber hatte wegen der Stammverwandtschaft mit Rom und dem iulischen Hause Anspruch auf besonders rücksichtsvolle Behandlung. Die Worte Diodors aber, es seien „alle Sikelioten des römischen Bürgerrechtes gewürdigt worden“, können sich sehr wohl auf die Verleihung des *ius Latii* beziehen, das ja in dieser Zeit thatsächlich nichts anderes war, als ein niederer Grad der Civität[2]).

---

[1]) Strab. VI S. 272.
[2]) Vergl. Josepos *g. Apion* II 4, wo die Iberer als römische Bürger bezeichnet werden, obgleich Spanien damals mit Ausnahme verhältniss-

Wie schon bemerkt, werden bei Plinius nur zwei Städte
der Provinz als *municipia civium Romanorum* aufgeführt: Messana und Lipara. Die Inschriften der ersten Kaiserzeit nennen
noch eine Reihe anderer Municipien: Lilybaeum, Aluntium,
Halaesa, Gaulos, Melite; Henna heisst auf seinen Münzen
Municipium. Und es ist allerdings sehr leicht möglich, dass
Plinius bei der Küstenbeschreibung versäumt hat, die eine oder
andere Stadt, Lilybaeum z. B., als *oppidum civium Romanorum*
zu bezeichnen. Indessen nothwendig ist diese Annahme keineswegs, da die oben angeführten Städte auch latinische Municipien gewesen sein können, was wenigstens für Halaesa und
Henna, die von Plinius in dem alphabetischen Verzeichniss der
stipendiarii des Binnenlandes aufgeführt werden, die höchste
Wahrscheinlichkeit hat.

2) S a r d i n i e n. Auf Sardinien gab es nach Plinius' Zeugniss nur e i n e Colonie, *ad Turrem Libisonis*[1]). Auf Corsica
führt er zwei Colonien auf, Mariana und Aleria; wie wir aus
Seneca wissen, gab es in Claudius' Zeit nur diese beiden[2]).
Bürgermunicipien scheinen auf Corsica überhaupt nicht bestanden zu haben; auf Sardinien erwähnt Plinius mit Bestimmtheit
nur ein einziges, Carales, es wäre indess möglich, dass auch die
unmittelbar vorher aufgeführten *Sulcitani*, *Valentini*, *Neapolitani*,
Vitenses und die auf die *Caralitani* folgenden *Norenses* als Bürgergemeinden bezeichnet werden sollen[3]). Dazu kommt dann
vielleicht noch Uselis[4]).

3) A f r i c a, vom Flusse Ampsaga bis zu den Altären der
Philaenen, hat nach Plinius 516 Gemeinden, darunter 6 Colo-

---

mässig weniger Städte latinisches Recht hatte, und dazu Mommsen, *R. G.*
V S. 62 Anm.

[1]) III 85: *colonia autem una quae vocatur ad turrem Libisonis.*

[2]) Plin. III 80; Seneca *ad Helv.* VII 9.

[3]) III 85: *Sulcitani, Valentini, Neapolitani, Vitenses, Caralitani civium
R. et Norenses.*

[4]) Mommsen, *CIL.* X S. 810. Die Stadt heisst im II. Jahrhundert
Col. Iulia Augusta Uselis (CIL. X 7845), und wird also von Caesar oder
Augustus als Municipium constituirt sein; ob als latinisches oder Bürger-
municipium, muss ungewiss bleiben.

nien und 15 *oppida civium Romanorum*, die sämmtlich mit
Namen aufgeführt werden. Es sind die Colonien:

Carthago (V 24)	Sicca (V 22)
Maxula (V 24)	Thuburbi (V 29)
Cirta Sittianorum (V 22)	Uthina (V 29)

und die Municipien:

Utica (V 24)
Tabraca (V 22)

Municipium Absuritanum (V 29, so auch die folgenden)

Mun. Abutucense	Mun. Thuburnicense
„ Aboriense	„ Thinidrunense
„ Canopicum	„ Tibigense
„ Chimavense	„ Ucitanum maius
„ Simittuense	„ Ucitanum minus
„ Thunusidense	„ Vagense.

4) **Mauretaniae.** Die Gesammtzahl der Colonien und
Municipien in Mauretanien giebt Plinius nicht. Aufgeführt werden
11 Colonien des Augustus:

Iulia Constantia Zulil (V 2)	Rusguniae (V 20)
Iulia Campestris Babba (V 5)	Rusazus (V 20)
Banasa Valentia (V 5)	Saldae (V 21)
Cartenna (V 20)	Igilgili (V 21)
Gunugu (V 20)	Succhabar (V 21)

Tubusuctu (V 21)

und 4 des Claudius:

Traducta Iulia Tingi (V 2)	Caesarea (V 20)
Lixos (V 2)	Oppidum Novum (V 20);

ferner 2 Bürgermunicipien:

Portus Magnus (V 29) und
Rusuccurium, *civitate honoratum a Claudio* (V 20).

5) **Hispaniae.** Die Zahl der Bürgergemeinden in den
hispanischen Provinzen war nach Plinius folgende[1]):

---

[1]) III 7. 20; IV 117. Die Zahlen nach den besten Handschriften;
s. die Varianten bei Detlefsen.

Baetica	9 Col.	10 Munic.
Lusitania	5 „	1 „
Tarraconensis	12 „	13 „
zus.	[26 Col.	24 Munic.]

Dazu kommen weiter die Balearen mit den zwei Bürgermunicipien Palma und Pollentia[1]), wodurch die Zahl der römischen
Städte in Spanien auf 52 steigt. Aufgeführt werden in Baetica
8 Colonien:

Patricia Corduba (III 10)	Augusta Gemella Tucci (III 12)
Hispal Romulensis (III 11)	Virtus Iulia Iptuci (III 12)
Hasta Regia (III 11)	Claritas Iulia Ucubi (III 12)
Augusta Firma Astigitana (III 12)	Genua Urbanorum Urso (III 12).

Die 9. ist nicht sicher nachzuweisen. Dagegen werden die
5 Colonien in Lusitanien sämmtlich aufgeführt (IV 117):

Col. Augusta Emerita	Col. Pacensis
Col. Metellinensis	Col. Norbensis Caesarina
Col. Praesidium Iulium Scallabis.	

Ebenso wie es scheint die 12 Colonien der Tarraconensis:

Carthago Nova (III 19)	Bilbilis (III 24)[2])
Ilici (III 19)	Celsa (III 24)
Valentia (III 20)	Gemella Accitana (III 25)
Tarraco (III 21)	Libisosa Foroangustana (III 25)
Faventia Barcino (III 22)	Salariensis (III 25)
Caesaraugusta (III 24)	Flaviobrica (IV 110).

Weniger gut unterrichtet sind wir über die Municipien.
Zwar Lusitanien enthielt nur eine Gemeinde dieser Kategorie,
Olisippo (IV 117); und auch von den 13 Municipien der Tarra-
conensis nennt Plinius 11:

Saguntum (III 20)	Iluro (III 22)
Baetulo (III 22)	Blandae (III 22)

---

[1]) III 77. Dass die Inseln bei der Uebersicht über die Gemeinden
der Tarraconensis nicht mitgerechnet sind, sagt Plinius selbst III 25; es
folgt auch daraus, dass die Tarraconensis nach III 20 nur ein *oppidum
foederatum* zählte, nämlich die *Tarracenses* im Convent von Caesaraugusta
(III 24), während auf den Pithyusen noch Ebusus foederirt war (III 76).

[2]) Detlefsen, *Philol.* 32 S. 616.

Emporiae (III 22)	Calagurris (III 24)
Dertosa (III 23)	Ilerda (III 24)
Bisgargis (III 23)	Osca (III 24)
Turriaso (III 24).	

wozu als 12. nach dem Zeugniss der Inschriften noch Clunia kommt. Das 13. muss unbestimmt bleiben. Dagegen nennt Plinius von den 10 Municipien in Baetica nur 2,

Regina (III 15) und
Iulia Gaditana Augustanorum (III 119).

wozu dann Italica und wahrscheinlich Asido Caesarina hinzuzufügen sind.

6) Narbonensis. Plinius führt folgende Bürgercolonien auf:

Narbo Martius decumanorum (III 32)	Baeterrae septimanorum (III 36)
Pacensis Classica Forum Iuli octavanorum (III 35)	Arausio secundanorum (III 36)
	Valentia (III 36)
Arelate sextanorum (III 36)	Vienna (III 36).

Dazu kommt nach dem Zeugniss ihrer zwischen 27 und 23 v. Chr. geprägten Münzen die Colonie Rusc(ino) Leg. VI[1]), die wahrscheinlich nur durch ein Textverderbniss bei Plinius unter den Colonien fehlt; es wird statt *Ruscino Latinorum* (III 32) *Ruscino sextanorum* zu lesen sein. — Dagegen liegt nicht der geringste Grund vor, die von Plinius als latinische Städte bezeichneten Carcaso und Aquae Sextiae[2]) als augusteische Colonien in Anspruch zu nehmen. Allerdings heissen sie auf späteren Inschriften[3]) *Col. Iulia Carcaso* und *Col. Iulia Aug. Aquis Sextis*, aber sie können diese Beinamen bei ihrer Constituirung, beziehungsweise Reorganisation als latinische Gemeinden durch Caesar oder Augustus empfangen haben. — Bürgermunicipien hat es in der Narbonensis, soviel wir sehen, in dieser Zeit überhaupt nicht gegeben.

---

[1]) De la Saussaye, *Numismatique de la Gaule Narbonnaise* S. 193 pl. 23.

[2]) III 36. Vergl. Mommsen, *Röm. Gesch.* V 79.

[3]) Herzog, *Gallia Narbonensis* Nr. 266 und 356.

7) **Tres Galliae.** Plinius führt 4 Colonien auf:

Lugdunum (IV 107)	Raurica (IV 106)
Equestris (IV 106)	Agrippinensis (IV 106).

Auch Augusta Trevirorum muss in der Zeit zwischen Augustus' Tode und 70 v. Chr. Colonie geworden sein, das Jahr ist nicht zu bestimmen[1]). Doch haben Augusta Trevirorum und Claudia Ara Agrippinensis vielleicht latinisches Recht gehabt[2]). — Bürgermunicipien hat es in den *Tres Galliae* zu der Zeit, die uns hier interessirt, so wenig gegeben wie in der Narbonensis.

8) **Britannia.** Plinius giebt uns, wie schon bemerkt, nur die geographische Beschreibung der Insel, ohne jede Andeutung über die Organisation der Provinz. Aus Tacitus wissen wir, dass Claudius im Jahre 50 die Veteranencolonie Camolodunum hier anlegte[3]); bei Gelegenheit des Aufstandes von 63 wird das Municipium Verulamium erwähnt[4]).

9) **Die Donauprovinzen.** Römische Bürgergemeinden bestanden im I. Jahrhundert der Kaiserzeit fast nur an der dalmatischen Küste. Plinius führt hier 4 Colonien auf:

Iader (III 140)	Narona (III 142)
Salonae (III 141)	Epidaurum (III 144);

ausserdem noch

Siculi *in quem locum Divus Claudius veteranos misit* (III 141),

was demnach keine Colonie gewesen zu sein scheint. Inschriftlich ist die *Colonia Claudia Aequum* bezeugt[5]), als Colonie auch von Ptolemaeos[6]), natürlich noch kein voller Beweis, dass die Stadt auch wirklich von Claudius als Bürgercolonie deducirt ist.

---

[1]) Mommsen, *Mon. Ancyr.* 2. Aufl. S. 120; Tac. *Hist.* IV 62. 72.
[2]) Mommsen, *Hermes* 19 (1884) S. 69 ff.; ebenda 16 S. 458 f.
[3]) Tac. *Annal.* XII 32.
[4]) Tac. *Annal.* XIV 33.
[5]) *CIL.* III 2026.
[6]) II 17, 11.

Als Bürgermunicipien werden von Plinius erwähnt

Tragurium (III 141)	Olcinium (III 144)
Risinium (III 144)	Scodra (III 144)
Acrusium (III 144)	Liss (III 144)
Butua (III 144)	Issa (III 152).

Das *ius Italicum* und also ohne allen Zweifel das Bürgerrecht, hatten die (III 139)

Alutae	Varvari
Flanates	Fertinates
Lopsi	Currictae

die ebenso wie die *Asseriates immunes* von Augustus der X. Region Italiens zugetheilt gewesen waren (s. oben S. 323). Scardona heisst später *Municipium Flavium*, und wird also kaum vor Vespasian das Bürgerrecht erlangt haben[1]).

In Pannonia nennt Plinius die Colonien:

Sabaria (III 146)
Aemona (III 147)
Siscia (III 147).

Die *oppida Claudia* in Noricum (III 146): Virunum, Celeia, Teurnia, Aguntum, Iuvavum können latinisches Recht gehabt haben[2]), ebenso wie Augusta Vindelicorum in Rhaetien. In Moesien scheint es bis auf Vespasian überhaupt noch keine römischen Gemeinden gegeben zu haben.

10) Die griechische Halbinsel. Plinius führt hier 14 Colonien auf, von denen eine, Actium (IV 5), nur aus Irrthum in die Liste gekommen ist, da eine Stadt Actium neben Nikopolis niemals bestanden hat[3]); die übrigen sind:

Dyrrhachium (III 145)	Bullis (IV 35)
Buthrotum (IV 4)	Dium (IV 35)
Corinthus (IV 11)	Cassandrea (IV 36)
Patrae (IV 11)	Philippi (IV 42)
Dyme (IV 13)	Apri (IV 47)
Pella (IV 34)	Flaviopolis (IV 47)

Develcon *quod nunc Deultum vocatur veteranorum* (IV 45).

---

[1]) *CIL.* III 2802.
[2]) Mommsen, *Hermes* 19 S. 69 f.
[3]) Mommsen, *Röm. Gesch.* V S. 271 A.

Municipien scheint es nur zwei gegeben zu haben, Denda (III 145) und Stobi (IV 34). — Die Angabe Strabons, dass Knossos auf Kreta römische Colonie gewesen sei [1]), beruht doch wohl nur auf einem Missverständniss; wie bekannt, hatte die Colonie Capua im Gebiete von Knossos bedeutenden Domänenbesitz.

11) Die asiatischen Provinzen. Plinius nennt hier folgende Colonien:

Prima Flavia Caesarea (V 69)	Alexandria Troas (V 124)
Ptolemais (V 75)	Parium (IV 48, V 141)
Berytus (V 78)	Apamea (V 149)
Caesarea Antiochia (V 94)	Sinope (VI 6)
	Archelais (VI 8)

Dazu kommt weiter

Iulia Augusta Olbasa, als Colonie in einer Inschrift des Jahres 42/3 bezeichnet (*Ephem. Epigr.* IV S. 33 Nr. 48),

vielleicht auch

Augusta Cremna, für dessen Deduction durch Caesar oder Augustus nur das Zeugniss Strabons (XII S. 569) vorliegt, vergl. Le Bas-Waddington, *Asie Mineure* Nr. 1200,

Iulia Augusta Parlais (nach den Münzaufschriften),

Iulia Augusta Felix Heliopolitana (*CIL.* III 202).

Von Bürgermunicipien in Asien findet sich in dieser Zeit keine Spur. Wohl nur aus Flüchtigkeit redet Plinius von einer Colonie Caesars auf der Insel Pharos bei Alexandreia in Aegypten (V 128).

Wir erhalten demnach folgende Uebersicht der Bürgergemeinden in den Provinzen, wobei die flavischen Colonien, die Plinius doch nicht vollständig giebt und geben kann und die zudem für unseren Zweck nicht in Betracht kommen, ausgeschieden sind (es sind Flaviobrica, Siscia, Deultum, Flaviopolis, Caesarea), und ebenso die zu Augustus' Zeit der X. Region Italiens zugerechneten illyrischen Gemeinden nicht berücksichtigt werden.

---

[1]) X S. 477.

	Col.	Munic.
Sicilien	5	2
Sardinien	3	1
Afrika	6	15
Mauretanien	15	2
Hispanien	25	26
Narbonensis	8	—
Tres Galliae	5 (8?)	—
Britannia	1	1
Illyricum mit den Donauprovinzen	6 (8?)	8 (10?)
Griechische Halbinsel	11	2
Asiatische Provinzen	12	—
	97	57 (59?)

Was die Colonien angeht, so wird dies Verzeichniss den Bestand bei Claudius' Tode annähernd vollständig wiedergeben. Wir dürfen mit voller Sicherheit behaupten, dass es damals nicht mehr als etwa 100 Bürgercolonien ausserhalb Italiens gegeben hat. Nicht ganz so günstig steht es mit unserer Kenntniss der Municipien. Indess ist auch hier unsere Liste für die Provinzen, in denen die meisten Municipien gelegen haben, Afrika und Spanien, ganz, für Illyricum und wohl auch Mauretanien wenigstens annähernd vollständig. Da nun in Gallien und Asien, so weit wir sehen, gar keine, in Griechenland nur sehr wenige Municipien bestanden haben, so bleibt die Unsicherheit im wesentlichen auf Sicilien und Sardinien beschränkt. Wir werden sagen dürfen, dass die Gesammtzahl der Bürgermunicipien in den Provinzen bis auf Vespasian zwischen 60 und 70 betragen hat.

Viel verwickelter ist die Frage nach der Zeit, zu der die einzelnen Gemeinden gegründet, beziehungsweise in den römischen Bürgerverband eingetreten sind. Was sich darüber bei dem jetzigen Stand unserer Kenntniss mit Sicherheit oder Wahrscheinlichkeit sagen lässt, ist etwa folgendes:

Als Colonien des Claudius werden von Plinius bezeugt:

in Afrika: Tingi, Lixos, Caesarea, Oppidum Novum,
in Asien: Ptolemais und Archelais,
in Noricum: Sabaria,
in Illyricum: Siculi, wenn dies wirklich Colonie gewesen ist, s. oben S. 332.

Die Gründung von Colonia Claudia Ara Agrippinensis und Camolodunum im Jahre 50 berichtet Tacitus (*Annal.* XII 27. 32). Inschriftlich sind als claudische Colonien bezeugt Apri in Thrakien (*CIL.* III 386) und Aequum in Illyricum (*CIL.* III 2026). Ob Augusta Trevirorum von Claudius zur Colonie erhoben worden ist (Zumpt, *Comment. Epigr.* I S. 385), muss dahingestellt bleiben, jedenfalls fällt die Deduction nach Augustus' Tod (Mommsen, *Mon. Ancyr.* S. 120).

Das wären zusammen 11, oder, wenn wir Siculi und Augusta Trevirorum einrechnen, 13 claudische Colonien. Dabei ist aber zu berücksichtigen, dass keineswegs alle diese Gründungen auch eine Erweiterung der Grenzen des römischen Bürgergebietes zur Folge gehabt haben. So war Tingi bereits seit 38 v. Chr. römisches Municipium[1]); und auch Aequum scheint bereits vor Claudius Bürgerrecht gehabt zu haben[2]). Auf Gaius und Tiberius lässt sich mit Sicherheit die Gründung keiner einzigen Colonie in den Provinzen zurückführen[3]); es spricht also die grosse Wahrscheinlichkeit dafür, dass mit Ausnahme der oben aufgezählten claudischen Colonien alle oder doch fast alle übrigen Colonien des plinianischen Verzeichnisses bereits bei Augustus' Tode bestanden haben. Wie weit dieselben von Augustus selbst, oder von Caesar oder endlich vor Caesar gegründet sind, ist für unsere Zwecke gleichgültig; uns interessirt hier allein die Frage, welche Colonien im Jahre 28 bei dem ersten augusteischen Census bestanden, und welche in der Zwischenzeit vom ersten bis zum zweiten Census des Augustus (28—8 v. Chr.) gegründet sind. Diese Frage lässt sich allerdings nur sehr ungenügend beantworten. Zwar giebt die Annahme des Augustus-Titels durch Octavian im Jahre 27 v. Chr. uns einen allgemeinen Anhaltspunkt, da in Folge dessen die nach diesem Jahre gegründeten Colonien als *coloniae Augustae* bezeichnet werden. Indess ist im Laufe der Zeit auch sehr vielen vor dem Jahre

---

[1]) Dio Cass. XLVIII 45, 3.

[2]) Kubitscheck, *De trib. Rom.* S. 191.

[3]) Zumpt, *Comment. Epigr.* I S. 381 ff. Nach Mommsen, *Röm. Gesch.* V 79 wäre Vienna durch Gaius zur Bürgercolonie erhoben worden. Ich suspendire mein Urtheil, bis der XI. Band des *Corpus* erschienen sein wird.

27 gegründeten Colonien der Beiname Augusta verliehen
worden; und andererseits ist bei weitem nicht von allen Colonien
der vollständige Name bekannt. Immerhin werden wir die nach
dem Jahre 28 v. Chr. von Augustus deducirten Colonien zunächst unter den *Coloniae Augustae* zu suchen haben, während
andererseits die Gründung einer Colonie, die nur *Iulia*, aber
nicht *Augusta* heisst, mit ziemlicher Sicherheit vor das Jahr 28
oder in dieses Jahr selbst gesetzt werden darf.

Direct bezeugt ist aus der Periode seit 28 v. Chr. die
Deduction folgender augusteischer Colonien in den Provinzen:

Im Jahre 21 v. Chr. Syracusae (Dio. Cass. 54, 7, vergl.
Strab. VI S. 270); da angegeben wird, dass gleichzeitig noch
andere Colonien nach Sicilien geführt wurden, so sind wahrscheinlich Augusta Tyndaris (*CIL*. X 7474 etc.) und Augusta
Himeraeorum Thermitanorum (*CIL*. 7345) zur selben Zeit deducirt worden, vielleicht auch Catina (Strab. VI S. 268. 270);
dagegen ist Tauromenion wohl schon nach der Besiegung des
Sex. Pompeius gegründet[1]).

Im Jahre 16 v. Chr. Augusta Aroe Patrensis und Iulia
Augusta Felix Berytus (Euseb. Ol. 191, 2), wohl auch Iulia
Augusta Felix Heliopolitana (*CIL*. III 202).

Im Jahre 15 v. Chr. und während der nächsten Jahre soll
Augustus bei seinem Aufenthalte in Gallien und Hispanien in
diesen Provinzen „zahlreiche Colonien" gegründet haben (Dio
Cass. 54, 23). Namen werden nicht überliefert. Da indessen
von sämmtlichen bei Plinius aufgeführten Colonien der Narbonensis nur Vienna und Valentia nicht auf Caesar zurückgehen, so wird es sehr wahrscheinlich, dass diese Städte eben

---

[1]) Diod. XVI 7: ἡ δὲ πόλις... Καίσαρος ἀναστήσαντος τοὺς Ταυρο-
μενίτας ἐκ τῆς πατρίδος, Ῥωμαίων ἀποικίαν ἐδέξατο. Diese Austreibung
der Tauromeniten kann nur zu dem oben bezeichneten Zeitpunkt erfolgt
sein (vergl. Dio Cass. 49, 12, 5; Appian, Bürgerkr. V 109); es ist doch
wahrscheinlich, dass sich die Deduction der Colonie gleich daran angeschlossen hat. Jedenfalls haben wir kein Recht, die Abfassungszeit
des Werkes Diodors auf Grund unserer Stelle mit Mommsen (*R. Forsch.*
II 549 A.) unter das Jahr 21 herabzurücken.

jetzt von Augustus deducirt worden sind[1]). In Spanien mögen Augusta Emerita, Caesaraugusta, Augusta Gemella Tucci, Augusta Firma Astigi, Faventia Iulia Augusta Barcino, Augusta Bilbilis, vielleicht auch Libisosa Foroaugustana um dieselbe Zeit begründet sein. Unbestimmt wann, jedenfalls nach der aktischen Schlacht, und höchst wahrscheinlich nach dem Jahre 28 sind deducirt: Alexandria Augusta Troas, Augusta Cremna, Iulia Augusta Olbasa, Julia Augusta Parlais; und auch Cartenna und Tupusuctu in Mauretanien werden in diese Zeit gehören.

Von Caesar, oder von Octavian während seiner ersten Regierungszeit bis zur Annahme des Augustus-Titels, oder endlich vor Caesar, sind folgende Colonien gegründet, wie theils aus directen Zeugnissen, theils aus den Beinamen hervorgeht:

in Sicilien: wahrscheinlich Tauromenion, s. oben;

in Sardinien: Aleria, Mariana, Turris Libisonis (vergl. Mommsen, *Mon. Ancyr.* S. 120);

in Afrika: Iulia Veneria Carthago, Iulia Iuvenalis Cirta, Veneria Sicca, Iulia Babba, Iulia Zulil;

in Spanien: Patricia Corduba, Hispal Romulensis, Hasta Regia, Virtus Iulia Iptuci, Claritas Iulia Ucubi, Genua Urso, Metellinensis, Pax Iulia, Norba Caesarina, Praesidium Iulium Scallabis, Victrix Iulia Nova Carthago, Valentia, Iulia Tarraco, Julia Victrix Celsa, Iulia Gemella Acci, Salaria;

in Gallien: Narbo, Forum Iuli, Arelate, Baeterrae, Arausio, Ruscino, Lugdunum, Equestris, Raurica;

in Illyricum: Iader, Salonae, Narona, Emona;

in Griechenland: Dyrrhachium, Buthrotum, Corinthus, Philippi;

in Asien: Sinope, Apamea, Caesarea Antiochia, Parium.

Die Gründungszeit der noch übrigen 16 Colonien unseres obigen Verzeichnisses (Maxula, Thuburbi, Uthina, Banasa, Gunugu, Rusguniae, Rusazus, Saldae, Igilgili, Succhabar, Epidaurum, Dyme, Pella, Bullis, Dium, Cassandrea) muss unbestimmt bleiben.

Von den bis auf Vespasian bestehenden Bürgermunicipien lassen sich nur 3 auf Claudius zurückführen: Rusuccurium und Portus Magnus in Mauretanien (Plin. V 19. 20), Verulamium

---

[1]) Doch vergl. wegen Vienna oben S. 336 A. 3.

in Britannien. Gaius und Tiberius scheinen das Municipalrecht überhaupt nicht verliehen zu haben; ebensowenig Augustus während seiner Alleinherrschaft. Ist es doch bekannt, wie sparsam er mit der Ertheilung der Civität umging[1]). Fast alle in dem plinianischen Verzeichnisse aufgezählten Municipien müssen demnach in der Zeit von Caesars Dictatur bis zur Schlacht bei Aktion das Bürgerrecht erhalten haben, wie das für die beiden bedeutendsten unter ihnen, Gades[2]) und Utica[3]), ausdrücklich bezeugt ist.

Es scheinen demnach bei Augustus' erstem Census 28 v. Chr. etwa 50—60 Colonien und etwas über 60 Municipien in den Provinzen bestanden zu haben; bei Augustus' Tode 80—90 Colonien und über 60 Municipien.

4. Die Ergebnisse des republikanischen Census.

Der erste Census soll, wie bekannt, unter Servius Tullius gehalten sein. Er hat nach Fabius Pictor eine Hauptsumme von 80000 waffenfähigen Bürgern ergeben[4]). Die späteren Annalisten haben sich mit der runden Zahl nicht begnügt, und wissen das ganz genaue Resultat anzugeben: nach Eutrop 83000[5]), nach Dionysios 84700[6]). Schon hieraus geht hervor, was auch sonst keines Beweises bedarf, dass es über diesen Census eine directe Ueberlieferung überhaupt nicht gegeben hat, und die Hauptsumme nur durch Rechnung gefunden ist. Wahrscheinlich hat Fabius die 80 Centurien der ersten Klasse mit der Normalzahl von je 100 angesetzt, die ganze Klasse also zu 8000 berechnet, und jeder der 4 folgenden Klassen

---

[1]) Suet. *Aug.* 40.
[2]) Dio Cass. 41, 24.
[3]) Dio Cass. 49, 16.
[4]) Bei Livius I 44.
[5]) Eutrop. 1 7: *sub eo (Servio Tullio) Roma omnibus in censum delatis habuit capita LXXXIII milia civium Romanorum cum his qui in agris erant.*
[6]) Dionys. IV 22: ἐγένετο δὲ ὁ σύμπας τῶν τιμησαμένων τοὺς βίους Ῥωμαίων ἀριϑμός, ὡς ἐν τοῖς τιμητικοῖς φέρεται γράμμασιν, ἐπὶ μυριάσιν ὀκτὼ χιλιάδες πέντε τριακοσίων ἀποδέουσαι.

22*

4000 Bürger mehr gegeben, als der vorhergehenden. Da es sich nur um eine ungefähre Schätzung handelte, konnten die Centurien der Ritter, Werk- und Spielleute etc. ausser Rechnung bleiben. Die Späteren haben diesen Fehler verbessern zu müssen geglaubt, und so sind die Zahlen bei Dionysios und Eutropius entstanden.

Aus dem ersten halben Jahrhundert der Republik bis zur Einsetzung einer eigenen Behörde für den Census sind die Resultate von 7 Aufnahmen überliefert:

$$508\,^1) : 130\,000$$
$$503\,^2) : 120\,000$$
$$498\,^3) : 150\,700$$
$$493\,^4) : 110\,000$$
$$474\,^5) : 103\,000$$
$$465\,^6) : 104\,714$$
$$459\,^7) : 117\,319$$

Hier bricht für uns die Liste ab; aus den 1 1/2 Jahrhunderten bis 294/3 sind nur die Resultate von zwei Census erhalten:

393/2 *Lustrum XVII.*   *Cens.* L. Papirius Cursor
                   C. Iulius . . . . 152 573 [8])
340/39 *Lustrum XXIII.* *Cens.* P. und L. Cornelius Scipio . . 165 000 [9])

---

[1]) Dionys. V 20.

[2]) Hieronymus Ol. 69, 1.

[3]) Dionys. V 75.

[4]) Dionys. VI 96.

[5]) Dionys. IX 36 Kiessling. Früher wurde 130000 gelesen.

[6]) Liv. III 3: *censa civium capita* $\overline{CIIII}$ *ACCXIIII dicuntur praeter orbos orbasque*, mit der gewöhnlichen Verwechslung von *A* für *D*. Die Epitome hat *census bis actus est. priore lustro censa sunt civium capita VIII milia DCCXIIII*, wobei *CI* in *U* corrumpirt ist.

[7]) Liv. III 24: *censa sunt civium capita* $\overline{CXVII}$ *CCCXVIIII*. Eutrop I 16 und seine griechische Metaphrase haben dieselbe Zahl. Die *Epitome* hat *CXVII milia CCXVIIII*; es ist ein *C* ausgefallen.

[8]) Plinius *H. N.* 33, 16.

[9]) Euseb. Armen. Ol. 110, 1; Hieronymus Ol. 110, 1 und Prosper Aquitanus I 539 Ronc. haben 160000; offenbar ist hier $\overline{V}$ am Ende ausgefallen.

Livius, der aus dieser ganzen Periode Censuszahlen überhaupt nicht anführt, bemerkt gelegentlich, in den Lustren zu Alexanders des Grossen Zeit seien 250 000 Bürger gezählt worden [1]). Dass diese Zahl corrumpirt und ein C zu streichen ist, zeigt Orosius an einer Stelle, die ohne jeden Zweifel aus Livius stammt: er giebt dort den Verlust der Römer im Socialkriege und sullanischen Bürgerkriege auf über 150 000 Mann an, soviel, wie die Censusaufnahmen in Alexanders Zeit ergeben hätten [2]). Dass der Fehler nicht etwa bei Orosius liegt, ergiebt sich aus Eutrop, der ebenfalls aus Livius dieselbe Zahl bietet [3]). Eine weitere Bestätigung giebt Plutarch. Wir lesen in seiner Schrift vom Glücke der Römer, dass Rom bei Alexanders Tode 130 000 Bürger gezählt habe [4]); es bedarf nur einer ganz leichten Aenderung (IE' für $I\Gamma'$ $\mu\nu\varrho\iota\acute{a}\delta\epsilon\varsigma$), um auch hier die Zahl des Orosius und Eutrop herzustellen [5]). Also kein Zweifel, dass bei Livius ursprünglich 150 000 gestanden hat.

Gegen die Richtigkeit dieser letzteren Zahlen wird statistisch kaum etwas einzuwenden sein. Das römische Gebiet umfasste nach dem Latinerkriege etwa 6000 qkm [6]), und zwar den im Alterthum am besten bevölkerten Theil Italiens, mit den beiden bedeutendsten Städten der Halbinsel. 165 000 Bürger entsprechen einer bürgerlichen Gesammtbevölkerung von gegen 500 000; die Zahl der Sklaven und Fremden kann in dieser Zeit nur sehr unbedeutend gewesen sein. Eine Volksdichtigkeit von etwa 90 Einwohnern auf den qkm aber hat für Latium und Campanien gar nichts auffallendes; lebten doch in der campanischen Praefectur zu Hannibals Zeit weit über 100 Menschen

---

[1]) Liv. IX 19: *censebantur eius aetate lustris ducena quinquagena milia capitum.*

[2]) Oros. V 22, 2 und Zangemeister zur Stelle.

[3]) Eutrop. V 9.

[4]) Plut. v. *Glück d. Römer* 13 S. 326.

[5]) Dass die Zahl bei Plutarch aus Livius entnommen ist, oder doch derselben Quelle entstammt, wie die livianische Zahl, ist auch Mommsens Ansicht: *Röm. Forsch.* II 401, wenn er auch die Stelle des Orosius übersehen hat.

[6]) Mein *Ital. Bund* S. 71 und oben S. 320.

auf dem qkm[1]). Es ist höchst wahrscheinlich, dass der grosse
Krieg mit den Samniten eine, wenn auch nicht sehr bedeutende
Abnahme der Bürgerzahl zur Folge gehabt hat, weniger durch
die Verluste im Feld, als durch die massenhafte Deduction
latinischer Colonien. So erklärt es sich, dass Eusebios für
340 39 165000 Bürger angiebt, Livius für die Zeit- um 323
nur 150000. Aber diese Zahlen sind nur haltbar, wenn wir
annehmen, dass Voll- und Halbbürger, *iuniores* und *seniores,*
assidui und *proletarii* gleichmässig darin begriffen sind; bei
jeder anderen Auffassung werden sie statistisch unmöglich.

Wenn aber Rom zu einer Zeit, wo sein Gebiet über fast
ganz Latium, Süd-Etrurien und Campanien ausgedehnt war,
nicht mehr als 150—165000 Bürger gezählt hat, so folgt unwiderleglich, dass im V. Jahrhundert, bei einer Ausdehnung
des römischen Gebietes von etwa 1000 qkm, nicht 100—150000
Bürger gezählt worden sein können. Ja auch nach der In-
corporirung von Vei, als das römische Gebiet mehr als 2000 qkm
umfasste, bleibt eine Bürgerzahl von 152000 ganz unbegreiflich.
Mit anderen Worten: die aus dem ersten Jahrhundert der Republik überlieferten Bürgerzahlen sind statistisch unhaltbar, oder
doch haltbar nur unter zwei gleich unwahrscheinlichen Voraussetzungen. Wir müssen entweder annehmen, was Plinius geglaubt zu haben scheint[2]), dass die Censussummen nicht die
Zahl der waffenfähigen Bürger ausdrücken, sondern die gesammte bürgerliche Bevölkerung jeden Alters und Geschlechts;
oder, wie Niebuhr wollte[3]), dass sie nicht die Römer allein,
sondern auch die Bundesgenossen umfassen. Beides widerspricht
unserer Ueberlieferung gleich sehr, wie den Grundsätzen des republikanischen Census in historischer Zeit. Und abgesehen
davon, ist es denn an sich wahrscheinlich, dass sich im halb-
barbarischen Rom statistische Angaben dieser Art aus einer
Zeit erhalten haben sollten, wo man in Griechenland an Aufzeichnung solcher Dinge noch gar nicht dachte? Das Urtheil

---

[1]) Unten Cap. IX, 3.
[2]) *H. N.* 33, 16.
[3]) *Röm. Gesch.* I S. 613.

Mommsens, dass „die ganze bis auf die vier Lustren des Servius Tullius hinaufgeführte, und mit reichlichen Zahlen ausgestattete ältere Censusliste nichts ist, als eine jener scheinbar urkundlichen Traditionen, die eben in ganz detaillirten Zahlenangaben sich gefallen, und sich verrathen" [1]), wird denn auch heute kaum noch von irgend einer Seite bestritten.

Doch kehren wir zurück zu unserer Ueberlieferung. Vom Jahre 294 an fliessen unsere Quellen wieder reichlicher. Es wurden gezählt:

Jahr	Lustrum	Censoren	*civium capita*
294/3	XXX	P. Cornelius Arvina	
		C. Marcius Rutilus	262 321 [2])
290/89—288/7	XXXI	Q. Fabius Gurges	
		Sp. Carvilius Maximus	272 000 [3])
280/79	XXXII	L. Cornelius Scipio	
		Cn. Domitius Calvinus	287 222 [4])
276/5	XXXIII	C. Fabricius Luscinus	
		Q. Aemilius Papus	271 224 [5])
265/4	XXXV	Cn. Cornelius Blasio	
		C. Marcius Rutilus	292 234 [6])
252/1	XXXVII	M' Valerius Maximus Messalla	
		P. Sempronius Sophus	297 797 [7])

---

[1]) *Röm. Gesch.* I[5] S. 428 A. Vergl. die erschöpfende Untersuchung Schweglers, *R. G.* II S. 679—691. Auch ich habe *Ital. Bund* S. 89 f. diese Zahlen keineswegs unbedingt vertheidigt, sondern nur zeigen wollen, dass, wer die Censussummen der späteren Zeit auf die Vollbürgerschaft allein bezieht, nothwendig auch die älteren Zahlen gelten lassen muss.

[2]) Liv. X 47: *censa sunt civium capita* $\overline{CCLXII}$ CCCXXI. So die beste Handschrift. Die *Epitome* hat $\overline{CCLXXII}$ *et* CCCXX. Eusebius Ol. 121, 4: 22 Myriaden, Hieronymus Ol. 121, 3 und Prosper Aquitanus I 542 Ronc. $\overline{CCLXX}$, Synkellos S. 525, 5: 26 Myriaden. Natürlich muss die Zahl bei Livius für uns maassgebend sein.

[3]) Liv. *Epit.* 11.

[4]) Liv. *Epit.* 13.

[5]) Liv. *Epit.* 14 nach Zangemeisters Collation des Nazarianus, bei Herzog, *Comment. Momms.* S. 129. Bei Jahn steht $\overline{CCLXXI}$ CCXXXIIII.

[6]) Liv. *Epit.* 16: *civium capita* $\overline{CCCLXXXII}$ CCXXXIII. Eutrop. II 18 hat CCXCII *milia* CCCXXXIIII, sein griechischer Uebersetzer Paeanios 292 234. S. unten S. 345.

[7]) Liv. *Epit.* 18: $\overline{CCXCVII}$ DCCXCVII.

Jahr	Lustrum	Censoren	civium capita
247/6	XXXVIII	A. Atilius Caiatinus	
		A. Manlius Torquatus	241 712 [1]
241/0	XXXIX	C. Aurelius Cotta	
		M. Fabius Buteo	260 000 [2]

Durch den zweiten Samnitenkrieg hat Rom einen Gebietszuwachs von etwa 1600 qkm gewonnen [3]). Es ist aber höchst unwahrscheinlich, um nicht zu sagen völlig unmöglich, dass diese Eroberungen ein Steigen der Bürgerliste um 100 000 Köpfe verursacht haben sollten, während die so ausgedehnten Gebietserwerbungen der folgenden Jahre fast ohne jeden Einfluss auf die Bürgerzahl geblieben wären. Die für das XXX. Lustrum (des P. Cornelius Arvina und C. Marcius Rutilus) überlieferte Bürgerzahl ist nur verständlich, wenn die Sabiner darin einbegriffen sind. Die Unterwerfung der Sabiner ist allerdings nach unserer Ueberlieferung erst 3 Jahre später erfolgt, aber bei der chronologischen Unsicherheit dieser ganzen Epoche hat das nicht viel auf sich. Der Umfang des Sabinerlandes mit den angrenzenden Districten von Umbrien (Spoletium, Fulginia) und dem *Ager Praetuttianus* beträgt über 6000 qkm [4]), und kommt also dem ganzen bisher römischen Gebiete (ca. 7600 qkm) beinahe gleich. Mochte die Volksdichtigkeit in diesen Bergdistricten auch schwächer sein, so musste die Bürgerschaft doch in Folge dieser Annexionen einen gewaltigen Zuwachs erhalten, was unsere Quellen auch ausdrücklich hervorheben [5]).

---

[1]) Liv. *Epit.* 19: $\overline{CCXLI}$ ACCXII nach Zangemeisters Collation des Nazarianus bei Herzog a. a. O. A steht für D, vergl. Mommsen, *R. Forsch.* II S. 385 A.

[2]) Euseb. Armen. Ol. 134, 3: 25 Myriaden. Hieronymus Ol. 134, 1 hat 260000, was vorzuziehen ist, da leichter eine Stelle ausfällt, als zugesetzt wird.

[3]) Mein *Ital. Bund* S. 71 f.

[4]) S. oben S. 320.

[5]) Oros. III 22, 11: *Curius — cum in senatu magnitudinem adquisiti agri Sabini et multitudinem capti populi referre vellet, numerum explicare non potuit.* Sollte sich nicht hierauf die Angabe beziehen, die

Wenn den späteren römischen Gebietserwerbungen bis zur vollendeten Eroberung Italiens nur ein Zuwachs von etwa 30000 Bürgern entspricht, so ist zu erwägen, erstens, dass wir nicht wissen, ob Atina und Venafrum nicht schon vor 293 römisch geworden sind; ferner, dass der *Ager Gallicus* jedenfalls bei der Besitznahme eine ausserordentlich dünne Bevölkerung gehabt hat. Was Picenum angeht, so blieb ein Theil der Landschaft (Asculum) auch nach der Eroberung im Bundesverhältniss zu Rom; ein Theil des Restes wurde zur Gründung der latinischen Colonie Firmum verwendet, und die unterworfenen Picenter zum Theil nach der Küste des Golfs von Salerno verpflanzt. Auch ist nicht zu vergessen, dass der Krieg gegen Pyrrhos sehr starke Verluste brachte, die in der Verminderung der Bürgerzahl zwischen 279 und 275 um 16000 Köpfe ihren Ausdruck finden; zwischen 275 und 265 aber fällt die Deduction der latinischen Colonien Paestum, Cosa, Ariminum, Beneventum, die eine weitere Abnahme der Bürgerzahl bringen musste.

Dass am Anfang des ersten punischen Krieges nicht, wie die livianische *Epitome* angiebt, 382000 Bürger gezählt worden sein können, zeigt ein Blick auf die vorausgehenden und folgenden Censussummen; wir hätten weder für die plötzliche Vermehrung, noch für die ebenso plötzliche Abnahme eine ausreichende Erklärung. Es ist also klar, dass eins der drei $\bar{C}$ hier zu streichen ist; zweifelhaft bleibt nur, ob wir in der so emendirten Zahl der *Epitome* 282234, oder in der Zahl Eutrops 292334 die echte livianische Ueberlieferung erkennen sollen. Für unseren Zweck kommt freilich kaum etwas darauf an.

Grössere Schwierigkeiten bieten die Zahlen aus der Zeit des ersten punischen Krieges. Zwar eine Verminderung der

---

Plinius bei der V. Region (Picenum) macht (III 110), es seien 360000 Menschen in die Gewalt des römischen Volkes gekommen? Ist doch ein Theil der V. Region (Hatria und Umgegend) schon durch M' Curius zugleich mit dem Sabinerlande erobert worden (Florus I 10, mein *Ital. Bund* S. 54). Eine Gesammtbevölkerung von 360000 würde, mit Zugrundelegung des Verhältnisses von 1 : 4 (oben S. 313 A. 4), einer Bürgerzahl von 90000 entsprechen.

Bürgerschaft um 20—30000 Köpfe zwischen 265 und 240 hätte nichts auffallendes in einem Kriege, der den Römern und ihren Bundesgenossen 700 Kriegsschiffe und 100000 Mann gekostet hat; hat doch der Krieg gegen Hannibal die Bürgerliste um gegen 60000 Köpfe sinken machen. Aber wenn in der Zeit der grössten Verluste, von 265 bis 251, die Bürgerschaft sich um 5000, oder sogar 15000 Köpfe vermehrt haben soll, um dann in den 5 Jahren von 251 bis 246 um 55000 zu fallen und in den nächsten 5 Jahren wieder um 20000 Köpfe zu steigen, so suchen wir vergeblich nach einer Erklärung dieser Erscheinung, Hier bleibt keine andere Möglichkeit, als dass die Censussumme für 252/1 verderbt ist. Auch an sich erregt die Zahl Bedenken, da die Tausender einfach mit vorgesetztem D wiederholt werden: $\overline{CCXCVII}\ DCCXCVII$. Oder vielmehr umgekehrt: die Tausender sind verloren gegangen, und aus der Zahl der Einer bis Hunderter ergänzt worden. Diese Zahl ist also für uns ganz werthlos. Was nun die Censussumme für 247/6 angeht, so ist es sehr wahrscheinlich, dass hier die auf Sicilien stehenden Truppen, soweit die Leute nicht mehr in väterlicher Gewalt standen, nicht mitgezählt sind. Denn die commissarische Vernehmung ausserhalb Italiens im Staatsdienst abwesender Bürger beim Census scheint erst im hannibalischen Kriege üblich geworden zu sein.

Aus der Zeit bis zum Ausgang der Republik haben wir folgende Zahlen:

Jahr	Lustrum	Censoren	civium capita
234/3	XL	C. Atilius Balbus	
		A. Postumius Albinus	270713[1]
209/8	XLIII	M. Cornelius Cethegus	
		P. Sempronius Tuditanus.	237108[2]
204/3	XLV	M. Livius Salinator	
		C. Claudius Nero	214000[3]

[1] Liv. Epit. 20: $\overline{CCLXX}\ ACCXIII$; s. Mommsen, R. Forsch. II S. 398.

[2] Liv. 27, 36: CXXXVII milia CVIII, minor aliquanto numerus quam qui ante bellum fuerat. Die Epitome hat dieselbe Zahl. Ueber die Emendation s. unten.

[3] Liv. 29, 37: lustrum conditum serius, quia per provincias dimi-

Jahr	Lustrum	Censoren	civium capita
194/3	XLVII	Sex. Allius Paetus	
		C. Cornelius Cethegus	243704 [1]
189/8	XLVIII	T. Quinctius Flamininus	
		M. Claudius Marcellus	258318 [2]
179/8	L	M. Aemilius Lepidus	
		M. Fulvius Nobilior	258794 [3]
174/3	LI	Q. Fulvius Flaccus	
		A. Postumius Albinus	269015 [4]
169/8	LII	C. Claudius Pulcher	
		Ti. Sempronius Gracchus	312805 [5]
164/3	LIII	L. Aemilius Paullus	
		Q. Marcius Philippus	337452 [6]
159/8	LIIII	P. Cornelius Scipio Nasica	
		M. Popillius Laenas	328316 [7]
154/3	LV	M. Valerius Messalla	
		C. Cassius Longinus	324000 [8]

serunt censores, ut civium Romanorum in exercitibus, quantus ubique esset, referretur numerus. censa cum iis CCXIV milia hominum. Dieselbe Zahl in der *Epitome.*

[1] Liv. 35, 9: *CXLIII milia DCCLIIII.* In der *Epitome* fehlt die Zahl. Dass bei den Tausendern ein *C* ausgefallen ist, hat schon Pighius gesehen.

[2] Liv. 38, 36: *CCLVIII milia CCCXVIII.* Die *Epitome* lässt die *VIII* am Ende aus, und giebt also $\overline{CCLVIII}$ CCCX. Vielleicht richtig.

[3] Bei Livius ist der Bericht über das Lustrum ausgefallen. Die *Epitome* 41 giebt $\overline{CCLVIII}$ DCCXCIIII, nach Zangemeisters Collation des Nazarianus bei Herzog a. a. O.; die *editio Romana princeps* hat CCLXIII milia.

[4] Liv. 42, 10: *censa sunt civium Romanorum capita CCLXVIIII milia et XV, minor aliquanto numerus quia L. Postumius consul pro contione edixerat, qui socium Latini nominis ex edicto C. Claudii consulis redire in civitates suas debuissent, ne quis eorum Romae, et omnes in suis icvitatibus censerentur.* Die *Epitome* hat $\overline{CCLXVII}$ CCXXXI; die Varianten schlechter Handschriften können nicht in Betracht kommen.

[5] Bei Livius ist der Bericht über das Lustrum ausgefallen. Die *Epitome* 45 giebt $\overline{CCCXII}$ DCCCV.

[6] Liv. *Epit.* 46: $\overline{CCCXXXVII}$ XXII. Plut. Paullus 38: ἀπεγράψαντο . . . . μυριάδες ἀνθρώπων τριάκοντα τρεῖς, ἔτι δ' ἑπτακισχίλιοι τετρακόσιοι πεντήκοντα δύο (= $\overline{CCCXXXVII}$ CCCCLII). Die Differenz mit der *Epitome* ist, wie man sieht, sehr unbedeutend; ich ziehe die grössere Zahl vor.

[7] Liv. *Epit.* 47: $\overline{CCXXXVIII}$ CCCXVI.

[8] Liv. *Epit.* 48: $\overline{CCCXXIIII}$.

Jahr	Lustrum	Censoren	civium capita
147/6	LVI	L. Cornelius Lentulus Lupus	
		L. Marcius Censorinus	322 000 [1])
142/1	LVII	P. Cornelius Scipio Africanus	
		L. Mummius	327 442 [2])
136/5	LVIII	Ap. Claudius Pulcher	
		Q. Fulvius Nobilior	317 933 [3])
131/0	LIX	Q. Caecilius Metellus	
		Q. Pompeius	318 823 [4])
125/4	LX	Cn. Servilius Caepio	
		L. Cassius Longinus	394 736 [5])
115/4	LXII	L. Caecilius Metellus	
		Cn. Domitius Abenobarbus	394 336 [6])
86/5	LXVI	L. Marcius Philippus	
		M. Perperna	463 000 [7])
70/69	LXVII	Cn. Cornelius Lentulus Clodianus	
		L. Gellius Poplicola	910 000 [8])

Seit dem Ende des ersten punischen Krieges kann an der
Echtheit der überlieferten Censussummen kein Zweifel mehr
sein. Unsere Kenntniss der römischen Geschichte geht von
jetzt an zurück auf gleichzeitige Ueberlieferung; und da Fabius
Pictor selbst die Censuszahl des Servius Tullius angegeben hat,
so muss er auch die Ergebnisse der Zählungen seiner eigenen
Zeit in sein Werk aufgenommen haben. In der That ist uns
das Resultat des Census von 230/29 oder 225/4 aus Fabius
Pictor erhalten[9]). Auch bilden die Censuszahlen von 234/3 bis
70/69 eine in sich wohlgeschlossene Reihe, deren einzelne Glieder

---

[1]) Euseb. Armen. Ol. 158, 3: *myriades XXXII et milia II.* Ebenso
Hieronymus Ol. 158, 2 und Prosper Aquit. I 546 Ronc.

[2]) Liv. *Epit.* 54: $\overline{CCC XXVII}$ CCCCXLII.

[3]) Liv. *Epit.* 56: $\overline{CCC XVII}$ DCCCCXXXIII.

[4]) Liv. *Epit.* 59: $\overline{CCC XVIII}$ DCCCXXIII.

[5]) Liv. *Epit.* 60: $\overline{CCC XCIIII}$ DCCXXXVI. So nach Zangemeisters
Collation des Nazarianus bei Herzog a. a. O.

[6]) Liv. *Epit.* 63: $\overline{CCC XCIIII}$ CCCXXXVI.

[7]) Hieronymus Ol. 173, 4: CCCCLXIII *milia.*

[8]) Phlegon Ol. 177, 3 (= 70/69) bei Photios *Bibl. cod.* 97: μυριάδες
ἐννενήκοντα καὶ μία. Liv. *Epit.* 98: $\overline{DCCCC}$, s. Mommsen zu Borghesi,
Oeuvres IV S. 9 Anm. 1.

[9]) S. unten S. 353 ff.

gegenseitig sich stützen; es ist undenkbar, dass eine solche
Urkunde eine Fälschung sein sollte.

Aber allerdings steht von vornherein zu erwarten, dass es
bei der handschriftlichen Ueberlieferung so vieler Zahlen im
einzelnen nicht ohne Verderbnisse abgegangen ist, um so mehr
als uns für die Kenntniss der Censusliste durchweg nur
Quellen zweiter oder dritter Hand zu Gebote stehen. Soweit
es sich dabei um wenige Hunderte oder Tausende von Köpfen
handelt, sind diese Fehler für uns in der Regel nicht mehr
erkennbar; es kommt auch weiter nicht so viel darauf an.
Wir können hier nichts thun, als der Lesart der besten Handschriften folgen. Sowie der Fehler aber grösser wird und in
die Zehntausende oder gar Hunderttausende steigt, sind wir
meist auch im Stande, ihn nachzuweisen, mag auch nicht immer
eine evidente Emendation möglich sein.

So beträgt die überlieferte Hauptsumme des Census von
209/8 $\overline{CXXXVII}$ CVIII. Der letzte Census vor dem Kriege,
dessen Ergebniss wir kennen, hatte 270713 ergeben; der
Census von 204/3 ergab wieder 214000 Köpfe. Es ist ebenso
undenkbar, dass sich die Bürgerschaft durch die Verluste der
Jahre 218—210 um die Hälfte ihres Bestandes vermindert,
wie dass sie in den fünf Kriegsjahren von 208 bis 204 um 77000
Köpfe sich vermehrt haben sollte. Man pflegt zur Erklärung
darauf hinzuweisen, dass, wie Livius angiebt, die Censoren
von 204/3 in die Provinzen geschickt hätten, um die dort bei
den Heeren stehenden römischen Bürger commissarisch vernehmen zu lassen[1]). Aber daraus folgt doch noch nicht, dass
die Censoren des vorhergehenden Lustrum nicht dasselbe gethan haben[2]). Wollen wir aber selbst dieses *argumentum ex
silentio* gelten lassen, so standen doch im Jahre 209 in de
Provinzen nicht mehr als 8 keineswegs vollzählige Legionen,
so dass das Effectiv der römischen Bürgertruppen dort, selbst
einschliesslich der Flotten, kaum mehr als 40000 Mann betragen haben kann. Und davon mussten sehr viele noch

---

[1]) Liv. 29, 37; s. oben S. 346 Anm. 3.
[2]) Das macht mit Recht geltend Herzog, *Comment. Momms.* S. 138.

in väterlicher Gewalt stehen und hatten also persönlich gar keine Declarationen zu machen. Wir sehen, dieser Grund reicht bei weitem nicht aus zur Erklärung der für 209/8 überlieferten Censuszahl. Und wenn Livius dazu bemerkt: *minor aliquanto numerus quam qui ante bellum fuerat*, so wäre diese Bemerkung doch sehr eigenthümlich, im Falle die Verminderung wirklich die volle Hälfte betragen hätte. Der Verfasser der *Epitome* hat das auch sehr wohl gefühlt und deshalb aus eigenen Mitteln hinzugefügt: *ex quo numero apparuit, quantum hominum tot proeliorum adversa fortuna populo Romano abstulisset*. Es wird also kaum etwas anderes übrig bleiben, als die Annahme, dass auch hier, wie noch manchmal sonst in unserer Liste, am Anfang ein *C* ausgefallen ist, und gelesen werden muss: *CCXXXVII milia*. Die Corruptel ist freilich sehr alt, da bereits der Verfasser der *Epitome* sie in seinem Exemplar gefunden hat; mag sie nun auf einen Schreibfehler Livius' selbst zurückgehen, oder Correctur eines Lesers sein, dem die Abnahme von 33 000 Köpfen zwischen 234/3 und 209/8 mit den Verlusten des hannibalischen Krieges ausser Verhältniss zu stehen schien. Und allerdings erscheint diese Abnahme auf den ersten Blick zu niedrig gegenüber einer Verminderung um 23 000 zwischen 208 und 203. Indess ist nicht zu vergessen, dass die 15 Jahre von 233—218 eine Vermehrung um 10—20 000 Köpfe gebracht haben können und werden, und dass den Verlusten im Kriege gegen Hannibal sehr zahlreiche Freilassungen gegenüberstehen.

In ganz derselben Weise ist auch die Censuszahl für 194/3 durch Auslassung eines $\bar{C}$ am Anfang verderbt worden. Der Census von 204/3 hat 214 000, der von 189/8 258 318 Bürger ergeben, und seitdem hat sich die Censuszahl beständig auf über 250 000 gehalten. Es ist evident, dass der Census von 194/3 nicht, wie überliefert wird, 143 704 ergeben haben kann. Schon Pighius hat denn auch die Corruptel verbessert.

Aus anderen Gründen verdächtig ist die Zahl für 179/8: 258 794; sie ist nämlich in den Tausenden die einfache Wiederholung der vorhergehenden Censuszahl 258 318. Der Verdacht wird bestätigt durch den Bericht des Livius über das folgende

Lustrum 174/3. Dieser Census ergab 269015 Bürger, eine kleine Verminderung der Zahl (*minor aliquanto numerus*), wie Livius hinzusetzt, weil die Censoren alle Latiner ausschlossen, die sich während der letzten Jahre unrechtmässiger Weise in das Bürgerrecht eingedrängt hatten. Der Census von 179/8 muss also mehr als 269000, etwa 280—290000 Köpfe ergeben haben. Dies würde, im Verhältniss zu dem Ergebniss von 189/8, der durchschnittlichen jährlichen Vermehrung der Bürgerschaft in diesem Zeitraume (etwa 3000 Köpfe) entsprechen. Wenn in den 5 Jahren von 174/3 bis 169/8 die Bürgerliste eine Steigerung um 43790 Köpfe aufweist, so wird der Grund hauptsächlich darin zu suchen sein, dass die Censoren dieses Lustrums — der eine war der Vater der Gracchen, der andere der Oheim von Ti. Gracchus' Schwiegervater und Gesinnungsgenossen Ap. Claudius Pulcher — den Latinern gegenüber ein Auge zudrückten.

Von jetzt an bietet die überlieferte Liste bis zum Census von 125/4 keinen Anlass mehr zu Verdacht. Um so mehr ist das der Fall mit dem Ergebnisse dieses und des zweitfolgenden Lustrums, 115/4. Die beiden Zahlen stimmen nämlich genau mit einander überein, nur dass in der zweiten statt eines *D* ein C gelesen wird ($\overline{CCCXC}\overline{CIIII}$ $DCCXXXVI$ und $\overline{CCCXC}\overline{IIII}$ $CCCXXXVI$). Es ist also zweifellos die eine aus der anderen einfach wiederholt. Aber es ist sehr leicht möglich, dass beide verderbt sind. Die Bürgerzahl war seit dem Jahre 163 stationär geblieben oder zeigte eher eine Tendenz zur Abnahme. Es ist also klar, dass sie in den 6 Jahren von 130 bis 124, oder auch in den 16 Jahren von 130 bis 114, durch natürlichen Zuwachs nicht um 76000 Köpfe sich vermehrt haben kann. Und es ist sehr unwahrscheinlich, dass in dieser Zeit eine Aufnahme von Bundesgemeinden in den römischen Bürgerverband in grösserem Maassstabe erfolgt sein sollte[1]. Unsere Ueberlieferung schweigt vollständig darüber, und es würde sehr schwer halten, die Städte namhaft zu machen, auf die eine solche Maassregel sich erstreckt haben

---

[1] Wie Lange will, *R. Alterth.* III S. 27 f.

könnte. Denn gerade die latinischen Colonien, die den meisten
Anspruch auf die Ertheilung der Civität hatten, sind, so viel
wir sehen, bis auf den Socialkrieg in ihrer Stellung geblieben [1]).
Es bleibt also nur die gleichfalls sehr missliche Annahme, dass
man in dieser Zeit die untere Altersgrenze für die in die
Hauptsumme aufzunehmenden Bürger herabgesetzt habe. Sonst
müssen die Zahlen verderbt sein. Die Aufnahmen seit 168
hatten ohne Ausnahme über 300000 Köpfe ergeben; betrug
nun das Resultat des Census von 125/4 oder 115/4 nur
294736, also gegenüber dem Census von 131/30 eine Abnahme von 24000, so lag gerade hier die Gefahr einer falschen
Correctur durch Hinzufügen eines C am Anfang besonders nahe.
Es wäre also sehr unvorsichtig, diese Censuszahlen irgendwie
historisch verwerthen zu wollen.

Nach der entgegengesetzten Seite hin, aber aus ähnlichem
Grunde, ist die Censuszahl für 70/69 und wahrscheinlich auch
die für 86/5 corrumpirt worden. In Folge der Ertheilung der
Civität an die italischen Bundesgenossen hatte sich die römische
Bürgerzahl mehr als verdoppelt, und dem entsprechend stiegen
die Censuszahlen. Die meisten Abschreiber und die ersten
Herausgeber der livianischen Epitome aber vermochten sich
dieses plötzliche Steigen nicht zu erklären, und haben so das
Ergebniss des Census von 70/69: $\overline{DCCCC}$ (so der Nazarianus)
mit Auslassung des $\overline{D}$ am Anfang in $\overline{CCCCL}$ corrumpirt. In
ähnlicher Weise wird bei der Zahl des Hieronymus (hier un-
serer einzigen Quelle) für das Ergebniss des Census von 86/5
CCCCLXIII milia ein D ausgefallen sein. Was nun den Census von 70/69 angeht, so ist klar, dass er nicht gerade 900000
Köpfe ergeben haben wird; offenbar sind die niederen Stellen
der Zahl im Nazarianus ausgefallen, wie denn Phlegon 91 Myriaden als Resultat giebt. Die Abnahme um 53000 seit 35
wäre die Folge des sullanischen Bürgerkrieges.

---

[1]) Venusia hat sich bekanntlich am Aufstand betheiligt, Spoletium
war latinische Colonie zur Zeit von Marius' kimbrischem Siege (Cic. *f. Corn.
Balbus* 21. 48).

5. Die *formula togatorum*.

Die römischen Censuszahlen umfassen, wie bekannt, erst seit dem Socialkrieg die bürgerliche Bevölkerung der ganzen italischen Halbinsel. Bis dahin hatten die Bundesstaaten und latinischen Colonien ihren eigenen, vom römischen unabhängigen Census. Aber die Verpflichtung der Latiner und Bundesgenossen, im Kriegsfall zu den römischen Heeren ihre Truppencontingente zu stellen, brachte es mit sich, dass der führende Staat in irgend einer Weise über die militärische Leistungsfähigkeit auch der nichtrömischen Gemeinden Italiens unterrichtet sein musste. Nach der jetzt herrschenden Ansicht wäre das Maximum der von jedem Staate zu fordernden Truppenzahl ein für allemal in den Bundesverträgen fixirt gewesen[1]. Indess die Ueberlieferung bestätigt diese Annahme keineswegs. Nicht nur in dem Texte des cassischen *foedus*, der, wennschon vielleicht nicht authentisch, so doch jedenfalls nach dem Muster wirklich geschlossener *foedera* entworfen ist, sondern auch in dem unzweifelhaft echten Bundesvertrage mit Aetolien fehlt jede Bestimmung über die Höhe des zu leistenden Contingents. Der cassische Vertrag, ein *foedus aequum*, setzt fest, dass beide Theile einander im Kriegsfall „mit ganzer Macht“ zu Hülfe kommen sollen[2]; der Vertrag mit Aetolien, ein ungleiches Bündniss, bestimmt, dass Aetolien gegen alle Feinde Roms Krieg führen soll[3]. Nur wenn es sich um Leistungen zur See handelt, enthielten die Bundesverträge speciellere Bestimmungen. So setzt der im Jahre 211 abgeschlossene erste Vertrag mit Aetolien fest, dass die Römer gehalten sein sollten, die Aetoler während des Krieges gegen Philippos mit 25 Penteren zu unterstützen[4]; und in ähnlicher Weise verpflichtete das 264 abgeschlossene *foedus* mit Messana diese Stadt, den Römern zu jedem Kriege eine Bireme zu stellen[5]. Der Grund dafür

---

[1] Mommsen, *R. F.* II S. 393; mein *Ital. Bund* S. 202 f.
[2] Dionysios VI 95.
[3] Polyb. 22, 13 und daraus Liv. 38, 11.
[4] Liv. 26, 24.
[5] Cic. *Verr.* V 19, 50 f.

liegt auf der Hand. Die Leistungsfähigkeit eines Staates zu
Lande hängt in letzter Linie von seiner Bevölkerung ab und
wird sich mit dem Wachsen oder Abnehmen der Bürgerzahl
vergrössern oder vermindern; die Leistungsfähigkeit zur See
aber ist zunächst bedingt von dem finanziellen Aufwande, den
ein Staat für seine Flotte zu machen gewillt ist. Hätten die
foedera keine Bestimmungen über die Höhe der Flottencontin-
gente enthalten, so würden die Bundesstaaten einfach ihre Marine haben verfallen lassen, da sie ja in ihren Handelsinteressen
durch die römische Flotte geschützt waren.

Indess je weiter die römische Herrschaft sich ausdehnte,
desto unabweisbarer musste die Nothwendigkeit sich geltend
machen, auch die Verpflichtung der Bundesgenossen zum Landdienst in vertragsmässiger Weise zu regeln. Ein gleichzeitiges
Aufgebot der gesammten waffenfähigen Mannschaft in allen
Bundesstaaten war seit der Einigung Italiens nahezu eine Unmöglichkeit; Rom forderte für gewöhnlich nur einen Bruchtheil der Contingente, die es nach den Verträgen zu for-
dern berechtigt war. Es lag im Interesse des führenden
Staates ebenso sehr wie der Bundesgenossen, die Last möglichst gleichmässig zu vertheilen. Den einzigen gerechten
Maassstab dafür bildete die Zahl der zum Heerdienst tauglichen Mannschaften, der *iuniores*; und es ist ausdrücklich bezeugt, dass die Aushebung der Bundescontingente im Jahre
193 wirklich nach diesem Maassstabe vorgenommen worden
ist[1]. Ebenso erliess die römische Regierung beim Ausbruch
des gallischen Krieges 225 an alle Bundesstaaten den Befehl,
die Verzeichnisse ihrer wehrfähigen Mannschaft einzusenden[2],
was nur dann einen Zweck hatte, wenn man die Einforderung
der Contingente danach bemessen wollte.

Es ist also in Rom eine Liste geführt worden, auf der
sämmtliche Bundesstaaten mit der Zahl ihrer waffenfähigen
Mannschaft verzeichnet standen: die *formula togatorum*, wie

---

[1] Liv. 34, 56.

[2] Polyb. II 23, 9 (aus Fabius): καθόλου δὲ τοῖς ὑποτεταγμένοις
ἀναφέρειν ἐπέταξαν ἀπογραφὰς τῶν ἐν ταῖς ἡλικίαις, σπουδάζοντες εἰ-
δέναι τὸ σύμπαν πλῆθος τῆς ὑπαρχούσης αὐτοῖς δυνάμεως.

sie amtlich bezeichnet wird. Die Feststellung dieser Heeresmatrikel musste natürlich eine Operation sehr complicirter
Natur sein. Sie basirte allerdings auf den Ergebnissen der
Censusaufnahmen in den Einzelstaaten; da aber der Census in
allen Bundesgemeinden und latinischen Colonien wenigstens bis
auf die Zeit des hannibalischen Krieges in völlig autonomer
Weise und ohne jede Controle römischerseits gehalten wurde[1]),
so liessen sich diese Ergebnisse keineswegs ohne weiteres zur
Matrikel zusammenstellen. Auch wissen wir nicht, wie weit
dabei neben der Volkszahl noch andere Momente in Betracht
kamen, z. B. das mehr oder weniger günstige *foedus*; und es
kann sehr wohl sein, dass die latinischen Colonien verhältnissmässig
stärker herangezogen wurden als die Bundesstaaten. Es müssen
lange Verhandlungen und mannigfache Compromisse erforderlich gewesen sein. Und nicht minder schwer musste es sein,
die einmal aufgestellte Heeresmatrikel zu ändern, da jede Ent-
lastung des einen Staates eine Mehrbelastung aller anderen
mit sich brachte. Man hat sich denn auch nur sehr ungern
zu Aenderungen in dieser Beziehung entschlossen. So führen
im Jahre 177 die Samniten und Paeligner in Rom Beschwerde,
es seien 4000 ihrer Bürger nach Fregellae ausgewandert, ohne
dass deswegen ihre Contingente vermindert oder das fregellanische Contingent erhöht worden wäre. Und es scheint nicht,
dass der Senat eine andere Abhülfe wusste, als die Auswan-
derer zur Rückkehr in die Heimath zu nöthigen[2]).

Vielleicht die erste Feststellung, oder wenn nicht, jedenfalls eine neue Regulirung der Heeresmatrikel ist im gallischen
Kriege 225 erfolgt. Das Ergebniss derselben, zugleich mit Angaben über die römische Bürgerzahl und die gegen die Gallier
aufgestellten activen Streitkräfte hat uns Polybios aufbewahrt[3]).
der hier, wie wir gleich sehen werden, aus Fabius Pictor geschöpft hat. Das polybianische Verzeichniss wird dadurch zu

---

[1]) Vgl. Livius 29, 37.
[2]) Liv. 41, 8.
[3]) Polyb. II 24.

einer unserer werthvollsten Quellen für die Bevölkerungsstatistik des alten Italien[1]).

Die römische Feldarmee war in folgender Weise zusammengesetzt:

	Fussvolk	Reiterei	zusammen
Zwei consularische Heere, 4 Legionen zu 5200			
Mann und 300 Pferden	20 800	1200	22 000
Bundesgenössische Contingente dazu . . .	30 000	2000	32 000
Mobilisirtes Aufgebot der Etrusker und Sa-			
biner . . . . über	50 000	4000	54 000
Aufgebot der Umbrer und Sarsinaten . . .	20 000	—	20 000
Aufgebot der Veneter und Cenomanen. . .	20 000	—	20 000
Zwei Legionen in Tarent und Sicilien. . .	8 400	400	8 800
	149 200	7600	156 800

Die zum Schutze der Hauptstadt aufgestellte Reserve
betrug:

	Fussvolk	Reiterei	zusammen
Vier Bürgerlegionen	20 000	1500	21 500
Bundescontingente dazu	30 000	2000	32 000
	50 000	3500	53 500

In den Listen standen verzeichnet:

	Fussvolk	Reiterei	zusammen
Latiner	80 000	5 000	85 000
Samniten.	70 000	7 000	77 000
Japyger und Messapier	50 000	16 000	66 000
Lucaner	30 000	3 000	33 000
Marser, Marruciner, Frentaner, Vestiner . .	20 000	4 000	24 000
Römer und Campaner . . . . gegen	250 000	23 000	273 000
	500 000	58 000	558 000

Die Gesammtsumme der einzelnen Posten ergiebt 699 200
Mann zu Fuss, 69 100 Reiter, im ganzen 768 300 Mann. Polybios giebt statt dessen „über 700 000 Mann zu Fuss und
gegen 70 000 Reiter". Und zwar hat er diese Summe bereits
in seiner Quelle vorgefunden. Denn bei Diodoros, der in der

---

[1]) Ich folge in der Anordnung des Verzeichnisses im wesentlichen
Mommsen, R. F. II S. 386 f.

Beschreibung des keltischen Krieges von Polybios unabhängig ist, finden sich dieselben Zahlen[1]). Plinius, der aus Valerius Antias geschöpft zu haben scheint, hat 700000 Mann zu Fuss und 80000 Reiter[2]). Die Epitome des Livius, ebenso wie Eutrop und Orosius, die gleichfalls aus Livius schöpfen, geben 800000 Mann[3]), von denen nach Orosius 348200 Mann zu Fuss und 26600 Reiter von den Römern und Campanern gestellt wurden. Wie Eutrop und Orosius ausdrücklich hervorheben, berief sich Livius für diese Zahlen auf Fabius Pictor; es kann also kein Zweifel sein, dass auch die Angaben bei Polybios, Diodor und Plinius, direct oder indirect, auf dieselbe Quelle zurückgehen[4]).

Die annähernde Uebereinstimmung der überlieferten Gesammtzahl mit der Summe der einzelnen Posten des polybianischen Verzeichnisses beweist einerseits, dass uns dieses Verzeichniss in der Hauptsache noch so vorliegt, wie es Fabius gegeben hat. Andererseits aber zeigt ein Blick auf die Liste, dass im einzelnen manche Corruptelen sich eingeschlichen haben, was ja bei einer so grossen Menge von Zahlen nicht anders zu erwarten ist. Es fällt zunächst auf, dass zu den beiden Legionen in Tarent und Sicilien keine Bundescontingente gehört haben sollen. Doch ist es möglich, dass man damals in Friedenszeiten nur römische Bürgertruppen zu Besatzungszwecken verwendete. Wichtiger ist das Fehlen der Brettier und der italischen Griechenstädte. Man hat allerdings

---

[1]) Diod. XXV 13. Man braucht nur dieses Capitel durchzulesen, um sich von der Richtigkeit des gesagten zu überzeugen. Diodor giebt die Stärke der Kelten zu 200000 Mann an, Polybios (II 23, 4) zu 70000; Diodor weiss von 3 Schlachten, Polybios nur von 2; bei Diodor fällt der Consul C. Atilius in der zweiten, für die Römer unglücklichen Schlacht, bei Polybios in der letzten, wo die Gallier geschlagen werden. Liegt nun der Erzählung bei Polybios, wie wohl unzweifelhaft, Fabius zu Grunde, so muss Diodors Quelle jünger sein; ihr Verfasser hat aber offenbar Fabius vor Augen gehabt, und ihm die Angabe über die römischen Streitkräfte entnommen.

[2]) Plin. *H. N.* III 138; vgl. Mommsen, *R. F.* II S. 383.

[3]) Liv. *Epit.* 20; Eutrop. III 5; Orosius IV 13.

[4]) Mommsen, *R. F.* II S. 383 f.

gemeint, die Brettier seien unter den Lucanern einbegriffen
und die italischen Griechen überhaupt vom Landdienste frei
gewesen[1]). Indess fehlt nicht nur für letztere Annahme jeder
Anhalt — war doch das *foedus* von Taras z. B. besonders ungünstig —, sondern sie wird auch durch directe Zeugnisse
widerlegt[2]). Und was die Brettier angeht, so ist ihre Einrechnung bei den Lucanern aus statistischen Gründen sehr unwahrscheinlich[3]). Brettien hat, den Parallelkreis von 39° 50'
als Nordgrenze angenommen, einen Flächenraum von 13846,7
qkm[4]); Lucanien wird ungefähr dieselbe Ausdehnung haben.
Eine Zahl von 33000 in der *formula togatorum* verzeichneten
Waffenfähigen entspricht, wie unten gezeigt werden wird, einer
freien Gesammtbevölkerung von etwa 150000; das ergäbe,
wenn wir die Zahl auf Lucanien und Brettien zusammen
beziehen, 5,5 auf 1 qkm. Rechnen wir auch einige Tausend
qkm für die Gebiete der griechischen Städte ab, so wird das
Verhältniss kein wesentlich anderes. Wir haben Mühe, eine
so geringe Volkszahl für glaublich zu halten in einem alten
Culturland, das zwischen dem dicht bevölkerten Sicilien und
dem dicht bevölkerten Campanien und Samnium in der Mitte
liegt. In dem benachbarten Japygien kommen nach unserer
Liste etwa 14 freie Einwohner auf 1 qkm; in dem römischen
Gebiete etwa 35. Selbst wenn wir die Zahl von 33000 Waffenfähigen auf Lucanien allein beziehen, ergiebt sich eine Dichtigkeit von nur 12—13 auf 1 qkm, also noch immer eine sehr
dünne Bevölkerung.

Es kann sein, dass die Brettier und italischen Griechen
nur durch Schuld der Abschreiber oder vielleicht des Polybios
ausgefallen sind; die Hauptsumme ist so rund, dass für einige
Tausend Reiter und einige Myriaden Fussvolk mehr bei den
Einzelposten Spielraum bleibt. Noch wahrscheinlicher ist es
aber, dass die Bürger der Griechenstädte und die halb helleni-

---

[1]) Mommsen, *R. F.* II 394 f.
[2]) Liv. 24, 13.
[3]) Vgl. Wietersheim, *Völkerwanderung* I[1] S. 197.
[4]) Nach der planimetrischen Berechnung des italienischen militärgeographischen Instituts.

sirten Brettier überhaupt nicht als zu den Togamännern gehörig betrachtet wurden, sowenig wie die Unterthanen in Sicilien, die ja bei Fabius ebenfalls fehlen. Erinnern wir uns,
dass Tarent mit Brettien noch lange Zeit nach dem hannibalischen Kriege einen eigenen Verwaltungsbezirk gebildet hat und
dass in der Zeit, auf die sich unser Verzeichniss bezieht, hier
allein in Italien eine römische Legion als Besatzung lag.

Dagegen beruht es offenbar auf einem einfachen Versehen,
wenn unsere Liste, die sonst immer Reiterei und Fussvolk
sorgfältig auseinander hält, die Contingente der Umbrer und
Transpadaner durch je eine einzige Zahl ausdrückt. Die Annahme wird kaum zu umgehen sein, dass die Angaben über
die Stärke der Reiterei hier ausgefallen sind[1]). Die Umbrer
und Sarsinaten mögen nach dem Verhältniss bei den übrigen
italischen Contingenten gegen 2000 Reiter gezählt haben; die
Veneter und Cenomanen wahrscheinlich beträchtlich mehr.
Denn ihre Nachbarn, die Boier und Insubrer, hatten bei ihrem
Marsch auf Rom 225 neben 50000 Mann zu Fuss 20000
Reiter[2]). Nach diesem Verhältniss würden für die Veneter
und Cenomanen etwa 8000 Reiter anzunehmen sein; unter
4—5000 werden wir kaum herabgehen dürfen[3]).

Wir erhalten damit eine Reiterzahl, die in jedem Falle
über die „gegen 70000" der polybianischen Summe weit hinausgeht und 80000 Mann nahe gekommen sein mag. Nun steht
es durch das übereinstimmende Zeugniss des Polybios und
Diodor ausser Zweifel, dass Fabius nur von 70000 Reitern
gesprochen hat. Es muss demnach irgendwo in den Einzelangaben unserer Liste ein Fehler stecken. Und wir brauchen
nicht lange zu suchen. Dass Apulien neben 50000 Mann zu
Fuss 16000 Reiter gestellt haben soll, also ein Viertel seines
Contingentes, ist schwer zu glauben. Das Contingent von Arpi
in der Schlacht bei Asculum wird auf 4000 Mann zu Fuss
und 400 Reiter angegeben[4]); Campanien, wo die Verhältnisse

---

[1]) Mommsen, R. F. II S. 388.
[2]) Polyb. II 23, 4 (nach Fabius).
[3]) Mommsen a. a. O.
[4]) Dionys. XX 3.

sehr ähnlich lagen, stellte neben 30000 Mann zu Fuss nur
4000 Reiter[1]). Ich halte es demnach für unzweifelhaft, dass
Apulien nicht 16000, sondern nur 6000 Reiter gestellt hat;
das Verhältniss der Reiterei zum Fussvolk bleibt auch dann
noch ein höheres, als in irgend einer andern italischen Landschaft.

So · erklärt sich auch die Zahl von 80000 Reitern, die
Plinius bietet. Sein Gewährsmann hat offenbar sich die Mühe
genommen, Fabius durch eine Addition der Einzelposten zu
controliren; und da er in seinem Exemplar, ebenso wie Polybios, die Reiterei Apuliens um 10000 Mann zu hoch verzeichnet fand, so ergab sich ihm natürlich eine um ebenso viel
höhere Gesammtsumme.

Fast noch unglaublicher, als die Angabe über die Reiterzahl Apuliens, scheint es, dass die Bergvölker der Abruzzen,
die Marser, Vestiner, Marruciner, Frentaner, [Paeligner,] neben
20000 Mann Fussvolk 4000 Reiter gestellt haben sollen, also
¹/₅ ihrer Gesammtzahl. Doch liegt der Fehler hier vielleicht
in der Zahl der Fusstruppen; denn für ein so grosses (ca. 7000
qkm) und im Alterthum dicht bewohntes Gebiet[2]) wären etwa
20000 Waffenfähige oder gegen 100000 freie Einwohner auffallend wenig. Denn von einer nennenswerthen Sklavenzahl kann hier in Hannibals Zeit doch wohl kaum die Rede
sein. Und dass jedenfalls irgendwo in unserer Liste die Zahl
der Fusstruppen zu niedrig angegeben ist, zeigt die Gesammtsumme von „über 700000“, während die Summe der Einzelposten nur 699200 beträgt.

Und jetzt zur Bedeutung der Liste. Wir haben gesehen,
dass Fabius seine Gesammtsumme durch Addition der einzelnen
Posten gewonnen hat. Demnach müsste er die in den Listen verzeichneten Mannschaften als den Rest angesehen haben, der nach

---

¹) Liv. 23, 5.
²) Caesar *Bürgerkr.* I 15: *Domitius per se circiter* XX *cohortes Alba,
ex Marsis et Paelignis, finitimis regionibus coëgerat.* Also 10000 Mann.
Dazu kämen dann weiter die Contingente der Vestiner, Marruciner, Frentaner. Und es handelte sich dabei keineswegs um eine Massenaushebung.
Man denke auch an die Leistungen der Marser im Socialkriege.

der Mobilisirung der im Felde stehenden Legionen noch für
spätere Aushebungen verfügbar blieb. Nun ist es im höchsten
Grade unwahrscheinlich, dass die von den Bundesgenossen im
Jahre 225 nach Rom eingesandten Verzeichnisse der wehrfähigen Mannschaft die mobilisirten Truppen ausgeschlossen haben,
schon darum, weil nach Vollendung der Aushebung für die
Vornahme eines neuen Census kaum Zeit bleiben konnte. Was
Mommsen hier einwendet [1]), die *ex formula* zu stellenden Mannschaften seien bereits sämmtlich unter Waffen gewesen, und
der römische Senat habe an jede Bundesgemeinde die Frage
gerichtet, wie viele Waffenfähige sie noch über ihr Contingent
hinaus aufzubringen in der Lage sei, erledigt sich durch das
oben über die *formula togatorum* bemerkte. Und auch abgesehen
davon wäre es sehr sonderbar, wenn die vertragsmässige
Truppenleistung der Bundesstaaten nur eben ausgereicht hätte,
das regelmässige Contingent zu 8 oder 10 Legionen zu stellen;
wir begreifen dann nicht, wie es im hannibalischen Kriege
möglich gewesen ist, die Bundescontingente für mehr als die
doppelte Zahl von Legionen unter Waffen zu rufen und zwar
ex formula [2]).

Wir müssten also annehmen, dass Fabius genaue Kenntniss gehabt hat, wie viele Cohorten jedes einzelnen Bundes-
staates mobilisirt waren und in welcher Stärke; und dass er
sich die Mühe gegeben hat, diese Zahlen jedesmal von den in
der Liste verzeichneten Bundescontingenten abzuziehen. Niemand wird behaupten wollen, dass Fabius in dieser Weise
verfahren ist. Ein Blick auf unser Verzeichniss genügt vielmehr, um zu erkennen, dass ihm nur die Zahl der aufgestellten
Legionen bekannt war; daraus erst berechnet er die Stärke
der mobilisirten Bundestruppen, indem er für jede Legion 7500
Mann zu Fuss und 500 Reiter ansetzt.

Doch nehmen wir für einen Augenblick an, Fabius sei
wirklich so verfahren, wie Mommsen behauptet, und machen

---

[1]) *R. Forsch.* II S. 393.
[2]) Liv. 27, 9.

uns die Consequenzen der Sache klar.   An römischen Bürgern
standen nach unserem Verzeichniss:

unter Waffen	49 200 Mann zu Fuss,	3 100 Reiter
in den Listen . . . . . gegen	250 000 „ „ „	23 000 „
zusammen	299 200 „ „ „	26 100 „

Die Bürgerzahl hätte sich also im ganzen auf 325 300 waffenfähige Männer belaufen.   Wenn diese Zahlen nicht völlig aus
der Luft gegriffen sind, so muss Fabius sie dem Resultate eines
Census entnommen haben, und zwar wahrscheinlich des Census
von 230/29, des letzten, der vor dem gallischen Kriege gehalten worden ist[1]).   Nun hat der Census von 234/3 270 713
Köpfe ergeben; ist es dann denkbar, dass sich die Bürgerschaft
innerhalb 4 Jahren um 55 000 vermehrt hat?   Man könnte
sagen, dass die Zahlen des Fabius die Passivbürger einschliessen, die Censussummen aber nicht.   Indess wären 53 000
Köpfe für die Bevölkerung der im Jahre 225 bestehenden
Passivbürgergemeinden bei weitem zu wenig; zählte doch die
campanische Praefectur allein um diese Zeit 34 000 Bürger.   Es
bleibt also nichts als der Ausweg, anzunehmen, dass die
Censussummen zwar die übrigen Halbbürgergemeinden einschliessen, Capua aber, oder vielmehr die campanische Praefectur nicht berücksichtigen[2]).   Eine solche Annahme aber
wäre die reine Willkür und durch nichts zu begründen.   Denn
die Hervorhebung der Campaner neben den Römern bei Fabius beweist für eine Sonderstellung Capuas nichts; Capua war
eben die hervorragendste der Halbbürgergemeinden und ver-
tritt als solche die ganze Kategorie.   Und dass es zu Hannibals Zeit noch eigene campanische Legionen gegeben hätte, ist
sehr unwahrscheinlich[3]).

Hier soll nun Orosius aushelfen, der, wie schon angeführt,
die Zahl der Römer und Campaner auf 348 200 Mann zu Fuss
und 26 600 Reiter angiebt.   Allerdings stimmt keine dieser
Zahlen mit den aus der Addition der Einzelposten bei Poly-

---

[1]) Niebuhr, *R. G.* II S. 81; Herzog, *Comment. Momms.* S. 135.
[2]) Mommsen, *R. F.* II S. 400 f.
[3]) Mein *Ital. Bund* S. 128 f.

bios sich ergebenden Gesammtsummen, wir müssten also erst
emendiren. Nichts ist einfacher: wir ersetzen ein C durch
ein L, fügen eine Einheit hinzu (CCLXXXXVIIIICC statt
CCCXXXXVIIICC), und die gewünschte Zahl von 299 200 Mann
zu Fuss ist fertig[1]). Bei den Reitern geht die Sache noch
leichter: wir streichen einfach ein D weg.

Nun ist es zwar ganz gleichgültig, wie Orosius, d. h. Livius
oder vielmehr dessen Quelle die fabischen Zahlen aufgefasst
hat, da wir ja die Liste selbst noch besitzen und im Stande
sind oder doch sein sollten, uns ein eigenes Urtheil zu bilden.
Indess wenn einmal bei Orosius emendirt werden soll, so lassen
sich aus seinen Zahlen ganz andere Schlussfolgerungen ableiten.
Es ist eine der gewöhnlichsten Corruptelen in unserer Ueberlieferung, dass am Anfang einer Zahl ein C ausgelassen oder
hinzugefügt wird. Die natürlichste Emendation der orosischen
Zahl CCCXXXXVIIICC ist also CCXXXXVIIICC, wie schon
Niebuhr gesehen hat[2]). Die abgerundete polybianische Angabe:
πεζῶν μὲν εἰς εἴκοσι καὶ πέντε κατελέχθησαν μυριάδες wird
dadurch in erwünschtester Weise präcisirt. Ebenso kann die
Zahl der Reiter bei Orosius XXŪIDC durch leichte Aenderung
in XXĪĪĪDC verwandelt werden, was der Angabe bei Polybios
entspricht, der nur die Hunderter weggelassen hat.

Ueberhaupt aber führt die nahe Uebereinstimmung der
Censuszahl für 234 3: 270 713, mit der fabischen Zahl der
Römer und Campaner: 273 000, oder wenn wir die Zahlen des
Orosius einsetzen, 271 800, fast mit Nothwendigkeit darauf, in
dieser letzteren Zahl die Gesammtsumme aller römischen Bür-
ger zu sehen, keineswegs blos den nach Abzug der mobili-
sirten Truppen bleibenden Rest. Das ist denn auch bereits von
Niebuhr erkannt worden[3]).

Indess die Zahlen für die Römer und Campaner einerseits, die Bundescontingente andererseits sind keineswegs
gleichartig. Rom konnte die eigenen Bürger nach freiem Er-

---

[1]) Mommsen, *R. F.* II S. 389.
[2]) *R G.* II S. 81.
[3]) A. a. O.

messen zum Kriegsdienst heranziehen, und wenn die Männer über 46 Jahre auch für die Verwendung im Felde nicht in Betracht kamen, so versahen sie dafür den Besatzungsdienst in den römischen Festungen; es ist also nur in der Ordnung. dass auch sie in der Zahl der römischen Waffenfähigen eingeschlossen sind [1]). Ueber die Kriegsmacht der Bundesstaaten aber konnte Rom nur verfügen nach Maassgabe der in der *formula togatorum* verzeichneten Contingente; und da es sich hier um den Dienst ausser Landes handelt, d. h. ausserhalb der Grenzen der einzelnen Bundesstaaten, so konnten diese Contingente selbstverständlich die *seniores* nicht mitumfassen [2]). Fabius bezeichnet denn auch seine Liste der Bundestruppen — und nur dieser — als beruhend auf den ἀναγραφαὶ τῶν ἐν ταῖς ἡλικίαις[3]), d. h. den *tabulae iuniorum* (s. oben S. 354). Aufgeführt werden folgende Contingente:

	zu Fuss	Reiter
Latiner	80 000	5 000
Samniten	70 000	7 000
Japyger und Messapier	50 000	16 000 (l. 6000)
Lucaner	30 000	3 000
Marser, Marruciner, Vestiner, Frentaner	20 000 (?)	4 000
Etrusker und Sabiner	50 000	4 000
Umbrer und Sarsinaten	20 000	[2 000]
Veneter und Cenomanen	20 000	[6—8 000]
	340 000	37—39 000

Fabius beruft sich allerdings nur bei den Latinern, Samniten, Japygern, Lucanern, Marsern, Marrucinern u. s. w. ausdrücklich auf die Stammlisten, während er die Contingente der Etrusker, Umbrer, Veneter und Cenomanen unter den mobilisirten Mannschaften aufführt. Indess gehen ohne Zweifel auch diese Angaben auf die *formula togatorum* zurück. Wenigstens

---

[1]) S. oben S. 317.

[2]) Mommsen, *R. F.* II S. 403, der nur den Unterschied zwischen römischen Bürgern und Bundesgenossen in dieser Hinsicht übersieht.

[3]) Polyb. II 23, 9. Es ist bemerkenswerth, wie Fabius die Angabe über die Zahl der Römer und Campaner ('Ρωμαίων δὲ καὶ Καμπανῶν ἡ πληθὺς) auch äusserlich zu den Angaben über die Zahl der Bundesgenossen in Gegensatz stellt; sie folgt erst als Zusatz am Ende der ganzen Liste.

die 54 000 Etrusker und Sabiner sind keineswegs vollständig
mobilisirt worden, wie aufs klarste aus der Beschreibung des
gallischen Einfalls hervorgeht, die Polybios uns aus Fabius erhalten hat. Das etruskisch - sabinische Aufgebot wurde dem
Befehl eines Praetors unterstellt[1]); sollen wir denn annehmen,
dieser Praetor, dessen Namen Polybios gar nicht einmal anzugeben für nöthig findet, habe ein grösseres Heer geführt als
beide Consuln zusammen? Die Gallier schlagen denn auch
den Praetor ohne Anstrengung; 6000 Mann fallen, die übrigen
werden vom Feinde eingeschlossen; ohne den Entsatz des
Consuls L. Aemilius wären sie verloren gewesen[2]). Es ist
klar, dass das Heer des Praetors bei weitem nicht 50 000 Mann
gezählt haben kann. Vielmehr hat Fabius in seiner Quelle
offenbar nur die Notiz gefunden, dass die Contingente aus
Etrurien, Umbrien und dem Pothal mobilisirt worden seien;
die Zahlen selbst hat er aus der *formula togatorum* eingesetzt.
In der That stimmen sie aufs beste zu den übrigen Theilen
der Liste.

Unser Verzeichniss gewährt uns so einen Blick in die
militärische Organisation des italischen Bundes. Wir sehen,
dass die einzelnen Bundesstaaten nach der ethnographischen
und geographischen Zusammengehörigkeit in 7 grosse Aus-
hebungsbezirke eingetheilt waren. Der erste umfasst die latinischen Colonien, der zweite Samnium und ohne Zweifel auch
das Hirpinerland und die Bundesstädte in dem oskischen Campanien; die grosse Truppenzahl, die dieser Bezirk stellte, bliebe
sonst unerklärlich. Der dritte Bezirk umfasst die messapischen
Landschaften. Den vierten Bezirk bildet Lucanien. Der fünfte
umfasst die kleinen Völkerschaften des Hochapennin, die
Marser, Vestiner, Marruciner, Frentaner, Paeligner, welch
letztere durch ein Versehen bei Polybios oder schon bei Fabius
ausgefallen sind. Auch die drei damals noch foederirten Her-
nikerstädte Aletrium, Verulae, Ferentinum mögen zu diesem
Bezirke gehört haben, wenn sie nicht vielmehr dem folgenden

----

[1]) Polyb. II 24, 6.
[2]) Polyb. II 25. 26.

zuzurechnen sind. Den sechsten Bezirk bilden die Etrusker
und „Sabiner". Unter diesen letzteren sind natürlich nicht die
Bewohner der Praefecturen von Reate und Nursia zu verstehen, die bereits seit 290 die Civität hatten und also in den
römischen Legionen dienten, sondern wahrscheinlich die Ti-
burtiner und Praenestiner, weiterhin die Aequiculer von Cli-
ternia und Nersa, wenn diese nicht vielmehr schon römische
Bürger waren, endlich vielleicht die Städte des mittleren Tiber-
thales, wie Ocriculum, Ameria, Interamna, Tuder. Wir dürfen
nicht vergessen, dass die Grenzen zwischen den einzelnen italischen Landschaften in Wirklichkeit bei weitem nicht so bestimmt gewesen sind, als sie auf unseren Karten zur Darstellung kommen. Der siebente Bezirk umfasst Umbrien und wohl
auch das picenische Asculum. Dazu kommt dann vielleicht als
achter Bezirk noch Brettien mit den italischen Griechenstädten.
Die Veneter und Cenomanen endlich standen in dieser Zeit
noch in keiner staatsrechtlichen Verbindung mit der italischen
Eidgenossenschaft.

Dass eine solche Eintheilung der italischen Bundesgenossen
bestanden hat, würden wir auch ohne ausdrückliches Zeugniss
voraussetzen müssen[1]). Nur in dieser Weise war es möglich,
das jedesmal ausgeschriebene Truppencontingent auf die einzelnen Bundesstaaten gerecht zu vertheilen. Zur Erleichterung
dieser Repartirung war die von jedem Bezirke zu stellende
Zahl der Fusstruppen in vollen Zehntausenden, die der Reiter
in vollen Tausenden angesetzt. Die Gesammtsumme betrug im
Jahre 225 320 000 Mann zu Fuss und 31 000 Reiter[2]). Handelte
es sich nun z. B. um eine Aushebung von 30000 Mann zu
Fuss und 2000 Reitern, wie das in diesem selben Jahre der
Fall war, so wurde von jedem Bezirk $\frac{1}{10}$ der in den Listen
verzeichneten Fusstruppen, $\frac{1}{16}$ der Reiter gefordert; der luca-

---

[1]) Dass die latinischen Colonien zusammen einen Aushebungsbezirk
bildeten, zeigt ihr gemeinsames Handeln bei der Festsetzung der Contingente für 209 (Liv. 27, 9 f.).

[2]) Diese Zahlen würden etwas zu erhöhen sein, im Falle auch die
Brettier in der *formula togatorum* verzeichnet waren, und das Contingent
der Marser u. s. w. bei Polybios zu klein angegeben ist.

nische Bezirk hätte also beispielsweise 3000 Mann zu Fuss und 200 Reiter zu stellen gehabt. Die kleine Differenz, die bei diesem Vertheilungsmodus gegenüber der Sollstärke bleiben würde, liess sich durch Abrundung der einzelnen Contingentsziffern leicht ausgleichen.

Uebrigens liegt es in der Natur der Sache, dass die in unserer Liste angegebene Gesammtsumme der waffenfähigen Mannschaft etwas hinter der Wahrheit zurückbleibt. Denn kein Staat konnte in der *formula togatorum* mit einem höheren Contingente angesetzt werden, als er im Nothfalle wirklich aufzustellen im Stande war; die Abrundungen auf Tausende und Zehntausende sind also nach unten hin vorgenommen worden. Dass noch andere Ursachen eine Verminderung der Contingentsziffer herbeiführen konnten, ist schon oben bemerkt worden. Die Gesammtzahl aller felddiensttüchtigen italischen Bundesgenossen im Jahre 225, die Brettier und Griechen eingerechnet, wird also die Zahl von 400 000 überstiegen haben, wenn auch schwerlich um sehr viel. Setzen wir nun die Männer von über 46 Jahren, die *seniores*, in rundem Verhältniss auf die Hälfte der *iuniores* an, was sich in keinem Falle sehr weit von der Wahrheit entfernt, so erhalten wir im ganzen etwas über 600 000 erwachsene Männer, oder einschliesslich der 273 000 römischen Bürger für ganz Italien eine erwachsene männliche Bevölkerung von gegen 900 000[1]), eine freie Gesammtbevölkerung von 2 700 000. Die italische Halbinsel südlich vom 44. Breitengrade, bis wohin damals ungefähr die römische Herrschaft sich erstreckte, hat einen Flächenraum von 129 266 qkm (s. unten Cap. IX, 1), wovon etwa 22 700 auf das römische Gebiet, und folglich 106 500 auf die bundesgenössischen Gebiete entfallen (s. oben S. 320). Im ersteren kommen also 12, in letzteren nur 6 erwachsene Männer auf 1 qkm. In der That führt uns auch sonst alles darauf hin, dass im Alterthum

---

[1]) Die Ausscheidung der körperlich zum Militärdienst untauglichen, oder sonst aus irgend welchen Gründen davon befreiten Personen lag nicht den Censoren, sondern den die Aushebung leitenden Beamten ob; unsere Liste muss also alle überhaupt in dienstpflichtigem Alter stehenden Bürger umfassen. Vergl. Mommsen, *R. F.* II 403 f.

die Mitte der Halbinsel die dichteste Bevölkerung hatte. Eine
weitere Bestätigung der ungefähren Richtigkeit der obigen
Zahlen giebt das Resultat des nach der Ertheilung der Civität
an die italischen Bundesgenossen gehaltenen Census von 70 69.
Es wurden damals 910 000 *civium capita* gezählt. Der letzte
Census vor dem Socialkriege, dessen Resultat kritisch sicher
überliefert ist, der von 131 30, hatte 318 823 Bürger ergeben,
also eine Vermehrung seit 229 von etwa 45 000, oder um
14 %; hätten sich die Bundesgenossen im selben Verhältniss
vermehrt, so würde ihre Zahl im Jahre 130 gegen 700 000
betragen haben. Indess ist es aus vielen Gründen wahrscheinlich, dass die Vermehrung bei der Bürgerschaft stärker gewesen
ist als bei den Bundesgenossen. In der Zeit seit dem hannibalischen Kriege hatte sich der Umfang des römischen Gebietes
in Italien beinahe verdoppelt, sehr viel Latiner und Bundesgenossen hatten, rechtmässig oder unrechtmässig, die Civität
erworben, und der Zuwachs durch Manumissionen war ohne
Zweifel hier grösser als bei den Bundesgenossen. Die Zahl
der Bundesgenossen kann also im Jahre 130 700 000 bei weitem nicht erreicht haben. Andererseits ist es wahrscheinlich,
dass die freie Bevölkerung Italiens in der Zeit von 130 bis 70
in Folge des Socialkrieges und des Bürgerkrieges sich etwas
vermindert hat; zeigen doch schon die Friedensjahre vor der
Gracchenzeit eine kleine Abnahme der römischen Bürgerzahl.
Unsere Zahlen haben also eine hohe innere Wahrscheinlichkeit;
ja selbst wenn die fabische Liste nicht erhalten wäre, würden
wir gezwungen sein, die Zahl der italischen Bundesgenossen zu
Hannibals Zeit etwa ebenso hoch anzusetzen.

Und jetzt noch ein Wort über die Reiter unseres Verzeichnisses. Sie bilden bei der römischen Bürgerschaft annähernd 9 %, bei den Bundesgenossen — abgesehen von den
Cenomanen und Venetern — etwas über 8 % der Gesammtzahl. Schon diese bedeutende Zahl ist Beweis dafür, dass wir
unter Reitern hier keineswegs Ritter (*equites*) im späteren
Sinne des Wortes zu verstehen haben, also Bürger mit über
400 000 Sesterzen Vermögen. Es hätte sonst in dem Italien
dieser Zeit eine ganz abnorme Vertheilung des Wohlstandes

herrschen müssen. Vielmehr ist es klar, dass zur Zeit Hannibals schon ein viel geringeres Vermögen zum Dienst zu Pferde berechtigte oder verpflichtete. Den ausdrücklichen Beweis dafür geben die Berichte über die unmittelbar nach dem Kriege erfolgten Coloniegründungen. Es erhielten *iugera* in

	die *pedites*	die *equites*
Copia (193 gegründet)	20	40 (Liv. 35, 9)
Vibo Valentia (192)	15	30 (Liv. 35, 40)
Bononia (189).	50	70 (Liv. 37, 57)
Aquileia (181).	50	140 (Liv. 40, 34).

Bei Coloniegründungen pflegen die Landloose reichlich bemessen zu werden; sie mussten es hier um so mehr, als der römische Bürger, der an einer latinischen Colonie Theil nahm, damit sein Bürgerrecht aufgab und durch materielle Vortheile dafür zu entschädigen war. Bei den in derselben Periode begründeten Bürgercolonien schwanken die Landloose der *pedites* zwischen 5 und 10 *iugera*[1]). Wenn demnach in Vibo der Reitercensus 30 *iugera* betrug, so wird er im römischen Gebiete selbst noch beträchtlich niedriger gewesen sein. —

Fabius hat also, wie wir gesehen haben, sein Verzeichniss aus drei verschiedenen Quellen zusammengetragen: die Stärke der mobilisirten Truppen ist aus der Zahl der aufgestellten Legionen berechnet; die Angabe über die Zahl der römischen Bürger stammt aus der Censusliste; die Angaben über die Zahl der waffenfähigen Bundesgenossen sind der *formula togatorum* entnommen. Um nun die Gesammtzahl der italischen Wehrfähigen zu erhalten, hat Fabius diese drei ungleichartigen Zahlenreihen einfach addirt. Das ist freilich ein sehr rohes Verfahren; aber dürfen wir denn an Fabius Anforderungen stellen wie an einen modernen Statistiker[2])? Fabius musste wissen, dass die in der *formula togatorum* verzeichneten Contingente der Bundesstaaten nur die Zahl der *iuniores* (οἱ ἐν ταῖς ἡλικίαις) ausdrückten. Um auch die Zahl der *seniores*

---

[1]) S. die Uebersicht *Ital. Bund* S. 117.

[2]) Mommsen, *R. F.* II S. 391 f. hätte nicht Polybios für das Verzeichniss verantwortlich machen sollen. Polybios konnte nichts anderes thun, als die Zahlen wiedergeben, wie er sie bei Fabius fand; jedenfalls hat er nichts anderes gethan, wie Mommsen selbst nachweist.

zu ermitteln, fehlte ihm jeder Anhalt; er half sich, so gut er konnte, indem er zur Ausgleichung dieses Deficits die Zahl der mobilisirten Truppen zweimal in Ansatz brachte. In der That stimmt die so erhaltene Summe, die Fabius selbst nur als eine ganz approximative gegeben hat, annähernd mit der wirklichen Gesammtzahl aller italischen Wehrfähigen überein. Nun hätte Fabius sich allerdings darauf beschränken können, nur die Zahl der zum Felddienst tauglichen Mannschaften, der *iuniores* anzugeben, wofür die nöthigen Materialien ihm vorlagen. Die Gesammtsumme würde sich dann auf etwa 500 000 Mann zu Fuss und 50 000 Reiter belaufen haben. Indess, es war Fabius darum zu thun, dem hellenischen Publicum, an das er sich wendete, eine möglichst hohe Vorstellung von der Wehrkraft Italiens zu geben; und übergrosse Gewissenhaftigkeit war ja überhaupt nicht der Fehler der römischen Annalisten. So hat Fabius in der Beschreibung des ersten punischen Krieges die römischen Kriegsschiffe sämmtlich in Penteren verwandelt (s. unten S. 379 f.), und berechnet dann auf dieser Grundlage die Zahl der Combattanten in der Schlacht bei Eknomos [1]). Auch hier nicht, ohne den Leser auf die gewaltige Macht Roms ausdrücklich hinzuweisen.

6. Die Censuszahlen aus der ersten Kaiserzeit.

Der Census von 70 69 ist der letzte, der in republikanischer Zeit gehalten worden ist. Seitdem hat noch fünf Mal ein allgemeiner Census der Bürgerschaft stattgefunden: drei Mal unter Augustus, ein Mal unter Claudius, ein Mal unter Vespasian. Das Ergebniss dieses letzten, im Jahre 72 veranstalteten Census ist uns nicht überliefert; wohl aber besitzen wir die Hauptsummen der vier übrigen Census der Kaiserzeit. Es wurden gezählt:

Jahr	Lustrum	Censoren	*civium capita*
28 v. Chr.	LXVIII	Imp. Caesar Octavianus	
		M. Vipsanius Agrippa	4 063 000 [2])

---

[1]) Polyb. I 26, 7. 8, der hier ohne jeden Zweifel Fabius vor sich gehabt hat.

[2]) *Mon. Ancyr.* II 2: *civium Romanorum censa sunt capita quadragiens centum millia et sexag(i)nta tria millia.* Der griechische Text giebt

Jahr	Lustrum	Censoren	*civium capita*
8 v. Chr.	LXIX	Imp. Caesar Augustus	4 233 000 [1])
14 n. Chr.	LXX	Imp. Caesar Augustus	
		Ti. Caesar	4 937 000 [2])
47 n. Chr.	LXXI	Ti. Claudius Caesar Augustus	
		L. Vitellius	5 984 072 [3])

Die Ergebnisse der Aufnahmen von 28 und 8 v. Chr. und
14 n. Chr. sind uns in einem officiellen Document auf epi-
graphischem Wege erhalten. Die Zahlen stehen folglich absolut
sicher. In der Angabe über den Census des Claudius dagegen
differiren Tacitus und Eusebius um 1 Million. Bei der nach-
lässigen Ueberlieferung der Zahlen bei den Chronographen wird
die Angabe des Tacitus den Vorzug verdienen. Aber auch
noch aus einem anderen Grunde. Zwischen 8 v. Chr. und
14 n. Chr. hat sich die römische Bürgerliste um 704000 Köpfe

---

durch ein Versehen ἑξήκοντα statt Ϝ; μυριάδες. Eusebius Armen. Ol.
188, 3 hat *myriades* CCCC *et sexdecim et MMMM* (4 164 000). Ebenso
Synkellos 593, 5 (μυριάδες υιϛ´ καὶ ,ο) und Hieronymus Ol. 188, 1 (*XLI
centena et LXIIII milia*). Prosper Aquitanus I 554 Ronc. giebt noch
eine X mehr: *XLI centena et septuaginta quattuor milia*. Der Grund
des Irrthums bei Eusebius liegt darin, dass er die *quadragiens centum
milia* des Augustus aufgefasst hat, als ob dastände *quadragiens et centum
millia*.

[1]) *Mon. Ancyr.* II 5: *civium Romanoru[m capita] quadragiens
centum millia et ducenta triginta tria m[illia]*. Der griechische Text ist
verstümmelt: ἐν [ᾗ] ἀπ[οτειμήσει ἐτειμήσαντο Ῥωμαί]ων τετ[ρακόσιαι εἴκοσι
τρεῖς μυριάδες καὶ τ]ρι[σ]χίλιοι.

[2]) *Mon. Ancyr.* II 8: *[civium Ro]manorum capitum quadragiens
centum mill[ia et nongenta tr]iginta et septem millia*. Der griechische
Text giebt die Zahl vollständig: ἐν ᾗ ἀποτειμήσει ἐτειμήσαντο Ῥωμαίων
τετρακόσιαι ἐνενήκοντα τρεῖς μυριάδες καὶ ἑπτακισχίλιοι. Dieselbe Zahl
scheint Eusebius Ol. 198, 2 gegeben zu haben, s. Mommsen, *Res gestae
D. Aug.* S. 39 f.

[3]) Tacit. *Ann.* XI 25: *censa sunt civium* $\overline{LVIIII}$ $\overline{LXXXIIII}$ *LXXII*.
Eusebius gab 1 Million mehr: in der armenischen Uebersetzung Ol. 206, 2
und bei Synkellos S. 629, 1: 694 Myriaden und 1000, bei Hieronymus
Ol. 206, 4 $\overline{LXVIIII}$ *centena et XLIIII milia*, bei Prosper Aquit. 1
S. 562 Ronc. *LXVIII centena et XLIV milia*. Bei Cassiodor zum Jahr 46
ist die Zahl der Hunderttausende ausgefallen: *inventa sunt civium Romanorum centena milia et XLIIII*.

24*

vermehrt, also jährlich im Durchschnitt um 33 500; zwischen 14 und 47 n. Chr., wenn wir die Zahl des Tacitus annehmen, jährlich um 31 700, wenn die Zahl des Eusebios, um 62 000. Wir sehen, die erstere Annahme hat viel grössere innere Wahrscheinlichkeit. Denn eine Ertheilung des römischen Bürgerrechts an latinische oder peregrinische Gemeinden hat in diesem Zeitraume, wenn überhaupt, nur in sehr beschränktem Maasse stattgefunden.

Der letzte republikanische Census im Jahre 70 69 hatte 910 000 *civium capita* ergeben; der erste Census der Kaiserzeit im Jahre 28, wie wir oben gesehen haben, 4 063 000. Beide Zahlen sind kritisch nicht anfechtbar. Die Vermehrung der Bürgerschaft hätte also in diesen 42 Jahren nicht weniger als 3 153 000 Köpfe betragen, d. h. die bürgerliche Bevölkerung müsste sich in dieser Zeit mehr als vervierfacht haben. Liegt ein solcher Zuwachs im Bereiche der Möglichkeit?

Zur Beantwortung dieser Frage werden wir uns zuerst klar zu machen haben, an welche Gebiete in den Jahren von 69 bis 28 v. Chr. die römische Civität verliehen worden ist. Im Jahre 69 war das römische Bürgergebiet im wesentlichen beschränkt auf Italien diesseits des Po; jenseits dieses Flusses und in den Provinzen bestanden nur ganz vereinzelte Bürgergemeinden, im ganzen vielleicht etwa 20[1]). Ja selbst auf dem rechten Po-Ufer hatten die Bergvölker des ligurischen Apennin und einige andere Gemeinden, wie Ravenna, noch latinisches Recht.

Dagegen finden wir im Jahre 28 v. Chr. das römische Bürgergebiet bis zum Fuss der Alpen ausgedehnt, und es bestand eine sehr ansehnliche Reihe von Bürgercolonien und Municipien (etwa je 60) namentlich in den westlichen Provinzen des Reiches. Der Gebietszuwachs in Italien allein wird auf etwa 70 000 qkm angeschlagen werden können[2]); der Zuwachs in den Provinzen wird ohne Zweifel noch grösser gewesen sein, doch ist hier mit unseren Mitteln eine numerische Schätzung nicht möglich.

---

[1]) S. oben S. 321.
[2]) S. oben S. 321 f.

Jedenfalls hat sich die Ausdehnung des römischen Bürgergebietes in der Zeit von 69 bis 28 v. Chr. mehr als verdoppelt.

An Dichtigkeit der Bevölkerung aber standen die meisten dieser neu erworbenen Gebiete ohne Frage hinter der italischen Halbinsel weit zurück. Und eine Vermehrung der bürgerlichen Bevölkerung in Italien selbst hat in dem Zeitraum von 69 bis 28 sicher nicht stattgefunden. Bereits vor der Revolution, seit der Mitte des II. Jahrhunderts, beginnt das Sinken der römischen Bürgerzahl [1]): sollen wir annehmen, dass sie sich während der blutigen Bürgerkriege vermehrt hat? Der marsische Krieg und der sich daran schliessende sullanische Bürgerkrieg soll 100—150000 römische Bürger hinweggerafft haben [2]): nach dem Kriege zwischen Caesar und Pompeius herrschte in Italien eine „schreckliche Entvölkerung" [3]). Augustus' Maassregeln zur Hebung der Volkszahl sind nur verständlich, wenn die Bürgerschaft in den letzten Jahrzehnten sich relativ vermindert hatte, oder doch stationär geblieben war. Die Transpadana kann, selbst wenn die Volksdichtigkeit hier dieselbe war wie im übrigen Italien (Rom selbst ausgeschlossen), um die Mitte des I. Jahrhunderts v. Chr. nicht mehr als etwa 300000 Bürger gezählt haben [4]); das ergiebt mit den 910000 Bürgern, die der Census von 69 ergeben hatte, zusammen 1200000. Mögen wir uns nun die Bürgerrechtsverleihungen ausserhalb Italiens in der Zeit der Bürgerkriege noch so ansehnlich vorstellen: dass 2850000 Nicht-Italiker mit der Civität beschenkt worden wären, wird Niemand behaupten wollen. Dem gegenüber auf die Manumissionen oder auf die angeblich grössere Genauigkeit der Aufnahmen unter Augustus hinzuweisen [5]), heisst die Schwierigkeit verschleiern, statt sie zu lösen. Haben doch die Manumissionen das Sinken der Bürgerzahl selbst in der Friedenszeit von 163 bis 130 nicht aufhalten können. Auch fallen einige 100000

---

[1]) Liv. *Epit.* 59, vergl. Gellius I 6; Plut. *Ti. Gracchus* 8, und oben die Censuszahlen.

[2]) Diod. 37, 29; Liv. bei Eutrop. V 9 und Oros. V 22.

[3]) Dio Cass. 43, 25: δεινὴ ὀλιγανθρωπία.

[4]) S. unten Cap. IX, 4.

[5]) Wie Zumpt, *Ueber den Stand der Bevölkerung im Alterthum* S. 31.

Köpfe mehr oder weniger kaum ins Gewicht. Es bleibt nur
ein Ausweg: *civium capita* muss im kaiserlichen Census eine
andere Bedeutung haben als in republikanischer Zeit.

Werfen wir hier, ehe wir weiter gehen, zunächst einen
Blick auf das Verfahren beim Provinzialcensus. Hatte der
Census der römischen Bürgerschaft in der älteren Zeit der
Republik politischen, militärischen und finanziellen Zwecken
gleichmässig gedient, und war seit der Schlacht bei Pydna der
finanzielle Zweck praktisch in Wegfall gekommen, so war dagegen für den Provinzialcensus von vornherein das finanzielle
Interesse das maassgebende. Demzufolge musste das Verfahren
bei dem Provinzialcensus in erster Linie durch die Steuerverfassung der Provinz bestimmt sein. Wo neben einer, sei es
in natura, sei es in Geld zu entrichtenden Grundsteuer directe
Abgaben an den römischen Staat nicht bestanden, wie in Sicilien und Asien — wenigstens in der republikanischen und
früheren Kaiserzeit —, konnte das Verfahren dem bei dem
römischen Census selbst üblichen nachgebildet werden. In
diesen Provinzen also bezeichnet die Hauptsumme des Census
die Zahl der erwachsenen Bürger männlichen Geschlechts. So
nennt Cicero Kentoripa die bedeutendste Gemeinde Siciliens
und giebt ihre Bürgerzahl auf 10 000 an[1]): es ist klar, dass
hier Weiber und Kinder nicht mitgerechnet sind. Dasselbe
sagt ausdrücklich Galenos, wo er die Bürgerzahl seiner Vaterstadt Pergamon auf 40 000 beziffert[2]). Anders lag die Sache
in den Provinzen, die neben der Grundsteuer noch eine Steuer
vom beweglichen Vermögen und eine Kopfsteuer entrichteten,
wie Syrien, Afrika, Britannien, Aegypten. Denn die Kopfsteuer (φόρος ἐπὶ τῶν σωμάτων, ἐπικεφάλιον, *tributum capitis*)
wurde von der ganzen freien Bevölkerung ohne Unterschied
des Geschlechts entrichtet[3]), und in Folge dessen wurden hier
alle kopfsteuerpflichtigen (*libera capita*) in der Hauptsumme
des Census zusammengefasst. Das ist in Aegypten schon in

---

[1]) Cic. *g. Verr.* II 68, 163; vergl. IV 23, 50.

[2]) Galen. vol. V p. 49 Kühn. Wenigstens was das weibliche Geschlecht angeht. Von den Kindern spricht Galen überhaupt nicht.

[3]) App. *Lib.* 135; Ulpian *Digg.* 50, 15 § 3.

der ptolemaeischen Zeit geschehen; nur so ist es verständlich, wie Diodor die Bevölkerung des Landes auf 3 000 000 angeben kann[1]). So hat in der Statistik des Reiches ein Begriff Aufnahme gefunden, der dem modernen Begriff der Gesammtbevölkerung wenigstens nahe kommt. Das erste Beispiel für uns ist der Census der Helvetier, den Caesar nach seinem Siege bei Bibracte vornehmen liess. Das Resultat, 110 000 Köpfe (*Helvetiorum capita*), begriff nach Caesars eigener ausdrücklicher Angabe die Gesammtbevölkerung: Männer, Weiber und Kinder[2]). In derselben Weise ist es ohne Zweifel zu verstehen, wenn Plinius die Bevölkerung der drei nordwestlichen Convente Spaniens zu 691 000 *capita libera* angiebt, oder wenn im Jahre 6/7 n. Chr. im syrischen Apameia *CXVII milia hominum civium* gezählt wurden[3]). Denn anderenfalls erhielte man für das augusteische Spanien eine Bevölkerung, die der heutigen Bevölkerung der Halbinsel nicht viel nachstehen würde; und die Bürgerzahl Apameias würde grösser sein als die von Antiocheia oder von Alexandreia. Höchstens können wir zweifeln, ob die Kinder hier eingerechnet sind. In Syrien z. B. waren im III. Jahrhundert n. Chr. die Knaben unter 14 und die Mädchen unter 12 Jahren von der Kopfsteuer frei[4]). In jeder Provinz galten dafür besondere Bestimmungen, deren Ausgleichung erst in der späteren Kaiserzeit eingetreten ist.

Augustus hat nun offenbar bei dem Census der Bürgerschaft die Hauptsumme in derselben Weise gezogen, wie das bei dem Census in den kaiserlichen Provinzen üblich war. Mit anderen Worten: unter *civium capita* des kaiserlichen Census sind die Frauen und Kinder einbegriffen. Dass *civium capita* diese Bedeutung haben kann, dafür geben die überlieferten Censuszahlen aus republikanischer Zeit den besten Beweis, wenn sie als *civium capita praeter orbos orbasque* bezeichnet werden. Der Zusatz wäre sinnlos, wenn *civium capita* nur die erwachsenen Männer bedeuten könnte.

---

[1]) S. oben S. 257.
[2]) Caes. *Gall. Krieg* I 29.
[3]) Mommsen, *Ephemeris epigr.* IV S. 537—42, *R. G.* V 464.
[4]) Ulpian a. a. O.

Ein directes Zeugniss für diese Annahme dürfen wir freilich in unserer trümmerhaften Ueberlieferung nicht zu finden erwarten. Schweigt diese ja auch über Augustus' übrige Reformen im Census: die Ersetzung der fünfjährigen Zählungsperioden durch zwanzigjährige, die Anordnung nach Gemeinden, Regionen, Conventen, Provinzen, statt der alten Anordnung nach den Tribus. Aber wenn Augustus in dem Rechenschaftsbericht über seine Verwaltung die Hauptsummen der drei von ihm gehaltenen Census einfach als *civium capita tot* aufführt, ohne jede Erwähnung der *orbi orbaeque*, so kann diese Auslassung in einem officiellen Document nicht zufällig sein, und der Schluss ist kaum abzuweisen, dass die Censuszahlen die Wittwen und Waisen einschliessen. Ist das aber der Fall, dann müssen überhaupt die Frauen und Kinder einbegriffen sein, sonst würden die Zahlen ganz werthlos. So hält es denn auch Livius für nöthig, da wo er den Census des Servius Tullius erzählt, ausdrücklich hinzuzufügen, dass nach Fabius nur die waffenfähigen Bürger in der Hauptsumme begriffen waren[1]). Bei Fabius erklärt sich diese Angabe aus der Rücksicht auf seine griechischen Leser; bei Livius aber nur dann, wenn zu seiner Zeit ein anderes Verfahren beim Census üblich war. Und Plinius giebt das *civium capita* der Annalen sogar durch *capita libera* wieder, ein Ausdruck, der in dem Provinzialcensus seiner Zeit üblich war und die freie Gesammtbevölkerung bezeichnet[2]). Wenn er aber die älteren Censuszahlen so auffasste, so kann der Grund nur in dem zu seiner Zeit üblichen Verfahren gesucht werden.

Sehen wir, welche statistischen Consequenzen sich aus dem gesagten ergeben. Unter einer Bevölkerung von 4 063 000 Seelen befinden sich, das Verhältniss von 100 : 35 wie im heutigen Frankreich mit seiner stationären Bevölkerung zu Grunde gelegt. 1 420 000 über 16 Jahre alte Männer. Bei der in dem

---

[1]) Liv. I 44.

[2]) Plin. 33, 16. Vergl. Clason, *Röm. Gesch.* I S. 54, der nur nicht mit dieser Auffassung des Plinius die Echtheit der für den Census von 392 überlieferten Bürgerzahl hätte vertheidigen sollen.

Italien der damaligen Zeit herrschenden Ehe- und Kinder-
losigkeit wird aber dieses Verhältniss vielleicht noch zu niedrig
sein. und wir werden etwa 1½ Millionen erwachsene Männer
ansetzen dürfen. Das ist gegenüber dem Ergebnisse des Census von 70 69 ein Zuwachs von 600000 Bürgern. Da, wie
wir gesehen haben, von einer natürlichen Vermehrung der
Bürgerschaft in diesem Zeitraume nicht die Rede sein kann,
so umfasst diese Zahl im wesentlichen die Bevölkerung der
zwischen 69 und 28 in den Bürgerverband aufgenommenen Gebiete. Von jenen 600000 Neubürgern mögen auf die Transpadana etwa 200—250000, auf die Provinzen 350—400000
entfallen. Die Volksdichtigkeit der Transpadana würde bei
dieser Annahme um etwas, aber keineswegs sehr bedeutend,
hinter der des eigentlichen Italien zurückbleiben, wie das ja
auch an und für sich sehr wahrscheinlich ist (s. unten Cap. IX, 4);
auf jede Bürgergemeinde in den Provinzen würden durchschnittlich gegen 3000 Bürger entfallen. Die in den Provinzen einzeln mit dem Bürgerrecht beschenkten konnten in dieser Zeit
numerisch noch kaum sehr in Betracht kommen; bei einer
Untersuchung, die nur mit grossen approximativen Werthen zu
rechnen hat, können sie ganz aus dem Spiele bleiben, um so
mehr, als ja bereits von den 70 69 gezählten Bürgern ein grosser
Theil in den Provinzen zerstreut lebte. Auch ist nicht zu vergessen, dass Caesar und Octavian Zehntausende von Italikern
als Colonisten in die Provinzen geführt hatten[1]).

Man wird nicht in Abrede stellen, dass in dieser Weise
das Problem der Censuszahlen der Kaiserzeit seine einfache und
natürliche Lösung findet. So erklären sich auch die Schwierigkeiten, mit denen Augustus bei der Aushebung seiner Heere
zu kämpfen hatte. Die 25 Legionen. die der Kaiser bei seinem
Tode hinterliess, bildeten mit den Praetorianern und Stadtsoldaten
ein Effectiv von kaum 150000 Mann, und doch war es nöthig,
selbst für den regelmässigen Ersatz in der Hauptsache auf
Latiner und Peregrinen zurückzugreifen[2]). Wie es bei ausser-

---

[1]) Sueton. Caes. 42: octoginta autem civium milibus in transmarinas
colonias distributis.

[2]) Mommsen, Hermes 19 (1884) S. 1 ff.

gewöhnlichen Anforderungen bestellt war, zeigen die Vorkomm-
nisse im pannonischen Aufstand und nach der varianischen Niederlage[1]). Das ist verständlich, wenn das Reich eine bürgerliche
Bevölkerung von 4—5 Millionen Einwohnern zählte; ganz unverständlich aber, wenn diese Bevölkerung 12—15 Millionen
betrug.

Fragen wir jetzt nach den Motiven, die Augustus veran-
lassten, die Hauptsumme seines Census in anderer Weise zu
bestimmen als es unter der Republik üblich gewesen war, so
liegt die Antwort nahe genug. Es ist das vollkommnere statistische Verfahren, das über das unvollkommne den Sieg
davonträgt. Maassgebend war ausserdem der Wunsch, mit den
Ergebnissen des Census der kaiserlichen Provinzen vergleich-
bare Zahlen zu erhalten; endlich war es so möglich, den Erfolg
der Maassregeln zur Hebung der bürgerlichen Bevölkerung des
Reiches sogleich zu erkennen, während derselbe bei dem alten
System erst nach 17 Jahren in den Censuszahlen zum Ausdruck gekommen wäre.

7. Die militärischen Leistungen Italiens.

Die Angaben über die Stärke der Heere und Flotten, die
für Griechenland unser hauptsächlichstes Hülfsmittel zur Bestimmung seiner Bevölkerung im Alterthum bilden, haben für
Italien neben den Censuszahlen nur secundäre Bedeutung. Es
liegt also keine Veranlassung vor, an dieser Stelle erschöpfend
darüber zu handeln. Immerhin aber wird es zweckmässig sein,
die militärischen Leistungen Roms in einigen der wichtigsten
Kriegen kurz zu besprechen, um auch von dieser Seite her den
Beweis für die Richtigkeit, oder doch wenigstens für die Zu-
lässigkeit der oben entwickelten Auffassung der überlieferten
Censuszahlen zu geben.

Die 40 000 Mann, die an der Allia gekämpft haben sollen[2]),
und die 10 Legionen, die angeblich bei dem Einfall der Gallier

---

[1]) Plin. *H. N.* VII 149 nennt *servitiorum delectus, iuventutis penuria*
unter den Calamitäten der Regierung Augusts.

[2]) Plut. *Cam.* 18, vergl. Diod. XIV 114.

349 aufgeboten worden sind[1]), mögen auf sich beruhen. Die Nachricht, dass Rom zur Zeit der Schlacht bei Sentinum 296 9 Legionen ins Feld gestellt hat[2]), wäre an sich keineswegs unglaublich, nur ist es sehr zweifelhaft, ob die Annalen bereits in dieser Zeit Angaben der Art enthalten haben. Bei Ausculum gegen Pyrrhos sollen 4 Legionen gekämpft haben, und zwar ausschliesslich der Contingente der Halbbürger: mit diesen und den Bundesgenossen habe das römische Heer 78 000 Mann gezählt[3]). Vier Legionen mit den dazu gehörigen Bundestruppen, also in runder Zahl 40 000, wurden nach Fabius[4]) im Jahre 263 nach Sicilien geschickt, und von vorübergehenden Reductionen abgesehen scheint diese Macht bis zum Ende des Krieges auf der Insel geblieben zu sein. Philinos allerdings spricht von 100 000 Mann, mit denen die Römer Akragas und Lilybaeon belagert hätten[5]), aber er sieht die Dinge von karthagischer Seite, und es ist für den Besiegten immer ein Trost gewesen, die Stärke des siegreichen Feindes zu überschätzen.

Sehr schwere Bedenken erregen auch die Angaben des Polybios über die Stärke der römischen Flotten in diesem Kriege. Sagt uns doch Polybios selbst, dass Rom zu seiner Zeit, trotz seiner so bedeutend gestiegenen Macht, nicht mehr im Stande war, solche Flotten zu bemannen[6]). Man hat berechnet, dass der Tonnengehalt der 680 Fünfruderer, die auf römischer und karthagischer Seite bei Eknomos gekämpft haben sollen, dem Tonnengehalt aller heute in sämmtlichen Flotten

---

[1]) Liv. VII 25.

[2]) Liv. X 26.

[3]) Dionys. XX 1.

[4]) Bei Polybios I 16, 2.

[5]) Bei Diodor. XXIII 7; XXIV 1, 1.

[6]) Polyb. I 64, 1: καὶ τί δήπου ἐστὶ τὸ αἴτιον, ἀπορῆσαι τις ἄν, ὅτι κεκρατηκότες τῶν ὅλων καὶ πολλαπλασίαν ἔχοντες ὑπεροχὴν νῦν ἢ πρόσθεν οὔτ᾽ ἂν πληρῶσαι τοσαύτας ναῦς οὔτ᾽ ἀναπλεῦσαι τηλικούτοις στόλοις δυνηθεῖεν; οὐ μὴν ἀλλὰ περὶ μὲν ταύτης τῆς ἀπορίας σαφῶς ἐξέσται τὰς αἰτίας κατανοεῖν, ὅτι ἐπὶ τὴν ἐξήγησιν αὐτῶν τῆς πολιτείας ἔλθωμεν. Leider steht nichts darüber in den erhaltenen Theilen des VI. Buches.

der Welt vorhandenen Panzerschiffe gleich kommen würde; die
Besatzung überträfe an Zahl die Mannschaften aller heutigen
Kriegsflotten zusammengenommen [1]). Verdächtig ist auch der
Umstand, dass Polybios in der Regel so spricht, als ob die
Flotten, die im ersten punischen Kriege gekämpft haben, aus-
schliesslich aus Penteren bestanden hätten. Denn alle Flotten
des III. und II. Jahrhunderts, von deren Zusammensetzung wir
nähere Kenntniss haben, enthalten zum sehr grossen Theile
Schiffe niederer Ordnungen; und Polybios selbst sagt uns, dass
die römischen Bundesgenossen am Anfang des Krieges nur
Trieren, Dreissigruderer und andere kleinere Schiffe gestellt
hätten [2]). Bei dem grossen Flottenbau des Jahres 261 wurden
neben 100 Penteren noch 20 Trieren erbaut [3]), und aus der
Inschrift der *columna rostrata* wissen wir, dass auch die karthagische Flotte bei Mylae zum Theil aus Trieren bestanden
hat [4]). Offenbar enthielten die Quellen, die Fabius Pictor vorlagen, meist nur die Gesammtzahl der aufgestellten Kriegsschiffe, ohne Angabe, wieviele davon Penteren, Dreissigruderer
usw. gewesen sind, oder wieviele Rom selbst, und wieviele den
Bundesgenossen gehörten; Fabius hat dann kurzweg alle Schiffe
zu Penteren, und zwar zu römischen Penteren gemacht.

Sicher verbürgte Angaben über die Stärke eines römischen
Heeres erhalten wir zuerst bei Gelegenheit des gallischen Einfalls 225. Nach Fabius [5]) wurden 10 Legionen aufgestellt:
4 im Felde, 4 als Reserve in Rom, 2 in Tarent und Sicilien;
im ganzen 52300 Mann Bürgertruppen mit 64000 Mann Bundesgenossen, ungerechnet den etruskischen und umbrischen
Landsturm. Es scheint, dass Rom niemals vorher so bedeutende
Massen ins Feld gestellt hatte.

Der hannibalische Krieg erforderte die Anspannung der
gesammten Militärkraft Roms und seiner Bundesgenossen. Im
Jahre 218 wurden 6 Legionen aufgestellt, je 2 für Gallien,

---

[1]) Nissen, *Ital. Landeskunde* I S. 127.
[2]) Polyb. I 20, 14.
[3]) Polyb. II 20, 9.
[4]) *CIL.* I 195.
[5]) Bei Polyb. II 24.

Spanien und Afrika, welche letzteren später ebenfalls in Gallien
verwendet wurden, in der Gesammtstärke von angeblich 25800
Bürgern und 44000 Bundesgenossen[1]). Eine weitere Legion
stand wahrscheinlich auf Sicilien[2]); die Flotte soll 220 Penteren (?) gezählt haben. Bis zum Frühjahr 216 wurden die
Legionen auf 17 vermehrt, trotz der Verluste an der Trebia
und am Trasimenus, nämlich 8 gegen Hannibal[3]), 1 auf Sardinien[4]), je 2 in Spanien, Gallien[5]), Sicilien[6]) und als Reserve
in Rom[7]).

Die Verluste des Jahres 216 bei Cannae — 6 Legionen[8]) —
und in Gallien — 1 oder 2 Legionen — wurden durch neue
Aushebungen im Laufe der nächsten Jahre mehr als ersetzt.
Nach den Annalen hat das römische Heer von 215 bis zum
Ende des Krieges folgende Stärke gehabt:

215 : 12 Legionen (Liv. 24, 11).
214 : 18   „   (Liv. 24, 11).
213 : [20] „   (vergl. Liv. 24, 44).
212 : 23   „   (Liv. 25, 3).
211 : 23   „   (Liv. 26, 1).
210 : 21   „   (Liv. 26, 28).
209 : [21] „   (vergl. Liv. 27, 7).
208 : 21   „   (Liv. 27, 22).
207 : 23   „   (Liv. 27, 36).
206 : [20] „   (vergl. Liv. 28, 10).

---

[1]) Liv. 21, 17. 26. Polyb. III 40, 14; 41, 2; 56, 5. 6. Zahlen über
die Stärke der Legionen scheint Fabius noch nicht gegeben zu haben, da
Polybios die beiden consularischen Heere an der Trebia einfach mit ihrer
Normalstärke von 40000 Mann in Ansatz bringt (III 72; 11. 12).

[2]) Vergl. Liv. 21, 49.

[3]) Polyb. III 107, 9; 113, 5. Liv. 22, 26.

[4]) Polyb. III 75, 4. Liv. 23, 34.

[5]) Liv. 23, 24. Nach Polyb. III 106, 5 scheint nur 1 Legion in
Gallien gestanden zu haben.

[6]) Polyb. III 75, 4. Liv. 23, 31. 32 u. s. w.

[7]) Liv. 23, 14, 2. Von jetzt an bis zum Ende des Krieges ist beständig eine Reserve von 2 Legionen in Rom versammelt gewesen, die
sog. *legiones urbanae*.

[8]) Aus den Trümmern der 8 cannensischen Legionen werden nach
der Schlacht 2 Legionen gebildet: Liv. 26, 28 und öfter.

205 : [20] Legionen (vergl. Liv. 28, 45).
204 : [20]   „   (vergl. Liv. 29, 13).
203 : 20   „   (Liv. 30, 2).
202 : 16   „   (Liv. 30, 27).
201 : 14   „   (Liv. 30, 41).
200 :   6   „   (Liv. 31, 8).

Die Zahlen für 213, 209, 206—204 sind nicht direct überliefert,
lassen sich aber nach den Angaben über die Aushebungen, die
vernichteten oder aufgelösten Legionen und die Vertheilung
der Heere auf den Kriegsschauplätzen mit Sicherheit ergänzen.
Für die Jahre 215 und 210—200 stimmt die Summe der Einzelposten mit der überlieferten Gesammtzahl der Legionen; dagegen übersteigt sie dieselbe in den 4 Jahren von 214 bis 211
um je 2 Legionen. Diese constante Differenz verbietet uns,
an einen Additionsfehler oder an eine Corruption der Zahlen
zu denken. Es müssen also während dieser Jahre je 2 Legionen
mit Unrecht aufgeführt sein, und der Fehler lässt sich denn auch
mit ziemlicher Sicherheit nachweisen. Es ist absolut unerfindlich, warum Rom in den Jahren 214 und 213 ein Heer in
Picenum unterhalten haben sollte, während Ariminum mit 2
Legionen besetzt war, und das zu einer Zeit, wo man an Mannschaft den grössten Mangel hatte. Indess es ist bekannt, wie
die Römer im III. Jahrhundert das Gebiet zwischen Ancona
und Rimini bald als einen Theil von Picenum ansahen, bald
als *ager Gallicus* dem *ager Picenus* gegenüberstellen. Offenbar ist hieraus der Irrthum der Annalisten entstanden: von
den einen wurde das zum Schutze Italiens vor den Galliern
bestimmte Heer als in Picenum aufgestellt bezeichnet, von den
anderen als im *ager Gallicus*; und so sind denn aus dem einen
allmählich zwei Heere geworden. Die 2 Legionen in „Gallien“,
die 214—211 aufgeführt werden, und von deren Thätigkeit
wir nicht das geringste hören, sind demnach als Duplicat der
picentischen Legionen des Varro zu beseitigen. Als dieses Heer
dann 212 nach Campanien gezogen wurde, werden 2 neue Legionen nach Etrurien geschickt, deren hauptsächlichste Aufgabe
doch eben die Deckung der Nordgrenze Italiens gegen die Gallier
sein musste.

Dass diese Angaben über die Stärke und Vertheilung der Heere in der Hauptsache auf die officielle Stadtchronik zurückgehen, darf nicht bezweifelt werden, denn sie stehen bei Livius stets in unmittelbarer Verbindung mit der Magistratsliste und anderen Angaben, die sicher aus den *Annales maximi* geflossen sind[1]). Und je näher wir die Liste prüfen, desto mehr bestätigt sich uns ihre Echtheit. Es liegt in der Natur der Sache, dass ein Krieg, der auf so vielen und zum Theil weit entlegenen Kriegsschauplätzen geführt wurde, die Entfaltung sehr bedeutender militärischer Mittel erforderte; und die Besiegung Hannibals ist nur erklärlich, wenn Rom über eine grosse numerische Uebermacht verfügen konnte. Mag unsere Liste in einigen Punkten interpolirt sein: dass zwischen 214 und 203 gegen 20 römische Legionen in Waffen gestanden haben, ist eine Thatsache, die sich in keiner Weise bestreiten lässt.

Aber allerdings waren diese Legionen keineswegs vollzählig. Wenn die 117 Cohorten des Pompeius bei Pharsalos statt gegen 60 000 nur 45 000, die 82 Cohorten Caesars gar statt über 40 000 nur 22 000 Mann zählten[2]), wie müssen die Heere in dem so langen und verlustvollen Kriege gegen Hannibal zusammengeschmolzen sein! Die 4 Legionen in Spanien hatten bei der Eroberung von Neu-Karthago 209 einen Effectivbestand von 27 500 Mann[3]), offenbar einschliesslich der spanischen Hülfstruppen, sodass Scipio bald nachher genöthigt war, die Flottenmannschaften in sein Landheer einzureihen. Etwas besser lagen die Verhältnisse wohl in Italien; aber das Effectiv der römischen Heere (abgesehen von den Bundesgenossen) wird im hannibalischen Kriege kaum jemals 60—80 000 Mann überstiegen haben.

Ueber die Stärke der römischen Flotte sind wir weniger gut unterrichtet, da unsere Quellen auch hier gewöhnlich unterlassen, die Schiffe nach dem Range zu specificiren. Das spanische Geschwader zählte 217: 35 Schiffe[4]) einschliesslich eines

---

[1]) Nissen, *Unters. über die Quellen des Livius* S. 86 ff.
[2]) Caesar, *Bürgerkr.* III 88. 89.
[3]) Polyb. X 9, 6.
[4]) Polyb. III 95, 5.

massaliotischen Contingents; und ebensoviele hatte Scipio 209
bei dem Angriff auf Neu - Karthago [1]). In dem Vertrage mit
Aetolien 211 hatten sich die Römer zur Stellung einer Hülfs-
flotte von 25 Penteren verpflichtet [2]), und dieselbe Zahl finden
wir im Jahre 208 in den griechischen Gewässern [3]). Sicilien
wird am Anfange des Krieges von 50 [4]), später von 100 Schiffen
vertheidigt [5]). Dazu kommen noch Geschwader in Sardinien und
Ostia, sodass die ganze römische Flotte während des grösseren
Theiles des Krieges an 200 Schiffe gezählt haben muss, zu
deren Bemannung etwa 40—50 000 Soldaten und Ruderer erforderlich sein mochten, die aber zum grössten Theile aus
Bundesgenossen und Sklaven bestanden.

In Laufe des II. Jahrhunderts ist Rom niemals gezwungen
gewesen, auch nur annähernd solche Anstrengungen zu machen,
wie während des Krieges gegen Hannibal. Gegen Antiochos
wurden im Jahre 190 14 Legionen [6]) und etwa 100 Deckschiffe [7])
aufgestellt; ausserdem haben nur noch während des letzten
Krieges mit Karthago und während des kimbrischen Einfalls
solche Streitkräfte unter Waffen gestanden.

Erst der Bundesgenossenkrieg nöthigte Rom von neuem
zum Aufgebot seiner gesammten Wehrkraft. Die Stärke des
römischen Heeres im Jahre 90 wird auf 100 000 Mann angegeben, aber einschliesslich der Contingente der treugebliebenen
Bundesgenossen; ebenso hoch belief sich die Stärke des Heeres
der aufständischen Italiker [8]), Zahlen, die keineswegs übertrieben
scheinen. Im Winter 90 89 war Rom bereits genöthigt, zur
Aushebung von Freigelassenen seine Zuflucht zu nehmen [9]), was

---

[1]) Polyb. X 17, 13.
[2]) Liv. 26, 24.
[3]) Liv. 28, 5.
[4]) Liv. 21, 52.
[5]) Liv. 26, 2; 27, 22 und öfter.
[6]) Liv. 37, 2; vergl. 37, 50.
[7]) Liv. 36, 2. 42.
[8]) App. *Bürgerkr.* I 39.
[9]) App. *Bürgerkr.* I 49: δι' ἀπελευθέρων, τότε πρῶτον ἐς στρατιάν
δι' ἀπορίαν ἀνδρῶν καταλεγέντων.

seit dem hannibalischen Kriege nicht mehr vorgekommen war. Gegen Sulla sollen Cinna und Carbo nach der mässigsten Angabe 100 000 Mann gerüstet haben[1]; wie Sulla selbst in seinen Memoiren angab, 450 Cohorten oder über 200 000 Mann[2]. Dem gegenüber hatte Sulla bei seiner Landung in Italien nur 5 Legionen, oder einschliesslich seiner griechischen Hülfstruppen 30—40 000 Mann[3], die allmählich im Laufe des Krieges auf 23 oder gar 47 Legionen[4] vermehrt wurden, im Bestande von 120 000 Mann[5]. Der Gesammtverlust Italiens im Bundesgenossen- und ersten Bürgerkriege wird auf 100 000[6], 150 000[7] oder selbst 300 000[8] Mann angegeben, welch letztere Zahl allerdings ohne Zweifel sehr übertrieben ist.

Der Bürgerkrieg zwischen Caesar und Pompeius ist mit viel geringeren Streitkräften ausgekämpft worden. Anfang 49 standen 22 Legionen unter Waffen: davon hatte Caesar 9 in Gallien[9], Pompeius 2 in Italien[10], 6 in Spanien[11]; 2 standen in Syrien, 2 in Kilikien[12], 1 in Afrika[13]. Das gäbe eine Sollstärke von über 100 000 Mann, hinter der die Effectivstärke freilich beträchtlich zurückblieb. So mussten die beiden Legionen in Kilikien zu einer einzigen schwachen Legion vereinigt werden[14], und auch Caesars Legionen waren bei weitem nicht vollzählig[15]. Das römische Heer wird also zu Anfang 49 nicht über 60—70 000 Mann gezählt haben. Und diese Macht

---

[1]) Appian, *Bürgerkr.* I 82.
[2]) Bei Plut. *Sulla* 27, vergl. Vell. I 34.
[3]) Vell. I 34; App. *Bürgerkr.* I 79.
[4]) App. *Bürgerkr.* I 100; Liv. *Epit.* 89.
[5]) App. *Bürgerkr.* I 104.
[6]) Diod. 37, 29.
[7]) Liv. bei Eutrop. V 9 und Oros. V 22.
[8]) Vell. I 15.
[9]) Caes. *Gall. Kr.* VIII 54.
[10]) Caesar a. a. O.
[11]) Caes. *Bürgerkr.* I 85.
[12]) Caes. *Bürgerkr.* III 4.
[13]) Caes. *Bürgerkr.* II 23.
[14]) Caes. *Bürgerkr.* III 4.
[15]) Caes. *Bürgerkr.* III 2.

war zum grossen Theile aus der Transpadana conscribirt, die das römische Bürgerrecht noch nicht hatte.

Bei Ausbruch des Bürgerkrieges befahl der Senat im eigentlichen Italien eine Aushebung von 130 000 Mann[1]), die indess in Folge von Caesars Einfall nur zum kleineren Theile zur Ausführung kam. Pompeius conscribirte ferner aus den römischen Bürgern in Spanien eine[2]), in Asien 2, in Makedonien 1 Legion[3]). Ebenso veranstaltete Caesar Aushebungen in seiner Provinz, dem diesseitigen Gallien und im eigentlichen Italien, woraus einschliesslich der pompejanischen Gefangenen 15 neue Legionen formirt wurden[4]).

Bei seinem Tode hinterliess Caesar über 40 Legionen. Nach der Schlacht bei Mutina hatte Octavian 17, Antonius 16, Lepidus 10, Brutus und Cassius 19 Legionen, 4 standen in Afrika, was zusammen 66 Legionen ergiebt[5]). Bei Philippoi standen 19 Legionen des Brutus und Cassius (80 000 Mann)[6]) gegen ebenfalls 19 Legionen (etwa 100 000 Mann)[7]) der Triumvirn. Nach dem Siege waren 29 Legionen, über 170 000 Mann, zu versorgen[8]). Im Jahre 36, nach Besiegung des Sextus Pompeius, hatte Octavian 44—45 Legionen, Antonius gegen 30. Nach der Schlacht bei Aktion scheint Octavian gegen 50 Legionen gehabt zu haben[9]). Seinen eigenen Angaben zufolge hat er während seiner ganzen Laufbahn zusammen gegen 500 000 römische Bürger in seinen Heeren gehabt, von denen etwas mehr als 300 000 nach Ablauf ihrer Dienstzeit entlassen worden sind. Bereits im Jahre 29 v. Chr. waren 120 000 Veteranen Octavians in den Militärcolonien angesiedelt[10]), viele müssen in

---

[1]) App. *Bürgerkr.* II 34.
[2]) Caes. *Bürgerkr.* II 18. 20.
[3]) Caes. *Bürgerkr.* III 4.
[4]) Grotefend, *Zeitschr. f. Alterthumsw.* 1840 S. 643.
[5]) Grotefend a. a. O. S. 649.
[6]) App. *Bürgerkr.* IV 88.
[7]) App. *Bürgerkr.* IV 108.
[8]) App. V 5.
[9]) Mommsen, *Mon. Ancyr.* S. 74 f. (2. Aufl.)
[10]) *Mon. Ancyr.* III 19.

den Jahren 42—30 gestorben sein, immerhin aber ist der bei weitem grössere Theil der übrigen 180 000 in den 42 Jahren von 29 v. Chr. bis 14 n. Chr. zur Entlassuug gekommen[1]), wie das auch bei einem Heerbestande von 150 000 Mann und zwanzigjähriger Dienstzeit nicht anders sein kann.

Die Monarchie brachte eine beträchtliche Reduction des Heeres. Augustus hinterliess bei seinem Tode 25 Legionen, dazu die *cohortes praetoriae* und 4 *cohortes urbanae*, zusammen kaum über 150 000 Mann. Dabei waren die Legionen zum grossen Theile aus Latinern und Peregrinen conscribirt[2]). Die Truppenzahl ist dann im Laufe der Kaiserzeit allmählich vermehrt worden, sodass Vespasian bei seinem Regierungsantritte 30 Legionen vorfand[3]). Das stehende Heer hat sich demnach zu dieser Zeit, einschliesslich der Besatzung Roms und der Auxilia auf über 300 000 Mann belaufen, eine für antike Verhältnisse ganz ungeheure Zahl, die kein anderer Staat des Alterthums in Friedenszeiten je auch nur annähernd erreicht hat. — Die Entwickelung des römischen Heerwesens in späterer Zeit zu verfolgen, liegt ausserhalb der uns hier gesteckten Aufgabe.

---

[1]) Mommsen, *Mon. Ancyr.* S. 7.
[2]) Mommsen, *Hermes* 19 (1884) S. 1 ff.
[3]) Für die Belege verweise ich auf Marquard, *Staatsverwaltung* II[2] S. 445—452.

Neuntes Capitel.

Italien.

1. Der Flächeninhalt Italiens.

Das Königreich Italien hatte nach den bisherigen officiellen Annahmen einen Flächenraum von 296 323 qkm. Davon fallen auf Sicilien mit den kleinen Nachbarinseln 29 241, auf Sardinien und die zugehörigen Inseln 24 342, so dass für das Festland mit den Küsteninseln 242 740 qkm übrig bleiben. Diese Zahlen beruhten auf den Arealangaben für die Einzelstaaten, aus deren Vereinigung das Königreich gebildet worden ist, Angaben, die zum Theil jeder wissenschaftlichen Grundlage entbehrten, und namentlich für die südlichen Provinzen nichts anderes waren als rohe Schätzungen[1]. Die Unbrauchbarkeit dieser Zahlen war denn auch längst allgemein anerkannt, aber erst die neue kartographische Aufnahme des Königreichs gewährte die Möglichkeit, zu exacteren Werthen zu gelangen. Der russische General Strelbitzky hat das Verdienst, der erste gewesen zu sein, der es unternommen hat, den Flächeninhalt Italiens in systematischer Weite durch eine planimetrische Berechnung zu bestimmen. Das Resultat war ein überraschendes: es ergab sich für das Königreich ein Areal von nur 288 540 qkm, also ein Minus von 7783 qkm gegenüber den officiellen Angaben. Leider hat es Strelbitzky versäumt, für seine Arbeit das

---

[1] Näheres bei Marinelli, *La superficie del Regno d'Italia*, Venezia 1883 (*Estratto del Vol. 1 Ser. VI degli atti del R. Istituto Veneto*).

beste vorhandene kartographische Material heranzuziehen, und so
können auch seine Zahlen keine absolute Geltung beanspruchen.
Aber das Aufsehen, das Strelbitzkys Resultate hervorriefen, gab
dem italienischen militärgeographischen Institute Veranlassung,
nunmehr auch seinerseits eine planimetrische Arealbestimmung
des Königreichs vorzunehmen [1]). Die Berechnung wurde ausgeführt auf den Originalaufnahmen der neuen Karte von Italien
im Maassstab von 1 : 50 000 und 1 : 25 000, soweit diese bisher
vorliegen; für die übrigen Theile des Königreichs sind die
Karte des festländischen Theils des Königreichs Sardinien in
1 : 50 000, die österreichische Karte von Lombardo-Venetien und
Mittelitalien in 1 : 86 400 und Lamarmoras Karte der Insel
Sardinien in 1 : 50 000 zu Grunde gelegt. Die bei der Berechnung befolgte Methode entspricht den strengsten Anforderungen
der Wissenschaft.

Danach beträgt der Flächeninhalt des Königreichs 286 588,3
qkm, mit einem wahrscheinlichen Fehler von $\pm$ 1,2 qkm; also
noch gegen 2000 qkm weniger, als Strelbitzky gefunden hatte.
Dieses Areal vertheilt sich in folgender Weise:

	qkm
Festland	236 402,2
Küsteninseln	368,86
Sicilien	25 461,3
Nachbarinseln	278,8
Sardinien	23 799,6
Nachbarinseln	277,6

Auf den continentalen Rumpf Italiens nördlich vom 44. Breitengrad (einschliesslich der südlich dieses Breitengrades gelegenen
Theile der Provinzen Genua und Porto Maurizio), entsprechend
etwa der alten Gallia cisalpina, entfallen 107 195,1 qkm, auf
die Halbinsel südlich des 44. Grades also 129 207,1 und einschliesslich der 59,4 qkm der Republik S. Marino 129 266,5 qkm,
oder mit den Küsteninseln 129 635,4 qkm. — Leider hat man

---

[1]) Istituto Geografico Militare, *Superficie del Regno d'Italia valutata
nel 1884.* Firenze 1885.

für jetzt von einer Bestimmung des Areals der Provinzen, Circondarien und Gemeinden noch abgesehen.

Indess wie bekannt fällt die Grenze des antiken Italien keineswegs mit der des heutigen Königreiches zusammen. Im Westen gehörte ein grosser Theil des heutigen Piemont, bis in die Nähe von Turin, zu den Alpes Marittimae und Cottiae: die Ausdehnung dieses Gebietes mag zu etwa 6000 qkm veranschlagt werden. Andererseits bildeten der heutige Canton Tessin, Südtirol bis Meran und zur Brixener Klause, das österreichische Küstenland in Augustus' Zeit Theile Italiens. Der Flächeninhalt dieser Gebiete beträgt (nach Strelbitzky):

	qkm
Canton Tessin	2 833,7
Süd-Tirol [1]	10 877
Küstenland (ohne die Inseln)	7 055,1
	20 765,8

Von kleineren Grenzbezirken, wie der Küstengegend zwischen Var und Roja, den südlich der Alpen gelegenen Theilen der Cantone Wallis und Graubündten dürfen wir hier absehen; ebenso von den Anschwemmungen der Flüsse, durch die sich die Halbinsel seit dem Alterthum etwas vergrössert hat.

Für ganz Italien ergiebt sich demnach unter Augustus ein Areal von rund 250 000 qkm; der Fehler nach unten oder oben wird 1000 qkm kaum übersteigen.

Um die Vertheilung dieses Areals auf die 11 augusteischen Regionen in exacter Weise zu bestimmen, würde eine planimetrische Berechnung erforderlich sein, zu deren Vornahme wir erst die Vollendung des *Corpus Inscriptionum Latinarum* abwarten müssen. Inzwischen müssen wir uns damit begnügen, den Flächeninhalt der einzelnen Regionen auf Grund der officiellen Arealangaben für die entsprechenden heutigen administrativen Abtheilungen annähernd abzuschätzen. Wir erhalten folgendes Ergebniss:

---

[1] Bezirke Ampezzo, Borgo, Bozen, Cavalese, Cles, Meran, Primiero, Riva, Roveredo, Tione, Trient.

Regionen	qkm	Gemeinden	auf jede Gemeinde im Durchschnitt qkm
I	16 000	81	197
II	29 800	72	414
III	30 000	32	938
IV	18 000	43	419
V	4 500	23	196
VI	10 300	48	215
VII	31 000	50	620
VIII	22 100	25	884
IX	14 600	17	859
X	49 000	28	1 750
XI	30 700	12	2 558
	256 000	431	597

Wie schon bemerkt sind diese officiellen Zahlen etwas zu gross, im ganzen um etwa 6000 qkm. Doch betrifft der Fehler hauptsächlich den Süden der Halbinsel. So würde nach Strelbitzkys Berechnung die zweite Region um etwa 2000, die dritte um 2800 qkm kleiner sein, als hier angenommen ist. Für die übrigen Regionen reducirt sich demnach der Fehler auf eine verhältnissmässig unbedeutende Grösse, die für unseren Zweck kaum ins Gewicht fällt.

Die Zahl der Gemeinden ist nach Plinius' Städtekatalog angesetzt[1]). Rom selbst ist natürlich bei Seite gelassen; ebenso in der ersten Region Auximum, Cingulum, Forentum, die wohl nur durch ein Versehen in die plinianische Liste gekommen sind, ebenso die Inselgemeinden Capreae, Pandataria, Pontiae, deren Areal zusammen nur 29 qkm beträgt. In der neunten Region sind Nikaea und der *Portus Herculis Monoeci*, die zum Gebiete von Massalia gehörten[2]), nicht berücksichtigt, in der zehnten die illyrischen Gemeinden der Alutrenses, Asseriates, Flanonienses Vanienses, Flanonienses Curici, Varvari, die dieser Region nur vorübergehend unter Augustus angehört haben.

---

[1]) Vergl. meinen *Ital. Bund* Cap. I.
[2]) *CIL.* V S. 916.

2. Die Bevölkerung Roms [1]).

Rom muss bereits in der letzten Königszeit, wenn wir von den griechischen Colonien absehen, bei weitem die grösste Stadt der Halbinsel gewesen sein. Die servianische Mauer umschloss einen Flächenraum von 426 ha, eine Ausdehnung, wie sie von keiner zweiten italischen Stadt auch nur annähernd erreicht wurde. Capua, das Rom am nächsten stand, umfasste etwa 180 ha, hatte also noch nicht die halbe Grösse des servianischen Rom; Caere hatte 117 ha. Ardea, die nach Rom grösste Stadt in Latium, 85 ha, Praeneste nur 32 ha Flächenraum [2]). Diese bedeutende Ausdehnung des königlichen Rom ist um so bemerkenswerther, als sie keineswegs durch fortificatorische Rücksichten bedingt war. Vielmehr entbehrte bekanntlich die ganze Ostfront der Stadt des natürlichen Schutzes, und war nur durch künstliche Befestigungen, den servianischen Agger, vertheidigt. Es lag also kein Grund vor, diesen Agger so weit hinauszuschieben, wenn nicht wirklich ein Bedürfniss nach Raum vorhanden war. Allerdings ist nicht zu vergessen, dass die Stadt bestimmt war, in Kriegszeiten der gesammten Bevölkerung des ausgedehnten Landgebietes mit ihren Heerden Schutz zu gewähren [3]). Immerhin beweist die Eintheilung der Bürgerschaft in 4 städtische neben 17 Landtribus, dass bereits am Anfang der Republik etwa 1/5 aller Bürger in der Hauptstadt ihren regelmässigen Wohnsitz hatten; vielleicht sogar waren die Stadttribus schon damals stärker als die ländlichen, und jedenfalls lebten in Rom zahlreiche Fremde aus den anderen Latinerstädten.

Das Anwachsen der Stadt während der nächsten Jahrhunderte ist im einzelnen nicht zu verfolgen, da der von den Mauern umschlossene Raum bis auf Sulla für die Bevölkerung

---

[1]) In italienischer Uebersetzung veröffentlicht: *Bulletin de l'Institut international de Statistique*, Heft 1, Rom 1886.

[2]) Alle diese Zahlen nach meinen planimetrischen Messungen auf den besten vorhandenen Plänen. Nähere Nachweise unten Cap. XI.

[3]) Der Vergleichbarkeit der oben gegebenen Zahlen thut das keinen Eintrag, da in den übrigen italischen Städten derselben Periode analoge Verhältnisse geherrscht haben.

genügt hat. Doch ist es bemerkenswerth, dass schon zur Zeit Hannibals dreistöckige Häuser, allerdings in der lebhaftesten Stadtgegend, am Forum Boarium, erwähnt werden [1]). Rom hat also ohne Zweifel schon damals eine ansehnliche Bevölkerung gehabt, die sich in den folgenden Jahrzehnten durch zahlreiche Einwanderung aus den verbündeten Gemeinden bedeutend vermehrt hat [2]). Indess das rapide Steigen der Volkszahl fällt erst in das Jahrhundert zwischen den Gracchen und Caesar, befördert vor allem durch die Getreidespenden, die recht dazu angelegt waren, das gesammte Proletariat Italiens nach der Hauptstadt zusammenzuziehen [3]). So sah sich schon Sulla genöthigt, das Pomerium für die Bebauung freizugeben [4]); als Augustus seine Regioneneintheilung durchführte, war ein Kranz von Vorstädten um die servianische Mauer erwachsen, der die Altstadt an Ausdehnung übertraf.

Die Beschränkung der Zahl der Getreideempfänger durch Caesar und Augustus setzte nicht nur dem bisherigen Wachsen der Bevölkerung ein Ziel, sondern musste sogar einen Rückschlag zur Folge haben, da die von den Spenden ausgeschlossenen Armen aus Mangel an Subsistenzmitteln sich gezwungen sahen, entweder in ihre Municipien zurückzugehen, oder in die Provinzen auszuwandern. Eine Handels- und Industriestadt ersten Ranges ist Rom in der Kaiserzeit so wenig gewesen wie heute; dazu war die Lage zu ungünstig, das Leben zu theuer, das Klima zu ungesund. Wenn auch selbstverständlich in einer so grossen Stadt eine lebhafte Gewerbthätigkeit herrschte, so überwog doch die Consumtion durchaus über die Production,

---

[1]) Liv. 21, 62: *foro boario bovem in tertiam contignationem sua sponte escendisse.*

[2]) Liv. 39, 3; 41, 8.

[3]) Sall. *Cat.* 37: *praeterea iuventus, quae in agris manuum mercede inopiam toleraverat, privatis atque publicis largitionibus excita urbanum otium ingrato labori praetulerat.* App. *Bürgerkr.* II 120: τό τε σιτηρέσιον τοῖς πένησι χορηγούμενον ἐν μόνῃ Ῥώμῃ τὸν ἀργὸν καὶ πτωχεύοντα καὶ ταχυεργὸν τῆς Ἰταλίας λεὼν ἐς τὴν Ῥώμην ἐπάγεται. Vergl. Varro v. d. *Landwirthsch.* II *praef.* 3.

[4]) Jordan, *Topogr.* I 1 S. 322 f.

die Einfuhr über die Ausfuhr[1]). Nur künstliche Ursachen
haben Rom zur Grossstadt emporgehoben. Darum ist die Bevölkerung, nachdem diese Ursachen ihre Wirkung gethan hatten,
von Augustus bis Diocletian im wesentlichen stationär geblieben.
Wohl haben sich die Vorstädte nach Augustus noch weiter
ausgedehnt: während unter Vespasian 265 *vici* gezählt
wurden, scheint es unter Constantin 324 gegeben zu haben[2]),
aber diese Vergrösserung der Vorstädte musste mindestens
theilweise compensirt werden durch das Niederreissen von
Häusern in der Altstadt, um Raum für die Prachtbauten der
Kaiser zu schaffen. — Als dann Rom in der diocletianisch-
constantinischen Zeit aufhörte, die Hauptstadt des Reiches zu
sein, beginnt der Verfall, den bald die Stürme der Völkerwanderung vollenden sollten.

Die numerische Bestimmung der Bevölkerung des kaiserlichen Rom ist wie bekannt vielfach versucht worden. Auch
hier gingen die Schätzungen zuerst ins maasslose: Lipsius nahm
4 Millionen[3]), Isaac Vossius sogar 14 Millionen[4]) Einwohner
an. Gibbon erkannte die völlige Unhaltbarkeit dieser Zahlen;
aber wenn er selbst nach der Häuserzahl, d. h. der Zahl der
domus und *insulae*, die Bevölkerung Roms in der constantinischen Zeit auf 1 200 000 veranschlagte[5]), so entbehrt auch dieses
Resultat durchaus der wissenschaftlichen Begründung, und nur
sein feiner historischer Tact liess Gibbon annähernd das richtige treffen. Mit besserer Methode nahm Bunsen die Zahl der
Getreideempfänger zum Ausgangspunkt, verdarb dann aber
alles wieder durch einen ganz willkürlichen Ansatz der Sklavenzahl, ohne sich zu fragen, ob denn die Stadt bei ihrem Umfang
auch im Stande war, die 1 300 000 — 2 000 000 Einwohner zu

---

[1]) Blümner, *Die gewerbliche Thätigkeit der Völker des Alterth.*
(Leipzig 1869) S. 110 ff.; Friedländer, *Sittengeschichte* I[5] S. 566; Pöhlmann,
Uebervölkerung S. 29.

[2]) S. Jordan, *Topograph.* I 1 S. 315 f.

[3]) *De magnit. Rom.* III 8

[4]) *Variarum observationum liber*, London 1585, S. 32 f.

[5]) *Decline and fall of the Roman Empire* ch. 31.

beherbergen, die er herausrechnet[1]). Die neueren deutschen Bearbeiter der Frage: Zumpt[2]), Marquardt[3]), Wietersheim[4]), Friedländer[5]), sind Bunsen gefolgt; die Ergebnisse schwanken zwischen 1½ und 2 Millionen, je nachdem die Sklavenbevölkerung der freien Bevölkerung gleich gerechnet oder auf das anderthalbfache oder doppelte dieser veranschlagt wird. Die einzigen, die sich die Unmöglichkeit klar gemacht haben, eine solche Bevölkerung innerhalb der aurelianischen Mauer zusammenzudrängen, sind Dureau de la Malle und der italienische Statistiker Pietro Castiglioni; freilich fallen sie in das entgegengesetzte Extrem, wenn sie nach der Analogie moderner Städte die Bevölkerung der 14 Regionen zu 562 000[6]), beziehungsweise 574—595 000 veranschlagen. Dureau de la Malle[7]) macht nicht einmal den Versuch, sein Resultat mit den überlieferten Zahlen der Getreideempfänger in Einklang zu bringen; Castiglioni sieht sich gezwungen, annähernd dieselbe Zahl, wie für die Stadt der 14 Regionen, für die angeblichen Vorstädte ausserhalb der Regionen und die Campagna in Rechnung zu stellen, ohne doch im Stande zu sein, diesen Ansatz irgendwie zu begründen oder auch nur wahrscheinlich zu machen.

Es ist diesen widersprechenden Annahmen gegenüber begreiflich, wie der neueste Forscher auf diesem Gebiet, Pöhlmann, es überhaupt ablehnt, eine ziffermässige Bestimmung der Bevölkerung Roms zu geben[8]). Indess so verzweifelt, wie es auf den ersten Blick den Anschein hat, liegt die Sache denn doch nicht. Es ist ja ohne weiteres klar, dass wir niemals im

---

[1]) *Beschr. Roms* I S. 184.
[2]) *Abh. d. Berl. Akad.* 1840 S. 59 ff.
[3]) *Staatsverw.* II[1] S. 120.
[4]) *Völkerw.* I[1] S. 242—268.
[5]) *Sittengesch.* I[5] S. 58.
[6]) *Economie politique des Romains* I S. 403.
[7]) *Monografia della Città di Roma*, herausgegeben von dem ital. statistischen Amte (*Direzione generale di Statistica*), Roma 1881, II S. 283.
[8]) *Die Uebervölkerung der antiken Grossstädte*, Leipzig 1884, S. 22 f. Freilich hindert ihn das nicht, auf S. 25 doch von der „Millionenstadt Rom" zu sprechen.

Stande sein werden, die Bevölkerung des alten Rom mit derselben Genauigkeit zu bestimmen, wie die Bevölkerung einer
modernen Grossstadt. Aber es wird immerhin möglich sein,
zu Annäherungswerthen zu gelangen, die sich nicht allzu weit
von der Wahrheit entfernen, und für unsere Zwecke mehr als
genügend sind. Denn einerseits geben uns die überlieferten
Zahlen der Getreideempfänger, und die daraus zu berech-
nende Gesammtzahl der bürgerlichen Bevölkerung ein Minimum, das jedenfalls beträchtlich hinter der Gesammtbevölkerung zurückbleibt; andererseits gewährt die Kenntniss des
von der Stadt eingenommenen Flächenraums die Möglichkeit,
ein Maximum festzustellen, das die Bevölkerung in keinem
Falle überschritten haben kann. Zur Controle dienen die Angaben über den Getreidebedarf der Stadt. Wenn trotzdem die
bisherigen Versuche, die Bevölkerung zu bestimmen, zu keinem
gesicherten Resultat geführt haben, so liegt der Grund offenbar
in den Mängeln der angewandten Methoden. Statt aus den
bekannten Daten das unbekannte zu bestimmen, hat man es vorgezogen, auf vorgefasste Meinungen hin subjective Schätzungen
vorzunehmen. Da ist es denn freilich kein Wunder, dass
die Ergebnisse so kläglich ausgefallen sind.

Beginnen wir mit der Bestimmung der bürgerlichen Bevölkerung. Wir haben für diese, wie schon bemerkt, eine sichere
Grundlage in den Angaben über die Zahl der Empfänger der
Getreidespenden und Congiarien aus der Zeit vom Ausgang
der Republik bis an den Anfang des III. Jahrhunderts der
Kaiserherrschaft, Angaben, die unter sich aufs beste übereinstimmen, und zum Theil auf den officiellen Rechenschaftsbericht des Kaisers Augustus über seine Regierung
zurückgehen. Die älteste darunter ist aus dem Jahre 70 v. Chr.
Cicero bezeichnet damals ein Quantum von 33 000 Medimnen oder
198 000 Modien Weizen als „beinahe hinreichend für den
monatlichen Verbrauch des römischen Volkes" [1]). Gewiss hat

---

[1]) Cic. *Verr.* III 20, 72: *plebis Romanae prope menstrua cibaria.*
Vergl. Kuhn, *Zeitschr. f. Alterthumsw.* 1845 Sp. 1003; Mommsen, *R. G.* III[5]
S. 24 Anm.

Cicero hier der rhetorischen Wirkung zu Liebe den Verbrauch unterschätzt; aber mögen auch 300 000, ja 400 000 Modien monatlich zur Vertheilung gelangt sein, so betrug die Zahl der Empfänger bei 5 Modien auf den Kopf doch nur 60 — 80 000. Das änderte sich, als der Senat auf Catos Antrag im Jahre 62 die bisher geltenden Beschränkungen der Getreidespenden aufhob und allen Bürgern ohne Unterschied ihren Antheil gewährte. Die Ausgabe für das Getreidewesen steigerte sich dadurch auf 30 Millionen Sesterzen[1]). Da in Sicilien der Modius Weizen selbst in guten Jahren mit 3—4 Sesterzen bezahlt wurde[2]), so kann derselbe einschliesslich des Transports der Staatskasse kaum auf unter 4 Sesterzen zu stehen gekommen sein[3]). Den empfangsberechtigten Bürgern wurde der Modius aber zu $6^1/_2$ As abgegeben, so dass die Staatskasse an jedem Modius etwa $2^1/_2$ Sesterzen verlor, was auf gegen 200 000 Empfänger führt. Vier Jahre später brachte Clodius ein Gesetz zur Annahme, wonach das Getreide jedem Bürger unentgeltlich geliefert wurde; und nun stieg die Zahl der Empfänger binnen 12 Jahren auf 320 000[4]). Caesar versuchte im Jahre 46 eine Reform, wahrscheinlich in der Weise, dass nur die seit längerer Zeit in Rom ansässigen Bürger zum Empfange berechtigt blieben[5]), die in den letzten Jahren zugewanderten oder aus Speculation auf die Getreidespenden freigelassenen aber in ihre Municipien zurückgeschickt, beziehungsweise — es sollen 80 000 gewesen sein — in überseeische Colonien geführt wurden[6]). So wurde die Zahl der Getreideempfänger auf 150 000 reducirt, und diese Zahl ein für alle Mal als Normalzahl fixirt, die nie überschritten

---

[1]) Plut. *Cato d. Jüngere* 26.

[2]) Cic. *Verr.* III 70, 168; vergl. 75, 174; 85, 196.

[3]) 4 HS rechnet Mommsen, *R. G.* I[5] 851 A. als hauptstädtischen Mittelpreis für diese Zeit.

[4]) Suet. *Caes.* 41; Plut. *Caes.* 55.

[5]) Wir hören, dass die Listen von den Hauswirthen (*domini insularum*) zusammengestellt wurden, Suet. a. a. O.

[6]) Suet. *Caes.* 42: *octoginta autem civium milibus in transmarinas colonias distributis, ut exhaustae quoque urbis frequentia suppeteret, sanxit* etc.

werden sollte [1]). Diese Maassregeln haben denn auch den Erfolg gehabt, das hauptstädtische Proletariat beträchtlich zu verringern. Augustus giebt an, dass die in den Jahren 44, 29, 24, 23 und 12 v. Chr. von ihm an die römische Plebs vertheilten Congiarien „niemals weniger als 250 000 Menschen" zu gute gekommen seien [2]), obgleich wenigstens bei der Spende von 29 [3]), wahrscheinlich auch später die Knaben unter 10 Jahren berücksichtigt wurden, die bis dahin ausgeschlossen waren [4]). Dagegen wurde die Spende des Jahres 5 v. Chr. wieder an 320 000 Empfänger vertheilt [5]): wir sehen, wie das italische Proletariat von neuem nach der Hauptstadt zusammenströmte. Dem gegenüber sah sich Augustus im Jahre 2 v. Chr. genöthigt, wieder eine Beschränkung der Getreidevertheilungen eintreten zu lassen. Er ging dabei schonender vor als einst Caesar; die Zahl der Empfänger wurde zunächst auf etwas über 200 000 festgesetzt [6]), um dann später allmählich auf die von Caesar bestimmte Normalzahl von 150 000 herabgebracht zu werden. Bei Augustus' Tode war das ganz oder annähernd erreicht. Von den 40 Millionen Sesterzen, die Augustus dem „Volke", d. h. den Getreideempfängern, vermacht hatte [7]), erhielt jeder

---

[1]) Suet. Caes. 41; Liv. Epit. 115; Plut. Caes. 55, vergl. Dio Cass. 43, 23.

[2]) Mon. Ancyr. c. XV: quae mea congiaria pervenerunt ad hominum millia nunquam minus quinquaginta et ducenta.

[3]) Dio Cass. 51, 21, 3: τῷ τε δήμῳ καθ' ἕκαστον δραχμάς, πρότερον μὲν τοῖς ἐς ἄνδρας τελοῦσιν, ἔπειτα δὲ καὶ τοῖς παισὶ διὰ τὸν Μάρκελλον τὸν ἀδελφιδοῦν διένειμε.

[4]) Suet. Aug. 41: ac ne minores quidem pueros praeteriit, quamvis non nisi ab undecimo aetatis anno accipere consuessent. Hier nur an Waisenknaben zu denken, verbietet der Ausdruck pueros, nicht pupillos, und die angeführte Stelle des Dion.

[5]) A. a. O.: trecentis et viginti millibus plebis urbanae sexagenos denarios viritim dedi.

[6]) Mon. Ancyr. c. XV: Consul tertium decimum sexagenos denarios plebei, quae tum frumentum publicum accipiebat, dedi; ea millia hominum paullo plura quam ducenta fuere. Bemerkenswerth ist der Ausdruck: quae tum frumentum publicum accipiebat; zur Zeit als Augustus schrieb, war also die Zahl eine andere.

[7]) Die Zahl geben Sueton. Aug. 101 und Tacit. Ann. I 8 übereinstimmend, nur dass Tacitus die beiden Legate: 40 Mill. den Getreide-

Bürger 65 Denare[1]), was eine Zahl von wenig über 150 000 ergiebt. Später ist die Zahl wieder etwas erhöht worden; sie hat unter Septimius Severus 160 000, vielleicht 180 000 Köpfe betragen[2]).

Seit der Schliessung der Zahl der Getreideempfänger durch Augustus im Jahr 2 v. Chr. hat diese Zahl für die Bevölkerungsstatistik nur noch insofern Bedeutung, als sie uns das Minimum giebt, unter das wir nicht herabgehen dürfen, das aber möglicherweise bedeutend — wenn auch kaum sehr bedeutend — hinter der Wahrheit zurückbleibt. Vor diesem Jahre begreift die Zahl der Getreideempfänger offenbar die Gesammtheit der in oder bei Rom domicilirten Bürger, soweit sie durch ihr Alter zum Empfange berechtigt waren und nicht zum Senatoren- oder Ritterstand gehörten. Allerdings konnte der Umstand, dass ein Bürger in der Hauptstadt seinen Wohnsitz hatte, unmöglich ein rechtliches Privileg gegenüber den anderen Bürgern begründen; da aber die Getreidevertheilungen nur in Rom stattfanden, so waren damit thatsächlich alle in den entfernteren Municipien wohnenden Bürger ausgeschlossen. Wollten sie ihr Recht dennoch ausüben, so gab es für sie kein anderes Mittel als die Uebersiedlung nach Rom, und wir haben gesehen, in welchem Maassstab die italische Bevölkerung von diesem Mittel Gebrauch gemacht hat. Aber diese thatsächliche Beschränkung bestand nicht, oder sie bestand doch nur in geringerem Maasse für die Bürger, die in unmittelbarer Nähe von Rom wohnten. Von Ostia oder Praeneste lohnte es sich schon, einmal im

---

empfängern, 3½ Mill. den 35 Tribus (jeder 100 000 HS) in eine Zahl zusammenfasst.

[1]) Dio Cass. 57, 14.

[2]) Dio Cass. 76, 1. Severus vertheilte bei seinem zehnjährigen Regierungsjubiläum an die Praetorianer — d. h. doch offenbar an alle in und bei Rom stehenden Truppen — und den Getreidepöbel 1000 HS pro Mann; der Gesammtaufwand betrug 200 Millionen, die Empfänger waren also 200 000. Die Zahl der Praetorianer giebt Herodian auf 40 000 an (III 13, 4) was wohl übertrieben ist, auch wenn wir die Zahl von der ganzen Garnison der Hauptstadt verstehen. Doch ist die Berechnung Dions sehr im groben gegriffen.

Monat den Weg nach der Hauptstadt zu machen, um die 5
Modien in Empfang zu nehmen; wer das Getreide nicht mit
nach Hause schleppen wollte, konnte es ja sogleich wieder ver-
kaufen. Und es ist nicht abzusehen, aus welchem Grunde man
den Bürgern aus der Umgebung Roms die Theilnahme an den
Spenden hätte verweigern können; man konnte das ebensowenig,
wie sie von der Theilnahme an den Comitien ausschliessen. Die
Zahl der Getreideempfänger in Caesars Zeit umfasst also nicht
blos die Bürger der Hauptstadt, sondern auch der Campagna
bis zu einem Radius von vielleicht 20—30 Miglien. Als untere
Altersgrenze scheint damals das 11. Jahr gegolten zu haben;
Frauen waren durchaus ausgeschlossen.

Die Congiarien sind seit 2 v. Chr. nur an die Getreideempfänger gezahlt worden. Dass dies auch früher der Fall war,
liegt in der Natur der Sache; denn um 60 oder gar 100 Denare
in Empfang zu nehmen, hätte sich auch eine Reise aus weiter
Entfernung gelohnt, und die Ausgabe würde ins maasslose gewachsen, vor allem aber in ihrem Betrage vorher gar nicht zu
übersehen gewesen sein. Verzeichnisse der Getreideempfänger
muss es natürlich auch vor der Schliessung ihrer Zahl durch
Augustus gegeben haben[1]); der Unterschied war nur der, dass
vorher jeder berechtigt war sich eintragen zu lassen, nachher
nur die vacanten Stellen vergeben wurden. — Die Sorge für
die Hebung der Bevölkerung Italiens hat dann Augustus seit
dem Jahr 29 dazu geführt, nicht nur die Getreideempfänger
allein, sondern auch deren Kinder männlichen Geschlechts bei
den Congiarien zu berücksichtigen; die Zahlen der Empfänger
der Geldspenden von 29—5 v. Chr. drücken also die männliche
Bürgerbevölkerung von Stadt und Umgebung aus, mit Ausnahme
der Senatoren und Ritter, die aber numerisch gegenüber den
Hunderttausenden der Plebs kaum in Betracht kommen. Dass
ferner die männliche Bevölkerung weit über die weibliche über-

---

[1]) Dio Cass. 39, 24: καὶ ὁ Πομπήιος ἔσχε μὲν ἐν τῇ τοῦ σίτου διαδόσει
τριβήν τινα, πολλῶν γὰρ πρὸς τὰς ἀπ' αὐτῆς ἐλπίδας ἐλευθερωθέντων,
ἀπογραφήν σφων, ὅπως ἔν τε κόσμῳ καὶ ἐν τάξει τινὶ σιτοδοτηθῶσιν,
ἠθέλησε ποιήσασθαι. οὐ μὴν ἀλλὰ τοῦτο μὲν .... ῥᾷόν πως διήξησε.

wogen haben muss, ergiebt sich schon daraus, dass die letztere von den Getreidevertheilungen ausgeschlossen war, und also hier der Grund wegfiel, der das männliche Proletariat von ganz Italien nach der Hauptstadt zog. Infolge dessen musste denn auch die Zahl der Kinder hier eine verhältnissmässig geringere sein, als sie es schon ohnedies in der Regel in Grossstädten ist. Noch im modernen Rom kommen auf 1000 männliche nur 796 weibliche Personen, und 137 Knaben unter 10 Jahren[1]). Wenden wir diese Zahlen auf die bürgerliche Bevölkerung des antiken Rom an, so erhalten wir folgendes Ergebniss:

v. Chr.	Männer über 10 Jahre	Knaben unter 10 Jahren	weibl. Personen	zusammen
62	200 000	31 800	184 400	416 200
46	320 000	50 900	295 200	666 100
44	250 000	39 750	230 800	520 550
5	320 000		254 700	574 700

Es ist indess wohl unzweifelhaft, dass im antiken Rom, wenigstens solange das Getreide an alle Bürger ohne Beschränkung vertheilt wurde[2]), die erwachsenen Männer einen bei weitem grösseren Bruchtheil der Bevölkerung gebildet haben, als heute. Das gilt ganz besonders für das Jahr 46 v. Chr.; denn da der Zuwachs seit 62 so gut wie ausschliesslich durch die Einwanderung zum Zweck des Empfanges der Getreidespenden veranlasst ist, an diesen aber nur die Bürger männlichen Geschlechts über 10 Jahre Antheil erhielten, so ist es klar, dass eine Einwanderung von Frauen und Kindern auch nicht entfernt in derselben Proportion stattgefunden haben kann. Rom wird also damals schwerlich auch nur 600 000 bürgerliche Einwohner gezählt haben, selbst wenn wir die Senatoren und

---

[1]) *Censimento della popolazione del Regno d'Italia al 31. Dic. 1882.* Vol. III.

[2]) Ich setze als bekannt voraus, dass auch die Freigelassenen an den Getreidespenden Antheil erhielten. Es folgt, von allem anderen abgesehen, schon aus der eben angeführten Stelle des Dion (39, 24).

Ritter mit ihren Familien einrechnen, die ohnehin numerisch
nicht sehr ins Gewicht fallen. Für das Jahr 5 v. Chr. möchte
ich 550000 als Maximum annehmen, wozu noch die etwa
20000 Mann starke Garnison hinzutritt. Wer der Ansicht ist,
dass Augustus bei seinen Congiarien in dieser Zeit die Knaben
von unter 11 Jahren nicht als Regel, sondern nur in Ausnahmefällen berücksichtigte, wird diese Zahl um vielleicht 50000 Köpfe
erhöhen müssen: ein Unterschied, der gegenüber der sonstigen
Unsicherheit der Factoren unserer Rechnung kaum ins Gewicht
fällt. Wenn dann im Jahr 2 v. Chr. etwa 120000 Bürger
ihres Antheils an den Getreidespenden beraubt wurden, so muss
das ebenso wie die gleiche Maassregel 44 Jahre früher eine
starke Verminderung der Bevölkerung zur Folge gehabt haben,
und es ist sehr fraglich, ob dieser Verlust je ersetzt worden
ist. Wurde doch die Zahl der Getreideempfänger in den nächsten
16 Jahren noch um weitere 50000 reducirt.

In dieser Zahl sind aber, wie oben bemerkt, auch die in
der Umgebung Roms wohnenden Bürger einbegriffen. Wir
werden annehmen dürfen, dass das Proletariat bis auf eine
Entfernung von etwa 40 km regelmässig zu den Getreidevertheilungen nach der Hauptstadt strömte, und demgemäss in
den Listen der Empfangsberechtigten verzeichnet stand. Ein
um Rom beschriebener Kreis von 40 km Radius reicht bis
Caere, Ostia, Ardea, Velitrae, Praeneste, Tibur, Cures, dem
Soracte und dem Lacus Sabatinus. Der Flächenraum eines
solchen Kreises beträgt 5025,5 qkm, von denen aber in unserem
Falle einige hundert qkm vom Meere bedeckt sind. Nun hat
ganz Italien von den Alpen bis zur sicilischen Meerenge um
den Beginn unserer Zeitrechnung eine bürgerliche Bevölkerung
von etwa 3¼ Millionen Einwohnern gehabt (s. unten S. 436),
auf etwa 250000 qkm, also 13 auf 1 qkm. Die Umgebung
Roms gehörte aber damals wie noch heute zu den menschenleersten Theilen der Halbinsel (unten S. 422), sodass die Dichtigkeit der bürgerlichen Bevölkerung hier die Zahl von 13
auf 1 qkm schwerlich erreicht haben kann. Rechnen wir, von
Ostia abgesehen, 10 bürgerliche Einwohner auf 1 qkm, so ergiebt sich für unseren Kreis eine bürgerliche Bevölkerung von

50000; für Rom und Ostia bleiben also ¹/₂ Million bürgerlicher Einwohner, ohne die Garnison.

Während wir so über die Höhe der bürgerlichen Bevölkerung Roms im letzten Jahrhundert vor unserer Zeitrechnung verhältnissmässig befriedigend unterrichtet sind, fehlt uns dagegen über die Zahl der nichtbürgerlichen Einwohner jede directe Angabe. Zwar die Peregrinen können nicht sehr ins Gewicht gefallen sein; hatte doch ganz Italien seit Sulla und Caesar das römische Bürgerrecht, das sich auch in den Provinzen immer mehr ausbreitete. Die grosse Mehrzahl der in Rom wohnhaften Peregrinen stammte aus dem fernen hellenischen Osten; und es ist charakteristisch, dass neben den vielen Tausenden von lateinischen Grabschriften in Rom nur wenige hundert griechische Grabschriften gefunden sind[1]). Wenn die Sammlung der stadtrömischen Inschriften vollständig vorliegen wird, wird es möglich sein, das numerische Verhältniss der Peregrinen zu den Bürgern genauer zu bestimmen; inzwischen glaube ich, dass die Zahl der Peregrinen zu Augustus' Zeit mit 100000 weit überschätzt ist, wenn auch andererseits Dureau de la Malles nach der Analogie von Paris berechneter Ansatz von 30000 beträchtlich hinter der Wahrheit zurückbleiben mag. Es werden also etwa 60—70000 Peregrinen anzunehmen sein.

Viel grösser war ohne Zweifel die Sklavenzahl, doch müssen wir uns auch hier vor übertriebenen Annahmen hüten. Rom war keine Fabrik- und Handelsstadt; und wenn auch manche der grossen Familien Hunderte von Luxussklaven hielten, so war doch die Zahl dieser Familien sehr beschränkt[2]). Die grosse Masse der freien Bevölkerung, der „Getreidepöbel", hielt keine Sklaven. Die einzige Grossstadt der Kaiserzeit, über deren Sklavenzahl im Verhältniss zur freien Bevölkerung wir unterrichtet sind, ist Pergamon; dort kam im II. Jahrhundert auf

---

[1]) Im *Corpus Inscriptionum Graecarum* stehen 539 aus Latium, Etrurien und Umbrien, wovon die grosse Mehrzahl nach Rom gehört; inzwischen mögen noch einige Hundert hinzugekommen sein.

[2]) Vergl. den Ausspruch des L. Philippus (Tribun 104 v. Chr.) bei Cic. *v. d. Pflichten* II 21, 79: *non esse in civitate duo milia hominum qui rem haberent.*

je zwei Freie ein Sklave[1]). Wenn in Rom mehr Luxussklaven gehalten wurden, so war Pergamon dafür eine verhältnissmässig weit bedeutendere Industriestadt. Solange wir also keine bessere Grundlage für die Bestimmung der Sklavenzahl in Rom haben, werden wir die Verhältnisse von Pergamon auch hier zu Grunde legen müssen. Wir erhalten demnach für das Jahr 5 v. Chr. neben einer bürgerlichen Civilbevölkerung von 500000 und einer Peregrinenzahl von 60—70000 eine Sklavenbevölkerung von etwa 280000, was eine Gesammtbevölkerung von 850000, oder einschliesslich der Garnison 870000 ergiebt. Wie viele davon auf Ostia kommen, wird sich annähernd abschätzen lassen, wenn einst ein zuverlässiger Plan dieser Stadt vorliegen und die Sammlung der ostiensischen Inschriften publicirt sein wird; inzwischen werden wir die Bevölkerung von Rom ohne Ostia in runder Zahl zu 800000 Einwohner veranschlagen dürfen. Dass dieses Ergebniss sich weder nach oben, noch nach unten weit von der Wahrheit entfernen kann, wird die folgende Untersuchung hoffentlich darthun.

Der von der aurelianischen Mauer umschlossene Raum beträgt auf dem linken Tiberufer, einschliesslich der Tiberinsel, 1131,6 ha[2]), auf dem rechten Ufer etwa 98 ha[3]), zusammen also 1230 ha[4]), ungerechnet den Fluss. Der so umgrenzte Raum deckt sich allerdings nicht mit den 14 Regionen des Augustus, kommt diesen aber an Umfang sehr nahe. Bereits

---

[1]) Galen (V S. 49 Kühn) giebt die Bevölkerung seiner Vaterstadt Pergamon auf 40000 Bürger (Männer) an, einschliesslich der Frauen und Sklaven auf 120000 Einwohner: er hat also ohne Zweifel beide Geschlechter an Zahl gleichgesetzt und die Sklaven auf die Hälfte der Freien veranschlagt. Dass hier nur eine ungefähre Schätzung vorliegt, ist klar; aber auch als solche bleibt die Angabe sehr beachtenswerth.

[2]) *Monografia della Città di Roma* II S. 376 f.

[3]) Nach meiner planimetrischen Messung auf Bl. IX von Kieperts *Atlas Antiquus.*

[4]) Wenn Dureau de la Malle den Flächeninhalt der aurelianischen Stadt auf 1396,46 ha angiebt (*Econ. polit.* I S. 347), so verwechselt er die aurelianische mit der heutigen, auf dem rechten Flussufer weiter vorgeschobenen Mauer, die nach officieller Angabe eine Fläche von 1411,3 ha einschliesst (*Monografia di Roma* a. a. O.).

Dureau de la Malle [1]) hat nachgewiesen, dass Rom ausserhalb
der aurelianischen Mauer ausgedehnte Vorstädte niemals besessen hat; und wenn die zusammenhängenden Häuserreihen
im Süden längs der Via Appia, Ardeatina und Ostiensis sich
eine Strecke weit jenseits der aurelianischen Thore ausgedehnt
haben, so war dafür bei Augustus' Tode der Pincio und die
Niederung von Piazza di Spagna nach Porta del Popolo und
der Ripetta hin noch unbebaut [2]). Auch sonst umschloss die
aurelianische Mauer weite Gartencomplexe. Nun hat die neuere
topographische Forschung nachgewiesen, dass die servianische
Mauer den festen Grundriss für die augusteische Regionseintheilung abgab, sodass 8 Regionen (II. III. IV. VI. VIII. X.
XI. XIII) innerhalb, 6 (I. V. VII. IX. XII. XIV) ausserhalb
derselben lagen [3]). Der Flächenraum der von der servianischen
Mauer umschlossenen Altstadt beträgt nach meiner planimetrischen
Messung auf Kieperts Plan 426 ha [4]), sodass 804 ha für die
6 vorstädtischen Regionen übrig bleiben. Es ergiebt sich daraus,
was freilich von vornherein vorauszusetzen war [5]), dass die Altstadt viel dichter bewohnt war, als die Vorstädte: denn es lag
in der Natur der Sache, die einzelnen Polizeibezirke so abzu-
grenzen, dass sie annähernd die gleiche Bevölkerung, oder
doch wenigstens die gleiche Häuserzahl enthielten. Das wird bestätigt durch die statistischen Angaben aus der Zeit Constantins,

---

[1]) *Economie politique* I 370—387. Ebenso Jordan, *Topogr.* I 1, 336,
der im 2. Theile nähere Nachweise zu geben verspricht.

[2]) Beweis das hier stehende Grabmal des Kaisers.

[3]) Jordan, *Topogr.* I 1, 317, der noch die XII. Region zur Altstadt
hinzurechnen will, was ich für unzulässig halte.

[4]) Dureau de la Malle (*Econ. polit.* I 347) berechnet die Ausdehnung
der servianischen Stadt nach dem Plan in Nardinis *Roma Antica* vol. I
(herausgegeben von Nibby, Roma 1818), auf 638,72 ha. Dort ist aber nicht
nur ein Stück von Trastevere in die servianische Stadt hineingezogen, sondern
diese auch nach O. hin bis in die Nähe des Laterans ausgedehnt, sodass
der Umfang bedeutend zu gross wird.

[5]) Bei dem Fehlen aller internen Communicationsmittel musste der
Drang der Bevölkerung nach dem Centrum im alten Rom noch unvergleichlich stärker sein, als in den Grossstädten unserer Zeit. Vergl. Pöhlmann
a. a. O. S. 81.

in der die Vorstädte noch weiter ausgedehnt waren, als unter
Augustus. Es entfielen damals auf die [1])

Reg.	Insulae	Domus	Vici
II	3 600	127	7
III	[2 757]	160	12
IV	[2 757]	88	8
VI	3 403	146	17
VIII	3 480	130	34
X	2 742	[89]	20
XI	2 500	[89]	21
XIII	[2 487]	130	18
Altstadt	23 726	959	137

Reg.	Insulae	Domus	Vici
I	3 250	120	10
V	3 850	180	15
VII	3 805	120	15
IX	2 777	140	35
XII	[2 487]	113	17
XIV	4 405	150	78
Vorstädte	20 574	823	170
zusammen	44 290	1 782	307
überlieferte Summe [2])	46 602	1 797	324

An kleineren Textverderbnissen ist natürlich in unseren
Handschriften kein Mangel, doch wird das Resultat nur unbedeutend dadurch afficirt. Um so mehr fällt ins Gewicht, dass
bei zwei Regionen die Zahl der *insulae*, bei einer die Zahl der
domus schon in der Vorlage aller unserer Handschriften ausgefallen und durch Wiederholung der nächst vorhergehenden

---

[1]) Nach der Zusammenstellung bei Jordan, *Topogr.* I 1 S. 314, wo
man die Varianten nachsehen möge. Ich habe überall d i e Zahl gesetzt,
die mir aus inneren und äusseren Gründen die meiste Gewähr zu haben
schien. Für ein näheres Eingehen auf diese textkritischen Fragen ist
hier nicht der Ort.

[2]) Der von Ignazio Guidi im *Bull. della Comm. Arch. Rom. serie* II
anno 12 (1884) S. 218 herausgegebene syrische Text der Beschreibung
Roms in der Geschichte des sog. Zacharias Rector giebt 324 *vici*, 46 603
insulae („*habitationes domorum*“) und 1797 *domus*.

oder nächst folgenden Zahl ersetzt ist. Bei den *domus* allerdings ist der Schaden nicht gross, denn die überlieferte Gesammtsumme stimmt fast genau mit der Summe der überlieferten Einzelzahlen; bei den *insulae* aber ist jene Summe um 2312 grösser als diese. Es müssen demnach 2 der 4 Regionen III. IV. XII. XIII mehr *insulae* gezählt haben, als unser obiges Verzeichniss angiebt. Drei von diesen Regionen gehören zur Altstadt, sodass die Wahrscheinlichkeit dafür spricht, dieser jene 2312 *insulae* zuzurechnen, wodurch die Gesammtzahl auf 26 038 *insulae* steigen würde; wie dem aber auch sei, es kommt für uns hier nicht so sehr darauf an. In jedem Falle hat die gute Hälfte der *domus* wie der *insulae* noch in der constantinischen Zeit in der Altstadt gelegen.

Dass nun unter *insulae* im Sinne unseres Regionenverzeichnisses keineswegs ganze Häuser zu verstehen sind, ist längst von Dureau de la Malle[1]) und Wietersheim[2]), und neuerdings gegen Jordan noch einmal von Richter erwiesen worden[3]). Freilich auch Richters Erklärung: *insulae* seien Theile von Häusern, die verschiedenen Eigenthümern gehört hätten, ist unhaltbar. Auf den 221383 qm, die bis 1872 in Pompei aufgedeckt waren, stehen 258 Häuser, also je 1 auf 858 qm, oder 11,6 auf 1 Hektar[4]). In Rom sind die Häuser ohne Zweifel im Durchschnitt grösser gewesen, wie auch die öffentlichen Gebäude gewiss einen verhältnissmässig grösseren Flächenraum einnahmen[5]); legen wir gleichwohl hier diese Zahlen für Rom zu Grunde, so hätte die Altstadt innerhalb der servianischen Mauer 4941 Häuser gezählt. Davon waren 959 *domus*; auf die übrigen, gegen 4000, kämen also im Durchschnitt 6 oder 6½ *insulae*. Niemand wird eine so grosse Zersplitterung des städtischen Grundbesitzes annehmen wollen, wie sie sich danach bei Richters Hypothese ergiebt. Vielmehr

---

1) *Economie politique* I S. 388 ff.
2) *Geschichte der Völkerwanderung* I[1] S. 253 ff.
3) *Hermes* XX (1885) S. 91—100.
4) Fiorelli, *Scavi di Pompei 1861—72* S. 43.
5) Richter a. a. O. S. 94.

ist klar, was Wietersheim und Pietro Castiglioni[1]) gesehen
haben, dass die *insulae* nichts anderes sein können, als ge-
trennte Familienwohnungen, entsprechend etwa dem, was die
mittelalterliche Statistik Italiens als „Feuerstellen" (*fuochi*) bezeichnet[2]). Dasselbe, nur eleganter und geräumiger, waren
die *domus*[3]), sodass die Summe beider (48 399) uns die Gesammtzahl der in dem constantinischen Rom vorhandenen
Wohnungen angiebt. Ob die Tabernen mit angeschlossenen
Wohnräumen dabei eingerechnet sind, oder nicht, muss dahingestellt bleiben.

Allerdings dürfen diese Zahlen nicht ohne weiteres auf das
augusteische Rom übertragen werden. Ohne Zweifel war damals die Zahl der Wohnungen in der Altstadt grösser, da
Hunderte von Privathäusern den Prachtbauten der Kaiserzeit
weichen mussten; dafür waren aber die Vorstädte weniger ausgedehnt[4]). Wenn wir aber selbst annehmen wollten, dass die
Altstadt unter Augustus die doppelte, die Vorstädte dieselbe
Zahl Wohnungen gezählt haben, wie unter Constantin, was
offenbar viel zu hoch ist, so kämen für das augusteische Rom
doch nicht mehr als 75 000 Wohnungen heraus. Dieses Ergebniss ist jedenfalls geeignet, uns vor übertriebenen Schätzungen
der Bevölkerung zu warnen, so wenig es auch ausreicht, um
selbst eine annähernde Berechnung darauf zu gründen.

Der am dichtesten bewohnte Theil des alten Rom war nach
allen Nachrichten die Niederung, die sich vom Forum Boarium
an der Tiber zwischen Capitol und Palatin hindurch an den
Fuss des Esquilin, Viminal und Quirinal hinzieht, ausserdem
der Palatin selbst, also die IV., VIII., X. und XI. augusteische

---

[1]) *Monografia di Roma* II S. 280.

[2]) Ich wiederhole, dass ich nur von *insulae* im Sinne unseres Verzeichnisses spreche. Was man in anderen Zeiten unter *insula* verstanden
hat, geht uns hier nichts an.

[3]) Das schliesst natürlich nicht aus, dass einzelne Theile vieler *domus*,
namentlich in den oberen Stockwerken, separat vermiethet wurden; das
waren dann aber *insulae*, die in der Gesammtzahl der *insulae* begriffen
sein mussten.

[4]) Vergl. Jordan, *Topographie* I 1 S. 315 ff.

Region. Das findet in unseren Regionsverzeichnissen seine volle
Bestätigung. Der Flächeninhalt dieser 4 Regionen beläuft sich
auf etwa 140 ha, sodass 286 ha für die übrigen 4 Regionen der
Altstadt (II. III. VI. XIII) übrig bleiben. Die Zahl der *domus*
und *insulae* aber beträgt:

	domus	insulae
in Reg. IV. VIII. X. XI	376	11 479
in Reg. II. III. VI. XIII	583	12 247

Das heisst, die Niederung mit dem Palatin war annähernd
doppelt so dicht bevölkert wie die Hügel im Süden und Osten.
Nun zählten die drei am dichtesten bevölkerten Stadtbezirke
des modernen Rom: Ponte, S. Angelo und Parione 1881: 969,
871, 813 Einwohner auf 1 ha[1]). Ohne Zweifel ist die Bevölkerung in den am stärksten bewohnten Quartieren zu Augustus'
Zeit dichter gewesen. Aber wir werden kaum annehmen dürfen,
dass sie dichter war als heute in den Quartieren am Hafen von
Neapel: Porto, Pendino und Mercato, wo 1881 1470 Menschen
auf 1 ha lebten[2]); um so weniger, als ein sehr grosser Theil
des Areals der augusteischen Regionen IV. VIII. X. XI von öffentlichen Gebäuden eingenommen war: den Fora, dem Capitol,
dem Circus Maximus, den Kaiserpalästen. Rechnen wir nichts-
destoweniger für diesen Theil der Stadt in runder Zahl 1500
Einwohner auf 1 ha, so ergeben sich 210000 Seelen. Für die
übrigen 4 Regionen innerhalb der servianischen Mauer (II. III.
VI. XIII) würden dann, nach dem oben gesagten, etwa 800 Einwohner auf 1 ha anzunehmen sein, oder eine Gesammtbevölkerung von 230000, sodass alle 8 Regionen der Altstadt
zusammen 440000 Einwohner gezählt haben würden. Da nun
die 6 vorstädtischen Regionen, wie wir oben gesehen haben,
selbst in der constantinischen Zeit die Bevölkerung der Altstadt

---

[1]) Der Flächeninhalt dieser drei Bezirke (*Rioni*) beträgt, ausschliesslich den Fluss, 26,5; 11,0; 18,7 ha (*Monografia di Roma* II S. 376); die
Bevölkerung belief sich 1881 auf 25 677; 9 490; 15 194 Einwohner.

[2]) Der Flächenraum dieser drei Bezirke beträgt zusammen 88,5 ha
(*Censimento degli antichi Stadi Sardi 1° gennaio 1858 vol. 1, Relazione
generale*, Torino 1862, S. 123); die Bevölkerung belief sich am 31. Dec. 1881
auf 130113 Einwohner.

nicht völlig erreicht haben, und dieses Missverhältniss in der
augusteischen Zeit noch grösser gewesen ist, so könnten damals
alle 14 Regionen zusammen kaum über 800 000 Einwohner gezählt haben; das wären, den Flächeninhalt der 14 augusteischen
Regionen dem der aurelianischen Stadt gleichgesetzt, 650 auf
1 ha. Das ist eine Dichtigkeit der Bewohnung, die von keiner
modernen Grossstadt auch nur annähernd erreicht wird, Neapel
allein etwa ausgenommen.

Doch ziehen wir jetzt Analogien aus dem Alterthum heran.
Die griechischen Städte aus der Zeit vor Alexander haben eine
verhältnissmässig sehr wenig dichte Bevölkerung gehabt, wie
das auch bei dem Fehlen des Hochbaues nicht anders sein
konnte [1]. Das perikleische Athen, einschliesslich des Peiraeeus,
zählte auf einem Raum von 585 ha eine Bevölkerung von wenig
über 100 000 (oben S. 101), also höchstens 200 auf 1 ha. Theben
hatte 43 Stadien, oder etwa 7 Kilometer im Umfang, was auf
einen Flächenraum von gegen 200 ha schliessen lässt; die Bevölkerung betrug bei der Zerstörung durch Alexander 40 000
bis höchstens 50 000 (oben S. 166), oder auf dem ha 200—250.
Dichter bewohnt waren die phoenikischen Städte, wo der Hoch-
bau schon seit alter Zeit geübt wurde. So hat Tyros im Jahre
332 auf 75 ha etwa 40 000 Einwohner gezählt (oben S. 244),
oder 533 auf 1 ha; die Altstadt von Panormos 254 auf 47 ha
27 000 Einwohner [2] (oben S. 294), oder auf 1 ha 574. Etwa
dieselbe Dichtigkeit der Bewohnung finden wir in dem grössten
städtischen Centrum der hellenistischen Zeit, Alexandreia. Ums
Jahr 60 v. Chr. wohnten hier auf 920 ha etwa ½ Million
Menschen (oben S. 259) [3], also auf 1 ha 533. Wollten wir
für Rom dieselbe Dichtigkeit der Bewohnung annehmen, so erhielten wir für die 1230 ha, die von der aurelianischen Mauer

---

[1] Die Belege für das folgende s. in Cap. XI.

[2] Doch ist nicht zu vergessen, dass unter dieser Zahl die geflüchteten
Bewohner der Neustadt und des Landgebietes einbegriffen sind, die Be-
völkerung also in normalen Zeiten hier viel weniger dicht sein musste.
Dasselbe gilt bis zu einem gewissen Grade von Tyros und auch von Theben.

[3] Dabei ist allerdings zu berücksichtigen, dass wir über die Zahl der
Sklavenbevölkerung Alexandreias keine directen Angaben haben.

umschlossen werden, etwa 650000 Einwohner. Da indess die
Altstadt Roms bis auf den neronischen Brand ohne Zweifel viel
enger gebaut war, als Alexandreia, so wird diese Zahl unter
der Wahrheit bleiben. Rechnen wir für die 8 Regionen innerhalb der servianischen Mauer die doppelte Dichtigkeit der Bewohnung wie für Alexandreia, so ergäben sich für diesen Theil
von Rom 454000 Einwohner, was mit unseren obigen Annahmen
fast genau übereinstimmt; auch hiernach würde die Gesammtbevölkerung des augusteischen Rom sich auf etwa 800000 belaufen haben.

Es giebt noch einen dritten Weg, die Bevölkerung des
kaiserlichen Rom zu bestimmen: die Angaben über den Getreide-
verbrauch der Stadt. Man hat auf das Zeugniss eines ganz
unzuverlässigen Schriftstellers später Zeit hin [1]) und Contamination
desselben mit einer anderen, drei Jahrhunderte älteren Angabe [2]) den jährlichen Getreideconsum des augusteischen Rom
auf 60 Millionen Modien bestimmt, was für eine Bevölkerung
von etwa 2 Millionen ausgereicht haben würde. Ein so un-
methodisches Verfahren bedarf keiner Widerlegung. Dagegen
besitzen wir eine, wie es scheint authentische Angabe, wonach
unter Septimius Severus der *canon frumentarius populi Romani*
oder *urbis Romae* täglich 75000 Modien betragen hätte [3]),
jährlich also 27375000 Modien. Die Zahl der Getreideempfänger betrug damals einschliesslich der Praetorianer
200000, deren jährlicher Bedarf 12 Millionen Modien erforderte, da monatlich 5 Modien auf den Kopf gegeben wurden. Mit dem *canon frumentarius* kann also keineswegs blos

---

[1]) Aurel. Victor *epit.* 1, der die aegyptische Getreideeinfuhr nach Rom
unter Augustus auf 20 Millionen Modien angiebt. Offenbar hat er dieselbe
mit der gesammten Getreideeinfuhr verwechselt und die Zahl abgerundet.

[2]) Josep. *Jüd. Krieg* II 16, 4, der angiebt, dass der Bedarf Roms zu
$\frac{1}{3}$ durch aegyptisches, zu $\frac{2}{3}$ durch libysches Getreide gedeckt wurde.

[3]) Spartian. *Severus* 23: *moriens septem annorum canonem, ita ut
cottidiana septuaginta quinque millia modium expendi possent, reliquit;
olei vero tantum, ut per quinquennium non solum urbis usibus, sed et totius
Italiae, qua oleo eget, sufficeret.*

das Erforderniss für die öffentlichen Getreidevertheilungen gemeint sein; selbst dann nicht, wenn wir den Bedarf der Beamten,
servi publici etc. hinzurechnen, wir müssten denn annehmen
wollen, dass es in Rom 255000 solcher Beamten gegeben habe.
Ist das aber nicht der Fall, dann kann nur der Gesammt-
bedarf der Stadt unter dem *canon frumentarius* verstanden
werden, jenes Minimum, das vorhanden sein musste, sollte
nicht Hungersnoth ausbrechen. So geben auch die Scholien zu
Lucanus an, dass Rom jeden Tag 80000 Modien (also jährlich
29200000 Modien) Getreide verbraucht habe[1]). Bei einem
jährlichen Durchschnittsverbrauch von 36 Modien auf den
Kopf[2]) berechnet sich nach diesen Angaben eine Bevölkerung
von 760—810000 Einwohnern.

So hat sich uns denn von drei Seiten her übereinstimmend dasselbe Resultat ergeben, dass Rom in den drei ersten
Jahrhunderten der Kaiserzeit etwa 800000 Einwohner gezählt
hat, und zwar kann die Bevölkerung während dieser Zeit nur
wenig geschwankt haben. Für die frühere Zeit sind nur ungefähre Schätzungen möglich. Da Rom noch unter Sulla im
wesentlichen auf den Raum innerhalb des servianischen Mauer-
rings beschränkt war, so wird die Zahl der Bewohner damals
400000 nicht überschritten haben, womit es übereinstimmt,
dass noch einige Jahre später nicht mehr als 60—80000 Getreideempfänger vorhanden waren; denn die Getreideempfänger
müssen schon damals, wenn auch noch nicht die Gesammtheit,
so doch die überwiegende Majorität der in der Stadt domicilirten Bürger gebildet haben. Dass die Bevölkerung zu Hannibals Zeit sehr viel niedriger war, unterliegt keinem Zweifel;
eine bestimmte Zahl auszusprechen wage ich nicht[3]).

---

[1]) I 319 vol. III S. 53 Weber.

[2]) Das macht auf das Jahr 3,149 hl oder 236 Kilo. Die monatliche
Quote von 5 Modien (jährlich 394 Kilo), die den Getreideempfängern gegeben wurde, war mit Absicht sehr reichlich bemessen. Vergl. oben S. 32 f.

[3]) Ihne, *Röm. Gesch.* I S. 465 rechnet für die Zeit vor Anfang des
ersten punischen Krieges 200000, offenbar bedeutend zu hoch.

3. Die Bevölkerung der italischen Halbinsel.

Die Resultate des römischen Census geben uns den Beweis, dass die freie Bevölkerung der italischen Halbinsel während der drei letzten Jahrhunderte vor unserer Zeitrechnung im grossen und ganzen stationär geblieben ist. Im Jahre 293 wurden 262 321 Bürger gezählt, 131/30 bei wesentlich erweiterten Grenzen des römischen Gebiets 318 823. Aus dem Verzeichniss der italischen Wehrfähigen des Fabius Pictor vom Jahre 225 ergiebt sich eine Bürgerzahl von etwa 900 000; dieselbe Zahl ergab der Census von 70/69. Und dass im letzten halben Jahrhundert der Republik die freie Bevölkerung Italiens sich wenigstens nicht vermehrt hat, dafür sind die Maassregeln des Augustus zur Hebung der Bürgerzahl volles Zeugniss.

Da zur Zeit Hannibals nicht-italische Peregrinen in Italien noch kaum ansässig waren, können wir die freie Gesammtbevölkerung der Halbinsel im Jahre 225 auf 2 700 000 Köpfe veranschlagen, oder bei einem Flächenraum von etwa 130 000 qkm zu 21 auf 1 qkm. Im Jahre 69 hatten allerdings zahlreiche Ausländer in Italien ihren Wohnsitz; wenigstens ebenso zahlreich aber waren die römischen Bürger in den Provinzen, und ausserdem hatte die Ebene zwischen Apennin und Po das römische Bürgerrecht. Die eigentliche Halbinsel diesseits des Apennin kann demnach in dieser Zeit die Zahl von 900 000 erwachsenen Freien männlichen Geschlechts kaum erreicht haben. Ausserdem wird bei der immer mehr überhand nehmenden Ehelosigkeit und der Beschränkung der Kinderzahl das Verhältniss der erwachsenen Männer zu der Gesammtbevölkerung wie 1 : 3 wahrscheinlich zu hoch sein; die Halbinsel kann also damals kaum mehr als 2 ½ Millionen freie Einwohner gezählt haben.

Indess diese geringe Abnahme wurde weit mehr als ausgeglichen durch die rapide Vermehrung der unfreien Bevölkerung. Allerdings hat die Sklaverei von je her in Italien bestanden. Schon die licinischen Gesetze sollen eine Bestimmung

zur Beschränkung der Sklavenarbeit enthalten haben [1]); wenige
Jahre später (357 v. Chr.) wurde eine Steuer auf die Freilassungen gelegt [2]). Der Ertrag wurde — wahrscheinlich nicht
sogleich, aber doch bereits in früher Zeit — als Reservefonds
für unvorhergesehene Ausgaben in Gold auf dem Capitol de-
ponirt; als er im hannibalischen Kriege 209 angegriffen wurde,
soll er 4000 Pfund [3]) betragen haben, oder das Goldpfund
zu 4000 Sesterzen gerechnet [4]), 16 Millionen Sesterzen. Selbst
wenn wir den mittleren Werth eines Sklaven zu 2000 Sesterzen
annehmen, was für das Rom dieser Zeit ziemlich hoch ist, ergäbe das 160000 Manumissionen im Laufe von höchstens einem
und einem halben Jahrhundert [5]) — eine Zahl, die wir Mühe
haben, als richtig anzuerkennen. Der Reservefonds wird noch
aus anderen Quellen gefüllt worden sein. Doch ist es bemerkenswerth, dass auch König Philipp in einem 214 an die
Stadt Larisa gerichteten Erlass eine der hauptsächlichsten Ursachen des Aufschwunges der römischen Macht in der Libera-
lität findet, mit der die Römer den Freigelassenen Antheil am
Bürgerrecht gaben [6]). Eben dahin führen die Kämpfe um das
Stimmrecht der Freigelassenen in Ap. Claudius' Zeit [7]). Wie
zahlreich die Sklaven am Ende des III. Jahrhunderts in Rom
waren, zeigt ihre ausgedehnte Verwendung zu militärischen
Zwecken im hannibalischen Kriege [8]). Immerhin war die Halbinsel damals noch weit überwiegend ein Land der freien Arbeit.

---

[1]) Appian, *Bürgerkr.* I 8.

[2]) Liv. 7, 16; 27, 10.

[3]) Liv. a. a. O.

[4]) Hultsch, *Metrologie* S. 301.

[5]) Vergl. Dureau de la Malle, *Econ. politique* I 290, der 200000
Freigelassene herausrechnet, von denen 50000 noch zur Zeit Hannibals
gelebt hätten.

[6]) Collnitz, *Dialekt-Inschriften* I 345 (= *Mittheil.* VII 61, *Hermes* XVII
467): ὧν καὶ Ῥωμαῖοί εἰσιν, οἱ καὶ τοὺς οἰκέτας ὅταν ἐλευθερώσωσιν
προσδεχόμενοι εἰς τὸ πολίτευμα καὶ τῶν ἀρχείων με[ταδι]δόντες; . . . .
οἱ μόνον τὴν ἰδίαν πατρίδα ἐπηυξήκασιν, ἀλλὰ καὶ ἀποικία[ς] σχεδὸν
[εἰς ἑβ]δομήκοντα τόπους ἐκπεπόμφασιν.

[7]) Diod. XX 36; Liv. 9, 46.

[8]) Bücher, *Die Aufstände der unfreien Arbeiter* (Frankfurt 1874) S. 26.

Der Krieg brachte durch die massenhaften Gefangenen eine starke Vermehrung der Sklavenzahl. Es ist bezeichnend, dass in den nächsten Jahren eine Reihe von Sklavenaufständen ausbrachen. Zuerst 198 in Latium, dann zwei Jahre später in Etrurien, endlich 185 in Apulien; jedesmal musste zur Unterdrückung der Empörung eine bedeutende Militärmacht aufgeboten werden, und Tausende der Schuldigen wurden hingerichtet[1]). Dass während des II. Jahrhunderts die Sklavenzahl Italiens sich in sehr starkem Maasse vermehrt hat, ist unzweifelhaft; es war die unausbleibliche Folge der immer weiter sich ausdehnenden Latifundien.

Doch ergriff diese wirthschaftliche Bewegung nicht alle Theile der Halbinsel in gleicher Weise. Es ist kein Zufall, dass nur Etrurien, Latium, Campanien, Lucanien, Apulien die Herde von Sklavenaufständen geworden sind. Hier vor allem hatte die Latifundienwirthschaft ihren Sitz[2]), während in den Landschaften des Apennin wie der Kleinbesitz so auch die freie Arbeit sich bis in die Kaiserzeit hinein erhalten hat. Wir müssen uns aber auch in betreff des Südens und Westens der Halbinsel vor übertriebenen Annahmen hüten. Spartakos war mehrere Jahre hindurch Herr der an Sklaven reichsten Distrikte Italiens, und doch hat sein Heer auch nach den höchsten Angaben nie mehr als 120000 Mann gezählt[3]). Vor der Schlacht bei Philippoi legten die Triumvirn auf jeden Sklaven in Italien eine Steuer von 100 Sesterzen; das ergäbe schon bei 2 Millionen Sklaven einen Ertrag von 200 Millionen Sesterzen: soviel als die gesammten Staatseinnahmen von Pompeius' asiatischen Eroberungen betragen hatten[4]), und mehr als die Einkünfte

---

[1]) Liv. 32, 26; 33, 36; 39, 29. 41; Zonar. IX 16.

[2]) Ueber die Sklavenmassen in Etrurien Plut. *Ti. Gracchus* 8; Martial IX 22, 4: *Et sonet innumera compede Tuscus ager.* Für Süditalien genügt es, an den Aufstand der Spartakos zu erinnern.

[3]) Appian, *Bürgerkr.* I 117. Nach Liv. *Epit.* 96. 97 wären in den drei Hauptschlachten 115000 Sklaven gefallen. Vergl. die Ausführungen bei Wietersheim, *Völkerwanderung* I[1] S. 186 f.

[4]) Plut. *Pomp.* 45.

des Königs von Aegypten am Ende der Ptolemaeerherrschaft [1]).
Wer einen Begriff hat von den Summen, mit denen in der
Finanzgeschichte des Alterthums zu rechnen ist, wird schon
hiernach Bedenken tragen, die Sklavenzahl Italiens in den
letzten Jahren der Republik auf 2 Millionen zu veranschlagen,
und jedenfalls über diese Zahl nicht hinausgehen wollen.

Um nun wenigstens ein ungefähres Bild von der Zahl der
italischen Sklavenbevölkerung zu gewinnen, bleibt uns nur der
Weg, den bereits, allerdings in wenig kritischer Weise, Dureau
de la Malle [2]) und Wallon [3]) eingeschlagen haben, nämlich aus-
zugehen von der Bodenproduction. Italien war im Alterthum
wie noch heute ein vorwiegend Ackerbau treibendes Land, und
es ist keine Frage, dass die grosse Mehrzahl der Sklaven in
den landwirthschaftlichen Betrieben beschäftigt gewesen ist.
Wir haben nun freilich über die Höhe der Bodenproduction
der Halbinsel im Alterthum keine directen Angaben, aber wir
wissen doch soviel, dass Italien seit dem Ende des II. Jahrhunderts vor unserer Zeitrechnung nicht mehr im Stande war,
seinen eigenen Bedarf an Getreide hervorzubringen, und dass
namentlich die Bevölkerung der Hauptstadt und ihrer Umgebung,
seit Caesar rund 1 Million Menschen, auf die Einfuhr fremden
Getreides angewiesen war. Die freie Bevölkerung der italischen
Halbinsel, abgesehen von dem diesseitigen Gallien, betrug nun,
wie wir gesehen haben, im I. Jahrhundert vor unserer Zeitrechnung etwa 2 1/2 Millionen. Die Sklavenzahl kennen wir nicht;
sie mag vorläufig, um die Berechnung nicht unnöthig zu compli-
ciren, auf 2 Millionen angesetzt werden. Das giebt zusammen
4 1/2 Millionen Einwohner, wovon mindestens 1 Million von
überseeischem Korn ernährt wurde. Die Production würde
also höchstens den Bedarf von 3 1/2 Millionen gedeckt haben.
Dieser Bedarf wird im Durchschnitt, einschliesslich der Aussaat, zu etwa 40 Modien pro Jahr und Kopf zu veranschlagen
sein; das ergäbe eine Gesammtproduction von 140 Millionen

---

[1]) Nach Diod. XVII 52: mehr als 6000 Talente = etwa 150 Mill. HS.
[2]) *Econ. politique* I 281 f.
[3]) *Histoire de l'Esclavage* II 71 ff.

Modien. Bei einem Durchschnittsertrage von 30 Modien auf dem *iugerum*[1]) ergiebt sich daraus eine mit Getreide bebaute Fläche von etwas unter 5 Millionen *iugera*. Rechnen wir nun 1 Arbeiter auf je 8 *iugera*[2]), was offenbar sehr hoch ist, namentlich bei der extensiven Cultur, die in Italien zu Anfang der Kaiserzeit vorherrschte, so würde die Production jener 140 Millionen Modien gegen 600 000 Feldarbeiter erfordert haben. Dazu kommen dann weiter die in der Wein- und Oelcultur und in der Viehzucht beschäftigten Arbeiter. Letztere allerdings erforderte nur wenige Arbeitskräfte; gerade darin lag ja ihre grosse Rentabilität. Aehnlich war es mit den Oelpflanzungen; Cato rechnet auf 240 *iugera* Oelwald nur 13 Arbeiter, den *vilicus* und die *vilica* eingeschlossen[3]). Dagegen waren zur Bestellung von 100 *iugera* Weinland nach Cato 16 Arbeiter erforderlich, den *vilicus* und die *vilica* auch diesmal eingeschlossen[4]). Wenn nun zu der Bestimmung der Ausdehnung der Olivenwälder und Weinberge im alten Italien auch jeder Anhalt fehlt, so wird doch Niemand, der überhaupt sich mit diesen Dingen beschäftigt hat, im Zweifel sein, dass diese Culturen im Alterthum sehr viel weniger ausgedehnt waren als heute. Das ergiebt sich schon aus der so viel dünneren Bevölkerung. Heute nun hat der peninsulare Theil Italiens südlich des Apennin 920 000 ha Weinland und 646 000 ha Oelpflanzungen[5]), zu deren Bestellung, wenn wir die Zahlen Catos zu Grunde legen und die *vilica* jedesmal abrechnen, 552 000 bezw. 129 000 Arbeiter erforderlich gewesen wären. Es wird demnach sehr reichlich gerechnet sein, wenn

---

[1]) Cicero (*Verr.* III 47, 112) rechnet im fruchtbarsten Theil Siciliens auf das *iugerum* 6 Modien Aussaat und bei guter Ernte einen Ertrag von 48, bei ausgezeichneter von 60 Modien. Varro nimmt als Durchschnitt auf das *iugerum* an eine Aussaat von 5 Modien Weizen, 6 Modien Gerste, 12 Modien Spelt, als Ertrag das zehnfache (*Res rust.* I 44). Columella dagegen sagt (III 3): *nam frumenta maiore quidem parte Italiae quando' cum quarto responderint, vix meminisse possumus.*

[2]) Saserna bei Varro, *Res Rust.* I 18.

[3]) *De Re Rust.* 10.

[4]) Cato, *De Re Rust.* 11.

[5]) *Annuario Statistico Italiano 1881* S. 252.

wir die in den anderen landwirthschaftlichen Betrieben beschäftigten Arbeiter den bei der Getreideproduction beschäftigten
gleichsetzen [1]).

Die so sich ergebenden 1 200 000 ländlichen Arbeiter waren
aber keineswegs ausschliesslich Sklaven, sondern haben zum
grossen Theil aus freien Leuten bestanden. Wovon hätte denn
die grosse Mehrzahl der freien italischen Bevölkerung sonst
leben sollen? Diese in der Landwirthschaft beschäftigten Freien
mochten sich etwa compensiren mit den Sklaven, die in den
Städten; sei es in der Industrie, sei es mit persönlichen
Diensten beschäftigt waren. Dass nun unter den Sklaven die
erwachsenen Männer die Frauen und Kinder an Zahl überwogen, wird für das I. Jahrhundert vor unserer Zeitrechnung,
so lange die Zufuhr aus dem Osten und den nördlichen Barbarenländern noch reichlich floss, kaum Jemand bestreiten.
Selbst bei der Annahme von 1 200 000 erwachsenen männlichen
Sklaven im Jahre 28 v. Chr. würde die gesammte Sklavenbevölkerung kaum auf mehr als 2 Millionen zu veranschlagen
sein. Dabei ist aber zu erwägen, dass bei dieser ganzen Berechnung überall mit Absicht sehr reichliche Ansätze zu Grunde
gelegt sind, so dass das Ergebniss aller Wahrscheinlichkeit
nach beträchtlich über die Wahrheit hinausgeht. Die italische
Halbinsel dürfte also im I. Jahrhundert v. Chr. kaum über
1 1/2 Millionen Sklaven gezählt haben. Auch das ist eine für antike
Verhältnisse ungeheure Zahl, die wahrscheinlich von keinem
zweiten Lande im Umkreise des Mittelmeeres erreicht wurde,
Kleinasien höchstens ausgenommen. So konnte Plinius mit
Recht den grossen Reichthum Italiens an Sklaven hervorheben [2]).

Die Gesammtbevölkerung des peninsularen Theiles von
Italien wird also im I. Jahrhundert vor unserer Zeitrechnung
auf etwa 4 Millionen, im III. Jahrhundert auf höchstens 3 1/2

---

[1]) Auf dieselbe Zahl ländlicher Arbeiter kommt Wallon, *Histoire de
l'Esclavage* II 99.

[2]) Plin. 37, 201: *ergo in toto orbe .... principatum naturae optinet
Italia .... viris feminis, ducibus militibus, servitiis, artium praestantia* etc.

Millionen zu veranschlagen sein. Wie vertheilte sich nun diese Bevölkerung auf die einzelnen Landschaften? Die bevölkertste Landschaft der Halbinsel — von der Hauptstadt und ihrer nächsten Umgebung abgesehen — war im Alterthum wie noch heute Campanien. Nach einer Angabe, die höchst wahrscheinlich auf eine Censusliste zurückgeht, zählte die campanische Praefectur zu Anfang des hannibalischen Krieges 34000 erwachsene Bürger, worunter 4000 durch ihr Vermögen zum Reiterdienst qualificirt waren[1]). Der Flächenraum der Praefectur beträgt etwa 1000 qkm[2]), es entfallen also hier auf den qkm 34 Bürger, gegen 12 im ganzen römischen Gebiet. Wenn wir die Fruchtbarkeit und die alte Cultur Campaniens erwägen, ferner dass es in Capua die nächst Rom bedeutendste Stadt Italiens in sich schloss, wird uns dieses Ergebniss nicht überraschen. Auch dass das Verhältniss der Reiter zu den Fusstruppen hier ein höheres ist als im Durchschnitt des ganzen römischen Gebiets (1:7,5 gegen 1:12), ist bei dem Reichthum und der berühmten Pferdezucht Campaniens nur in der Ordnung. Bei weitem der grösste Theil dieser 34000 Bürger entfiel natürlich auf Capua und sein ausgedehntes Gebiet. Was wir von den militärischen Leistungen Capuas in dieser Zeit hören, steht mit unseren Zahlen in gutem Einklang. So zog ein capuanisches Heer von angeblich 14000 Mann im Jahre 215 gegen Cumae[3]), wenig später kämpften die Campaner vor den Thoren ihrer Stadt mit 6000 Mann gegen den Consul Q. Fabius[4]). Es ist nicht zu vergessen,

---

[1]) Liv. 23, 5 unter dem Jahr 216 in einer Rede: *triginta milia peditum, quattuor equitum ex Campania scribi posse*, mit etwas rhetorischer Uebertreibung; denn wenn die Zahlen auf einem römischen Census beruhen, müssen sie sich auf die Gesammtheit der erwachsenen Bürger beziehen. Ueber die Glaubwürdigkeit der Angabe vergl. Mommsen, *Röm. Forsch.* II S. 400.

[2]) Ungefähre Schätzung auf Grund der neuen planimetrischen Berechnung des Flächeninhalts des Königreiches durch das ital. militärgeographische Institut. *Campanien* S. 18 hatte ich 17,30 geogr. Quadrat-Meilen = 952 qkm angenommen, nach einer Berechnung auf Bl. I meines Atlas.

[3]) Liv. 23, 35.

[4]) Liv. 23, 46.

dass ein Theil der campanischen Praefectur, die Städte Cumae, Acerrae, Suessula, den Römern treu geblieben war. Die obige Angabe über die Bürgerzahl der Praefectur erscheint also in jeder Hinsicht glaubwürdig.

Die freie Bevölkerung der campanischen Praefectur hat sich demnach ums Jahr 220 auf etwa 100 000 Seelen belaufen. Es ist wahrscheinlich, dass die Sklavenbevölkerung hier verhältniss-mässig höher gewesen ist als in den meisten übrigen Theilen Italiens [1]). Schätzen wir sie auf ¹/₃ bis ¹/₂ der freien Bevöl-kerung, so ergiebt sich eine Gesammtbevölkerung von etwa 140 000 [2]), oder 140 auf 1 qkm. Campanien gehörte also in dieser Zeit zu den am dichtesten bewohnten Ländern im Um-kreise des Mittelmeers.

So ist es auch später geblieben. Capua freilich hat durch den hannibalischen Krieg schwer gelitten; aber seit der Colo-nisation durch Caesar war es wieder, was es im III. Jahrhun-dert gewesen ist, die grösste Stadt Italiens nächst Rom [3]), und erst durch den Aufschwung Mailands ist es in der späteren Kaiserzeit überflügelt worden [4]). Daneben entwickelte sich Puteoli im II. Jahrhundert zu dem ersten Emporium der Halb-insel [5]); im I. Jahrhundert vor und nach unserer Zeitrechnung stand es an Bedeutung nicht weit hinter Capua zurück [6]). Wenn

---

[1]) *Servitia* werden neben der Plebs in Capua (Liv. 26, 4) und Casilinum (Liv. 24, 19) ausdrücklich erwähnt.

[2]) Wenn ich *Campanien* S. 19 und 311 eine höhere Bevölkerung be-rechnet habe, so beruht das auf einer unrichtigen Auffassung der römischen Censuszahlen.

[3]) Vergl. Statius, *Silv.* III 5, 76: *magnae tractus imitantia Romae Quae Capys advectis implevit moenia Teucris.*

[4]) Ausonius giebt in seinem Gedicht *de nobilibus urbibus* Capua den dritten Rang unter den Städten Italiens: vorher stehen Rom und Mailand.

[5]) Lucilius, fr. III 11 Müller: *Dicarchitum populos Delumque minorem.* Näheres in meinem *Campanien* S. 114 ff.

[6]) Tacit. *Hist.* III 57 spricht von der *municipalis aemulatio* zwischen beiden Städten. Im X. Bande der *CIL.* stehen 781 Inschriften aus Capua, 1790 aus Puteoli, doch gehören von letzteren sehr viele, vielleicht die Mehrzahl, nach Neapolis, Cumae und anderen Orten.

Cumae verfiel, so nahm dafür das Modebad Baiae einen glänzenden Aufschwung; die Villenstadt, die sich hier gebildet hatte, war nach Strabons Ausdruck nicht kleiner als Puteoli[1]). Die starke Bevölkerung der Gegend um Atina, Venafrum, Allifae hebt Cicero hervor[2]). Fregellae war bis zu der Katastrophe des Jahres 125 eine der ersten Städte Italiens[3]). Aquinum wird von Strabon als „grosse Stadt" bezeichnet[4]), doch stand es hinter Teanum zurück, das alle Städte an der Via Latina an Grösse übertraf[5]). Auch Casinum und Cales waren ansehnlich[6]). Von der Bedeutung Pompeis zeugen die Ueberreste; es gab nicht viele Städte in Italien, die einen grösseren Flächenraum bedeckt haben, wenn wir von den verfallenen Städten Etruriens und Grossgriechenlands absehen[7]). Neapolis war im IV. und III. Jahrhundert die erste Handelsstadt in Campanien; und wenn es auch später von Puteoli überflügelt worden ist, so ist es doch immer eine bevölkerte Stadt geblieben[8]). Von den etwa 46 italischen Colonien der Triumvirn und des Augustus lagen nicht weniger als 9 in Campanien, nämlich ausser den schon angeführten Capua, Puteoli, Aquinum, Teanum noch Nola, Venafrum, Suessa, Minturnae, Sora[9]). In keiner anderen Landschaft Italiens drängten sich die bedeutenden Städte in dieser Weise.

---

[1]) Strab. V S. 246: ἐπεὶ γὰρ ἄλλη πόλις γεγένηται, συνῳκοδομημένων βασιλείων ἄλλων ἐπ᾿ ἄλλοις, οὐκ ἐλάττων τῆς Δικαιαρχείας.

[2]) Cic. f. Plancus 8, 21 f.: huius praefectura (Atina) plena virorum fortissimorum, ut nulla tota Italia frequentior dici possit . . . . tractus ille celeberrimus Venafranus, Allifanus.

[3]) Schon 209 führt der fregellanische Abgeordnete in Rom für alle lateinischen Colonien das Wort (Liv. 27, 10). Im Jahre 177 klagen die Samniten und Paeligner, dass 4000 Familien aus ihren Gebieten nach Fregellae ausgewandert seien (Liv. 41, 8). Vergl. Mommsen, R. G. II⁵ S. 104.

[4]) Strab. V S. 237.

[5]) Strab. a. a. O.: μεγίστη οὖσα τῶν ἐπὶ τῇ Λατίνῃ.

[6]) Strab. a. a. O.

[7]) S. unten Cap. XI.

[8]) Cic. f. Rabirius Post. 10, 26.

[9]) Ich muss auch nach den Angriffen Mommsens, dessen Heftigkeit in der Polemik jedenfalls auf die Stärke seiner Gründe kein günstiges Licht

Latium steht an Fruchtbarkeit weit hinter Campanien
zurück, auch hat es ausser Rom selbst mit seinem Hafen Ostia
keine Grossstadt besessen, ja kaum eine einigermaassen ansehnliche Mittelstadt. Immerhin muss in älterer Zeit eine
ziemlich dichte Bevölkerung hier gewohnt haben; hat es doch
Latium vermocht, ganz Italien sich zu unterwerfen und ihm
den Stempel seiner Nationalität aufzudrücken. Dafür spricht
auch die grosse Zahl von Städten, die einst hier sich erhoben,
und die, wenn auch meist sehr herabgekommen, zum Theil
noch in der Kaiserzeit bestanden haben. Aber bereits im
letzten Jahrhundert der Republik war Latium, was es, freilich
in höherem Grade noch heute ist, eine menschenleere Einöde.
Gabii, Labicum, Bovillae waren beinahe verlassen[1], Fidenae
ein unbedeutendes Dorf[2], Tusculum eine Kleinstadt[3], von
Ardea blieb kaum mehr als der Name[4]. Strabon wird nicht
müde, den Verfall Latiums hervorzuheben; die meisten der
alten Städte waren spurlos verschwunden[5], das Volskerland
fast nur noch von Sklaven bewohnt[6]. Nur die Villen der
römischen Grossen in der nächsten Umgebung der Hauptstadt,
auf den Albanerbergen, bei Tibur und am Meeresstrand
brachten Leben in die verödete Landschaft.

wirft, an der *Ital. Bund* S. 5 ff. vertretenen Auffassung des plinianischen
Colonienverzeichnisses festhalten; vielleicht finde ich einmal Zeit und Gelegenheit, auf die interessante Frage zurückzukommen.

[1]) Cic. *f. Plancus* 9, 23: *nisi forte te Labicana aut Gabina aut
Bovillana vicinitas adiuvabit: quibus e municipiis vix iam qui carnem
Latinis petant inveniuntur.* Vergl. Dionys. IV 53; Propert. V 1, 34.

[2]) Horat. *Epist.* I 11, 7: *Scis Lebedus quid sit: Gabiis desertior atque
Fidenis vicus.*

[3]) Cic. *f. Plancus* 9, 21: *deinde tui municipes* (die Tusculaner) *sunt
illi quidem splendidissimi homines, sed tamen pauci, si quidem cum Atina-
tibus conferuntur.*

[4]) Vergl. Aen. VII 410: *locus Ardea quondam Dictus avis, et nunc
magnum manet Ardea nomen, Sed fortuna fuit.*

[5]) Plin. III 70: *ita ex antiquo Latio LIII populi interiere sine vesti-
giis.* Vergl. Lucan. VII 391.

[6]) Liv. VI 12: *innumerabilem multitudinem liberorum capitum in eis
locis fuisse, quae nunc vix seminario exiguo militum relicto servitia
Romana ab solitudine vindicant.*

Ein ähnliches Bild bot Etrurien. Auch hier muss einst, wie die weitgedehnten Ruinen alter Grossstädte beweisen, eine zahlreiche Bevölkerung gewohnt haben. Aber selbst in der Blüthezeit der etruskischen Macht war diese Bevölkerung sehr ungleich vertheilt. Am dichtesten bewohnt war der Süden, von der Tibermündung bis zum volsinischen See und dem unteren Umbrothal, ein Gebiet von etwa 9000 qkm. Hier lag mehr als die Hälfte der etruskischen Bundesstädte, nebst einer sehr beträchtlichen Anzahl kleinerer Ortschaften; hier finden sich auch bei weitem die meisten Ueberreste etruskischer Cultur. Gut bewohnt war auch das obere Arnus- und das Clanisthal, wo Faesulae, Arretium, Cortona, Clusium lagen und die verschollene Stadt, an deren Stelle das heutige Orvieto getreten ist; ferner das mittlere Tiberthal um Perusia. An der Küste im NW. erhoben sich Populonia, Volaterrae und Pisae. Aber in dem gebirgigen Innern Etruriens, dem weiten Gebiete zwischen dem See von Bolsena und dem mittleren Arno fehlen antike Ortsnamen wie Culturreste aus dem Alterthum so gut wie ganz; in dem menschenleeren Lande scheint im IV. Jahrhundert eine senonische Horde sich angesiedelt zu haben, der Siena seinen Ursprung verdankt. Das Arnothal zwischen Florenz und Pisa war zu Hannibals Zeit ein weites Sumpfgebiet; der Durchzug des karthagischen Heeres soll vier Tage und drei Nächte erfordert haben. Der Apennin endlich war von der Küste bei Spezia bis zum Casentino oberhalb Arezzo im Besitz ligurischer Stämme, die erst im II. Jahrhundert von den Römern bezwungen worden sind. So mochten von den etwa 30000 qkm Etruriens im III. Jahrhundert kaum 17000 wirkliches Culturgebiet sein.

Dabei hat die Sklavenwirthschaft sehr früh in Etrurien Eingang gefunden. Bereits im Jahre 169 wird von einem Sklavenaufstand berichtet[1]); als Tiberius Gracchus im Jahre 137 durch die heutigen Maremmen nach Numantia reiste, sah

---

[1]) Der angebliche Aufstand der freigelassenen Sklaven in Volsinii 265 wird vielmehr als Empörung der Plebs gegen den Adel zu fassen sein; vergl. Ihne, *Röm. Gesch.* I 407.

er das Land von freien Bewohnern entblösst und die Felder von Sklaven bestellt[1]). So hat es nichts auffallendes, wenn die etruskischen Bundesstädte zur Zeit Hannibals zusammen nur etwa 40—50000 Waffenfähige zählten[2]), ihre freie Bevölkerung also rund 200000 Köpfe betrug. Da etwa 4000 qkm etruskischen Gebietes im unmittelbar römischen Besitz waren, so bleiben etwa 13000 für die etruskischen Bundesstaaten, abgesehen von den menschenleeren Gebieten des Innern; das ergiebt eine Dichtigkeit der freien Bevölkerung von 15 auf 1 qkm, wozu dann weiter die Sklaven zu rechnen wären.

In der Folgezeit ist der Verfall immer weiter fortgeschritten, beschleunigt durch die Verheerungen des sullanischen Bürgerkrieges, von dem Etrurien in ganz besonderem Maasse zu leiden hatte. So nennt Strabon Populonia und Caere verlassen[3]), und was Rutilius im IV. Jahrhundert singt (I 285):

> Cernimus antiquas nullo custode ruinas,
> Et desolatae moenia foeda Cosae

lässt sich schon am Anfang der Kaiserzeit auf einen grossen Theil Etruriens anwenden.

Besser lagen die Verhältnisse in den Landschaften des Apennin, von Umbrien bis Samnium. Die Einverleibung des *Ager Sabinus* ist die hauptsächlichste Ursache des plötzlichen Steigens der römischen Bürgerzahl von etwa 150000 auf 262000 am Anfang des III. Jahrhunderts[4]). Picenum nennt Plinius zur Zeit der Besitznahme durch die Römer ein sehr bevölkertes Land; die Zahl von 360000 Einwohnern, die er angiebt, ist freilich ohne Zweifel sehr übertrieben[5]). Wäre sie richtig, so würden hier etwa 80 Menschen auf 1 qkm gewohnt haben, was freilich noch immer hinter der heutigen

---

[1]) Gaius Gracchus bei Plut. *Ti. Gracchus* 8: καὶ τὴν ἐρημίαν τῆς χώρας ὁρῶντα καὶ τοὺς γεωργοῦντας ἢ νέμοντας οἰκέτας ἐπεισάκτους καὶ βαρβάρους.

[2]) 54000 Mann mit den „Sabinern". S. oben S. 364 ff.

[3]) Strabon V S. 120. 224.

[4]) Oben S. 344.

[5]) Plin. *H. N.* III 110: *quinta Regio Piceni est, quondam uberrimae multitudinis. CCCLX Picentini in fidem p. R. venere.* Doch vergl. oben S. 345 Anm.

Bevölkerung der Marken (95—97 auf 1 qkm) zurückbleiben würde; jedenfalls ist zu Plinius' Zeit die Bevölkerung der V. Region sehr viel geringer gewesen[1]). Um so dünner musste bis auf die *Lex Flaminia* die Bevölkerung in dem alten Senonenlande sein, dem sog. *Ager Gallicus in Piceno*, den wir uns gewöhnt haben, als einen Theil Umbriens anzusehen. Das eigentliche Umbrien zählte in Hannibals Zeit über 20 000 waffenfähige Männer im Alter von 16—46 Jahren, also eine freie Bevölkerung von gegen 100 000, was für das etwa 6000 qkm grosse Gebiet keine unbedeutende Zahl ist (16—17 auf 1 qkm). Die Marser, Paeligner, Vestiner, Marruciner, Frentaner, Samniten, Hirpiner sind es, die im Socialkriege die grosse Masse des Insurgentenheeres gestellt haben, was auf eine ansehnliche Bevölkerung schliessen lässt. Allerdings war städtisches Leben in allen diesen Gebirgslandschaften wenig entwickelt. Noch unter Augustus gab es hier keine einzige grössere Stadt, und das hat Strabon verleitet, von einem Verfall dieser Gegenden zu sprechen[2]), was neuere Historiker nicht hätten nachschreiben sollen.

Der Süden Italiens muss in der Blüthezeit der grossgriechischen Colonien, vom VII. bis zum V. Jahrhundert, eine verhältnissmässig dichte Bevölkerung gezählt haben (oben S. 301 ff.). Mit dem siegreichen Vordringen der Lucaner seit dem Anfang des IV. Jahrhunderts beginnt der Verfall, den der hannibalische Krieg vollendet, dessen Schauplatz diese Gebiete durch 13 Jahre bildeten. Die Angabe, dass zu Pyrrhos' Zeit die Tarantiner, Messapier, Lucaner, Brettier, Samniten 350 000 Mann zu Fuss und 20 000 Reiter hätten ins Feld stellen können[3]), ist jedenfalls stark übertrieben, selbst wenn es wahr wäre, dass Pyrrhos' Heer bei Ausculum 70 000 Mann zu Fuss und 8000 Reiter gezählt hätte, worunter 54 000 Mann zu Fuss und gegen 5000 Reiter italische Bundesgenossen[4]): Zahlen, an

---

[1]) Plin. a. a. O.: *quondam uberrimae multitudinis*.
[2]) Strab. V S. 249—50.
[3]) Plut. *Pyrrhos* 13.
[4]) Dionys. 20, 1; vergl. Plut. *Pyrrh.* 15.

denen ebenfalls starke Zweifel gestattet sind. Zu Anfang des
hannibalischen Krieges zählten die iapygisch-messapischen Völker
56 000 Waffenfähige, oder eine freie Bevölkerung von ¼ Million
auf 19—20 000 qkm (18 auf 1 qkm), Lucanien konnte 33 000
Waffenfähige aufstellen, entsprechend einer Gesammtzahl von
160 000 Freien; das ergiebt bei einem Flächenraum von vielleicht 12 000 qkm annähernd dieselbe Volksdichtigkeit wie in
Iapygien. Die Brettier sollen gegen Kroton 215 ein Heer von
15 000 Mann aufgestellt haben[1]); für ein Land von etwa
14 000 qkm Flächenraum eine keineswegs sehr bedeutende Zahl.

In den letzten Jahrhunderten vor unserer Zeitrechnung
machte die Verödung des italischen Südens immer weitere
Fortschritte. Der Ackerbau wurde durch die Weidewirthschaft
verdrängt, die durch Sklaven betrieben wurde. Cicero nennt
Apulien den menschenleersten Theil Italiens[2]). Nur Brundi-
sium und Venusia behaupteten sich in der Kaiserzeit als ansehnliche Städte, während die alten Städte Grossgriechenlands
zu Schatten ihrer einstigen Bedeutung herabsanken, oder auch
gänzlich verlassen wurden, wie Metapontion[3]). Arpi und Ca-
nusium, einst zu den ersten Städten Italiens gehörig, zeigten
in Augustus' Zeit nur noch durch den Umfang ihrer Mauern
die einstige Grösse[4]).

So war wenigstens seit dem III., wahrscheinlich schon
seit dem IV. Jahrhundert Mittelitalien der bei weitem am
dichtesten bewohnte Theil der Halbinsel. Latium, Campanien
und die Landschaften des Apennin von Ariminum bis Venusia
zählten zur Zeit Hannibals auf etwa 60 000 qkm eine freie
Bevölkerung von 1 ¾ Millionen, oder 29 auf 1 qkm; Etrurien
auf 13 000 qkm etwa 200 000 freie Einwohner, oder 15 auf
1 qkm; der italische Süden (Apulien, Lucanien, Brettien) auf
45 000 qkm 5—600 000, 11—13 auf 1 qkm. Selbstverständlich sind das nur Annäherungswerthe. Auch mochte das De-

---

[1]) Liv. 24, 2. Vergl. oben S. 358.

[2]) Cic. an *Atticus* VIII 3, 4: *inanissima pars Italiae*.

[3]) Pausan. VI 19, 11.

[4]) Strab. VI S. 283: μέγισται τῶν Ἰταλιωτίδων γεγονυῖαι πρότερον,
ὡς ἐκ τῶν περιβόλων δῆλον, ἀλλὰ νῦν ἐλάττων ἐστίν.

ficit der freien Bevölkerung im Nordwesten und Süden bis zu
einem gewissen Grade durch die hier zahlreichere Sklavenbevölkerung ausgeglichen werden. Aber jedenfalls bleibt
Mittelitalien ein bedeutendes Uebergewicht der Bevölkerung,
und dieses Missverhältniss ist bis in die Kaiserzeit hinein immer
stärker geworden.

4. Das diesseitige Gallien.

Das diesseitige Gallien steht an Flächenraum dem peninsularen Theile Italiens nicht weit nach und übertrifft denselben heute, wie schon im Mittelalter, an Bevölkerung. Im
früheren Alterthum ist das Verhältniss ein ganz anderes gewesen. Die italische Halbinsel ist ein Land alter Cultur, wo
städtisches Leben schon in sehr früher Zeit sich entwickelt hat.
Im Pothal dagegen hat der gallische Einfall die Keime höherer
Civilisation geknickt und die Culturentwicklung um Jahrhunderte zurückgeworfen. Die Berichte aus der Zeit Hannibals
schildern das Land zwischen Alpen und Apennin als erfüllt
von Wäldern und Sümpfen, mit spärlichen, weitverstreuten
städtischen Ansiedelungen. Man möchte sich in das Germanien
des Tacitus versetzt glauben. Erst durch die römische Eroberung ward das Land der Cultur wiedergewonnen. Begreiflicher Weise vollzog dieser Prozess sich sehr langsam. Die
Sümpfe bei Parma sind erst im Jahre 109 durch Scaurus aus-
getrocknet worden[1]); aber noch 60 Jahre später erstreckten
sich die Sümpfe bis in die unmittelbare Nähe von Mutina und
Bononia, so dass die Via Aemilia zwischen beiden Städten auf
einem Damm geführt werden musste[2]). Die ganze Niederung
an den Po-Mündungen zwischen Altinum und Ravenna, und
den Fluss hinauf bis Hostilia war ein weites Sumpfgebiet, in
dem Adria die einzige Ansiedlung von einiger Bedeutung bildete. Die staunenswerthe Wohlfeilheit aller Lebensbedürfnisse,

---

[1]) Strab. V S. 217.

[2]) Cic. ad fam. X 30; Front. Strateg. II 5, 39; Appian, Bürgerkr. III
66. Vergl. Frizzi, Memorie per la Storia di Ferrara I S. 10 f.

von der Polybios zu berichten weiss, die ausgedehnte Schweine-
mast in den Eichenwäldern[1]) sind Beweis genug, dass um die
Mitte des II. Jahrhunderts die Po-Ebene noch verhältnissmässig
spärlich bewohnt war, mochte auch bei der grossen Ausdehnung des Landes die absolute Bevölkerung immerhin nach antiken Begriffen beträchtlich sein[2]). Eine numerische Schätzung
ist allerdings für diese Periode kaum ausführbar. Die Angaben
der römischen · Annalisten über die Stärke gallischer Heere
oder die Zahl der erschlagenen oder gefallenen Feinde sind
absolut werthlos. Selbst Fabius darf in diesem Punkte nur
mit grosser Vorsicht benutzt werden, wenn auch anerkannt
werden muss, dass er weniger arg gelogen hat als seine Nachfolger. So giebt Fabius das gallische Heer beim Einfall in
Italien 228 auf 70 000 Mann an[3]), spätere Annalisten auf
200 000[4]). Uebrigens befanden sich unter diesen 70 000 eine
bedeutende Menge transalpinischer Söldner, sog. Gaesaten, und
ausserdem mag auch diese Zahl übertrieben sein. Dasselbe
gilt von der Angabe, die Insubrer hätten 223 gegen C. Flami-
nius mit 50 000 Mann gekämpft[5]). Glaubwürdiger ist die Angabe, dass die Veneter und Cenomanen im Jahre 225 ein Heer
von 20 000 Mann zu Fuss und vielleicht 6000 Reitern aufzustellen vermochten[6]). Da es sich hier um Bundesgenossen
handelt, so musste die römische Regierung allerdings in der
Lage sein, zu wissen, auf ein wie starkes Hülfscontingent sie
eventuell zu rechnen hätte. Auch empfiehlt sich die Zahl
durch ihre Kleinheit und weil sie in der Uebersicht der Streitkräfte Italiens steht, die sonst aus den besten Quellen geflossen
ist. — Dass die Angabe Strabons, Patavium habe „einstmals"
120 000 Mann ins Feld zu stellen vermocht[7]), nicht den ge-
ringsten Werth hat, bedarf doch wohl keiner Bemerkung.

---

[1]) Polyb. II 15.
[2]) Polyb. II 15, 7: τό γε μὴν πλῆθος τῶν ἀνδρῶν κτλ.
[3]) Polyb. II 23, 4.
[4]) Diod. XXV 13.
[5]) Polyb. II 32, 6.
[6]) S. oben S. 353—376.
[7]) Strab. V S. 213.

In noch stärkeren Ausdrücken als Polybios sprechen die Schriftsteller der caesarisch-augusteischen Zeit von der Blüthe des Po-Landes. Cicero nennt es die „Blüthe Italiens, die Stütze des römischen Reiches" [1]. Nach Strabon steht das diesseitige Gallien an Volksmenge, an Grösse der Städte und Reichthum dem ganzen übrigen Italien voran [2]. Indess wäre es voreilig, aus solchen Aeusserungen sogleich auf eine grössere Volksdichtigkeit in der Po-Ebene gegenüber der italischen Halbinsel zu schliessen. Strabons Ausdrücke liessen sich heute Wort für Wort auf Nordamerika anwenden; und doch, wie dünn sind die Vereinigten Staaten im Verhältniss zu Europa bevölkert. Sollen wir denn annehmen, dass Caesars Statthalterschaft im Jahre 49 eine grössere, oder auch nur die gleiche Zahl römischer Bürger umschlossen hat wie das eigentliche Italien? Niemand, der die Geschichte des zweiten Bürgerkrieges erwägt, wird das behaupten wollen.

So steht Ober-Italien an Zahl der Städte hinter der Halbinsel bedeutend zurück. Die Regionen I—VII enthielten nach dem augusteischen Kataloge etwa 350 Gemeinden, die Regionen VIII—XI, wenn wir von den Städten latinischen oder peregrinischen Rechts absehen, nur 82. Darunter befinden sich allerdings verhältnissmässig viele ansehnliche Mittelstädte. Aber eine Grossstadt fehlte noch zu Augustus' Zeit. Verona, das Strabon und Martial als solche bezeichnen [3], bedeckte einen Flächenraum von nicht mehr als 45,6 ha, oder nur einen kleinen Theil der heutigen Stadt. Etwa dieselbe Grösse hatten die beiden Colonien Augusta Taurinorum und Augusta Praetoria Salassorum. Ariminum umfasste sogar nur 35 ha. Grösser war Bononia, das 83 ha bedeckte; immer noch eine sehr mässige Ausdehnung, und kaum der vierte Theil des Flächenraums

---

[1] Cic. Phil. III 5, 13: *provincia Gallia ... Flos Italiae, firmamentum imperii populi Romani, ornamentum dignitatis.*

[2] Strab. V S. 218: τῆς δ' ἀρετῆς τῶν τόπων τεκμήριον ἥ τ' εὐανδρία καὶ τὰ μεγέθη τῶν πόλεων καὶ ὁ πλοῦτος, οἷς πᾶσιν ὑπερβέβληνται τὴν ἄλλην Ἰταλίαν οἱ ταύτῃ Ῥωμαῖοι.

[3] Strab. V S. 213. Martial XIV 194: *Tantum magna suo gaudet Verona Catullo, Quantum parva suo Mantua Vergilio.*

des modernen Bologna. Mediolanum allerdings gilt im IV. Jahrhundert als die zweite Stadt Italiens [1]); aber sein Aufschwung
fällt erst in die Kaiserzeit. Noch Strabon nennt Patavium
die bedeutendste Stadt der Po-Ebene [2]) und hebt Mediolanum
in keiner Weise vor seinen Nachbarstädten hervor; ebenso
nennt Tacitus die Stadt auf gleicher Linie mit Novaria, Eporedia
und Vercellae [3]). In ähnlicher Weise hat Aquileia erst seit der
Unterwerfung der Donauländer grössere Bedeutung gewonnen [4]).

Eine Bestätigung des bisher entwickelten giebt die augusteische Regionseintheilung. Es liegt in der Natur der Sache,
dass die Verwaltungsbezirke um so kleiner ausfallen müssen,
je dichter die Bevölkerung ist. So zerfällt Sicilien heute in 7,
Sardinien bei annähernd derselben Grösse in 2 Provinzen; die
erstere Insel hat 3 Millionen, die letztere nur 700 000 Einwohner. Oder, um ein Beispiel aus dem Alterthum selbst zu
nehmen: Baetica war die kleinste und zugleich die relativ bevölkertste Provinz in Spanien. Wenn nun die 4 mittelitalischen
Regionen (I. IV. V. VI) nach Augustus' Eintheilung zusammen
etwas weniger als 50 000, die II., III. und VII. Region etwa
je 30 000, die 4 Regionen in Ober-Italien zusammen 116 000
qkm umfassen, so wird der Schluss nicht abzuweisen sein, dass
zu der Zeit, wo diese Eintheilung geschaffen wurde, Ober-Italien
dünner bevölkert war als die Halbinsel und auf dieser wieder
Campanien und die Landschaften im Apennin die relativ stärkste
Bevölkerung hatten.

Dasselbe ergiebt sich aus den epigraphischen Funden. Es
genügt, das Corpus zu durchblättern, um sich zu überzeugen,
dass eine Grossstadt mehr Inschriften hinterlässt als eine Kleinstadt, und folglich eine dicht bevölkerte Gegend mehr als eine
dünn bevölkerte. Es wird also auch umgekehrt aus der Zahl

---

[1]) Auson. 19 (de urb.) 35 ff.: Et Mediolani mira omnia, copia rerum,
Innumerae cultaeque domus, ... tum duplice muro Amplificata loci species etc.

[2]) Strab. V S. 213: πασῶν ἀρίστη τῶν ταύτῃ πόλεων .... δηλοῖ δὲ
καὶ τὸ πλῆθος τῆς πεμπομένης κατασκευῆς εἰς τὴν Ῥώμην τὴν εὐανδρίαν
τῆς πόλεως.

[3]) Tacitus Hist. I 70.

[4]) Auson. de urb. 6; Herodian VIII 2.

der gefundenen Inschriften auf die Dichtigkeit der Bevölkerung
im Alterthum ein Schluss gestattet sein, sofern wir nur die zu
vergleichenden Gebiete hinreichend gross nehmen, um zufällige
Störungen zu eliminiren, und nur Gegenden mit ähnlichem
Culturzustande — und zwar im Alterthum wie heute — zum
Vergleich heranziehen. Beiden Anforderungen dürften die augusteischen Regionen Italiens entsprechen. Wir erhalten folgendes Ergebniss:

Reg.	qkm	Inschriften[1])	1 Inschr. auf qkm
I	16 000	6 302	2,5
II	29 800	2 193	13,5
III	30 000	507	60,0
IV	18 000	2 819	6,4
V	4 500	923	5,0
VI	10 300	2 180	4,6
VII	31 000	2 535	13,4
	139 600	17 559	7,1
VIII	22 100	1 314	17
IX	14 600	608	24
X	49 000	5 091	9,6
XI	30 700	2 117	13,7
	116 400	9 130	12,7
Rom	—	ca. 32 000	—

Selbstverständlich muss diese Tabelle mit Vorsicht benutzt
werden. Namentlich müssen wir uns hüten, die Inschriftenzahl

---

[1]) Berücksichtigt sind nur die im *CIL.* unter den einzelnen Städten
aufgeführten Inschriften-Nummern. Das „*Instrumentum domesticum*", die
Meilensteine, die pompeianischen Wandinschriften und ähnliches ist
ausgeschlossen, ebenso die *Addenda*, deren Berücksichtigung nur zu Will-
kürlichkeiten geführt haben würde. Die Zahlen für die Reg. VI. VII. VIII
verdanke ich der Freundlichkeit Bormanns; dieselben beruhen für die VI.
und VII. Region auf approximativer Schätzung. Die Zahl der stadtrömischen
Inschriften gebe ich nach einer Mittheilung Hülsens; die beiden bisher erschienenen Theile von Band VI des Corpus enthalten 15 126 Nummern.
Dazu kommen dann weiter die suburbicarischen und altchristlichen Inschriften, die hier nicht mitgerechnet sind. Doch ist zu beachten, dass ein
nicht unbedeutender Theil der städtischen Inschriften von auswärts verschleppt ist.

zu der absoluten Bevölkerung in directe Beziehung zu bringen. Die Inschriftenzahl bildet vielmehr einen Gradmesser nur für die Intensität der Cultur. So hat Rom mit seiner nächsten Umgebung in der ersten Kaiserzeit etwa $1/6$ bis $1/7$ der Gesammtbevölkerung Italiens umfasst; die hier gefundenen Inschriften aber übertreffen an Zahl die im ganzen übrigen Italien. Aber dass Rom die bei weitem grösste Stadt Italiens gewesen ist, könnten wir allerdings, wenn wir es sonst nicht wüssten, schon aus unserer Tabelle ableiten. Ebenso werden wir behaupten dürfen, dass die Bevölkerung — und zwar die bürgerliche Bevölkerung, denn die Sklaven kommen in unserem epigraphischen Material nur in untergeordneter Weise zur Geltung — in den mittelitalischen Regionen I. IV. V. VI dichter gewesen ist, als in den übrigen Theilen der Halbinsel, wenn auch der Unterschied in der Volksdichtigkeit nicht so bedeutend gewesen sein mag, als es nach unserer Tabelle auf den ersten Blick scheinen könnte. Wir gewinnen damit eine Bestätigung der oben auf anderem Wege erhaltenen Ergebnisse.

Von viel geringerem Werthe für die Bevölkerungsstatistik ist die Sammlung der Denksteine der aus Italien stammenden Praetorianer, Stadt- und Legionssoldaten, die kürzlich Mommsen gegeben hat[1]). Denn es handelt sich hier meist um Freiwillige; die Zahlen geben also einen Gradmesser nicht so sehr für die absolute Bevölkerung der einzelnen Regionen, als für den in ihnen herrschenden militärischen Geist. So erklärt es sich, dass die Hauptstadt keineswegs im Verhältniss zu ihrer grossen Bevölkerung vertreten ist. Dennoch mögen die Zahlen der Vollständigkeit wegen hier ihre Stelle finden:

Roma	51
Ostia	28
	79
Reg. I Latium	28
Campania	68
	96

---

[1]) *Ephem. Epigr.* V (1884) S. 251.

Reg.	II	40
„	III	9
„	IV	33
„	V	34
„	VI	71
„	VII	132
	Halbinsel	494

Reg.	VIII	117
„	IX	33
„	X	117
„	XI	65
	Gallia cisalpina	332

Wir werden jetzt in der Lage sein, uns von der Bevölkerung der Transpadana unter Augustus eine annähernd richtige
Vorstellung zu bilden. Der Bevölkerung der Halbinsel kam
sie an Dichtigkeit jedenfalls nicht gleich, und zwar nicht nur
an Volksdichtigkeit überhaupt, sondern auch an Dichtigkeit
der bürgerlichen Bevölkerung. Nun zählte Italien, so weit es
vor Caesar die Civität hatte, im Jahre 70/69 etwa 900 000 erwachsene Bürger, entsprechend einer bürgerlichen Gesammtbevölkerung von $2\frac{1}{2}$ Millionen (s. oben S. 413). In den 42
Jahren von da bis auf Octavians ersten Census wird sich diese
Zahl jedenfalls nicht erhöht, wahrscheinlich sogar etwas vermindert haben (s. oben S. 373). Davon kommt aber gegen
$\frac{1}{2}$ Million auf Rom und seine nächste Umgebung (oben S. 402),
so dass für den Rest der Halbinsel bis zum Padus — die ligurischen Bergdistricte ausgeschlossen — 2 Millionen übrig
bleiben, auf ungefähr 160 000 qkm[1]), oder 12,5 auf 1 qkm.
Dieselbe Volksdichtigkeit für die etwa 70 000 qkm des Bürgergebietes in der Transpadana vorausgesetzt, würde eine Bevöl-

---

[1]) Diese Zahl beruht auf den früheren officiellen Angaben (vergl. oben
S. 320 u. 388), und ist also um einige Tausend qkm zu hoch. Da indess
auch jenseits des Flusses Eporedia, Cremona und Aquileia bereits von
Caesar Bürgerrecht hatten, und überhaupt die Grenzen des römischen Gebietes im diesseitigen Gallien in dieser Zeit sehr unsicher sind, so habe
ich von einer Rectification der Zahl abgesehen.

kerung von 875 000 ergeben. Das ist ein Maximum, über das
wir nicht hinausgehen dürfen, das aber wahrscheinlich keineswegs erreicht worden ist. Gehen wir statt dessen von der
Regionseintheilung aus, so entfällt auf die Regionen I—VIII,
die bereits seit der *lex Iulia* das Bürgerrecht hatten, im
Durchschnitt eine bürgerliche Gesammtbevölkerung von $\frac{1}{4}$ Million. Nach diesem Verhältniss würden die 3 Regionen der
Transpadana (IX. X. XI) $\frac{3}{4}$ Millionen bürgerlicher Einwohner
gezählt haben; doch ist zu berücksichtigen, dass ausgedehnte
Theile dieser Regionen bereits seit der *lex Iulia* das Bürgerrecht hatten, also bereits im Census von 70/69 mitgezählt sind.
Da es sich aber hier nur um runde, approximative Werthe
handelt, so werden wir die Zahl von $\frac{3}{4}$ Millionen für diese
3 Regionen festhalten können, und einschliesslich der VIII. Region für das diesseitige Gallien eine bürgerliche Gesammtbevölkerung von 1 Million erhalten. Das ergiebt bei einem
Flächenraum von rund 100 000 qkm[1]) eine Dichtigkeit von
10 auf 1 qkm, gegen 13,5 auf der Halbinsel ausschliesslich der
Hauptstadt.

In noch höherem Maasse muss die unfreie Bevölkerung
des Po-Landes hinter derjenigen der Halbinsel zurückgestanden haben. Wurden doch im II. Jahrhundert der Kaiserzeit
die Felder um Comum durch freie Arbeiter bestellt[2]); und die
Blüthe des diesseitigen Gallien beruhte zum guten Theil
darauf, dass die Latifundienwirthschaft hierher nicht vorgedrungen war. Wenn also auf der italischen Halbinsel um
die Mitte des I. Jahrhunderts v. Chr. die Sklavenbevölkerung
auf $\frac{3}{5}$ der freien Bevölkerung veranschlagt werden kann, so
kann sie im diesseitigen Gallien höchstens auf die Hälfte von
dieser angesetzt werden, und wird wahrscheinlich noch dahinter
zurückgeblieben sein. Von den Bergvölkern am Südabhang der Alpen, die
übrigens zur Zeit von Augustus' erstem Census meist noch nicht

---

[1]) Die Alpengebiete, die unter Augustus das Bürgerrecht noch nicht
hatten, sind hier ausgeschlossen. Vergl. oben S. 389 und 321.

[2]) Plin. *Epist.* III 19, 7: *nam nec ipse unquam vinctos habeo, nec
ibi quisquam.*

unterworfen waren, und später, soweit sie nicht ganz vernichtet wurden, latinisches Recht erhalten haben, besitzen wir
nur über ein einziges statistische Angaben. Bei der Besiegung
der Salasser im Val d'Aosta im Jahre 25 v. Chr. soll Varro
44 000 Gefangene gemacht haben, darunter 8000 waffenfähige
Männer [1]). 36 000 Weiber, Kinder und Greise setzen aber,
nach dem bekannten Verhältniss von 3 : 1 eine Zahl von
12 000 Waffenfähigen voraus, sodass 4000 Männer im Kampfe
gefallen sein müssten, und die Gesammtzahl der Salasser, die
etwa geflüchteten ungerechnet, gegen 50 000 betragen hätte.
Der heutige Bezirk Aosta, der etwa dem alten Salassergebiete
entspricht, hat 3439 qkm Flächenraum, sodass sich eine relative
Bevölkerung von 14 auf 1 qkm ergeben würde, was für ein
solch rauhes, von einem halbwilden Volk bewohntes Bergland
offenbar eine ganz unmögliche Annahme wäre. Zählt doch das
Val d'Aosta selbst heute nicht mehr als 82 000 Einwohner. Also
beruhen entweder die obigen Zahlen auf einem übertreibenden
Triumphalberichte, oder Varros Feldzug muss auch noch gegen
andere Alpenvölker gerichtet gewesen sein. Für unsere Zwecke
also ist die Angabe unbrauchbar [2]), und wir müssen darauf
verzichten, die Bewohner des italienischen Abhangs der Alpen
numerisch zu bestimmen. Wir werden aber nicht irren mit
der Annahme, dass dieses ganze Gebiet zu Augustus' Zeit eine
ausserordentlich dünne Bevölkerung gehabt hat.

5. Die Gesammtbevölkerung Italiens.

Die italienische Halbinsel kann in Hannibals Zeit, wie
wir gesehen haben, kaum über $3\frac{1}{2}$ Millionen Einwohner gezählt haben, sodass einschliesslich des damals noch sehr dünn
bevölkerten diesseitigen Gallien für Italien $4-4\frac{1}{2}$ Millionen

---

[1]) Strab. IV S. 205 f.: τῶν μὲν οὖν ἄλλων σωμάτων τρεῖς μυριάδες
ἐξητάσθησαν ἐπὶ τοῖς ἑξακισχιλίοις, τῶν δὲ μαχίμων ἀνδρῶν ὀκτακισχίλιοι.

[2]) Ich würde über diesen Punkt weniger ausführlich gewesen sein, wenn
nicht Mommsen im letzten Bande seiner Geschichte die Zahlen Strabons —
übrigens mit einem kleinen Versehen — wiederholt und Wietersheim sogar
eine Berechnung der Bevölkerung der Alpenländer darauf gegründet hätte
(*Völkerwanderung* I¹ S. 203).

Einwohner anzunehmen sein werden, eine Schätzung, die sich
weder nach oben noch nach unten weit von der Wahrheit entfernen wird. Für das Jahr 28 v. Chr., als Augustus seinen
ersten Census hielt, haben sich uns folgende Zahlen ergeben:

	bürgerliche Be-völkerung	Sklaven
Hauptstadt	500 000	
übrige Halbinsel (Reg. I—VII) . .	1 750 000	1 500 000
Gallia cisalpina (Reg. VIII—XI). .	1 000 000	500 000
	3 250 000	2 000 000

Zusammen also 5¼ Millionen, und wenn wir die hier nicht ein-
gerechneten Peregrinen zu ¼ Million ansetzen (vgl. oben S. 403),
5½ Millionen Einwohner. Es bedarf keiner Bemerkung, dass
diese Zahl nur auf approximativen Werth Anspruch macht.
Für die bürgerliche Bevölkerung allerdings hält sich der mögliche Fehler in engen Grenzen; es kann sein, dass die Zahl
um etwas zu erhöhen ist, im Falle wir nämlich annehmen,
dass bei dem Census ein Theil der Bevölkerung sich der Aufnahme entzog. Doch kann das dadurch herbeigeführte Minus
kaum sehr wesentlich ins Gewicht fallen. Dagegen beruht der
Ansatz der Sklavenzahl ganz auf Schätzung; es ist also sehr
wohl möglich, dass diese Schätzung um ½ Million zu hoch,
oder um eine, ja selbst zwei Millionen zu niedrig ist. Indess
werden die obigen Zahlen auch hier als wahrscheinliche Mittel-
werthe angesehen werden dürfen; und es kommt auch für unsere
Zwecke nicht so viel darauf an, ob Italien zu Anfang von
Augustus' Alleinherrschaft eine Bevölkerung von 5, 6 oder
7 Millionen gezählt hat.

Im Laufe des ersten Jahrhunderts der Kaiserzeit hat sich
die Zahl der römischen Bürger bedeutend vermehrt; und wenn-
gleich der grösste Theil dieses Zuwachses auf die Provinzen
entfällt, so wird doch auch Italien daran seinen Antheil
gehabt haben. Allerdings der zweite Census des Augustus im
Jahre 8 v. Chr. ergab eine bürgerliche Bevölkerung von 4 233 000,
nur 170 000 mehr als 20 Jahre vorher gezählt worden waren,
ein Resultat, das zum Theil in den Nachwehen der Bürger-

kriege seine Erklärung findet, zum Theil in der Pest, die
Italien in den Jahren 13 und 12 v. Chr. heimsuchte[1]). Von
jetzt an aber zeigt sich als Erfolg der wiederhergestellten
ruhigen Zustände eine aufsteigende Bewegung: der letzte Census
des Augustus, 14 v. Chr., ergab 4 937 000, der Census des
Claudius, 47 v. Chr., 5 984 072 bürgerliche Bewohner des Reiches. Wir müssen uns dabei erinnern, dass das Bürgerrecht
in dieser Periode an Peregrinen sehr sparsam ertheilt worden
ist[2]), fast nur an zum Legionsdienste ausgehobene Soldaten,
oder an ausgediente Auxiliartruppen, und dass die Zahl der
Freilassungen gesetzlich beschränkt war. Es liegt also hier zum
grossen Theil natürlicher Zuwachs vor, der freilich in den
Colonien und Municipien der Provinzen stärker sein mochte
als in Italien; auch hat ohne Zweifel jetzt wie früher eine
starke Auswanderung aus Italien sich in die Provinzen ergossen. Immerhin aber werden wir annehmen dürfen, dass die
Hälfte der 2 Millionen, um welche die Bürgerzahl sich seit
28 v. Chr. vermehrt hatte, auf Italien selbst gekommen ist;
das ergiebt für dieses einen Zuwachs von 30, für die Bürger-
districte in den Provinzen von 125 %. Italien muss also um
die Mitte des I. Jahrhunderts nach unserer Zeitrechnung
eine freie Bevölkerung von 4¹/₂ Millionen gezählt haben; und
da doch wohl anzunehmen ist, dass bei dem allgemeinen wirthschaftlichen Aufschwung auch die unfreie Bevölkerung sich
etwas vermehrt haben wird, darf die Gesammtbevölkerung
für diese Zeit auf etwa 7 Millionen veranschlagt werden. —
Wie sich die Verhältnisse weiter entwickelt haben, wissen wir
nicht, da das Ergebniss von Vespasians Census nicht überliefert,
und später überhaupt kein Census mehr gehalten worden ist.

Die Resultate der obigen Untersuchung stehen nun aller-

---

[1]) Dio Cass. 53, 33; 54, 1: ποτούμενοι οὖν ὑπό τε τῆς νόσου καὶ
τοῦ λιμοῦ, ἔν τε γὰρ τῇ Ἰταλίᾳ πάσῃ ὁ λοιμὸς ἐγένετο καὶ τὴν χώραν
οὐδεὶς εἰργάσατο, δοκῶ δ' ὅτι καὶ ἐν τοῖς ἔξω χωρίοις τὸ αὐτὸ τοῦτο
συνηνέχθη.

[2]) Suet. *Aug.* 40: (Augustus) *et civitatem parcissime dedit, et manu-
mittendi modum terminavit.* Neue Municipien sind seit der Schlacht bei
Aktion sogut wie gar nicht errichtet worden, s. oben S. 339.

dings in schroffem Gegensatz zu weitverbreiteten Vorstellungen.
Ist doch noch ganz kürzlich die Behauptung aufgestellt worden [1]),
Italien habe im ersten Jahrhundert der Kaiserzeit eine bürgerliche Bevölkerung von 14—17 Millionen Seelen gezählt, und
eine Gesammtbevölkerung, die nicht sehr beträchtlich hinter
der heutigen Bevölkerungsziffer (ohne die Inseln 1881: 24 849 725)
zurückblieb.   Wie völlig unhaltbar diese Ansicht ist, sollte
freilich auf den ersten Blick klar sein.   Italien umfasste unter
Augustus etwa 434 Bürgergemeinden, die annähernd ebensovielen
Städten oder Städtchen entsprachen; und die Zahl der grösseren
vici ohne administrative Selbständigkeit war keineswegs sehr
bedeutend.   Heute (1874) zählt der festländische Theil des
Königreichs 1488 Ortschaften *(centri)* mit über 2000 Einwohnern, wovon 541 über 4000 Einwohner haben [2]); dazu wären
dann noch die Städte in Istrien, Südtirol und Tessin zu fügen.
Allerdings besitzt das moderne Italien keine Weltstadt wie das
kaiserliche Rom; dafür aber eine viel höhere Zahl von Städten
zweiten und dritten Ranges.   Es bedarf nur einer ganz ober-
flächlichen Kenntniss der historischen Topographie, um zu erkennen, dass mit Ausnahme der nächsten Umgebung von Rom
alle italischen Landschaften im Alterthum viel schwächer bevölkert waren als gegenwärtig.   So bestehen in Ober-Italien
alle Städte noch heute, die zur Römerzeit von irgend welcher
Bedeutung gewesen sind, mit Ausnahme von Altinum, an dessen
Stelle Venedig getreten ist; und zwar sind diese Städte fast
ausnahmslos jetzt viel grösser als unter römischer Herrschaft.
Nur Aquileia ist zum unbedeutenden Flecken herabgesunken;

---

[1]) Schiller, *Kaisergeschichte* I S. 427, *Geschichte unter Nero* S. 500;
Jung, *Wiener Studien* 1 S. 229 ff.   Vorsichtiger drückt Mommsen sich aus
(*R. G.* II[b] 403): „Es wird demnach kaum möglich sein, die freie Bevölkerung der Halbinsel höher als auf 6—7 Mill. Köpfe anzusetzen. Wenn
die damalige Gesammtbevölkerung derselben der gegenwärtigen gleichkam,
so hätte man danach eine Sklavenmasse von 13—14 Mill. Köpfen anzunehmen.   Es bedarf indessen solcher trügerischen Berechnungen nicht" etc.
Wietersheim (*Völkerwanderung* I[1] S. 204) rechnet „mindestens" (so!)
11 Millionen.
[2]) *Annuario Statistico Italiano* 1881 S. 88 f.

aber dafür sind Ferrara und Alessandria seit dem Alterthum neu entstanden. In dem peninsularen Theile Italiens ist Campanien südlich vom Volturno jetzt wie einst die bevölkertste Landschaft. Unter Augustus gab es hier ausser mehreren grösseren *vici* 17 Städte, von denen zwei, Liternum und Volturnum, ganz unbedeutend gewesen sind; die übrigen bestehen mit Ausnahme von Cumae und Misenum noch heute, wenn auch zum Theil mit einer kleinen Verschiebung der Lage, und unter anderem Namen. Allerdings sind Capua (S. Maria di Capua) und Puteoli mit Baiae sehr gesunken, aber das Deficit wird reichlich gedeckt durch den Aufschwung, den Neapel genommen hat. Herculaneum, Pompei, Nuceria, Abella, Acerrae, Capreae sind schwerlich grösser gewesen, als ihre modernen Nachfolger Resina, Torre dell'Annunziata, Nocera, Avella, Acerra, Capri. Surrentum kann an Bedeutung dem modernen Sorrento mit den Ortschaften des Piano (Meta, Carotto, S. Agnello) keineswegs gleichgekommen sein. Atella, Suessula, Calatia, Casilinum, Stabiae stehen weit hinter Aversa, Maddaloni, Caserta, Capua, Castellamare zurück, die an ihre Stelle getreten sind. Nola mag vielleicht etwas gesunken sein. Dafür aber sind 8 Ortschaften mit über 10000 Einwohnern neu entstanden: Afragola, Angri, Caivano, Frattamaggiore, Giugliano, Pagani, Sarno, Torre del Greco. Die Zahl der Orte von über 2000 Einwohner beträgt jetzt gegen 100[1]); es ist sehr fraglich, ob im Alterthum auch nur 25 vorhanden gewesen sind. Eine Betrachtung der übrigen italischen Landschaften würde zu analogen Ergebnissen führen.

Man erwäge weiter, dass ein sehr viel grösserer Theil des alten Italien von Wald bedeckt war als heute[2]), und dass die Viehzucht, und namentlich die Weidewirthschaft, eine viel weitere Ausdehnung hatte. „Gegenwärtig schätzt man das unproductive Gebiet des Königreichs Italien auf $^9/_{10}$, die Weiden auf $^1/_5$, die Wälder auf $^1/_8$ des gesammten Areals. Für das

---

[1]) *Censimento della popolazione del Regno d'Italia al 31. Dic. 1881.* Vol. I parte 1. Roma 1881.

[2]) Nissen, *Ital. Landeskunde* I S. 481 ff.

Alterthum wird man von solchen Schätzungen absehen müssen.
Nur soviel steht fest, dass die Wald- und Weidezone an Ausdehnung die Culturzone übertraf[1]." Und wenn im alten Italien
der Wolf häufig, der Bär noch keineswegs ausgerottet war,
„wilde Ziegen", d. h. Steinböcke oder Gemsen nicht nur im
Hochapennin, sondern sogar auf dem Soracte zu finden
waren[2]), so kann die Bevölkerung unmöglich auch nur annähernd die heutige Dichtigkeit gehabt haben.

Dasselbe lässt sich auch auf anderem Wege erweisen.
Hätte Italien unter Augustus eine bürgerliche Bevölkerung, ich
sage nicht von 14—17, sondern nur von 10 Millionen gezählt,
so kämen auf jede der 434 Gemeinden im Durchschnitt nahe an
22000 Einwohner, oder über 7000 erwachsene Bürger, wobei
600000 bürgerliche Einwohner für Rom abgerechnet sind.
Eine Bürgerzahl von 7000 aber haben nur die bedeutenderen
italischen Gemeinden erreicht. So sind die latinischen Colonien
in der Regel mit 3—4000 Colonisten deducirt worden[3]), die
Bürgercolonien des II. Jahrhunderts mit 2—3000[4]). Die einzige augusteische Colonie, über deren Stärke wir unterrichtet
sind, Augusta Praetoria, zählte 3000 Colonisten[5]), und dass
auch die übrigen nicht viel stärker gewesen sind, ergiebt sich
daraus, dass nach Augustus' eigenem Zeugniss in seinen sämmtlichen bis zum Jahre 29 v. Chr. gegründeten Militärcolonien
nicht mehr als 120000 Veteranen angesiedelt waren[6]). Mögen
nun die Colonisten auch nur den dritten, ja den vierten Theil

---

[1]) Nissen a. a. O. S. 227.
[2]) Nissen a. a. O.
[3]) S. die Zusammenstellung in meinem *Ital. Bund* S. 149 f.
[4]) *Ital. Bund* S. 117.
[5]) Strab. IV S. 206.
[6]) *Mon. Ancyr.* c. 15: *in colonis militum meorum consul quintum
ex manibiis viritim millia nummum singula dedi; acceperunt id triumphale
congiarium in colonis hominum circiter centum et viginti millia.* Augustus
hat im ganzen 28 Colonien in Italien deducirt (*Mon. Ancyr.* c. 28), von
denen wohl nur eine, Augusta Praetoria, nach dem Jahr 29 gegründet ist.
Das ergiebt für jede Colonie im Durchschnitt 4400 Colonisten. Doch wissen
wir nicht, wieweit auch die in den Colonien der Triumvirn angesiedelten
Veteranen an dem Geschenk Antheil erhielten.

aller in den Colonien wohnenden Bürger gebildet haben, so
ergiebt sich für diese Städte, die grössten in Italien, doch nur
eine Bürgerzahl von durchschnittlich etwa 12000. — Unter
den Municipien war eines der ansehnlichsten Spoletium. Im
II. Jahrhundert wurde dieser Stadt von einem patriotischen
Bürger eine Schenkung von 250000 Sesterzen gemacht, aus
deren Zinsen jedem Bürger jährlich 2 Sesterzen gezahlt und
ausserdem die Kosten eines Banketts für die Decurionen bestritten werden sollten[1]). Der Zinsfuss für solche Stiftungsgelder
war in dieser Zeit in der Regel 5 %, der Ertrag des Capitals
also 12500 Sesterzen. Nun mag der Stifter allerdings
darauf gerechnet haben, dass nicht alle *municipes* zum Empfang der Spende sich melden würden; andererseits aber war
das Bankett für die Decurionen gewiss sehr kostspielig. Mehr
als 6—7000 Bürger kann Spoletium also in dieser Zeit schwerlich gezählt haben. — Die Stadt Rudiae in Calabrien empfing
unter Hadrian ein Capital von 80000 Sesterzen, von dessen
Zinsen jährlich den Decurionen je 20, den Augustalen je 12,
den Mercurialen je 10, den übrigen *municipes* je 8 Sesterzen
gezahlt werden sollten[2]). Die Zinsen, zu 5 % gerechnet,
würden ausgereicht haben 500 Bürgern je 8 Sesterzen zu
zahlen. — Ferentinum in Latium erhielt im II. oder III. Jahrhundert eine Schenkung von 70000 Sesterzen; die Zinsen werden zu 4200 Sesterzen (6 %) angegeben. Daraus soll jährlich vertheilt werden: an alle Bürger *(municipes)* und sonstigen
Einwohner *(incolae)*, und zwar nicht blos an die erwachsenen
Männer, sondern auch an die verheiratheten Frauen, je 1 Pfund
(327 g) Backwerk *(crustulum)*, 1 *hemina* (0,274 l) Wein *(mulsum)*
und je 1 Sesterz; an die Decurionen je 10 Sesterzen, an die
Söhne der Decurionen und an die Augustalen je 8 Sesterzen.
Zur Instandhaltung der Statue des Stifters werden jährlich
30 Sesterzen bestimmt, und es wird erwartet, dass nach alledem noch ein Ueberschuss bleibt, der den Kindern der Plebs
zu gute kommen soll[3]). Nach diesen Angaben kann die Zahl

---

[1]) Wilm. 2099 = Henzen 7115.
[2]) *CIL.* IX 23 = Wilm. 1828.
[3]) *CIL.* X 5853 = Wilm. 1786.

der *municipes* und *incolae* von Ferentinum schwerlich auch nur
2000 erwachsene Männer betragen haben; wahrscheinlich viel
weniger.

Wir sehen, die Zahl von 7000 Bürgern ist als Durchschnitt
für die italischen Gemeinden in Augustus' Zeit viel zu hoch.
Nach unseren obigen Ansätzen der Bevölkerung Italiens ergiebt
sich für das Jahr 28 v. Chr. als durchschnittliche Bürgerzahl
jeder Gemeinde auf der Halbinsel (Rom ausgeschlossen) etwa
1700, im Po-Lande 4500; für das Jahr 47 n. Chr. im Durchschnitt
von ganz Italien ausser Rom gegen 3000. Es dürfte kaum
etwas begründetes gegen diese Zahlen einzuwenden sein.

Wer aber nach dem allen noch Bedenken trägt, dem Italien
des I. Jahrhunderts der Kaiserzeit eine Bevölkerung von nur
$5^{1}/_{2}$—7 Millionen, oder 22—28 auf 1 qkm zuzuschreiben, der
möge erwägen, dass noch vor kaum 400 Jahren Italien wirklich
eine nicht wesentlich höhere Bevölkerung hatte, als sie hier
für Claudius' Zeit berechnet worden ist. Ums Jahr 1500 dürfte
Italien — von den Inseln abgesehen — schwerlich viel über
9 Millionen Einwohner gezählt haben, wovon etwa 4 Millionen
auf den peninsularen Theil südlich des Apennins entfallen[1]).
Und liegt denn ein Grund vor, das Italien der Kaiserzeit für
bevölkerter zu halten, als das Italien der Renaissance?

Ja noch mehr; es giebt eine grosse Region innerhalb der
Grenzen des Königreichs, die selbst heute noch keine stärkere
Volksdichtigkeit besitzt. Ich meine die Insel Sardinien, die ja
in so vielen Beziehungen sich alterthümliche Zustände bewahrt
hat. Hier lebten im Jahre 1871: 26, im Jahre 1881: 28 Bewohner auf 1 qkm.

Und auch die Alten selbst haben Italien keineswegs für
ein stark bevölkertes Land angesehen[2]). Die römischen Schriftsteller sind voll von Klagen über die Abnahme der freien Bevölkerung; und noch lauter sprechen die gesetzlichen Maass-

---

[1]) Ich werde im II. Theil dieser Studien ausführlich auf diese Frage
zurückkommen.

[2]) Nur Aelian *Verm. Gesch.* IX 16 macht eine Ausnabme, aber er
spricht von dem Italien vergangener Zeiten: καὶ ὅτι πόλεις ᾤκησαν τὴν
Ἰταλίαν πάλαι ἑπτὰ καὶ ἐνενήκοντα καὶ ἑκατὸν πρὸς ταῖς χιλίαις.

regeln, zu denen Augustus und seine Nachfolger sich genöthigt
sahen, um die Volksvermehrung zu befördern. Die an 800 000
Mann, die Italien nach Fabius vor Beginn des hannibalischen
Krieges ins Feld stellen konnte, erschienen den Zeitgenossen
des Vespasian als eine fast unglaubliche Zahl[1]); heute würde
sie einem italienischen Staatsmann kaum besonders imponiren[2]). „Einst", so berichtet Plinius, habe Picenum (die
V. Region des Augustus) eine ausserordentlich dichte Bevölkerung gehabt, nämlich 360 000[3]), oder 80 auf 1 qkm, zu
seiner Zeit also offenbar viel weniger; jetzt (1881) zählt Italien
99 Einwohner auf dem gleichen Flächenraum. Was ist die
Bevölkerung von ganz Italien gegenüber einem einzigen Volke
von Asien, ruft Diodor aus[4]). Cicero spricht von der *solitudo
Italiae*[5]). Also auch von dieser Seite wird unser oben ge-
wonnenes Ergebniss bestätigt.

[1]) Man beachte die Art, wie Plinius diese Zahl am Ende seiner Beschreibung Italiens anführt (III 138): *haec est Italia diis sacra, hae gentes
eius, haec oppida populorum. super haec Italia quae L. Aemilio Paulo,
C. Attilio Regulo cos. nuntiato Gallico tumultu sola sine externis ullis
auxiliis atque etiam tunc sine Transpadanis equitum* $\overline{LXXX}$, *peditum*
$\overline{DCC}$ *armavit.*

[2]) Die Kriegsstärke des italienischen Heeres betrug am 30. Sept. 1883:
2 119 250 Mann, davon unter Waffen 183 279, Reserve 567 486, Ersatztruppen
(*milizia mobile*) 341 250, Landwehr (*milizia territoriale*) 1 021 954, Reserve-
offiziere 5 281. (*Annuario Statistico Italiano* 1884 S. 69.) Dabei macht
der Staat heute an die militärische Leistungsfähigkeit seiner Bürger viel
geringere Ansprüche als im Alterthum.

[3]) Plin. III 110: *quinta regio Piceni est, quondam uberrimae multitudinis.* $\overline{CCCLX}$ *Picentium in fidem p. R. venere.*

[4]) Diod. II 5: καίτοι γ᾽ ἕνεκα πλήθους ἀνθρώπων τὴν Ἰταλίαν ὅλην
οὐκ ἄν τις συγκρίνειε πρὸς ἓν ἔθνος τῶν κατὰ τὴν Ἀσίαν.

[5]) Cic. *Attic.* 1 19, 4: *Ego autem .... populo ... satis faciebam emp-
tione, qua constituta et sentinam urbis exhauriri, et Italiae solitudinem
frequentari posse arbitrabar.* Vergl. die bekannten Verse Lucan. *Phars.* I
24 ff. und Verg. *Georg.* I 507.

Zehntes Capitel.
Der lateinische Westen.

—

1. Sardinien und Corsica.

Der Flächeninhalt Sardiniens und seiner kleinen Nachbarinseln wurde bisher officiell zu 24342 qkm angegeben. Nach der planimetrischen Berechnung Strelbitzkys beträgt derselbe 23842 qkm, wovon 23554,6 auf die Hauptinsel kommen. Die neueste planimetrische Berechnung des italienischen militärgeographischen Instituts ergab für Sardinien selbst 23799,6, für die kleinen Nachbarinseln 277,6 qkm, im ganzen 24077,2 qkm. Sardinien kommt also an Grösse Sicilien annähernd gleich, stand aber an Bevölkerung ohne Zweifel im Alterthum wie heute weit hinter der Schwesterinsel zurück. Dafür spricht ebensosehr die so viel schwächere Entwickelung des Städtewesens auf Sardinien, das nie eine Grossstadt und nur sehr wenige Mittelstädte besessen hat, wie die Leichtigkeit, mit der es den Römern gelang, den Besitz der Insel zu erringen und zu behaupten. Während des hannibalischen Krieges hat eine Besatzung von 2 Legionen für Sardinien genügt, während auf Sicilien durch lange Jahre die doppelte Truppenmacht verwendet werden musste.

Es bedarf demnach keiner Bemerkung, dass die Zahl von 3 Millionen Einwohnern, die italienische Forscher für Sardinien zur Römerzeit herausgerechnet haben [1]), rein in der Luft steht.

---

[1]) Vergl. Castiglioni, *Censimento degli antichi Stati Sardi 1. genn. 1858, Popolazione* I S. 259.

Da Sicilien vielmehr, wie wir oben gesehen haben, unter Augustus kaum mehr als 600000 Einwohner gezählt hat, so werden wir Sardinien höchstens zu der Hälfte dieser Volkszahl veranschlagen können. Ti. Gracchus, der im Jahre 177 v. Chr. einen grossen Aufstand hier niederschlug, rühmte sich auf seinem Siegesdenkmal, über 80000 Feinde erschlagen oder gefangen zu haben[1]). Da hier natürlich die Gefangenen jeden Alters und Geschlechts einbegriffen sind, so würde sich diese Angabe recht gut mit einer Gesammtbevölkerung der Insel von 300000 Seelen vertragen, auch angenommen, dass Gracchus nicht nach der gewöhnlichen Sitte römischer Triumphatoren übertrieben hat. Wenn Polybios von der starken Bevölkerung Sardiniens spricht[2]), so folgt daraus noch nichts für 'eine hohe relative Bevölkerung; denn auch eine Volkszahl von 300000 war nach griechischen Begriffen für eine Insel schon sehr bedeutend.

Die Bevölkerung von Corsica giebt Diodor zu über 30000 an, wobei offenbar nur die erwachsenen Männer gemeint sind. Wie es scheint, stammt die Notiz aus Timaeos[3]), und bezieht sich demnach auf den Anfang des III. Jahrhunderts vor unserer Zeitrechnung. Dass diese Schätzung eine sehr unsichere sein muss, liegt in der Natur der Sache; immer aber ist sie besser als gar keine. Auch hat die Zahl an sich gar nichts unwahrscheinliches. Corsica hat einen Flächeninhalt von 8862,3, oder mit den kleinen Nachbarinseln 8866,5 qkm[4]), es würden also etwa 11 Einwohner auf den qkm entfallen. Die gleiche Volksdichtigkeit für Sardinien vorausgesetzt, würde 265000 Einwohner ergeben, also ungefähr entsprechend unseren obigen Annahmen. Es ist nun allerdings wahrscheinlich, dass Sardinien, wie besser angebaut, so auch dichter bevölkert war, sodass wir hiernach etwa 400000 bis ½ Million für die Insel annehmen müssten. Indess ist es sehr wohl möglich, dass Sardinien in karthagischer Zeit stärker bewohnt war, als in den beiden ersten

---

[1]) Liv. 41, 28.
[2]) Polyb. I 79, 6: νῆσος καὶ τῷ μεγέθει καὶ τῇ πολυανθρωπίᾳ καὶ τοῖς γεννήμασι διαφέρουσα.
[3]) Diod. V 14, vergl. Müllenhoff, *Deutsche Alterthumskunde* I S. 453.
[4]) Nach Strelbitzky. Die officielle Angabe ist 8747,1 qkm.

Jahrhunderten der römischen Herrschaft. Und jedenfalls ist
die Differenz der auf beiden Wegen erlangten Zahlen viel zu
gering, um wesentlich ins Gewicht zu fallen. Es mag also die
Bevölkerung Sardiniens und Corsicas zusammen für Augustus'
Zeit mit rund $1/2$ Million angesetzt werden[1]).

2. Spanien.

Die iberische Halbinsel nebst den Balearen (Spanien, Por-
tugal, Andorra, Gibraltar) hat nach Strelbitzky einen Flächenraum von 590 211,8 qkm, womit die officiellen Angaben fast
genau übereinstimmen. Davon entfallen ungefähr auf[2])

	qkm
Baetica	80 000
Lusitania	180 000
Tarraconensis	380 000

Directe Angaben über die Bevölkerung besitzen wir nur
für die drei nordwestlichen Bezirke der Tarraconensis. Nach
Plinius zählte[3])

der Convent von Asturica	240 000	*libera capita*	
der Convent von Lucus Augusti	166 000	„	„
der Convent von Bracara	285 000[4])	„	„
	[691 000]	„	„

Ohne Zweifel gehen diese Angaben auf einen Provinzialcensus
zurück. Und da solche Bevölkerungszahlen in der *Naturalis
Historia* sich nur hier finden, Plinius aber, wie bekannt, in
einer der kaiserlichen Provinzen Spaniens Procurator gewesen
ist, so hat er dieselben höchst wahrscheinlich während seiner
Verwaltung selbst in Erfahrung gebracht. Sie beziehen sich

---

[1]) Zu demselben Resultat gelangt auch Wietersheim, *Völkerwanderung*
I[1] S. 207, doch ohne seine Schätzung irgendwie zu begründen.

[2]) Berechnet nach dem Flächenraum der heutigen Provinzen, die
diesen römischen Provinzen entsprechen.

[3]) Plin. *H. N.* III 28.

[4]) Die bei Detlefsen mit C bezeichnete jüngere Handschriftengruppe
hat 275 000.

also auf die Mitte des I. Jahrhunderts nach Christus. Dass
ferner unter *libera capita* die freie Gesammtbevölkerung zu
verstehen ist, zeigt, abgesehen von dem Ausdruck selbst (*numerus omnis multitudinis liberorum capitum*), der nur diese
Deutung zulässt, auch die Grösse der Zahlen. Der Flächeninhalt jener drei Bezirke beträgt zusammen etwa 85 000 qkm,
was eine freie Bevölkerung von gegen 8 auf den qkm ergeben
würde. Setzen wir die gleiche Volksdichtigkeit für die ganze
Halbinsel voraus, so erhielten wir eine Bevölkerung von nahe
an 5, oder einschliesslich der Sklaven wohl von etwas über
5 Millionen. Wollten wir dagegen unter „*libera capita*" nur
die erwachsenen Männer verstehen, so kämen wir auf eine freie
Gesammtbevölkerung von 15 Millionen, d. h. annähernd gleich
der heutigen Bevölkerung der Halbinsel. Eine solche Annahme
richtet sich selbst; hat doch Spanien noch unter Philipp II.
nicht über 7--8 Millionen Einwohner gezählt.

Der bei weitem am besten bewohnte Theil der Halbinsel
war in der ersten Kaiserzeit Baetica. Nach Strabon soll die
Provinz 200 Städte gezählt haben, und auch der Katalog bei
Plinius zählt hier 175 Gemeinden auf[1]). Die Volksdichtigkeit
wird also hier annähernd dieselbe gewesen sein, wie in Italien.
Nehmen wir 20 Einwohner auf 1 qkm an, so ergiebt sich eine
Bevölkerung von über 1½ Million. Dagegen waren die weiten,
unfruchtbaren Hochebenen der inneren Tarraconensis nur spärlich
bevölkert[2]), und auch Lusitanien kann zu Polybios' Zeit nur eine
sehr geringe Bevölkerung gezählt haben, wie die staunenswerthe
Wohlfeilheit und der grosse Wildreichthum beweist[3]). Dasselbe
zeigen die Berichte über den Krieg mit Viriathus. Der römi-

---

[1]) Plin. *H. N.* III 7: *cunctas provinciarum diviti cultu et quodam
fertili et peculiari nitore praecedit.* Strab. III S. 137. 141 f.

[2]) Strab. III S. 136 f.: ταύτης (Iberiens) δὴ τὸ μὲν πλέον οἰκεῖται
φαύλως· ὄρη γὰρ καὶ δρυμοὺς καὶ πεδία λεπτὴν ἔχοντα γῆν οὐδὲ ταύτην
ὁμαλῶς ἔνυδρον οἰκοῦσι τὴν πολλήν· ἥ τε πρόσβορρος ψυχρά τέ ἐστι τελέως
πρὸς τῇ τραχύτητι καὶ παρωκεανῖτις, προσειληφυῖα τὸ ἄμμικτον κἀνεπί-
πλευτον τοῖς ἄλλοις, ὥσθ' ὑπερβάλλειν τῇ μοχθηρίᾳ τῆς οἰκήσεως.
Vergl. Poseidon. bei Strab. III S. 162.

[3]) Polyb. **34**, 8.

schen Civilisation ist Lusitanien erst seit dem sertorianischen Kriege, vollständig erst durch Caesar und Augustus erschlossen worden. Rechnen wir in Ermangelung eines besseren Anhalts für die Tarraconensis und Lusitanien dieselbe Volksdichtigkeit, wie sie aus Plinius' Angaben für das nordwestliche Spanien sich ergiebt, also 8, oder einschliesslich der Sklaven[1]) vielleicht 9 auf 1 qkm, so erhalten wir für die 500000 qkm dieser Provinzen 4½ Millionen Einwohner, also mit Baetica für ganz Spanien 6 Millionen. Diese Zahl gilt natürlich nur für die augusteische Zeit; im Laufe der Kaiserzeit mag die Bevölkerung sich erhöht haben, und zwar in Tarraconensis und Lusitanien in stärkerem Maasse als in Baetica, welch letzteres aber ohne Zweifel immer der am dichtesten bevölkerte Theil Spaniens geblieben ist.

Eine Bestätigung findet dieses Resultat durch die Inschriftenfunde. Es stehen im II. Band des *Corpus Inscriptionum Latinarum* verzeichnet[2]) Inschriften aus

	im ganzen	auf je 1000 qkm
Baetica	1419	17,7
Lusitania	950	7,3
Tarraconensis	2259	5,9
	4628	7,8

3. Gallien.

Gallien, d. h. das Land zwischen Pyrenaeen, Alpen, Rhein und Ocean hat eine Ausdehnung von 635—640000 qkm. Es beträgt nämlich nach Strelbitzky der Flächeninhalt von

---

[1]) Dass die Zahl der eigentlichen Sklaven in dieser Zeit, abgesehen etwa von Baetica, nicht gross gewesen sein kann, ergiebt sich aus dem ganzen wirthschaftlichen Zustand des Landes. Ob Leibeigenschaftsverhältnisse bestanden haben, wissen wir nicht. Doch zeigt die Höhe der Zahlen bei Plinius, dass diese Leibeigenen, wenn es überhaupt deren gab, entweder unter den *capita libera* einbegriffen sind, oder wenig zahlreich waren.

[2]) Ausschliesslich der *Addenda*, der *Viae publicae*, des *Instrumentum domesticum* etc. Vergl. die Bemerkungen oben S. 431 Anm.

	qkm
Frankreich (abzüglich Corsica)	524612,5
Normannische Inseln	219,0
Monaco	21,6
Belgien	29460,8
Luxemburg	2588,0
Nord-Brabant, Limburg, Seeland	9125,5
Schweiz (abzüglich Graubündten, Tessin, Schaffhausen, Thurgau, St. Gallen, Glarus, Appenzell)	26975,9
das linksrheinische Deutschland ca.[1])	42600
	635598,3

Nach den officiellen Angaben umfasst Frankreich ohne Corsica nur 519824,89 qkm. Für die übrigen Gebiete weichen die officiellen Zahlen nur unbedeutend von den Zahlen Strelbitzkys ab.

Von diesem Flächenraum entfallen auf die Narbonensis etwas über 100000 qkm, auf Aquitanien im ethnographischen Sinne, also das Land südlich der Garonne und westlich der Provinz, etwa 40000[2]), sodass für das bis auf Caesar freie Keltenland und die germanischen Districte links des Rheins gegen 495000 qkm übrig bleiben. Die *„Tres Galliae"* (Aquitania, Lugdunensis, Belgica) zusammen haben demnach ein Areal von etwa 535000 qkm.

Was nun die Bevölkerung angeht, so fehlt darüber für die Narbonensis aus dem Alterthum jede Angabe. Da indess diese Provinz schon in der ersten Kaiserzeit zu den nach Italien am meisten civilisirten Gebieten im Westen des Reiches gehörte[3]), so kann die Volksdichtigkeit nicht viel hinter der des benachbarten Ober-Italien zurückgestanden haben, was für Augustus' Zeit auf eine Bevölkerung von $1\frac{1}{2}$ Millionen Einwohnern führen würde.

---

[1]) Strelbitzky giebt nur den Flächeninhalt der Regierungsbezirke. Die Ausdehnung der linksrheinischen Theile der Regierungsbezirke Düsseldorf, Köln und Koblenz ist von mir annähernd planimetrisch bestimmt worden.

[2]) Berechnet nach dem Flächenraum der entsprechenden heutigen Departements.

[3]) Plin. *H. N.* III 31: *amplitudine opum provinciarum nulli postferenda, breviterque Italia potius quam provincia.*

Ueber die Bevölkerung des übrigen Gallien, der sogen. *Tres Galliae*, haben wir einige Nachrichten in Caesars Commentarien. Wir werden diesen Angaben freilich nicht das unbedingte Vertrauen entgegenbringen dürfen, das ihnen in der Regel geschenkt wird[1]). Der „gallische Krieg" ist eben eine Tendenzschrift, verfasst nicht um die historische Wahrheit zu geben, sondern um Caesars Thaten in das günstigste Licht zu stellen. Caesar färbt sonst die Thatsachen in seinem Interesse; wie hätte er den Zahlen gegenüber enthaltsamer sein sollen? Viel Feind, viel Ehr, war ja von jeher der Wahlspruch römischer Feldherren gewesen, mochten auch die Feinde zum grössten Theil nur auf dem Papier stehen. Und Caesar ist der Sitte gefolgt; wusste er doch, dass die Leser schon von selbst die nöthigen Abstriche vornehmen würden.

Um die Sache an einem recht schlagenden Beispiele zu zeigen, erinnere ich an den Bericht über den Feldzug in Wallis im Winter 57/6. Danach soll die von Galba geführte Legion von 30 000 Mann Sedunern und Veragrern angegriffen worden sein, von denen nicht weniger als 10 000 erschlagen wurden[2]). Danach müsste Wallis damals mindestens 120 000 Einwohner gezählt haben, reichlich soviel, als der Canton heute zählt. Die Uebertreibung ist hier besonders handgreiflich, weil es sich um Beschönigung einer Niederlage handelt. Ich werde daher im folgenden davon absehen, das ganze von Caesar überlieferte Zahlenmaterial zu besprechen, und mich auf einige der wichtigsten Angaben beschränken.

Nach der Schlacht bei Bibracte sollen sich in dem Lager der Helvetier Tafeln gefunden haben mit genauer Angabe über die Kopfzahl der ausgezogenen Stämme, specificirt nach waffenfähigen Männern, Kindern, Greisen und Weibern. Und zwar habe betragen die Zahl der

---

[1]) Wie z. B. von Wietersheim, *Völkerw.* I S. 207—213, der der Meinung ist, das auf Grund von Caesars Angaben für die Bevölkerung Galliens erlangte Ergebniss habe grössere Sicherheit als die Schätzungen für andere Theile des Reiches. Und selbst Mommsen, *Röm. Gesch.* III[3] S. 216 verwerthet diese Zahlen ohne jedes Bedenken.

[2]) *Gall. Kr.* III 6.

Helvetier	263 000
Tulinger	36 000
Latoviker	14 000
Rauraker	23 000
Boier	32 000
zusammen	368 000,

wovon 92 000 waffenfähige Männer [1]).

Es ist nun gewiss im höchsten Grade überraschend, bei den barbarischen Helvetiern eine officielle Statistik zu finden, wie wir sie in solcher Vollkommenheit in dem Rom dieser Zeit vergeblich suchen, und sonst nur im griechischen Orient antreffen. Die Verwunderung schwindet, wenn wir die von Caesar angegebene Zahl der Waffenfähigen mit der Gesammtzahl vergleichen. Jene beträgt nämlich genau $\frac{1}{4}$ von dieser; und es bedarf keiner Bemerkung, dass ein so rundes Verhältniss sich unmöglich ergeben konnte, wenn beide Zahlen auf wirklicher Zählung beruhten. Die eine Zahl ist also durch Berechnung aus der anderen gefunden; und zwar ist die Zahl der Gesammtbevölkerung die primäre, da hier die Einzelposten aufgeführt werden, und diese zum grossen Theile in den Tausenden nicht durch 4 theilbar sind. Also ist Caesars Angabe über die im helvetischen Lager vorgefundenen statistischen Tabellen mindestens in einem wesentlichen Punkte gefälscht. Dürfen wir dem gegenüber den anderen Theil dieser Angaben als authentisch betrachten?

Caesar selbst giebt uns das Mittel an die Hand, die Frage zu entscheiden. Er sagt uns nämlich, dass er nach Unterwerfung der Helvetier einen Census des Volkes vornehmen liess, der 110 000 Köpfe ergeben habe [2]). Danach wären also

---

[1]) Caes. Gall. Kr. I 29: *In castris Helvetiorum tabulae repertae sunt litteris Graecis confectae et ad Caesarem relatae, quibus in tabulis nominatim ratio confecta erat, qui numerus domo exisset eorum, qui arma ferre possent, et item separatim pueri, senes mulieresque. Quarum omnium rerum summa erat capitum Helvetiorum* . . . . . (die Zahlen s. oben), *ex his qui arma ferre possent ad milia nonaginta duo. Summa omnium fuerunt ad milia CCCLXVIII.*

[2]) Caes. Gall. Kr. I 29: *Eorum qui domum redierunt, censu habito, ut Caesar imperarerat, repertus est numerus C et X.*

über 250 000 Menschen auf dem Zuge zu Grunde gegangen.
Die grosse Unwahrscheinlichkeit, um nicht zu sagen Unmöglich-
keit eines solchen Verlustes liegt auf der Hand. Denn die
Schlacht bei Bibracte war keineswegs eine Vernichtungsschlacht;
Caesar sagt kein Wort davon, dass er eine irgend bedeutende
Zahl von Gefangenen gemacht hätte, und es gelang den Helvetiern, sich in guter Ordnung und unverfolgt vom Feinde
zurückzuziehen. Entweder also sind weniger als 368 000 Helvetier ausgezogen, oder es sind mehr als 110 000 zurückgekehrt.
Da nun diese letztere Zahl auf einen von Caesar gehaltenen
Census zurückgeht, da sie als die kleinere Zahl schon an und
für sich grössere Wahrscheinlichkeit hat, da endlich, wie wir
gesehen haben, die Erzählung von den im Lager der Helvetier
vorgefundenen statistischen Tafeln mindestens zum grossen
Theile unwahr ist: so bleibt nicht der geringste Zweifel, welche
Angabe den Vorzug verdient. Caesar hat offenbar von der
wirklichen Höhe des Verlustes der Helvetier keine Kenntniss
gehabt, oder wenn er sie hatte, es für seine Zwecke nicht
passend gefunden, sie zu verwerthen. Er veranschlagt aber
diesen Verlust zu ²/₃ der ursprünglichen Stärke; und da gegen
110 000 heimkehrten, so mussten etwa 330 000 ausgezogen sein.
Dieselbe Zahl — 336 000 — ergiebt eine Addition der Einzelposten bei Caesar, wenn wir die Boier ausschliessen, die in
Gallien zurückblieben, und also unter der Zahl der Heimkehren-
den nicht einbegriffen sind. Verlustschätzungen ähnlicher Art finden sich auch sonst mehrfach in Caesars Commentarien; so sollen
die Bergvölker des heutigen Wallis im Kampfe gegen Galba
den dritten Theil ihrer Stärke verloren haben[1]); die Aquitaner
gegen P. Crassus gar ³/₄ ihrer Gesammtzahl[2]). Die Angaben
Caesars über die Stärke der Helvetier und ihrer Bundesgenossen
beim Auszug sind also in der Weise gefunden, dass die Ergebnisse des nach der Schlacht bei Bibracte gehaltenen Census mit
3 multiplicirt wurden. Dieser Census muss demnach etwa
folgende Resultate ergeben haben:

---

[1]) Caes. Gall. Kr. III 6: *ex hominum milibus amplius XXX* . . . .
plus tertia parte interfecta.

[2]) Ebenda III 26: *ex milium L numero . . . . vix quarta parte relicta.*

Helvetier	87 700
Tulinger	12 000
Latoviker	4 700
Rauraker	7 700
	112 100

Rechnen wir nun die Verluste während der kurzen Wanderung selbst zu ¼ der ursprünglichen Gesammtzahl, so hätten diese Völkerschaften vor dem Auszuge etwa 150 000 Köpfe gezählt. Man wird zugeben, dass dieses Ergebniss auch an und für sich grössere innere Wahrscheinlichkeit hat, als die Annahme, es sei eine Masse von nahe an 400 000 Menschen aus Helvetien ausgezogen. Unter der Voraussetzung, dass auch die Tulinger und Latoviker links des Rheines gewohnt haben, ergiebt sich für die Gebiete aller dieser Stämme zusammen eine Ausdehnung von 18 600 qkm, nämlich die heutige Schweiz, abzüglich der Cantone Genf, Wallis, Tessin, Graubündten, Glarus, St. Gallen, Appenzell, Thurgau, Schaffhausen. Das ergäbe eine Volksdichtigkeit von 8 auf den qkm.

Wir werden demgemäss auch an die Angaben Caesars über das Aufgebot von Belgica mit grossem Misstrauen herantreten. Zu den Bundesheeren der belgischen Stämme sollen im Jahre 57 gestellt haben[1]) die

Bellovaker	60 000
Suessionen	50 000
Nervier	50 000
Atrebaten	15 000
Ambianer	10 000
Moriner	25 000
Menapier	7 000
Caleter	10 000
Veliocasser	10 000
Aduatuker	19 000
Viromanduer	10 000
Condruser, Eburonen, Caeroeser, Paemaner	40 000
	306 000

---

[1]) Caes. *Gall. Kr.* II 4.

Dieselbe Zahl — 300 000 — giebt nach Caesar auch Strabon[1]).
Das waren aber nur die Contingente zum Bundesheere. Die
Zahl der waffenfähigen Mannschaft war höher; bei den Bello-
vakern z. B. 100 000[2]), bei den Nerviern 60 000 Mann[3]).
Danach müsste Belgica, ohne die Remer, etwa 400—450 000
Mann haben ins Feld stellen können, was einer Gesammtbevölkerung von 1 600 000—1 800 000 entsprechen würde. Der
Flächeninhalt beträgt nach Wietersheim 1718 geogr. Q.-M.,
oder 94 000 qkm, womit meine eigene Berechnung annähernd
übereinstimmt. Mommsens Schätzung auf 2000—2200 Q.-M.
= 110—120 000 qkm ist bedeutend zu hoch. Das ergäbe eine
Volksdichtigkeit von 17—19 auf den qkm, also annähernd so
viel, wie in Italien. Ja einzelne Theile von Belgica müssten
eine noch viel dichtere Bevölkerung gehabt haben. Das Gebiet
der Bellovaker entspricht annähernd dem heutigen Departement
der Oise, das auf 5827 qkm (nach Strelbitzky, die officielle
Zahl ist 5855 qkm) 1876: 401 618 Einwohner gezählt hat, oder
69 auf 1 qkm. Wenn nun die Bellovaker 100 000 Mann ins
Feld stellen konnten, so muss ihre Kopfzahl insgesammt an
400 000 betragen haben, mit anderen Worten, das Departement
der Oise wäre zu Caesars Zeit ebenso bevölkert gewesen, wie
heute, und hätte zu den am dichtesten bewohnten Gebieten
der ganzen Erde gehört! Nun war aber Belgica der am
meisten in der Cultur zurückgebliebene Theil Galliens, wir
müssten also für das ganze Land im Durchschnitt dieselbe
Volksdichtigkeit annehmen: d. h. die *Tres Galliae* hätten zu
Caesars Zeit über 10 Millionen Einwohner gezählt.

　Dass diese Zahlen völlig unhaltbar sind, sollte auf den
ersten Blick klar sein. Spanien hatte zu Augustus' Zeit, wie
wir gesehen haben, eine Bevölkerung von etwa 6 Millionen,
bei einem Flächenraum, der den der *Tres Galliae* noch
um 55 000 qkm übersteigt; Spanien hatte vor diesem einen
Vorsprung in der Cultur von mindestens einem Jahrhundert,

---

[1]) Strab. IV S. 196.
[2]) Caesar, *Gall. Kr.* II 4.
[3]) Ebenda II 28.

und Gallien sollte fast die doppelte Bevölkerung gezählt haben? Ein Land, bedeckt mit endlosen Wäldern und Sümpfen, wo der Ackerbau verachtet war und die Viehzucht durchaus überwog; ein Land, dessen Städte kaum etwas anderes waren als befestigte Dörfer[1])? Die gallische Nation stand keiner zweiten nach an kriegerischem Geiste und militärischer Tüchtigkeit; und doch hat zu ihrer Unterwerfung ein Heer ausgereicht, dessen Effectivbestand 60000 Mann nie überschritten hat. Ist das denkbar, wenn Gallien 10 Millionen Einwohner, also $2\frac{1}{2}$ Millionen streitbarer Männer zählte?

Eine bessere Grundlage für unsere Untersuchung geben die Angaben Caesars über das im Jahre 52 zum Entsatz von Alesia aufgebotene gallische Bundesheer. Mit Ausnahme der Aquitaner, der germanischen Grenzvölker und einiger wenigen Keltengaue, wie der Remer, Suessionen und Lingoner, sollen alle gallischen Stämme dazu ihre Contingente gestellt haben. Vercingetorix hatte ein Massenaufgebot aller Waffenfähigen angeordnet; wegen der Schwierigkeiten der Verpflegung sah man davon ab, und rief nur einen Theil der kriegstüchtigen Mannschaft unter die Waffen. Es stellten die

Aeduer nebst Schutzverwandten .	35000	Mann
Arverner nebst Schutzverwandten	35000	„
Sequaner	12000	„
Senonen	12000	„
Biturigen	12000	„
Santonen	12000	„
Rutener	12000	„
Carnuten	12000	„
Bellovaker	10000	„
Pictonen	8000	„
Turonen	8000	„
Parisier	8000	„
Helvetier	8000	„
Ambianer	5000	„
Mediomatriker	5000	„
Petrocorier	5000	„
Nervier	5000	„

---

[1]) Vergl. die Schilderung bei Mommsen, *R. G.* III[5] S. 216 f.

Moriner	5000	Mann
Nitobrigen	5000	„
Aulerci Cenomani	5000	„
Atrebaten	4000	„
Veliocasser	4000	„
Lemoviker	3000	„
Aulerci Eburovices	3000	„
Rauraker	2000	„
Boier	2000	„
Völker von Armorika	30000	„

Die Gesammtsumme der einzelnen Posten beträgt 267000, oder, da die Bellovaker statt 10000 Mann nur 2000 stellten, 259000 Mann. Caesar giebt 8000 Reiter und etwa 250000 Mann zu Fuss [1]).

Es ist nun allerdings sehr unwahrscheinlich, dass ein Heer von dieser Stärke, wie es die Welt seit dem Untergange des Perserreiches nicht mehr gesehen hatte, zum Entsatz von Alesia wirklich zusammengekommen ist. Aber auch so behalten die Zahlen ihren Werth als eine Schätzung der relativen militärischen Leistungsfähigkeit der keltischen Gaue, gegeben von dem Mann, der unter allen Zeitgenossen am besten dazu befähigt war, und der in diesem Punkte kein Interesse hatte, die Wahrheit zu beugen. Es handelt sich also nur darum, das Verhältniss der von Caesar verzeichneten Contingente zur Gesammtbevölkerung festzustellen. Einen Anhaltspunkt dazu giebt uns Caesar selbst. Nach dem von Caesar nach der Schlacht bei Bibracte gehaltenen Census muss die Zahl der Helvetier, die in ihre Heimath zurückkehrten, gegen 88000 Köpfe jeden Geschlechts und Alters betragen haben; ihr Contingent zu dem Entsatzheere wird zu 8000 Mann angegeben, also auf $1/11$ der Gesammtzahl. Die Zahl der Boier schätzt Caesar bei dem Auszuge im Jahre 58 auf 30000; nach der Schlacht bei Bibracte auf etwa 14000 [2]); ihr Contingent von 2000 Mann hätte also

---

[1]) *Gall. Kr.* VII 75. 76.

[2]) Nach der Schlacht waren noch ca. 130000 Helvetier und Verbündete übrig (*Gall. Kr.* I 26); 6000 Menschen des *pagus Verbigenus* entwichen vor der Capitulation (I 27); 110000 kehren nach der Capitulation nach Hause zurück (I 29); die Boier, die in Gallien blieben, müssen also 14000 Mann stark gewesen sein.

dem 7. Theile ihrer Volkszahl entsprochen. Doch sind diese Schätzungen unsicher, da die Boier bei jenem Census der Helvetier und ihrer Bundesgenossen nicht berücksichtigt worden sind. Die Zahl der Rauraker betrug nach demselben Census etwa 8000, so dass sie den vierten Theil ihrer Bevölkerung oder alle waffenfähigen Männer zu dem Entsatzheer gestellt haben müssten; indess wissen wir nicht, ob das ganze Volk an der Auswanderung des Jahres 58 Theil genommen hat.

Die von Caesar verzeichneten Contingente mögen also etwa der Truppenzahl entsprochen haben, die jeder einzelne gallische Staat zu Unternehmungen nach aussen verfügbar hatte. Jedenfalls kann diese Zahl nicht erheblich grösser gewesen sein; denn Vercingetorix hielt es für möglich, das Gesammtaufgebot ganz Galliens auf e i n e n Punkt zu concentriren[1]). Um aber nicht zu wenig zu rechnen und ein rundes Verhältniss zu bekommen, wollen wir diese Contingente zu etwa $1/10$ der Gesammtbevölkerung annehmen. Wir erhalten demnach für alle im Jahre 52 gegen Rom in Waffen stehenden Völkerschaften eine Kopfzahl von 2 670 000, oder mit Einrechnung der wenigen Stämme, die an dem Aufstande nicht Theil nahmen, gegen 3 000 000 für das Gebiet zwischen Garonne und Rhein. Bei einem Flächenraum von 495 000 qkm ergiebt das eine Bevölkerung von durchschnittlich 6 auf den qkm. Die Helvetier hatten im Jahre 58 v. Chr. ihr Land bei einer Volksdichtigkeit von 8 auf 1 qkm für übervölkert gehalten[2]); es erscheint also durchaus angemessen für Gallien als ganzes eine etwas geringere Volksdichtigkeit anzunehmen, auch wenn wir erwägen, dass die Schweiz viel weniger fruchtbar ist, als die meisten übrigen Theile des Keltenlandes.

Im einzelnen war natürlich die Bevölkerung sehr un-

[1]) Caes. Gall. Kr. VII 75: Galli . . . non omnes eos, qui arma ferre possent, ut censuit Vercingetorix, convocandos statuunt, sed certum numerum cuique ex civitate imperandum.
[2]) Caes. Gall. Kr. I 2: pro multitudine autem hominum et pro gloria belli atque fortitudinis angustos se finis habere arbitrabantur.

gleich vertheilt[1]). Im Gau der Aeduer wohnten auf etwa 29000 qkm 350000 Menschen, oder 12 auf den qkm. Im Lande der Arverner und Rutener auf 38000 qkm 470000 Einwohner, was etwa dieselbe Volksdichtigkeit ergiebt. Das Land der Sequaner, die heutige Franche-Comté, hatte auf 16000 qkm 120000 Einwohner oder 7,5 auf den qkm. In Mittel-Gallien, dem Lande der Biturigen, Carnuten, Senonen, Parisier, Turonen, Boier, kamen auf 66000 qkm 540000, oder 8 auf den qkm. Dünner war die Bevölkerung im Westen und Norden. Das Gebiet zwischen der unteren Loire und Garonne, die Gaue der Pictonen, Santonen, Lemoviker, Petrocorier und Nitobrigen, zählte auf etwa 60000 qkm 330000 Einwohner oder auf dem qkm 5,5; Armorica und der Gau der Aulerker auf 83000 qkm 380000 Einwohner, hatte also eine Volksdichtigkeit von nur 4 $\frac{1}{2}$. Für Belgica im weiteren Sinne, bis zum Oberrhein und der Grenze der Sequaner und Helvetier, bleiben etwa 180000 qkm und 700000 Einwohner oder 3,9 auf den qkm. Doch mag es sein, dass die Bevölkerung dieses Theiles von Gallien damit etwas unterschätzt ist und die Annahme von 8—900000 Einwohnern der Wahrheit näher kommt, was eine Volksdichtigkeit von 4,5—5 auf den qkm[2]), wie in Armorica, ergeben würde. Man sieht, diese Vertheilung der Bevölkerung stimmt aufs beste zu allem, was wir über die wirthschaftlichen Verhältnisse Galliens zur Zeit der römischen Eroberung wissen. Caesars Schätzung der relativen Bevölkerung der einzelnen Gaue erhält also die vollkommenste Bestätigung.

Für Aquitanien, das Land zwischen Garonne und Pyrenaeen, hat uns Caesar keine directe Angabe über die Bevölkerung hinterlassen. Wir hören nur, dass Aquitanien nach Aus-

---

[1]) Der Flächenraum der einzelnen Gebiete ist nach dem Areal der entsprechenden heutigen Departements berechnet, mit Zugrundelegung der Strelbitzkyschen Zahlen.

[2]) In der Angabe Frontins (*Strateg.* IV 3, 14): *eo bello quod Iulius Civilis in Gallia moverat Lingonum opulentissima civitas . . . ad obsequium reducta septuaginta milia armatorum tradidit mihi* muss ein Fehler stecken, sei es dass die Zahl, sei es dass *armatorum* verschrieben ist. Ich denke, das letztere; es ist von Rüstungen die Rede, nicht von Bewaffneten.

dehnung und Menschenmenge als der dritte Theil Galliens zu betrachten sei[1]). Diese Angabe ist in ihrem ersten Theile falsch: denn Aquitanien hat einen Flächenraum von kaum mehr als 40000 qkm. Was die Bevölkerung angeht, so genügte trotz des kriegerischen Geistes des Volkes[2]) und der Heranziehung cantabrischer Hülfstruppen eine Macht von 12 Cohorten[3]) zur Unterwerfung des Landes. Das gesammte cantabrisch-aquitanische Aufgebot soll 50000 Mann betragen haben[4]), woraus sich eine Bevölkerung von höchstens 200000 ergeben würde. Das wird ungefähr richtig sein; denn die benachbarten gallischen Districte hatten, wie wir gesehen haben, eine Volksdichtigkeit von 5,5. Rechnen wir dieselbe Volksdichtigkeit für Aquitanien, so erhielten wir eine Bevölkerung von 220000. Um eine eigene Provinz zu bilden, war ein solches Gebiet viel zu unbedeutend, und Augustus sah sich genöthigt, seiner Provinz Aquitanien einen sehr bedeutenden Theil des Keltenlandes hinzuzufügen.

Bestimmen wir schliesslich noch die Bevölkerung der drei Provinzen, in die Caesars Eroberungen von Augustus getheilt wurden. Zu Aquitanien geschlagen wurden die Bezirke der

		Einwohner
Arverner	mit	350000
Rutener	„	120000
Biturigen	„	120000
Lemoviker	„	80000
Pictonen	„	80000
Santonen	„	120000
Petrocorier	„	50000
Nitrobrigen	„	50000

Zusammen 920000 Einwohner auf etwa 120000 qkm. Dazu das eigentliche Aquitanien mit 40000 qkm und gegen 220000

---

[1]) *Gall. Kr.* III 20: *quae, ut ante dictum est, et regionum latitudine et multitudine hominum tertia pars Galliae est existimanda.* Caesar scheint hier Crassus zu Gefallen gefärbt zu haben.

[2]) *Gall. Kr.* III 24: *propter veterem belli gloriam.*

[3]) *Gall. Kr.* III 11.

[4]) *Gall. Kr.* III 26.

Einwohnern, im ganzen also 160 000 qkm und 1 140 000 Einwohner, 7,1 auf den qkm.

Lugdunensis umfasste die

Aeduer	mit 350 000	Köpfen
Boier	„ 20 000	„
Senonen	„ 120 000	„
Carnuter	„ 120 000	„
Parisier	„ 80 000	„
Veliocasser	„ 40 000	„
Aulerker	„ 80 000	„
Turonen	„ 80 000	„
Armorica	„ 300 000	„
	1 190 000	

Dazu kommen weiter die Lingonen, Vadicasser und Tricasser,
über deren Volkszahl nichts überliefert ist; mit Einschluss derselben mag die Lugdunensis etwa 1¼ Million Einwohner gezählt haben auf 170 000 qkm, also auch hier annähernd dieselbe Volksdichtigkeit (7,35) wie in Aquitanien. Für Belgica
erhalten wir demnach etwa 205 000 qkm und 1 Million Einwohner, 4,5 auf den qkm. Oder zur Tabelle zusammengestellt:

	qkm	Einwohner	auf den qkm
Aquitanien	160 000	1 140 000	7,1
Lugdunensis	170 000	1 250 000	7,35
Belgica	205 000	1 000 000	4,5
Tres Galliae	535 000	3 390 000	6,3
Narbonensis	100 000	1 500 000	15,0
Gallien	635 000	4 890 000	7,6

4. Die Donauländer.

Die Gebiete am rechten Ufer der Donau, von der Quelle
des Stroms bis zu seiner Mündung, und südlich bis zu den
Alpen, dem adriatischen Meer und dem Haemos, die zum
grössten Theil erst durch Augustus dem Reiche erworben
worden sind, stehen an Ausdehnung nicht weit hinter Gallien

oder Spanien zurück. Die entsprechenden heutigen Gebietstheile haben folgenden Flächeninhalt (nach Strelbitzky):

	qkm
Graubündten, Glarus, St. Gallen, Appenzell, Thurgau	11 279,1
Liechtenstein	159,0
Nieder-Baiern, Ober-Baiern, Schwaben.	37 311,0
Tirol und Vorarlberg, ausschliesslich des Trentino	18 497,9
Salzburg	7 164,8
Ober-Oesterreich südlich der Donau	11 447,1
Nieder-Oesterreich südlich der Donau	8 497,2
Steiermark	22 470,6
Kärnthen	10 316,0
Krain	9 953,1
Ungarn rechts der Donau	44 681,7
Kroatien und Slawonien	42 441,1
Dalmatien	18 017,8
Bosnien und Herzegowina	58 833,2
Montenegro	9 400,3
Serbien	48 589,4
Bulgarien	62 886,3
Dobrudscha	15 813,0
	432 708,6

Natürlich stimmen, wie ein Blick auf die Karte zeigt, die
alten und neuen Grenzen keineswegs genau überein. Im allgemeinen aber werden diese Abweichungen sich gegenseitig
compensiren, und jedenfalls kommt es bei so grossen Zahlen
auf einige tausend qkm mehr oder weniger kaum an. Für
unsere Zwecke genügt es zu wissen, dass die römischen
Donauländer bis auf die Eroberung Daciens unter Traian
einen Flächenraum von rund 430 000 qkm gehabt haben. Davon kommen annähernd auf

	qkm
Rhaetien und Noricum	125 000
Pannonien	100 000
Dalmatien	80 000
Moesien	125 000
	430 000

Die Cultur hat sich in diesen Ländern erst in Folge der
römischen Herrschaft entwickelt und damit ist ausgesprochen,
dass die Bevölkerung zu Augustus' Zeit nur verhältnissmässig
gering gewesen sein kann. Bestimmte Angaben darüber besitzen wir nur für Dalmatien und Pannonien. Velleius berichtet uns, dass bei dem grossen Aufstande der Jahre 6—8
n. Chr. die gesammte Volkszahl der empörten Stämme sich
auf über 800000 belaufen hätte, wovon mehr als 200000
waffenfähige Männer[1]). Ganz offenbar stammt diese Angabe
aus den Listen des Provinzialcensus. Da die Einrichtung jeder
Provinz mit einem solchen Census begann, so muss in Dalmatien im Jahre 34 und in Pannonien im Jahre 9 v. Chr. ein
Census gehalten worden sein, und wahrscheinlich sind die Aufnahmen in der Zwischenzeit bis zum Aufstande wiederholt
worden. Velleius aber, der während des Aufstandes ein hohes
Commando bekleidete, muss von den Ergebnissen des Census
Kenntniss gehabt haben. Dass aber die von Velleius angegebene Zahl wirklich aus dieser Quelle stammt, geht auch daraus
hervor, dass die Angabe über die Gesammtbevölkerung die
primäre ist und erst danach, mit Zugrundelegung des auch
von Caesar angenommenen Verhältnisses von 4 : 1, die Zahl
der waffenfähigen Männer berechnet wird. Auch hat die Angabe des Velleius, so aufgefasst, die höchste innere Wahrscheinlichkeit. Der Aufstand ergriff ganz Pannonien und Dalmatien mit Ausnahme der römischen Städte an der Küste und
der Militärposten im Innern[2]). Dagegen hat sich die Bewegung auf Moesien nicht ausgedehnt, wie nicht nur aus dem
Schweigen des Velleius hervorgeht, sondern noch mehr daraus,
dass die in Moesien als Besatzung stehenden Legionen nach
Pannonien geführt werden konnten. Nun beträgt der Flächen-

---

[1]) Vell. II 116: *gentium nationumque, quae rebellaverunt, omnis
numerus amplius octingentis millibus explebat; ducenta fere peditum colli-
gebantur* (wurden geschätzt, nicht etwa wurden versammelt) *armis habilia,
equitum novem.* Letzteres sind die Leute von Ritterschatzung, die der
Census ergeben hatte.

[2]) Vell. II 110: *universa Pannonia et adulta viribus Delmatia, omnibus tractus eius gentibus in societatem adductis consili, arma corripuit.*

inhalt von Dalmatien und Pannonien zusammen etwa 180 000, oder, wenn Pannonien sich damals nur bis an die Drau erstreckte[1]), 140 000 qkm; auf den qkm kommen also 4,4 bezw. 5,7 Einwohner, etwas weniger als in den Tres Galliae. Legen wir die Volksdichtigkeit von 5 auf 1 qkm für alle Donauländer zu Grunde, so erhalten wir eine Gesammtbevölkerung von 2 150 000, was eher über als unter der Wahrheit bleiben wird. Denn Moesien und Rhaetien hatten ohne Zweifel eine dünnere Bevölkerung als Dalmatien.

Ueber die Zusammensetzung der Bevölkerung Dalmatiens haben wir einige Angaben bei Plinius[2]). Danach gehörten zum Convent von Salonae folgende Völker:

Delmatae	mit 342	Decurien
Deuri	„ 25	„
Ditiones	„ 239	„
Maezaei.	„ 269	„
Sardeates	„ 52	„
zusammen	927	Decurien

Zum Convent von Narona gehörten die

Cerauni	mit 24	Decurien
Daursi	„ 17	„
Desitiates	„ 103	„
Docleates	„ 33	„
Deretini.	„ 14	„
Deraemesti	„ 30	„
Dindari	„ 33	„
Glinditiones	„ 44	„
Melcumani	„ 24	„
Naresi	„ 102	„
Scirtari	„ 72	„
Siculotae	„ 24	„
Vardaei.	„ 20	„
zusammen	540	Decurien

---

[1]) Mommsen, *R. G.* V S. 20. 187.
[2]) *H. N.* III 142 f.

Für den dritten Conventus der Provinz fehlen die entsprechenden Angaben. Wenn wir auch über die Stärke der Decurie nicht unterrichtet sind, so lernen wir doch wenigstens die relative Stärke der einzelnen Völkerschaften kennen. Nach dem Namen zu urtheilen, muss die Decurie eine Abtheilung von 10 Geschlechtern sein, von denen sich freilich jedes wieder in mehrere Familien theilen konnte; auch brauchte die Normalzahl nicht unbedingt festgehalten zu werden. Wie es scheint, wurde die entsprechende illyrische Bezeichnung mitunter auch durch *centuria* wiedergegeben[1]); jede Decurie würde demnach im Durchschnitt 100 erwachsene Männer oder doch nahe an 100 erwachsene Männer gezählt haben. Das ergäbe für die beiden Convente eine Einwohnerzahl von etwa 400 000, ungerechnet die römischen Colonien und Municipien an der Küste, was ungefähr mit den Angaben des Velleius übereinstimmen würde. Selbstverständlich bin ich weit entfernt, irgend welchen besonderen Werth auf diese Berechnung zu legen; sie zeigt aber immerhin, dass, wenn wir nicht eine ganz unwahrscheinliche Kopfzahl auf die Decurie rechnen wollen, wir die Volkszahl Illyriens am Anfang der Kaiserzeit nicht viel höher veranschlagen können, als oben nach Velleius geschehen ist.

Pannonien jenseits der Drau muss in der ersten Kaiserzeit so gut wie unbewohnt gewesen sein[2]). Moesien war damals so menschenleer, dass Aelius Catus unter Augustus 50 000 Geten von jenseits der Donau hierhin verpflanzen[3]) und unter Nero der Propraetor Ti. Plautius Silvanus Aelianus mehr als 100 000 „Transdanuvianer" hier ansiedeln konnte[4]). Dem-

---

[1]) *CIL.* III 3224 aus Bassania: . . . *cemaes Liccav[i] f. Amantinus ho[b]se[s] annorum dec[e]m, gente Undius, centuria secunda.* Vergl. Zippel, Illyrien S. 199. Wahrscheinlich gehört die Inschrift in das I. Jahrhundert.

[2]) Mommsen, *R. G.* V S. 488.

[3]) Strab. VII 303: ἔτι γὰρ ἐφ᾽ ἡμῶν Αἴλιος Κάτος μετῴκισεν ἐκ τῆς περαίας τοῦ Ἴστρου πέντε μυριάδας σωμάτων παρὰ τῶν Γετῶν.

[4]) Willm. 1145 (= Orelli 750): *in qua plura quam centum mill. ex numero Transdanuvianor. ad praestanda tributa cum coniugib. ac liberis*

nach wird die Bevölkerung der Donauländer unter Augustus
2 Millionen noch kaum erreicht haben; im Laufe der nächsten
Jahrhunderte mag sie allerdings bedeutend gestiegen sein.

5. Afrika.

Der Flächeninhalt des nordwestlichen Afrika beträgt, abgesehen von dem Wüstengebiet[1]):

	Tell qkm	Steppe qkm	zusammen qkm
Tunis	28 082	39 645	67 727
Algerien	106 822	152 524	259 346
Marokko	197 125	67 727	264 852
	332 029	259 896	581 925

Das culturfähige Land an der tripolitanischen Küste kommt
kaum in Betracht. Das heutige Tunesien entspricht etwa der
Africa proconsularis im engeren Sinne, also Zeugitana und
Byzacium; Algerien entspricht Numidien und Mauretania Caesariensis; Marokko Mauretania Tingitana. Doch ist zu erwägen, dass letztere Provinz höchstens ¹/₈ des culturfähigen
Landes im heutigen Marokko umfasst hat. Mag also immerhin
das römische Gebiet in Numidien und Caesariensis sich bis
zum Saume der Wüste erstreckt haben, so ergiebt sich für die
römischen Provinzen von Nordwest-Afrika ein Areal von nicht
über 400 000 qkm.

---

et principib. aut regibus suis transduxit. Dass die Zahlenangabe von
der Kopfzahl überhaupt, einschliesslich der Weiber und Kinder, zu verstehen ist, zeigt die oben angeführte Stelle Strabons und ist auch ohne
das evident.

[1]) Nach Behm und Wagner, *Bevölk. der Erde* VI S. 59 (berechnet
auf Grund von Berghaus' *Chart of the World*, 1879). Doch sind diese
Angaben mit grosser Reserve aufzunehmen; ich gebe sie nur, weil bessere
Zahlen zur Zeit nicht vorliegen.

Der Kern dieser Besitzungen, das ehemals karthagische Gebiet, gehört zu den ältesten Culturländern am westlichen Mittelmeer und hat schon früh eine dichte Bevölkerung erlangt[1]. Die Alten rühmen einstimmig den gartenähnlichen Anbau namentlich der Zeugitana[2]; allerdings wurde daneben auch Viehzucht hier im grossen Maassstabe betrieben[3]. Agathokles soll 200 Städte im karthagischen Gebiete erobert haben[4], und noch zur Zeit des letzten Krieges mit Rom hat dasselbe trotz bedeutender Abtretungen an Massinissa 300 Städte gezählt[5]. In der ersten Kaiserzeit bestanden in der Provinz Afrika — also einschliesslich Numidien — 516 Gemeinden, freilich mit Einrechnung der Nomadenstämme an der Südgrenze[6]. Das ist eine Zahl von Städten, wie sie sich auf so kleinem Raume nur in den bestbevölkerten Theilen der alten Welt, in Kleinasien, Griechenland, Italien, Baetica wiederfindet.

Karthago selbst gehörte bis zu seiner Zerstörung im Jahre 146 zu den grössten Städten der Erde. Der Umfang wird auf 23 Milien angegeben[7], was wohl etwas übertrieben ist; er wird 18 Milien kaum überstiegen haben[8], und der bei weitem grösste Theil des von den Mauern umschlossenen Raumes fällt auf die Vorstadt Megalia, die hauptsächlich von Gärten eingenommen war[9]. Karthago soll im Stande gewesen sein, im Jahre 310 gegen Agathokles aus seinen Bürgern allein ein Heer von über 40000 Mann aufzustellen[10]; beim Beginn der römischen Belagerung 149 wird die Bevölkerung auf 700000

---

[1] Mommsen, *R. G.* V S. 651.
[2] Diod. XX 8 für Agathokles' Zeit, Polyb. I 29, 7 für die Zeit des ersten punischen Krieges.
[3] Diod. und Polyb. a. a. O., Polyb. XII 3, 3.
[4] Diod. XX 17.
[5] Strab. XVII S. 833.
[6] Plin. V 29.
[7] Liv. *Epit.* 51.
[8] Nach Kieperts Plan auf Bl. X des *Atlas Antiquus.*
[9] Appian, *Lib.* 117.
[10] Diod. XX 10.

Einwohner angegeben[1]). Beide Angaben mögen übertrieben sein. Sicher scheint nur, dass bei der Capitulation der Byrsa den Römern 50000 Gefangene in die Hände fielen, Männer und Weiber zusammen[2]); mögen wir die Opfer der Belagerung noch so hoch ansetzen, es ist schwer glaublich, dass die Stadt vorher mehr als 2—300000 Einwohner gezählt haben kann. Nach seiner Wiederherstellung durch Caesar ist dann Karthago aufs neue zu einer der ersten Städte des Reichs empor-gewachsen. Um die Mitte des III. Jahrhunderts stand es nur Rom selbst an Grösse nach und wetteiferte mit Alexandreia[3]).

Aus seinem libyschen Landgebiet hat Karthago den grössten Theil seiner Heere ausgehoben; die allerdings in bedeutender Zahl verwendeten Söldner traten nur als Ergänzung dazu[4]). Selbst das Heer, mit dem Hannibal in Italien einfiel, bestand zu 60% aus Libyern[5]), obgleich damals Spanien bereits den Karthagern gehörte. Aber allerdings dürfen die numerischen Angaben über die Stärke karthagischer Heere nur mit Vor-sicht benutzt werden. Es ist bemerkenswerth, wie die Zahlen immer kleiner werden, je mehr wir uns den punischen Kriegen nähern, gerade im umgekehrten Verhältniss zu der steigenden Macht des Staates. So sollen die Karthager 480 bei Himera mit 300000 Mann gekämpft haben[6]); und auf 2—300000 beziffert Ephoros die karthagischen Heere noch in den Kriegen gegen Dionysios[7]). Schon Timaeos hat an diesen Angaben

---

[1]) Strab. XVII S. 833.

[2]) Appian *Lib.* 130: καὶ ἐξῇεσαν αὐτίκα μυριάδες πέντε ἀνδρῶν ἅμα καὶ γυναικῶν, ohne Zweifel nach Polybios.

[3]) Herodian VII 6, 1: ἡ γὰρ πόλις ἐκείνη καὶ δυνάμει χρημάτων καὶ πλήθει τῶν κατοικούντων καὶ μεγέθει μόνης Ῥώμης ἀπολείπεται φιλο-νεικοῦσα πρὸς τὴν ἐν Αἰγύπτῳ Ἀλεξάνδρου πόλιν περὶ δευτερείων. Vergl. Auson. *ordo urbium nobilium* 2, 3.

[4]) Polyb. I 67, 7 von dem Heere, das im ersten punischen Kriege auf Sicilien gefochten hatte.

[5]) Hannibals officielle Angabe bei Polyb. III 56, 4.

[6]) Herod. VII 165; Diod. XI 1. 20.

[7]) Bei Diod. XIII 54. 80, XIV 54.

Kritik geübt und sie auf 100000 ermässigt[1]), was freilich ohne
Zweifel auch noch übertrieben ist. Das Heer, das Magon 392
nach Sicilien führt, wird nur noch zu 80000 Mann angegeben[2]);
gegen Timoleon am Krimisos sollen 70000[3]), gegen Agathokles
am Himera 45000 Mann gefochten haben[4]). Xanthippos hatte
gegen Regulus 256 gar nur 16000 Mann[5]); Hannibal bei seinem
Einfall in Italien nach eigener Angabe 26000[6]). Freilich soll
Hannibal bei seinem Ausmarsch aus Neukarthago 102000 Mann
unter seinen Befehlen gehabt haben[7]). Davon seien beim
Uebergang über die Pyrenaeen nach Zurücklassung von 22000
Mann in Spanien noch 59000 Mann[8]), beim Uebergang über
den Rhodanos noch 46000 Mann übrig gewesen[9]). Aber die
Unhaltbarkeit dieser Zahlen sollte auf den ersten Blick klar
sein. Es ist absolut unerfindlich, wie die kurzen und siegreichen Kämpfe gegen die Völker zwischen Ebro und Pyrenaeen 21000 Mann gekostet haben können, mehr als doppelt
so viel als die Schlachten am Trasimen und bei Cannae zusammen; und noch viel unerklärlicher wäre der Verlust von
13000 Mann auf der Strecke von den Pyrenaeen zum Rhodanos, auf der weder Terrainschwierigkeiten zu überwinden,
noch nennenswerthe Kämpfe zu bestehen waren. Das mahnt
uns zur Vorsicht auch in Betreff des angeblichen Verlustes
beim Uebergang über die Alpen. Gewiss war der Verlust beträchtlich[10]), aber sicher nicht annähernd so hoch wie Polybios

---

[1]) Bei Diod. a. a. O.
[2]) Diod. XIV 95.
[3]) Plut. Timol. 25.
[4]) Diod. XIX 106.
[5]) Polyb. I 32, 9.
[6]) Bei Polyb. III 56, 4.
[7]) Polyb. III 85, 1.
[8]) Polyb. III 35, 7.
[9]) Polyb. III 60, 5.
[10]) Der römische Annalist Cincius Alimentus, der selbst in Hannibals
Gefangenschaft gefallen war, berichtet, er habe aus dessen eigenem Munde
gehört, dass der Verlust vom Uebergang über die Rhone bis zur Ankunft
in Italien 36000 Mann betragen habe (bei Liv. XXI 38). Es ist an sich
kaum wahrscheinlich, dass Hannibal einem gefangenen Feinde solche con-

angiebt. Vielmehr beruhen die Verlustangaben bei Polybios offenbar nur auf der Contaminirung zweier verschiedener Berichte: die Stärke der karthagischen Armee bei der Ankunft in Italien giebt er nach Hannibals eigener und ohne Zweifel zuverlässiger Angabe; die beim Ausmarsch aus Neukarthago nach der sehr übertriebenen Angabe eines der Geschichtschreiber des Krieges; der Vergleich beider Zahlen ergab natürlich eine ungeheure Einbusse.

Ausserdem liess Hannibal zur Besetzung Spaniens 14 400 Mann libyscher und numidischer Truppen zurück, während 4000 Mann aus den phoenikischen Bundesstädten der Karthager in Libyen nach der Hauptstadt selbst gezogen wurden[1]). Das gesammte Aufgebot der Karthager an afrikanischen Truppen im Jahre 218 hat also 40000 Mann nicht überstiegen, selbst wenn wir annehmen, was offenbar viel zu hoch ist, dass Hannibal 10000 Libyer auf seinem Zuge nach Italien verloren hat. Das gleichzeitige römisch-italische Aufgebot betrug wenigstens 60000, vielleicht 80000 Mann.

An dem Aufstande gegen Karthago nach der Niederlage vor Syrakus 396 sollen sich 200000 Libyer betheiligt haben[2]). Glaubwürdiger scheint die Nachricht, dass sich nach Beendigung des ersten punischen Krieges 70000 libysche Unterthanen Karthagos den meuternden Truppen anschlossen, von denen übrigens ebenfalls der grössere Theil, mehr als 10000 Mann, aus Libyern bestand[3]).

So wenig diese Angaben ausreichen zu einer einigermaassen befriedigenden Bestimmung der Bevölkerung des karthagischen Gebiets in Afrika, so werden wir doch so viel behaupten dürfen, dass diese Bevölkerung zur Zeit des punischen Krieges weder sehr viel hinter der damaligen Bevölkerung Italiens

---

fidentielle Mittheilungen gemacht hat. Den Werth seiner Zahlen charakterisirt es, dass er die Zahl der Truppen Hannibals bei dessen Ankunft in Italien auf 80000 Mann zu Fuss und 10000 Reiter angiebt, allerdings einschliesslich der gallischen Bundesgenossen.

[1]) Eigene Angabe Hannibals bei Polyb. III 33, 15.
[2]) Diod. XIV 77.
[3]) Polyb. I 73, 3; vergl. I 67, 7. 13.

zurückgeblieben sein, noch sie sehr beträchtlich überschritten haben kann. An Flächenraum wie an Zahl der Städte steht das karthagische Gebiet hinter dem damaligen Gebiete Roms und seiner italischen Bundesgenossen etwas zurück, war aber dafür als Sitz älterer Cultur dichter bevölkert. So mag das karthagische Afrika ums Jahr 200 3—4 Millionen Menschen gezählt haben, 30—40 auf den qkm, etwa so viel wie Sicilien oder der Peloponnes. Der dritte punische Krieg brachte namentlich durch die Zerstörung Karthagos einen Rückschlag, der sich wohl erst in der Kaiserzeit ausgeglichen hat.

Numidien und Mauretanien hatten offenbar bis auf den Anfang unserer Zeitrechnung eine sehr dünne Bevölkerung. Zwar hatte sich schon Massinissa bemüht, seine nomadischen Unterthanen zu sesshaftem Leben zu bringen[1]), aber erst den Römern ist die Civilisirung des Landes gelungen. Mauretanien war noch unter Augustus voll von Wäldern und reich an wilden Thieren aller Art[2]). Gleichwohl mag die absolute Bevölkerung bei der weiten Ausdehnung dieser Gebiete nicht unbeträchtlich gewesen sein, namentlich in dem von der Natur mehr begünstigten Westnumidien, der späteren *Mauretania Caesariensis*[3]). Im Laufe der Kaiserzeit sind auch hier eine grosse Zahl blühender Städte entstanden, wenn auch die Bevölkerung nie so dicht gewesen ist wie im proconsularischen Afrika. Die Concilsakten führen in *Africa proconsularis* (Zeugitana) 54 Bischofssitze auf, in Byzacium 116, in Tripolitania 5, in Numidien 125, in Mauretania Caesariensis 126, in Mauretania Sitifensis 44[4]). Da übrigens Afrika durch die ganze Kaiserzeit hindurch die hauptsächlichste Kornkammer Roms geblieben ist, so wird die Annahme einer übermässig hohen Bevölkerung von vornherein ausgeschlossen. — Nach Prokop soll durch den Vandalenkrieg, den maurischen Aufstand und

[1]) Polyb. 37, 3. 7—8; Appian. *Lib.* 106; Strab. XVII S. 833.
[2]) Strab. XVIII S. 826 f.
[3]) Liv. 24, 48 von Syphax' Reich: *multitudine hominum regnum abundare.* Sallust. *Jug. Kr.* 16: *quae pars Numidiae Mauretaniam attingit, agro virisque opulentior.*
[4]) Kuhn, *Verf. des Röm. Reiches* II S. 436.

die schlechte Verwaltung Justinians die Bevölkerung Libyens sich um 5 Millionen vermindert haben, so dass das früher stark bewohnte Land ganz menschenleer geworden sei [1]). Die Schätzung ist selbstverständlich in dieser Form werthlos. Aber die Annahme einer Gesammtbevölkerung von 5 Millionen für Afrika zur Vandalenzeit hätte an sich nichts unglaubliches.

[1]) Prokop. *Geh. Gesch.* 18.

Elftes Capitel.

Die städtische Bevölkerung.

1. Quellen und Hülfsmittel.

Der politische Unterschied von Stadt und Land ist dem Alterthum unbekannt. Innerhalb der Mauern war die eigentliche Heimath eines jeden Bewohners des gesammten Stadtgebiets; hier suchte er in Kriegszeiten Schutz, hier übte er sein Recht als Staatsbürger. Eine Scheidung der Einwohnerschaft, je nachdem sie ihr Domicil innerhalb oder ausserhalb des Mauerringes hatte, war praktisch ganz unausführbar, und ist niemals versucht worden.

Allerdings war es namentlich in den grösseren Staaten unumgänglich, für die Zwecke der localen Verwaltung das Gebiet in eine Anzahl Bezirke — wie wir sagen würden, Gemeinden — zu theilen; und die Bezirke, in denen die Hauptstadt oder andere bedeutende Orte gelegen waren, mussten nothwendig den übrigen Bezirken gegenüber den Charakter von Stadtgemeinden annehmen. So war es bekanntlich in Attika. Aber selbst wenn wir über die Bevölkerung aller städtischen Demen und des Demos Peiraeeus unterrichtet wären, würden wir noch weit davon entfernt sein, auch nur von der bürgerlichen Bevölkerung der Stadt Athen einen Begriff zu haben, es sei denn, wir hätten solche Zahlen für die Zeit unmittelbar nach der Reform des Kleisthenes. Denn da in Attika in civilrechtlicher Beziehung die vollste Freizügigkeit herrschte, die Gemeindeangehörigkeit aber an die Person gebunden war, so musste das Zuströmen der Landbevölkerung nach der Stadt nothwendig zur Folge haben, dass die Bewohner Athens, soweit sie überhaupt Bürger waren, seit dem V. Jahrhundert zum grossen, wahrscheinlich zum weit überwiegenden Theil aus Angehörigen der ländlichen Demen bestanden. In noch viel höherem Grade musste das natürlich im Peiraeeus der Fall sein, der zu Kleisthenes' Zeit nur ein unbedeutendes Dorf gebildet hatte, und erst im folgenden Jahrhundert zur Grossstadt herangewachsen ist.

Die Griechen haben denn auch, in älterer Zeit wenigstens, nie daran gedacht, die Grösse einer Stadt, wie wir das heute thun, nach der Einwohnerzahl abzuschätzen. Das maassgebende für sie war die räumliche Ausdehnung, und zwar der Umfang des Mauerringes; sie sprechen von Städten von 50, 100, 200 Stadien Umfang, wie wir von Städten von 50 oder 100000 Einwohnern. Die Mängel dieses Verfahrens liegen auf der Hand. Von allem übrigen abgesehen, sind Umfang und Flächenraum eben nicht proportional; eine Stadt von 100 ha ist doppelt so gross als eine andere von 50 ha; aber eine Stadt von 100 Stadien Umfang wird in der Regel weit mehr als den doppelten Flächenraum einer anderen enthalten, die nur 50 Stadien im Umfang hat. Haben doch auch Städte von demselben Umfang keineswegs nothwendig dieselbe Ausdehnung. Die Griechen selbst haben das natürlich sehr wohl erkannt, und Polybios setzt die Sache in einem eigenen Excurs auseinander[1]); aber trotzdem findet sich weder bei ihm, noch meines Wissens irgendwo sonst[2]) in der erhaltenen Literatur des Alterthums ein Versuch die Grösse einer Stadt nach dem von ihr eingenommenen Flächenraum zu bestimmen. Höchstens wird hin und wieder die Länge und Breite in Stadien angegeben, besonders da, wo eine regelmässige Strassendisposition die Messung erleichterte. Der Grund liegt offenbar in der Schwierigkeit die Ausdehnung bebauter Flächen zu bestimmen; es hätte dazu genauer Stadtpläne bedurft, und zu der Aufnahme von

---

[1]) Polyb. IX 21.

[2]) Vielleicht mit einer einzigen Ausnahme; s. unten S. 485f. über den Flächenraum des aegyptischen Theben.

solchen ist erst das spätere Alterthum gelangt. Dagegen war
es sehr leicht den Mauerumfang einer Stadt zu ermitteln, und
eine solche Messung schon aus militärischen Rücksichten unbedingt erforderlich. So ist man denn nothgedrungen auch für
statistische Zwecke bei dieser Zahl stehen geblieben.

Für uns haben die zahlreichen aus dem Alterthume überlieferten Angaben über den Umfang griechischer Städte auch
darum einen sehr bedingten Werth, weil wir fast niemals sicher
sind, nach welchem Stadienmaass in jedem einzelnen Falle
gemessen ist, ganz abgesehen von der Ungewissheit, ob die
kleinen Aussprünge der Mauer mitgerechnet sind, oder nicht.
Da es aber für eine Anzahl grade der bedeutendsten Städte
Griechenlands nicht mehr, oder noch nicht möglich ist, den
Lauf der Befestigungen selbst annähernd zu bestimmen, so
dürfen diese Angaben über den Umfang doch nicht vernachlässigt werden.

Weit brauchbarere Resultate giebt die Ermittelung des
Flächenraums, der durch planimetrische Messung auf den besten
vorhandenen Plänen für eine ansehnliche Reihe der bedeutendsten
Städte des Alterthums leicht zu bewerkstelligen ist. Freilich
gewinnen wir auch auf diesem Wege nur einen dürftigen Ersatz
für die Ergebnisse unserer heutigen Volkszählungen. Schon
von vornherein ist es keineswegs die Zahl der Bevölkerung
allein, die den Umfang des Mauerringes bestimmt, sondern
ebenso entscheidend sind fortificatorische Rücksichten. Und
einmal erbaut, wird die Befestigungslinie mindestens für lange
Zeit ungeändert bleiben, mag nun die Bevölkerung zu- oder
abnehmen. Allerdings giebt es hier eine Grenze. Mehr als
eine gewisse Volkszahl vermag ein gegebener Raum nicht zu
fassen; ist diese Zahl überschritten, so werden sich um die
Mauern Vorstädte ansetzen, und es wird schliesslich unumgänglich sein, wenigstens einen Theil dieser Vorstädte in die
Befestigungslinie hineinzuziehen. Man denke an das allmähliche
Anwachsen von Syrakus, Athen, Antiocheia, Rom. Wo dagegen
die Bevölkerung abnimmt, ist eine Nöthigung zur Verengerung
des Mauerringes nicht vorhanden, solange nur die zur Verfügung
stehende Mannschaft noch annähernd zur Vertheidigung ge-

nügt. So hat Rom während des ganzen Mittelalters den aurelianischen Mauerring als Vertheidigungslinie behalten, mochte
auch die Bevölkerung zeitweise auf einen kleinen Bruchtheil
der alten Bewohnerzahl zusammengeschmolzen sein.

Wir müssen also, ehe wir von der Ausdehnung einer
antiken Stadt auf die Bevölkerung einen Schluss machen,
jedesmal erst die obwaltenden besonderen Verhältnisse in Erwägung ziehen. Auch bedarf es keiner Bemerkung, dass eine
kleine Stadt einen verhältnissmässig viel grösseren Flächenraum einnehmen wird, als eine Grossstadt; denn je werthvoller
der Boden, desto enger wird sich die Bevölkerung zusammen-
drängen, und desto mehr wird man darauf bedacht sein, durch
Aufsetzen von Stockwerken den Raum nach Möglichkeit aus-
zunutzen. So hatten die Häuser in Pompei durchweg nur
ein oberes Stockwerk, während sie in der Hauptstadt bis zu
60 Fuss und darüber sich erhoben. Endlich dürfen nur Städte
derselben Periode und desselben Culturkreises unmittelbar mit
einander verglichen werden. Unter Berücksichtigung aller
dieser Verhältnisse aber wird allerdings ein Schluss von der
Ausdehnung einer Stadt auf ihre Bevölkerung gestattet sein.
Eine Stadt von 100 ha musste mehr Einwohner zählen als
eine andere von nur 20 ha. Athen und Syrakus, bis auf
Alexander die volkreichsten hellenischen Städte, waren auch
die grössten an Flächenraum. Jedenfalls aber bleibt die Bestimmung des Flächenraumes in den meisten Fällen der einzige
Weg, um uns von der relativen Bedeutung antiker Städte ein
objectiv sicheres Bild zu geben; und dieses Mittel ist trotz
alledem sehr viel vollkommener, als die Mittel, die den Alten
selbst dafür zu Gebote standen.

Freilich, zum Vergleich mit den Städten unserer Zeit reicht
bei der Verschiedenheit der Lebensgewohnheiten und der Bau-
art die blosse Kenntniss der Ausdehnung nicht aus. Wir
müssen versuchen, das im Alterthum übliche Maass auf das
uns geläufige — die Einwohnerzahl — zu reduciren. Und es
fehlt denn auch nicht an Anhaltspunkten, die uns gestatten,
wenigstens einen allgemeinen Begriff von den Grössenverhält-
nissen der Städte des Alterthums zu gewinnen.

Die Griechen waren ein Stadtvolk. Es wird als etwas ganz besonderes hervorgehoben, dass in einigen Gegenden, wie in Attika oder Elis, die Bevölkerung zum grossen Theil auf dem Lande zerstreut lebte[1]). In der Regel war die Bewohnerschaft in den befestigten Städten und Flecken concentrirt, ein Zustand ähnlich dem, der noch heute in Sicilien vorherrscht[2]). Als Mantineia im Jahre 385 durch die Spartaner in die 5 Komen aufgelöst wurde, aus denen die Stadt ein Jahrhundert früher zusammengesiedelt worden war, söhnten die Grundbesitzer sich mit der Maassregel aus in Folge des Vortheils, jetzt ihren Besitzungen näher zu sein[3]); bisher hatten sie also ihre Güter von der Stadt aus bewirthschaftet. Der Widerstand, den der Synoekismos von Megalopolis bei einem Theil der zur Bildung der neuen Stadt bestimmten Gemeinden fand, entsprang hauptsächlich der Schwierigkeit, von dem neuen Mittelpunkte aus die Acker des ausgedehnten Gebietes zu bewirthschaften[4]); auch hat man davon absehen müssen, die ganze Bevölkerung der südarkadischen Ortschaften nach Megalopolis überzusiedeln.

Im allgemeinen also muss die städtische Bevölkerung in Hellas einen viel grösseren Procentsatz der Gesammtbevölkerung gebildet haben, als das in den meisten Ländern heute der Fall ist. Bei kleineren Gebieten, wie Sikyon, Phleius, Tegea, Mantineia, den Städten in Boeotien und Phokis werden wir die Bevölkerung der Hauptstadt der des ganzen Staates annähernd gleich setzen dürfen. Wir können das wenigstens mit demselben Recht, wie die moderne Ortsstatistik die Bevölkerung der Städte durch die des gesammten Gemeinde-

---

[1]) Thuk. II 16; Polyb. IV 73, 6—7.

[2]) Nach der Zählung von 1871 betrug die zerstreut lebende Bevölkerung (*popolazione sparsa*) 176004, die in den Ortschaften (*centri*) mit unter 2000 Einwohnern 270843, während 2 137 252 in den Ortschaften mit über 2000 Einwohnern lebten, und von diesen 759433 in den Städten von 2—8000 Einwohnern, sodass mehr als die Hälfte der Gesammtbevölkerung, 1378819, auf die Städte mit 8000 und mehr Einwohner entfällt.

[3]) Xen. *Hell.* V 2, 7: καὶ τὸ πρῶτον ἤχθοντο . . . . ἐπεὶ δὲ οἱ ἔχοντες τὰς οὐσίας ἐγγύτερον μὲν ᾤκουν τῶν χωρίων ὄντων αὐτοῖς περὶ τὰς κώμας . . . . ἥδοντο τοῖς πεπραγμένοις.

[4]) Kuhn, *Ueber die Entstehung der Städte der Alten* S. 239 f.

bezirks ausdrückt. Noch mehr gilt das natürlich dann, wenn es sich um Grossstädte mit sehr beschränktem Gebiet handelt, wie z. B. Alexandreia in Aegypten. Aber auch bei Gebieten von grosser Ausdehnung, wie der Argeia, der Megalopolitis, der Korinthia, muss wenigstens der bei weitem überwiegende Theil der Bevölkerung seinen Wohnsitz in der Hauptstadt gehabt haben. Aehnlich lagen die Verhältnisse in dem grösseren Theile Italiens.

2. Die Entwickelung des Städtewesens.

Das hellenische Städtewesen hat sich aus bescheidenen Anfängen entwickelt. Schon Thukydides ist die Kleinheit von Mykenae und anderer berühmter Städte der Heroenzeit aufgefallen[1]; Knosos, das Homer eine „grosse Stadt" nennt[2], hat nur 30 Stadien im Umfang gehabt[3]. Aristoteles sieht den hauptsächlichsten Grund für das Entstehen der Tyrannenherrschaften im VIII., VII. und VI. Jahrhundert in der geringen Bevölkerung der griechischen Städte zu dieser Zeit[4]. Es ist bekannt, dass Athen ursprünglich auf die spätere Akropolis, Theben auf die Kadmeia, Syrakus auf die Nasos beschränkt war. Aber auch in der sogenannten klassischen Periode, von den Perserkriegen bis auf Alexander haben die Culturländer am Mittelmeer, von dem aegyptischen Memphis vielleicht abgesehen, keine Grossstadt im modernen Sinne besessen. Athen, im V. Jahrhundert die erste Stadt Griechenlands[5], kann ein-

---

[1] Thuk. I 10: καὶ ὅτι μὲν Μυκῆναι μικρὸν ἦν, ἢ εἴ τι τῶν τότε πόλισμα νῦν μὴ δοκεῖ ἀξιόχρεων εἶναι κτλ.

[2] Odyss. τ 178: τῇσι δ' ἐνὶ Κνωσός, μεγάλη πόλις.

[3] Strab. X S. 476.

[4] Polit. VIII (V) S. 1305a: ἔτι δὲ διὰ τὸ μὴ μεγάλας εἶναι τότε τὰς πόλεις ἀλλ' ἐπὶ τῶν ἀγρῶν οἰκεῖν τὸν δῆμον κτλ. Vergl. VI (IV) S. 1297b: ἦσαν δὲ καὶ αἱ ἀρχαῖαι πολιτεῖαι εὐλόγως 'λιγαρχικαὶ καὶ βασιλικαί. δι' ὀλιγανθρωπίαν γὰρ οὐκ εἶχον πολὺ τὸ μέσον.

[5] Thuk. IV 95: (πόλιν) πρώτην ἐν τοῖς Ἕλλησιν; I 80: ἐξήρτυνται ὄχλῳ (Ἀθηναῖοι), ὅσος οὐκ ἐν ἄλλῳ ἑνί γε χωρίῳ Ἑλληνικῷ ἐστιν. Xen. Hell. II 3, 24: διά τε τὸ πολυανθρωποτάτην τῶν Ἑλληνίδων τὴν πόλιν εἶναι.

schliesslich des Peiraeeus kaum über 120 000 Einwohner gezählt haben, da ganz Attika damals höchstens ¼ Million Einwohner hatte, und der grösste Theil wenigstens der bürgerlichen Bevölkerung im Landgebiete zerstreut lebte[1]). Eine
Stadt von 10 000 Bürgern (πόλις μυρίανδρος) galt bis zu
Alexanders Zeit in Griechenland für bedeutend, und es gab
nur wenige Gemeinden, die diese Zahl erreicht oder über-
schritten haben. Es sind im eigentlichen Griechenland ausser
Athen noch Theben, Korinth, Argos, Elis, Korkyra und im
IV. Jahrhundert Megalopolis, Messene, Olynthos; im asiatischen
Griechenland im V. Jahrhundert wahrscheinlich keine einzige,
im IV. Halikarnassos, und wie es scheint Ephesos, während
Rhodos die Zahl von 10 000 Bürgern, wenn nicht ganz, so
doch annähernd erreicht haben muss; im Westen Syrakus,
Akragas, Gela, Kroton, Taras; ausserdem Kyrene in Libyen.
Selbst Städte von 5000 Bürgern waren keineswegs häufig; wie
denn z. B. im Peloponnes ausser den genannten nur Sikyon
und Phleius diese Zahl erreicht oder überschritten haben,
während Tegea, Mantineia, Epidauros ihr wenigstens nahe gekommen sind. Freilich giebt die Bürgerzahl, wie schon hervorgehoben, keinen absoluten Maassstab für die Grösse der Städte.
da einerseits ein grosser Theil der Bürger in den zugehörigen
Landgebieten seinen Wohnsitz hatte, andererseits eine starke
nichtbürgerliche Bevölkerung hinzuzurechnen ist. Immerhin
wird ausser Athen und Syrakus im V. und IV. Jahrhundert
keine hellenische Stadt die Zahl von 100 000 Einwohnern überschritten oder auch nur erreicht haben. Korinth mag, bei
einer Bevölkerung des ganzen Staates von etwa 90 000, innerhalb seiner Mauern 70 000 Menschen beherbergt haben; Sparta.
Argos, Megalopolis, Akragas, Taras werden auf etwa 40—50 000
Einwohner zu veranschlagen sein; Theben zählte bei seiner
Eroberung durch Alexander etwa dieselbe Bevölkerung[2]).
Selinus galt mit 20—25 000 Einwohnern am Ende des V. Jahr-

---

[1]) Tkuk. II 16, vergl. oben S. 100.
[2]) Die Belege s. oben Cap. IV—VII.

hunderts für eine bedeutende Stadt[1]). Auch die phoenikischen
Städte Sidon und Tyros haben um die Mitte des IV. Jahr-
hunderts nicht mehr als je 40000 Einwohner gezählt[2]). Diese
Zahlen werden genügen, uns wenigstens ein allgemeines Bild
von der städtischen Bevölkerung Griechenlands in der klassischen
Zeit zu geben.

Wahrhaft grossstädtisches Leben hat sich erst in der hellenistischen Periode entwickelt. Es ist in der Zeit nach Alexander
eine ähnliche Entwickelung eingetreten wie seit dem Ausgang
des vorigen Jahrhunderts in der modernen Welt. Noch 1760
hat London, damals wie heute die grösste Stadt in Europa,
nicht über 670000 Einwohner gezählt, und selbst ein Mann
wie Hume zweifelte allen Ernstes daran, ob es überhaupt möglich sei, dass eine Stadt über diese Zahl hinaus sich vergrössern
könne. So hält Aristoteles eine Stadtgemeinde von 100000
Bürgern für ebenso undenkbar wie eine Gemeinde von 10 Bürgern[3]). Die Diadochenzeit hat das unmöglich geglaubte verwirklicht. Alexandreia in Aegypten hat nach officiellen Angaben
ums Jahr 60 v. Chr. 300000 freie Einwohner gezählt[4]) und
muss also, einschliesslich der Sklaven, die halbe Million wenigstens annähernd erreicht haben; unter Augustus wird die
Bevölkerung noch grösser gewesen sein. Seleukeia an Tigris
wird um den Anfang unserer Zeitrechnung Alexandreia etwa
gleich gesetzt, sodass es nicht unglaublich scheint, wenn die
Bevölkerung der Stadt im I. Jahrhundert auf 600000[5]), im
II. auf 400000 Einwohner[6]) angegeben wird. Nicht ganz,
aber doch annähernd so gross war Antiocheia am Orontes.

---

[1]) Diod. XIII 44: οἱ δὲ Σελινούντιοι κατ' ἐκείνοις τοὺς χρόνους
εὐδαιμονοῦντες, καὶ τῆς πόλεως αὐτοῖς πολυανδρούσης. Nach Timaeos.
Vergl. oben S. 285.

[2]) Die Belege s. oben S. 244.

[3]) Arist. Nikom. Ethik IX S. 1170 b: οὔτε γὰρ ἐκ δέκα ἀνθρώπων
γένοιτ' ἂν πόλις, οὔτ' ἐκ δέκα μυριάδων ἔτι πόλις ἐστίν.

[4]) Diod. XVII 52, s. oben S. 258 f. Vergl. Diod. I 50.

[5]) Plin. H. N. VI 122: ferunt ei plebis urbanae DC esse.

[6]) Rufus Breviar. 21; Oros. VII 15; Eutrop. VIII 10, an welch letzterer
Stelle die richtige Zahl jetzt durch Droysen hergestellt ist.

Ephesos kann unter Augustus nicht unter 200 000 Einwohner gezählt haben[1]); Pergamon hatte im II. Jahrhundert
120 000, vielleicht 180 000 Einwohner[2]). Städte von 100 000
Einwohnern muss es im griechischen Orient um den Beginn
unserer Zeitrechnung eine ganze Reihe gegeben haben.

In den Ländern am westlichen Mittelmeere ist eine analoge Entwickelung zunächst durch die römische Eroberung gehemmt worden. Syrakus, das unter Hieron an 200 000 Einwohner gezählt haben mag[3]), hat die Folgen der Katastrophe
des Jahres 213 nie überwunden, und ist seitdem beständig
gesunken, bis es in Augustus' Zeit fast entvölkert war. Ebenso
ist die Blüthe von Akragas und Taras durch den hannibalischen
Krieg für immer geknickt worden. Karthago, die kommerzielle
Metropole des Westens, wurde im Jahre 146 aus der Reihe
der bestehenden Städte ausgetilgt. In dem nicht-griechischen
Italien sind die etruskischen Städte seit dem IV. Jahrhundert
im unaufhaltsamen Verfall. Capua, im III. Jahrhundert nach
Rom und Tarent die grösste Stadt Italiens, hat sich erst
seit der Colonisation durch Caesar von den Schlägen des
hannibalischen Krieges erholt. Verhältnissmässig volkreich
waren seit dem II. Jahrhundert die Hafenstädte Ostia und
Puteoli; aber Puteoli heisst bei Lucilius doch nur „Klein-
Delos"[4]). Alle übrigen Städte der Halbinsel, mit Ausnahme
der Hauptstadt, waren noch in der ersten Kaiserzeit ziemlich
unbedeutend. Eine der ansehnlichsten darunter war Pompei,
wie die Ausdehnung des mit Häusern bedeckten Flächenraumes
zeigt; und Pompei hat nach dem Urtheile der besten Kenner
zur Zeit seiner Zerstörung kaum über 20 000 Einwohner gezählt[5]). Eine wirkliche Grossstadt war in dem Italien dieser
Zeit nur Rom, das unter Caesar eine Volkszahl von annähernd
1 Million erreichte, und somit alle Städte am Mittelmeer hinter
sich liess.

[1]) S. oben S. 231.
[2]) S. oben S. 236.
[3]) Oben S. 279. 281.
[4]) Lucil. III fr. 11 Müller: *Dicarchitum populos Delumque minorem.*
[5]) Cissen, *Pompeianische Studien* S. 379. Von den Vorstädten, deren
Ausdehnung sich unserer Kenntniss entzieht, ist hier abgesehen.

In Ober-Italien und in den westlichen Provinzen haben Grossstädte sich erst seit Anfang der Kaiserzeit zu bilden begonnen. Das Resultat dieser Entwickelung schildert uns um 400 der Dichter Ausonius[1]. Danach folgten damals auf Rom an Grösse zunächst Constantinopolis und Karthago, darauf Antiocheia und Alexandreia, weiter Trier, Mailand, Capua, Aquileia, Arelate. Darauf Hispalis, die grösste Stadt Spaniens, neben der Corduba, Tarraco, Bracara hervorgehoben werden, dann Athen, Catina und Syrakus, Tolosa, Narbo und endlich die Heimath des Dichters, Burdigala. Wie man sieht, ist die Auswahl sehr willkürlich. Namentlich der Orient ist viel zu wenig berücksichtigt, während Gallien mehr als billig hervortritt; auch war nicht die Grösse allein für die Aufnahme in das Verzeichniss und die Reihenfolge der Städte maassgebend. Immerhin aber bleibt das Gedicht des Ausonius charakteristisch für die Zustände des IV. Jahrhunderts; wir sehen, welchen Aufschwung das Städtewesen in Ober-Italien, Gallien und Spanien während der Kaiserzeit genommen hat.

3. Die überlieferten Umfangszahlen.

Ich lasse jetzt die überlieferten Umfangszahlen einer Anzahl von Städten des Alterthums folgen. Auf Vollständigkeit macht das Verzeichniss keinen Anspruch, ich habe sie auch bei der verhältnissmässig untergeordneten Wichtigkeit dieser Angaben nicht erstrebt.

Babylon bildete nach Herodot ein Quadrat von 120 Stadien Seite, also 480 Stadien Umfang[2]. Ktesias gab den Umfang nur auf 360 Stadien an; Kleitarchos auf 365, entsprechend den Tagen im Jahr[3]. Strabon giebt 385 Stadien, was Letronne, und nach seinem Vorgang Groskurd und Meineke, in 365 Stadien emendirt haben[4]. Plinius hat 60 Milien, offenbar eine Umrechnung der Zahl Herodots[5].

---

[1] Auson. 18 *ordo urbium nobilium*.
[2] Herod. I 178.
[3] Bei Diod. II 7.
[4] Strab. XVI S. 738.
[5] Plin. VI 121, danach Solin. 56, 1.

Die Burg von Ekbatana hatte nach Herodot etwa den Umfang Athens, also etwas über 40 Stadien [1]), die ganze Stadt nach Diodor 250 Stadien [2]) Umfang.

Der Umfang von Memphis betrug nach Diodor 150 [3]), der von Theben 140 Stadien [4]).

Die griechischen Städte der klassischen Zeit stehen dagegen, mit Ausnahme von Syrakus und Athen, bedeutend zurück. Der Umfang von Syrakus wird nach der Vollendung der Befestigungen des Dionysios auf 180 Stadien angegeben [5]). Nach der Messung der erhaltenen Reste durch Cavallari beträgt die Mauerlänge 27 320 m, was genau 180 Schritt-Stadien (zu 157 m) entspricht; dabei ist eine etwa 1 km lange Strecke westlich vom Amphitheater, auf der keine Mauerreste gefunden sind, nicht eingerechnet [6]). Denselben Umfang etwa (175 Stadien) hatte der Befestigungscomplex Athens zur Zeit des peloponnesischen Krieges, abgesehen von der Küstenstrecke von Peiraeeus bis Phaleron: nämlich der Peiraeeus 60 Stadien, die peiraeische Mauer 40, Athen selbst, ohne das zwischen den langen Mauern gelegene Mauerstück 43, die phalerische Mauer 35 Stadien [7]). Der Gesammtumfang des Asty allein hätte nach den Thukydides-Scholien 60 Stadien betragen [8]); dieselbe Zahl giebt auch Aristodemos [9]).

Kroton soll 12 römische Milien oder rund 100 Stadien im Umfang gehabt haben [10]).

Korinth hatte mit Einschluss von Akrokorinth 85 Stadien im Umfang; die eigentliche Stadtmauer war nur 40 Stadien lang [11]). Chalkis soll nach der Stadterweiterung unter Alexander

---

[1]) Herod. I 98.
[2]) Diod. XVII 110.
[3]) Diod. I 56.
[4]) Diod. I 45.
[5]) Strab. VI S. 270.
[6]) Cavallari, *Topografia di Siracusa* S. 66—68.
[7]) Thuk. II 13. Dion Chrysostomos giebt in runder Zahl 200 Stadien.
[8]) Schol. Thuk. II 13.
[9]) Aristod. V 3.
[10]) Liv. 24, 3.
[11]) Strab. VIII S. 379.

einen Umfang von 70 Stadien gehabt haben[1]), Megalopolis
hatte 50 Stadien[2]), Sparta 48 Stadien Umfang[3]); auf 50
Stadien wird auch der Umfang von Sybaris vor seiner Zerstörung angegeben[4]). Für Theben haben wir zwei wider-
sprechende Angaben; nach dem sog. Dikaearchos hätte der
Umfang 70 Stadien[5]), nach Dionysios 43 Stadien[6]) betragen;
letztere Zahl verdient wohl den Vorzug, da sie durch das
Metrum gestützt wird. Beide Zahlen beziehen sich auf die
hellenistische Zeit; da indess bei dem Wiederaufbau der Stadt
durch Kassandros der alte Mauerring wieder hergestellt wurde[7]),
so haben sie auch für die ältere Zeit Geltung. Sonst haben
wir noch Umfangsangaben für

Byzantion[8])	40 Stadien
Knosos[9])	30 „
Ambrakia[10])	25 „
Pantikapaeon[11])	20 „
Delphoi[12])	16 „
Iasos in Karien[13])	10 „
Arados in Phoenike[14])	7 „

Alexandreia in Aegypten steht an Umfang allen übrigen
griechischen Städten mit Ausnahme von Syrakus und Athen
voran; aber die Ausdehnung des Mauerringes war hier nicht
durch militärische Rücksichten bedingt. Der Umfang betrug

---

[1]) Sog. Dikaearchos, *Beschr. Griechenlands* I 26; vergl. Strabon X
S. 447.
[2]) Polyb. IX 2.
[3]) Polyb. IX 2.
[4]) Strab. VI S. 263 (nach Timaeos).
[5]) *Beschr. Griech.* I 12.
[6]) Dionys. *Beschr. Griech.* 94 f.
[7]) Paus. IX 7, 4.
[8]) Dionys. Byz. fr. 7.
[9]) Strab. X S. 476.
[10]) Liv. 38, 4, der etwas über 3 römische Milien angiebt.
[11]) Strab. VII S. 309.
[12]) Strab. IX S. 418.
[13]) Polyb. XVI 12.
[14]) Strab. XVI S. 757.

nach Curtius 80[1]), nach Stephanos von Byzanz 110 Stadien[2]),
nach Plinius 15 Milien oder 120 Stadien[3]), nach einer Angabe
aus der späteren Kaiserzeit 16360 Schritt (= 24188 m)[4]).
Die Längenausdehnung der Stadt giebt Strabon auf 30[5]),
Stephanos auf 34[6]), Diodor auf 40 Stadien an[7]); die Breite
Strabon auf 7—8[8]), Stephanos auf 8 Stadien[6]). Der wahre
Umfang betrug nach Mahmud-Bey 15800 m, die Länge 5090,
die Breite 1150—2250, meist 1700 m[9]).

Antiocheia am Orontes hatte eine Länge von 36 Stadien[10]), oder 4 römischen Meilen[11]), etwa so viel wie Alexandreia. Der Umfang wird auf 8000 (18000?) Schritt angegeben[12]).

Den Umfang des servianischen Rom schätzt Dionysios dem
von Athen gleich[13]), also auf 50—60 Stadien oder 7 römische
Milien. Nibby[14]) berechnet diesen Umfang auf 7845 Schritt,
Jordan[15]) auf 5⅜ Milien. Bei der Vermessung unter Vespasian

---

[1]) Curtius IV 8, 2.
[2]) Steph. Byz. unter Ἀλεξάνδρεια.
[3]) Plin. V 62.
[4]) Nach dem *Laus Alexandriae* bei Riese, *Geographi Latini minores*
S. 140, wenn die Stadien als römische Milien verstanden werden. Vergl.
Mommsen, *Abh. d. k. sächs. Gesellschaft* III 273.
[5]) Strab. XVII 793.
[6]) Steph. Byz. a. a. O.
[7]) Diod. XVII 52.
[8]) Steph. a. a. O.
[9]) Mahmud Bey, *Mémoire sur l'antique Alexandrie* S. 15.
[10]) Dion Chrysost. 47.
[11]) Malalas S. 232 der Bonner Ausgabe.
[12]) *Itinerar. Alexandri* I 26; vergl. Hug, *Antiochien und der Aufstand
des Jahres 387* S. 6.
[13]) Dionys. IV 13.
[14]) Nibby, *Mura* S. 99.
[15]) *Topographie* I 245. Nicht 5⅘ Milien, wie Jordan die von ihm
gefundene Länge von 28700 römischen Fuss reducirt. Ausserdem ist ihm
das Missgeschick passirt, die 43 Stadien bei Thukydides für den Gesammtumfang Athens zu nehmen, während sie ausdrücklich als τοῦ τείχους τὸ
φυλασσόμενον bezeichnet werden, also das Stück zwischen der phalerischen
und der westlichen peiraeischen Mauer ausgeschlossen ist.

ergab sich der Umfang der „*moenia*" zu 13,2 Milien[1]), eine
Zahl, die sich natürlich nicht auf die servianische Mauer beziehen kann, sondern nur auf die bewohnte Stadt überhaupt[2]);
wenn sie nicht, wie Nibby annahm[3]), verderbt ist. Den Umfang
der aurelianischen Mauer giebt Vopiscus[4]) auf beinahe 50 Milien, Olympiodoros[5]) auf 21 Milien, die älteste Redaction der
Mirabilia auf 22 Milien an, abgesehen von den Befestigungen
auf dem rechten Flussufer. Der wirkliche Umfang beträgt
nach Bernardini 10,58, nach Nolli 11,13 Milien, oder wenn
man die Vorsprünge der Thürme einrechnet, 11,87 bezw. 12,42
Milien[6]). Das wären also gegen 100 Stadien.

Karthago hatte vor seiner Zerstörung nach Livius[7])
23 Milien = 184 Stadien Umfang; nach Strabon[8]) beträgt
der Umfang der ganzen Halbinsel, worauf die Stadt sich erhob,
360 Stadien. Der Umfang des römischen Karthago wird auf
10¹/₄ Milien angegeben[9]).

Constantinopolis hatte nach Laonikos Chalkondylas[10])
111 Stadien, nach Phrantzes[11]) 18 Milien im Umfang; nach der
anonymen Regionsbeschreibung[12]) beträgt die Länge der Stadt
14075 Fuss, die Breite 6150 Fuss.

4. Flächenraum.

Wir besitzen meines Wissens aus dem Alterthum nur eine
einzige Angabe über die Flächenausdehnung einer Stadt. Baton
von Sinope, ein Schriftsteller etwa aus dem Anfang des II. Jahr-

---

[1]) Plin. III 66.
[2]) Jordan, *Topogr.* II 87.
[3]) Nibby a. a. O.
[4]) Vopisc. *Aurel.* 39.
[5]) Bei Photios 63, 23.
[6]) Jordan, *Topogr.* I 344 A. 9.
[7]) Liv. *Epit.* 51.
[8]) Strab. XVII S. 832.
[9]) *Laus Alexandriae* bei Riese a. a. O.; s. vorige S. Anm. 4.
[10]) Ed. Bonn. S. 388.
[11]) III 3 S. 238 Bonn.
[12]) Riese, *Geogr. Lat. min.* S 133, und in Seecks Ausgabe der *Notitia dignitatum*.

hunderts, berichtet, dass das aegyptische Theben 3700 Aruren
bedeckt habe[1]). Je nachdem wir die grosse oder die kleine
aegyptische Elle als maassgebend für die Arura betrachten,
und diese also auf 2756 oder auf 2025 qm ansetzen[2]), ergiebt
sich demnach für Theben ein Flächenraum von 1019,72 oder
749,25 ha. Indess lässt sich bei dem Zustande, in dem das
Fragment Batons uns überliefert ist, nicht mit Sicherheit behaupten, dass Baton wirklich von der Stadt Theben hat reden
wollen, und nicht vielmehr von ihrem Gebiete; in letzterem
Falle muss er natürlich viel grössere Zahlen gegeben haben,
als jetzt bei Stephanos zu lesen sind.

Ein um so reicheres Material bieten uns die erhaltenen
Ruinen. Leider liegen zuverlässige Messungen des von antiken
Städten bedeckten Flächenraumes bisher nur in sehr beschränkter
Anzahl vor, und ich war in der Hauptsache auf eigene planimetrische Berechnung angewiesen. Dass die folgenden Tabellen
unter diesen Umständen auch von annähernder Vollständigkeit
weit entfernt sind, bedarf keiner Bemerkung. Theils besitzen
wir überhaupt brauchbare Pläne nur von verhältnissmässig
wenigen Städten, theils reichen die Kräfte des Einzelnen für
eine solche Aufgabe bei weitem nicht aus. Möchten Andere
auf der hier gegebenen Grundlage einer Ortsstatistik des Alterthums weiter bauen.

A. Griechische und orientalische Städte.

	ha		ha
Syrakus	1814	Akragas	517
Alexandreia	920	Sparta	450
Athen und Peiraeeus	585	Ephesos	415
Taras	570	Halikarnassos	350

---

[1]) Bei Steph. Byz. Διόσπολις und Porphyrion zu Ilias IX 383, an
welchen Stellen Ebert, *Diss. Sic.* S. 94 statt des überlieferten Κάτων das
richtige hergestellt hat. Die Zeit Batons ergiebt sich daraus, dass er unter
anderem ein Buch über den syrakusischen König Hieronymos geschrieben
hat; schon am Ende des II. Jahrhunderts würde eine solche Arbeit kaum
mehr ein Publicum gefunden haben.

[2]) Hultsch, *Metrologie* S. 356.

	ha		ha
Lokroi Epizephyrioi	245	Massalia	75
Gela	200	Tyros	75
Rhodos	200	Philippoi	67
Kyzikos	160	Thasos	52
Mytilene	155	Panormos in Sicilien	47
Poseidonia	126	Megara in Griechenland	40
Hierosolyma	112	Selinus	29
Messene im Peloponnes	95	Motye	25
Neapolis in Campanien	76		

B. Italische Städte.

	ha		ha
Rom, aurelianische Stadt	1230	Augusta Praetoria Salassorum	41,4
Rom, servianische Stadt	426	Norba	34,5
Capua	181	Ariminum	34
Mediolanum	133	Alba Fucentia	33,5
Caere	117	Praeneste	32
Neapolis	106	Falerii	29
Ardea	85	Florentia	22
Bononia	83	Surrentum	22
Pompei	64,7	Pola	16,5
Aquileia	64	Signia	16
Augusta Taurinorum	47	Tusculum	14
Verona	45,6	Cosa	13,5

Belege und Erläuterungen.

(Wo nicht das Gegentheil ausdrücklich bemerkt ist, beruhen die Zahlen
auf meiner eigenen Messung mit dem Amslerschen Polar-Planimeter.)

Akragas, nach dem Plan 1 : 15 000 bei Schubring, *Akragas.* Der Lauf der alten
Mauer steht nach W. hin nicht ganz sicher, sodass die Zahl nur
annähernd richtig ist.

Alba Fucentia berechnet nach Promis, *Alba* tav. 2 in 1 : 5000.

Alexandreia berechnet nach Kieperts Plan. auf Bl. III des *Atlas Antiquus*
in 1 : 100 000.

Ardea, nach dem Plan des ital. Generalstabs in 1 : 10 000, *Monumenti
dell' Instituto* vol. XII tav. II (1884).

Ariminum, nach dem Plan in Baedekers *Mittel-Italien* in 1 : 15 500, wo
der Lauf der alten Mauer nach Tonini, *Rimini* eingetragen ist.

Aquileia. Nach der Berechnung von Kandler, *Archeografo Triestino n. s.*
I S. 119 ff. 283500 römische Q.-Schritt — 62 ha; nach dem Plan bei
Maionica, *Aquileia zur Römerzeit* (Progr. Görz 1881) etwa 64 ha. Doch
lässt sich der Umfang der alten Stadt noch keineswegs sicher bestimmen.

Athen. Nach Bl. I a der *Karten von Attika* von Curtius und Kaupert in
1 : 12500 hat das Asty einen Flächenraum von 229 ha, der Peiraeeus
nach Bl. II a desselben Atlas 356 ha.

Augusta Praetoria Salassorum bildet nach Promis, *Aosta* tav. 3 ein Rechteck
von 724 m Länge und 572 m Breite, sodass der Flächenraum 41,4 ha
beträgt.

Augusta Taurinorum bildet nach Promis, *Torino* ein Rechteck von 720 m
Länge und 660 m Breite, was einen Flächenraum von 47,52 ha er-
giebt. Doch ist diese Zahl etwas zu gross, da die eine Ecke des
Rechtecks abgestumpft ist.

Bononia, nach dem Plan bei Gozzadini, *Studi archeologico-topografici sulla
città di Bologna* (Bologna 1868).

Caere, nach dem Plan in Canina, *Cere antica* (1 : 10000).

Capua, s. mein *Campanien* S. 345 und den dort gegebenen Plan in
1 : 25000. Der Umfang ist nur mit annähernder Genauigkeit zu
bestimmen.

Cosa, nach Canina, *Etruria marittima* tav. 113 in 1 : 10000.

Ephesos bedeckte nach Wood, *Ephesus* S. 7 eine Fläche von 1027 *acres*
— 415 ha.

Falerii (S. Maria di Falleri), nach Canina, *Etruria marittima* tav. 5.

Florentia, nach dem vergleichenden Plan bei Hartwig, *Quellen und
Forschungen zur ältesten Geschichte der Stadt Florenz* II. Theil
(Halle 1880).

Gela, nach dem auf Schubrings Untersuchungen beruhenden Plan bei Holm,
Sicilien II pl. 11 in 1 : 100000.

Halikarnassos, nach dem Plan auf Bl. VIII von Kieperts *Neuem Atlas
von Hellas* in 1 : 100000. Die Zahl bezieht sich auf den ganzen, von
der äusseren Befestigungslinie umschlossenen Raum.

Hierosolyma, herodische Stadt nach Kieperts Plan in 1 : 40000 auf Bl. III
des *Atlas Antiquus*. Nach Besant und Palmer, *The city of Herod and
Saladin* S. 23 hätte der Flächenraum zur Zeit der Belagerung durch
Titus 3¹/₂ Mill. Q.-Yards — 292,6 ha betragen, was sehr übertrieben
ist. Smith, *Dictionary of the Bible* I 1025 rechnet 120—130, höchstens
180 *acres* = 48,6—72,9 ha.

Kyzikos, nach dem Plan bei Perrot, *Expédition de Galatie* tab. III, in
1 : 10000.

Lokroi, nach dem Plan von Dubucq in den *Monumenti dell' Instituto* I
tav. 15 in 1 : 12500.

Massalia, nach dem Plan bei Desjardins, *Géographie de la Gaule* II pl. 3.

Mediolanum. Maassgebend war der Plan in Angelo Fumagalli, *Vicende di Milano duranta la guerra con Federigo I Imperatore*, Milano 1778, wonach der Lauf der Mauer auf den Plan in Baedekers *Ober-Italien* (10. Aufl., 1 : 17500) eingetragen, und auf diesem die Berechnung ausgeführt wurde. Die Zahl bezieht sich auf die durch Maximianus Herculius erweiterte und neu ummauerte Stadt.

Megara, ohne Nisaea und den Raum zwischen den langen Mauern, nach dem Plan in 1 : 50000 auf Bl. VI von Kieperts *Atlas von Hellas.* Der Umfang kann nur annähernd bestimmt werden.

Messene, nach dem Plan bei Curtius, *Peloponnesos* II Taf. b in 1 : 15000.

Motye, nach Coglitore, *Archivio storico Siciliano nuova serie* VIII S. 325.

Mytilene, nach dem Plan auf Bl. IX von Kieperts *Atlas von Hellas*, in 1 : 60000. Der Lauf der Mauer nach der Landseite hin ist unsicher.

Neapolis, nach pl. II in meinem *Campanien.* Die kleinere Zahl bezieht sich auf die griechische Altstadt, die grössere auf die später erweiterte Stadt.

Norba, nach Canina, *Edifizi di Roma antica* VI tav. 102 in 1 : 5000.

Panormos, die Altstadt (Palaeopolis) nach Schubrings Plan (*Der historischen Topographie von Panormos I. Theil*, Programm Lübeck 1870). Zur Bestimmung der Ausdehnung der Neapolis fehlt jeder Anhaltspunkt.

Philippoi, nach dem Plan bei Heuzey, *Mission en Macédoine*, in 1 : 13400.

Pola, nach Kandler in *Notizie di Pola*, edite per cura del *Municipio*, Parenzo 1876, 75000 römische Q.-Schritt = 16,5 ha.

Pompei, nach Fiorelli, *Relazione sugli Scavi di Pompei del 1861—1872* S. 10 App.

Poseidonia, nach dem Plan von Delgardette, *Les Ruines di Paestum* pl. 1 in 1 : 18000.

Praeneste, nach Canina, *Edifizi di Roma antica* VI tav. 111 in 1 : 5000. Einschliesslich der Arx (Castel S. Pietro).

Rhodos, nach dem Plan auf Bl. VIII in Kieperts *Neuem Atlas von Hellas* in 1 : 15000. Die Ausdehnung der alten Stadt ist nur annähernd zu bestimmen.

Rom. Die aurelianische Mauer umschliesst auf dem linken Ufer einen Flächenraum von 1131,59 ha, wobei die Tiberinsel eingerechnet ist (*Monografia della città di Roma*, herausgegeben vom ital. Ackerbau- und Handelsministerium, Rom 1881, II S. 376 f.). Der Stadttheil auf dem rechten Tiberufer (Reg. XIV) umfasst nach meiner planimetrischen Berechnung auf Kieperts Plan (*Atlas Antiquus* Bl. IX) ca. 98 ha. Also Gesammtflächenraum innerhalb der aurelianischen Mauer gegen 1230 ha, ungerechnet den Fluss. Die heutige Mauer umschliesst, den Fluss eingerechnet, 1411,315 ha (*Monografia di Roma* a. a. O.). Die Ausdehnung der servianischen Stadt ist ebenfalls auf Kieperts Plane berechnet. Jordan nimmt 900 ha für die 14 Regionen zur Zeit Con-

stantins an (*Topogr.* I S. 543); wie die Zahl gewonnen ist, erfahren
wir nicht.

Selinus, nach Cavallari, *Bull. della Commissione archeologica Siciliana*
n. V (1872) S. 8, womit meine planimetrische Berechnung auf dem
dort beigegebenen Plane übereinstimmt. Auf die sog. Akropolis kommen
nach Cavallari 8,8 ha, auf die eigentliche Stadt 20 ha. Die östliche
Tempelterrasse ist dabei nicht berücksichtigt.

Signia, nach Canina, *Edifizi di Roma antica* VI tav. 103 in 1 : 5000.

Sparta, nach dem Plan auf Bl. VI von Kieperts *Atlas von Hellas* in
1 : 50000.

Surrentum, nach Plan IX in meinem *Campanien*, in 1 : 12500. (Die *Campanien* S. 262 gegebene Zahl von 29 ha ist zu hoch.)

Syrakus. Nach Cavallari, *Topografia di Siracusa* S. 19 beträgt die Ausdehnung von Ortygia 26,8 ha. Achradina umfasste nach meiner planimetrischen Messung auf dem dort beigegebenen Plan in 1 : 50000
652,5 ha, der ganze von den Befestigungen des Dionysios umschlossene
Raum, ungerechnet die Insel, 1787,5 ha. Mit dieser also 1814 ha.

Taras, berechnet von Tasconi auf seinem Plan in Fiorelli, *Notizie degli
Scavi* 1881 tav. 6 in 1 : 24000.

Thasos, nach dem Plan bei Conze, *Reise auf den Inseln des Thrakischen
Meeres* Taf. II in 1 : 10000.

Tusculum, nach Canina, *Tuscolo* tav. 6 in 1 : 2000.

Tyros, die Insel, aber ohne die „Insel des Melikertes", nach dem Plan
auf Bl. III von Kieperts *Atlas Antiquus* (Berlin 1882) in 1 : 50000.

Verona, nach dem Plan in Baedekers Ober-Italien (10. Aufl.) in 1 : 19000.
Für die Bestimmung des Mauerlaufes war der Plan bei Maffei, *Verona
Illustrata*, maassgebend.

Zwölftes Capitel.

Geschichte der Bevölkerung.

Griechenland hat schon früh eine verhältnissmässig dichte Bevölkerung erreicht. Das zeigt vor allem die grossartige Colonisationsthätigkeit, die ununterbrochen seit den ersten historischen Zeiten bis ins VI. Jahrhundert hinein fortdauert und die Küsten des aegaeischen und schwarzen Meeres, Siciliens und Unter-Italiens, von Kypros und Kyrene mit einem Kranze hellenischer Städte umsäumt hat. Aber auch sonst fehlt es nicht an Beweisen. So sehen schon die Kyprien die letzte Ursache des troianischen Krieges in der damals herrschenden Uebervölkerung:

ἦν ὅτε μυρία φῦλα κατὰ χθόνα πλαζόμεν' ἀ[νδρῶν
ἐκπάγλως ἐβάρυνε] βαθυστέρνου πλάτος αἴης.
Ζεὺς δὲ ἰδὼν ἐλέησε καὶ ἐν πυκιναῖς πραπίδεσσι
σύνθετο κουφίσσαι [βάρεος] παμβώτορα γαῖαν
ῥιπίσσας πολέμου μεγάλην ἔριν Ἰλιαχοῖο,
ὄφρα κενώσειεν θανάτῳ βάρος· οἱ δ' ἐνὶ Τροίῃ
ἥρωες κτείνοντο, Διὸς δ' ἐτελείετο βουλή[1]).

Der homerische Katalog zählt 1186 Schiffe auf, die Agamemnon nach Troia geführt habe, mit einer Besatzung von je 50 oder 120 Mann; und es ist charakteristisch, dass Thukydides ein Heer von etwa 100 000 Mann, wie es sich danach ergeben würde, als Aufgebot von ganz Hellas für keineswegs bedeutend findet und der Ansicht ist, es sei nicht Menschen-

---

[1]) fr. 1 bei Schol. A. *Ilias A* 5. 6.

mangel gewesen, sondern Mangel an Geldmitteln, der das Aufstellen eines grösseren Heeres verhindert habe[1]). Bereits He-
siod[2]) empfiehlt Beschränkung der Kinderzahl:

μουνογενὴς δὲ πάις οἶκον πατρώιον εἴη
φερβέμεν· ὡς γὰρ πλοῦτος ἀέξεται ἐν μεγάροισιν,

und in Kreta ging man so weit, die Paederastie gesetzlich zu
begünstigen, um eine zu rasche Vermehrung der Bevölkerung
zu verhindern[3]). Aber weder diese Bestrebungen, noch auch
die Colonisation haben vermocht, dem Anwachsen der Bevölkerung Einhalt zu thun. Miletos, Chalkis, Korinthos, Megara,
welche die meisten Colonien gegründet haben, sind im VI. Jahrhundert grösser und blühender als jemals zuvor. Griechenland
gelangt in dieser Zeit auf den Punkt, der regelmässigen Zufuhr fremden Getreides zu bedürfen (oben S. 30).

Mit dem Ende des VI. Jahrhunderts kommt die Colonisationsthätigkeit vorläufig zum Abschluss. Aber nichts könnte
verkehrter sein, als daraus auf einen Stillstand der Volksvermehrung schliessen zu wollen. Der Grund ist vielmehr einfach
der, dass fast alle zu Colonialgründungen geeigneten Gebiete
bereits mit griechischen Colonien besetzt waren. Es sind
wahrlich nicht die Ansiedler gewesen, an denen es damals gefehlt hat. Wo immer im Bereiche der griechischen Welt zur
Erwerbung eigenen Grundbesitzes Gelegenheit war, strömten
sie zu Tausenden herbei; man denke an Hierons neu gegründete Stadt Aetna, an Thurioi, Amphipolis, Herakleia in Italien,
Epidamnos, Herakleia Trachinia. Ueberhaupt musste der fünfzigjährige Frieden, dessen Griechenland mit wenigen Unter-
brechungen seit dem Ende der Perserkriege genoss, und der
wirthschaftliche Aufschwung, den er im Gefolge hatte[4]), dem
Anwachsen der Bevölkerung sehr förderlich sein; wie denn

---

[1]) Thuk. I 10. 11.
[2]) *Erga* 376 f.
[3]) Aristot. *Polit.* II 1272 a: *πρὸς δὲ τὴν ὀλιγοσιτίαν ὡς ὠφέλιμον*
πολλὰ πεφιλοσόφηκεν ὁ νομοθέτης καὶ πρὸς τὴν διάζευξιν τῶν γυναικῶν,
ἵνα μὴ πολυτεκνῶσι, τὴν πρὸς τοὺς ἄρρενας ποιήσας ὁμιλίαν.
[4]) Vergl. z. B. Diod. XI 72.

Thukydides ausdrücklich hervorhebt, welch zahlreiche junge Mannschaft in Attika und im Peloponnes ums Jahr 431 vorhanden war [1]).

Noch auf andere Weise hat in dieser Zeit die Bevölkerung Griechenlands einen ansehnlichen Zuwachs erhalten. Auf der Stufe wirthschaftlicher Entwicklung, die in den homerischen Gedichten geschildert wird, war Hellas im wesentlichen ein Land freier Arbeit, die Sklaverei noch von sehr untergeordneter Bedeutung im Leben der Nation. Wir finden wohl einzelne Sklaven und namentlich Sklavinnen in den Häusern der Reichen, aber noch keinen eigentlichen Sklavenstand; es sind freie Arbeiter, von denen die Felder bestellt oder die Handwerke ausgeübt werden. Die Erinnerung an diese Zustände ist auch in der sonstigen Ueberlieferung lebendig geblieben; Herodot und Timaeos sprechen von einer Zeit, wo die Hellenen noch keine Sklaven besassen [2]).

Es sind die Colonien in Asien, die ja überhaupt in der wirthschaftlichen Entwicklung dem Mutterlande vorausgeeilt sind, die zuerst begonnen haben, unfreie Arbeiter in grösserem Maassstabe zu verwenden. Begünstigt wurden sie dabei durch die reichliche Sklavenzufuhr aus den nahen Barbarenländern. Namentlich Chios hat den traurigen Ruhm, damit den Anfang gemacht zu haben [3]); und noch zur Zeit des peloponnesischen Krieges stand diese Insel unter den griechischen Sklavenstaaten obenan. Von hier aus hat die Sklaverei sich dann seit dem VII. Jahrhundert in das europäische Griechenland ausgebreitet: zuerst natürlich nach den grossen Handels- und Industriestädten am saronischen Golfe. Bereits Periandros (um 600 v. Chr.) soll ein Verbot gegen das Halten von Sklaven erlassen haben [4]), das begreiflicher Weise ohne dauernde Wirkung blieb;

---

[1]) Thuk. II 8: τότε δὲ καὶ νεότης πολλὴ μὲν οὖσα ἐν τῇ Πελοποννήσῳ, πολλὴ δ' ἐν ταῖς Ἀθήναις.

[2]) Herod. VI 137; Timaeos fr. 67.

[3]) Theopomp. fr. 134; Poseidon. fr. 39 — Nikolaos von Damaskos fr. 79.

[4]) Aristoteles und Ephoros bei Herakleides Pontikos *Polit.* 5 und Nikolaos von Damaskos fr. 59; vergl. Busolt, *Lakedaemonier* I S. 205 f. A. 161.

bald wurde Korinth sprüchwörtlich durch die Menge seiner
Sklaven, und die Nachbarstädte Aegina, Megara, Athen, die
Colonie Korkyra sind ihm gefolgt. Aber in dem grösseren
Theile des europäischen Hellas hat die Sklaverei sich im
V. Jahrhundert, abgesehen natürlich von den Leibeigenschafts-
verhältnissen in Sparta, Kreta, Thessalien, die mit der Sklaverei im eigentlichen Sinne des Wortes nicht auf eine Linie
zu stellen sind, noch nicht ausgebreitet. Thukydides nennt
den Peloponnes im Gegensatz zu dem sklavenhaltenden Athen
ein Land freier Arbeit[1]). In Boeotien gab es noch zur Zeit
Alexanders nur wenige Sklaven (oben S. 174), und in Phokis
und Lokris ist die Sklaverei erst um diese Zeit eingedrungen[2]).

Die Gesammtbevölkerung der griechischen Halbinsel einschliesslich Makedoniens und der umliegenden Inseln zu Anfang
des peloponnesischen Krieges wird mit ziemlicher Sicherheit
auf rund 3 Millionen veranschlagt werden können, wovon etwa
$\frac{1}{2}$ Million auf die Leibeigenen in Lakonien, Thessalien, Kreta
und etwa ebenso viel auf die Sklaven im eigentlichen Sinne
des Wortes entfallen mag. Das ergiebt bei einem Flächenraum von etwa 115000 qkm eine Volksdichtigkeit von 26 auf
1 qkm. Aber diese Bevölkerung war sehr ungleich vertheilt.
Die stärkste Volksdichtigkeit fand sich an den Ufern des saronischen Golfes, wo ja auch die grössten Städte Griechenlands, Athen und Korinth, sich erhoben. In Attika kommen
gegen 90, in Argolis gegen 70 Einwohner auf 1 qkm. Auch
Boeotien mag gegen 60 Bewohner auf 1 qkm gezählt haben.
Sonst hatten auf dem griechischen Festlande in dieser Zeit nur
etwa die eleiische Tiefebene und das Eurotasthal eine ähnliche
Volksdichtigkeit aufzuweisen. Im Peloponnes mit Ausschluss
von Argolis werden etwa 30 Menschen auf dem qkm gewohnt
haben, in der thessalischen Ebene reichlich ebenso viel. Dagegen hatten die Gebirgslandschaften westlich von Boeotien
und Thessalien nur eine sehr dünne Bevölkerung, und dasselbe

---

[1]) Thuk. I 141: αὐτουργοί τε γάρ εἰσι Πελοποννήσιοι. Es ist charakteristisch, dass diese Stelle bisher sogut wie unbeachtet geblieben ist.

[2]) Timaeos fr. 67, oben S. 175.

gilt von Euboea mit Ausnahme der nächsten Umgebung von Chalkis und Eretria. Die Volksdichtigkeit in diesen Gebieten mag im Mittel 15—20 auf 1 qkm betragen haben, und ist in Aetolien noch hinter dieser Zahl zurückgeblieben. Noch viel schwächer bewohnt war Ober-Makedonien, wo nicht mehr als 6 Einwohner auf den qkm entfielen, während Nieder-Makedonien und die Chalkidike verhältnissmässig recht gut bevölkert waren (17 bezw. 32 auf 1 qkm), und die fruchtbare Halbinsel Pallene mit über 60 Einwohnern auf 1 qkm sogar zu den bestbevölkerten Gebieten in Hellas gehörte. Auch die Kykladen und die jetzt sogenannten ionischen Inseln scheinen eine starke Bevölkerung gehabt zu haben; namentlich Korkyra hat mit etwa 90 Einwohnern auf dem qkm alle festländischen Landschaften ausser Attika an Volksdichtigkeit übertroffen.

Für die Colonien fehlen uns die nöthigen Grundlagen zu einer ähnlichen Berechnung. Da indess allein die sicilisch-italischen Griechenstädte eine Bevölkerung von 1 Million oder darüber gezählt haben, so wird die Gesammtbevölkerung aller Colonien am Ende des V. Jahrhunderts kaum viel geringer, andererseits aber auch nicht wesentlich höher gewesen sein als die Bevölkerung des Mutterlandes. Nur bildeten in den Colonien die Sklaven und Leibeigenen einen viel grösseren Bruchtheil der Bevölkerung als im eigentlichen Griechenland.

Man hat nun behauptet, dass der peloponnesische Krieg einen Rückgang der Volkszahl zur Folge gehabt habe. Und wenigstens für Attika ist das unzweifelhaft: die Bürgerzahl Athens hat nie wieder die Höhe erreicht wie vor der Pest der Jahre 430—427, und auch die im Jahre 432 vorhandene Sklavenzahl ist erst in der demosthenischen Zeit wieder erreicht worden. Aber dieser Rückschlag war in weit höherem Maasse eine Folge der Pest als des Krieges; und die Pest blieb im europäischen Griechenland im wesentlichen auf Attika beschränkt[1]). Auch hat keine zweite griechische Landschaft auch nur annähernd so viel vom Kriege gelitten wie Attika. Ja der bei weitem grösste Theil Griechenlands ist von den

---

[1]) Thuk. II 47. 37.

Verheerungen des Krieges direct so gut wie gar nicht berührt worden. Und überhaupt ist es eine bekannte Erfahrung, dass selbst viel blutigere Kriege, als der peloponnesische gewesen ist, in Zeiten steigender Volkswirthschaft nicht im Stande sind, die Vermehrung der Bevölkerung in fühlbarem Maasse aufzuhalten.

Wir haben denn auch Beweise genug dafür, dass die Bevölkerung Griechenlands bis auf Alexander im beständigen Wachsen geblieben ist. Demosthenes spricht es als eine ganz unbezweifelte Thatsache aus, dass Griechenland zu seiner Zeit unvergleichlich stärker bevölkert sei, als zur Zeit der Perserkriege[1]. Eben dahin führt die Leichtigkeit, mit der seit dem Beginn des IV. Jahrhunderts grosse Söldnermassen in Hellas zusammengebracht werden. Platon und Aristoteles beschäftigen sich lebhaft mit der Gefahr einer Uebervölkerung und bringen sehr radicale Maassregeln zu ihrer Abwendung in Vorschlag[2]. Isokrates weist um die Mitte dieses Jahrhunderts (346) Philippos auf die Nothwendigkeit hin, dem Ueberschusse der griechischen Bevölkerung ein Ventil zu öffnen durch die Eroberung und Colonisirung von Asien[3]. Zwölf Jahre später wurde dieser Wunsch durch Alexandros verwirklicht. Die grossartige Colonisationsthätigkeit der nächsten 50 Jahre zeigt uns, welch gewaltige Masse überschüssiger Volkskraft Griechenland noch ums Jahr 300 zu Gebote stand. Sie giebt den Beweis, dass es keineswegs ein Stillstand in der Volksvermehrung gewesen ist, der die Expansion der griechischen Rasse in der Zeit von den Perserkriegen bis auf Alexander gehemmt hat, sondern die Ungunst der politischen Verhältnisse. Nur ein Volk, dessen Zahl in rascher Zunahme begriffen ist, kann leisten, was Griechenland in dem halben Jahrhundert nach Alexander geleistet hat.

---

[1] Demosth. *Phil.* III 40: ἐπεὶ τριήρεις γε καὶ σωμάτων πλῆθος, καὶ χρημάτων καὶ τῆς ἄλλης παρασκευῆς ἀφθονία καὶ τἆλλα, οἷς ἄν τις ἰσχύειν τὰς πόλεις κρίνοι, νῦν ἅπασι καὶ πλείω καὶ μείζω ἐστὶ τῶν τότε πολλῷ.

[2] Vergl. Malthus, *Principle of population* book I ch. 13.

[3] Isokr. *Philippos* 120 f.

Auch die Sklaverei hat in Griechenland während des IV. Jahrhunderts an Boden gewonnen. Von den Grossstädten am saronischen Golfe verbreitet sie sich in diesem Zeitraume über die ganze Halbinsel; der Unterschied zwischen Staaten mit freier Arbeit und Sklavenarbeit verschwindet[1]). Die Folge dieser Bewegung musste selbstverständlich eine bedeutende Vermehrung der Sklavenzahl im europäischen Griechenland sein.

Wenn also die griechische Halbinsel im Jahre 432 etwa 3 Millionen Einwohner gezählt hat, so ist diese Zahl in Alexanders Zeit weit überschritten worden. Die ziffermässige Bestimmung dieser Vermehrung ist allerdings kaum möglich, schon deswegen, weil wir über die Bevölkerungszahl Griechenlands im V. Jahrhundert nur ganz ungefähr unterrichtet sind. Das Gesammtaufgebot der hellenischen Bundesstaaten Philipps, d. h. Griechenlands südlich vom Olympos, mit Ausnahme Spartas und wohl auch von Epeiros, soll im Jahre 337 200000 Mann zu Fuss und 15000 Reiter betragen haben[2]). Dass der korinthische Bund ebenso wie der thessalische[3]) seine Heeresmatrikel gehabt hat, ist unzweifelhaft; um so mehr, ob unsere Angabe auf dieser Matrikel beruht. Allerdings muss die Zahl der Reiter, die Griechenland in dieser Zeit aufstellen konnte, 15000 wenigstens nahe gekommen sein; dass aber die Hoplitenzahl der griechischen Staaten 200000 bei weitem nicht erreicht hat, können wir mit voller Sicherheit aussprechen. Bei der trüben Quelle, der wir die Angabe verdanken, ist es unmöglich, irgend welche statistische Folgerungen daraus zu ziehen. Immerhin werden wir die Gesammtbevölkerung der Halbinsel zur Zeit der Schlacht bei Chaeroneia auf etwa 4 Millionen Einwohner veranschlagen können, wovon 2 1/2 Millionen Freie und 1 1/2 Millionen Sklaven und Leibeigene.

Seit Alexanders Eroberungen ergiesst ein starker Strom

---

[1]) Vergl. die delphischen Freilassungsurkunden für die Staaten des westlichen Mittelgriechenland; für den Peloponnes s. oben S. 157.

[2]) Justin. IX 5, 6.

[3]) Xen. *Hell.* VI 1, 8; 2, 19: s. oben S. 199.

hellenischer Auswanderung sich über den Orient. Und bald
verdrängt der Aufschwung der neuen Colonialländer im Osten
das griechische Mutterland aus seiner bisherigen Stellung als
industrielles und commercielles Centrum der civilisirten Welt:
der Glanz von Athen und Korinth verblasst vor dem Glanz
von Alexandrien und Antiochien. Die griechische Halbinsel
hatte schon längst eine grössere Bevölkerung, als sie aus
eigenen Mitteln zu ernähren vermochte; es ist begreiflich,
dass die Volksvermehrung jetzt zum Stocken kommt, mit Ausnahme etwa der Landschaften im NW., Aetolien und Epeiros,
die erst seit Alexander der Cultur erschlossen wurden. Aber
es scheint nicht, dass die Bevölkerung des eigentlichen
Griechenland bis auf die ersten römischen Zeiten sich wesentlich vermindert hätte. Der epeirotische Bund zählte im Jahre
168 auf etwa 8000 qkm eine Bevölkerung von 300 000 Einwohnern oder 38 auf 1 qkm[1]). Es ist nicht wahrscheinlich,
dass das epeirotische Bergland, ein Gebiet ohne Handel und
Industrie und ohne jeden grösseren städtischen Mittelpunkt,
dichter oder auch nur ebenso dicht bewohnt gewesen sei, wie
der Peloponnes oder Mittelgriechenland: während andererseits
allerdings Makedonien eine dünnere Bevölkerung gehabt haben
wird, als Epeiros. Rechnen wir demnach die Dichtigkeit von
38 Einwohnern auf 1 qkm als Durchschnitt für die ganze
griechische Halbinsel und die umliegenden Inseln, so ergiebt
sich auf 115 000 qkm eine Bevölkerung von 4 370 000. Lassen
wir Makedonien unberücksichtigt, so ergiebt sich für den Rest
des europäischen Griechenland immer noch eine Bevölkerung
von über 3 Millionen, gegenüber etwa 2¹/₂ Millionen im V. Jahrhundert. Es bedarf keiner Bemerkung, auf wie unsicherer
Basis diese Berechnung ruht, aber sie wird durch die Ergebnisse der Einzelforschung bestätigt.

Erst im II. Jahrhundert beginnt eine fühlbare Abnahme
der Bevölkerung, und zwar, wie Polybios ausdrücklich hervorhebt, trotz des herrschenden Friedens, und obgleich Griechenland in dieser Zeit von ansteckenden Krankheiten verschont

---

[1]) Oben S. 195 f.

blieb[1]). Und diese Volksabnahme hat fortgedauert bis in die Kaiserzeit, befördert durch die Kriege, deren Schauplatz Griechenland im letzten Jahrhundert der Republik bildete[2]). Freilich sind die Klagen über den Verfall mitunter sehr übertrieben; die Inschriften zeigen vielmehr, dass noch im I. und II. Jahrhundert nach unserer Zeitrechnung ein kräftiges Municipalleben in vielen Theilen Griechenlands herrschte. Athen hat unter den Antoninen dieselbe, ja eine höhere Ephebenzahl als vor der Katastrophe des mithradatischen Krieges; Messene muss nach einer Ephebeninschrift aus 131 n. Chr. gegen 5000 Bürger gezählt haben. Aber dass die Bevölkerung Griechenlands in dieser Zeit in der That sehr gesunken war, ist allerdings unbestreitbar.

Während so die Volksvermehrung seit Alexander im eigentlichen Hellas zum Stillstand kam, beginnt für den neu erschlossenen Orient eine Periode des glänzendsten Aufschwungs. Kleinasien und Syrien füllen sich mit hellenischen Städten. Die Bevölkerung von Aegypten hat sich zwischen 300 v. Chr. und 70 n. Chr., wenn unsere Angaben richtig sind, von 3 Millionen auf etwa 8 Millionen vermehrt. Wie stark die Bevölkerung in Syrien anwuchs, zeigt die Ausbreitung der Juden

---

[1]) Polyb. 37, **4, 4**: ἐπέσχεν ἐν τοῖς καϑ᾽ ἡμᾶς καιροῖς τὴν Ἑλλάδα πᾶσαν ἀπαιδία καὶ συλλήβδην ὀλιγανϑρωπία, δι᾽ ἥν αἵ τε πόλεις ἐξηρημώϑησαν καὶ ἀφορίαν εἶναι συνέβαινε, καίπερ οὔτε πολέμων συχνῶν ἐσχηκότων ἡμᾶς οὔτε λοιμικῶν περιστάσεων. Ueber die Entvölkerung Thessaliens am Ende des III. Jahrhunderts s. Philipps Brief an die Larisaeer (Collnitz, *Dial.-Inschr.* I 345, oben S. 201); in Makedonien selbst musste Philipp nach Kynoskephalae die Kinderzucht durch gesetzliche Maassregeln befördern (Liv. 39, 24).

[2]) Plut. *über den Verfall der Orakel* S. 414a: τῆς κοινῆς ὀλιγανδρίας, ἥν αἱ πρότεραι στάσεις καὶ οἱ πόλεμοι περὶ πᾶσαν ὁμοῦ τε τὴν οἰκουμένην ἀπειργάσαντο, πλεῖστον μέρος ἡ Ἑλλὰς μετέσχηκε · καὶ μόλις ἄν νῦν ὅλη παράσχοι τρισχιλίους ὁπλίτας, ὅσους ἡ Μεγαρέων μία πόλις ἐξέπεμψεν εἰς Πλαταιάς. Dion Chrysost. II S. 11: οὐχ ὁ Πηνειὸς δι᾽ ἐρήμου ῥεῖ Θετταλίας, οὐχ ὁ Λάδων διὰ τῆς Ἀρκαδίας ἀναστάτου γενομένης; Ueber Euboea ebenda I S. 233. Strabon ist voll von ähnlichen Klagen: VII 325, VIII 388 von Aetolien und Akarnanien, VII 322, IX 429 von Epeiros, VIII 362 von Lakonien, VIII 388 von Arkadien, VIII 403 von Boeotien. Vergl. Clinton, *Fasti Hell.* II[2] S. 432 f.

auf alle Nachbarländer, die in dieser Periode erfolgte. Kleinasien und Syrien haben in dieser Zeit die ganze Welt mit
Sklaven versorgt. Wohl mögen die Krisen der mithradatischen
Kriege einen Stillstand oder auch Rückgang gebracht haben;
aber in der Kaiserzeit finden wir die Bevölkerung dieser Gebiete wieder im Fortschritt, namentlich im inneren und nördlichen Kleinasien, das bisher wenig Antheil an der Culturentwicklung genommen hatte.

Wenden wir uns jetzt nach dem Westen. Die Bevölkerungsverhältnisse Siciliens haben sich im allgemeinen parallel mit
denen des Mutterlandes entwickelt, nur dass der Verfall hier,
in Folge der punischen Kriege, schon etwas früher begonnen
hat, dann aber im II. Jahrhundert eine Periode der Nachblüthe
folgt, in der das Deficit der freien Bevölkerung durch eine
grossartige Sklaveneinfuhr ausgefüllt wird. Unter-Italien muss
im V. Jahrhundert ziemlich bevölkert gewesen sein, wenn auch
kaum so stark wie Sicilien. Die Fortschritte der Brettier im
IV. Jahrhundert, später der hannibalische Krieg haben diese
Blüthe geknickt. Die griechischen Städte sanken unaufhaltsam;
seitdem ist Grossgriechenland eine der menschenleersten Landschaften in Italien.

Die ganze italische Halbinsel südlich des Apennin hat bis
zum Ausbruch des hannibalischen Krieges eine freie Bevölkerung von etwa 2 1/2 Millionen gezählt; einschliesslich der Sklaven werden etwas über 3 Millionen anzunehmen sein, oder
22—24 auf 1 qkm. Und es scheint nach den Ergebnissen des
römischen Census, dass diese Bevölkerung im IV. Jahrhundert
nicht schwächer, vielleicht sogar noch etwas stärker gewesen
ist, wie wir es bei den unaufhörlichen blutigen Kriegen, welche
die römische Hegemonie begründet haben, auch kaum anders
erwarten dürfen. Der hannibalische Krieg hat einen weiteren
Rückschlag gebracht. Die römische Bürgerliste sank von
273 000 im Jahre 229 auf 214 000 im Jahre 203; und da die
Bundesgenossen durch den Krieg noch schwerer gelitten hatten,
als die Römer selbst, wird ihre Zahl mindestens in gleichem Verhältniss abgenommen haben. Allerdings traf der Verlust die waffenfähigen Männer in viel stärkerem Maasse als

die Gesammtbevölkerung, so dass der hannibalische Krieg die Volkszahl Italiens doch nur um wenige hunderttausend Köpfe vermindert haben kann. Und jedenfalls ist das Deficit sehr bald ausgeglichen worden. Schon im Jahre 178 ist die vor dem Kriege vorhandene Bürgerzahl wieder erreicht. Die nächsten Aufnahmen weisen eine weitere Steigerung auf, bis zu der von 164/3, die 337000 Bürger ergeben hat, entsprechend einer bürgerlichen Bevölkerung von reichlich einer Million, allerdings bei gegen 229 bedeutend erweiterten Grenzen. Es ist nicht wahrscheinlich, dass die Latiner und Bundesgenossen, deren Gebiet durch den hannibalischen Krieg eine bedeutende Schmälerung erlitten hatte, die durch die Gründung der latinischen Colonien im diesseitigen Gallien keineswegs ausgeglichen war, sich im selben Verhältniss vermehrt haben sollten; sie mögen etwa den Bevölkerungsstand vor dem hannibalischen Kriege wieder erreicht haben.

Damit ist für jetzt der Höhepunkt der freien Bevölkerung erreicht, und es beginnt eine, wenn auch zunächst noch sehr unbedeutende Abnahme. Die Zählungen von 135 und 130 ergaben nur 318000 römische Bürger, ein Resultat, das die Staatsmänner der Zeit ernstlich beunruhigte und zum Theil die gracchischen Reformen veranlasst hat. Die Bürgerkriege haben eine weitere Verminderung gebracht: im Jahre 69, als ganz Italien diesseits des Padus das römische Bürgerrecht erhalten hatte, wurden 910000 Bürger gezählt, oder eine bürgerliche Bevölkerung von 2 1/2 bis 2 3/4 Millionen Einwohnern. Und diese Verminderung hat bis auf den Anfang von Augustus' Regierung fortgedauert, wie die Gesetze beweisen, die Augustus zur Hebung der Bürgerzahl erlassen hat. Aber das Deficit wurde reichlich ersetzt durch die beständig wachsende Sklavenzahl. So mag Italien einschliesslich der Transpadana am Anfang von Augustus' Alleinherrschaft etwa 5 1/2 Millionen Einwohner gezählt haben, gegenüber vielleicht 4 Millionen in Hannibals Zeit. Die Friedensperiode der ersten Kaiserzeit hat dann wieder eine Vermehrung auch der freien Bevölkerung gebracht, so dass Italien unter Claudius wohl an 7 Millionen Einwohner gezählt hat.

Noch grösser muss der Zuwachs der Bevölkerung während
der Kaiserzeit in den westlichen und nördlichen Barbarenländern
gewesen sein, denen erst die römische Eroberung eine
höhere Gesittung gebracht hat. Wie in Asien nach Alexander,
so wachsen jetzt hier überall Städte aus dem Boden, die zum
Theil in kurzer Zeit zu bedeutender Blüthe gelangt sind. Aber
es fehlen uns die Mittel, um die Höhe dieser Vermehrung
in Zahlen auszudrücken.

Dafür ist es jetzt möglich, wenigstens zu einer annähernden
Schätzung der Volkszahl der civilisirten Welt, oder doch
der Länder am Mittelmeer zu gelangen. Die Gesammtbevölkerung
des römischen Reichs bei Augustus' Tode wird auf
50—60 Millionen Einwohner zu veranschlagen sein, wovon
etwa ²/₅ auf die europäischen Provinzen entfallen. Die
Gebiete jenseits des Rhein und der Donau können unmöglich
eine bedeutende Bevölkerung gehabt haben, so dass
ganz Europa um den Anfang unserer Zeitrechnung die Zahl
von 30 Millionen Einwohnern schwerlich erreicht hat. —

Soweit der Thatbestand. Eine eingehende Erörterung der
Ursachen, von denen die Bevölkerungsbewegung während des
Alterthums bestimmt worden ist, muss ich mir an dieser Stelle
versagen. Diese Frage muss von einem höheren Standpunkte
aus behandelt werden; ihre Lösung wird erst dann versucht
werden können, wenn die Bevölkerungsgeschichte der letzten
5 bis 6 Jahrhunderte näher erforscht sein wird[1]). Für jetzt
nur einige allgemeine Bemerkungen, mehr um die Probleme
zu bezeichnen, als sie zu lösen.

Allen organischen Wesen wohnt der Trieb inne, ihre Art
zu vermehren, soweit es die gegebenen Existenzbedingungen
gestatten. Unter günstigen Verhältnissen also wird jede Bevölkerung
an Zahl fortschreiten. Es bedarf demnach keiner
weiteren Erklärung, wenn die Bevölkerung Griechenlands bis
zum Ende des IV. Jahrhunderts in beständigem Wachsen geblieben
ist. Wenn aber diese Vermehrung im III. Jahrhundert
zum Stillstand kommt, um im II. Jahrhundert einer Vermin-

---

[1]) Das wird die Aufgabe des II. Theils dieser Studien sein.

derung Platz zu machen, wenn dieselbe Erscheinung sich auch in Italien zeigt und durch das ganze I. Jahrhundert hindurch andauert, so haben wir hier ein Problem, das die Aufmerksamkeit des Historikers in hohem Grade verdient, und das denn auch bereits bei den Zeitgenossen volle Beachtung gefunden hat. Da die Erscheinung eine allgemeine ist, müssen ihr auch Ursachen von allgemeiner Wirkung zu Grunde liegen. Wir dürfen also nicht die römische Herrschaft mit ihrem politischen und wirthschaftlichen Drucke zur Erklärung heranziehen, ganz abgesehen davon, dass die Abnahme der Bevölkerung in Griechenland schon in einer Zeit beginnt, wo die ganze Halbinsel noch von der Fremdherrschaft frei war. Ebenso wenig können Kriege die Ursache sein, denn die alte Welt hat nie zuvor eine ruhigere Zeit gehabt als die Periode von den Siegen der Römer über Antiochos und Aetolien bis zum marsischen und mithradatischen Kriege. Auch von verheerenden Krankheiten sind die Mittelmeerländer in dieser Zeit frei gewesen [1]). Dem Verfall der Sitten, über den in alter und neuer Zeit so viel declamirt worden ist [2]), werden wir gleichfalls die Schuld nicht zuschieben dürfen, denn es ist doch sehr fraglich, ob die griechische Gesellschaft im II. Jahrhundert corrumpirter gewesen ist als im IV., und was Italien angeht, so hat sich die römische Bürgerzahl im I. Jahrhundert der Kaiserzeit beträchtlich vermehrt, obgleich die Moralität damals gewiss nicht höher stand als im letzten Jahrhundert der Republik. Auch bleiben die Folgen der Corruption im wesentlichen auf die oberen Klassen beschränkt und lassen die breiten Schichten der Bevölkerung unberührt. Dieses Anwachsen der Bevölkerung in der ersten Kaiserzeit zeigt auch, dass die Verminderung in den letzten beiden Jahrhunderten vor unserer Zeitrechnung keineswegs von abnehmender Vitalität herrührt — Völker bleiben überhaupt ewig jung, nur menschliche Einrichtungen altern. Die Alten selbst wollten das Schwinden der Bevölkerung von der überhandnehmenden Ehelosigkeit und Beschränkung der

---

[1]) Polyb. 37, 4, 4.

[2]) Zuletzt in widerlicher Breite von Zumpt in der mehrfach citirten Abhandlung.

Kinderzahl herleiten [1]); es bedarf keiner Bemerkung, dass sie
das Symptom mit der Ursache verwechselt haben.

Die wahren Gründe müssen tiefer gesucht werden. In
erster Linie darunter steht offenbar das beständige Ueberhand-
nehmen der Sklavenwirthschaft. Als Mnason von Elateia 1000
Sklaven nach Phokis einführte, das bis dahin ein Land freier
Arbeit gewesen war, da warfen ihm seine Mitbürger vor, dass
er 1000 freie Leute um ihr tägliches Brot gebracht habe [2]).
Die öffentliche Meinung war im Rechte. Jeder Sklave, der
nach Griechenland, nach Sicilien, nach Italien eingeführt wurde,
musste den Nahrungsspielraum der freien Bevölkerung ein-
engen. Und eine Concurrenz mit der billigen Sklavenarbeit
war für den freien Arbeiter unmöglich. Er mochte froh sein,
wenn es ihm gelang, sein eigenes Leben zu fristen; wie hätte
er daran denken können, eine Familie zu begründen und
Kinder aufzuziehen? Und die beständig zunehmende Concen-
trirung des Besitzes in wenigen Händen sorgte dafür, dass
immer mehr Bürger zu Proletariern herabsanken.

Wir sehen denn auch, dass, so wie ein antiker Staat zur
Sklavenwirthschaft übergeht, die Vermehrung der freien Bevölkerung zum Stillstand kommt. Das älteste Beispiel dafür
bietet Attika. In der Zeit zwischen den Perserkriegen und dem
peloponnesischen Kriege hat sich den Bürgerzahl Athens in
starkem Maasse vermehrt, ungeachtet der verlustvollen Kämpfe,
die der Staat in dieser Periode fast ununterbrochen zu bestehen
hatte. In derselben Zeit hat Athen angefangen, Sklaven in
grosser Zahl in Ackerbau und Industrie zu verwenden, und
jetzt vermag es die freie Bevölkerung nicht mehr, die Verluste
durch die Pest und den peloponnesischen Krieg auszugleichen;
die Bürgerzahl bleibt vielmehr durch das ganze IV. Jahrhundert

---

[1]) Polyb. 37, 4, 6: τῶν γὰρ ἀνθρώπων εἰς ἀλαζονείαν καὶ φιλο-
χρηματοσύνην, ἔτι δὲ ῥᾳθυμίαν ἐκτετραμμένων, καὶ βουλομένων μήτε
γαμεῖν μήτ', ἐὰν γάμωσι, τὰ γιγνόμενα τέκνα τρέφειν, ἀλλὰ μόλις ἓν
τῶν πλείστων ἢ δύο, χάριν τοῦ πλουσίους τούτους καταλιπεῖν, καὶ
σπαταλῶντας θρέψαι, ταχέως ἔλαθε τὸ κακὸν αὐξηθέν κτλ. Dieser Glaube
hat die Ehegesetzgebung des Augustus veranlasst, die übrigens in den
Maassnahmen Philipps nach der Schlacht bei Kynoskephalae ein Vorbild
gehabt hat (Liv. 39, 24, oben S. 210).

[2]) Oben S. 175.

annähernd stationär. Im IV. Jahrhundert begann die Sklavenwirthschaft sich über den Peloponnes und das westliche
Mittelgriechenland auszubreiten, und nun ist es auch hier mit
der Volksvermehrung vorbei. In Italien fällt der Uebergang
von der freien Arbeit zur Sklavenarbeit in die Zeit gleich
nach dem hannibalischen Kriege. Auch hier ist die Folge
dieselbe: die Censuszahlen, die bis zum Jahre 164/3 in beständigem Steigen geblieben waren, fangen zu sinken an,
und da die Censuszahlen nur die Männer von über 16—17
Jahren umfassen, so müssen bereits 16—17 Jahre vor 164/3,
also um 180, unter der freien Bevölkerung Italiens die Sterbe-
fälle die Geburten überwogen haben.

Dass also ein Zusammenhang besteht zwischen der Ver-
mehrung der Sklavenzahl und der Verminderung der freien
Bevölkerung, wird nicht in Abrede zu stellen sein. Natürlich
behaupte ich nicht, dass keine anderen Ursachen dabei mit-
gewirkt haben; ist doch die Bewegung der Bevölkerung das
Resultat aller Factoren, die im wirthschaftlichen Leben eines
Volkes wirksam sind. Aber gegenüber dem Vordringen der
Sklavenwirthschaft hat alles andere nur secundäre Bedeutung.
Wenn dann in der ersten Kaiserzeit wieder eine Vermehrung
der freien Bevölkerung erfolgt ist, so ist das allerdings zum
Theil eine Folge der Wiederkehr ruhiger Zustände und der
Eröffnung so weiter Colonisationsgebiete in Westen und Norden;
nicht zu vergessen ist aber auch, dass die Masseneinfuhr von
Sklaven aus dem Osten, wie sie in der letzten republikanischen
Zeit stattgefunden hatte, jetzt aufhört, und also die Sklaverei,
wenn sie auch zunächst ihr altes Terrain noch behauptete, doch
wenigstens keinen neuen Boden gewann.

Zum Schluss möge es mir im Interesse der leichteren
Orientirung gestattet sein, die hauptsächlichsten Resultate der
vorstehenden Untersuchungen in der Form zweier Tabellen
zusammenzustellen. Ein solcher Versuch hat freilich sein miss-
liches, da er die Nöthigung mit sich bringt, überall wohl oder
übel eine bestimmte Zahl auszusprechen. Der Leser möge sich
erinnern, dass alle hier aufgestellten Zahlen nur Annäherungswerthe ausdrücken, und dass keineswegs alle diese Zahlen unter
einander gleichwerthig sind.

I. Griechenland um 432 v. Chr.

	Nachweis auf Seite	Areal in qkm	Be-völkerung	davon Sklaven od. Leibeigene	Bewohner auf 1 qkm
Peloponnes . . .		22 300	890 000	350 000	39
Argolis[1])	114. 123. 150.	4 185	335 000	175 000	78
Arkadien	112. 129.	4 700	160 000	—	34
Achaia	112. 129.	2 335	75 000	—	32
Eleia	112. 130.	2 660	90 000	—	34
Lakonien und Messenien . . .	114. 148.	8 418	230 000	175 000	27
Mittel-Griechen-land		9 172	485 000	170 000	53
Attika	56. 99.	2 647	235 000	100 000	89
Megaris	161. 173. 174.	470	40 000	20 000	85
Boeotien	161. 174.	2 580	150 000	50 000	58
Phokis, Doris, Lokris	161. 175.	3 475	60 000	—	17
Inseln im Osten .		15 532,4	400 000	170 000	26
Euboea	177. 180.	3 592,3	60 000	20 000	17
nördliche Sporaden	177. 180.	606,8	10 000	—	17
Kykladen	177. 181.	2 701,4	130 000	50 000	48
Kreta[2])	159. 160.	8 631,9	200 000	100 000	23
West-Griechen-land		19 702,9	416 000	40 000	16
Aetolien	185. 187.	4 775	60 000	—	13
Akarnanien . . .	185. 189.	1 585	30 000	—	19
Amphilochien . . .	185. 190.	470	6 000	—	13
Epeiros[3])	185. 197.	10 500	200 000	—	19
Korkyra	184. 192.	770,6	70 000	40 000	91
die übrigen Inseln .	185. 190.	1 602,3	50 000	—	30
Thessalien		15 800	460 000	250 000	29
Tetrarchien	198. 201.	9 790	350 000	250 000	36
Magnesia, Perrhaebia, Malis etc.	198. 201.	4 710	95 000	—	20
Dolopia	198. 201.	1 300	15 000	—	12
Makedonien[4]). . .		32 000	400 000	25 000	12,5
Chalkidike . . .	202. 205.	4 000	100 000	25 000	25
Nieder-Makedonien	202. 213.	12 000	200 000	—	17
Ober-Makedonien	202. 213.	16 000	100 000	—	6
Griechenland zusammen		114 500	3 051 000	1 005 000[5])	26,6

[1]) Die Sklaven von Aegina, die oben S. 150 nicht eingerechnet sind, sind hier mit 50 000 in Ansatz gebracht (vergl. S. 95 f.), was wahrscheinlich noch zu hoch ist, da die Insel bereits im Verfall war.

[2]) Kreta hatte bekanntlich eine sehr beträchtliche Zahl von Leibeigenen. Der Ansatz auf die Hälfte der Gesammtbevölkerung ist nur Hypothese.

[3]) Epeiros muss im V. Jahrhundert eine bedeutend geringere Bevölkerung gehabt haben als im Anfang des II. In Ermangelung bestimmter Angaben ist die Volksdichtigkeit des benachbarten Akarnanien zu Grunde gelegt worden. Vielleicht ist die so erhaltene Zahl noch etwas zu hoch.

[4]) Auch die Einwohnerzahl Makedoniens mag im V. Jahrhundert etwas niedriger gewesen sein als hier angenommen.

[5]) Da es auch in den Staaten mit vorwiegend freier Arbeit an Sklaven nicht gänzlich fehlte, so ist diese Zahl etwas zu niedrig.

II. Das römische Reich bei Augustus' Tode.

	Nachweis auf Seite	Areal in qkm	Bevölkerung	Bewohner auf 1 qkm
1. in Europa		2 231 000	23 000 000	10
Italien[1])	390. 436.	250 000	6 000 000	24
Sicilien	262. 301.	26 000	600 000	23
Sardinien und Corsica . .	445. 446.	33 000	500 000	15
Spanien	446. 448.	590 000	6 000 000	10
Narbonensis	449.	100 000	1 500 000	15
tres Galliae	449. 460.	535 000	3 400 000	6,3
Donauländer	461. 465.	430 000	2 000 000	4,7
griechische Halbinsel[2]) . .	—	267 000	3 000 000	11
2. in Asien		665 500	19 500 000	30
Provinz Asien	225. 242.	135 000	6 000 000	44
übriges Kleinasien	225. 242.	412 000	7 000 000	17
Syrien	243. 249.	109 000	6 000 000	55
Kypros	249. 250.	9 500	500 000	52
3. in Afrika		443 000	11 500 000	26
Aegypten	254. 258.	28 000	5 000 000	179
Kyrenaika	259. 260.	15 000	500 000	33
Africa[3])	465. 470.	400 000	6 000 000	15
römisches Reich zusammen[4])		3 339 500	54 000 000	16
davon lateinischer Occident (einschl. der Donauländer). . . .		2 364 000	26 000 000	11
griechischer Orient		975 500	28 000 000	28

[1]) Da die bürgerliche Bevölkerung des Reiches sich während Augustus' Alleinherrschaft um 874 000 Köpfe vermehrt hat (oben S. 371 f.), so wird die Annahme gerechtfertigt sein, dass die Gesammtbevölkerung Italiens in dieser Zeit von 5½ auf 6 Millionen gewachsen ist. Ja ich würde geneigt sein, eine noch stärkere Vermehrung anzunehmen, wenn ich nicht oben die Sklavenzahl für d. J. 28 v. Chr. sehr reichlich veranschlagt hätte.

[2]) Der Flächeninhalt der europäischen Türkei, ohne Bosnien (mit Herzegowina) und Bulgarien, aber einschliesslich Ost-Rumeliens, beträgt tnach Strelbitzky 215 330 qkm, der des Königreichs Griechenland 51 819,3 qkm, zusammen also 266 649,3 qkm. Der Bestimmung der Bevölkerung liegt die Annahme zu Grunde, dass das Deficit gegenüber der Volkszahl Griechenlands am Ende des V. Jahrhunderts durch Thrakien und Südillyrien etwa compensirt werden mochte.

[3]) Die Schätzung der Bevölkerung beruht auf der Annahme, dass die alte Provinz etwa 3 000 000 Einwohner, Numidien und Mauretanien zusammen die gleiche Volkszahl gehabt haben.

[4]) Die Vasallenstaaten innerhalb der Rhein-, Donau- und Euphrat-Grenze und in Afrika sind hier, wie man sieht, eingerechnet. Dagegen wurden die Wüstengebiete in Syrien und Afrika bei der Bestimmung des Flächenraumes ausgeschlossen. Was die Bevölkerung angeht, so beruhen die Zahlen für die europäischen Provinzen auf viel sichereren Daten als die Zahlen für die Provinzen in Afrika und Asien.

Nachträge.

Die griechische Flotte bei Salamis.

(Zu Capitel III—V.)

Die Angaben Herodots über die Stärke der gegen Xerxes aufgestellten hellenischen Bundesflotte und ihre Zusammensetzung nach einzelnen Contingenten sind, soviel ich sehe, von allen unseren Geschichtsschreibern als baare Münze genommen worden, ähnlich wie die Angaben über die Stärke des griechischen Heeres bei Plataeae. Es wird der Mühe werth sein, zu untersuchen, wie weit dieses Vertrauen gerechtfertigt ist.

Herodot giebt folgende Zahlen.

Flotte beim Artemision (VIII 1—2)

	Trieren
Athener	127
Korinthier	40
Megarer	20
Chalkidier	20
Aegineten	18
Sikyonier	12
Lakedaemonier	10
Epidaurier.	8
Eretrier	7
Troezenier	5
Styrer	2
Keier	2
Ueberlieferte Summe	271
Verstärkung aus Athen (VIII 14)	53
Uebergegangene lemnische Triere (VIII 11)	1

[325]

Flotte bei Salamis (VIII 43—48)

	Trieren
Aus dem Peloponnes:	
Lakedaemonier	16
Korinthier	40
Sikyonier	15
Epidaurier	10
Troezenier	5
Hermioner	3
Aus dem übrigen Festland:	
Athener	180
Megarer	20
Ambrakioten	7
Leukadier	3
Von den Inseln:	
Aegineten	30
Chalkidier	20
Eretrier	7
Keier	2
Naxier	4
Styrer	2
Kythnier	1
Krotoniaten	1
Summe der Einzelposten	366
Ueberlieferte Summe	378
Ueberläufer aus Lemnos und Tenos (VIII 82)	2
Ueberlieferte Gesammtsumme	380

Dazu kommen dann beim Artemision 9, bei Salamis 7 Fünfzigruderer, die hier ausser Betracht bleiben können.

Wie man sieht, stimmt die überlieferte Summe der Trieren beim Artemision mit der Summe der Einzelposten; bei Salamis dagegen ist die Summe der Einzelposten um 12 Trieren kleiner als die von Herodot angegebene Gesammtsumme. Dass nun diese letztere richtig überliefert ist, zeigt Herodot VIII 82, wonach die Gesammtzahl der griechischen Trieren, einschliesslich der beiden aus der persischen Flotte übergegangenen Schiffe, 380 betragen hat. Es müssen also in den Einzelposten Fehler stecken. Nun sagt Herodot von den Korinthiern, Megarern, Chalkidiern, Eretriern, Styrern, Keiern, sie hätten bei Salamis

dieselbe Zahl von Schiffen gestellt, wie beim Artemision; eine
Textcorruptel ist also hier ausgeschlossen. Dasselbe zeigt für
die athenischen Trieren ein Vergleich mit Herod. VIII 1 und
VIII 14. Der Fehler muss also bei den übrigen Contingenten
gesucht werden. Hier ist zu erwägen, dass Herodot durchweg
runde Zahlen giebt: 1—5, 7, 8, 10, 12, 15, 16, 18 und von
20 ab nur Vielfache von 10. Auch die Möglichkeit, dass ein
Contingent ausgefallen ist, bleibt ausgeschlossen, da alle auf
dem plataeischen Siegesdenkmal verzeichneten griechischen See-
staaten auch bei Herodot vorkommen. Auch dürfen wir nicht
zu viele Textverderbnisse annehmen; es sind wahrscheinlich
bei einem Contingente 10, bei einem anderen 2 Trieren ausgefallen. Offenbar hat Herodot, wie bereits Duncker richtig
gesehen hat (*Gesch. d. Alterth.* VII⁵ 270 Anm.), den Aegineten 40, nicht 30 Trieren zugetheilt, d. h. die eine Hälfte des
ursprünglichen M ist in unseren Handschriften verwischt worden,
sodass A übrig blieb; die beiden übrigen Trieren werden am
wahrscheinlichsten dem Contingent von Leukas zu geben sein,
wo mit leichter Aenderung E aus Γ hergestellt werden kann.
Doch kommt auf diesen Punkt kaum etwas an.

Dass nun diese Angaben Herodots mit Vorsicht zu benutzen sind, bedarf nach dem oben (S. 8 f.) gesagten keiner
Bemerkung. Es ergiebt sich aber auch ganz unabhängig davon
aus einer Betrachtung unserer Liste selbst. Wenn wir nämlich
von Herodots Gesammtzahl 380 die 180 attischen Trieren ab-
ziehen, so bleiben für alle übrigen griechischen Staaten zusammen
200 Trieren; es ist klar, dass der Bestand der Bundesflotte
nicht genau diese runde Zahl betragen haben kann. Mit anderen Worten: die Summe ist das primäre, und erst danach
sind die Einzelposten angesetzt. Daher die runden Zahlen der
Contingente. Es haben also Herodot über die Zusammensetzung
der griechischen Flotte bei Salamis so wenig authentische Angaben vorgelegen, wie über die Zusammensetzung des griechischen Heeres bei Plataeae; auch diese Zahlen haben demnach
nur den Werth subjectiver Schätzungen.

Allerdings mit einer Ausnahme. Wenn Herodot die attische
Flotte beim Artemision auf 127 Trieren angiebt, so zeigt diese

genaue Zahl, die einzige unter lauter runden Zahlen, dass ihm hier eine wirklich authentische Angabe vorgelegen hat. Dagegen die 53 Trieren, die im Laufe der Schlacht aus Athen als Verstärkung ankommen, sind nur ein Lückenbüsser, um die 180 Trieren vollzumachen, aus denen nach Herodot die attische Flotte bestanden haben sollte. Nun liegt es in der Natur der Sache, und Herodot sagt es auch ausdrücklich, dass alle überhaupt verfügbaren attischen Schiffe beim Artemision gekämpft haben; und da die Hellenen in diesem Kampfe sehr starke Verluste erlitten (Herod. VIII 16. 18), so ist es klar, dass die Athener bei Salamis weniger als 127 Trieren gehabt haben müssen. Die Angabe des Ktesias, wonach 110 attische Schiffe bei Salamis gekämpft hätten, hat also eine hohe innere Wahrscheinlichkeit. Dabei ist es ganz besonders bemerkenswerth, dass der Zeitgenosse Aeschylos, der ohne allen Zweifel selbst bei Salamis mitgefochten hat, die Zahl der griechischen Schiffe auf 310 angiebt (*Perser* 339 f.). Wenn davon, wie Ktesias sagt, 110 athenische waren, so bleiben 200 für die übrigen griechischen Contingente in genauer Uebereinstimmung mit Herodot[1]). Es wird dadurch sehr wahrscheinlich, dass, wie die 380 Trieren bei Herodot sich aus 180 attischen Trieren und 200 Trieren aus dem übrigen Griechenland zusammensetzen, so die 310 Trieren bei Aeschylos die Summe aus 110 Trieren von Athen und 200 aus dem übrigen Griechenland sind. Diese letztere Zahl, die natürlich nur auf einer ganz ungefähren Schätzung beruht, wäre demnach durch ein zeitgenössisches Zeugniss gestützt. Auch an und für sich hat sie durchaus nichts unwahrscheinliches; nur werden wir darunter Kriegsschiffe überhaupt, nicht, wie Herodot will, blos Trieren zu verstehen haben.

Athen hat also bei Salamis ein reichliches Drittel der hellenischen Bundesflotte gestellt: eine sehr ansehnliche Leistung, namentlich wenn wir bedenken, wie jung die attische Marine damals noch war. Den Zeitgenossen des samischen und archi-

---

[1]) Ich entnehme diese Bemerkung der noch ungedruckten Dissertation von Giuseppe Perozzi, *La Battaglia di Salamina*.

damischen Krieges freilich, die unter dem Eindruck der athenischen Seeherrschaft standen, konnte diese Leistung nicht besonders imponiren. Und je unpopulärer Athen in Griechenland
wurde, desto grösseres Interesse hatte man dort daran, seine
Verdienste um Hellas während der Perserkriege ins hellste
Licht zu setzen. Athen sollte die Hälfte der ganzen griechischen Flotte gestellt haben (Herod. VIII 44), und so wurde
die Zahl seiner Schiffe auf 180 erhöht. Dem Redner bei
Thuk. I 74 genügt auch das nicht mehr; er lässt Athen ²/₃
der gesammten Schiffszahl aufbringen. So ist *in maiorem
Atheniensium gloriam* die Geschichte gefälscht worden.

Herakleia Trachis.

(Zu S. 201.)

Herakleia Trachis ist bekanntlich im Jahre 426 von den
Lakedaemoniern gegründet worden (Thuk. III 92). Die Zahl
der Colonisten hätte nach Diodor (XII 59) 10000 betragen,
4000 aus dem Peloponnes, 6000 aus dem übrigen Griechenland. Dass diese Angabe absurd ist, bedarf keiner weiteren
Bemerkung, denn ganz Malis hat einen Flächenraum von nicht
mehr als etwa 300 qkm, und das Gebiet von Herakleia hat
keineswegs die ganze Landschaft umfasst. Immerhin war die
Stadt, wenn auch keine πόλις μυρίανδρος, wie Diodor sagt, so
doch keineswegs unbedeutend. Schon im Herbst des Gründungs-
jahres konnte Herakleia 500 Hopliten zu dem peloponnesischen
Corps von 3000 Schwerbewaffneten stellen, das den Aetolern
gegen Naupaktos zu Hülfe zog. Nach dem Ende des peloponnesischen Krieges, um 399, liess der lakedaemonische Harmost
Herippidas bei einem Aufstande angeblich 500 Bürger nieder-
machen (Diodor XIV 38). Die Stadt scheint also immerhin
in dieser Zeit einige 1000 Bürger gezählt zu haben.

Register.

A. = Areal, B. = Bevölkerung, Bz. = Bürgerzahl, Fl. = Flächenraum,
G. = Gebiet, Sz. = Sklavenzahl.

Die kleineren Inseln, über deren Bevölkerung im Alterthum nichts bekannt
ist, sind nicht berücksichtigt. Ebensowenig die einzelnen Völkerschaften
in Gallien, Illyrien etc., die attischen Demen, und die Städte, die nur als
römische Colonien oder Municipien erwähnt sind, ohne dass wir über die
Bevölkerung Nachricht hätten.

33*

Berichtigungen.

S. 6 Textzeile 10 von unten l. „der" statt „den".

„ 10 Anm. 2 l. „Cap. X," statt „Cap. VIII".

„ 11 Textzeile 3 von unten l. „Semiramis" statt „Samiramis".

„ 12 „ 7 „ „ l. „Kaesareia" statt „Kaisareia".

„ 32 in der Tabelle vorletzte Zeile l. „476,7" und „56750" statt „476,8" und „56650".

in der Tabelle letzte Zeile l. „254,7" statt „254,8".

„ 46 Zeile 14 von oben l. „von" statt „an".

„ 82 Textzeile 5 von unten l. „476,7" statt „476,8".

„ 83 Zeile 9 von oben l. „415" statt „416".

„ 142 Textzeile 12 von unten l. „Rittercorps" statt „Reitercorps".

„ 149 „ 5 „ „ l. „160000" statt „150000".

„ „ 1 „ „ l. „540000" statt „530000".

„ 150 „ 5 „ „ am Ende des Satzes hinzuzufügen „wobei von Aegina abgesehen ist".

„ 221 Anm. 1 Zeile 1 von oben l. „Antigenes" statt „Antigonos".

„ 233 Textzeile 3 von unten l. „Kratesippidas" statt „Kratesippides".

„ 262 „ 11 „ oben (gleich unter der Tabelle) „Pantellaria" zu streichen.

„ 265 Textzeile 4 von unten l. „zuerst" statt „jüngst".

„ 324 „ 9 „ „ l. „Colonia" statt „Colonie".

„ 329 „ 4 „ „ l. „19" statt „29".

„ 338 „ 2 „ „ l. „2" statt „3", „und" zu streichen.

„ „ 1 „ „ „Portus Magnus" zu streichen.

„ 362 Zeile 12 von oben l. „denn" statt „dann".

„ 480 Anm. 5, Zeile 1 l. „Nissen" statt „Cissen".